Neukirchener Beiträge zur Systematischen Theologie

Herausgegeben von
Wolfgang Huber, Bertold Klappert,
Hans-Joachim Kraus, Jürgen Moltmann und Michael Welker

Band 14
Bertold Klappert
Versöhnung und Befreiung
Versuche, Karl Barth kontextuell
zu verstehen

Neukirchener Verlag

Bertold Klappert

Versöhnung und Befreiung

Versuche, Karl Barth kontextuell zu verstehen

Neukirchener Verlag

© 1994
Neukirchener Verlag des Erziehungsvereins GmbH,
Neukirchen-Vluyn
Alle Rechte vorbehalten
Umschlaggestaltung: Kurt Wolff, Düsseldorf
Gesamtherstellung: Breklumer Druckerei Manfred Siegel KG
Printed in Germany
ISBN 3-7887-1451-4

Die Deutsche Bibliothek – CIP-Einheitsaufnahme

Klappert, Bertold:
Versöhnung und Befreiung: Versuche, Karl Barth kontextuell
zu verstehen / Bertold Klappert. – Neukirchen-Vluyn:
Neukirchener Verl., 1994
    (Neukirchener Beiträge zur systematischen Theologie; Bd. 14)
    ISBN 3-7887-1451-4
NE: GT

»Wo theologisch geredet wird,
da wird implizit oder explizit
auch immer politisch geredet«
(Karl Barth an Studierende in
Leiden/Holland, 27.2.1939).

Meinen

Studentinnen

und

Studenten

Inhalt

Einleitung

H. Gollwitzer und H. J. Iwand haben mit Recht gemeint, daß die Zukunft der Theologie Barths noch vor uns liege.

In seinem Brief vom 31. Dezember 1959 schreibt H. J. Iwand an Barth: »Ich muß Dir noch einiges Gute berichten. Darunter eins, was ich nun schon mehr als ein Jahr mit mir herumtrage. Als ich in Ungarn war, stand plötzlich . . . Georg Lukács neben mir . . . Wir unterhielten uns etwas, und dann sagte er: ›Wenn Sie Herrn Barth sehen und er es nicht ablehnt, den Gruß eines Atheisten anzunehmen, so grüßen Sie ihn bitte . . . von mir. Ich habe keine Lust mehr, deutsche Philosophen von heute zu lesen. Aber seine Dogmatik, die lese ich. Das ist die große geistige Bewegung Deutschlands‹«. Unmittelbar darauf folgt Iwands eigene Einschätzung der Kirchlichen Dogmatik: »Das ist eben doch eine der ganz großen Tragiken – oder wie soll man das ausdrücken – daß wir Deiner Dogmatik (während des Krieges) nicht gleichzeitig auf der Spur bleiben konnten, daß sie nicht . . . Band um Band uns traf und half und in die theologische Bewegung einbezogen werden konnte. So strampeln wir jetzt alle hinterher. Denn man braucht ja Zeit zum Verstehen . . . Aber es wird. Es kommt«.

Das vorliegende Buch macht das Hauptwerk Karl Barths, seine in dem Zeitraum von 1953 bis 1967 veröffentlichte Versöhnungslehre, zum Zentrum der Interpretation seiner ganzen Theologie. Dabei geht es zugleich um den Versuch, Barths Versöhnungslehre auf die aktuellen Kontexte der Gegenwart zu beziehen.

Teil I beinhaltet *die Grundlegung der Versöhnungslehre:* Der Beitrag »Gottes Offenbarung und menschliche Erfahrung« behandelt Erfahrungsfelder der Versöhnungslehre, darin auch Barths bisher unbekanntes, aktuelles ökumenisches Dialog-Modell mit den Religionen im Kontext anderer ökumenischer Dialog-Modelle der Gegenwart (K. Takizawa, W. Pannenberg). Vorgestellt wird Barths ökumenisches Testament mit der Darstellung des messianischen Menschen Jesus und der von ihm her ergehenden Verheißung der Befreiung. Der Beitrag »Der Rechtshelfer als der für die Welt Gerichtete« behandelt die Kreuzestheologie und Versöhnungslehre Barths im Kontext der Ost-West-Frage. Der Aufsatz über die Rechts-, Freiheits- und Befreiungsgeschichte Gottes mit den Menschen gibt einen Überblick über das Ganze der kontextuellen Versöhnungslehre Karl Barths.

Teil II führt in *zentrale Themen der Versöhnungslehre* ein: in die Christologie
Barths im Kontext gegenwärtiger Christologien, in das grundlegende
Thema Gesetz und Evangelium bei Luther und Barth, in die Gotteslehre
Barths im Unterschied zu R. Bultmann, J. Moltmann und W. Pannenberg.
Ein Beitrag informiert über Barths Anstoß zum entscheidend von H. J.
Iwand verfaßten »Darmstädter Wort zum politischen Weg unseres Vol-
kes« (1947) und stellt zwei aktuelle Schuldbekenntnisse Barths aus den
Jahren 1945 und 1967 unter dem Motto vor: Nicht mehr Theologie trei-
ben, als wäre nichts geschehen!
Da Barth Dogmatik und Ethik engstens verklammert hat, behandelt Teil
III *Themen der Ethik der Versöhnung:* Barths Neuinterpretation der Barmer
Theologischen Erklärung nach Auschwitz; Barths Stellungnahmen zu
Krieg und Massenvernichtung unter dem Stichwort: »Der Aufstand gegen
das Nichtige«; Barths aktuelle Aufgabenbeschreibung für den Aufbau einer rechts- und sozialstaatlichen Demokratie und die Fortschreibung seiner Anstöße durch G. Heinemann und H. Simon. Der Beitrag »Reich Gottes und ökonomische Gerechtigkeit« vergleicht Barths ökonomische Aussagen zu Wirtschaft und demokratischem Sozialismus mit den beiden
Bänden der Wirtschaftsethik von A. Rich.
Der Band schließt mit Besprechungen ausgewählter Barth-Interpretationen heute: der Münchener und Berliner Barth-Deutung, der Wiederentdeckung der Theologie des 1. Römerbriefes, sowie der dramatischen
Denkform und der Eschatologie Barths.
In Barths Einleitung zu seiner Vorlesung über Calvin von 1922 kann man
lesen, was auch für das Verständnis der Kirchlichen Dogmatik gilt: »Ich
halte nämlich dafür, daß man sich den Weg zum Verständnis der Institutio
erst *bahnen* muß dadurch, daß man sich ein Bild macht davon, was Calvin
gesagt hat, wenn er ex tempore zur Gemeinde redete, wenn er ohne direkte Absicht die Bibel . . . auslegte, wenn er sich, jetzt auf dieser, jetzt auf jener Front kämpfend, mit seinen Gegnern auseinandersetzte«. Was Barth
über die Biblizität und Kontextualität der Theologie Calvins hier sagt, gilt
vice versa auch für seine Theologie: Barths »Predigt, Exegese und Polemik« sind Voraussetzung zum Verständnis seiner Kirchlichen Dogmatik
und umgekehrt.
Barths Predigten, Kommentare, Exegesen und Grundsatzschriften – wie
»Christengemeinde und Bürgergemeinde« – sowie seine aktuell-polemi-
schen Schriften und »Offenen Briefe« sind der konkrete Kontext der
Kirchlichen Dogmatik. Das verstehe ich unter der in allen vorliegenden
Beiträgen herausgearbeiteten Kontextualität der Theologie Karl Barths
im Unterschied zu jedem abstrakten und zeitlosen Barth-Verständnis und
jeder kontextlosen Rezeption der Kirchlichen Dogmatik.
Studien zum Verhältnis Barth-Bonhoeffer, sowie zur kongenialen Barth-
Deutung durch H. J. Iwand, besonders auch meine Arbeiten zur Israel-
Theologie Barths konnten in diesen Band nicht mehr aufgenommen wer-
den. Sie sollen an anderer Stelle gesondert veröffentlicht werden.

Die Themen aus dem vorliegenden Band habe ich in Barth-Seminaren und -Vorlesungen an den Universitäten in Bonn und Göttingen und an der Kirchlichen Hochschule Wuppertal, auf Akademietagungen in Arnoldshain, Bad Herrenalb, Iserlohn und Mülheim, darüberhinaus auf Pfarrkonventen, Kreissynoden und Gemeindetagen, dazu auf einer Klausurtagung der Rheinischen Kirchenleitung behandelt. Über Themen aus den vorliegenden Beiträgen habe ich auf verschiedenen ökumenischen Konferenzen und Karl-Barth-Tagungen in Seattle (USA), Prag (CSR), Djakarta (Indonesien), in Fukuoka, Sendai und Tokio (Japan), in Dribergen (Holland) und nicht zuletzt auf den von meinem Freund, Christian Link, organisierten Karl-Barth-Tagungen auf dem Leuenberg (Schweiz) referiert. Aus den Diskussionen und kritischen Anfragen habe ich viel gelernt.

Die vorliegenden Beiträge zum Thema Versöhnung und Befreiung wären nicht denkbar ohne den intensiven persönlichen und wissenschaftlichen Austausch über die Theologie Karl Barths und über die an seiner Theologie orientierte gesellschaftliche und politische Praxis in ökumenischer Orientierung und Verantwortung:

Ich nenne den Freund George Casalis aus Frankreich, der inzwischen in Nicaragua verstorben und dort begraben ist, die nordamerikanischen Freunde Robert Osborn (Duke-University, North-Carolina/USA) und Martin Rumscheidt (Halifax/Canada), die jüdischen Freunde Michael Wyschogrod (Baruch-College, New York), der sich als einen »jüdischen Barth-Schüler« bezeichnet, und Fritz Rothschild, den Heschel-Schüler und -Interpreten (Jewish Theological Seminary, New York). Ich nenne aus Holland G. den Hertog, G. Neven (Kampen) und Th. Witvliet (Amsterdam), die Prager Professoren Milan Opočenský (jetzt Generalsekretär des Reformierten Weltbundes, Genf) und J. Štefan (Karls-Universität, Prag), dazu P. Ricca von der Waldenser-Fakultät in Rom, John de Gruchy (Capetown/Südafrika) und Z. Kameeta (stellvertretender Parlamentspräsident von Namibia), A. Maasdorp (ehemaliger Generalsekretär des Namibischen Kirchenrates, NCC, jetzt in Holland) und S. Groth (ehemaliger Referent des Menschenrechtsreferates der VEM, Wuppertal), A. Sitompul (Nommensen-Universität in Pematang Siantar, Sumatra) und E. Sendoro (Bischof von Daressalam, Tanzania). Ich nenne die japanischen Bonhoeffer- und Barth-Forscher E. Amemiya, M. Miyata, K. Ogawa, den Vorsitzenden der Karl-Barth-Gesellschaft und Übersetzer der Barth-Biographie von E. Busch ins Japanische, den E. Wolf-Schüler und Barth-Interpreten S. Osaki und Y. Inoue, den Übersetzer der Kirchlichen Dogmatik ins Japanische und Begründer der christlichen Friedensbewegung in den 50er Jahren in Japan. Mein japanischer Freund und Kollege Prof. Y. Terazono hat als ökumenischer Gastdozent im Sommersemester 1990 eine Vorlesung über »Buddhismus und Christentum in Japan« an der Kirchlichen Hochschule Wuppertal gehalten. Mein japanischer Schüler Yu Amano hat soeben über das Thema »Karl Barths Ethik der Versöhnungslehre. Ihre theologische Rezeption in Japan und ihre Bedeutung für die kirchlich-gesellschaftliche

Situation in Japan« promoviert. Die Begegnung mit K. Takizawa auf dem Leuenberg im Jahre 1977 und der Austausch mit den Takizawa-Schülern in Japan im Jahre 1993 sind mir in bleibender Erinnerung. Ich nenne die befreundeten katholischen Systematiker L. Bakker (Amsterdam), L. Volken (Fakultät Dormitio, Jerusalem) und besonders P. Eicher (Paderborn). Mein besonderer Dank gilt auch W. Schrage (Bonn), der sich um das Thema »Barmen II und das Neue Testament« (1974) und »Neues Testament und Barmen V« (1986) verdient gemacht hat.

Zu danken habe ich meinen Lehrern H. Gollwitzer und W. Kreck, H.-G. Geyer und H.-J. Kraus, die in der Barth-Interpretation Maßstäbe gesetzt haben. Maßstäbe in der Barth-Interpretation haben weiter H. J. Iwand, Fr.-W. Marquardt, E. Busch und in seiner Weise auch E. Jüngel gesetzt. E. Busch und Fr.-W. Marquardt habe ich für viele Gespräche und sachliche Hinweise auf Tagungen und bei ihnen zuhause zu danken, weiter aber auch besonders meinem Barth-kundigen Wuppertaler Kollegen J. Fangmeier, den Freunden P. Bukowski, U. Eibach, H. Th. Goebel, H. Goedeking, D. Korsch, Chr. Link, H. D. Manecke, E. Mechels, R. Stuhlmann, R. Weth und M. Weinrich.

Noch vor der Wende habe ich des öfteren über die Aktualität der Theologie Karl Barths in der ehemaligen DDR referiert. Den Professoren R. Blühm, H. Genest, I. Klaer und M. Onnasch von unserer ehemaligen Partnerhochschule in Naumburg weiß ich mich darin ebenfalls sehr verbunden.

Gelernt habe ich von D. Schellong auf den mancherlei Begegnungen in Beienrode, von M. Stöhr auf den Tagungen in Arnoldshain, bei dem Projekt »Studium in Israel« und innerhalb der Arbeitsgemeinschaft Juden und Christen beim Deutschen Evangelischen Kirchentag, nicht zuletzt von meinen beiden Heidelberger Kollegen W. Huber und M. Welker und dem Kollegen W. Krötke von der Humboldt-Universität in Berlin.

Ich bin den befreundeten Historikern, Kirchenhistorikern und Fachleuten des Kirchenkampfes zu Dank verpflichtet: J. Conway (Universität Vancouver/Canada), G. van Norden (Universität Wuppertal), E. Bethge (Wachtberg-Villiprot), D. Koch (Bremen), H. Ludwig (Humboldt-Universität Berlin), L. Siegele-Wenschkewitz (Akademie Arnoldshain/Universität Frankfurt) und M. Rohkrämer (Mülheim), der lange Zeit an der Kirchlichen Hochschule Wuppertal lehrte und jüngst verstarb, nicht zuletzt meinem Freund und Kollegen, dem Barth- und de Quervain-Schüler Hans Scholl, der soeben Barths Calvin-Vorlesung von 1922 meisterhaft ediert hat und dem ich aus Barth-Sozietät und gemeinsamen Calvin-Seminaren mancherlei Einsichten zu Calvin verdanke.

Besonderer Dank gilt auch der äußerst sachkundigen Barth-Schülerin Hannelore Hansch (Karlsruhe) und nicht zuletzt Markus Barth (Basel). Beiden habe ich für viele Gespräche in den Arbeitsgruppen auf dem Leuenberg und für die gastliche Aufnahme jeweils in ihrem Haus zu danken. Leni Immer (Wuppertal-Barmen) hat mir einen wichtigen Einblick in die grundlegende Gemeindeorientierung der Theologie Karl Barths verschafft, indem sie mir das Archiv ihres Vaters, Karl Immer, Pastor zu Barmen-Gemarke und Mitbegründer der Kirchlichen Hochschule Wuppertal, zugänglich gemacht hat. Über den Themen »Barth und Safenwil«, »Barth und die Basler Strafanstalt« darf das Thema »Barth und Barmen-Gemarke« nicht vergessen werden.

Christel Ebert vom Sekretariat der Kirchlichen Hochschule hat die Reinschrift der Beiträge mit viel Umsicht und Sorgfalt erstellt. Ihr habe ich sehr zu danken. Zu danken habe ich weiter für die Mithilfe bei der Erstellung der Manuskripte und beim Korrekturenlesen meinen Assistentinnen Borgi Winkler-Rohlfing, Sylvia Engels und Ilka Werner, meinen wissenschaftlichen Hilfskräften Frank Ahlmann und Jochen Denker, sowie den Studenten Ernst-Detlef Flos und Frank Schulte.

Die Publikation wäre nicht möglich gewesen ohne erhebliche finanzielle Zuschüsse der Evangelischen Kirche im Rheinland, der Evangelischen Kirche der Union, der Reformierten Kirche (Lippe-Detmold), dazu verschiedener Kirchenkreise aus dem Rheinland, nicht zuletzt der Evangelischen Studentengemeinde (ESG) in Deutschland.

Zu danken habe ich weiter der Familie Barth und der Karl-Barth-Tagung auf dem Leuenberg für eine großzügige Beteiligung an den finanziellen Unkosten. Zu danken habe ich nicht zuletzt dem Neukirchener Verlag, der das Erscheinen dieses Buches ermöglicht, Herrn Dr. R. Weth, Herrn Dr. Chr. Bartsch, Herrn Dr. V. Hampel, sowie den Angestellten in Verlag und Druckerei.

Weil die Zukunft der Theologie Barths noch vor uns liegt, ist dieser Band den Studentinnen und Studenten gewidmet, deren kritisches Fragen und deren Entdeckungen in Vorlesung, Seminar und Sozietät in diesen Band, ohne in Anmerkungen notiert werden zu können, eingegangen und in ihm präsent sind.

Wuppertal, im Dezember 1993   Bertold Klappert

I
Grundlagen der Versöhnungslehre

1 Gottes Offenbarung und menschliche Erfahrung

Erfahrungsfelder der Versöhnungslehre Karl Barths[1]

Bevor ich zu dem mir gestellten *Thema* »Offenbarung und Erfahrung. Erfahrungsfelder der Versöhnungslehre Karl Barths« komme, stelle ich einige Urteile *Wolfhart Pannenbergs* über diesen Zusammenhang bei Barth an den Anfang. Diese hat er in seiner umfassenden Systematischen Theologie, aber auch durch sein ganzes Werk hindurch und zuletzt auf Jürgen Fangmeiers und meine Einladung hin in Wuppertal ausformuliert[2]. Sie laufen letztlich alle auf folgende Charakterisierung der Theologie Karl Barths hinaus: *Offenbarungsanspruch aus subjektivster Erfahrung.* Oder: »Die Positivität der Offenbarung bei Karl Barth«.
Karl Barth in dieser zentralen Thematik »Gottes Offenbarung und menschliche Erfahrung« zu verstehen, bedeutet zugleich, sich der Barth-Kritik Pannenbergs zu stellen.
Ich nenne einige Beispiele:

---

1   Überarbeiteter und ergänzter Vortrag auf der Internationalen Karl Barth-Tagung vom 13.-16.7.1992 auf dem Leuenberg/Schweiz. Außerdem referierten dort P. Eicher: ›Das Symbol der Offenbarung und die Realität der Erfahrung‹, Chr. Link: ›Erfahrungsfelder der Schöpfungs- und Versöhnungslehre‹ und H.-W. Schütte: ›Offenbarung und Erfahrung am Ort der Gemeinde‹.
2   Die folgenden Zitate stammen aus dem Vortrag, den *W. Pannenberg* am 23.1.1991 an der Kirchlichen Hochschule Wuppertal und zwar auf meine ausdrückliche Bitte hin über das Thema »Einführung in meine Systematische Theologie« (Bd I und II) gehalten hat. – Ich habe meinem Lehrer W. Pannenberg – über allen theologisch-sachlichen Dissens hinweg – für alle persönliche und wissenschaftliche Förderung seit Studienzeiten sehr zu danken. An die aus Anlaß von Pannenbergs Besuch in Wuppertal geführten intensiven Diskussionen und persönlichen Begegnungen denke ich gerne und dankbar zurück. – Die Zitate sind zum Teil der von Pannenberg genehmigten Tonbandaufnahme entnommen. Sie sind sachlich identisch mit bzw. entsprechen dem, was Pannenberg in seinem Buch: Wissenschaftstheorie und Theologie, Frankfurt 1973, 266-277 über »die Positivität der Offenbarung bei Karl Barth« ausgeführt hat. – Vgl. zum Ganzen seiner Theologie: *W. Pannenberg*, Systematische Theologie Bd I, Göttingen 1988, Bd II Göttingen 1992 und Bd III, Göttingen 1993. – Vgl. weiter zu Pannenberg meinen Beitrag II 7 in diesem Band.

a) Pannenberg kritisiert an Barth dessen theologische Voraussetzungen
Pannenberg sagt: »Ich habe sehr viel von Barth gelernt. Vor allem seine Betonung der Souveränität Gottes. Nur habe ich daraus eine ganz andere Schlußfolgerung als Karl Barth gezogen: ... Wenn Gott der souveräne Herr über alle Wirklichkeit ist, dann müssen wir die Wirklichkeit des Menschen, der Welt, sogar der Natur nur unbefangen betrachten ... Wir brauchen nicht schon mit theologischen Voraussetzungen, wir brauchen nicht mit einer Glaubensentscheidung (an die Welt, die Natur, die Wirklichkeit des Menschen) heranzutreten. Das ist dann letzten Endes alles Unglaube ... Wenn Gott ist, dann ... reden die Steine noch von Gott und ganz sicherlich der Mensch. Man muß auch nicht mit der Glaubensentscheidung argumentieren, man muß auch nicht mit dem Licht der göttlichen Offenbarung argumentieren, sondern ...: Was es in diesem Licht zu sehen gibt, das muß dann an den Dingen selber zu sehen sein.«
Pannenberg will sagen: Wenn Gott die alles bestimmende Wirklichkeit ist, dann kann man die Wirklichkeit der Weltgeschichte, der Natur und des religiösen Menschen und also die Religionen unbefangen betrachten, also nicht von axiomatischen theologischen Voraussetzungen her, nicht schon im Lichte der göttlichen Offenbarung[3].

b) Pannenberg kritisiert an Barth das problematische Bündnis von atheistischer Religionskritik und totalitärem Offenbarungsanspruch
Pannenberg sagt: »Während nun die dialektische Theologie ... auf die *Position des Autoritätsanspruchs* der christlichen Verkündigung für die Wahrheit der biblischen Offenbarung als Wort Gottes zurückgegangen ist, betrachte ich eine solche Position ... als intellektuell unhaltbar. Ich kann dann ebenso gut *Fundamentalist* werden ... Darum ist also die Taktik (Barths), die anderen Religionen à la Feuerbach zu erklären und für das Christentum eine Ausnahme zu postulieren, letzten Endes für die Glaubwürdigkeit der christlichen Theologie selbst verderblich. Die Auseinandersetzung mit der atheistischen Religionskritik aber kann nicht mit Berufung auf Offenbarungsautorität geführt werden. Sie muß auf der Ebene der Anthropologie und mit Argumenten der Philosophie geführt werden.«[4]
Die Voraussetzung der atheistischen Religionskritik Feuerbachs ist nach Pannenberg eine Art negative natürliche Theologie bei Barth selbst, die zudem das Christentum aus dieser Religionskritik Feuerbachs unberechtigterweise herausnimmt und damit einen fundamentalistischen und den

---

3 Vgl. dazu besonders den programmatischen Aufsatz von *W. Pannenberg*: Erwägung zu einer Theologie der Religionsgeschichte (1962), in: ders., Grundfragen Systematischer Theologie, Gesammelte Aufsätze Bd I, Göttingen 1967, 252-295. Demgegenüber repräsentiert KD IV/3 von 1959 den Versuch *Barths*, von Jesus Christus als dem Licht, das allen Menschen und der Welt leuchtet, her die Wirklichkeit im Licht der Offenbarung Gottes zu erhellen und zu erschließen.
4 *W. Pannenberg*: (Anm. 2) und Wissenschaftstheorie (Anm. 2) 267f.

Totalitarismus begünstigenden Erfahrungsanspruch der biblischen Offenbarung damals gefördert hat und noch heute weiterhin fördert.

c) Pannenberg kritisiert bei Barth die radikalste Form der Begründung der Theologie auf die Subjektivität des Menschen
Pannenberg sagt: »Die Hinführung zu einer angemessenen Befragung des christlichen Redens von Gott muß das erste sein, wenn man nicht alles schon voraussetzen will, wenn man also nicht mit der Wahrheit des christlichen Glaubens oder seines Inhalts als Voraussetzung (schon) einsetzen will. So wie Karl Barth sagte: ›Nur durch Verwegenheit sei heute noch Theologie zu begründen‹. Als er das sagte, war er sich offenbar nicht darüber klar, daß er nur in zugespitzter Weise das tat, was Schleiermacher auch schon getan hatte. Schleiermacher hatte immerhin noch argumentiert, daß von der Subjektivität der Selbsterfahrung her Gott als Grund dieser Subjektivität vorauszusetzen sei. Aus der Subjektivität der Argumentation [bei Schleiermacher] ist bei Barth die Subjektivität der [Glaubens-] Entscheidung geworden. Anders als durch Verwegenheit ... sei Theologie nicht mehr zu begründen ... Das hat Barth in dem großen Konzept seiner Kirchlichen Dogmatik versucht. Aber das kann nicht das Ganze der Theologie sein, sonst hat man in einer Radikalität, wie das vor Barth noch nie geschehen ist, die Theologie auf die Subjektivität des Menschen begründet«[5].
Offenbarung als radikal subjektiver Anspruch bei Barth und »Erfahrung und Offenbarung« bei Pannenberg stehen sich in dieser Sicht ausschließlich und ausschließend gegenüber.

d) Weg, Aufbau und Ziel der Analyse
Ich möchte nun – die radikale Barth-Kritik Pannenbergs vor Augen – das Thema »Offenbarung und Erfahrung bei Barth« so behandeln, daß ich einen Vergleich vornehme: Ich verweise dabei in Teil I zunächst auf den für unser Thema grundlegenden Aufsatz Barths aus dem Jahre 1933: »Das erste Gebot als theologisches Axiom«[6], in welchem Barth die entscheidenden Voraussetzungen für Reformiert-Barmen (Januar 1934) und Barmen (Mai 1934) behandelt und in welchem das Thema »*Offenbarung und Erfahrung*« sachlich durchgehend entfaltet wird, ja sogar wortwörtlich erscheint.
Mit diesem Aufsatz Barths von 1933 möchte ich in Teil II den Abschnitt KD IV/3 § 69, 1.2 vergleichen: Die Herrlichkeit des Mittlers. Das dritte

---

5 A.a.O. (Anm. 2) und Wissenschaftstheorie (Anm. 2), 273f. – Vgl. H. Gollwitzer AW VIII 415f; 421-424.
6 *K. Barth*: »Das erste Gebot als theologisches Axiom«. Vortrag, gehalten in Kopenhagen am 10. März und in Aarhus am 12. März 1933, in: ders., Theologische Fragen und Antworten, Gesammelte Vorträge Bd III, Zürich 1957, 127-143.

Problem der Versöhnungslehre. Jesus Christus, das Licht des Lebens, das allen Menschen leuchtet[7].

Dieser Vergleich ist deshalb geboten, weil KD IV/3 das Thema »Offenbarung und Erfahrung« bzw. Jesus Christus, das Licht der Welt (Offenbarung) und die Wahrheiten im Weltgeschehen und Lichtungen in der Schöpfung (Erfahrung) durchgängig entfaltet und begründet, weil also die Thematik von Offenbarung und Erfahrung in Geschichte, Schöpfung und Religionen von Barth hier ebenfalls behandelt wird.

Die Parallelen zwischen dem Aufsatz von 1933 und der dogmatischen Entfaltung von 1959 gehen aber noch viel weiter:

Wir werden im weiteren Verlauf der Ausführungen sehen, daß nicht nur der thematische Aufbau dieses Aufsatzes und die dogmatische Entfaltung weitgehend parallel laufen. Ich weise hier lediglich vorlaufend auf den Sachverhalt hin, daß der Aufsatz von 1933 auf Barmen 1934 hin formuliert ist und dieses vorwegnimmt. Während der Band KD IV/3, in dem – singulär in Barths Werk – Barmen I als Leitsatz des § 69 zitiert wird, von Barmen herkommt und die geschichtliche, gesellschaftliche, natürliche und religiöse Erfahrung von Barmen I her in den Blick nimmt.

Da sich der späte Barth des Jahres 1967/68 von der universalen Prophetie Jesu Christi her über die Notwendigkeit des Dialogs mit den Religionen positiv geäußert hat, wird als Erfahrungsfeld der universalen Prophetie Jesu Christi im folgenden auch das Thema der Wahrheiten in den Religionen angesprochen werden müssen.

Am Schluß meiner Ausführungen wird die Pannenberg-Kritik an Barths Konzept von Offenbarung und Erfahrung zusammenfassend thematisiert werden. Und es wird dann die Frage zu beantworten sein, wessen theologisches Modell von Offenbarung und Erfahrung eigentlich wissenschaftstheoretisch gediegener oder theologisch subjektivistischer ist: *das universalgeschichtlich-religionsphilosophische Modell* von Erfahrung und Offenbarung (Pannenberg) oder *das biblisch-reformatorische Modell* von Offenbarung und Erfahrung (Barth).

I. Das Erste Gebot als Theologisches Axiom (1933)

Die beiden zu vergleichenden Dokumente Barths, sein prägnanter Kopenhagener Vortrag aus dem Jahre 1933 und die Abschnitte des § 69,1.2 aus KD IV/3 weisen im Aufbau sowie in der inhaltlichen Darlegung weitgehende Parallelen auf. Deshalb sollen in den folgenden Abschnitten I und II jeweils 1. die kontextuelle Herausforderung, 2. der Gegenstand der Theologie, 3. die Vergewisserung der axiomatischen Voraussetzung und 4. die

---

7 *K. Barth*: KD IV/3, 1-153.

Bewährung nach außen (nicht die Bewahrheitung von außen) dargestellt werden.

1. Die kontextuelle Herausforderung[8]
(Die Analyse der Situation)

a) Die konkret bedrohliche politische Situation
Barth reagierte mit dieser Überschrift in seinem am 10. und 12. März in Dänemark gehaltenen Vortrag auf die bedrohliche Situation des Jahres 1933 seit der Machtergreifung Hitlers am 30.1.1933 »letztlich einfach darum, weil ich sah, daß das liebe deutsche Volk da anfing, einen falschen Gott anzubeten«[9]. Barth hatte nach dem 30.1.1933 erstmals »Mein Kampf« gelesen und wurde dadurch in der Ablehnung des totalitären Regimes Hitlers nur bestätigt. Während Barth sich in Dänemark aufhielt, lag bereits die »Verordnung des Reichspräsidenten zum Schutz von Volk und Staat« vor, d.h. die Aufhebung der wichtigsten Grundrechte, wie persönliche Freiheit, freie Meinungsäußerung, einschließlich Pressefreiheit und Brief- und Postgeheimnis (28.2.1933), wobei das Deutsche Volk durch die Wahlen vom 5. März 1933 diese Verordnung mehrheitlich akzeptiert hatte[10].
Der nach Barths Meinung von den Nationalsozialisten selber organisierte Reichstagsbrand vom 27./28. Februar 1933 konnte Barth in seiner Ablehnung nur weiter bestärken[11].

b) Die Analyse der Situation der protestantischen Theologiegeschichte
Barth hatte schon in Münster, dann aber zuletzt im Wintersemester 1932/33 und Sommersemester 1933 in Bonn seine Analyse der Geschichte der protestantischen Theologie vorgetragen: »Als das Hitlerreich ausbrach, war ich gerade mit J.J. Rousseau beschäftigt!«[12] Barths Vortrag über das erste Gebot aus dem Jahre 1933 spiegelt deshalb nicht zufällig das Fazit seiner Analyse der protestantischen Theologiegeschichte wider. Sah Barth es doch als seine Pflicht an, »die evangelische Kirche für ihren Dienst in der veränderten äußeren Lage, d.h. der herrschend gewordenen weltanschau-

---

8   *K. Barth*: (Anm. 6) 134-143.
9   *E. Busch*: Karl Barths Lebenslauf, München 1975, 236; vgl. *ders.*, Karl Barth und die Juden 1933-1945, in: *G. van Norden/V. Wittmütz (Hg.)*, Evangelische Kirche im Zweiten Weltkrieg, Köln 1991, 23-55, bes. 47f; vgl. weiter *ders.*, Kirche und Judentum im Dritten Reich, in: *G. van Norden (Hg.)*, Zwischen Bekenntnis und Anpassung, Köln 1985, 157-177; *ders.*, Unter dem einen Bogen des Bundes. Karl Barth und die Juden 1933-1945, Neukirchen-Vluyn 1993.
10 *E. Bethge*: Dietrich Bonhoeffer. Eine Biographie, München 1967, 312.
11 A.a.O., 312ff und *E.Busch*, Barths Lebenslauf (Anm. 9) 235ff.
12 *K. Barth*: Die protestantische Theologie im 19. Jahrhundert, (1. Aufl. 1947), Zürich 1992, S. V im Vorwort.

lichen Lage und Ideologie gegenüber beim biblischen Evangelium zu erhalten«, wie Eberhard Busch Barths Vortrag kommentiert[13].

Barths Fazit der protestantischen Theologiegeschichte lautete 1933: »Der freie Mensch kann alles. Das ist's, was die neuere protestantische Theologie, die Theologie seit der Wende vom 17. zum 18. Jahrhundert gut, nur zu gut begriffen hat. Sie meinte, besser als jede frühere Theologie zu wissen, daß es doch wirklich recht schwer sei, der Philosophie, der Geschichts- und Naturwissenschaft und so vielen anderen Errungenschaften der modernen Welt gegenüber mit Gott und seinem Wort in jenem engen exklusiven Sinne des Begriffs so ganz allein zu stehen. Und sie meinte mehr als jede frühere Theologie rings um sie her Möglichkeiten und Notwendigkeiten, Wahrheiten und Wirklichkeiten, ›Anliegen‹ und Bedürfnisse entdeckt zu haben, so beachtlich, so wichtig, so ernst, daß sie sich ihnen nicht entziehen, daß sie ihnen ihr Herz schenken, daß sie sie faktisch als zweite . . . Offenbarung neben der ersten anerkennen zu müssen meinte. So sagte das 18. Jahrhundert: Offenbarung *und* Vernunft. So sagte Schleiermacher: Offenbarung *und* religiöses Bewußtsein. So sagten A. Ritschl und die Seinen: Offenbarung *und* Kulturethos. So sagten Troeltsch und die Seinen: Offenbarung *und* Religionsgeschichte. Und so sagt man heute von allen Seiten: Offenbarung *und* Schöpfung, Offenbarung *und* Uroffenbarung, Neues Testament *und* menschliche Existenz, das Gebot *und* die Ordnungen«.[14]

Ganz ähnlich heißt es in dem von Barth formulierten Text von Reformiert-Barmen aus dem Januar 1934: »Angesichts der kirchlichen Ereignisse des Jahres 1933 gebietet uns das Wort Gottes, Buße zu tun und umzukehren. Denn in diesen Ereignissen ist ein die evangelische Kirche seit Jahrhunderten verwüstender Irrtum reif und sichtbar geworden. Er besteht in der Meinung, daß neben Gottes Offenbarung . . . auch eine berechtigte Eigenmächtigkeit des Menschen über die Botschaft . . . zu bestimmen habe.« Dabei hat die Theologie Barth zufolge die Analyse der Situation zwar »nicht aus dem Zeitbewußtsein heraus«, wohl aber zeitbezogen »in dieser bestimmten kirchlichen Lage« und also *kontextuell* zu vollziehen[15].

Barths Ausführungen setzen also sowohl die Analyse der konkreten politischen Lage als auch die Analyse der Geschichte der protestantischen Theologie seit der Reformation voraus. Barths Theologie ist in diesem Sinne fundamental schon hier eine *kontextuelle*, d.h. auf die Analyse der Situation bezogene und auf die Herausforderung der Situation antwortende Theologie. *Barth beginnt also seine Kirchliche Dogmatik erst zu schreiben, nachdem er die Analyse der protestantischen Theologiegeschichte vollzogen*

---

13 *E. Busch*: Barths Lebenslauf (Anm. 9) 237.
14 *K. Barth*: (Anm. 6) 137.
15 *K. Barth*: Erklärung über das rechte Verständnis reformatorischer Bekenntnisse in der Deutschen Evangelischen Kirche der Gegenwart, in: *J. Beckmann* (Hg.), Rheinische Bekenntnissynoden im Kirchenkampf 1975, 34ff, 34 (These 1), 35.

hat, ein Sachverhalt, den auch Pannenberg mit vielen anderen Barth-Kritikern in seiner Barth-Interpretation weitgehend verschweigt.

2. Der Gegenstand der Theologie[16]
(Die Korrelation zwischen der Israel- und der Christusgeschichte)

a) Die Christologie als Auslegung des Ersten Gebotes
Nachdem ich zum Barmen-Jubiläum im Jahre 1984 auf die Bedeutung von Barths Aufsatz über das erste Gebot von 1933 aufmerksam gemacht habe[17], hat *Eberhard Busch* jüngst diesen Hinweis aufgenommen. In seinem Aufsatz »Karl Barth und die Juden« schreibt er: Barth stellt nicht einfach an die Stelle der deutsch-christlichen Christologie eine andere. Vielmehr ist das Besondere bei Barth darin zu sehen, daß er »die Gestalt Jesu Christi als Auslegung des 1. Gebotes« versteht[18].
Ich zitiere aus den erstaunlichen Sätzen Barths, die den Zusammenhang vom Exodus-Sinai-Geschehen einerseits und der Inkarnation andererseits formulieren: »Nicht von einer zeitlosen *Beziehung,* sondern von einer in der Zeit sich abspielenden *Geschichte* zwischen Gott und Mensch ist hier (im ersten Gebot) die Rede ... *Daß das Wort Fleisch ward* ..., *das ist der Sinn schon des Buches Exodus* ... Indem wir diesem zeitlichen Ereignis als Hörer des geschriebenen ersten Gebotes *gleichzeitig* werden, verstehen wir das theologische Axiom. Wer sich in *seiner* Zeit dieselbe zeitlich bestimmte Anrede Gottes gefallen lassen muß, die sich der Israelit am Sinai zu *seiner* Zeit wohl oder übel gefallen lassen mußte, der und nur der versteht das theologische Axiom.«[19]
Die Geschichte Jesu Christi ist also nach Barth die Auslegung der Israelgeschichte. Die Fleischwerdung des Wortes ist »der Sinn schon des Buches Exodus«. Joh 1,14 ist von Ex 3, Ex 6 und Ex 20 her zu verstehen. Wir müssen uns in unserer Zeit dieselbe Anrede Gottes gefallen lassen, »die sich der Israelit am Sinai zu seiner Zeit ... gefallen lassen mußte«: Das alles dokumentiert die Bedeutung der von Barth vorausgesetzten fundamentalen Korrelation zwischen der Israelgeschichte einerseits und der Christusgeschichte andererseits.

b) Der ungekündigte Bund Gottes mit Israel als Voraussetzung der Christusgeschichte
Ich stelle die entscheidenden Sätze Barths über den Zusammenhang von Sinai-Bund und Christusgeschichte diesmal an den Anfang: »Es ist eine

---

16   *K. Barth*: (Anm. 6) 129-134.
17   *B. Klappert*: Barmen I und die Juden, in: *J.Moltmann* (Hg.), Bekennende Kirche wagen. Barmen 1934-1984, München 1984, 59-125, 74f.
18   *E. Busch*: (Anm. 9) 48.
19   *K. Barth*: (Anm. 6) 130; Kursivierung teilweise von mir.

wesentliche Eigentümlichkeit des ersten Gebotes, daß der, der dieses Gebot gibt und der sich der Herr nennt, zu dem, dem er es gibt, in dem Verhältnis des *Befreiers* zum Befreiten, des *Erretters* zum Erretteten steht. ›Ich bin der Herr dein Gott, der ich dich aus Ägyptenland, dem Diensthause, geführt habe . . . Er hat . . . in der Freiheit seiner Barmherzigkeit Israel erwählt unter den Völkern. Er hat einen Bund zwischen sich und ihm aufgerichtet, und er hat diesen Bund seinerseits bereits gehalten und bewährt. Israel existiert kraft dieses von seinem Gott aufgerichteten und schon gehaltenen Bundes . . . Er (der Gott Israels) war schon auf dem Plan in seiner Wundertat an einem elenden, verlorenen Volk, an einem Volk, das es in keiner Weise verdient hatte, dieses Gottes Volk zu sein . . . Seine schon (im Exodus) erwiesene Güte ist die Kraft des Gebotes. Sein Gesetz steht keinen Augenblick für sich und auf sich selbst. Es steht in und auf dem Evangelium von seiner geschehenen Hilfe im Tode, das als solches die Verheißung neuer Hilfe ist . . . Die Offenbarung geschieht in der Versöhnung, in dem von Gott aufgerichteten und gehaltenen Bund zwischen ihm und den Menschen . . . *Jesus Christus* ist der Sinn des Sinai-Gesetzes, sofern es Gottes Offenbarung ist«.[20]

Der ungekündigte Bund Gottes mit Israel ist nach diesen Ausführungen Barths die Voraussetzung der Versöhnung in Christus, die Erwählung Israels ist das Fundament der Erwählung der Gemeinde, der deus ecclesiae ist kein anderer als der Gott Israels: Das alles zeigt erneut die fundamentale Bedeutung der von Barth behaupteten und entfalteten Korrelation zwischen der Israel- und der Christusgeschichte.

Daraus folgt aber als entscheidendes Fazit: Indem Barth die Korrelation zwischen der Exodusgeschichte und der Christusgeschichte als Grundkategorie der Dogmatik fordert und entfaltet, wird deutlich, »daß die . . . *natürliche* Theologie [in der protestantischen Theologiegeschichte immer] Surrogat ist für die verlorene Verbindung der Kirche mit Israel«, wie Eberhard Busch zu Recht formuliert.[21]

Die Bedeutung des von Barth hier Ausgeführten wird erst deutlich, wenn man sich folgendes klarmacht: In dem Jahr, in welchem Barth seinen Kopenhagener Vortrag hielt, konnte z.B. *Rudolf Bultmann* ganz anders schreiben: »*Für den christlichen Glauben ist das Alte Testament nicht mehr Offenbarung.* Wer in der Kirche steht, für den ist die Geschichte Israels vergangen und abgetan. Die christliche Verkündigung kann und darf die Hörer nicht daran erinnern, daß Gott ihre Väter aus Ägyptenland geführt hat . . . Israels Geschichte ist nicht unsere Geschichte . . . Das heißt aber, *daß die Geschichte Israels für uns nicht Offenbarungsgeschichte ist*«[22].

Demgegenüber ist für den Barth des Jahres 1933 die Exodusgeschichte als

20   A.a.O., 132f.
21   *E. Busch*: (Anm. 9) 48.
22   *R. Bultmann*: Die Bedeutung des Alten Testaments für den christlichen Glauben (1933), in: Glauben und Verstehen Bd I, Tübingen 1933, 333; Kursivierung von mir.

Befreiungsgeschichte Israels konstitutiv für das Verständnis der Christusgeschichte: »Auch diese Vorgeschichte des Gebotes ist nicht etwa zufällig.
Auch von ihr kann nicht abstrahiert werden. Wer der Gott ist, der im ersten Gebot persönlich mit seinem Befehl auf den Plan tritt, das ergibt sich
vielmehr entscheidend aus dieser Vorgeschichte seines Befehlens. Er ist der
Erlöser Israels ... Der Gott des ersten Gebotes ist ... der Gott des Menschen«.[23]

3. Die Vergewisserung der axiomatischen Voraussetzung[24]
(Die innere Kohärenz)

In seinem Aufsatz von 1933 vergewissert sich Barth in jedem der vier
Punkte der inhaltlichen Entfaltung darüber, *inwiefern* die bisher entfaltete
grundlegende Wechselbeziehung von Israelgeschichte und Christusgeschichte, von Exodus und Auferweckung als *axiomatische Voraussetzung*
der Theologie zu verstehen ist: »Man versteht unter einem *Axiom* einen
Satz, der keines Beweises durch andere Sätze fähig ... ist, weil er sich
selbst beweist, – einen Satz, der vielmehr umfassend und kräftig genug ist,
die letzte entscheidende Voraussetzung zum Beweis aller anderen Sätze
eines bestimmten wissenschaftlichen Bereichs zu bilden. Wenn es ... auch
ein *theologisches* Axiom gibt, so ist damit gesagt: auch die Theologie beruht hinsichtlich des Beweises ihrer Sätze auf einer letzten entscheidenden
Voraussetzung, die als solche weder bewiesen werden kann, noch bewiesen zu werden nötig hat, sondern die Alles zu ihrem Beweise Nötige selber
sagt.«[25]
Um diese axiomatische Voraussetzung der Theologie als Wissenschaft zu
präzisieren, ergänzt Barth: Die Theologie wird nicht meinen dürfen, mit
dem Begriff des Axiomatischen bzw. der axiomatischen Voraussetzung
»eine gemeinsame Plattform, einen ›Anknüpfungspunkt‹« im Rahmen eines umfassenden Allgemeinen gefunden zu haben. So ist die Theologie
auch nicht in der Lage, von ihrer Gegenstandsorientiertheit her »den
Axiomen im allgemeinen Sinn des Begriffs« »endgültig« und in allen
Punkten zu entsprechen[26].
Da Barths Ausführungen über die innere Kohärenz im Sinne seines An-
selm-Verständnisses und auch sein Verweis auf die Grenze der Vergleichbarkeit des theologischen Axioms mit den Axiomen im allgemeinen wissenschaftstheoretischen Sinn des Begriffs insbesondere von Pannenberg in
seiner Wissenschaftstheorie mißverstanden worden sind, seien die folgen-

23 *K. Barth*: (Anm. 6) 132f.
24 A.a.O., 127-134.
25 A.a.O., 127.
26 A.a.O., 129, 128.

den Sätze *Helmut Gollwitzers*, die auch die entsprechenden Ausführungen Barths in KD I/1 betreffen und interpretieren, hier angeführt: Pannenberg »liest . . . die Barthschen Sätze, als würde mit ihnen ein Denken angekündigt, das sich um keinerlei Regeln der Logik, der Verständigung und der Beweisführung kümmert«. Pannenberg hat aber nicht gesehen, daß Barth in seinem ganzen Werk, insbesondere auch in der Kirchlichen Dogmatik, »die Scholzschen Postulate (der Widerspruchslosigkeit [= Satzpostulat] und Nachprüfbarkeit [=Kontrollierbarkeitspostulat]) zumeist durchaus erfüllt und, wo dies nicht der Fall ist, über die Gründe dafür Rechenschaft gibt. Nicht als faktisch relevant für ein ordentliches Denken hat er sie abgelehnt, sondern nur als apriorische Bindung, die der Theologie nicht mehr die Freiheit ließe, vom übergeordneten Postulat der Sachgebundenheit her, das Barth als das einzig verbindliche proklamiert (KD I 1, 291f), diesen anderen Postulaten zu genügen oder (dann aber wissend und begründend, was sie tut!) je und je auch nicht«[27].
Das im folgenden Abschnitt Ausgeführte vermag Gollwitzers Einschätzung weiter zu bestätigen.

4. Die externe Bewährung des theologischen Axioms[28] (Die primär negative Abgrenzung)

Schon 1933 – wie später dann auch 1959 in KD IV/3 – vollzieht Barth die externe Bewährung des theologischen Axioms in einem Doppelschritt bzw. nach zwei Seiten hin: sowohl in einer negativen Abgrenzung gegenüber der natürlichen Theologie als auch in einer positiven Inbeziehungsetzung der Offenbarung mit der Erfahrung.

a) *Der Primat der Ablehnung in der Situation von 1933*
Daß es Barth in der geschichtlichen Situation des Jahres 1933 primär um eine *negative* Abgrenzung gehen mußte, sollte kontextuell unmittelbar verständlich sein. Dabei ist charakteristisch, daß Barth die Abgrenzung sowohl im Hinblick auf die philosophische als auch im Hinblick auf die natürliche Theologie vollzieht.
Zunächst die *Abgrenzung von der philosophischen Theologie.*
Barth schreibt:»Man darf die Einzigkeit eines höchsten Prinzips aller Dinge, auch wenn dieses höchste Prinzip mit dem Namen Gottes bezeichnet wird, jene Einzigkeit, über die der Mensch allenfalls aufgeklärt werden kann, mit der Einzigkeit Gottes, wie sie hier (im ersten Gebot) offenbart wird, nicht verwechseln. Gerade jenes Einzige, ob es nun das höchste Sein oder der absolute Geist oder auch Gott genannt werde, über das der

---

27   H. *Gollwitzer*: Befreiung zur Solidarität, München 1978, 34. – Vgl. *W. Pannenberg*: Wissenschaftstheorie (Anm. 2) 270-273.
28   *K. Barth*: (Anm. 6) 134-143.

Mensch allenfalls aufgeklärt werden kann, dürfte vielmehr zu den anderen Göttern gehören, die neben Gott zu haben, durch das Gebot verboten sind. Das Gebot sagt von diesen anderen Göttern gar nicht einfach, daß sie keine Wirklichkeit hätten. Es setzt bekanntlich vielmehr voraus, daß sie eine bestimmte Wirklichkeit hätten, so gewiß es voraussetzt, daß es Völker gibt, die sie als Götter *haben*, die diesen Göttern ihr *Herz* schenken. Wo das geschieht, *da sind* eben Götter. Das Gebot legt aber die Hand auf den Israeliten, es isoliert ganz Israel als solches gegenüber diesen Völkern mit der Forderung, diese andern Götter trotz ihrer Existenz nicht etwa neben dem Gott Israels . . . , neben dem Ich, das den Israeliten als du anredet, neben dem Gott, der Israel aus Ägypten geführt, *auch* als Gott zu haben, also für Gott zu halten.«[29]

Nach dieser Abgrenzung von der philosophischen Theologie erfolgt bei Barth die *Abgrenzung von der natürlichen Theologie* im Sinne des Neuprotestantismus: »Es ist aber in der neueren protestantischen Theologie von *Buddeus* und *Pfaff* bis und mit *Hirsch* und *Althaus, Gogarten* und *Brunner* nicht klar, ob ihr Eifer und ihr Pathos nicht vielmehr jener anderen Instanz (der Natur, dem Naturrecht und der natürlichen Religion) gilt . . . Wir hören sie immer da am lautesten, eindringlichsten und feierlichsten reden, wo sie auf die mit dem Wörtlein ›und‹ mit der Offenbarung in Beziehung gesetzten Dinge zu sprechen kommt. Mit der Apologie einer bestimmten kleinbürgerlichen Moral fing es im 18. Jahrhundert an, mit der Apologie von Volkstum, Sitte und Staat scheint es heute [zu] endigen.«[30]

b) Die Forderung einer positiven In-Beziehung-Setzung

Dennoch scheint es mir höchst bezeichnend und für das Verständnis von KD IV/3 wichtig zu sein, daß Barth es schon 1933 nicht bei der notwendig situationsbezogenen, negativen Abgrenzung gegenüber der philosophischen und der natürlichen Theologie beläßt, sondern daß er im Verweis auf die »natürliche Theologie« bei den Reformatoren auch positiv von einer sogar notwendigen *In-Beziehung-Setzung von Offenbarung und Erfahrung* sprechen kann.

Barth verweist zunächst auf die Bedeutung von Natur, Naturrecht und natürlicher Religion in der Reformation: Die Reformatoren haben »bekanntlich der Natur, dem Naturrecht und der natürlichen Religion nicht jede Anerkennung versagt.«[31]

Barth verweist sodann im Sinne des pneumatologischen Kriteriums Bucers – verum vero consonare – auf den Stellenwert der *Erfahrung nach Maßgabe der Offenbarung*: »Wenn die Theologie es, wissend um ihre Verantwortlichkeit gegenüber dem ersten Gebot, in der Tat nicht unterlassen kann, indem sie von der Offenbarung redet, auch vom Menschen, von

---

29 A.a.O., 134f.
30 A.a.O., 138.
31 Ebd.

Vernunft und Erfahrung, von Geschichte und geschöpflicher Existenz und dann gewiß auch von Volkstum, Sitte und Staat zu reden, dann wird sich diese Verantwortlichkeit darin zeigen, daß sie jenen andern Instanzen nach Maßgabe der Offenbarung und nicht etwa die Offenbarung nach Maßgabe jener andern Instanzen interpretieren wird.« Es folgt dann Barths eindrückliches und plastisches Bild: Die Theologie »wird nicht mit einem auf der Erde aufgestellten Scheinwerfer den Himmel abzuleuchten suchen, sondern sie wird versuchen, die Erde im Lichte des Himmels zu sehen und zu verstehen.«[32]

Ja Barth stellt schließlich als Fazit sogar *die Notwendigkeit der In-Beziehung-Setzung von Offenbarung und Erfahrung* heraus: Theologie »muß«, »wissend um ihre Verantwortlichkeit gegenüber dem ersten Gebot, die Offenbarung in Beziehung (sehen) und – denkend und sprechend in Beziehung (*setzen*) . . . – zu Vernunft, Existenz, Schöpfung« oder wie die anderen Instanzen und Größen nun heißen mögen[33].

Von dem bisher Ausgeführten her wird deshalb zu erwarten sein, daß Barth in der Situation nach 1945 kontextuell den Schwerpunkt von der *negativen* Abgrenzung gegenüber der philosophischen, natürlichen und politisierenden Theologie auf die *positive* In-Beziehung-Setzung von Offenbarung und Erfahrung setzen wird: Er wird den Primat und die Notwendigkeit einer positiven In-Beziehung-Setzung unter Voraussetzung der negativen Abgrenzung vollziehen. Barth wird von daher seine Lehre von den wahren Worten im Weltgeschehen, von der Gleichnisfähigkeit und Gleichnisbedürftigkeit der Gesellschaft, seine Lehre von den Lichtern in der Schöpfung entfalten und schließlich Andeutungen über die Wahrheiten in den Religionen machen und Hinweise als Richtung für weiteres Fragen im Raum der Ökumene und für den Dialog mit den Religionen geben.

II. Die messianische Prophetie Jesu Christi (1959)[34]
(Die Herrlichkeit des Mittlers – Jesus Christus, das Licht, das allen Menschen leuchtet)

Zunächst einige Vorbemerkungen: Ich habe bereits angedeutet, daß Aufbau und Inhalt des grundlegenden Aufsatzes von 1933 über Offenbarung und Erfahrung in KD IV/3 wiederkehren und hier eine umfassende dogmatische Entfaltung im Blick auf die Situation der Jahre nach 1945 erhalten haben.

---

32 A.a.O., 138f, 139.
33 A.a.O., 140.
34 *K. Barth*: KD IV/3, § 69,1.2.

Das kann aber nur gesehen werden, wenn man sich die Stringenz des Aufbaus von KD IV/3 § 69,1.2 deutlich vor Augen hält und nicht – wie es oft geschieht – entweder die kontextuelle Analyse des Anfangs[35] oder die Israeltheologie[36] oder die Lehre von den Lichtungen der Schöpfung[37] des § 69, 2 voneinander isoliert und letztere nicht von den wahren Worten im Weltgeschehen und Lichtern in der Schöpfung[38] unterscheidet. Vielmehr wird die umfassende Entfaltung des Themas Offenbarung und Erfahrung in KD IV/3 erst sichtbar, wenn man die Stringenz des Aufbaus des § 69 berücksichtigt:

Wir werden deshalb im folgenden Teil II fragen: 1. nach der *kontextuellen Herausforderung,* 2. nach dem *Gegenstand der Theologie,* sodann 3. nach der *Vergewisserung der axiomatischen Voraussetzung* im Sinne der inneren Kohärenz und schließlich 4. nach der *externen Bewährung* der Sache der Theologie, – und zwar speziell in Teil III im Hinblick auf die folgenden Erfahrungsfelder der messianischen Prophetie Jesu Christi: die wahren Worte im Weltgeschehen, die Gleichnisbedürftigkeit der Gesellschaft, die Lichter *in* der Schöpfung und die Wahrheiten in den Religionen.

1. Die kontextuelle Herausforderung[39]
(Die Analyse der Situation)

Indem die vollbrachte Versöhnung als Bekräftigung des Bundes Gottes mit Israel geschieht, offenbart sie sich auch. Versöhnung ist »in ihrem Charakter als *Offenbarung* transeunt, kommunikativ.«[40] Nachdem Barth das dritte Problem der Versöhnungslehre »von der Sache selbst« her, aber auch »von der Schrift«, d.h. dem Johannesprolog her[41], vorgestellt hat und nachdem er *die reformatorische Lehre von dem munus propheticum* dahingehend befragt hat, ob der Kreis der durch die Prophetie Jesu Christi Erreichten nur die Erwählten oder nicht vielmehr die Welt sei[42], schreitet er zu einer überaus interessanten *Analyse der neuzeitlichen Situation* von Kirche und Welt aus reformatorisch-neuzeitlicher (Renaissance, Aufklärung) und ökumenischer Perspektive fort, stellt sich also die Frage, ob wir »nur aus Gründen zeitloser [theologisch] wissenschaftlicher Richtigkeit« oder »heute (!) auch vom Fortgang der *Kirchengeschichte* her aufgefordert (sind), dem Charakter der Versöhnung als *Offenbarung* besondere Aufmerksam-

35 A.a.O., 18-40.
36 A.a.O., 40-78.
37 A.a.O., 153-188.
38 A.a.O., 95-153.
39 A.a.O., 18-40.
40 A.a.O., 8.
41 A.a.O., 40, 7f: Es ist das Licht des *versöhnenden* Lebens, das allen Menschen leuchtet. Es ist der *messianische* Menschensohn Jesus, der *auch* der Logos am Anfang ist.
42 A.a.O., 17.

keit zuzuwenden«. Barth behandelt also das dritte Problem der Versöhnungslehre nicht abstrakt-dogmatisch, sondern zunächst *kontextuell* im Sinne der »Beantwortung einer uns durch die geschichtliche Entwicklung insbesondere der letzten 450 Jahre aufgedrängten Frage.«[43]

In seiner an Barmen I orientierten Analyse der Kirchengeschichte seit Reformation und Renaissance betont und bejaht Barth zunächst das in der Neuzeit erfolgte Selbständigwerden der Welt gegenüber der Kirche, insofern »sich ... teils von der Wiederentdeckung des Griechentums, teils von den damals anhebenden erstaunlichen Fortschritten der Natur- und Geschichtswissenschaft und vor allem der Technik her ein ganz neues, auf die Autonomie der allgemeinen Vernunft ... ausgerichtetes *Lebensgefühl* und *Selbstverständnis* zu bilden begann«. Und zwar im Gegensatz zu den reaktionären Bewegungen in Staat und Gesellschaft und also – in der Sprache des Darmstädter Wortes von 1947 – als Gegenbewegung zu dem »verblendeten Bündnis (der Kirche) mit jenen reaktionären Mächten.«[44]

Parallel zu dieser Trennung der Welt von der Kirche in Renaissance und Aufklärung haben wir es nach Barth aber merkwürdigerweise »gerade in der Neuzeit auch mit einem originellen und spontanen *Ausbruch* der christlichen Gemeinde in die *Welt* hinein zu tun«[45]: Drei Momente, die für seinen eigenen theologischen Weg von entscheidender Bedeutung geworden sind, hebt er dabei eigens hervor:

Einmal (1) die Wiederentdeckung des Wortes Gottes in der *Reformation* als eines kritischen Maßstabes für Kirche und Theologie[46]. Sodann (2) die Wiederentdeckung der »Reich-Gottes-Predigt« durch *J. Chr. Blumhardt,* durch Kutter und Ragaz, durch welche es »zu viel neuer Besinnung auf die Tragweite der alt- und neutestamentlichen Prophetie gekommen« ist[47]. Schließlich hat (3) die Christenheit durch die in den *ökumenischen* Konferenzen bis Amsterdam und Evanston kulminierenden Bewegungen tatsächlich, wenn auch sehr anfänglich, die Grenze von der Kirche in Richtung auf die Welt überschritten und »die positive Bedeutung... gewisser ... *humanistischer,* achristlicher oder gar antichristlicher Schilderhebungen (insbesondere des *Sozialismus!*) nachträglich entdeckt.«[48]

Und Barth versteht diese »*Überschreitung* jener Grenze«[49], den Ausbruch aus dem Raum der Kirche in Richtung auf die Welt als zeichenhafte Entsprechung zum Weg der universalen Prophetie Jesu Christi in Richtung auf die Welt. Es gibt also in Reformation und Aufklärung, in der Wieder-

---

43 A.a.O., 18, 40.
44 A.a.O., 19.
45 A.a.O., 20, vgl. 40.
46 A.a.O., 21f, 32f: »Theologie bekommt dann wie ihr eigenes Thema, so auch ihre eigene Methode: sie wird Folgeleistung gegenüber dem ihr im Schriftwort vorangehenden lebendigen Gotteswort« (33).
47 A.a.O., 30.
48 A.a.O., 31.
49 A.a.O., 32.

entdeckung der Reich-Gottes-Botschaft bis hin zum Sozialismus und zu den Botschaften der ökumenischen Konferenzen zeichenhafte Entsprechungen zur universalen Prophetie Jesu Christi, Zeitzeichen, die es nötig machen, sich *heute* – von der Sache selbst her und durch die Schrift geboten – der messianischen Prophetie Jesu Christi besonders zuzuwenden: Ist doch Jesus Christus das Licht, das *allen* Menschen leuchtet.

Barth gibt hier ein interessantes *Beispiel einer Situationsanalyse,* in welcher er die Kirchengeschichte und Neuzeit nach den Zeichen und Segmenten der universalen Prophetie Jesu Christi befragt – ein ausgeführtes Beispiel, das Barth dann später bei der dogmatischen Entfaltung selber zu geben verweigert[50].

2. Der Gegenstand der Theologie[51]
(Die Korrelation zwischen der messianischen Geschichte Israels und der messianischen Prophetie Jesu Christi)

a) Die messianische Prophetie der ganzen Geschichte Israels[52]
Nachdem Barth in wenig überzeugender und von *Otto Bächli*[53] mit Recht kritisierter Weise eine Differenz zwischen der Prophetie Jesu Christi und den Propheten Israels aufgemacht hat[54], kommt er zu seiner in ihrer Bedeutung nicht hoch genug einzuschätzenden These von der vorbehaltlosen Vergleichbarkeit der messianischen Prophetie Jesu Christi mit der ganzen messianischen Geschichte Israels[55].

Es sind vier, mit der Zusammenfassung sogar fünf Punkte, die Barth eigens hervorhebt und die die Prophetie Jesu Christi mit der Prophetie der Geschichte Israels in ihrer Ganzheit »vorbehaltlos vergleichbar« machen[56]:
1. Die ganze Geschichte Israels ist *für sich selbst sprechende*, prophetische Geschichte, d.h. ihr Geschehen (DABAR) ist auch gleichzeitig WORT (DABAR)[57].
2. Die ganze Geschichte Israels ist zugleich alle Völker angehende und sie

---

50   A.a.O., 140.
51   A.a.O., 40-78.
52   A.a.O., 57-78.
53   O. *Bächli*: Das Alte Testament in der Kirchlichen Dogmatik von Karl Barth, Neukirchen-Vluyn 1987, 305f. – Vgl. dazu *J. M. Hasselaar*: Zu Otto Bächli, Das Alte Testament in der Kirchlichen Dogmatik Karl Barths, in: Zeitschrift für Dialektische Theologie 4/1988, 123-136. Vgl. dazu besonders jetzt auch *Fr.-W. Marquardt*: Das christliche Bekenntnis zu Jesus dem Juden, Bd II, München 1991, 218-225, bes. 221-225.
54   Nach KD IV/3, 53-57 soll Jesus sich als Propheten sui generis »in Überbietung dieses (alttestamentlichen) Begriffs Prophetie« ausweisen.
55   A.a.O., 57-78: »Es sind aber *vorbehaltlos vergleichbar ... Jesus Christus ... und ...* die Herrlichkeit ... der von Jahve ... bestimmten ... *Geschichte Israels* in ihrer Ganzheit und in ihrem Zusammenhang« (a.a.O. 57).
56   A.a.O., 57.
57   A.a.O., 57-60.

ansprechende Geschichte. Israels Geschichte ist zugleich *Licht der Völker*
(Jes. 42,6), die die Wallfahrt der Völker zum Zion zu ihrem umfassenden
Ziel hat, in ihrer Partikularität also universale Bedeutung und Wirkung
bekommt[58].
3. Die Geschichte Israels in ihrer Ganzheit und in ihrem Zusammenhang
ist nicht Geschichte des Gerichts, Israel ist nicht mehr wie noch in KD II/2
nur und primär Zeuge des Gerichts. Vielmehr offenbart die ganze Geschichte Israels die Bundes- und Gnadengegenwart Gottes, die »*Gegenwart der Ehre Gottes und des Heils des Menschen.*«[59] Im Hinblick darauf
ist von einem *positiven Kontinuum der ganzen Geschichte Israels* zu sprechen[60].
4. Die Geschichte Israels ist in ihrer Ganzheit und in ihrem Zusammenhang *mittlerische und stellvertretende Geschichte* für die Geschichte aller
Völker. Der entscheidende Satz Barths lautet: »In dem Allen ist die Geschichte Israels Paradigma und Modell für die Geschichte *aller* Menschen-
völker, und sofern sie Prophetie ... ist, der Schlüssel zum Verständnis der
Weltgeschichte.«[61]
5. Die Geschichte Israels in ihrer Ganzheit mit »David als der Zentralfigur
ihres Geschehens« ist – das alles zusammenfassend – *messianische Geschichte*, insofern »der Messias selbst in ihr existiert, sich selbst in ihr figu-
riert«. »Es ist aber nur die Geschichte Israels, in der sich *dieses* [messiani-
sche] Geheimnis ankündigt.«[62]
Barth arbeitet also fünf Dimensionen und Charakteristika der ganzen Geschichte Israels heraus. Die ganze Geschichte Israels ist danach 1. prophetische, 2. alle Völker erleuchtende, 3. in ihrer Ganzheit heilvolle, 4. mittlerisch-stellvertretende Geschichte und in alledem 5. messianische Geschichte, in der sich das Geheimnis des Messias Israels und seiner messianischen Taten ankündigt.

*b)   Die Korrelation zwischen der ganzen messianischen Geschichte Israels
und der messianischen Prophetie Jesu Christi*[63]
Das Besondere der Aussagen Barths besteht nun darin, daß er die folgende, in ihrer Tiefe kaum auszulotende und in ihren Konsequenzen kaum
abzuschätzende These aufstellt: »Die Prophetie der [ganzen, messiani-
schen] Geschichte Israels in ihrer Einheit ist der Prophetie Jesu Christi ...
vorbehaltlos vergleichbar«. Die Prophetie der messianischen Geschichte Israels ist die »*adäquate Präfiguration*« der messianischen Prophetie Jesu
Christi[64].

58   A.a.O., 60-65.
59   A.a.O., 66.
60   A.a.O., 65-68.
61   A.a.O., 69,60-71.
62   A.a.O., 70 (vgl. 59), 71-72.
63   A.a.O., 71-72.
64   A.a.O., 71.

In dieser wechselseitigen und unauflöslichen Korrelation zwischen der ganzen messianischen Geschichte Israels und der messianischen Prophetie Jesu Christi konkretisiert Barth die 1933 über »Das erste Gebot als theologisches Axiom« gemachten Ausführungen, denen zufolge Exodus und Auferweckung Jesu Christi wechselseitig aufeinander zu beziehen sind. Die Korrelation, die 1933 nur thetisch dargestellt werden konnte, wird 1959 von Barth ausführlich entfaltet, insofern »die messianische Prophetie der ganzen Geschichte Israels nunmehr den Platz einnimmt, den in der bisherigen Theologiegeschichte die natürliche Theologie eingenommen hat«. Ist doch – wie *Eberhard Busch* zu Barth 1933 formuliert – »die christliche natürliche Theologie [bisher] Surrogat für die verlorene Verbindung der Kirche mit Israel« gewesen[65]. *Barth entfaltet also den unverwechselbaren Gegenstand und Inhalt der Theologie als wechselseitige und unauflösliche Korrelation zwischen der messianischen Prophetie der ganzen Geschichte Israels und der messianischen Prophetie Jesu Christi als des Lichtes, das nur aus dieser Korrelation heraus allen Menschen leuchtet und deren Lichter nur aus dieser Korrelation heraus auch anderweitig entdeckt werden können und sollen.*

Das aber bedeutet: Es wird in der universalen Prophetie Jesu Christi nicht um die Aktualisierung einer revelatio generalis, sondern um die revelatio specialis der messianischen Prophetie Jesu Christi gehen, in welcher die ganze Geschichte Israels als mittlerisch-stellvertretende Geschichte präsent ist und allen Völkern leuchtet.

c)   Die Prophetie der messianischen Geschichte Israels nur als Prä-Figuration, nicht auch als Kon-Figuration?[66]
Barth schreibt in KD IV/3 in erschreckender und nach der Shoa, dem Holocaust nicht mehr zu verantwortender Weise: »*Die Geschichte Israels* und ihre Prophetie kann . . . nach dem Anheben dieses ihres Nachher, in welchem sie ihre Erfüllung gefunden hat, *keine Fortsetzungen* mehr haben. Was sich seither als solche darstellen möchte, sind ja nur noch die abstrakten Erinnerungen an ihr einstiges, ihr mit dem Anheben ihres Nachher abgeschlossenen Geschehens: als solche höchst eindrucksvoll, eine Art Gottesbeweis, wie man die Geschichte des sog. Judentums schon genannt hat, d.h. eine rein weltgeschichtliche Bestätigung des Ursprungs und Gegen-

---

65   *E. Busch*: (Anm. 9) 48. – *H.-J. Abromeit* liest in seinem Bonhoeffer-Buch: »Das Geheimnis Christi. Dietrich Bonhoeffers erfahrungsbezogene Christologie«, Neukirchen-Vluyn 1991, 332f aus folgendem Zitat von mir das genaue Gegenteil dessen heraus, was ich dort gesagt habe: »Hier kommt das Judentum der Gegenwart (bei Barth) an die Stelle zu stehen, die in der traditionellen Theologie die natürliche Offenbarung als zweite Offenbarungsquelle einnimmt« (*B. Klappert*, Barmen I und die Juden [Anm. 17] 88f). Abromeit liest aus diesem Zitat fälschlich heraus, daß ich das Judentum zu einer zweiten Offenbarungsquelle mache, während ich in dem ganzen Aufsatz in Auslegung von Barmen I genau das Gegenteil sage.
66   KD IV/3, 72-78.

standes des alttestamentlichen Zeugnisses – aber eben als abstrakte Erinnerungen auch merkwürdig gespenstisch und unfruchtbar, ohne rechte
und wahre Prophetie, eben weil sie bestenfalls die alte Prophetie *ohne* die
neue ist, *ohne* die Erfüllung, auf die sie doch schon als alte gezielt hatte und
die sie nun in der neuen längst gefunden hat.«[67]

Fr.-W. Marquardt hat auf den hier bestehenden Bruch und die hier erschei-
nende Inkonsequenz bei Barth mit überzeugenden Argumenten aufmerksam gemacht: »Der hier manifeste Bruch bei der Auslegung der Geschichtlichkeit [der ganzen messianischen Geschichte Israels] besteht darin, daß
Barth, wie die ganze Tradition, wo er ›Israel‹ sagt, das Judentum nicht mit-
denkt, – wo er von der Geschichte Israels in ihrer Ganzheit spricht, doch
nicht die ganze Geschichte des jüdischen Volkes meint, also die nicht, die
post Christum natum [und noch mehr post Christum resurrectum] auch
wirkliche Geschichte war.«[68]

Die Richtigkeit und Wichtigkeit dieses Einwandes von Marquardt impliziert freilich noch nicht, daß man – wie es bei ihm scheint – eine Ausweitung von Barmen I vornimmt, indem man das Judentum zum »*Wort Gottes, das uns im Leben des jüdischen Volkes anspricht*«[69], aufwertet. Das Judentum ist und bleibt der prophetische Zeuge der »Urgestalt der einen
Gottesoffenbarung« (Barth)[70], nicht aber – in Ausweitung von Barmen I –
das Wort Gottes, das uns – über Jesus Christus als das eine Wort Gottes
hinaus – anspricht.

Von daher und mit dieser Einschränkung wäre – den Anregungen Marquardts folgend – nicht nur mit Barth von einer Prä-Figuration, sondern
über Barth hinaus auch von einer die messianische Prophetie Jesu Christi
begleitenden und indirekt bezeugenden *Kon-Figuration* der ganzen
messianischen Geschichte Israels *und* des Judentums zu sprechen. Barth
hat dies faktisch selber getan, als er von seinem Seminar aus nach Evanston einen Vorschlag sandte, in welchem die messianische Bedeutung und
Prophetie nicht nur des alttestamentlichen Israel, sondern auch des Judentums post Christum resurrectum deutlich zum Ausdruck kam.

Im Jahre 1954 wurde nämlich in Barths Seminar über das Judentum post
Christum resurrectum zum Thema der ökumenischen Konferenz von

---

67 A.a.O., 76.
68 *Fr.-W. Marquardt*: Das christliche Bekenntnis zu Jesus, dem Juden. Eine Christologie,
Bd II, München 1991, 225.
69 A.a.O., 226. – Dabei möchte ich ausdrücklich offenlassen, ob *Marquardt* seine Formulierung in II 226 im Sinne einer Ausweitung von Barmen I meint oder in dem Sinne, daß das
Judentum als prophetischer Lebenszeuge der Urgestalt der einen Gottesoffenbarung, nämlich der Hebräischen Bibel, den wir in seinem prophetischen Lebenszeugnis zu hören haben,
zu verstehen ist. Mündliche Formulierungen Marquardts anläßlich seines Besuches unseres
Seminars im Sommersemester 1992 in Wuppertal deuten m.E. in die letztere Richtung,
wenn er sagen kann: »In dem, was Juden uns sagen, können wir die Stimme Jesu Christi hören«. – Vgl. auch Marquardts Verweis auf den Zeichen- und Zeugencharakter Israels in II 53
und 236f.
70 *K. Barth*: Ad Limina Apostolorum, Zürich 1967, 40.

Evanston ein Ergänzungsvorschlag erarbeitet. In der Überschrift »Die Hoffnung Israels« sprach sich dabei aus, in welcher Richtung Barth und sein Seminar die vom ÖRK vorbereitete Erklärung zum Thema »Jesus Christus – die Hoffnung der Welt« ergänzt wissen wollten: »Wir haben zuerst (!) von dem Volk zu reden, das sich in seiner Hoffnung auf denselben Gegenstand gründet, der auch der Grund unserer Hoffnung ist, nämlich auf das Kommen des Messias... Sie (diese Hoffnung) gründet sich nämlich auf die Verheißungen Gottes, die er seinem auserwählten Volk gegeben hat... Wenn überhaupt von einer Gemeinschaft behauptet werden kann, daß sie von Hoffnung lebt, so ist das gerade und zuerst vom Judentum zu sagen. Israel ist das Volk der [messianischen] Hoffnung.«[71]

Von solchen Sätzen her hätte Barth nicht mehr von der unfruchtbaren gespenstischen Geschichte des »sog. Judentums« ohne Fortsetzung und ohne wahre Prophetie sprechen können und dürfen. Von solchen Sätzen und Einsichten her hätte Barth vielmehr von dem *prophetischen Zeugnis des Judentums*[72] und von dem das Zeugnis des Judentums begleitenden *prophetischen Zeugnis der Christengemeinde* sprechen müssen. Hier besteht also ein Widerspruch zwischen den grundsätzlich-dogmatischen Äußerungen Barths in KD IV/3 von 1959 und der konkret-aktuellen Stellungnahme im Ergänzungsvorschlag zu Evanston von 1954.

Die von Barth so erstmals entwickelten *fünf Charakteristika der ganzen Geschichte Israels*[73] als *Präfiguration und* – wie ich hinzufüge – *Konfiguration der messianischen Prophetie Jesu Christi* fasse ich ihrer Bedeutung wegen wie folgt zusammen:

1. Die Geschichte Israels und des Judentums ist nicht als »Zeuge des Gerichtes« und also nicht nur als Objekt christlich-theologischer Deutung zu verstehen, sondern entscheidend als *Subjekt* ernstzunehmen, insofern das Judentum positiv in seinem prophetischen Zeugendienst an der Prophetie der im Alten Testament bezeugten Geschichte Israels in ihrer Ganzheit zu würdigen ist.

2. Die Prophetie der ganzen Geschichte Israels als Licht der Völker und Prä- und Kon-Figuration der Prophetie Jesu Christi bedeutet: »In dieser universalen Funktion ist Israels Geschichte *Aufruf* an alle Völker: ... sich ... als Glieder der Partnerschaft des mit Israel geschlossenen Bundes, als in die Gemeinschaft mit diesem einzigen Volk des einzigen Gottes aufgenommen ... zu bekennen.«[74] In der Herrlichkeit des Mittlers und in Jesus Christus als dem Licht des Lebens, das allen Menschen leuchtet, ist die

---

71 *B. Klappert*: Kirche und Israel. Erwägungen zur Israeltheologie Karl Barths, TEH 207, München 1980, 44.

72 Ich habe, wenn ich vom *prophetischen Zeugnis des Judentums* spreche, nicht nur die Zeugnis- und Leidensgeschichte des Judentums vor Augen, sondern denke dabei speziell an seine Zeugen und Lehrer im 20. Jahrhundert: *Leo Baeck, M. Buber, D. Flusser, A.J. Heschel* und *E. Lévinas* u.v.a.

73 KD IV/3, 57-72.

74 A.a.O., 61; vgl. Eph 2,11ff.

ganze Geschichte Israels als Licht der Völker (Jes. 42,6) präsent: *Ubi Jesus Christus lux gentium, ibi etiam est Israel.*

3. Die Geschichte Israels in ihrer Ganzheit und in ihrem Zusammenhang ist ihrem Grundton nach *Evangelium,* Treue Gottes zu seinem Bund und zu seiner Erwählung Israels und also Anzeige der Gegenwart der Ehre Gottes und des Heils des Israelvolkes. »Man darf den *cantus firmus* dieses ihres positiven Kontinuums über der Dialektik der Prophetenreden [von Gericht und Verheißung] nicht überhören.«[75] Israel lebt bereits nach dem Tanach im Neuen Bund (Ex 32-34), wie *E. Zenger* in seinem Buch »Das Erste Testament« eindrücklich gezeigt hat[76].

4. Die ganze Israelgeschichte »ist unentbehrliches *Zwischenglied zwischen (dem) Gott (Israels) und der irdischen Geschichte überhaupt . . .*: was der eine Gott mit der Menschenwelt im Großen will und plant, getan hat, tut und noch tun wird, das läßt [nicht ließ!] er im Kleinen, . . . das Ganze rekapitulierend und präformierend in seiner Geschichte mit diesem einzigen Menschenvolk Israels Ereignis werden.«[77] Deshalb kann man nicht mit der EKD-Denkschrift Juden und Christen II sagen: »Darum soll Israel ›Licht der Völker‹ sein (Jes 42,6). Insofern ist Israels Verhältnis zu den Völkern durch die Gottesbeziehung *vermittelt – nicht aber das Verhältnis Gottes zu den Völkern durch ihre Beziehung zu Israel.*«[78] Im Gegenteil: Ist Israels Geschichte mittlerische, stellvertretende Geschichte und als solche der Zugang zur Weltgeschichte, dann kann man von der Versöhnung der Völkerwelt theologisch nicht recht reden, ohne der Versöhnung der Völker mit dem Volk Israel entscheidend zu gedenken (Eph 2,11ff; Röm 11,15.30–32). Hier ergeben sich *Erfahrungsfelder der Versöhnungslehre,* wie sie ein abstraktes Versöhnungsverständnis nicht zu Gesicht bekommen kann.[79]

---

75   A.a.O., 66.
76   *E. Zenger*: Das Erste Testament. Die jüdische Bibel und die Christen, 1991: Zenger verweist auf die drei Phasen des in Ex 19-34 erzählten Bundesgeschehens: 1. Bundesschluß (Ex 19-24) – 2. Bundesbruch (Ex 32) – 3. Bundeserneuerung (Ex 34). »Auch wenn in Ex 34 der Begriff ›neuer Bund‹ nicht verwendet wird, ist die Geschichte Israels, die sich auf diesen Sinaibund gründet, nur als eine Geschichte des ›erneuerten Sinaibundes‹ begreifbar. Auf diese Gnade *dieses* Sinaibundes, der von seiner Mitte her ein ›neuer‹ Bund ist, hoffen die Beter der Psalmen 51, 103, 130, wenn sie den barmherzigen Gott um Vergebung bitten – und der barmherzige Gott schenkt ihnen seine Gnade nicht im ›Vorgriff‹ auf das Neue Testament, sondern aus der Mitte seines Gott-Seins her, das er Israel geoffenbart hat« (116f; vgl. 101). In der Verlängerung der Linien Zengers in das Neue Testament hinein würde ich sagen: Römer 9-11 wäre von daher als Wiederholung des *Weges* von Ex 19(32)-34 zu verstehen, insofern auf Ex 33,19 in Röm 11,15 und auf Ex 34,6 in Röm 11,31 angespielt wird. Auch Mk 14,24 wäre von daher als eschatologische Wiederholung des erneuerten Sinaibundes zu verstehen, nunmehr unter Einbeziehung der Völkerwelt (Mk 14,25 als Verweis auf Jes 25,6-8), so daß wir Menschen aus den Völkern in den erneuerten Bund Gottes mit Israel einbezogen werden.
77   *K. Barth*: KD IV/3, 69.
78   *EKD* (Hg.): Juden und Christen II, Gütersloh 1991, 39; Kursivierung von mir.
79   Vgl. in diesem Zusammenhang *Barths* großartigen und weiter auszubauenden exegetischen Exkurs über die Ur- und Völkergeschichte als Reflex der Israelgeschichte (IV/3, 70): »Es reflektiert sich also in der allgemeinen (Völker-)Geschichte die besondere (Israel-)Ge-

5. Die messianische Geschichte Israels und des Judentums als des Volkes
der Hoffnung ist eine Geschichte der Hoffnung, ohne die die Prophetie Jesu Christi und seine Offenbarungsgeschichte als die des messianischen Befreiers[80] nicht entfaltet und ohne die das ökumenische Thema »Jesus Christus – die Hoffnung der Welt« (Evanston 1954) nicht verstanden werden
kann. Man kann also nicht die messianische Hoffnung für die ökumenische Kirche wiedergewinnen, ohne die Solidarität mit dem messianischen
Volk der Juden zu suchen und ohne die Geschichte Jesu Christi selbst als
Geschichte des sein Volk repräsentierenden, die Sendung seines Volkes
wiederholenden und bekräftigenden Messias Israels zu verstehen[81].
Dabei hat Marquardt – gegenüber Barth[82] mit Recht – Mose, Elia und
Deuterojesaja als kategoriale Beziehungswirklichkeiten der Geschichte Jesu Christi herausgearbeitet[83]. Freilich hat Barth gegenüber Marquardt mit
Recht David als Zentralfigur der messianischen Geschichte Israels und also als kategoriale Beziehungswirklichkeit der Geschichte Jesu Christi festgehalten[84].

schichte. Wieder kann es aber auch nicht anders sein, als daß die *besondere* Geschichte Israels die Konturen der *allgemeinen* (Welt-)Geschichte sichtbar macht« (70). – Hier ergeben
sich Erfahrungsfelder der Versöhnungslehre für die Versöhnung der Völker mit Israel, Erfahrungsfelder für ein SCHALOM-Verständnis und eine SCHALOM-Praxis, in welchen das
Existenz und das Lebensrecht Israels in Israel und unter den Völkern bewahrt werden, sowie Erfahrungsfelder für die erst vor uns liegende Aufgabe, »die Epochen jüdischer Geschichte« (L. Baeck) mit den Epochen der Kirchengeschichte als Geschichten der Bezeugung
der einen Urgestalt der Gottesoffenbarung« (K. Barth) zusammenzusehen und zusammen
zu erforschen.
80   *K. Barth*: KD IV/2, § 64,3: Der königliche (messianische) Mensch; IV/3, § 69,3: Jesus ist
Sieger (messianischer Befreier).
81   Von daher wäre die *Präexistenz Jesu Christi* mit *Barth* zuerst als seine Präexistenz in der
ganzen messianischen Geschichte Israels zu verstehen, insofern »der Messias selbst in ihr
existiert« (KD IV/3, 72). Von daher wäre auch die nachbiblische Leidens- und Lebensgeschichte und also die Zeugengeschichte des Judentums als die irdisch-geschichtliche Exi-
stenzform Jesu Christi, des Messias Israels (im Sinne der formalen Christologie Marquardts!), zu verstehen, und dieses Judentum als sein Leib (vgl. KD IV/3, 73, 75), – eine Konsequenz, die Barth in IV/3 nicht gezogen hat, die aber von seinem Ansatz her als dogmatisch konsequent und ethisch relevant erscheint.
82   *K. Barth*: KD IV/3, 57.
83   *Fr.-W. Marquardt*: (Anm. 68) § 5.
84   *K. Barth*: IV/3, 70,59 – Vgl. dazu meine Würdigung der Christologie Marquardts in
meinem Beitrag: »Jesus als König, Priester und Prophet. Eine Wiederholung der Wege und
des Berufes Israels« dem (Referat am 7.12.1991 in der Evangelischen Akademie Berlin-West
zusammen mit *Pnina Navè-Levinson* und *H.H. Henrix*; veröffentlicht in: Evangelische Akademie Berlin (West) (Hg.), Jesus, der Jude, und wir Christen. Zur Theologie Fr.-W. Marquardts. Dokumentation 89/1992, 25-52. – Von daher wäre auch – anders als Marquardt,
Christologie Bd II (Anm. 68) § 6 schreibt – die Christologie nicht nur als »Lehre von der Gemeinschaft Gottes mit der um Israel versammelten Menschheit« zu verstehen, sondern als
Lehre von der *Gemeinschaft Gottes mit Israel und der zu Israel hin versammelten Menschheit*
zu entfalten. – Marquardt hat im Sommersemester 1992 in meinem Christologie-Seminar
dieser anderslautenden Formulierung ausdrücklich zugestimmt und zur Korrektur seiner
entsprechenden Aussagen in: Christologie [Anm. 68] II 33 aufgefordert. Ich bin Marquardt
für brüderliche Begegnung und inhaltliche Belehrung sehr zu Dank verpflichtet.

3.   Die Vergewisserung der axiomatischen Voraussetzung[85]
(Die innere Kohärenz)

Nachdem Barth die Sachbezogenheit und Gegenstandsorientiertheit der
Theologie durch die wechselseitige Korrelation der Prophetie der ganzen
messianischen Geschichte Israels und der messianischen Prophetie Jesu
Christi entfaltet hat[86] und bevor er zu der notwendig externen Bewährung
der Sache der Theologie auf den Erfahrungsfeldern der Prophetie Jesu
Christi im Sinne unseres Themas »Offenbarung und Erfahrung« über-
geht[87], vergewissert er sich in einem wichtigen Zwischenabschnitt der
axiomatischen Voraussetzung, die er soeben mit der Korrelation von prophetischer Israel- und messianischer Christusgeschichte gemacht hat[88].
Geht es hier ja um die axiomatische Voraussetzung der Theologie: »Aber
es ist an der Zeit, daß wir eine grundsätzliche *Rückfrage* stellen . . . Wir haben nämlich bis jetzt . . . *vorausgesetzt* . . . , daß das Leben Jesu Christi als
solches *Licht*, . . . seine Geschichte auch *Offenbarung*, . . . sei. Mit welchem
Recht und Grund?«[89]

Barth fragt weiter: »*Wurde* ihm – haben *wir* ihm das Alles bloß ›zuge-
schrieben‹ . . . Ist das, was wir das Licht seines Lebens nennen, vielleicht
doch bloß das Licht eines ›Werturteils‹, das wir an ihn herantragen, indem
wir ihn beleuchten, d.h. einschätzen nach der Bedeutung, die wir ihm zu-
messen, so daß der eigentliche Lichtquell eben doch . . . in dem Maßstab zu
suchen (ist) . . . , mit Hilfe dessen wir das für *uns* (und *damit* objektiv und
real) Bedeutende . . . feststellen zu können meinen? Sollte seine Wahrheit
vielleicht doch nur die einer Kategorie sein, unter der *wir* uns die Wichtigkeit seines Werks begreiflich machen wollen . . .?«[90]
Barth stellt die weitere Frage, ob wir zur Beantwortung dieser alles entscheidenden Frage und angesichts des Vorwurfs, Theologie der bloßen Behauptung und der radikalen Subjektivität zu betreiben, nun zu einer Bewahrheitung der Offenbarung an der Erfahrung, m.a.W. zu einer anthropologischen, historischen oder universalgeschichtlichen Verifikation von
außen her fortschreiten sollten: »Was würde es nun bedeuten, wenn er (der
Theologe) zu einer historischen, weltanschaulichen, anthropologischen,
psychologischen . . . Darlegung« und Verifikation »schreiten wollte in der
Absicht, sich selbst oder Anderen vor Augen zu führen, daß es mit dem Inhalt seiner Voraussetzung [seines Axioms] . . . seine Richtigkeit habe, daß
also Jesus Christus . . . [in seiner Korrelation mit der Prophetie der ganzen
messianischen Geschichte Israels] . . . *der* Prophet Gottes an und für alle

---

85   *K. Barth*: KD IV/3, 78-95.
86   A.a.O., 40-78.
87   A.a.O., 95-153.
88   A.a.O., 78-95.
89   A.a.O., 78.
90   Ebd.

Menschen tatsächlich sei, aus diesen und diesen Gründen sein müsse oder
doch sein könne?«[91]
Als ob Jesus Christus, der messianische Prophet in der Korrelation mit der
Prophetie der messianischen Geschichte Israels, »vielleicht doch nicht . . .
mit axiomatischer Gewißheit so sei!« »Es könnte nämlich wohl sein, daß
wir uns da zum Versuch eines *Beweises* . . . verführen ließen, in dessen
Durchführung wir gerade das *leugnen* würden, was wir beweisen möchten,
daß wir Feuerbach verfallen, indem wir uns seiner zu erwehren versuchen!«[92].
Wir befinden uns hier am entscheidenden Punkt der Kritik W. Pannenbergs an Karl Barths Theologie: Nach Pannenberg verbindet nämlich die
Theologie Karl Barths die auf die anderen Religionen angewandten Religionskritik Feuerbachs einerseits mit einer die Offenbarung radikal sub-
jektivistisch fundierenden, letztlich fundamentalistischen Position andererseits[93]. Deshalb folgert Pannenberg: »Darum ist also die Taktik (Barths),
die anderen Religionen à la Feuerbach zu erklären und für das Christentum« – sagen wir jetzt mit Barth korrekter: für die universale Prophetie Jesu Christi im Kontext der messianischen Prophetie der ganzen Geschichte
Israels – »eine Ausnahme zu postulieren, letzten Endes verderblich für die
Glaubwürdigkeit der christlichen Theologie selbst«. Und nun Pannenbergs
positive Antwort im Sinne der philosophischen Anthropologie als des entscheidenden Zugangs, nicht als der letztendlichen Verifikation, die nur
universalgeschichtlich erfolgen kann: »Die Auseinandersetzung mit der
atheistischen Religionskritik aber kann nicht mit Berufung auf (die) Offenbarungsautorität geführt werden. Sie muß geführt werden auf der Ebene der Anthropologie und mit Argumenten der [anthropologischen] Philosophie.«[94]
Ich nenne hier der Kürze halber die Kritik, die mein Lehrer, *Hans-Georg
Geyer*, ein exzellenter Kenner der Philosophiegeschichte und auch der
Theologie Pannenbergs, in seinem Aufsatz »Gottes Sein als Thema der
Theologie« bereits 1966 vorgetragen und auf die Pannenberg bisher nicht
geantwortet hat: »Allerdings fällt auch gerade in die erste, die anthropologische Etappe auf dem Denkweg der ›Bewahrheitung christlichen Redens

---

91   A.a.O., 81f.
92   A.a.O., 82,79. – Vgl. dazu *W. Pannenbergs* Versuche, Feuerbach anthropologisch zu wi-
derlegen: »Reden von Gott angesichts atheistischer Kritik« (Ev Komm 2/1969, 442-446,
wiederveröffentlicht in: *ders.*, Gottesgedanke und menschliche Freiheit, Göttingen, 1972,
29-47).
93   Als ob Barth die Religionskritik der Propheten, der Reformatoren und Feuerbachs
nach KD I/2 § 17 nicht gerade zuerst auf die christliche Religion angewendet wissen wollte!
Selbstkritik der Religionen ist ein konstitutives Moment im Dialog der Religionen. Die Radikalität der prophetischen Kritik Israels ist von *H.W. Wolff* immer wieder als proprium der
Hebräischen Bibel bezeichnet worden. – Vgl. dazu *H.-J. Kraus*: Theologische Religionskritik,
Neukirchen-Vluyn 1982.
94   *W. Pannenberg*: (Anm. 2), Wissenschaftstheorie (Anm. 2) 299-348 und Antropologie,
Göttingen 1983.

von Gott‹ meines Erachtens die Hauptschwierigkeit des ganzen Unternehmens: denn W. Pannenbergs Interpretation des zum anfänglichen Ausgang gewählten Phänomens der ›Weltoffenheit des Menschen‹ in Richtung eines welttranszendenten Grundes aller weltimmanenten Wirklichkeit ist ein ebenso dogmatisches Urteil wie die andere [entgegengesetzte] in Richtung der spontanen Subjektivität des Menschen gegenüber der objektiven Weltwirklichkeit. Wird diese von der Gewißheit regiert, daß die Freiheit die letztgültige Wahrheit menschlichen Daseins ist, so steht W. Pannenbergs Entscheidung am Anfang schon unter der leitenden Bedingung der letztgültigen Wahrheit der von der Bibel bekundeten Offenbarung Gottes.«[95]

Stimmt diese Analyse Geyers – und ich folge ihr hier –, dann kann der Weg der Theologie nicht auf den Bahnen einer anthropologischen, philosophisch-theologischen und universalgeschichtlichen Verifikation verlaufen, dann kann es sich nicht um eine *Bewahrheitung von außen*[96], sondern nur um eine von dem Gegenstand der Theologie selbst vorgezeichnete und diesem entsprechende *Bewährung nach außen* handeln.

Merkt der apologetische Theologe »denn gar nicht, daß er die Richtigkeit dieser Sache nur damit *erfahren*, erweisen … kann, daß er, ihr entsprechend, mit ihr umgeht?«[97]. Ähnlich und entsprechend hat sich Barth fünf Jahre später in einem Brief an Pannenberg zu dessen »Grundzügen der Christologie« ausdrücklich geäußert[98].

Versteht der apologetische Theologe gar nicht, daß durch eine apologetische Theologie der Bewahrheitung des Besonderen durch das universale Allgemeine die von ihm intendierte und durch die Theologie als Wissenschaft in der Tat zu leistende *Bewährung* gar nicht erreicht werden kann? »Es gibt keine apologetische … Absicht – und es gibt auch keine Verpflich-

---

95   *H.-G. Geyer*: Gottes Sein als Thema der Theologie, in: Verkündigung und Forschung 11/1966, 1-37, 29. Geyers fundierte Kritik, ja nicht einmal sein Name, tauchen in den Bänden der Systematischen Theologie Pannenbergs auf, sind also vom wissenschaftstheoretischen Ansatz Pannenbergs aus geurteilt in seinen Entwurf nicht integrierbar. Auf die wichtige Kritik von Geyer geht Pannenberg lediglich im Vorwort zu seinem Aufsatzband Grundfragen Systematischer Theologie in einer Anmerkung ein (Anm. 3, Göttingen 1967, 7f). Eine wirkliche Auseinandersetzung mit Geyers Anfragen steht also aus. Dasselbe gilt auch für *H. Gollwitzers* Anfragen an Pannenberg in: AW II 280-312, bes. 298, 308-312. *W. Weischedel* hat im Bd II seiner philosophischen Theologie ähnliche Fragen an Pannenberg gestellt: *W. Weischedel*: Der Gott der Philosophen Bd II, Darmstadt 1972, 74-79. – Ich habe W. Weischedel für persönliche Begegnung und brieflichen Austausch sehr zu danken. – Vgl. auch die Arbeit von *H.Th. Goebel*: Der Auftrag des Wortes Gottes an Verkündigung und Theologie der Kirche, Neukirchen-Vluyn 1972.
96   Vgl. *K. Barth*: KD IV/3, 80f.
97   A.a.O., 82, Kursivierung von mir: Es geht also *Barth* ausdrücklich um den Zusammenhang von Offenbarung und Erfahrung, freilich um einen diesem Gegenstand entsprechenden (analogia fidei!) Umgang mit der Erfahrung.
98   *K, Barth*: Briefe 1961-1968, hg. von *J. Fangmeier* und *H. Stoevesandt*, Zürich 1975, 280-283 (Brief an Pannenberg vom 7.12.1964). – Vgl. Pannenbergs Antwort-Brief an Barth vom 9.5.1965 (a.a.O., 563f).

tung zu wissenschaftlicher Gewissenhaftigkeit, mit der solcher Frevel [die apologetische Verifikation des Gegenstandes der Theologie vom Allgemeinen her] zu ... rechtfertigen wäre.«[99]

Wenn aber die Bewahrheitung der Theologie auf dem Weg Pannenbergs keine Eindeutigkeit erbringt oder implizit bereits unter der leitenden Voraussetzung der Wahrheit der biblischen Offenbarung steht (H.-G. Geyer), dann entsteht allerdings die Frage, ob nicht doch mit Barth nur nach einer dem Gegenstand der Theologie entsprechenden Bewährung nach außen (nicht Bewahrheitung von außen her) gefragt werden kann. In der präzisen Sprache Geyers, »ob für die Theologie nicht doch die Notwendigkeit einer vorgängigen dogmatischen [und axiomatischen] Explikation dieser letztgültigen Wahrheit der geschichtlichen Offenbarung Gottes besteht, im Verhältnis zu der die Entfaltung der Wirklichkeitsbedeutung des Seins Gottes für Welt und Mensch – bei aller *Notwendigkeit,* die ihr eigen ist – doch nur die Fortsetzung, nicht aber der Anfang sein kann.«[100]

Im Sinne dieser nicht beliebigen, sondern notwendigen, aber *fortsetzenden Bewährung* im Denken und Gehorsam in theologischer Theorie und Praxis unter konsequenter Ausschließung jeder *anfänglichen Verifikation* ist der weitere Weg Barths zur externen Bewährung auf den Erfahrungsfeldern der Versöhnung und speziell der Prophetie Jesu Christi zu verstehen[101]. Die von Barth vorgetragene Vergewisserung[102] der axiomatischen Voraussetzung von der grundlegenden Korrelation zwischen der messianischen

---

99 *K. Barth*: KD IV/3, 83.

100 *H.-G. Geyer*: (Anm. 95) 29; vgl. darüber hinaus *D. Korsch*: Christologie und Autonomie. Zu einem Interpretationsversuch der Theologie Karl Barths, in: EvTh 41/1981, 142–170: Die Kritik der Interpretationsversuche der Theologie Karl Barths in der Münchener Schule (F. Wagner, W. Sparn, Fr.-W. Graf und Tr. Rendtorff) zeigt Korsch selbst auf dem Weg zu einer an Barths Theologie orientierten Wissenschaftstheorie, die er – an dem Frankfurter Philosophen W. Cramer orientiert (165) – als Theorie »des prinzipiellen singulären Faktums« im Unterschied zu dem Modell der Verifikation des Besonderen am universalen Allgemeinen auch für den Bereich der Theologie reklamieren möchte. – Vgl. weiter die unter dem charakteristischen Titel »Das konkrete Universale: Karl Barth« erfolgende Barth-Interpretation von *E.L.J. Mechels*: Kirche und gesellschaftliche Umwelt. Thomas – Luther – Barth, Neukirchen-Vluyn 1990.

101 *Barth* zufolge haben wir dann »nicht mehr die falsche Freiheit, nach besonderen, die Wahrheit *von außen* [apologetisch !] stützenden und bestätigenden Bewährungen [Verifikationen] fragen zu wollen«. Wir stehen dann »nicht mehr unter dem falschen Zwang, nach derartigen Bewährungen der Wahrheit [von außen her] fragen zu müssen« (KD IV/3, 85; 79-83). Das heißt aber zugleich, daß wir mit Notwendigkeit (mit der von der Sache her geforderten Notwendigkeit) nach einer *fortsetzenden Bewährung* des Glaubens, des Denkens und Tuns auf den Feldern der Geschichte, der Gesellschaft, der Politik, der Schöpfung und der Religionen zu fragen haben.

102 *K. Barth*: KD IV/3, 78-95. – Diese axiomatische Vergewisserung, die mit Berufung auf Anselm erfolgt (94f), hat Barths Anselm-Verständnis zur Voraussetzung. Sie kann sich dafür aber – darauf hat *Pannenberg* m.E. zu Recht aufmerksam gemacht – nicht auf Anselm selber berufen. Barths problematische Anselm-Deutung hat Pannenbergs problematische Barth-Deutung mitveranlaßt. Pannenberg kann sich für sein Programm eher als Barth auf den *historischen* Anselm berufen.

Prophetie Jesu Christi und der Prophetie der ganzen messianischen Geschichte Israels kann also nicht auf dem Wege einer vorgängigen Verifikation am anthropologischen und universalgeschichtlichen Allgemeinen, sondern nur auf dem Weg einer fortsetzenden und explizierenden Bewährung auf den Erfahrungsfeldern der Prophetie Jesu Christi erfolgen.

Damit ist der nächste Schritt Barths vorgezeichnet, der Schritt von der Vergewisserung der axiomatischen Voraussetzung im Sinne der inneren Kohärenz der Sache der Theologie zur äußeren Bewährung im Sinne der Frage nach einer positiven Konkordanz zu den Erfahrungsfeldern von Israel-Judentum, Welt und Mensch.

4. Die externe Bewährung des theologischen Axioms[103] (Die kontextuelle Akzentverschiebung nach 1945)

War der Primat der negativen Abgrenzung gegenüber der natürlichen Theologie im Jahre 1933 – wie Barth damals ausdrücklich erklärte – »heute« notwendig, so ist auch der Primat der positiven Inbeziehungsetzung angesichts einer neuen Situation »heute« geboten. Und zwar ist die Situation gemeint, die Barth in seiner Analyse der kontextuellen Herausforderungen als das anfangende Herausgehen und Ausbrechen der Gemeinde in die Welt beschrieben hat, »daß (nämlich) die Dogmatik nicht nur von der Sache selbst und von der Schrift[104], sondern heute (!) auch vom Fortgang der *Kirchengeschichte* her[105] aufgefordert ist, dem Charakter der Versöhnung als *Offenbarung* besondere Aufmerksamkeit zuzuwenden.«[106]

Die Zeitbezogenheit und also echte Kontextualität unterscheidet sich aber von falscher Zeitverfallenheit und problematischer Apologetik darin, daß sie das Wahrheitsmoment der damals, 1933, zunächst vorgenommenen Abgrenzung nicht vergißt. Deshalb beginnt Barth seinen neuen Abschnitt, in dem er nach den Wahrheiten bzw. wahren Worten im Weltgeschehen fragt, zunächst mit dem an die Jahre 1933/34 erinnernden Verweis auf die Notwendigkeit der Abgrenzung damals[107], um diesem dann den größeren Teil der positiven Entfaltung im Sinne des Primats der Inbeziehungsetzung folgen zu lassen[108].

---

103 *K. Barth*: KD IV/3, 95-153.

104 A.a.O., 1-18.

105 A.a.O., 18-40: Der Fortgang der ökumenischen Kirchengeschichte ist *Barth* zufolge ein Zeitzeichen der messianischen und universalen Prophetie Jesu Christi, weil anfangender Ausgang und Befreiung von den gottlosen Bindungen dieser Welt zu dankbarem Dienst an Gottes Geschöpfen.

106 A.a.O., 40.

107 A.a.O., 95-106: Dieser kleinere Teil von KD IV/3 ist vergleichbar dem 2. und größeren Teil des Aufsatzes von 1933 (Anm. 6) 134-143.

108 KD IV/3, 106-153.

a) Die Bestätigung der negativen Abgrenzung[109]

(1) Barth entfaltet die Notwendigkeit der Abgrenzung gegenüber falschen Apologien und problematischen Verifikationen erstens mit dem *Verweis auf Barmen I*, wie dies damals in aktueller Auseinandersetzung mit Hitler und den Deutschen Christen und zugleich in Abgrenzung gegenüber dem neuprotestantischen Modell von Theologie formuliert worden ist[110]. Dabei stellt sich Barth selbst die kritischen Fragen und Einwände gegenüber Barmen I im Sinne von Willkürlichkeit, Abbruch der Kommunikation, Förderung des Totalitarismus und der Intoleranz[111], wie sie aus München von F. Wagner, Fr.W. Graf und auch von Pannenberg heute – als hätte Barth sich diese Selbsteinwände nicht selber gemacht – wiederholt werden. Und Barth ergänzt, daß Barmen I ein *christologischer* Satz sei und also nicht, was Ziel des apologetischen Beweisverfahrens Pannenbergs ist, im Sinne der »Absolutheit« des sog. Christentums bzw. der Kirche dieser und jener Gestalt« mißverstanden werden dürfe: »Was dieser Satz – nicht über die Christen, nicht über die Kirche, nicht über das Christentum, sondern über *Christus* sagt, stellt (den, der) ihn vertritt, mit allen anderen Menschen *in eine Reihe*«[112].

(2) Barth entfaltet die Notwendigkeit der Abgrenzung gegenüber falschen Apologien und problematischen Verifikationen sodann zweitens mit dem *Verweis auf die biblische Denkform*[113], die in dem sich wechselseitig bedingenden Doppelzeugnis des Alten und Neuen Testaments dokumentiert ist, in dem die Einzigartigkeit der messianischen Geschichte Israels und die Einzigartigkeit der messianischen Prophetie Jesu Christi bezeugt wird: »Die Tatsache, daß es um Israel herum andere Völker mit anderer Geschichte, Religion, Frömmigkeit, Lebensordnung und auch anderen Göttern gab, war den Propheten des Alten Testamentes . . . wohl bekannt«[114], wie auch die Apostel und Paulus mit der Existenz anderer Götter und religiösen Mächtigkeiten gerechnet haben (1Kor 8,6).

Von dieser biblischen Denkform her kann die Einzigartigkeit der messianischen Prophetie Jesu Christi nur in Korrelation mit der von der Synagoge selbst bezeugten Einzigartigkeit der Prophetie der ganzen messianischen Geschichte Israels ausgesagt werden. Von dieser biblischen Denkform her kann sich die christliche Theologie aber nach Barth nicht auf das Konzept der philosophischen Theologie der Apologeten einlas-

---

109 A.a.O., 95-122.
110 A.a.O., 95-102.
111 A.a.O., 98f.
112 A.a.O., 100, 101: Nota bene! Mit allen Menschen, auch mit denen anderer Religionen und nicht nur mit anderen Christen sind die Christen nach Barth in eine Reihe gestellt!.
113 A.a.O., 102-106.
114 A.a.O., 103: Vgl. in diesem Zusammenhang die Rolle, die Ps 82 in *Luthers* und *Calvins* Verständnis des Zugangs zu den anderen Religionen gespielt hat.

sen[115], wie es Pannenberg für sich selbst und auch in der Sache vorbildlich
in seinem Aufsatz »Die Aufnahme des philosophischen Gottesbegriffs
als dogmatisches Problem der frühchristlichen Theologie« tut[116]. Sofern
nämlich schon die philosophische Theologie der Apologeten die Einzigartigkeit und Besonderheit der Prophetie der messianischen Geschichte
Israels auflöst, in Richtung auf die universale Menschheitskirche ent-
schränkt und Christus ausschließlich im schöpfungstheologischen Kontext als die Antizipation des neuen Adam versteht[117].
(3) Barth entfaltet die Notwendigkeit der Abgrenzung gegenüber falschen Apologien und problematischen Verifikationen schließlich drit-
tens mit dem *Verweis auf das Axiom des einen Wortes Gottes*[118], das weder
mit den anderen Bezeugungsgestalten (Bibel, Kirche, christliche Wirkungsgeschichte und absolute Profanität)[119] identifiziert, noch auch in
eine neuprotestantische Synthese im Sinne des »so wohlgemeinten aber
willkürlichen ›Christus und . . .‹« eingestellt[120], oder im Sinne einer Apologetik der vorgängigen Verifikation bewahrheitet werden kann und
darf[121].
Erst mit dieser Vergewisserung der axiomatischen Voraussetzung und also mit der Wiederholung der bleibenden Notwendigkeit der damals
1933/34 erfolgten Abgrenzung kann Barth nunmehr den Schritt zur positiven Beantwortung der Frage nach den wahren Worten im Weltgeschehen und den Lichtern *in* der Schöpfung[122], ja bis zu den Lichtungen
d e r Schöpfung[123] tun.
Man sehe wohl zu, daß die *bisherigen* Schritte Barths dabei nicht verges-

115 A.a.O., 103. – Vgl. in diesem Zusammenhang den informativen und überzeugenden
Aufsatz von *M. Wyschogrod*, Der eine Gott Abrahams und die Einheit des Gottes der jüdischen Philosophie, in: C. Thoma/M. Wyschogrod (Hg.), Das Reden vom einen Gott bei Juden und Christen, Bern-Frankfurt-New York 1984, 29-48, bes. 46f.
116 *W. Pannenberg*: Grundfragen Systematischer Theologie. Gesammelte Aufsätze Bd I,
Göttingen 1967, 296-346.
117 *W. Pannenberg*: Systematische Theologie Bd II, Göttingen 1991, Kp 9-11 –. Daß die
besondere Bundesbeziehung Gottes mit Israel und also die Besonderheit Israels gesamtbiblisch gesehen *auch eschatologisch* nicht eliminiert wird, ist von W. Pannenberg in seiner gegenüber der Systematischen Theologie Bd II in der Israel-Frage differenzierter argumentie-
renden Systematischen Theologie Bd III, 1993, 501-523, bes. 509-517 übersehen worden.
Die christliche Kirche »ist nur eine vorläufige Gestalt dieses (eschatologischen) Volkes (Gottes) und Vorzeichen seiner künftigen Vollendung, die nicht nur die Glieder der Kirche, sondern auch (!) das jüdische Volk . . . umfassen wird« (517). Die traditionelle Integration Israels
in die Kirche wird hier also eschatologisch dem Ende zugeordnet (vgl. dazu in diesem Band I
2 Anm. 82).
118 *K. Barth*: KD IV/3, 106-122.
119 A.a.O., 106-110.
120 A.a.O., 112; 110-115: 113 zitiert und exegesiert *Barth* – wie damals 1933 – Ex 20,3.
121 A.a.O., 115-122.
122 A.a.O., 122-153.
123 A.a.O., 153-188: Der Analyse dieses wichtigen und zugleich schwierigen Teiles – den
Lichtungen d e r Schöpfung – kann ich mich aus Gründen des Umfangs hier nicht mehr zu-
wenden.

sen oder übersprungen werden: 1. seine kontextuelle Analyse, 2. seine inhaltliche Bestimmung der Sache der Theologie, 3. seine Vergewisserung der axiomatischen Voraussetzung und schließlich 4. sein Verweis auf die Notwendigkeit der Abgrenzung im Sinne von Kopenhagen 1933 und Barmen 1934, weil man sonst die konkreten und konkretesten Erfahrungsfelder der universalen Prophetie Jesu Christi übersehen wird oder gar nicht als Zeitzeichen und Hinweise der Prophetie Jesu Christi ernstzunehmen braucht!

b) Die Notwendigkeit der Inbeziehungsetzung heute[124]
Wir kommen, bevor wir die einzelnen Erfahrungsfelder der Versöhnung bzw. der messianischen Prophetie Jesu Christi in Korrelation mit der Prophetie der ganzen messianischen Geschichte Israels exemplarisch behandeln, auf Barths *theologische Grundlegung seiner Lehre von den wahren Worten im Weltgeschehen* zu sprechen. Barth beantwortet die Frage nach der Grundlegung wahrer Worte im Weltgeschehen speziell im 4. Punkt[125] seines übergreifenden Abschnitts[126]. Dieser 4. Punkt ist wiederum kunstvoll in vier Hauptfragen und deren Beantwortung untergliedert, die in ihrer Differenziertheit erst die umfassende Antwort Barths und seine Bemühungen um Konkretion aufleuchten lassen. Ich gehe den Fragen und Antworten im einzelnen nach, weil sie jeweils einen verschiedenen Aspekt der Prophetie Jesu Christi, der wahren Worte im Weltgeschehen und der verschiedenen Fronten und Erfahrungsfelder erkennen lassen, zu denen und in die hinein Barth redet.

1. Frage: Wann wären wahre Worte von draußen *möglich?*[127]

Wenn wahre Worte von draußen her möglich werden sollten, dann – Barth redet bewußt konjunktivisch – müßten sie nicht nur mit dem einen Wort Gottes in Jesus Christus (Barmen I) »inhaltlich aufs genaueste *zusammentreffen und übereinstimmen*«, sondern sie müßten gerade als menschliche Worte »über ihr eigenes Vermögen hinaus« dazu besonders »befähigt worden sein«[128].
Damit klingt die Eingangsthese von Barths Kopenhagener Vortrag von 1933 an: »Die Theologie ist nicht in der Lage, den Eigen-Sinn der Sprache an irgendeinem Punkte endgültig [!] zu respektieren«[129]. Wohlgemerkt:

---

124   A.a.O., 122-153: Es geht *Barth* hier um die Analyse der Bedingung der Möglichkeit und Wirklichkeit wahrer Worte im Weltgeschehen und Lichter in der Schöpfung: um den WEG der KONKORDANZ im Sinne des Bucerschen verum vero consonare, das man im Sinne Barths so aktualisieren müßte: LUX CHRISTI lucibus in mundo consonare.
125   A.a.O., 122-153.
126   A.a.O., 95-153.
127   A.a.O., 123-126.
128   A.a.O., 123f.
129   *K. Barth*: (Anm. 6) 128.

Barth sagt nicht, daß die Theologie den Eigen-Sinn der Sprache überhaupt nicht zu respektieren habe.

Barth wird schon 1933 als *Adressaten* den frühen *Wittgenstein* und des-
sen 1920 formulierte These vor Augen haben: »Die Grenzen meiner
Sprache bedeuten die Grenzen meiner Welt«[130]. Steht Gott aufgrund der
Grenzen der Sprache grundsätzlich außerhalb der Grenzen der Welt des
Menschen, so folgt nach Wittgenstein: »Wovon man nicht sprechen
kann, darüber muß man schweigen«[131].

Die Grenzen der menschlichen Worte und Sprache sind nach Barth *nicht*
die Grenzen des einen Wortes Gottes. Vielmehr: Über ihr eigenes
menschliches Vermögen hinaus müssen menschliche Worte die Befähigung erhalten, zu wahren, das *eine* Wort Gottes (Barmen I) spiegelnden
und reproduzierenden Worten zu werden. Sie werden zu »*Gleichnissen
des Reiches Gottes*«, wie auch den Begebenheiten der Gleichnisse, »*indem
Jesus sie erzählt*«, eine von diesen Ereignissen selber her nicht verstehbare
Transformation widerfährt[132].

2. *Frage*: Warum sind wahre Worte von draußen *notwendig*?[133]

Die Antwort Barths auf diese entscheidende Frage lautet: Wahre Worte
im Weltgeschehen sind deshalb von der Gemeinde im Bereich des Welt-
geschehens zu erwarten, ja sogar mit ihrer Notwendigkeit ist seitens der
Gemeinde deshalb zu rechnen, »weil und indem wir von der *Auferstehung Jesu Christi* . . . , von der Offenbarung der in Jesus Christus geschehenen *Versöhnung* der Welt mit Gott (herkommen)«. Die Auferweckung
Jesu Christi als das Licht des versöhnenden Lebens, das allen Menschen
leuchtet, ist der für die Gemeinde entscheidende Grund, mit der Notwendigkeit und also auch der Möglichkeit wahrer Worte im Weltgeschehen zu rechnen. Und zwar ist mit wahren Worten *in* der Profanität der
Weltgeschichte zu rechnen, die an Konkretheit den »abstrakten Mittei-
lungen« seitens der natürlichen Theologie bei weitem überlegen sind[134].
Helmut Simon hat des öfteren gesagt, daß er bei den konkretesten Entscheidungen in seinem Arbeitsbereich als Bundesverfassungsrichter weniger mit dem prinzipiellen Naturrecht, das als solches nicht pauschal zu
verwerfen sei, sondern am ehesten mit wahren Worten in Entsprechung
zu den Richtungen und Linien der Prophetie Jesu Christi weiter- und bestimmten Lösungen nähergekommen ist.

Den konkreten Gleichnissen des Reiches Gottes stehen hier also die *Ab-
straktionen der natürlichen Theologie* gegenüber. Besonderer *Adressat* ist

---

130   *L. Wittgenstein*: Tractatus logico-politicus 5.6 – Vgl. *W. Joest*, Fundamentaltheologie,
Berlin ²1981, § 9.
131   *L. Wittgenstein:* a.a.O. 7.
132   KD IV/3, 126, 124-126.
133   A.a.O., 126-132.
134   A.a.O., 129.

hier eine resignierende und resignierte Gemeinde, die sich dem fälligen und beginnenden »Ausbruch der christlichen Gemeinde in die Welt« im Zeitalter der Neuzeit und Ökumene widersetzt und sich lieber dem Bündnis mit den reaktionären gesellschaftlichen Mächten verschreibt[135].

3. *Frage*: Wie sind wahre Worte im Bereich der Profanität zu *unterscheiden*?[136]

Wahre Worte im Weltgeschehen finden wir im außerbiblischen und außergemeindlichen Bereich und also in der Profanität in zweifacher Gestalt: als wahre Worte in der *absolut-atheistischen* und als wahre Worte in der *relativ-christlichen* Profanität. Barth verwendet hier die Metapher von den *Segmenten der umfassenden Peripherie eines Kreises*: Bildet die messianische Königsherrschaft Jesu Christi (Barmen II) die Mitte und die umfassende Peripherie, so bilden die wahren Worte in relativer und absoluter Profanität lediglich »*genaue* Segmente der Peripherie *dieses* Kreises«[137].

Besonderer *Adressat* ist hier die »christlich« geprägte bürgerliche Gesellschaft des Westens im Ost-West-Konflikt der späten 50er Jahre mit ihrer weltanschaulichen Diskreditierung des Ostens als »atheistisch«, an die Barth, der wahre Worte gerade auch in der absolut-atheistischen Profanität erwartet, die kritische Frage richtet, ob sie sich »wohl gar weithin selber als ›christliche‹ Kulturwelt ausgibt, die Ohren ihm (dem Evangelium) gegenüber nur um so solider verschließen, unter allen Zeichen der Ablehnung, ja Verabscheuung eines prinzipiellen Atheismus einem *praktischen* nur umso gründlicher huldigen möchte«[138].

4. *Frage*: Wie steht es mit dem *rechten Gebrauch* der wahren Worte?[139]

Die Freiheit der messianischen Prophetie Jesu Christi im Weltgeschehen macht es nach Barth schließlich unmöglich, aus der Kontingenz und den

---

135 A.a.O., 40,19: Vgl. dazu *Barths* Entwurf zum »Darmstädter Wort des Bruderrates zum politischen Weg unseres Volkes« (1947), [Anm. 164] 116f.

136 A.a.O., 132-146. – Barth hat seine Lehre von der zweifach unterschiedenen Profanität wahrer Worte im Weltgeschehen (KD IV/3, 132-146) in seiner Versöhnungsethik (Das christliche Leben 1959-1961, Zürich 1976) und zwar im dortigen Abschnitt über den bekannten und unbekannten Gott (187ff) um einen Bereich erweitert: Er läßt dort 1. auf die absolute Profanität (die *atheistische* Negation, 209-214) zuerst 2. die nicht- christlichen Religionen folgen (die *religiöse Ambivalenz*, 212-214), um erst dann 3. die am meisten problematische relative- christliche Profanität (die *christliche Nostrifikation*, 214-219) zur Sprache zu bringen.

137 A.a.O., 137.

138 A.a.O., 135; Kursivierung von mir –. Genau in diesem Zusammenhang stellt Barth die Frage, ob das in Röm 9-11 über die Verstockung Israels Gesagte hier nicht auf die »›christliche‹ bzw. ›christianisierte‹ Kultur und Gesellschaft« des Westens Anwendung finden müßte« (ebd.). Weitreichende Erfahrungsfelder der Versöhnungslehre tun sich hier auf!.

139 A.a.O., 146-153, bes. 148.

einzelnen Momenten, der Einzelheit und Aktualität der wahren Worte
im Weltgeschehen eine weltanschauliche »Einheit und Geschlossenheit
und damit eben die *Konstanz* und *Universalität*« zu machen. Damit wird
die *freie messianische Prophetie Jesu Christi* in eine geschichtsphilosophi-
sche und geschichtstheologische Konstanz und Kontinuität im Weltgeschehen verwandelt und damit die Kontingenz wahrer Worte im Weltgeschehen verkannt.

Adressat im Ost-West-Kontext könnte diesmal u.a. J.L. Hromádka mit
seinen Tendenzen zu einer an der Oktoberrevolution von 1917 orientierten Geschichtsphilosophie sein, die jedenfalls Barth in seinen Hromád-
ka-Briefen kritisch befragt und der gegenüber er auf die der Kontinuität
und Konstanz entbehrenden wahren Worte im Weltgeschehen hingewiesen hat[140]. *Anvisiert* ist aber auch jeder universalgeschichtliche Verifi-
kationsversuch, der die Kontinuität der Prophetie Jesu Christi in eine
weltgeschichtliche Konstanz der wahren Worte im Weltgeschehen zu
verwandeln versucht (W. Pannenberg). *Adressat* Barths ist nicht zuletzt
auch speziell der japanische Theologe K. Takizawa, dem Barth bereits
1958 die Druckbögen[141] zugesandt hat, worauf später noch zurückzu-
kommen sein wird.

Charakteristisch ist hier der Hinweis Barths, daß er bewußt *kein einzelnes
Beispiel* genannt hat[142], um die Freiheit der messianischen Prophetie Jesu
Christi zu wahren und unsere eigene Befreiung zur Entdeckung der wah-
ren Worte im Weltgeschehen nicht zu behindern.

Die vier theologischen Antworten auf die vier Hauptfragen bilden damit
konkrete Kriterien und also eine konkrete Hinweise, auf die *Zeitzeichen
der messianischen Prophetie im Weltgeschehen* zu achten und sich nicht
durch festgelegte Beispiele der freien und befreienden messianischen
Prophetie Jesu Christi in Korrelation mit der Prophetie der ganzen
messianischen Geschichte Israels aktuell zu verschließen. Damit gibt
Barth am Schluß auch einen entscheidenden Hinweis darauf, warum er
in der Kirchlichen Dogmatik größtenteils darauf verzichtet hat, die Zeitgeschichte unmittelbar in die Kirchliche Dogmatik einzuzeichnen, die
doch andererseits für das Verstehen der Kirchlichen Dogmatik unverzichtbar ist. Diese an *Calvin* orientierte Zurückhaltung bezeugt indirekt

---

140   K. Barth: Briefe 1961-1968 (Anm. 98) 113-117, 149- 154 und Hromádkas Antwort in:
a.a.O., 552-555. – Vgl. auch den von M. Opočenský in Zusammenarbeit mit M. Stöhr und
mir herausgegebenen Hromádka-Reader: Sprung über die Mauer, Wuppertal 1991. – Vgl.
weiter J. Smolik: K. Barth und J.L. Hromádka, in: M.J. Suda (Hg.), Prophetische Zeitgenos-
senschaft. Karl Barth und die Geschichte, Wien 1988, 19-44. Ich habe J. Smolik für mancherlei Gespräche in Wuppertal und Prag über das Verhältnis Barths zu Hromádka sehr zu
danken. Zu den Prager Kollegen, von denen ich viel über das Verhältnis Barth-Hromádka-
Iwand gelernt habe, gehören neben Smolik auch die Kollegen A. Molnár (gestorben 1991),
Pavel Filippi und mein inzwischen zum Generalsekretär des Reformierten Weltbundes nach
Genf berufener Freund, *Milan Opočenský.*
141   Es handelt sich um den 1959 von Barth in KD/3, 115-153 publizierten Text.
142   KD IV/3, 152f.

die Freiheit der messianischen Prophetie Jesu Christi ebenso, wie sie uns dazu befreit und sensibilisiert, wahre Worte im Weltgeschehen aufzufinden und zu entdecken.

Aufgrund der Beantwortung dieser vier grundsätzlichen Hauptfragen sind wir nunmehr in der Lage, uns *beispielhaft* einigen Erfahrungsfeldern der Versöhnungslehre und der messianischen Prophetie Jesu Christi zuzuwenden.

III. Erfahrungsfelder der messianischen Prophetie Jesu Christi
(Beispiele für Lichter, wahre Worte und Wahrheiten
in Geschichte und Schöpfung)

Barth weist eigens darauf hin[143], daß er für die wahren Worte und Lichter kein einziges Beispiel angeführt habe. Wer aber Barths allgemeine Hinweise[144] auf dem Hintergrund seiner sonstigen und anderweitig veröffentlichten konkreten, »einzelnen geschichtlich bestimmten Stellungnahmen«[145] liest, wird über Barths Grundsatzäußerungen hinaus solche Beispiele auch konkret benannt finden[146].

Wir versuchen, aus Barths theopolitischer Grundsatzschrift »Christengemeinde und Bürgergemeinde« und seinen konkreten, geschichtlich bedingten Stellungnahmen uns die Theorie- und Praxisrelevanz seiner Lehre von den wahren Worten im Weltgeschehen zu verdeutlichen.

Da die Entdeckung der wahren Worte in Geschichte und Schöpfung die Verständigung über das theologische Axiom – die Korrelation von Israel- und Christusgeschichte – zur Voraussetzung hat, steht zunächst eine notwendige Überlegung am Anfang.

---

143 A.a.O., 152.
144 A.a.O., 138 und bes. 140.
145 *K. Barth*: Christengemeinde und Bürgergemeinde, 1946, 34 (Pkt. 27).
146 *K. Barth*: Politische Entscheidung in der Einheit des Glaubens, spricht 1952 im Zusammenhang mit der Remilitarisierungsdebatte davon, »daß die politische Entscheidung in der Einheit des Glaubens, soll sie überhaupt stattfinden, nur auf der haarscharfen Grenze zwischen der Welt und dem Gottesreich Ereignis werden kann: nur eben dort, wo der gesunde Menschenverstand (gemeint sind in diesem Zusammenhang die politischen Argumente von G. Heinemann, M. Niemöller und H. Mochalski) die Sprache des Heiligen Geistes und der Heilige Geist die Sprache des gesunden Menschenverstandes redet« (ThEx NF 34/1952, 3-19, 15). Das Ereignis (!), in welchem der Heilige Geist die Sprache des gesunden Menschenverstandes redet und umgekehrt, ist das Geschehen und Sichereignen der Gleichnisse des Reiches Gottes und also der wahren Worte im Weltgeschehen und der Lichter der Aufklärung in der Geschichte.

1. Der theologische Ort des Judentums

a) Das Judentum ohne wahre Prophetie?

Barth hat in »Ad Limina Apostolorum« (1967) – acht Jahre nach dem Erscheinen von KD IV/3 – die Erklärung des Vaticanum II (1965) zu den nicht-christlichen Religionen zunächst im Hinblick auf die theologische Ortsanweisung des Judentums unter die nicht-christlichen Religionen kritisiert:

»Wie kommt die ›Deklaration‹ dazu (4,1ff), im Blick auf *Israels* Geschichte und Gegenwart (Judentum!) – in einem Atemzug mit Hinduismus, Buddhismus, Moslemismus – von einer ›nicht-christlichen Religion‹ zu reden, wo es sich doch

a) im Alten Testament keineswegs um eine ›Religion‹, sondern um die Urgestalt der einen *Gottesoffenbarung* (und)

b) in der [faktischen, fortdauernden] Existenz des späteren und heutigen (gläubigen oder ungläubigen) Judentums um den einen einzigen natürlichen (weltgeschichtlichen) *Gottesbeweis* handelt?«[147]

Die fortdauernde Existenz des Judentums wird von Barth einmal als natürlicher, weltgeschichtlicher Gottesbeweis, als diese »rein weltgeschichtliche Bestätigung« der Urgestalt der einen Gottesoffenbarung der ganzen Geschichte Israels gewürdigt, sodann aber zugleich als »merkwürdig gespenstisch und unfruchtbar, ohne rechte und wahre Prophetie« bestimmt[148].

b) Die Ortslosigkeit des Judentums in der christlichen Theologie

Diese dissonanten Aussagen Barths sind aber Ausdruck für die bisherige Ortslosigkeit des Judentums in der christlichen Theologie und der dialogischen Praxis der Kirche. Ich verdeutliche das an einigen Beispielen:

a) Haben sich soeben *dreizehn Göttinger* Theologieprofessoren erneut für die Judenmission ausgesprochen, weil die Kirche der ganzen Menschheit und darum auch dem Judentum ihr Zeugnis schuldig sei und damit das Judentum im Sinne G. Kleins erneut paganisiert[149], so hat – wie oben schon gezeigt – *Karl Barth* mit Martin Noth vom Ende der Geschichte Israels gesprochen[150].

b) Hat *E. Schlink*[151] in seiner Ökumenischen Dogmatik dem Judentum die Stellung im Gesetz im Unterschied zum Evangelium zugewiesen, so

---

147　*K. Barth*: Ad Limina Apostolorum (Anm. 70) 39f.
148　*K. Barth*: KD IV/3, 76.
149　Vgl. dazu kritisch *B. Schaller*: Ist Judenmission legitim?, in: EvKomm 25/1992, 638-641 und *B. Klappert*: Israel ist das Licht der Völker, in: Lutherische Monatshefte 32/1993, 29-32.
150　*K. Barth*: KD IV/3, 76.
151　*E. Schlink*: Ökumenische Dogmatik, Göttingen 1993, 211ff, 411ff.

hat *J. Moltmann*[152] dem Judentum bei der Grundlegung der Christologie mit Recht einen fundamentalen theologischen Stellenwert zuerkannt. Dennoch ist Moltmann dann von dieser Grundlegung aus in christologisch problematischer Weise den Weg zum größeren Menschensohn und größeren Christus weitergegangen[153].

c) Jüngst hat *W. Pannenberg* in seiner Systematischen Theologie das Judentum zwar nicht – wie J. Moltmann wegweisend – zur Grundlegung der Theologie gemacht, aber es doch seinem universalgeschichtlichen und religionsgeschichtlichen Entwurf zu integrieren versucht und deshalb in konsequenter wie zugleich problematischer Weise von der universalgeschichtlichen und menschheitsgeschichtlichen Transformation des Messias Israels über Kreuz und Auferweckung zum eschatologischen und proleptischen Adam im Sinne Schleiermachers gesprochen, wodurch das Judentum wiederum in einem größeren und umgreifenden Allgemeinen aufgehoben wird bzw. aufgeht.[154]

d) Ich selber habe 1979 auf dem Leuenberg im Anschluß an Barths Lichterlehre den – wie ich heute meine, theologisch unzureichenden – Vorschlag gemacht, das Judentum im Rahmen der Lichterlehre Barths theologisch zu würdigen, weil ja Barth selbst die fortdauernde Existenz des Judentums als natürlichen, weltgeschichtlichen Gottesbeweis zu würdigen vermochte[155].

e) Im Unterschied dazu hat *Fr.-W. Marquardt* das Judentum als das »*Wort Gottes, das uns im Leben des jüdischen Volkes anspricht*«, charakterisiert. Anders formuliert: »Die heutige Existenz des jüdischen Volkes und seine Selbstidentifizierung mit der Gesamtgeschichte Israels ... verlangt danach, genauso zur Kategorie christlicher Theologie zu werden wie die Bibel und die Offenbarung Gottes ... ; sie [die heutige Existenz des jüdischen Volkes] begegnet, zugespitzt, aber klar gesagt, als eine Gestalt des Wortes Gottes an uns«[156].

c)   Das Judentum – der prophetische Zeuge der alttestamentlichen Urgestalt der einen Gottesoffenbarung

Nimmt man Barths Stellungnahme zu Evanston 1954 ernst und gibt es keinen Grund, theologisch vom Ende der Geschichte Israels zu reden, nimmt man hinzu, daß Barth 1966 in Rom davon gesprochen hat, »daß

---

152   *J. Moltmann*: Der Weg Jesu Christi. Christologie in messianischen Dimensionen, München 1989.

153   *B. Klappert*: Christologie in messianischen Dimensionen EvTh 50/1990, 574-586.

154   *W. Pannenberg*: Systematische Theologie Bd II, Göttingen 1991, Kp 10-11.

155   *B. Klappert*: (Anm. 71) 58-65.

156   *Fr.-W. Marquardt*: (Anm. 68) II 226, 71. – Bedeutet dies eine de-facto-Erweiterung von Barmen I? So lautet jedenfalls die Kritik von *W. Kreck* in seiner Besprechung der Christologie Marquardts »Was heißt Theologie nach Auschwitz?«, in: RKZ 11/1991, 361-363. Marquardt selber will nicht so mißverstanden werden (so mündlich im Seminar in Wuppertal, Sommersemester 1992), müßte aber dann deutlicher sagen, wie er das »genauso« (Anm. 68) II 71 versteht.

es schließlich [über die Frage der innerkirchlich- heidenchristlichen Ökumene zwischen Katholiken und Protestanten hinaus] nur eine tatsächlich große ökumenische Frage gibt: unsere Beziehungen zum Judentum«[157], versteht man also, daß das Judentum als Wurzel der Kirche theologisch zu würdigen ist, dann sollte man in Verlängerung der Linien Barths vom *Judentum post Christum resurrectum* als dem *prophetischen Zeugen des Ersten Testaments*, d.h. der alttestamentlichen »Urgestalt der einen *Gottesoffenbarung*« sprechen.

Der Dialog der Kirche mit dem Judentum ist damit d i e Voraussetzung für die *Entdeckung* der wahren Worte im Weltgeschehen und in der Schöpfung.

2.   *Gleichnisse des Reiches Gottes in der Geschichte*

Barth hat in einer erneuten Interpretation von Barmen Artikel V in seiner Schrift »Christengemeinde und Bürgergemeinde« (1946) seine Lehre von den Gleichnissen des Reiches Gottes faktisch und praktisch vorweggenommen.

a)   *Die Gestaltung der Bürgergemeinde zum Gleichnis des Reiches Gottes*
So spricht Barth in der Hauptthese von der »*Gleichnis*fähigkeit und *Gleichnis*bedürftigkeit des politischen (Gemein-)Wesens« und davon, daß die Existenz der Gesellschaft als »ein *Gleichnis*, eine Entsprechung... zu dem... Reich Gottes« *gestaltet* werden soll[158]. Die Lichterlehre ist also ein Kapitel aus der Versöhnungsethik Karl Barths.

Barth beschreibt die nötige wie mögliche Gestaltung der Gesellschaft zum »Gleichnis des [kommenden und in der Christusherrschaft schon gegenwärtigen] Reiches Gottes« so: Die Christengemeinde »unterscheidet, urteilt und wählt dann im politischen Bereich immer zugunsten der *Erleuchtung* [!] seines Zusammenhangs mit Gottes Heils- und Gnadenordnung... Sie unterscheidet und wählt unter den sich jeweils bietenden

---

157   *K. Barth*, in: (Anm. 71) 76. – Zur *Israeltheologie K. Barths* ist über die in Anm. 9 genannte Literatur von *E. Busch* hinaus noch folgendes zu nennen: Der grundlegende Aufsatz meines Freundes *Robert T. Osborn* (Duke University, North Carolina): The Christian Blasphemy, in: Journal of American Academy of Religion L III/3, 1982, 339-363: Ich habe von R.T. Osborn aus Gesprächen über Barth und die Barth- Rezeption in Amerika viel gelernt. – Vgl. weiter *Katherine Sonderegger*: That Jesus Christ was born a Jew. Karl Barths »Doctrine of Israel«, Pennsylvania 1992. – *René Süss*: Karl Barth en het JOODSE VOLK, Kampen 1991. – *B. Klappert*: Daß Jesus ein geborener Jude ist. Das Judesein Jesu und die Israelwerdung Gottes nach Karl Barth, in: E.L. Ehrlich/B. Klappert/U. Ast (Hg.), »Wie gut sind Deine Zelte Jaakow...«, FS für R. Mayer, Gerlingen 1986, 221-252. Ich hoffe, meine Aufsätze über die Israel-Theologie Barths bald geschlossen vorlegen zu können. – *Fr.-W. Marquardt*: Von Elend und Heimsuchung der Theologie, München 1988, 91f und *ders.*: (Anm. 68) II 218-237.
158   *K. Barth*: Christengemeinde und Bürgergemeinde 1946, 22f (Pkt 14).

politischen Möglichkeiten ... immer diejenigen, in deren Realisierung ein *Gleichnis*, eine Entsprechung, eine Analogie, das Spiegelbild dessen sichtbar wird, was den Inhalt ihres Bekenntnisses und ihrer Botschaft bildet«[159].

Nachdem Barth Beispiele genannt hat, die die Lichterlehre faktisch und praktisch vorwegnehmen[160], faßt er im Widerspruch zu einem christokratisch-deduktiven Mißverständnis von »Christengemeinde und Bürgergemeinde«, als wolle er hier ein christologisches System logischer, ethischer Deduktion bieten – wie leider auch *A. Rich* fälschlich meint[161] – die Beispiele folgendermaßen zusammen: »Das sind einige *Beispiele* christlich politischen Unterscheidens ... , Sicheinsetzens: Beispiele von Gleichnissen, Entsprechungen ... des ... Reiches Gottes im Raum der ... vorläufigen Fragen des Lebens der Bürgergemeinde«. Und dann folgt der für unseren Zusammenhang entscheidende Hinweis: »Der Weg von hier nach dort verlangt auf der ganzen Linie ... *prophetische* Erkenntnis«[162]. Fazit: Die in »Christengemeinde und Bürgergemeinde« genannten Beispiele gehören sachlich theologisch sämtlich zu den Gleichnissen des Reiches Gottes und zu den Lichtern der messianischen Prophetie Jesu Christi.

b) Der demokratische Sozialismus als wahres Wort der Prophetie Jesu Christi

Barth hat nicht erst in seiner Schöpfungsethik 1951, sondern schon seit Tambach 1919, ja schon seit Safenwil 1915/16 erkannt, was er 1946 in seiner Schrift »Christengemeinde und Bürgergemeinde« als Kritik am Antikommunismus im Zusammenhang der Gestaltung der Gesellschaft zum Gleichnis des Reiches Gottes und zu Lichtern der messianischen Prophetie Jesu Christi erneut ausgeführt hat: »Die Christengemeinde steht im politischen Raum ... im Einsatz und Kampf für soziale Gerechtigkeit. Und sie wird in der Wahl zwischen den verschiedenen *sozialistischen Möglichkeiten* ... auf alle Fälle die Wahl treffen, von der sie jeweils

---

159   A.a.O., 24 (Pkt 14); Kursivierung von mir.
160   A.a.O., Pkte 22-26: 1. *die Würdigung der Aufklärung* und die Herstellung einer kritischen Öffentlichkeit als Entsprechung zu dem allen Menschen leuchtenden Licht Jesu Christi (vgl. dazu K. Barth [Anm. 12] 29); 2. *das freie und öffentliche Wort in der Gesellschaft* in Entsprechung zu Jesus Christus als dem einen, befreienden Wort Gottes; 3. die Transzendierung der nationalstaatlichen Interessen in Richtung auf *internationale Rechtsorganisationen* in Entsprechung zur messianischen Rechts- und Befreiungsgeschichte Jesu Christi zugunsten der ganzen Welt und der einen Menschheit; 4. der Friede als *die Einheit von Gerechtigkeit und Freiheit* in Entsprechung zu Jesus Christus als dem Bürgen und Zeugen in seinem messianisch-königlichen Amt.
161   Vgl. dazu *B. Klappert*: Reich Gottes und ökonomische Gerechtigkeit. Anfragen an A. Richs Stellungnahmen zu Karl Barth und Bekennender Kirche, zu Sozialismus und Weltwirtschaft in ökumenischer Verantwortung, in: RKZ 3/1992, 1-7 (Theologische Beilage). – In diesem Band: III 13.
162   *K. Barth*: (Anm. 158) 33f (Pkt 28); Kursivierung von mir.

... das Höchstmaß von sozialer Gerechtigkeit erwarten zu sollen glaubt«[163].

Barth hat diese These ein Jahr später, also 1947, wiederholt: In seinem Vorentwurf zum Darmstädter Wort sagt er, »daß der ökonomische Materialismus der marxistischen Lehre ein von der Kirche weithin vergessenes wichtiges Element biblischer Wahrheit (Auferstehung des Fleisches!) *neu ans Licht gestellt* hat, indem wir ihm ein unbiblisch spiritualistisches Christentum gegenüberstellten«[164].

Von daher wird deutlich, daß Barth bei den Lichtern der messianischen Prophetie im Weltgeschehen, die aus dem Raum der »ausgesprochen heidnischen Weltlichkeit« hervorleuchten, den demokratischen Sozialismus vor Augen hat, den er wie folgt charakterisiert: »die durch keinen Kompromiß zu stillende *Unruhe* ... angesichts der großen Unordnung in Staat und Gesellschaft, angesichts der Menschen, die unter ihre Räder kommen mußten und müssen, und dazu vielleicht die eiserne Entschlossenheit eines *Willens*, gerade diesen großen Unordnungen zu Leibe zu gehen«[165].

In Fortsetzung dieser Aussagen spricht Barth 1967 in seinem Brief an *E. Bethge* von der von ihm wie auch von Bonhoeffer eingehaltenen Richtung und Linie wahrer Worte im Weltgeschehen: »Mitmenschlichkeit ... – Sozialismus – Friedensbewegung – und in und mit dem Allem eben Politik«![166]

Zu diesem Plädoyer Barths für ein zeitbezogenes Wählen demokratisch-sozialistischer Möglichkeiten als wahrer Worte der messianischen Prophetie Christi im Weltgeschehen werden wir *heute* nicht nur Barths kritischen Briefwechsel mit Hromádka, sondern im Jahre 1992 auch den Brief *M. Wyschogrods*[167] und die Aussagen des Barth-Schülers *Fr. Schorlemmer* in seinem Beitrag »Sozialismus – schmerzliche Erinnerung, enttäuschte Hoffnung?« zu berücksichtigen haben. Schorlemmer hat sich dort für eine jetzt fällige »kritische Aneignung der Erkenntnisse Karl Marxens« ausgesprochen, freilich mit der Ergänzung: »Mit dem Begriff ›Sozialismus‹ kann man nicht mehr produktiv umgehen, aber die Aufgaben, die

---

163   A.a.O., 27 (Pkt 17); Kursivierung von mir.
164   *K. Barth*: Vorentwurf zum Darmstädter Wort 1947, in: *B. Klappert*, Bekennende Kirche in ökumenischer Verantwortung, ÖEH 4/1988, 116f, 116; Kursivierung von mir: Daß der Marxismus eine Wahrheit (Auferweckung des Leibes) neu ans Licht stellt, ist die Sprache der Lichterlehre im Kontext der messianischen Prophetie Jesu Christi.
165   *K. Barth*: KD IV/3, 140.
166   *K. Barth:* Briefe 1961-1969 (Anm. 98) 404f; vgl. zu Humanismus und Mitmenschlichkeit Barths Ausführungen in KD IV/3, 138, 140 und seine Schrift: Die Menschlichkeit Gottes, 1956.
167   *M. Wyschogrod*: Lieber Friedrich-Wilhelm (Brief an Marquardt), in: Störenfriedels Zeddelkasten. Zum 60. Geburtstag von Fr.-W. Marquardt, Berlin 1991, 30-37.

darin stecken, bleiben und stellen sich in der überlebensgefährdeten Welt nur noch schärfer«[168].

Wir werden in diesem Zusammenhang auch die fundamentale zweibändige Wirtschaftsethik *A. Richs* zu berücksichtigen haben, der in antikapitalistischer Front für die Weiterentwicklung der sozialen Marktwirtschaft auf sozialistische Wirtschaftsmodelle (O. Šik und H.Chr. Binswanger) hin plädiert, dies aber leider in ständiger Abgrenzung, de facto aber im sachlichen Gleichklang mit Barths entsprechenden Aussagen zu Reich Gottes und demokratischem Sozialismus tut[169].

---

168   *Fr. Schorlemmer* in: *J. Moltmann* (Hg.), Christliche Existenz im demokratischen Aufbruch Europas, KT 109, München 1991, 73-92; vgl. auch den ebenfalls unter gleichem Titel erschienenen Beitrag von *U. Duchrow,* 93-117: »Ich nenne den Kampf der Arbeiterbewegung seit dem 19. Jahrhundert sowie den Kampf der Völker für die Befreiung vom Kolonialismus. Ich bin mir bewußt, daß all dies gebrochene Zeichen sind und nicht das Reich Gottes gebracht haben oder bringen können. Aber es sind Zeichen dafür, daß Gottes befreiender Geist und der in den Armen verborgene Messias am Werk sind und Gottes Wort und Sakrament uns zur Umkehr ermächtigen und rufen, mitzuarbeiten am Werk der Befreiung und Gerechtigkeit« (111). – Nach *L. Boff* ist das Zusammenbrechen des »Kommando-Sozialismus« deshalb zu begrüßen, weil dieser angesichts der sozialen und ökonomischen Engpässe des Kapitalismus dazu zwingt, nach der Verwirklichung der *befreiungstheologischen Utopie des Sozialismus* zu suchen. Die Alternative, die durch den (nach dem Zusammenbruch des Stalinistischen Kommunismus scheinbaren) Sieg des Kapitalismus verstärkt wird – entweder eine Zukunft für alle Menschen oder für keinen – führe zurück zu der Utopie des demokratischen Sozialismus, der in den Befreiungsbewegungen der Armen zu erarbeiten und zu suchen ist. »Ich habe immer gewünscht, der Befreiung zu dienen« (in: Die ZEIT Nr. 26 vom 19.6.1992, 80). – In einem Interview am 3.9.1992 wiederholt *L. Boff* seine Thesen: »Mir ist wichtig zu zeigen, daß die Armut keine schuldlose Wirklichkeit ist, sondern daß die Armut Unterdrückung ist. Und das Große bei Marx war, daß er aufgedeckt hat, daß hinter der Armut Mechanismen der politischen und wirtschaftlichen Ausbeutung stehen. Wir, die Armen, sind verdammt, mit Marx zu arbeiten, um uns befreien zu können« (FR-Interview vom 3.9.1992). – Ähnliche Stimmen hören wir aus Südafrika in der Phase des gesellschaftlichen und politischen Übergangs: »Wir sind zu der Einsicht gelangt, daß der stalinistische Typ des Kommunismus nicht überleben konnte, weil . . . das System ökonomisch völlig versagt hat. Daraus kann man jedoch nicht, wie viele Wirtschaftler in Südafrika folgern: Weil der Kommunismus in seiner Erscheinungsform in der Sowjetunion nicht funktioniert hat, sei nun der Kapitalismus die einzig mögliche Antwort für das Heil der Welt. Ich glaube, das System des Demokratischen Sozialismus ist in ökonomischer Hinsicht und auch sonst ein arbeitsfähiges System. Es ist akzeptabler als der zügellose Kapitalismus« (A. Boesak, in: A. Kaiser/Th.O.H. Müller (Hg.), Das neue Südafrika, Bonn 1992, 132f, vgl. 141, 182). – Vgl. weiter *P. Beier.* Der Sozialismusbegriff – ein unaufgebbares Humanum, in: *N. Sommer* (Hg.), Der Traum aber bleibt. Sozialismus und christliche Hoffnung. Eine Zwischenbilanz, Berlin 1992, 44-49. Vgl. ebenfalls *W. Huber:* Hat es noch Sinn, vom Sozialismus zu reden?, in: a.a.O., 110-116: »Zusammengebrochen ist nicht der Sozialismus; zusammengebrochen sind Einparteiendiktatur und Zentralverwaltungswirtschaft« (111). – Vgl. besonders die wegweisenden Arbeiten des Barth-Schülers *H. Falcke:* Die unvollendete Befreiung, ÖEH München 1992 und *ders.,* »Kirche im Sozialismus« als Kompromißformel?, in: Die Zeichen der Zeit 47/1993, 82-86.

169   *A. Rich:* Wirtschaftsethik Bd I, Gütersloh 1984; *ders.,* Wirtschaftsethik Bd II, Gütersloh 1990; vgl. dazu meine Besprechung in: (Anm. 161).

3.   Lichter und Rätsel *in* der Schöpfung

a)   Lichter in der Schöpfung und Lichtungen der Schöpfung
Ich rede hier nicht über die von Barth skizzierten Lichtungen *der* Schöpfung sowie *des* Kosmos[170], sondern über die Selbstbezeugung der messianischen Prophetie Jesu Christi auch *in* der Schöpfung. Es geht also um die Lichter *in* der Schöpfung in Unterscheidung von den Lichtungen *der* Schöpfung. Lichter *in* der Schöpfung sind gemeint, wenn Barth sagt: »Ein solches wahres Wort mag also z.B. nur eben von der Güte der ursprünglichen Schöpfung, ein anderes nur eben von ihrer Bedrohung, ein drittes nur eben von ihrer Befreiung, ein viertes nur eben von ihrer künftig zu offenbarenden Herrlichkeit reden«[171].
Solche Lichter der Prophetie Jesu Christi in der Schöpfung können sein »die Rhythmen der Schöpfung von der Nacht zum Tag«[172] – nicht vom Tag zur Nacht, was ein heidnisches Verständnis des Tages dokumentiert –, sodann die Rhythmen von Gen 8,22 (Noah-Bund), wozu der inspirierende Exkurs Barths zur Urgeschichte zu vergleichen ist[173].
Solche Lichter *in* der Schöpfung hat Barth in der Musik Mozarts hören können. Er hat sie vor Augen und in den Ohren gehabt: »Etwa der *Friede* der Schöpfung oder umgekehrt ihre tiefe *Rätselhaftigkeit* und der Aufruf zu einer von dorther [also von dem Frieden der Schöpfung her] auch hier [angesichts ihrer Rätselhaftigkeit] durchzuhaltenden Dankbarkeit«[174].

b)   Rätsel der Schöpfung und Schatten des Kreuzes Christi in der Weltgeschichte
Ich verweise also darauf, daß Barth die Lichter, die Worte und Wahrheiten als Selbstbezeugungen der messianischen Prophetie Jesu Christi von den Lichtungen des geschaffenen Kosmos, d.h. von dem Gespräch des Geschaffenen mit sich selbst, unterscheidet[175]. Ich verweise weiter auf Barths Lehre von den Schatten und Verfinsterungen der Weltgeschichte als den Schatten und Zeichen des Kreuzes Christi[176]: Barth spricht von der Verfinsterung der Schöpfung durch die Sünde des Menschen, von der infolge der Sünde durch den Fluch Gottes »in Finsternis gehüllten«

---

170   *K. Barth*: KD IV/3, 155 (153) – 188.
171   A.a.O., 138.
172   *J. Moltmann*: Der Weg Jesu Christi (Anm. 152) 274. – Vgl. weiter *H.J. Iwand*: Glaubensgerechtigkeit, GA II, ThBü 64, München 1980, 40; *ders.*, Röm 13, 11-14, Predigtmeditationen Bd II (o.J.), 111-125.
173   KD IV/3, 70.
174   A.a.O., 140; vgl. *K. Barths* Ausführungen in der Protestantischen Theologiegeschichte (Anm. 12) 51-53 und Barths Gespräch mit *Roswitha Schmalenbach*: »Mozart und Karl Barth« (1968).
175   KD IV/3, 157.
176   *K. Barth*: KD II/1, Zürich 1940, 443ff; vgl. dazu *B. Klappert*, Promissio und Bund. Gesetz und Evangelium bei Luther und Barth, Göttingen 1976, 222ff.

Schöpfung[177]. Und Barth unterscheidet von den Zeichen dieser apokalyptischen Gerichts- und Gottesfinsternis das der Schöpfung eigentümliche Dunkel und ihre »tiefe Rätselhaftigkeit«[178]. Im übrigen verweise ich auf die zum Thema wichtigen Arbeiten von H.-J. Kraus, A. Grözinger, D. Schellong, P. Bukowski, Fr.-W. Marquardt und besonders auf die große Arbeit von Chr. Link[179].

Ich verweise weiter auf die *seelsorgerliche* Komponente von Barths Unterscheidung zwischen der tiefen Rätselhaftigkeit und dem Dunkel der Schöpfung einerseits und den Schatten und Verfinsterungen als den Zeichen und Schatten des Kreuzes Christi andererseits, wie sie die zu unrecht weithin übersehene Arbeit von *B. Krause*, Leiden Gottes und Leiden der Welt, herausgearbeitet hat[180].

Ich verweise zuletzt auf *A. J. Heschels* Philosophie des Judentums, in der von der Erwählung Israels her die Lichter *in* der Schöpfung als Einübung in das Staunen des Menschen und das Geheimnis Gottes thematisiert werden[181]. Dieses Buch Heschels und seine anderen Bücher sind sprechende und großartige Beispiele für die von mir in Abschnitt III 1 über Barth hinaus aufgestellte These von dem Judentum als dem prophetischen Zeugen des Ersten Testaments, d.h. der alttestamentlichen Urgestalt der *einen* Gottesoffenbarung in Israel.

4. Wahrheiten und Lichter in den Religionen

Von der messianischen Prophetie Jesu Christi in Korrelation mit der Prophetie der ganzen messianischen Geschichte Israels her ist Barth in KD IV/3 und in seiner Versöhnungsethik immer wieder auf das Thema der *Wahrheiten in den Religionen* zu sprechen gekommen. Sein Dialogmodell ist in der Tat ein Modell »der Ökumene im Übergang«[182], freilich – an-

---

177   *K. Barth*: KD IV/3, 160, 156.
178   A.a.O., 159, 140.
179   *H.-J. Kraus*: Logos und Sophia. Biblisch-theologische Grundlegung und Konkretisierung zum Thema »Das Licht und die Lichter«, in: H. Berkhof/H.-J. Kraus, Karl Barths Lichterlehre, Zürich 1978. – *A. Grözinger*: Offenbarung und Praxis. Zum schwierigen praktisch-theologischen Erbe der Dialektischen Theologie, in: ZThK Beiheft 6/1986, 176-193; *ders.*: Christologie und Ästhetik. Die Lichterlehre Karl Barths in ihrer Bedeutsamkeit für die Praktische Theologie, in: Jürgen Seim/Lothar Steiger (Hg), Lobet Gott. FS f. R. Bohren, München 1990, 40-46. – *Chr. Link*: Schöpfung, Bd 7/1, Gütersloh 1992, 257-329. – *P. Bukowski*: Predigt wahrnehmen. Homiletische Perspektiven, Neukirchen-Vluyn 1990. – *Fr.-W. Marquardt*: (Anm. 68) II 344-357, 347. – *D. Schellong*: »Gleichnisse des Himmelreiches«, in: Anstöße, Hofgeismar 1/1987, 2-11.
180   *B. Krause*: Leiden Gottes – Leiden des Menschen. Eine Untersuchung zur Kirchlichen Dogmatik Karl Barths, Stuttgart 1980.
181   *A. J. Heschel*: Gott sucht den Menschen. Eine Philosophie des Judentums, Neukirchen-Vluyn 2. Aufl. 1988.
182   *K. Raiser*: Ökumene im Übergang, München 1989, bes. 61ff. Hier wird unter dem Stichwort »Christozentrischer Universalismus als ökumenisches Paradigma« besonders K.

ders als *K. Raiser* gegen Barth will – ein Dialogmodell, das dem kommu-
nikativen Übergang der messianischen Prophetie Jesu Christi als des
Lichtes, das allen Menschen leuchtet, entsprechen will.[183]
Barth spricht von der in der Reformation verkannten Universalität der
Prophetie Jesu Christi[184], er spricht von der »Koexistenz mit einer Fülle
fremder Religionen« in Europa seit dem 16. Jhdt.[185], er betont, daß das
Christentum im Gegenüber zur universalen Prophetie Jesu Christi mit
anderen Menschen und Religionen durchaus in einer Reihe stehe, also
von einer »Absolutheit des Christentums« theologisch bzw. universalgeschichtlich bzw. christentumsgeschichtlich auch nicht am Ende des Veri-
fikationsverfahrens geredet werden dürfe, im Gegenteil[186]. Er stimmt
Lessing zu: »Ginge es um das Wort des Christentums unter den Weltreli-
gionen … , dann möchte solche Betrachtung … möglich sein«[187].
Barth betont mit 1Kor 8,6 das neutestamentliche Wissen von der »nicht
zu bestreitenden Existenz der vielen so genannten Götter und Herren im
Himmel und auf Erden«[188]. Und er spricht schließlich – wie schon 1933 –
unter Hinweis auf Ex 20,3 von der Unmöglichkeit einer Synthese auf einer allgemeinen Basis der Religionen oder religiöser Erfahrungen von
Gott[189].
Ich möchte mich im Zusammenhang der Lichterlehre und der wahren
Worte in Geschichte und Schöpfung, in deren Kontext Barth die Religionen thematisiert und wo sie ihren theologisch- systematischen Ort erhalten, auf folgende Hinweise beschränken:

*a)   Die Religionen im Licht der universalen Prophetie Jesu Christi
(Der Jodo-Shinshu-Buddhismus)*
Helmut Gollwitzer hat in einem lesenswerten Brief an den japanischen
Theologen Takizawa aus dem Jahr 1977 geschrieben: »Hier geht nun
Barth in KD IV/3 … weiter, indem er die ›wahren Worte‹ nicht nur, wie
die frühere Theologie sich half, ihre Wahrheit beziehen läßt aus einer re-
velatio generalis [im Sinne der natürlichen Theologie][190], sondern sagt,
die Gemeinde solle sie verstehen als wahre Worte, durch die ihr Herr Je-

---

Barths Theologie abgehandelt, leider unter Ausklammerung von KD IV/2 und besonders
KD IV/3, in welchen Bänden Barth selber den fälligen Paradigmenwechsel in der ökumenischen Bewegung entfaltet.
183   *K. Barth*: KD IV/3, 8 zum Johannesprolog; vgl. auch *K. Barth*: Das christliche Leben
1959-1961, Zürich 1976, 206.
184   KD IV/3, 15,18.
185   A.a.O., 18.
186   A.a.O., 101, 100.
187   A.a.O., 129. – Vgl. hierzu und zum Gespräch mit Pannenberg den hilfreichen Aufsatz
von *H.Th. Goebel*: Jesus Christus und die Religion(en), in: *E. Mechels/M. Weinrich* (Hg.), Die
Kirche im Wort. Arbeitsbuch zur Ekklesiologie, Neukirchen-Vluyn 1992, 70-83.
188   A.a.O., 109f.
189   A.a.O., 113.
190   Vgl. *K. Barth*: KD IV/3, 131f.

sus Christus selber sie von draußen her anspricht. Er hat dabei, wie seine Beispiele zeigen, mehr an allerlei Wahrheiten, die das menschliche Leben allgemein betreffen, bis zum Sozialismus hin, gedacht und sich offenbar nicht mehr an das buddhistische Problem von I, 2 erinnert«[191].

Obwohl Gollwitzer das Bartsche Dialogmodell mit den Religionen vorzüglich charakterisiert hat, indem er es nicht im Rahmen einer *revelatio et cognitio generalis*, sondern im Raum der *prophetia et revelatio Jesu Christi universalis* versteht, übersieht er freilich, daß Barth sehr wohl seine Ausführungen von KD I/2 über den Jodo-Shinshu-Buddhismus und dessen Nähe zur reformatorischen Gnaden- und Erlösungslehre vor Augen hat, wenn er unter den Beispielen in KD IV/3 fragt: Gehört nicht zu den wahren Worten der Prophetie Jesu Christi in den Religionen »etwa die Radikalität der menschlichen *Erlösungsbedürftigkeit* [Gnadenbedürftigkeit] oder die *Vollkommenheit* dessen, was Erlösung, sollte sie jener entsprechen, bedeuten müßte?«[192]

Wer diese Ausführungen Barths mit den entsprechenden in KD I/2 vergleicht, wird seine Anspielung auf den Jodo-Shinshu-Buddhismus in KD IV/3 als solche unzweideutig erkennen können. Wichtig ist für unseren Zusammenhang die Bestätigung, *daß Barth in der Tat die Frage nach den Wahrheiten in den Religionen und also den fälligen Dialog mit den Religionen nicht von der theologia naturalis her, sondern systematisch-theologisch von der messianischen prophetia universalis Jesu Christi her anvisiert hat.* Dies bedeutet in der Tat – wie Gollwitzer in seinem Brief an Takizawa, meisterhaft die Linien Barths ausziehend, zeigt – einen Neuansatz bzw. eine weitere Konkretisierung auch gegenüber KD I/2, wo Barth lediglich negativ und restriktiv auf den Namen Jesu Christi als das entscheidende Differenzmerkmal zum Buddhismus verweist, aber den Buddhismus noch nicht im Raum der messianischen prophetia universalis Jesu Christi *positiv* zu würdigen vermag.

b)   Die der Prophetie Jesu Christi entsprechende Kontingenz der wahren Worte im Weltgeschehen
(Barths Gespräch mit Takizawa)

Barth hat in KD IV/3 darauf hingewiesen[193], daß von der freien, messianischen Prophetie Jesu Christi her nicht mit einer »Einheit und Geschlossenheit«, nicht mit einer »*Konstanz und Universalität*« der »*freien Kundgebungen* Jesu Christi im Weltgeschehen« zu rechnen sei, sondern lediglich mit Kontingenzen, mit »bestimmten *einzelnen* Ereignissen und Momenten«[194].

191   H. *Gollwitzer*: Brief an *K. Takizawa* vom 29.11.1977, in: *Th. Sundermeier* (Hg.), Das Heil im Heute. Texte einer japanischen Theologie, Göttingen 1987, 204-213, 211f.
192   *K. Barth*: KD IV/3, 140.
193   A.a.O., 146-153, wiederholt in: *ders.*, Das christliche Leben 1959-1961 (Anm. 183), 201f.
194   KD IV/3, 148.

Nun hat Barth schon im Jahre 1958 seine erst ein Jahr darauf veröffentlichten Ausführungen[195] dem japanischen Theologen _Kazumi Takizawa_ noch als Druckbögen zugesandt – mit der darin implizierten Frage, ob Takizawa sein eigenes Anliegen, die Jesus-Geschichte im Rahmen von Immanuel I zu verstehen, darin wiederfinden könne.

Takizawa hat in seinen Karl-Barth-Studien 1972 und auf dem Leuenberg im Jahre 1977 daraufhin die These vertreten, daß nun auch Barth bei seinem, Takizawas, theologischem Anliegen, angelangt sei, nämlich die Christusgeschichte im Rahmen von Immanuel I, d.h. im Rahmen der Einheit Gottes mit dem alle Gegensätze vermittelnden Sein zu verstehen[196].

Dieser Dialog mit Takizawa[197] macht aber erneut deutlich, daß Barth sich mit seinem Hinweis auf den richtigen Gebrauch der wahren Worte und Lichter im Weltgeschehen und in der Schöpfung[198] nicht nur – wie schon gezeigt – von eventuellen sozialistischen »Konstanten« und Kontinuitäten Hromádkas, nicht nur – wie ebenfalls schon gezeigt – von dem universalgeschichtlichen Konzept W. Pannenbergs, sondern eben auch von der geschöpflichen »Einheit und Geschlossenheit« des Immanuel I Takizawas abgrenzen wollte.

So sehr also Barth über KD I/2 hinaus nunmehr von KD IV/3 her den Buddhismus mit seinen Wahrheiten von der prophetia universalis Jesu Christi her zum Leuchten bringen möchte, so wenig vermag er mit Takizawa die messianische Prophetie Jesu Christi im Rahmen und als Symbol von Immanuel I verstehen. Er möchte vielmehr umgekehrt von der Korrelation von Immanuel I (der Prophetie der ganzen messianischen Geschichte Israels) und von Immanuel II (der messianischen Prophetie Jesu Christi) her die wahren Worte und Lichter der Schöpfung in Bezug auf das Immanuel III entfalten. Ich sage bewußt: in Bezug und nicht im Rahmen von Immanuel III!

Das kann aber das von mir mit Absicht so genannte Immanuel III – also das Immanuel I Takizawas – nicht unverwandelt lassen. Auch hier kann der Primat der positiven Inbeziehungsetzung im Jahre 1959 die Abgrenzungen der Jahre 1933 und 1938 nicht vergessen machen, weil es nach

---

195 A.a.O., 95-153; Die von Barth mit einem Brief vom 4. August 1958 an Takizawa geschickten Druckbögen umfaßen die Seiten KD IV/3, 115-153.

196 _K. Takizawa_: Karl-Barth-Studien, Kyoto 1972, 483f; _ders._, Barth und Marx, Tokio 1991, 145ff. – Takizawas Antwort-Brief an Barth vom 22.8.1958 findet sich im Karl-Barth-Archiv. – Ich verdanke diese Hinweise meinem japanischen Promovenden Y. Amano. – _H. Gollwitzer_ hat in seinem Brief (Anm. 191) anschaulich davon berichtet, wie Takizawa 1977 auf dem Leuenberg seine Thesen erneut zur Diskussion gestellt hat und wie _M. Barth_ vom Johannesprolog her und _H.-G. Geyer_ von der Theologie- und Philosophiegeschichte her entsprechende kritische Fragen an Takizawa im Sinne Barths gestellt haben. – Vgl. weiter _K. Takizawa_: Einführung in eine reine The-Anthropologie, Fukuoka ²1989, 290-304.

197 Vgl. zur Fortsetzung dieses Dialoges mit K. Takizawa _Fr.-W. Marquardt_, Das christliche Bekenntnis zu Jesus, dem Juden, Bd I, München 1990, 11ff, bes. 23ff.

198 KD IV/3, 146-153.

Barth eben unmöglich ist, das Axiom der wechselseitigen Korrelation zwischen der messianischen Israel- und der prophetischen Christus-Geschichte in den Rahmen eines Allgemeinen – und sei es das Allgemeine des Immanuel I Takizawas – einzustellen[199].

c) Der Dialog mit den Religionen von der universalen Prophetie Christi her (Barths Dialog-Modell)
Der von Barth anvisierte *Dialog mit den Religionen* von der universalen Prophetie Jesu Christi her kann weder auf der Basis des universalen Allgemeinen noch auf der Basis des religionsgeschichtlichen Vergleichs der Religionen mit dem universalgeschichtlichen Ziel, Christus als höchsten Gipfel im Sinne der »Absolutheit des Christentums« zu erweisen, geführt werden. Sondern dieser Dialog kann nur geführt werden von dem axiomatischen Grund und Inhalt der prophetia universalis jesu Christi her. Im Rahmen der vierzehn Fragen, die Barth im Jahre 1962 auf seiner Amerika-Reise gestellt wurden, ist er auch auf die *Religion* zu sprechen gekommen und hat sie im Zusammenhang mit den »dem Menschen eigenen, seiner geschöpflichen Natur verliehenen und eigentümlichen Kräften«[200] gewürdigt und sie als eine dem Menschen verliehene geschöpfliche Mächtigkeit verstanden, die der Mensch wie den Bereich des Politischen, des Ökonomischen, der Wissenschaft und der chthonischen Kräfte zu pervertieren vermag und ständig als sündiger Mensch pervertiert.
Ich zitiere aus Barths Antwort aus dem Jahre 1962 in Amerika: »In allen ihren Äußerungen ist Religion auch eine Welt der Mächtigkeit (power)... Sie repräsentiert menschliche Möglichkeiten, die mit der wahren Natur

---

199 Vgl. dazu auch den Aufsatz von *K. Ogawa*: Zum Verständnis der Auferstehung Jesu Christi in Japanischer Sicht. Ein Vergleich zwischen K. Barth, K. Takizawa und K. Nishida, in: Zeitschrift für Dialektische Theologie 4/1988, 227-239 und die verschiedenen Aufsätze meines Freundes *Y. Terazono:* Das christliche Leben in Japan, in: Brennpunkte in Kirche und Theologie Japans, hg von Y. Terazono und H.E. Hamer, Neukirchen-Vluyn 1988, 6-12; *ders.,* Die Bedeutung des Alten Testaments für den Dialog zwischen Christentum und Buddhismus in Japan (Jerusalem, Juni 1991); *ders.,* Die Wirkung Karl Barths in Kirche und Theologie Japans, in: EvTh 44/1984, 425ff. Dazu kommen verschiedene Aufsätze in der Zeitschrift für Dialektische Theologie/Holland, die als Vorträge auf dem Leuenberg (Schweiz) gehalten worden sind. – Herrn K. Ogawa und Y. Terazono, dazu auch meinem japanischen Schüler Y. Amano verdanke ich aus vielen Gesprächen Einsichten über die Theologie und Philosophie Takizawas und die Barth-Rezeption in Japan –. Vgl. dazu jetzt die Arbeit von *Y. Amano:* Karl Barths Ethik der Versöhnungslehre. Ihre theologische Rezeption in Japan und ihre Bedeutung für die kirchlich-gesellschaftliche Situation in Japan, Diss. Wuppertal 1993. – Zu Barth und Takizawa vgl. weiter die Arbeit von *U. Schoen:* Das Ereignis und die Antworten. Auf der Suche nach einer Theologie der Religionen heute, Göttingen 1984, 88-97 (zu Barth), 137-140 (zu Takizawa).
200 *K. Barth:* Das christliche Leben (Anm. 183), 366. – Vgl. auch die positive Wertung von Religion und Religiosität a.a.O., 148f –. Auf diesen Sachverhalt und auf die daraus zu ziehenden praktischen Folgerungen hat *W. Krötke* mit Recht in seinem wichtigen Beitrag: Kirche für alle? Die Gemeinde im Dienst des Wortes und Werkes Jesu Christi, in: Die Zeichen der Zeit, 5/1992, 194-201, 199-201 aufmerksam gemacht.

des Menschen gegeben sind, und zwar gegeben als eine Erscheinung von
Gottes gut geschaffener Schöpfung des Menschen«. Durch den Fall des
Menschen seien die geschöpflichen Mächtigkeiten des Menschen (Tradition, Vernunft, Religion, Sexualität) Gott gegenüber isoliert worden.
Und so würden die geschöpflichen Mächtigkeiten zu Mächten, zu Herren und Gewalten, die den Menschen versklaven und beherrschen. In
und mit der Auferweckung Jesu Christi aber sei der Mensch befreit von
dem Joch seiner Pseudo-Gottheiten, befreit also als Gottes neue Kreatur.
Die Auferweckung Jesu Christi sei der Beginn eines neuen Himmels und
einer neuen Erde in der Hoffnung auf die letzte Parusie Jesu Christi
hin[201].

In diesen Zusammenhang gehören Karl Barths Pläne über die Darstellung einer Religionsgeschichte im Rahmen einer anvisierten »*ökumenischen Theologie des Heiligen Geistes*«.

In der von Chr. Link, P. Eicher und mir geleiteten Arbeitsgruppe auf dem
Leuenberg 1992 berichtete *Markus Barth*, sein Vater habe ihm folgendes
über seine Pläne erzählt:

Er plane – sofern seine Kräfte es erlaubten – sich einer Religionsgeschichte zuzuwenden. Und zwar unter der besonderen Struktur einer
Zuordnung von Größen, bei denen es immer um eine Entscheidung gehe.
Nicht um eine Entscheidung von Licht hier und Finsternis dort, sondern
um eine Entscheidung des mehr Licht auf dieser und mehr Dunkel auf jener Seite.

Es gehe dabei jeweils um eine Entscheidung innerhalb der folgenden relativen Gegensatzpaare und zwar in der folgenden Reihenfolge. Es gehe
um eine Entscheidung:
1. zwischen den Positiven (Orthodoxen und Pietisten) und Liberalen innerhalb der Reformierten Kirche; 2. zwischen den Reformierten und Lu-
theranern innerhalb der reformatorischen Kirchen; um eine Entscheidung des Mehr oder Weniger 3. zwischen den reformatorischen Kirchen
und dem Katholizismus; 4. zwischen den Westkirchen und den Ostkirchen.

Danach gehe es um eine relative Entscheidung innerhalb der Religionen
selbst: 5. zwischen Christentum und Judentum; 6. zwischen Judentum
und Islam; 7. zwischen Buddhismus und Hinduismus. Sodann um eine
relative Entscheidung 8. zwischen Religion und Atheismus und 9. zwischen Idealismus und Materialismus. Vom 7. Element an war Markus
Barth die Reihenfolge der von seinem Vater aufgeführten relativen Gegensatzpaare dabei nicht mehr so deutlich in Erinnerung[202].

---

201   Abschrift und Übersetzung des Tonband-Mitschnitts von der 1962 in Amerika ge-
führten Diskussion (in meinem Besitz).
202   Den von *Markus Barth* autorisierten Text über Barths Pläne habe ich *E. Busch* mit der
Bitte um Stellungnahme zugeschickt. E. Busch schreibt mir am 12.10.1992: 1. Hatte Markus
Barth als terminus a quo für diese Pläne Barths die 50-er Jahre angegeben, so meint E.
Busch: »Ich bin sicher, daß Barth – wie das auch mit dem von Markus Barth angegebenen

Mit dem Jahre 1967/68 stoßen wir dann bei Barth auf Aussagen, die die Richtung der positiven Inbeziehungsetzung der Prophetie Jesu Christi mit den Religionen im Rahmen einer ökumenischen Theologie des Heiligen Geistes weiter präzisieren und konkretisieren. Konkretisieren freilich nicht von der revelatio naturalis her, sondern von der messianischen prophetia universalis Jesu Christi her. Ich nenne folgende Dokumente:
1. Barths Stellungnahme zu dem fälligen *Dialog mit den Muslimen*: Barth stellt über die theologisch verbotene Einordnung des Judentums in den Bereich der nicht-christlichen Religionen hinaus 1967 die Frage, wie die vatikanische Deklaration zu den nicht-christlichen Religionen überhaupt dazu komme, »die in der Religionswissenschaft längst überholte Auszeichnung der sog. ›Hochreligionen‹ gegenüber den primitiven mitzumachen ... ?« Und Barth schließt dann über ein fehlendes Schuldbekenntnis der Kirche zur Verfolgungs- und Auslöschungsgeschichte gegenüber dem Judentum hinaus die Frage an, ob »bei Erwähnung der Muslim[e] ein solches (Schuldbekenntnis) in Erinnerung an die fatale Rolle der Kirche in den sog. Kreuzzügen« nicht auch am Platz gewesen wäre[203].
Ein Jahr später – im Jahre 1968 – schreibt Barth einen Brief an *H. Berkhof*/Leiden, in welchem er über ein Gespräch mit *J. Bouman* aus dem Libanon berichtet: »In der theologischen Würdigung der dortigen Lage (im Libanon) ... waren wir aber völlig einig« und auch darin, daß eine »neue

---

Datum der 50-er Jahre sein mag – besonders durch die Deklaration des Vaticanum II zu der Frage der ›nicht-christlichen Religionen‹ zu diesem Projekt angeregt (und sei es denn neu angeregt) war. Eben darum sind Barths Bemerkungen zu diesem Thema in Ad Limina 38-40 unbedingt mit zu berücksichtigen«. – 2. Hatte Markus Barth von einer von Barth projektierten »Allgemeinen Religionsgeschichte« gesprochen, so schreibt E. Busch: »Ich bin mir ziemlich sicher, daß Barth vor meinen Ohren dem Projekt nicht den Titel einer ›allgemeinen Religionsgeschichte‹ gab, sondern einer ›Ökumenischen Theologie‹... Ich bin ferner dessen sicher, daß Barth die Thematik – daher ›ökumenische Theologie‹ – in von innen nach außen schreitenden Kreisen zu behandeln für geboten sah«. – 3. Zu der von M. Barth erinnerten und z.T. nicht mehr erinnerten Liste der relativen Gegensatzpaare schreibt E. Busch: »Nicht sicher bin ich mir, ob die Liste von Markus Barth vollständig ist, da Karl Barth die in dieser Liste sichtbare Konzentration auf die sog. ›Hochreligionen‹ vielmals klar ablehnte (siehe Ad Limina 39)«. – 4. E. Busch schreibt schließlich zum Ganzen des Projektes: »Im ganzen denke ich schließlich, daß *dieses* Projekt in einer gewissen Nähe zu Barths Ausblick nach einer ›Theologie des Heiligen Geistes‹ steht. D.h. es ging ihm um die Richtungsangabe einer *künftigen* Arbeit, die *er nicht* mehr anfassen würde«. Ich selber spreche deshalb im Blick auf Barth von einem *Dialogmodell der Nachbarschaft mit den Religionen im Rahmen einer ökumenischen Theologie des Heiligen Geistes, die auf der axiomatischen Korrelation zwischen der messianischen Prophetie Jesu Christi und der ganzen messianischen Israelgeschichte basiert und darin ihre Voraussetzung hat.* Und ich finde diesen von Barth projektierten Dialog mit den Religionen unter Voraussetzung der ökumenischen Beziehungen zu Israel-Judentum auch durch die Ausführungen Barths in KD IV/3, § 69,4, »Die Verheißung des Geistes« 405ff. bestätigt, insofern Barth hier den systematischen Ort für den fälligen Dialog mit den Religionen umrissen hat.
203   *K. Barth:* Ad Limina Apostolorum, 1967, 39,40.

Verständigung über das Verhältnis von Bibel und Koran für uns eine dringende Aufgabe« ist.

Barth spricht bei der notwendigen neuen Verständigung über das Verhältnis von Bibel und Koran von der dringenden Aufgabe, eine »Theologie des Heiligen Geistes« erst noch zu entwickeln. Aber anders als Schleiermacher und anders als eine Philosophie und Theologie der Religionen mit ihrem Stufenmodell der Religionen. »Nur daß ich unter (einer) ›Theologie des Heiligen Geistes‹ _ein noch umfassenderes Unternehmen verstehen möchte, das ich aber nur von ferne anvisieren (... wie Mose das gelobte Land) und nicht mehr selber in Angriff nehmen kann und werde«_[204].

2. Barths letzte Gespräche über den fälligen _Dialog mit den Religionen_: Jürgen Fangmeier berichtet mir, daß Barth mindestens dreimal in den letzten Jahren seines Lebens auf die Frage des fälligen Dialogs mit den Religionen von sich aus zu sprechen gekommen sei. Wenn er, Barth, noch Zeit und Kraft hätte, so würde er sich noch intensiver beschäftigen: a) mit dem römischen Katholizismus; b) mit den Ostkirchen; c) gleicherweise und gleichgewichtig mit den Religionen.

In diesem Zusammenhang ist die folgende Gesprächsnotiz _Jürgen Fangmeiers_ wichtig: »Als ich im September 1968 das letzte Mal bei Karl Barth sein konnte, sprach er davon, womit er sich beschäftigen würde, wenn er noch Jahre theologischen Schaffens vor sich hätte. Und er nannte nach dem römischen Katholizismus die Ostkirchen und dann die nicht-christlichen Religionen; aber, fügte er hinzu, ganz anders, als man in der Regel darangehe: nicht so [sei der Dialog mit den Religionen zu führen], daß das Allgemeine die Basis sei, auf der sich dann vielleicht Jesus Christus als der Gipfel höchster erheben soll, sondern so, daß Jesus Christus der Grund sei, von dem her mit den Religionen vielleicht ein noch ganz neues Gespräch zu eröffnen wäre«[205].

Konturen einer ökumenischen Theologie des Heiligen Geistes deuten sich hier bei Barth an. Sichtbar werden ebenfalls Konturen eines Dialogmodells im Kontext einer ökumenischen Theologie des Heiligen Geistes, innerhalb dessen, begründet in der universalen Prophetie Jesu Christi in Korrelation zur messianischen Prophetie der ganzen Geschichte Israels[206] der Dialog nicht nur mit dem von Barth zur Ökumene gerechneten Judentum, sondern auch mit den Muslimen und den anderen Religionen (Buddhismus) geführt werden sollte. Er müßte nämlich geführt werden, weil durch die messianische Prophetie Jesu Christi die Ausgießung des Geistes auf alles Fleisch bereits erfolgt ist: Der Geist ist verheißen![207]

204 _K. Barth_: Briefe 1961-1968 (Anm. 98) 504f; Kursivierung von mir.
205 _J. Fangmeier_: a.a.O., in: Briefe 1961-1968 (Anm. 98) 505.
206 _K. Barth_: KD IV/3, 405ff.
207 A.a.O., 408. – Vgl. _M. Welker_: Gottes Geist. Theologie des Heiligen Geistes, Neukirchen-Vluyn ²1993.

Zusammenfassung

Ich fasse das systematische Thema »Offenbarung und Erfahrung« und die Konkretisierung dieses Themas an den Erfahrungsfeldern der Versöhnungslehre Karl Barths wie folgt zusammen:

Unter Voraussetzung der axiomatischen Korrelation zwischen der Prophetie der ganzen messianischen Geschichte Israels und der messianischen Prophetie Jesu Christi kommt Barth im Rahmen seiner Lehre von den wahren Worten im Weltgeschehen und den Lichtern in der Schöpfung zu einem Dialogmodell mit den Religionen, die er – unter Voraussetzung des fundamentalen jüdisch-christlichen Dialogs – nicht mehr auf der Basis eines Allgemeinen und auf der Basis eines umfassenden Religionsvergleichs mit dem Ziel der aufzuweisenden Absolutheit des Christentums (Pannenberg) thematisiert. Er ist vielmehr auf dem Wege zu einem Dialogmodell, das er im Sinne eines *Dialogmodells der Nachbarschaft* zu den Wahrheiten in den Religionen anvisiert und im Rahmen einer »ökumenischen Theologie des Heiligen Geistes« zu entfalten gedenkt.

Ein Dialog mit den Religionen muß dabei die Schuldgeschichte des Christentums gegenüber diesen Religionen einerseits, wie auch die von der axiomatischen Korrelation zwischen Israel- und Christusgeschichte her gebotene und nach wie vor notwendige Kritik der Religion des Christentums und seiner Christentumsgeschichte (KD I/2 § 17) andererseits beinhalten. Von daher verweist die Frage nach den Wahrheiten in den Religionen – gegründet in der israeltheologisch verankerten und pneumatologisch entfalteten prophetia universalis Jesu Christi – auf eine Ökumene im Übergang in Entsprechung zu dem weltweiten Übergang der messianischen und diakonischen Prophetie Jesu Christi und seines versöhnenden Lebens. Es handelt sich dabei um einen Dialog, in dessen Verlauf dem Christentum und der christlichen Religion aus dem Bereich des Judentums erhebliche kritische Fragen gestellt werden, der aber zugleich positive Wahrheiten verheißungsvoll zu eröffnen vermag.

Am Schluß meiner Ausführungen über das Thema »Gottes Offenbarung und menschliche Erfahrung« bei Barth möchte ich auf einen Satz aus dem Abschnitt des § 69,4: »Die Verheißung des Geistes« aufmerksam machen. In diesem Abschnitt umreißt Barth den systematischen Ort für den fälligen Dialog – nicht mit dem Judentum, aber – mit den Religionen. Man könnte diesen Satz auch als das Hohelied der Erfahrungstheologie Karl Barths bezeichnen. Er lautet:

Jesus Christus in seiner messianischen Prophetie »geht. . . auf *unserem* Weg und wir auf dem *seinigen*. . . So ist nichts daran zu ändern, daß die Ereignisse, Gestalten und Verhältnisse des ganzen. . . öffentlichen und privaten Geschehens, daß unsere großen und kleinen Aufstiege und Niedergänge, Fortschritte und Rückfälle, Erhellungen und Verdunkelungen. . . – selten und von Wenigen auch nur erahnt. . ., aber sehr real – in

fernerer oder näherer, entgegengesetzter oder übereinstimmender. . . *Beziehung* zu der Bewegung stehen, in der Er durch unsere Mitte geht, von
seinem Anfang her durch unsere Zeit hindurch seinem Ziel entgegen-
schreitet. Keiner ißt und Keiner trinkt, Keiner wacht und Keiner schläft,
Keiner lacht und Keiner weint. . ., Keiner lebt und Keiner stirbt außerhalb dieser Beziehung. Ob wir sein prophetisches Werk bejahen oder verneinen oder ignorieren . . ., wir sind an ihm als an dem unsere Zeit . . .
wirklich erfüllenden Geschehen beteiligt«[208].

208   A.a.O., 419f. – Zu dem hier entfalteten ökumenischen Dialogmodell Barths ist in der
Arbeit von *H.-J. Kraus*: Theologische Religionskritik, Neukirchen-Vluyn 1982, bes. 4ff über
die Religionskriktik K. Barths und auch 226ff über den Dialog mit den Religionen zu vergleichen. – Der japanische Barth-Schüler *K. Ogawa* stellte bei seinem letzten Besuch nach
seinem Rigorosum Barth die Frage: »Hindert Ihre theologische Grundeinstellung mich daran, mit den Religionen in Japan den Dialog zu führen?« Barths Antwort lautete: »Dieser
Dialog ist Ihre Aufgabe!« (Gespräch vom 7. Mai 1963 in Basel). – Der mir befreundete *Yehoja-
da Amir* von der Hebräischen Universität in Jerusalem macht mich auf den Brief von Franz
Rosenzweig an Hans Ehrenberg aus der Zeit des »Stern« vom 13.6.1918 aufmerksam: Dort
spricht Rosenzweig von der Toleranz des Judentums gegenüber den anderen Religionen:
»Das Judentum . . . ist eben daher von religionswegen tolerant und verspricht ›den Frommen aller Völker‹ die ewige Seligkeit« (Gesammelte Schriften Bd 1, Haag 1979, 577–580,
577). Von diesem Verhältnis zu den anderen Religionen unterscheidet Rosenzweig freilich
die Relation vom Judentum und Christentum, insofern beide in den inneren Kreis gehören:
»Das Christentum kommt bei diesem Grenzenziehen natürlich in den innersten Kreis, erst
die innerste Grenze scheidet es vom Judentum« (578). – Y. Amir hat auf der Sommeruniver-
sität vom 19.-23. Juli 1993 in Berlin von Rosenzweig her und zugleich über Rosenzweig hinaus von einem »unrelativistischen Pluralismus« als einem Modell für den Dialog von Judentum und Christentum mit den anderen Religionen gesprochen. Dabei komme dem Islam
noch vor dem Dialog mit den fernöstlichen Religionen eine besondere Bedeutung zu. – Ein
solcher, von dem innersten Kreis von Judentum und Christentum her ermöglichter *»unrela-
tivistischer Pluralismus«* im Verhältnis zu den anderen Religionen steht dem oben skizzierten ökumenischen Dialogmodell Karl Barths sehr nahe und unterscheidet dieses Modell
von allem *»relativistischen Pluralismus«* einerseits und von allen »Dialog«-Modellen der
Überlegenheit und Absolutheit des Christentums andererseits (vgl. I 2 Anm. 82 in diesem
Band).

2 Der messianische Mensch und die Verheißung der Befreiung[1]

Karl Barths ökumenisches Testament[2]

I. Der messianische Mensch als Verheißung der Befreiung (Vorüberlegungen)

a) Die Versöhnungslehre als Barths ökumenisches Testament

Die Versöhnungslehre, wie sie in den fünf Bänden der Kirchlichen Dogmatik einschließlich des Bandes seiner Versöhnungsethik auf ca. 3800 Seiten vorliegt, ist Karl Barths großes Testament an die Ökumene. Barth veröffentlicht diese Bände nach seiner Teilnahme an der Ökumenischen Konferenz von Amsterdam (1948), in deren Verlauf er die Ökumenische Bewegung als wegweisende Bewegung im Interesse aller Menschen entdeckt und sie fortan als »ökumenischer consultant«[3] begleitet und aktiv unterstützt. Es ist deshalb nicht zufällig, vielmehr höchst bezeichnend, daß Barth seinen 1959 veröffentlichten Band KD IV/3 mit einem *Geschichtsüberblick* beginnt, in dem er die *Wiederentdeckung des messianisch-prophetischen Amtes* Jesu Christi nachzeichnet[4] und den er in dem Verweis auf die Geschichte der Ökumenischen Bewegung gipfeln läßt. Ist doch Barth zufolge in ihr der »*Ausbruch* der christlichen Gemeinde in die *Welt*«[5], ihr Exo-

---

1 Überarbeiteter Vortrag, gehalten am 8. 11. 1986 auf dem ökumenischen Symposion zur Theologie Barths in *Arnoldshain*, zusammen mit K. Herbert, W. Krötke, M. Opočenský, M. Rumscheidt, D. Schellong, J.Th. Witvliet und M. Wyschogrod, am 20. 11. 1986 auf der Tagung für Studierende der Theologie in *Dassel*, am 21. 11. 1986 auf der Klausurtagung der Theologiestudenten/innen der Kirche von Kurhessen-Waldeck in *Kassel*, am 6. 12. 1986 in der Paulusakademie in *Zürich*, deren Barth-Tagung unter dem Thema stand: »Aufbrechen – Umkehren – Bekennen. Karl Barth und die Theologie der Befreiung«. Von den Diskussionen, den Fragen und der Kritik habe ich vielfältig gelernt.
2 *E. Castro* schreibt im Geleitwort der 2. Auflage des von W. Feurich herausgegebenen Aufsatzbandes »Karl Barth: Klärung – Wirkung – Aufbruch« (Berlin-Ost 1986): »Die ökumenische Bewegung und besonders der Ökumenische Rat der Kirchen sind durch den persönlichen Beitrag Karl Barths und durch die intellektuelle wie geistliche Weite und Vielfalt seines Denkens bereichert worden« (9).
3 *Karl Barth:* Der Götze wackelt, hg. von Karl Kupisch, Berlin, 2. Aufl. 1964, 198.
4 Ders., KD IV/3, 18–40.
5 A.a.O., 20.40.

dus, in Entsprechung zur Befreiungsgeschichte des messianischen Menschen Jesus Christus erfolgt. Barths Verständnis der Versöhnung im Kontext des ungekündigten Bundes Gottes mit Israel und als bekräftigende und inkraftsetzende Erfüllung des Bundes mit Israel-Judentum ist dabei Barths besonderes Geschenk an die Ökumene.

b)   Der Exodus Israels und die Auferweckung des Gekreuzigten

Barth versteht die Versöhnung vom ungekündigten Bund Gottes mit Israel her. Aber er versteht, so muß nun ergänzt werden, Bund und Versöhnung vom Befreiungsgeschehen des Exodus her: Schon in der Grundlegung der Gotteslehre (KD II/1, 1940), in welcher Barth Luthers Generalregel aller Gotteserkenntnis ernstnimmt, Gott im Spiegel der Menschlichkeit des Gekreuzigten, und an seinem posteriora (Ex 33,23) zu erkennen, kommt Barth zu einer grundlegenden Verhältnisbestimmung von Kreuz und Auferweckung einerseits und dem Exodus Israels aus Ägypten andererseits. Barth versteht nämlich die alttestamentliche Prophetie »als Verkündigung Gottes in Form fortgesetzter *Explikation* eben des . . . mit dem *Auszug aus Ägypten* als seinem Inbegriff *anhebenden* göttlichen Werkes.«[6] Und er versteht die neutestamentliche Verkündigung der Apostel entsprechend als Verkündigung Gottes in fortgesetzter *Explikation* des mit der Auferweckung des Gekreuzigten als seinem Inbegriff *vollendeten* göttlichen Werkes[7]. Barth spricht von dem *Exodus Israels* als dem Inbegriff des *anhebenden* göttlichen Werkes und von *Kreuz und Auferweckung* als dem Inbegriff des »*vollendeten*« göttlichen Werkes.
Damit werden der Exodus Israels und das Handeln Gottes in Kreuz und Auferweckung wechselseitig aufeinander bezogen und Gott im Spiegel seines Befreiungshandelns im Exodus Israels einerseits und in der Auferweckung des Gekreuzigten andererseits allererst erkannt: So wie dieses anhebende und »vollendete« göttliche Werk ist Gott! *D. Bonhoeffer* hat in ähnlicher Intention im Brief vom 27. 6. 1944 die wechselseitige Interpretation von Exodus und Auferweckung Jesu zur grundlegenden Forderung für alle Theologie erhoben und gegen alle Spiritualisierung und Religionisierung der Auferweckung des Gekreuzigten geltend gemacht.[8]
Sind aber *Kreuz und Auferweckung Jesu vom Exodus Israels unablösbar*, ist also der in der Versöhnung erfüllte Bund (IV/1) von der Exodusgeschichte der Befreiung Israels nicht ablösbar, dann wird verständlich, warum Barth die Geschichte des in der Versöhnung erfüllten und bekräftigten Bundes (KD IV/1.2) erneut auf die Geschichte universaler Befreiung zielen läßt.

---

6   Ders., KD II/1, 19 (Kursivierung z.T. vom Zitat abweichend).
7   A.a.O., 20.
8   *D. Bonhoeffer*: Widerstand und Ergebung, hg. von E. Bethge, WEN, München 1970, 368f.

Barth versteht die Verheißung universaler Befreiung von Bund und Versöhnung her, läßt aber *die Geschichte des in der Versöhnung erfüllten Bundes wiederum in der universalen Befreiung ihr Ziel haben.* Ist doch der mit der ökumenischen Bewegung stärker sichtbar werdende und anfangende Exodus der christlichen Gemeinde in die Welt die Entsprechung zu dem, was sich in der Prophetie Jesu Christi (IV/3) unaufhaltsam vollzieht: der Kampf und Weg der Befreiungsgeschichte Jesu Christi zur messianischen Befreiung aller Menschen und der ganzen Welt.

c) Rechtfertigung und Heiligung als Verheißung universaler Befreiung

Mit dem bisher Gesagten haben wir aber bereits wichtige Hinweise für eine inhaltliche Zuordnung der drei großen Bände der Versöhnungslehre gewonnen: Entfaltet *Band IV/1* die Erniedrigungsgeschichte Gottes als Geschichte *universaler Rechtsaufrichtung* (Rechtfertigung) und entfaltet *Band IV/2* die Erhöhungsgeschichte Jesu als Geschichte *universaler Freiheitsgewährung* für alle Menschen (Heiligung als Geschenk der Freiheit), so entfaltet *Band IV/3* den messianischen Kampf Jesu Christi um die der erfolgten Rechtfertigung und Heiligung aller Menschen entsprechende Befreiung und Erlösung von Mensch und Welt. Die Sequenz von priesterlichem, königlichem und prophetischem Werk Jesu Christi, die Sequenz von Rechtfertigung, Heiligung und Befreiung aller Menschen strukturiert die Versöhnungslehre, wobei Barth das Thema des Prozesses universaler Befreiung als Ziel von Rechtfertigung und Heiligung in ausdrücklicher Kritik an den »bürgerlichen«[9] Verengungen seitens der reformatorischen und nach-reformatorischen Theologie entfaltet (§ 71,4.6). Rechtfertigung und Heiligung sind Begründung und Voraussetzung der Befreiung, *Befreiung aber ist das Ziel von Rechtfertigung und Heiligung.*

Die von Barth in der Zuordnung von Rechtfertigung und Heiligung vorgenommene Doppelbestimmung – Rechtfertigung als Grund, Heiligung als Folge (Luther), Rechtfertigung als Voraussetzung und Heiligung als Ziel (Calvin)[10] – wird also auch auf das Verhältnis der IVer Bände zu übertragen sein:

1. Zunächst: Das priesterliche und königliche Werk Jesu Christi ist der Grund, das Werk der Prophetie Jesu Christi, das die vollbrachte Versöhnung offenbart, ist die Folge.

2. Dann aber auch: Die in der Geschichte Jesu Christi erfolgte Aufrichtung universaler Rechtfertigung und Heiligung ist die *Voraussetzung,* die universale Befreiung und Erlösung aber ist das *Ziel.* Einfacher formuliert: Befreiung und Erlösung sind von der Rechtfertigung und Heiligung her zu

9 *Karl Barth:* KD IV/1, 118f.
10 Ders., KD IV/2, § 66,1.

verstehen und von dort nicht ablösbar, Rechtfertigung und Heiligung ha-
en aber in der Befreiung ihr Ziel.[11]

d) Das Vergehen der alten und das Kommen der neuen Welt Gottes
(2. Kor 5,17)

Wer die Bände der Versöhnungslehre studiert, kann eine überraschende
Beobachtung machen. Barth zitiert, exegesiert und entfaltet in der Versöhnungslehre nicht nur grundlegend – wie sollte es anders sein – *2Kor
5,19* als Grundsatz seiner Versöhnungslehre: Gott war im Messias und versöhnte die Welt durch und mit sich selber, sondern Barth stellt 2Kor 5,19
in einen engen sachlichen Zusammenhang mit 2Kor 5,17: Ist jemand im
Messias, so ist er eine Neuschöpfung. Denn das Alte (die alte Welt) ist in
ihm vergangen, siehe Neues (die neue Welt Gottes) ist in ihm geworden.[12]
Beide Stellen werden – wie das Register der »Kirchlichen Dogmatik« zeigt
– von Barth in gleichem Maße zitiert und wechselseitig interpretiert, ja
2Kor 5,17: die Exodus-Aussage vom Vergehen der alten Welt und dem
Kommen der neuen Welt im Christus hat sogar stellenmäßig ein leichtes
Übergewicht. Ob nun Übergewicht oder Gleichgewicht, eines ist jedenfalls
klar: Man darf und kann im Sinne Barths die *Versöhnung in Christus nicht
von dem apokalyptischen Thema der vergehenden alten und der kommenden
neuen Welt Gottes trennen.* Die Versöhnung als die Geschichte des erfüllten
Bundes in Kreuz und Auferweckung ist vielmehr das Ereignis des Vergehens der alten und der Einbruch des Kommens der neuen Welt Gottes.
Von daher wird verständlich, warum Barth gerade die Versöhnung im
Messias (2Kor 5,19) als *die* grundlegende, *die* revolutionäre Veränderung
der Situation aller Menschen und der ganzen Welt entfaltet hat.
Kardinalfehler bisheriger Versöhnungslehre war dabei nach Barth nicht
nur die Ablösung der Versöhnung von der Geschichte des ungekündigten
Bundes, *wodurch die Israel-Thematik verlorenging*[13], sondern auch die Ablösung der Versöhnung von der apokalyptischen Thematik der vergehenden alten und der kommenden neuen Welt Gottes, *wodurch die Befreiungs-*

---

11   In der mathematischen Sprachregelung der KD formuliert: KD IV/3 hat seine Voraussetzung in KD IV/1.2. Diese wiederum haben ihre Bündelung und ihr Ziel in KD IV/3.
12   *2Kor 5,17* bezieht sich auf Jes 43,18 und Jes 56,17.
13   Durch die Vorordnung der Erwählungslehre (KD II/2) vor die Versöhnungslehre (KD
IV/1–4) – die Erwählungslehre sagt die Tiefendimension der Versöhnungslehre aus (KD II/
2, 95) aus – vermag Barth die Unterscheidung zwischen Israel und der Völkerwelt exegetisch richtig – wie O. *Hofius* mit Verweis auf Röm 11,15 gezeigt hat (z.B. Paulusstudien,
1989, 9) – festzuhalten, was nicht zuletzt auch durch die in der Versöhnungslehre selbst
vollzogene Vorordnung des Bundes vor die Versöhnung und das Verständnis der Versöhnung als der Durchführung des ungekündigten Israelbundes (KD IV/1, § 57,2.3) dokumentiert ist.

thematik verlorenging. Barth möchte die Versöhnung wieder biblisch als den Einbruch der neuen Welt Gottes entfalten und zurückgewinnen.

e) Der »messianische« Mensch[14] als die Verheißung der Befreiung

Ein letzter Hinweis zur Themaformulierung: Ich habe mich soeben bewußt der Terminologie der frühen und ersten Aufsätze Barths bedient: Die neue Welt der »Gerechtigkeit Gottes« (1916), »Die neue Welt (Gottes) in der Bibel« (1917). Der zweite Teil meiner Themaformulierung »die Verheißung der Befreiung« ist im Sinn dieser Aufsätze gemeint: die Verheißung der neuen Welt Gottes, des Reiches der Gerechtigkeit und Freiheit Gottes. Ich habe nun aber ebenso bewußt als Themenformulierung gewählt: Der messianische Mensch als die Verheißung der Befreiung.

Dazu hat Barth in seiner *»Einführung in die evangelische Theologie«* (1962) folgenden wichtigen Hinweis gegeben, der zugleich über den Weg Barths von der Entdeckung des apokalyptischen Themas des Reiches Gottes und der neuen Welt Gottes (seit 1916) zur Entdeckung der christologischen Mitte dieser Thematik (seit 1933) Auskunft gibt. Es heißt dort zu den Heilungsgeschichten Jesu: Die Wundergeschichten sind keine Mirakel in einer unerlösten Welt, sondern Zeichen und Alarmsignale für ein in der Mitte der Zeit »aufbrechendes, prinzipiell *neues* Geschehen.«[15] Als Dokumente des bis ins Physische hineinreichenden Befreiungshandelns Jesu sind sie *»Signale* eines prinzipiell *Neuen«.* Sie sind im Sinne einer Theologie der Hoffnung verstanden »radikal *hilfreiche,* ja rettende Veränderungen des den Menschen bedrohenden und bedrückenden ordinären Natur- und Weltverlaufs, . . . Verheißungen und Anzeichen einer erlösten Natur, einer Freiheitsordnung, einer Lebenswelt, in welcher Leid, Tränen und Geschrei und als letzter Feind der Tod nicht mehr sein werden«.[16] In diesen kleinen Lichtern der neuen Welt Gottes erfolgt – entsprechend und im Sinne einer Theologie der Hoffnung – das proleptische Einbrechen des »kommenden großen Lichtes«.[17]

»Hebet eure Häupter, denn eure Erlösung ist nahe!« Und Barth fügt hinzu: »Dieses Aufleuchten des Hoffnungslichtes ist das sachlich Neue und so das eigentlich Inkoordinable der biblischen Wundergeschichten«.[18]

---

14 Zu dem mit dem Begriff »der königliche Mensch« (KD IV/2, § 64,3) identischen und von Barth verwendeten Terminus des »messianischen« Menschen vgl. KD III/3, 508, 521, KD IV/2, 173, 227, 288 u.ö; zum Terminus des »messianischen Menschensohnes« vgl. P. *Stuhlmacher:* Biblische Theologie des Neuen Testaments, Bd I, Göttingen 1992, passim; zum Gebrauch des Terminus »messianisch« vgl. besonders B. *Schaller:* Jüdische und christliche Messiaserwartungen, in: Friede über Israel, hg. v. A.H. Baumann, 76/1993, 5-14.
15 *Karl Barth:* Einführung in die evangelische Theologie, Zürich 1962, 76.
16 A.a.O., 76f.
17 A.a.O., 77.
18 Ebd.

Aber nun kommt es bei Barth zu einer interessanten und überaus charakteristischen Präzisierung, die exakt Barths Weg von Röm I (dem Urdokument einer Theologie der Hoffnung[19] und der neuen Welt Gottes in der Bibel) zur christologischen Grundlegung der Kirchlichen Dogmatik entspricht. Wobei dieser Weg Barths und diese Präzisierung – was meistens übersehen wird – nicht etwa eine Preisgabe des Themas einer Theologie der Hoffnung bedeuten. Barth gibt zunächst zu erwägen: »Aber nun sind sie (die Wundergeschichten) ja nur *ein* – freilich ein unentbehrliches und nicht zu übersehendes – Element des biblischen Zeugnisses von der Immanuelsgeschichte. Die erschöpft sich ja von ferne nicht ... in ihrer *Neuheit* ... als Anzeige eines neuen Himmels und einer neuen Erde (darin), daß in ihrem Verlauf auch diese Geschichten geschehen. Sie sind ja nur die *Zeichen* des Neuen, das da anhebt und fortgeht und seinem Ziel entgegeneilt, nicht das Neue selbst.«[20] Dann gibt er zu bedenken, und zwar in impliziter Kritik an seinem Konzept von Röm I, aber auch an Entwürfen wie der zwei Jahre später (1964) erschienenen »Theologie der Hoffnung« von J. Moltmann: »Und noch könnte ja auch in der durch diese Zeichen ... eröffneten Aussicht auf eine andere, bessere Natur und Welt an dem eigentlich und entscheidend Neuen, von dem das biblische Zeugnis redet, ... vorbeigeblickt werden«.[21] Und dies ›eigentlich Neue‹, das Barth seit 1933[22] und mit der Entfaltung der »Kirchlichen Dogmatik«, aber erst recht mit der Niederschrift der IVer Bände immer deutlicher erkannte, lautet:
»Eigentlich und entscheidend neu ist der *neue* [messianische] Mensch, der nach dem biblischen Zeugnis inmitten der anderen Menschen als ihrer Aller Herr, Knecht [IV/1.2] und Bürge [IV/3] in jenen Taten handelte, in ihnen sich selbst und so Gottes Gerechtigkeit und Gericht verkündigte, so seine Herrlichkeit offenbarte. Neu ist er selbst als das schon gekommene große Hoffnungslicht, das in jenen kleinen Lichtern vorläufig aufleuchtete. Neu ist die nach dem Alten Testament sich ankündigende, nach dem Neuen in jenem Einen geschehene Versöhnung der Welt mit Gott und so die Erfüllung, die Vollkommenheit des Bundes zwischen Gott und dem Menschen ... Neu ist der in diesem Einen, in seinem Gehorsam, seinem Dienst, seinem Leben und Sterben geheiligte Name Gottes, sein in ihm gekommenes, schon gegründetes und wirksames Reich – sein in ihm schon auf Erden wie im Himmel geschehener Wille ... Neu ist laut des biblischen Zeugnisses mit einem Wort: die die Geschichte *Israels* abschließende Ge-

---

19   *Karl Barth:* Der Römerbrief, 1. Aufl., Bern 1919; Neuausgabe durch H. Schmidt, Zürich 1985. – In seinem Brief vom 17. 11. 1964 hat Barth als Antwort auf die ihm von *J. Moltmann* zugesandte Theologie der Hoffnung, München 1964, geschrieben: »Sie wissen, daß ich einst auch im Begriff war, in dieser Richtung vorzustoßen« (in: Karl Barth, Briefe 1961–1968, hg. von J. Fangmeier und H. Stoevesandt, Zürich 1975, 274–277, 276).
20   *Karl Barth:* Einführung in die evangelische Theologie, a.a.O., 77.
21   A.a.O., 77f.
22   *Karl Barth:* Das erste Gebot als theologisches Axiom (1933), in: ders., Theologische Fragen und Antworten, Gesammelte Vorträge, Bd. III, Zürich 1957, 127ff.

schichte *Jesu Christi*. Er, der Retter, ist da! Eigentlich und entscheidend: Er ist also das Wunder, das Wunder aller Wunder!«[23]

Entscheidend neu, so haben wir Barth zu verstehen, ist *Er*, der neue messianische Mensch, und in ihm die Erfüllung und Bekräftigung des Bundes Gottes mit Israel und der Menschheit, die geschehene Versöhnung der Welt, die Selbsterniedrigung Gottes, die Heiligung des Namens, die anbrechende Gegenwart des Reiches Gottes und das Tun des Willens Gottes auf der Erde und *von ihm her* die Heilungsgeschichten als Hoffnungszeichen des neuen Himmels und der neuen Erde und wiederum *von ihm her* die »eröffnete Aussicht auf eine andere, bessere . . . Welt«.[24] Mit einem Satz: Der *messianische Mensch Jesus* ist und eröffnet die Aussicht auf *die neue Welt Gottes*. Diese hier von Barth beschriebene Wendung ist in meiner Themaformulierung festgehalten und zum Ausdruck gebracht: Der messianische Mensch als die Verheißung der Befreiung.

Das Referat müßte in drei Querschnitten den Dimensionen der Geschichte des messianischen Menschensohnes, wie sie Barth in KD IV/1–3 entfaltet hat, nachgehen und nacheinander *die Tragweite des Werkes des messianischen Menschen entfalten*:

1. im Hinblick auf die Stiftung und Verheißung *universaler Gerechtigkeit* (KD IV/1) in Aufnahme des Anliegens der Theologie M. Luthers;

2. im Hinblick auf die Stiftung und Verheißung *universaler Freiheit* (KD IV/2) in Aufnahme des Anliegens der Theologie Calvins und

3. im Hinblick auf den Weg und Kampf mit dem Ziel *universaler Befreiung* (KD IV/3) in Aufnahme des Anliegens des in der Ökumenischen Bewegung gipfelnden »Ausbruchs« und Exodus' der christlichen Gemeinde in die Welt.

Ich selbst möchte mich aus Raum- und Zeitgründen auf die Thematik des dritten Querschnittes beschränken, habe aber die grundlegende Thematik der beiden anderen Querschnitte[24a] ständig vor Augen und ziehe sie öfters heran.

II. Die messianische Geschichte Jesu als Verheißung universaler Befreiung (KD IV/3)

Die Versöhnung als die in Jesus Christus erfüllte Geschichte des ungekündigten Bundes hat eine dritte, von Barth in IV/3 entfaltete Dimension: Die Hoffnung auf die universale Befreiung und der messianische Weg zu dieser Befreiung. Das zeigt sich nicht nur an dem Vorherrschen der Befrei-

---

23 *Karl Barth:* Einführung in die evangelische Theologie, a.a.O., 78f.
24 A.a.O., 77f.
24a Vgl. dazu den Beitrag I 4 in diesem Band.

ungs- und Hoffnungskategorien schon in den *Überschriften* der einzelnen
Paragraphen: »Jesus ist Sieger« (= Befreier, § 69,3), »Des Christen Befreiung« (§ 71,6), »Der Heilige Geist und die christliche Hoffnung« (§ 73). Das
zeigt sich auch daran, daß Barth angesichts des messianischen Kampfes Jesu im Kreuz und auf seinem Weg durch die Zeiten *die Sünde des Menschen*
im Spiegel dieses messianischen Befreiungs- und Erlösungskampfes so bestimmt: »Indem dem Menschen Gottes in der Kraft der Auferstehung Jesu
Christi [Jesus ist Sieger!] wirksame Verheißung [der universalen Befreiung]
begegnet« und darin »seine Befreiung durch und für den freien Gott« [Leit-
satz § 70][25], erweist sich der Mensch, der sich der messianischen Befreiungsgeschichte verschließt, als »Lügner«. Das zeigt sich aber schließlich
und zuhöchst darin, daß Barth, gerade indem er auf dem Fundament der
reformatorischen Lehre von der Rechtfertigung (Luther) und Heiligung
(Calvin) steht, als deren Telos und Ziel die Befreiung des Menschen bestimmt. In ihr erhalten die Rechtfertigung und die Heiligung des Menschen, erhalten auch das »hohepriesterliche« und »königliche« Werk Jesu
Christi ihr Telos. In *kausaler* Sicht sind Rechtfertigung und Heiligung der
Grund, und die Befreiung ist die Folge. Aber in *teleologischer* Perspektive
sind Rechtfertigung und Heiligung die Voraussetzung, und die Befreiung
von Mensch und Welt ist das Ziel. Dabei steht die Befreiungsthematik für
Barth in engem Zusammenhang mit dem Exodus der Gemeinde in die
Welt, die darin der messianischen Weg- und Befreiungsgeschichte Jesu
Christi auf dem Weg zur universalen Freiheit folgt, an diesem Befreiungs-
prozeß selbst in Freiheit teilnimmt.
Ich beschränke mich auf die für unser Thema entscheidenden Grundli-
nien:

a) Der Befreiungskampf des messianischen Menschen (§ 69,3.4)

Versöhnung ist Geschichte (IV/1) und kann nur als Geschichte erzählt
werden. Die die Versöhnungsgeschichte Jesu Christi offenbarende messianische Prophetie ist folglich ein Drama und kann deshalb nur als Drama
erzählt werden[26]. Geht es in der Versöhnungsgeschichte als erfüllter Bundesgeschichte um die »freie Gnadentat« Gottes und »die freie Gehorsamstat« des Menschen Jesu[27], so ist die Offenbarung und machtvolle Durchsetzung dieser »*doppelten Freiheitstat*«[28] ein weltgeschichtliches Drama von

25 *Karl Barth:* KD IV/3, 425.
26 *Karl Barth:* KD IV/3, 190, 196, 206, 214. IV/1 262, 248: »Rollentausch«. – Vgl. dazu die
Naumburger Dissertation von *H.-W. Pietz*, Das Drama des Bundes. Aufweis und Untersuchung der dramatischen Denkform in *Karl Barths* Kirchlicher Dogmatik, Neukirchen-
Vluyn 1994 (vgl. auch I 3 Anm. 14 in diesem Buch).
27 *Karl Barth:* KD IV/3, 189f.
28 *Karl Barth:* KD IV/3, 190.

unerhörten Ausmaßen. Die messianische Prophetie, die *messianisch* ist, weil sie die vollendete Versöhnungsgeschichte offenbart, und weil sie eine Kampfesgeschichte mit dem Ziel universaler Befreiung ist ist *das* Drama der Weltgeschichte.

1. *Der Wegcharakter*[29] *des messianischen Kampfes*
Barth hat den Wegcharakter der messianischen Prophetie Jesu Christi mit dem Satz: »Jesus ist Sieger« umschrieben. Dieser Satz stammt, was seinen geschichtlichen und dramatischen Charakter unterstreicht, selber aus diesem Befreiungskampf im Vollzug. War doch der Ausruf »Jesus ist Sieger« abkünftig von »einem siegreichen Zusammenstoß eben des lebendigen Jesus mit der jene Person (die Gottlibin Dittus) . . . beherrschenden, quälenden dämonischen Fremdmacht«. Und dieses Ereignis hatte wiederum Konsequenzen für Blumhardts Lebensgeschichte[30]: Es bedeutete von nun an das Ausgehen von dem überlegenen messianischen Leben des Auferstandenen, das Ernstnehmen der Realität des in Jesus, dem messianischen Menschen, nahe gekommenen Reiches Gottes, weiter die Hoffnung auf das Kommen eines neuen Himmels und einer neuen Erde und die darin eingebundene Erwartung einer »neuen Ausgießung des Heiligen Geistes auf alles Fleisch.«[31]
Daß es sich bei dieser messianischen Geschichte der Prophetie Jesu Christi wirklich um einen Weg und eine wirkliche Geschichte handelt, das hat Barth in ausführlicher Auseinandersetzung mit *G.C. Berkouwers* Buch »Der Triumph der Gnade in der Theologie Karl Barths« (1957) eindrücklich und unvergeßlich dargelegt[32].
Die messianische Herrschaft Jesu Christi über alle Bereiche der Welt ist – so hören wir nun immer wieder – nicht statisch, sondern »*dynamisch-teleologisch*«[33] zu verstehen. Geht christologisches Denken axiomatisch davon aus, daß dem auferweckten Gekreuzigten »als solchem alle Macht im

---

29   *J. Moltmann* hat in seinem Buch »Politische Theologie – Politische Ethik«, München/ Mainz 1984, 141–143, 155–159 Barths Entwurf als »christologische Eschatologie« charakterisiert und seinen eigenen Entwurf in Abgrenzung von Barth demgegenüber als »eschatologische Christologie« skizziert. – *H. Lindenlauf* hat in seiner Dissertation »Karl Barth und die Lehre von der ›Königsherrschaft Christi‹« Wuppertal 1987 demgegenüber gemeint, daß eine solche Charakteristik »gegenüber der Versöhnungslehre zu kurz« greift: »Wenn Moltmann . . . mit der These: ›Wohl ist der Gekreuzigte schon der Herr, aber er ist als solcher noch unterwegs zu seiner Herrschaft über alles‹ seinen Gegensatz (!) zu Barth formulieren will, so klingt dies tatsächlich eher wie ein Referat der ›Geschichte der Prophetie Jesu Christi‹ nach KD IV/3« (434). Den Wegcharakter der messianischen Prophetie hat Moltmann dann eindrücklich in seinem Buch »Der Weg Jesu Christi«, München 1989 entfaltet (vgl. dazu meine Besprechung in EvTh 50/1990, 574–586).
30   *Karl Barth:* KD IV/3, 193f.
31   A.a.O., 194.
32   *Karl Barth:* KD IV/3, 198ff. vollzieht eine ausführliche und für das Verständnis der KD grundlegende Auseinandersetzung mit Berkouwers Buch. – Vgl. auch Karl Barth, Einführung in die evangelische Theologie, a.a.O., 103f., 168–170.
33   *Karl Barth:* KD IV/3, 192.

Himmel und auf Erden gegeben ist« (Mt 28,18)[34], so impliziert das keine Statik, sondern im Gegenteil höchste Dynamik. Die Macht des Auferweckten ist im Gange, um die Wirklichkeit universaler Gerechtigkeit (Rechtfertigung) und Freiheit (Heiligung) aller Menschen in einem Kampfesprozeß zu bewähren und weltweit durchzusetzen. Als solche kann sie »nur *erzählend* beschrieben werden.«[35] Es handelt sich um einen Befreiungskampf, der zwar mit der »schlechthinnigen Überlegenheit« des von der Auferweckung herkommenden messianischen Befreiers geführt wird[36], der aber dennoch »den Charakter eines echten Kampfgeschehens« trägt, ja im Verlauf sogar mit der »höchsten Entfaltung der in ihm [dem messianischen Befreier] schon überwundenen Störung und Zerstörung« rechnet[37].

Die ökumenische und seelsorgerliche Relevanz der von Barth entfalteten Lehre von dem *Sieg Jesu Christi über alle Mächte* und Gewalten (§ 64,3 »Jesus ist Sieger«) und von dem *Weg der messianischen Kampfesgeschichte Jesu Christi* möchte ich am aktuellen Beispiel der Bibelarbeit des Direktors der »Division of Justice and Reconciliation« des SACC, *W. Kistner*, erläutern, die er wenige Tage vor seiner Verhaftung durch die südafrikanische Sicherheitspolizei gehalten hat. In dieser erscheint einerseits die notwendige Doppelaussage vom perfectum des Sieges Jesu Christi *und* von der Weg- und Kampfesgeschichte gegen die sich verstärkenden Mächte des Nichtigen als unauflösbare Einheit. Andererseits wird in ihr das Verständnis der christlichen Berufung als Berufung zur Teilnahme an der Befreiungsgeschichte des Reiches Gottes deutlich artikuliert:

»Unser Abschnitt (Eph 1,3–14) macht uns bewußt, daß jeder von uns, jeder einzelne und ebenso auch jede christliche Gemeinschaft, eine besondere Begabung und Aufgabe im übergreifenden Plan Gottes zur Aufrichtung von Frieden und Gerechtigkeit in der menschlichen Gemeinschaft bekommen hat«. Das entspricht der Berufung aller Christinnen und Christen zum Zeugendienst an der universalen Prophetie Jesu Christi.

Wir haben jedoch in unseren Überlegungen über den Epheserbrief auch erkannt, wie deutlich der Autor sich der Kräfte des Bösen bewußt ist, die, *weil sie tödlich verwundet sind* und weil ihr schließliches Ende feststeht, versuchen, *soviel Zerstörung wie möglich zu verursachen* und soviel Menschen wie möglich von der Kirche und ihrem Gehorsam gegenüber Christus wegzuziehen.«[38] Das entspricht der angefochtenen Gewißheit: Jesus ist Sieger. Amen das ist, es werde wahr! (Luther).

Gegenüber dem Mißverständnis, die Geschichte Jesu Christi sei lediglich

---

34 A.a.O., 200.
35 A.a.O., 192.
36 A.a.O., 201.
37 A.a.O., 453.
38 *W. Kistner:* Bibelarbeit auf der Nationalkonferenz des South African Council of Churches (SACC) am 27. 6. 1986 kurz vor seiner Verhaftung. – Vgl. auch die Ausführungen *Karl Barths* in: Eine Schweizer Stimme. 1938–1945, 150–152, 158.

eine Manifestation und bloße Wiederholung einer ewigen innertrinitarischen Geschichte Gottes, in welcher alles schon »zum vornherein« entschieden ist[39], hält Barth an dem *Weg- und Geschichtscharakter des messianischen Kampfes* in der Geschichte und Prophetie Jesu Christi fest: Geht es doch um einen »Konflikt«, um einen »*Weg*«, um einen »*Kampf*« und um »*Auseinandersetzung*« und insofern um »*Geschichte*«. Ausgeschlossen, daß bei Barth die messianische Geschichte »aus einer wirklichen Geschichte zu einem bloßen Ablauf« würde[40]. Aber lassen wir in seinen Spitzensätzen selber zu Wort kommen:

»Wer ›*Jesus*‹ sagt, der sagt . . . sofort und unvermeidlich: *Geschichte* . . . Und eben da wird doch ein *Weg* gegangen . . . Ein Kreuz wird da getragen und an diesem Kreuz wird da gelitten. Aus der tiefsten Tiefe wird da um Erhörung geschrien. Nichts ist da selbstverständlich . . . Alles muß da in größter Anfechtung gewonnen werden. Ein Kampf gegen Sünde, Tod und Teufel wird da gekämpft. In diesem *Kampf* ist Jesus Sieger . . . Der diesen *Weg* geht, der sich solche *Kampf*situation allen Ernstes gefallen läßt, der diesen *Konflikt* auf sich nimmt und durchsteht, . . . und so, in seiner freien Tat, den Widerpart überwindet, (ist) Sieger . . . Der *gekreuzigte* und *getötete* Jesus ist doch der Triumphator . . . Wie könnte da übersehen und geleugnet werden, daß es da um Bewegung, um Auseinandersetzung und also um *Geschichte* geht?«[41] Auf diesem Weg kommt es zur Aufrichtung der Herrschaft Gottes in der Geschichte Jesu Christi, die den »totalen *Umbruch*« bedeutet[42], der die Geschichte in das Alte der tödlichen Vergangenheit[43] und in das Neue der befreienden Zukunft[44] aufspaltet (2Kor 5,17).

Barth beschreibt und erzählt den »*Verlauf*« dieser »*Kampfgeschichte*«[45], wobei alle anderen Befreiungskämpfe in der Welt wichtige »Symptome dafür (sind), daß die eine große, die eigentliche, die in Wahrheit allein ernsthafte Kampfgeschichte, die der Prophetie Jesu Christi, noch nicht ausgefochten, noch und im Gange ist.«[46]

An dem Weg-Charakter der *Kampfesgeschichte* Jesu Christi (§ 69,3) nimmt nun nach Barth auch *die messianische Prophetie* des auferweckten Jesus Christus selber und noch einmal teil (§ 69,4), insofern diese den Weg der anhebenden Parusie des messianischen Menschen in den Ostererscheinungen (1. Parusie) zur vollendeten Parusie des messianischen Befreiungskampfes (3. Parusie) durchläuft, von welchem Anfang und Ziel her auch die Zeit zwischen diesen Zeiten ihr Charakteristikum in der »Verheißung des Geistes« (§ 69,4) hat.

---

39 *Karl Barth*: KD IV/3, 203.
40 A.a.O., 204.
41 A.a.O., 205.
42 A.a.O., 277.
43 A.a.O., 278.
44 A.a.O., 282.
45 A.a.O., 271–296, 271.
46 A.a.O., 271f.

Stadien der Kampfesgeschichte des messianischen Menschen sind hier also: die mit der österlichen Parusie *anhebende Kampfesgeschichte*, die mit der vollendenden Parusie *abgeschlossene Kampfesgeschichte* und die durch die Verheißung des Geistes machtvoll angetriebene und vorwärtsgetriebene *fortgehende Kampfesgeschichte*. Der Weg-Charakter des messianischen Kampfes um Befreiung wird also durch Barths Lehre von der dreifachen Gestalt der einen Parusie Jesu Christi in seiner teleologischen Dynamik eindrucksvoll unterstrichen.

Wiedergewonnen wird dadurch die wichtige exegetische Erkenntnis, daß das von Jesus angesagte Kommen von Reich Gottes und messianischem Menschensohn (Mk 9,1f. par; Mt 16,28) in den Ostererscheinungen proleptische Wirklichkeit geworden ist. Wiedergewonnen wird dadurch auch die systematisch bisher nicht eingeholte Erkenntnis, daß Kreuz und Auferweckung Jesu bei Barth in der Perspektive von Reich Gottes und kommendem messianischen Menschensohn verstanden werden müssen und also aus der Perspektive des messianischen Befreiungskampfes nicht herausgelöst werden können. Die aus der Perspektive von Reich Gottes und kommendem messianischen Menschensohn isolierte Auferweckung des Gekreuzigten würde – so hat es Barth in »Christus und wir Christen« (1948) ausgeführt – aus diesem Doppelereignis einen »Trost« machen, der aus dieser Perspektive der umfassenden Hoffnung herausgelöst würde: »Aber es gibt noch einen weiteren Horizont.«[47] Die Auferweckung des Gekreuzigten – so will Barth sagen – steht in der Perspektive des messianischen Befreiungskampfes in seinen verschiedenen Stadien des Anhebens, des Ziels und des Weges zu diesem Ziel.

1. Wiedergewonnen wird dadurch ebenfalls eine in dieser Gestalt und Klarheit bisher nicht ausgeführte *christologia viatoris*, die den Wegcharakter des messianischen Befreiungskampfes in die Christologie einzeichnet und *die Christologie grundlegend durch diesen messianischen Befreiungskampf charakterisiert sein läßt*. Wir haben es hier mit einem der Höhepunkte des ganzen Bandes IV/3 zu tun: Grundlegend ist hier die Erkenntnis, daß »*zuerst Jesus Christus selbst* sich noch auf dem Weg, . . . noch im Kampf . . . befindet.«[48] Er selbst ist noch »in seinem *Ausschreiten nach dorthin*«[49], zur universalen Befreiung begriffen: »*Zuerst Er*, der Auferstandene, ist *noch* nicht an seinem Ziel, sondern geht ihm erst entgegen . . . Er, in dessen Erscheinung am Ostertag der erlösende und vollendete Tag Gottes sich schon ankündigte, ja schon anbrach, ist auch *noch* Streiter und als solcher auch *noch* Pilger auf dem Weg nach jenem Ziel. Er ist es zuerst«[50].

2. Hier wird eine *Christologie des noch wandernden Gottesvolkes* durch die Zeiten entfaltet und damit die Christologie des Hebräerbriefes mit ih-

---

47 *Karl Barth:* Christus und wir Christen, ThExHNF 11, München 1948, 16.
48 *Karl Barth:* KD IV/3, 379.
49 A.a.O., 378.
50 A.a.O., 380.

rer umfassenden Perspektive dogmatisch wiedergewonnen: »Es steht also nicht etwa so, daß mit dem noch wandernden Gottesvolk, mit der ihrer Erlösung und Vollendung erst entgegengehenden Menschheit und Welt, mit uns, den nach der Befreiung (!) der Kinder Gottes sich Sehnenden und Seufzenden auch er noch unterwegs wäre und im Kampfe stünde. Sondern es steht *umgekehrt*.«[51] Er zuerst und entscheidend geht den Weg des wandernden Gottesvolkes (Hebr 11), ist der »Anführer und Vollender« dieses Weges, er selbst führt den Kampf um die Befreiung von Mensch und Welt. 3. Wiedergewonnen wird aber – auch über diese christologia viatoris hinaus – eine *Exodus-Christologie*, die die Auferweckung Jesu Christi als den anhebenden Exodus und den messianischen Befreiungskampf als den fortgehenden Exodus Jesu Christi selbst verstehen lernt: Gilt doch nach Barth entscheidend, daß sich mit dem messianischen Befreier in seinem fortgehenden Befreiungskampf »die ganze, der Gegenwart ihrer Heilszukunft noch entbehrende, ihrer erst gewärtige Menschheit und Welt, *mit Ihm* das noch durch die Wüste wandernde Gottesvolk (!), *mit Ihm* auch wir uns auf diesem Weg und so im Gegensatz und Streit befinden.«[52]

Diese *Befreiungschristologie* in ökumenischer Perspektive, die das Ausbrechen der christlichen Gemeinde in die Welt bestimmt[53], ist also durch drei wesentliche Elemente bestimmt: 1. Sie erinnert an den Wegcharakter der messianischen Befreiung; 2. Sie ist eine Christologie des wandernden Gottesvolkes (christologia viatoris). Und sie entfaltet 3. eine Exodus-Christologie als Christologie des »Aufbrechens«, die an dem »nicht genug . . . zu bedenkenden Modell« des Exodus »Israels aus Ägypten in das ihm verheißene Land« orientiert ist[54].

2.   Die Kreuzesgestalt[55] des messianischen Kampfes

Barth hat den Weg des messianischen Kampfes Jesu Christi um die universale Befreiung nicht enthusiastisch oder optimistisch, sondern in höchstem Maße realistisch beschrieben, weil er ihn *von der theologia crucis her entfaltet*. Dadurch wird die Weg- und Exodus-Christologie mit der Kreuzestheologie aufs Engste verknüpft.

Barth hatte schon in IV/1 über die andauernde Präsenz des Weges Jesu Christi von Nazareth nach Jerusalem sagen können: »Er *ging* also nicht nur den Weg vom Jordan nach Golgatha, sondern er *geht ihn noch* und wieder und wieder.«[56] Und Barth nimmt nun in IV/3 dieses Geschichtsverständ-

51   Vgl. dazu *B. Klappert*: Die Eschatologie des Hebräerbriefes TEH 156, 1969 und *ders.*, Bibelarbeit über Hebräer 11 auf der Rheinischen Landessynode von 1980 (Handreichung Nr. 39 der EKiR 1980, 79-100).
52   *Karl Barth*: KD IV/3, 380.
53   A.a.O., 18–40.
54   *Karl Barth*: Letzte Zeugnisse, Zürich 1969, 63.
55   Vgl. zu diesem Abschnitt über Barth die Ausführungen zur Ankunft der messianischen Zukunft via crucis bei *J. Moltmann*, Der gekreuzigte Gott, München 1972, ⁵1987.
56   *Karl Barth*: KD IV/1, 345f.

nis nicht nur auf: »Gewesen ist seine Geschichte, aber gerade *nicht vergangen*«[57]. Sondern er spitzt es noch entscheidend zu, insofern der Weg- und Kampfescharakter der messianischen Befreiungsgeschichte Jesu Christi entscheidend durch seinen *messianischen Leidensweg vom Jordan bis nach Jerusalem* bestimmt ist: »Daß die in ihm mit Gott versöhnte Welt noch ferne davon ist, eine erlöste und vollendete Welt zu sein . . ., daß es da noch einen ganzen Ozean von ›verschuldetem‹ und ›unverschuldetem‹ Leid . . . gibt«[58], das weiß und darunter leidet zuerst Er. »Zuerst Er ist befremdet und entsetzt darüber, daß sie (die zerstörende Finsternis des Nichtigen) noch nicht beseitigt ist. Zuerst Er – . . . in welchem die Versöhnung doch vollbracht ist . . . – sieht, wie die ganze Kreatur noch immer gefangen und gequält ist. Zuerst Er erbarmt sich . . . in einem tätigen, zornigen, streitbaren, kämpferischen . . . Erbarmen[59] . . . über ihre Gebrechlichkeit und über ihr Elend. Zuerst Er trägt die Last des noch und noch sich erhebenden Bösen, des ihm noch und noch folgenden Übels . . .: jetzt als der vom Tod Auferstandene, wie er das alles einst in Gethsemane auf sich genommen und auf Golgatha getragen hat: in eben der ganzen Bedrängnis und Pein, die ihn dort getroffen und der er sich dort nicht verweigert hat. Es ist sinnvoll, daß Joh 20,20f. von den Wundmalen die Rede ist, die der Auferstandene getragen und an denen sich den Jüngern seine Identität mit dem Gekreuzigten erwiesen habe . . . Zuerst Er, der diesem Feind auch in dem Endstadium seines Widerstandes (!) allein überlegen und gewachsen ist, seufzt, weint, fleht und betet . . . in dem noch offenen, noch nicht überwundenen . . . Gegensatz.«[60]

Damit man dieses, *die theologia crucis zuspitzende eschatologische Geschichtsdenken*[61] Barths nicht zu schnell geschichtstheoretisch bestreitet, sollte man sich die folgenden Konkretionen dieser Sätze von der Präsenz des Leidensweges Jesu vom Jordan nach Golgatha *heute* vor Augen halten. So äußert Barth in seinem Aufsatz »Die Kirche und die politische Frage von heute« – kurz nach den Judenpogromen vom *9. November 1938*: »Wo ist Jesus Christus selber in der Anfechtung, wenn er es hier nicht ist?«[62] Die Anfechtung und das Leiden Jesu in Gethsemane vollzieht sich im Jahre 1938 konkret in der Verfolgungs- und Leidensgeschichte des Judentums! So äußert Barth *im Jahre 1944* auf dem Höhepunkt des Holocaust: »Was ist denn das für ein Bild, das uns in der Mitte des heutigen Zeitgeschehens (!) gerade in der grundlosen und wehrlosen Schlachtung . . . des Judenvolkes

---

57 *Karl Barth:* KD IV/3, 256.
58 A.a.O., 378f.
59 *Karl Barth:* KD IV/2, 200ff.
60 *Karl Barth:* KD IV/3, 379.
61 Für Barth ist dieses eschatologische Geschichtsdenken der denkerische Nachvollzug z.B. von 1Kor 1,23, demzufolge Paulus nicht nur den Christos estaurōtheis, sondern den estaurōmenos (perfectum praesens!) verkündigt.
62 *Karl Barth:* Die Kirche und die politischen Frage von heute (1938), in: ders., Eine Schweizer Stimme, a.a.O., 90.

vor Augen gestellt wird? Ist es nicht jener . . . Knecht Gottes aus dem Jesa-
ja-Buch, ist es . . . nicht . . . Jesus Christus selber, der im Schicksal jener un-
zähligen erschossenen oder lebendig begrabenen, im überfüllten Viehwa-
gen erstickten oder schließlich durch Giftgas getöteten Juden aus Deutschland und Frankreich, Polen und Ungarn sichtbar wird? . . . Im Schattenbild
des verfolgten und getöteten Juden *du* bist es ja, . . . an dessen einsamen
Tod wir hier noch einmal erinnert werden . . . *Das* ist es ja, was uns hier im
Schicksal seiner leiblichen Brüder noch einmal vorgeführt wird . . . Wie
kann man dann unwillig sein, heute gerade für die Juden einzutreten?«[63]
Man muß schon *D. Bonhoeffers* aus demselben Monat (Juli 1944) stam-
mendes Gedicht »Christen und Heiden« vor Augen haben, um Barths
Aussagen verstehen zu können:

»Menschen gehen zu Gott in Seiner Not,
finden ihn arm, geschmäht, ohne Obdach und Brot,
sehn ihn verschlungen von Sünde, Schwachheit und Tod
Christen stehen bei Gott in Seinem Leiden.«[64]

Daher stellt Bonhoeffer an seine Gemeinde die bedrängende Frage nach
dem Christus in Gethsemane heute: »Könnt Ihr nicht eine Stunde mit mir
wachen?«[65] Von daher sind Bonhoeffers letzte Sätze über »das Teilnehmen
am Leiden Gottes im weltlichen Leben« zu verstehen, von daher ist sein oft
überlesener Satz von dem »Hineingerissenwerden in das messianische (!)
Leiden Gottes in Jesus Christus«, »in das messianische Ereignis, daß Jes 53
nun (!) erfüllt wird«[66] zu würdigen.
Und man wird die zeitliche und sachliche Koinzidenz dieser Sätze Barths
und Bonhoeffers nicht für zufällig halten dürfen. Barth ist jedenfalls auf
diese Sätze über das messianische Leiden Jesu Christi heute in KD IV/3
mehrmals zu sprechen gekommen[67]: »In dieser seiner Leidensgestalt – als
der ganz und gar Verworfene, . . . Gekreuzigte und so (!) als der Sieger geht
er in der Verheißung des Geistes [d.h. im gegenwärtigen Vollzug seines
messianischen Befreiungskampfes] lebendig durch die Zeiten, mit uns, uns
entgegen.« Gethsemane und Golgatha sind also die bleibenden Signaturen
dieses messianischen Befreiungskampfes, sie unterscheiden diesen »Befreier« »von allen (auch von den unter seinem Namen umgehenden) falschen Propheten, Messiassen.«[68]
Als dieser angefochtene messianische Befreier ist er heute unterwegs,
kann er unserer Zeit wirklich präsent sein und sie hineinnehmen in den
Weg des Befreiungskampfes zur endgültigen Befreiung.

---

63 A.a.O., 318f.
64 *D. Bonhoeffer:* Widerstand und Ergebung, a.a.O., WEN 382.
65 A.a.O., 395, 402.
66 A.a.O., 395.
67 *Karl Barth:* KD IV/3, 378, 383, 450–457.
68 A.a.O., 451.

3. Die Freiheitsgestalt des messianischen Kampfes

Für den Weg des messianischen Befreiungskampfes der Prophetie Jesu
Christi ist nach Barth die Freiheitskomponente konstitutiv. Barth kommt
in § 71 »Des Menschen Berufung« und § 72 »Die Sendung der christlichen
Gemeinde« darauf ausführlich zurück. Er begründet die Freiheitsthematik
aber schon hier.

Es ist der Wille des messianischen Menschensohnes, seine Gemeinde und
die Welt an seinem Befreiungskampf teilnehmen zu lassen. Es ist die Bestimmung der Gemeinde, »an *seiner* Situation teilzunehmen«[69], »in diesen
seinen Kampf einzutreten«[70], »den Gang, den er auf seinem Weg noch gehen will, mitzugehen, den Kampf, den er noch kämpfen will, mitzukämp-
fen, kurz: ihm nachzufolgen.«[71] Diese Teilnahme der Welt und der Gemeinde an dem messianischen Befreiungskampf der Prophetie Jesu Christi
– und darauf kommt es Barth nun entscheidend an – hat aber selbst den
Charakter der Befreiung und geschieht also von der Seite der Menschen
aus *in Freiheit.* Der Weg des messianischen Menschensohnes in seinem Befreiungskampf ist nämlich entscheidend dadurch bestimmt und zugleich
dadurch verzögert, daß der messianische Befreier auf die antwortende
Freiheit der noch unfreien Menschen seinerseits wartet. Der messianische
Befreier ist nicht zuletzt auch darum immer noch auf dem Weg, »weil er
auch in dieser Hinsicht nicht einsam, nicht ohne uns, nicht gewissermaßen
über unseren Kopf weg vorgehen und handeln, weil er uns vielmehr auch
in dieser Hinsicht in unserer Eigenständigkeit als Gottes zur Freiheit (!) berufene Kreaturen . . . an seinem Werk *teilnehmen* lassen will«. Will er doch,
daß der Mensch als in ihm Gerechtfertigter, d.h. mit dem Geschenk der
Freiheit Begabter, »auf seine Füße gestellt wird«. »Nun will er . . . die Welt,
sein Volk, uns alle auch da nicht nur als Objekte seines Tuns, sondern als
selbständig tätige, freie (!) Subjekte dabei haben.«[72] Er hat es nämlich nicht
gewollt, »über die Freiheit der Kreatur zu eigenem Tun . . . großartig hin-
wegzugehen.«[73]

69 A.a.O., 380.
70 A.a.O., 205.
71 A.a.O., 381.
72 A.a.O., 383.
73 A.a.O., 384. – Ist die Schöpfung der äußere Grund des Bundes und also nur von Bund
und Versöhnung her zu erkennen, dann besteht nach Barth ein deutlicher Zusammenhang
zwischen KD IV/2 (Jesus der neue, Gott entsprechende messianische Mensch: KD IV/2,
185f.) und KD III/1.2 (Jesus die Realisierung der Imago Dei, der vollkommenen Gottesebenbildlichkeit des Menschen: III/1, 204ff.; III/2, § 44f.). Dann aber ist zu folgern, daß Barth
schon in KD III eine *Anthropologie in messianischer Perspektive* entwickelt hat. Das wird
nicht zuletzt daran deutlich, daß die dem Menschen von Gott in Jesus Christus gegebene
grundlegende Bestimmung die der *Freiheit* ist (KD III/2, 229ff.): »Der Begriff der Freiheit
(ist) die entscheidende Beschreibung dessen, was wir meinen, wenn wir den Menschen als
Subjekt bezeichnen« (III/2, 231). Barths Anthropologie ist zwar bisher zu Recht *relational,*
bisher aber noch nicht in dieser von KD IV/2.3 her bestehenden *messianischen Perspektive*
interpretiert worden.

Der in der Versöhnung erfüllte und bekräftigte Bund, der in dem messianischen Befreiungskampf seine Durchsetzung und Bewährung erfährt, ist eben von Haus aus die doppelte Freiheitsgeschichte mit »dieser doppelten *Freiheits*tat.«[74] Deshalb wäre es der messianischen Befreiungsgeschichte nicht entsprechend, sich als »eine der Welt und dem Menschen gewissermaßen übergestülpte Wohltat« zu erweisen. Ist doch der messianische Befreier grundsätzlich unterschieden von dem weißen, imperialen Befreier-Christus und seiner zwangsweise der Welt übergestülpten Wohltat, einer Wohltat »etwa wie die, die die Europäer . . . den Völkern ihrer Kolonien, ohne sie lange zu fragen, erweisen wollten.«[75]

»Weil er uns, seine Gemeinde, die ganze Welt (auch nicht zu ihrem höchsten Heil . . .) nicht übergehen, nicht überfahren, sondern in ihrem eigenen freien (!) Werk an seiner Seite, in seiner Nachfolge haben . . . wollte – darum wollte zuerst er selber noch nicht am Ziele sein.« So ist der Weg des messianischen Befreiungskampfes Jesu Christi zugleich »die große der Kreatur von ihm gegebene *Gelegenheit*, in Freiheit in seinen Dienst zu treten.«[76]

Es ist also – so will Barth verstanden werden – *schon der Weg des messianischen Befreiungskampfes zum Ziel universaler Befreiung konstitutiv durch Befreiung und Freiheit gekennzeichnet.* Der messianische Weg zur Befreiung will – auch wenn sich das Erreichen des Befreiungszieles dadurch verzögert – bereits heute und hier durch Befreiung gekennzeichnet sein. Dadurch unterscheidet sich die messianische Befreiungsgeschichte der Prophetie Jesu Christi grundlegend von allen Ideologien eines weißen, imperialen Christus. Hier werden bei Barth Konturen einer *messianischen Christologie der Befreiung in ökumenischer Perspektive* sichtbar, die zum Schaden der Sache der Ökumene bisher übersehen worden sind.

4. Das Befreiungsziel des messianischen Kampfes

Das Befreiungsziel ist zuerst die Hoffnung auf das vollendete neue Kommen Jesu Christi selbst. Ist er doch »der Befreite, in welchem gerade unsere Befreiung vollzogen ist, ... (Apok 21,4) alle Tränen schon abgewischt *(sind)* von unseren Augen, . . . Leid, Geschrei und Schmerz in Wahrheit keinen Raum mehr unter uns haben« können[77]. Die neue Welt der Gerechtigkeit und Freiheit Gottes ist »antezipierend . . . in seiner Auferstehung, *in Ihm* . . . auch schon erreichtes Ziel . . ., die künftige, die neue, die erlöste und vollendete Welt also schon Gegenwart geworden. Es ist dies Ziel aber in seinem Anfang noch nicht das auch *außer Ihm,* auch in der Situation der Welt und des Menschen erreichte Ziel: noch nicht in Gestalt einer durch seine Offenbarung . . . durchleuchteten *Welt,* noch nicht in Gestalt eines erlö

---

74 *Karl Barth:* KD IV/3, 190.
75 A.a.O., 384.
76 Ebd.
77 A.a.O., 348.

sten und vollendeten *Menschen*«. Eben zu diesem »auch außer ihm selbst
zu erreichenden Ziel« der universalen Befreiung ist der messianische Prophet selbst noch »auf seinem *Weg*, in *Bewegung*, . . . im *Ausschreiten*.«[78] So
wird die *proleptische Parusie des kommenden Menschensohnes*, wie ihn die
Jünger zu Ostern geschaut haben, zur begründeten Hoffnung auf das Ziel
universaler Befreiung für Mensch und Welt. Begründete Hoffnung weiß
um die kritische Distanz zwischen der *in Ihm* realen und darum proleptisch geschauten Erlösung und der jetzt noch unerlösten Welt. Noch mehr:
Begründete Hoffnung läßt diese Distanz erst radikal sichtbar werden.
So kann Barth schon in IV/1 fragen: »Wo ist denn die Veränderung der
menschlichen Situation, der Frieden und die Freude des zu Gott hin umge-
kehrten Menschen? Wo sind denn die abgewischten Tränen, der nicht
mehr seiende Tod, das behobene Leid, der gestillte Jammer, der geheilte
Schmerz, um von dem Verstummen des Seufzens der außermenschlichen
Kreatur nicht zu reden? Wo ist denn der neue Himmel und die neue Erde,
das vergangene Alte, das gewordene Neue? [2Kor 5,17] . . . Wo ist denn das
in Jesu Christi Tod laut seiner Auferstehung schon auf Erden gekommene
Reich Gottes?«[79]
Man hat es Barth zum Vorwurf gemacht, daß er das Ziel des messianischen Befreiungskampfes Jesu Christi als Apokalypse und Enthüllung des
perfectums universaler Versöhnung und also der universalen Rechtfertigung und Heiligung aller Menschen verstanden hat. Aber dabei wird nicht
nur übersehen, daß die messianische Prophetie Jesu Christi, die die vollbrachte Versöhnung offenbart, selber noch den Prozeß einer Kampfesgeschichte von einem Anfang zu einem noch ausstehenden Ziel durchläuft,
wobei Barth das Anheben dieses Prozesses des Reiches Gottes durchaus
als Prolepse der Zukunft und d.h. antizipatorisch beschreiben kann[80]. Es
wird dabei auch übersehen, daß, gerade auch exegetisch geurteilt, der
Bund, d.h. die wechselseitige Freiheitsbeziehung Gottes zum Menschen
und die des Menschen zu Gott, den Exodus übergreift: Gott stellt sich im
Exodus als der Gott der Väter vor. So daß auch das Ziel der Ansage des
neuen Exodus immer auch »nur« die erneuerte Bundesbeziehung zwischen dem Namen, Jahwe, und seinem Volk Israel sein wird. Ebenso steht
auch in *Apok 21* die Bundesaussage[81] der Erneuerungsansage[82] neben, so

---

78   A.a.O., 377f.
79   *Karl Barth*: KD IV/1, 359.
80   *B. Klappert*: Die Auferweckung des Gekreuzigten. Der Ansatz der Christologie Karl
Barths im Zusammenhang der Christologie der Gegenwart, Neukirchen-Vluyn 1971, ³1981,
323f.
81   Apc 21,3: Gott wohnt bei den Menschen: er ihr Gott und sie seine Völker.
82   Apc 21,4: Gott wird abwischen alle Tränen von ihren Augen. – Dabei ist auch hier zu
beachten, daß der Bund Gottes mit den *Völkern* den Bund Gottes mit *Israel* nicht aufhebt,
sondern ebenso eschatologisch voraussetzt: In dem »erneuerten Jerusalem« (Jes. 65,19f.)
wird sein Volk Israel erinnert (Apc 21,2f.10ff.). In dieses erneuerte Jerusalem, in diese Hütte
und das Zelt Gottes, werden die Völker im Sinne der Völkerwallfahrt zum Zion (Jes. 60) »eingehen« (Apc 21,2,24f.). Daß die Bundesbeziehung Gottes mit Israel gesamtbiblisch auch

daß das Abwischen der Tränen und die Überwindung des Todes zuerst die Offenbarung und Apokalypse der Treuebeziehung zwischen Gott und den Menschen darstellt, freilich nunmehr in der Gestalt der schöpferischen Bewährung an den Menschen und an den Dingen. *Der Bund übergreift den Exodus, der Exodus aber ist die Bewährung des Bundes.*

Barth hat die *Überordnung des Bundes über den Exodus* und das Verständnis des *Exodus als Bewährung des Bundes* im Leitsatz des § 72 so zum Ausdruck gebracht: Die Sendung der Gemeinde in die Welt ist Dienst an der messianischen Prophetie Jesu Christi mit dem Auftrag, bekannt zu machen, »daß der in ihm geschlossene Bund zwischen Gott und Mensch der erste und letzte Sinn ihrer Geschichte und daß dessen künftige Offenbarung ihre große, jetzt und hier schon wirksame und lebendige Hoffnung (!) ist.«[83] Versöhnung ist für Barth als Treueereignis des ungekündigten Bundes die »entscheidende, radikale und universale *Veränderung* der ganzen Lage und Verfassung der Welt und des Menschen.«[84] Der erfüllte Bund ist das Auftreten des messianischen Menschen Jesus, in welchem – wie Barth immer wieder sagen kann – der Name Gottes schon geheiligt, das Reich Gottes schon gegenwärtig, der Wille Gottes schon geschehen und damit der neue Äon in diesem *Einen* – wenn auch in keinem anderen – schon auf den Plan getreten ist. Deshalb ist die Geschichte des erfüllten Bundes der »totale Umbruch«, der »schon vollzogene Umbruch«, das Vergehen der alten und das Einbrechen der neuen Welt Gottes. Die *Bundesaussage übergreift die Erneuerungsansage*, aber *der erfüllte Bund ruft nach Erneuerung und bewährt sich in der Erneuerung.*

Die hier waltende Beziehung hat Barth in die folgende Doppelfrage gekleidet: 1. »Wer könnte und würde denn beten: Dein Reich komme!, der nicht davon ausginge und dessen gewiß wäre, daß es in Jesus schon in seiner ganzen Herrlichkeit nahe herbeigekommen ist?« 2. »Wiederum: wer könnte und würde denn davon ausgehen und dessen [nämlich der Ankunft der Herrschaft Gottes in Jesus] gewiß sein, der nicht eben von daher (!) beten, rufen, schreien würde: Dein Reich komme!?«[85] So ist gerade das Anheben der messianischen Parusie des Menschensohnes in den Ostererscheinungen die *Ankunft der Zukunft*: »Der Advent, . . . die Präsenz eines neuen Menschen«, in welchem »»die Zukunft schon begonnen‹ hat«, »der Advent des neuen Menschen jetzt und hier.«[86] Die Parusie des messianischen Menschensohnes ist die proleptische Ankunft der Zukunft der Erlösung[87]. So erscheint der messianische Menschensohn »seinen Jüngern – aber ih-

---

eschatologisch nicht eliminiert wird, ist von Fr. Rosenzweig: Briefe an R. Ehrenberg vom 21.10-1.1.1913 über J. Moltmann: Der Weg Jesu Christi 1989 bis hin zu W. Pannenberg: Systematische Theologie Bd III 1993 übersehen worden (vgl. I 1 Anm. 208 in diesem Band).

83 *Karl Barth:* KD IV/3, 780.
84 A.a.O., 276.
85 A.a.O., 205.
86 A.a.O., 282, 286.
87 A.a.O., 340f.

nen doch nur als Vorläufern und in Stellvertretung aller Menschen. Er erschien also in ihrer Person der ganzen Menschheit und Welt:... *antecipando* alle einschließend.«[88] In der Parusie des Menschensohnes, also »in ... der Erscheinung des Menschen Jesus in der Herrlichkeit Gottes ist der Welt dies widerfahren, daß ihr ihre Zukunft, ihr Ziel..., ihre *Heilszukunft* unmittelbar *gegenwärtig* wurde.«[89] In den Parusieerscheinungen des messianischen Menschen Jesus in der Herrlichkeit Gottes vollzog sich – wie Barth in durch und durch proleptischen und antizipatorischen Kategorien einer Theologie der Hoffnung sagen kann – die »*Gegenwart* der Zukunft«, der »*Anbruch* der Erlösung und Vollendung«. »Da wurde doch eben diese der Welt in und mit ihrer Versöhnung bestimmte *Zukunft* konkret reale *Gegenwart*.«[90]

Indem Barth von dem in der Versöhnung erfüllten und bekräftigten Bund ausgeht, bedeutet dies gerade nicht die Verhinderung, sondern vielmehr die Freisetzung und Nötigung zu einem teleologisch-dynamischen und antizipatorischen Denken in der Eschatologie[91].

Weil Christinnen und Christen von der anhebenden Parusie des kommenden Menschensohnes herkommen, haben sie »die Freiheit, ... mit allen Menschen, mit der ganzen Kreatur nach dorthin *unterwegs* zu sein.«[92]

Im Abschnitt VII seines Aufsatzes »*Christus und wir Christen*« hat Barth vorwegnehmend im Jahre 1948 eine bündige Zusammenfassung von KD IV/3 (§ 69,3.4) gegeben, die hier abschließend zur Umschreibung für das Befreiungsziel des messianischen Kampfes und der Prophetie Jesu Christi erwähnt sein soll, weil sie zugleich auch zu der Problematik des Verhältnisses von Rechtfertigung und Befreiung in der Reformation überleitet: Unter der Überschrift »Christus ist Sieger« und nach dem Leitsatz »Wir Christen sind Menschen, denen Christus die einzige, dafür aber die gewisse Hoffnung für alle und alles ist« erläutert Barth: »Christus ist Sieger: Sieg ist mehr als Trost (!). Und Hoffnung ist mehr als guter Mut. Vielleicht krankt das überlieferte Christentum vor allem auch daran, daß wir Chri-

---

88 A.a.O., 351; vgl. KD IV/1, 119.
89 *Karl Barth:* KD IV/3, 363.
90 A.a.O., 364.
91 *Barth* schreibt a.a.O., 369: »Wollte Gott, es gäbe in der Christenheit mit einem größeren Ernstnehmen der Osterbotschaft auch viel mehr von der Unruhe und Ungeduld«. – E. *Jüngel* ist zuzustimmen, wenn er auf die »eschatologische Ausrichtung der Versöhnungslehre ... in IV/3 verweist« und die »vielfach geäußerte Behauptung, im Duktus dieser *kirchlichen Dogmatik* könne es zu einer Eschatologie eigentlich überhaupt nicht mehr kommen«, für unbegründet hält. (Vorwort zu K. Barth: Das Christliche Leben, Zürich 1976, S. XII) – Vgl. *G. Oblau:* Gotteszeit und Menschenzeit. Zeitlogische und christologische Grundentscheidungen der Eschatologie in Karl Barths Kirchlicher Dogmatik, in welcher freilich dem *teleologischen* und erst recht dem *antizipatorischen* bzw. *proleptischen* Denken in der Eschatologie Barths der gebührende Platz noch nicht zukommt (vgl. dazu meine Aufführungen in III 14). Eine »christologische Eschatologie« (KD IV/1.2) und eine »eschatologische Christologie« (KD IV/3) ist für Barth kein Gegensatz.
92 A.a.O., 368.

stus im besten Fall als Tröster . . . verstehen.«[93] Barth fügt schon damals
hinzu – und er hat im Hinblick auf die reformatorische Entdeckung der
Rechtfertigung und Heiligung auch später daran festgehalten: »Das ist
nichts Geringes, aber es gibt noch einen weiteren Horizont . . . Der wirkliche Christus aber ist *Sieger*. Er ist auferstanden von den Toten, und ihm ist
alle Gewalt gegeben im Himmel und auf Erden. Und so ist seine Gabe
nicht nur Trost, sondern darüber hinaus eine Überwindung, das heißt, eine an seinem Sieg über den Tod und alle Mächte und Gewalten jetzt schon
teilnehmende und darum lebendige Hoffnung.«[94]
»In dieser Hoffnung lebend, werden wir Christen zwar von ferne keine
›Optimisten‹ sein, wohl aber . . . immer für die Sache der *Hoffnung* eintreten . . ., dankbar sein auch für die kleinen Lichter . . . Wir werden . . . ein
bißchen tapfer leben . . . in der Hoffnung auf den Einen, der Sieger ist.«[95]
Von dem messianischen Menschen Jesus als dem Anführer und Vollender
des Befreiungskampfes (christologia viatoris) und von dem Ausschreiten
Jesu Christi auf seinem Weg und Übergang von der Versöhnung zu ihrer
Vollendung (Exodus-Christologie) her sind Christinnen und »Christen . . .
als Pilger wirklich unterwegs . . . Die Dynamik der Teleologie, in der Jesus
Christus im Tun seines prophetischen Werkes seinen Weg geht, erlaubt ihnen nichts anderes, als stets aufs Neue aufzubrechen.«[96] Die Exodus-Existenz des messianischen Menschen in seinem Übergang ruft nach einer
prophetischen Exodus-Existenz der Christengemeinde im Aufbrechen und
Ausschreiten.

b) Die Berufung der Christinnen und Christen
(§ 71–73)

Barth hat in dem wichtigen Überblicksparagraphen zur Versöhnungslehre
(KD IV/1 § 58) angekündigt, was im Folgenden auszuführen ist: Die Versöhnung, d.h. des Menschen Rechtfertigung *als* Partner des erfüllten Bundes und des Menschen Heiligung *zum* Partner des erfüllten Bundes, ist
»kein Ende, sondern ein *Anfang*: in sich und als solcher vollkommen, aber
ein Anfang!«. »Es hat (nämlich) des Menschen Rechtfertigung und es hat
seine Heiligung ein bestimmtes *Wozu* und *Wohin*.«[97] Rechtfertigung und
Heiligung sind in ihrer »ganzen Vollkommenheit ein *anfangendes* Sein
(und) . . . *offenes* Sein: offen für das, was in der Wiederherstellung des Bundes als solcher noch nicht geschehen ist, eben auf Grund seiner Wiederher-

93 *Karl Barth*: Christus und wir Christen, a.a.O., 16.
94 Ebd.
95 A.a.O., 17.
96 *Karl Barth*: KD IV/3, 396.
97 *Karl Barth*: KD IV/1, 119.

stellung aber weiter geschehen soll.«[98] Rechtfertigung und Heiligung als Anfang haben neben sich als eigenständige Dimension ein Ziel. »Eben darum ist des Menschen *Berufung* offenbar ein Besonderes neben seiner Rechtfertigung und Heiligung.«[99] Diese Berufung zum Dienst an der weltweiten Befreiung, auf die die universale Rechtfertigung und Heiligung aller Menschen zielt, »ist jedenfalls das Telos der Rechtfertigung und Heiligung.«[100]

1.   Die Berufung der Christinnen und Christen (§ 71)

Worin besteht die Berufung der Christinnen und Christen und was ist das Ziel ihrer Berufung?

a)   Rechtfertigung und Heiligung als Ziel der Berufung

Zur präziseren Bestimmung der Antwort kommt Barth zunächst auf die *klassisch* zu nennende Antwort zu sprechen, wie sie insbesondere von den Reformatoren gegeben worden ist. Reformatorischer Theologie zufolge wird nämlich *die Rechtfertigung und die Heiligung des Menschen als Ziel der Berufung* verstanden. Man wird nach allem bisher Gesagten und erst recht angesichts des Aufbaus der ganzen Versöhnungslehre verstehen, wenn Barth zunächst »die gar nicht zu überschätzende Wichtigkeit« der Wiederentdeckung der Rechtfertigung und Heiligung in der Reformation betont. Ja, »die Reformatoren haben wohl daran getan, sich in Auseinandersetzung mit dem großen Problem ihrer Zeit auf diese beiden Punkte zu konzentrieren«, insofern sich ja die Rechtfertigung und Heiligung des Menschen in der Tat »im Herzen und Mittelpunkt der christlichen Botschaft befinden. An der Frage: Wie kriege ich einen gnädigen Gott? [der Frage Luthers] und an der Frage: Wie entspreche ich dem [in der Heiligung], daß ich einen gnädigen Gott habe? [der Frage Calvins] gibt es natürlich kein Vorbeikommen«.[101]
Und dennoch erheben sich gegenüber dieser klassischen Antwort Bedenken. Barth nennt zunächst sachliche Bedenken und kleidet sie in folgende *Fragen:*
Wenn Rechtfertigung und Heiligung das Ziel der Berufung darstellen, sollte dann die Sendung des messianischen Menschen dazu erfolgt sein, einigen gerechtfertigten und geheiligten Christen dieses »freilich namenlos hohe ›Glück im Winkel‹ zu verschaffen, ihnen zu erlauben, einen gnädigen Gott zu kriegen und zu haben ... Sollte das das Ziel seines Berufes und also seines fortgehenden prophetischen Werkes sein?« Barth fragt weiter: »Sollte es seinen Christen erlaubt, ja geboten sein, es dabei sein Bewenden haben zu lassen, daß sie sich dankbar als die in ihm ... Gerechtfertigten,

---

98   Ebd.
99   A.a.O., 120.
100   A.a.O., 123.
101   *Karl Barth:* KD IV/1, 117.

Geheiligten . . ., weil dazu von Ewigkeit her Erwählten . . . verstehen dürfen?«[102] Bedeutet das Verständnis von *Rechtfertigung und Heiligung als Ziel
der Berufung* nicht am Ende, daß sich die Christen »als reine Empfänger
und Genießer des ihnen in Jesus Christus zugewendeten Heils« zu verstehen hätten?[103]

Die Frage so zu stellen – und sie wird von Barth in aller Sorgfalt und Umsicht gestellt –, heißt, sie verneinen. Barth sagte schon im Überblick zur
Versöhnungslehre im Jahre 1953: »Und hier dürfte, geschichtlich gesehen,
der Ort sein, wo es notwendig wird, über den Gesichtskreis der Reformation des 16. Jahrhunderts nun doch auch hinauszusehen« und die Wiederentdeckung der konsequent eschatologischen Orientierung der Bibel und
damit die »Erwartung des Reiches Gottes« wieder zu Ehren kommen zu
lassen.[104]

Um keine Mißverständnisse aufkommen zu lassen: Barth geht es nicht um
eine Eliminierung der reformatorischen Grunderkenntnisse. Barth ist sogar der Meinung – und das spiegelt den Weg, den er selber seit 1921 mit
der Wiederentdeckung der Reformation gegangen ist –, daß der Radikalismus, in dem die Reformatoren die freie Gnade der Rechtfertigung und die
libertas christiana wiederentdeckt haben, *die Voraussetzung* ist, um den
eschatologischen Charakter des Reiches Gottes als des Reiches der Freiheit
und Befreiung wiederzuentdecken[105].

b) Berufung als Ziel von Rechtfertigung und Heiligung

Barth versucht zunächst zu zeigen, daß sich – wie die Rechtfertigung und
die Heiligung – auch die Berufung »des Menschen . . . zum Träger von *Gottes Verheißung*«[106] »im Herzen und Mittelpunkt der christlichen Botschaft
befindet.«[107] Diesem Nachweis dient eine ausführliche Exegese der alt-
und neutestamentlichen Berufungserzählungen, deren Ergebnis lautet:
Die Berufung ist das eigentliche Ziel der Gabe der Rechtfertigung und
Heiligung, wie Barth an der *Berufung des Mose zum Exodus Israels* deutlich
macht: »Siehe da, es ist der Gott Abrahams, Isaaks und Jakobs – sein zu ihrer Zeit begonnenes Werk ist weitergegangen – der als solcher . . . dessen
(des Volkes) Elend in Ägypten gesehen, sein Schreien gehört hat, seine Leiden kennt, der ›herniedergestiegen‹ ist, um es zu erretten . . . Es geht ganz
und gar um dieses *Volk* [und seine Befreiung] . . . darum (und nur darum)
geht es jetzt auch um *Mose* . . . Dieser Auftrag und seine Ausführung ist
das Ziel seiner Berufung.«[108] Und wie bei Jesajas Berufung die »gewährte
Sündenvergebung« streng auf die Befähigung und Beauftragung zum

---

102 *Karl Barth:* KD IV/3, 651.
103 A.a.O., 652.
104 *Karl Barth:* KD IV/1, 161.
105 *Karl Barth:* KD IV/2, 258.
106 *Karl Barth:* KD IV/1, 116f.
107 A.a.O., 117.
108 *Karl Barth:* KD IV/3, 662f.

Dienst bezogen ist[109], so ist das Reden Gottes mit Mose von Angesicht zu
Angesicht ebenfalls auf das Telos seiner Berufung und Sendung zur Befrei-
ung bezogen. Und Barth fragt: »Hat irgendein Mystiker oder Pietist . . .
Höheres erfahren? Es war aber sein *ministerium Verbi divini* [seine Beru-
fung zur Ausführung des Exodus], in dessen Vollstreckung Mose dieses
Höchste erfahren hat.«[110]

Zu den *exegetischen*[111] Argumenten treten *sachlich-theologische* Erwägungen[112]. Können die Christinnen und Christen als Empfänger der Gaben der
Rechtfertigung und Heiligung »Nutznießer«[113] des Werkes Jesu Christi
sein und »mit dem Empfangen und Genießen der *beneficia Christi*«[114] so
beschäftigt sein, daß sie darüber das eigentliche Anliegen und Ziel der
messianischen Sendung Jesu Christi vergessen? »Müßte nicht das, was Jesus Christus selbst, weit hinaus über das, was das für ihn (den Christen)
persönlich bedeutet, meint und will, das die Existenz eines von ihm Berufenen beherrschende Prinzip sein?«[115] *Dann aber* würden Rechtfertigung
und Heiligung – weit davon entfernt, das Ziel der Berufung zu sein – die
Berufung und Beauftragung zur Befreiung selber zum Ziel haben. Es ginge
dann in der Berufung teleologisch um die Teilnahme und das Mittun der
Christinnen und Christen an der messianischen Prophetie Jesu Christi
selbst, und zwar im Sinne von Mt 6,33: Trachtet zuerst nach dem Reich
Gottes, »der Aufrichtung der Herrschaft *Gottes in der Welt*« und nach der
Gerechtigkeit dieses Reiches, so wird euch alles andere hinzugefügt wer-
den[116].

Hier hätte nach Barth auch der belastete Begriff des *Synergismus*, wie er
besonders aus der katholisch-tridentinischen Gestalt der Rechtfertigungs-
und Heiligungslehre bekannt ist, seinen wichtigen Ort: *in der Berufung der
Christinnen und Christen zum Mittun nicht bei der Rechtfertigung oder bei der
Heiligung* – »Um das ohne alles menschliche Zutun vollbrachte Werk Got-
tes geht es da«[117] –, *wohl aber auf den messianischen Weg der Befreiung.*
Hier, im Zusammenhang mit der messianischen Prophetie Jesu Christi
kann »die Frage nach des Christen *Mittun* bei dem, was Christus tut, nicht
abgewiesen werden.«[118] Die Berufung der Christinnen und Christen zur
Teilnahme an der messianischen Prophetie ist das eigentliche Telos ihrer
Rechtfertigung und Heiligung. Und gerade diese Berufung zu tätigen
Weggenossen der messianischen Kampfesgeschichte Jesu Christi *schließt*

109   A.a.O., 665.
110   A.a.O., 663.
111   A.a.O., 655–680.
112   A.a.O., 681–703.
113   A.a.O., 684.
114   A.a.O., 655.
115   A.a.O., 684.
116   A.a.O., 680.
117   A.a.O., 693.
118   A.a.O., 694.

der »Christen Befreiung«[119] *ein, d.h.* ihre persönliche Begabung mit der Rechtfertigung und Heiligung. Weil aber der Christinnen und Christen Begabung nur als Moment ihrer entscheidenden Berufung zum messianischen Dienst der Befreiung verstanden werden kann, wird ihre Begabung als ein »Moment in einer *Bewegung*« zu verstehen sein[120], weshalb Barth von der persönlichen Befreiung spricht, die als kleine Befreiung zum Ziel hat, der »*großen Befreiungsgeschichte*« Gottes mit allen Menschen zu dienen[121].

So gehören Rechtfertigung und Heiligung als eigene Dimensionen des messianischen Werkes Jesu Christi mit der ebenfalls eigenständigen Berufung der Christen zum messianischen Zeugendienst an der Befreiung zusammen. *Rechtfertigung und Heiligung* – das ist die ökumenische Antwort, die Barth in IV/3 zu geben vermag – *haben ihr Telos und Ziel im Mittun bei der Befreiung.*

2. Der prophetische Dienst der ökumenischen Gemeinde (§ 72)

Wie Rechtfertigung und Heiligung nicht Selbstzweck sind, sondern ihr Ziel in der Berufung zum Zeugendienst der Befreiung haben, so sind entsprechend auch die Sammlung (IV/1, § 62) und Auferbauung (IV/2, § 67) der Gemeinde nicht Selbstzweck, sondern dienen der *Sendung der Gemeinde in die Welt*, wie Barth in IV/3 § 72 »Der Heilige Geist und die Sendung der christlichen Gemeinde« ausführt. Ich greife aus den verschiedenen Dimensionen des messianischen Dienens der Gemeinde, die Barth mit Bedacht in bestimmter, unumkehrbarer Reihenfolge nennt (Gotteslob, Predigt, Unterricht, Evangelisation, Mission usw.)[122], nur zwei Elemente heraus, weil sie in besonderer Weise die ökumenische Orientierung der Barthschen Versöhnungslehre zu signalisieren vermögen und in die ökumenische Diskussion heute eingreifen:

a) Das prophetische Handeln der Gemeinde

Das Handeln der Gemeinde als Zeugendienst an der messianischen Prophetie Jesu Christi ist nach Barth »ein *prophetisches* Handeln«[123]. Als solches schließt es ein und setzt es voraus eine zugleich nur durch vernünftige Situationsanalyse zu gewinnende »Erkenntnis des Sinnes der jeweils gegenwärtigen Ereignisse, Verhältnisse und Gestalten ihrer eigenen Geschichte und auch der ihrer Umwelt in ihrer positiven und negativen Beziehung zu dem von ihr bezeugten nahe herbeigekommenen Reiche Gottes.«[124] Dabei sollte die prophetische Gemeinde »in jeder Gegenwart . . . je-

---

119 A.a.O., § 71,6.
120 A.a.O., 760.
121 A.a.O., 749f.
122 A.a.O., 991ff.
123 A.a.O., 1026.
124 Ebd.

weils auch der sie umgebenden Welt – statt hinter ihr herzuhinken – was
die Erkenntnis der ›Zeichen der Zeit‹ (Mt 16,3) angeht und in der Witte-
rung für das, was kommen muß, eine Pferde- oder doch Nasenlänge voraus sein.«[125]

Man schaue sich das Kairos-Dokument mit seiner Analyse der südafrikanischen Gesellschaft, mit seinem Fragen nach den Zeichen der Zeit, mit
seiner Unterscheidung zwischen einer Staats-, einer Kirchen- und einer
prophetischen Theologie an, um zu erkennen, daß Barths genannte Kriterien für das prophetische Handeln der Gemeinde[126] im Bereich dieses Do-
kumentes ihre ökumenische Konkretheit und Realisierung finden, was
man leider von den meisten Reaktionen auf dieses Dokument im Rahmen
und Raum der Kirchen der Bundesrepublik Deutschland (EKD) nicht sagen kann[127].

b)   Das ökumenische Gottesvolk aus allen Völkern

Das Handeln der Gemeinde als Zeugendienst an der messianischen Prophetie Jesu Christi ist nach Barth weiter dadurch charakterisiert, daß sie
ökumenische »*Gemeinschaft* begründet«. Die Gemeinde bildet eine *ökumenische Gemeinschaft aus den verschiedenen Völkern*. Daraus folgt: »Eine
Kirche, deren Glieder sich zuerst und entscheidend als Angehörige dieser
und dieser Nation, dann erst und als solche als Christen verstehen und verhalten wollten – eine ernstlich so zu nennende ›Nationalkirche‹ also – wäre schon darum eine kranke Kirche, weil sie sich dem Zeugnis für die Gemeinschaft der Völker verweigern . . . würde.«[128] Man stelle sich die Frage,
ob die Kirchen des weißen Nordens in der Rüstungsfrage primär Kirchen
im Raum des Bündnisses ihrer Länder oder primär Gemeinden im Zeugendienst der ökumenischen Gemeinschaft der Völker sind, um sich erneut die ökumenische Relevanz und Brisanz der von Barth aufgestellten
Kriterien zu verdeutlichen.

Eine am Zeugendienst der universalen Prophetie Jesu Christi orientierte
Gemeinde bildet nach Barth eine *ökumenische Gemeinschaft aus den verschiedenen Rassen*. Und diese kann es nicht dulden, »daß sie sich unter Berufung auf allerlei angebliche Schöpfungs- oder Sündenordnungen . . . in
weiße, schwarze, braune Sondergemeinden aufspalten dürfte oder gar
müßte.«[129] Nicht nur Barths Erfahrungen mit der Forderung nach dem
Ausschluß von Judenchristen oder nach jüdischen Sondergemeinden im
sogenannten Dritten Reich, sondern auch seine ökumenischen Erfahrun-

---

125   A.a.O., 1027.
126   A.a.O., 1026–1030.
127   Vgl. die problematische Antwort sogar des Evangelischen Missionswerkes (EMW) auf
das Kairosdokument (Junge Kirche 8/9, 1986, 466–476).
128   *Karl Barth*: KD IV/3, 1030, 1031.
129   Ebd.

gen nach 1948 haben ihn dieses Plädoyer für den Primat einer ökumenischen Völkerkirche sprechen lassen.

Anstelle abstrakter Überlegungen ein konkretes geschichtliches Beispiel: Kann doch die messianische Kampfesgeschichte der Prophetie Jesu Christi, die Barth zufolge eigentlich nur erzählt werden kann, auch heute nicht besser bezeugt werden als durch eine Geschichte über das Aufbrechen in unserer Gegenwart:

Nico Smith, ehemals Professor an der konservativen Universität in Stellenbosch und Mitglied des südafrikanischen Broederbondes der Buren, zieht nach einer ihm unvergeßlichen Begegnung mit Karl Barth als weißer Pfarrer zu seiner schwarzen Gemeinde nach Mamelodi, dem 300 000 Einwohner zählenden Schwarzen-Ghetto östlich von Pretoria. Nico Smith erzählt von seiner Begegnung mit Barth: »Nachdem wir ein langes theologisches Gespräch geführt hatten, fragte er schließlich: ›Fühlen Sie sich frei genug, das Evangelium auch dann zu verkündigen, wenn es eine Botschaft enthält, die für Ihre Familie und Ihre Freunde nicht eben angenehm ist? Sie könnten auch darauf stoßen, daß das Evangelium Sie in Konflikt mit Ihrer Regierung bringt. Fühlen Sie sich auch dann noch frei genug, es zu verkündigen?‹ Als Barth mir diese Fragen stellte, war es mir, als ob Jesus Petrus fragt, ob er ihn wirklich liebe.«[130]

Was Barth in IV/3 über den prophetischen Zeugendienst der Gemeinde an der messianischen Prophetie entfaltet[131], faßt er in dem Überblick zur Versöhnungslehre vorweg so zusammen: Sie [die Gemeinde] ist eine »Gemeinde, die das kommende Reich Gottes als den Inbegriff aller menschlichen Zukunft verkündigt, aber eben darum auch Missionsgemeinde, eben darum auch den Entwicklungen in Staat und Gesellschaft gegenüber verantwortliche, vorwärtsblickende und vorwärtsweisende Gemeinde, eben darum der Welt gegenüber immer zugleich das Element der Prophetie, der großen wie der kleinen Ruhe und Unruhe, der Nüchternheit und der wagenden Zuversicht im Blick auf den letzten, aber eben darum auch auf die vorletzten Horizonte.«[132]

c) Die Ethik der Befreiung
(§ 78)

Die der messianischen Kampfesgeschichte und Prophetie Jesu Christi entsprechende Ethik der Befreiung hat Barth nicht nur im § 78 seines Frag-

---

130 Junge Kirche, 9/9, 1986, 464f.: »Ein weißer Pfarrer zieht zu seiner schwarzen Gemeinde«. – Vgl. dazu das informative Buch von *A. Kaiser/Th.O.H. Müller*: Das neue Südafrika (mit einem Vorwort von D. Sölle), Bonn 1992, das den Weg von Nico Smith ausführlich vorstellt (145-152), dabei nur eine erste Begegnung mit Barth aus dem Jahre 1963, nicht aber die oben geschilderte entscheidende Begegnung aus dem Jahre 1965 erwähnt (147).
131 *Karl Barth*: KD IV/3, 991ff., 1028ff.
132 *Karl Barth*: KD IV/1, 168.

mentes einer Ethik der Versöhnung, sondern auch vorwegnehmend in »Christengemeinde und Bürgergemeinde« (1946) entfaltet. Auf diese ethischen Weisungen ist hier abschließend einzugehen.

1. Die dem Recht und der Freiheit dienende Gewalt

Die folgenden Hinweise gehen von der in der Barth-Forschung bisher übersehenen Beobachtung aus, daß die in »Christengemeinde und Bürgergemeinde« von Barth in den Punkten 15 bis 26 namhaft gemachten Beispiele der in »prophetischer Erkenntnis«[133] zu gewinnenden gesellschaftlichen und politischen Analogien zu dem kommenden Reich Gottes exakt die Systematik der Versöhnungslehre spiegeln und vorwegnehmen.

Die Punkte *15f.*, die Orientierung am Menschen und das Eintreten für die Menschenrechte, sind an der Thematik von *KD IV/1*, der messianischen Geschichte Jesu Christi als der Verheißung *universaler Gerechtigkeit*, orientiert.
Die Punkte *17 bis 21*, die Parteilichkeit für die Armen, das Eintreten für das Grundrecht der Freiheit, die Verantwortlichkeit, Gleichheit und Wahrung der Freiheit, sind an der Thematik von *KD IV/2*, der messianischen Geschichte Jesu Christi als der Verheißung *universaler Freiheit*, orientiert.
Die Punkte *22 bis 26*, die Herstellung einer kritischen Öffentlichkeit, das Eintreten für das freie menschliche Wort, für die Begrenzung der Gewalt im Dienst von Recht und Freiheit, die Vorordnung der gesamtmenschheitlichen Interessen vor den Nationalinteressen, sind an der Thematik von *KD IV/3*, der messianischen Geschichte Jesu als der Verheißung *universaler Befreiung*, orientiert.

Barths Protest gegen eine unverantwortliche Geheimpolitik und maßlose Geheimdiplomatie und demgegenüber sein Eintreten für die Herstellung einer kritischen Öffentlichkeit und für die Freiheit des öffentlichen menschlichen Wortes und der Presse[134] dies alles ist der Thematik von Jesus als dem Licht des Lebens (§ 69,2) zuzuordnen. Die kritische Begrenzung, Minimalisierung und Bändigung der Gewalt im Dienst von Recht und Freiheit ist der Thematik »Jesus ist Sieger« (§ 69,3) zugeordnet. Ist doch die dynamisch-teleologische Kampfesgeschichte Jesu Christi diejenige »*Macht* des Lichtes«[135], die der Durchsetzung und Bewährung der Verheißung universaler Gerechtigkeit und Freiheit dient. Weshalb analog jede dem Recht und der Freiheit dienende Macht (Gewalt), die also im Dienst der gesellschaftlichen Befreiung steht, nicht abgelehnt werden kann. Deshalb formuliert Barth die für die Frage der ökumenischen Unterstützung

---

133 *Karl Barth:* Christengemeinde und Bürgergemeinde ThStd 20, 1946, 33. Die hier gegebenen vorläufigen Hinweise sind jetzt umfassend dargestellt und begründet worden in der Dissertation meines japanischen Schülers *Yu Amano:* Karl Barths Ethik der Versöhnungslehre. Ihre theologische Rezeption in Japan und ihre Bedeutung für die kirchlich-gesellschaftliche Situation in Japan, Wuppertal 1993.
134 Vgl. zu diesem Punkt kritischer Öffentlichkeit *H.-J. Iwand,* Kirche und Öffentlichkeit, NW II, München 1966, 11ff., 29ff.
135 *Karl Barth:* KD IV/3, 192.

von Befreiungsbewegungen wichtige Erkenntnis: »Gewaltsame Konflikt-lösungen in der Bürgergemeinde – von den Maßnahmen der Polizei bis zu den Entscheidungen der Strafjustiz, von der . . . bewaffneten Erhebung ge-gen ein bestimmtes, unrechtmäßig gewordenes, seiner Aufgabe nicht . . . gewachsenes Regiment . . . sind unter gegebenen Umständen auch von der Christengemeinde – wie sollte gerade sie sich hier desolidarisieren kön-nen? – gut zu heißen, zu unterstützen und u.U. sogar anzuregen« (Punkt 26).

Wiederum erscheint es nicht zufällig, wenn Barth in diesem Zusammen-hang eigens hervorhebt, daß gerade die »von Haus aus *ökumenisch*« orien-tierte Christengemeinde »auch im Politischen allen abstrakten Lokal-, Re-gional- und Nationalinteressen« der einzelnen Staaten widersteht und sich demgegenüber für den *Vorrang der gesamtmenschheitlichen Interessen* einsetzt (Punkt 25)[136]. Dem Exodus und »*Ausbruch* der christlichen Ge-meinde in die *Welt*«[137] wird also das gesellschaftliche, politische und öko-logische Eintreten für die Belange der ganzen Menschheit und Schöpfung entsprechen müssen.

2. Der Aufstand gegen die Herrschaft totalitärer Gewalten

Daß Barths Ethik der Versöhnung, die der messianischen Befreiungs- und Kampfesgeschichte Jesu Christi entspricht, eine Ethik des »Kampfes um menschliche Gerechtigkeit«, Freiheit und Frieden (§ 78)[138] ist, wird nach allem bisher Ausgeführten nicht überraschen können. Ebenfalls nicht, daß dieser Befreiungskampf kritisch als ein *von der Auferstehung Jesu Christi her inspirierter »Aufstand«*[139] gegen alle Formen der Unterdrückung des Menschen durch die Herrschaft totalitärer Gewalten verstanden wird. Un-ter solchen den Menschen knechtenden totalitären Gewalten nennt Barth insbesondere die staatlichen, kapitalistischen und ideologischen Absolu-

---

136 *G. Casalis:* Karl Barth und unsere theologische Existenz heute!, ÖR 35/1986 Heft 3, 281–295 spricht von der unvermeidbaren »Spannung zwischen der vaterländischen Über-zeugung und der universalen Perspektive« bei Barth (282).
137 *Karl Barth:* KD IV/3, 20.40.
138 *Karl Barth:* Das christliche Leben. KD IV/4, hg. von A. Drewes und E. Jüngel, Zürich 1976, 347; vgl. besonders *H.-R. Reuter:* Fiat iustitia. Zum Verständnis der Gerechtigkeitsleh-re K. Barths, in ZDTh 2/1991, 119ff.
139 A.a.O., § 78. – Nach *G. Casalis*, Karl Barth und unsere theologische Existenz heute!, a.a.O., versteht Barth Gott als den, »der nicht nur das Schreien der elenden Welt hört, son-dern . . . auch . . . den Menschen die Kraft der Revolte schenkt« (287). – Die Seligpreisung des Ochlos (KD IV/2, 205ff.: ein passives Geschenk) und der Aufstand gegen die knechten-den Absolutismen (KD IV/4, § 78: ein aktives Handeln) gehören für Barth eng zusammen. – Das ist von *Th. Witvliet*, Befreiungstheologie in der Dritten Welt 1986 m.E. nicht genügend beachtet worden, wenn er mit J. Sobrino und L. Boff der Meinung ist, bei Barth kämen an-gesichts des perfektischen extra nos der Versöhnung »die Armen in ihrem Kampf für die Be-freiung (als) Mitsubjekte der messianischen Bewegung« nicht in den Blick (127). – Ich bin *Theo Witvliet* für viele wichtige Einsichten aus seinen Büchern und aus persönlichen Ge-sprächen sehr zu Dank verpflichtet.

tismen (§ 78)[140]. Ebenfalls wird nach allem bisher Gesagten nicht überraschen, daß Barth den der messianischen Kampfesgeschichte Jesu Christi folgenden Aufstand der Christinnen und Christen für die Befreiung als *tätige Entsprechung* zu der Bitte um das Kommen des Reiches Gottes »Es komme Dein Reich!«[141] verstanden wissen will. Deshalb sei der die Ethik der Befreiung einleitende und Barmen V letztmalig aktualisierende Leitsatz hier abschließend zitiert: »Die Christen bitten Gott, daß er seine Gerechtigkeit [seine Freiheit und seinen Frieden] auf einer neuen Erde unter einem neuen Himmel erscheinen und wohnen lasse [Apok 21!]. Unterdessen handeln sie ihrer Bitte gemäß als solche, die für das Walten menschlicher Gerechtigkeit, d.h. ... menschliches Recht, menschliche Freiheit, menschlichen Frieden auf Erden verantwortlich sind.«[142]

III.   Karl Barths ökumenisches Testament
(Charakteristika der Theologie Karl Barths)

Aufgrund der bisherigen Analyse, in welcher es um einen Rechenschaftsbericht über den messianischen Menschensohn Jesus und seine Geschichte als Verheißung der Befreiung anhand eines Gesamtüberblicks über die drei Bände der Versöhnungslehre Karl Barths ging, sollen nun noch abschließend *einige Charakteristika* der Theologie Karl Barths und des Barthschen Theologisierens genannt werden.

a)   Theologie des Reiches Gottes

Karl Barths Theologie ist von ihrem Ursprung in Röm I (1916–19), aber insbesondere von seinem Spätwerk (KD §§ 75–78) her als eine *Theologie des Reiches Gottes* zu kennzeichnen. Das Kommen und das Einbrechen der befreienden Herrschaft Gottes in der messianischen Geschichte Jesu Christi und gerade von daher die begründete Hoffnung auf das Kommen des Reiches Gottes, wie sie im Mittelpunkt der Versöhnungsethik steht, sind Stern und Zentrum seiner Theologie. Barth hat in seinem Brief an *W. Vischer* aus dem Jahre 1955 die seit dem Jahre 1933 gemachte theologische Entdeckung präzis so umschrieben: Es ist die Entdeckung »von der in Christus aufgerichteten *gnädigen Herrschaft Gottes* über die Welt, die Kirche,

---

140   *Karl Barth:* Das christliche Leben, a.a.O., 373ff.
141   A.a.O., 399.
142   A.a.O., 347.

uns selbst.«[143] Sie ist eine *gnädige* Herrschaft, die deshalb ohne die Wiederentdeckung der Theologie der Reformatoren – der Theologie Luthers von der Rechtfertigung und der auf Luthers Schultern stehenden Theologie Calvins von der Heiligung – nicht verstanden werden kann. Barths Weg seit 1921 ist die Entdeckung der Radikalität der Gnade der Herrschaft Gottes, die Barth mit den Reformatoren als Geschenk der Rechtfertigung (IV/1, § 61) und als Geschenk der Freiheit (IV/2, § 64,4) versteht.[144]

Die gnädige *Herrschaft* Gottes verwehrt und verunmöglicht es aber zugleich, die Gnade der Rechtfertigung und Heiligung von der Herrschaft Gottes zu trennen und so die Entdeckung der Reformation zu einem Genießen und Besitzen der iustificatio und libertas christiana verkommen zu lassen. Denn – wie Barth seit seiner Frühzeit immer wieder betont – es muß endlich ein Ende haben mit diesem Schmausen und Genießen der Gaben Gottes. Geht es aber in der Theologie um das Bedenken und Bezeugen der gnädigen Herrschaft Gottes, dann wird verständlich, warum Barth zwar die Berufung der Christinnen und Christen in der Rechtfertigung und Heiligung begründet, diese aber wiederum in der Berufung zum Dienst an der Befreiungsgeschichte des Reiches Gottes ihr Ziel haben läßt. Denn Rechtfertigung und Heiligung sind nicht das Ziel der Berufung, sondern sie zielen auf die Berufung! Insofern ist Barths Charakterisierung seiner Theologie als Zeugnis »von der gnädigen Herrschaft Gottes über die Welt« in der Tat überaus präzise und erhellend.

Barth hat in seiner Theologie der messianischen, im Christus aufgerichteten und von ihm her zu erwartenden Herrschaft Gottes Themen miteinander verbunden, die sonst auseinanderzufallen drohen oder isoliert zu werden pflegen: Denn nicht nur das große Thema von Kreuz und Auferweckung Jesu als Mitte und Zentrum der Theologie, sondern auch ebenso das zentrale Thema von Erwählung, Bund und Verheißung als der Voraussetzung der in Christus vollbrachten Versöhnung stehen im Kontext dieser *messianischen Theologie des Reiches Gottes*[145]. Es ist die mit der konsequenten Eschatologie einsetzende Wiederentdeckung von »Reich Gottes und Menschensohn«, die Barth zur Grundlage seiner Theologie – und

---

143 *Karl Barth:* Offene Briefe. 1945–1968, hg. von D. Koch, Zürich 1984, 357 (Kursivierung von mir).

144 *Karl Barth:* KD IV/2, 66. Sprechendes Dokument dieses Weges der Entdeckung der Reformation Luthers und Calvins ist die soeben erschienene und von H. Scholl meisterhaft kommentierte Calvin-Vorlesung Barths von 1922: *K. Barth,* Die Theologie Calvins. 1922, Zürich 1993.

145 *L. Ragaz* hat in seiner Autobiographie seinen abschließenden Einwand gegenüber Barth so formuliert: »Es wurde (in Barths Theologie) jene Linie . . . wiederaufgenommen, welche durch den augustinisch . . . mißdeuteten Paulus den Jesus der Evangelien, durch die ›Rechtfertigung aus dem Glauben allein‹ die Botschaft vom Reich Gottes . . . verdrängt« (Mein Weg, Bd. II, Zürich 1952, 118f.). – Diese Einschätzung ist spätestens mit den seit 1953 erschienenen Bänden KD IV überholt. Sie gilt aber eigentlich schon für die Zeit nach 1922 nicht, insofern Barth Calvins Theologie ausdrücklich und zustimmend als Theologie der »Königsherrschaft Gottes« charakterisiert (Anm. 144, 158).

zwar seiner Dogmatik und Ethik – werden läßt, wobei *auch das Zentralthe-*
ma von Kreuz und Auferweckung in den übergreifenden Rahmen der Verhei-
ßungsaussage von Reich Gottes und Menschensohn zu stehen kommt. Daß
die in Christus aufgerichtete und zugleich verheißene gnädige Herrschaft
Gottes *das* alle theologischen Themenbereiche übergreifende Thema ist,
macht Barths zusammen mit Bonhoeffers, Gollwitzers und Iwands Theologie in der Gegenwart einzigartig und wegweisend zugleich.

b) Theologie auf dem Weg zur Befreiung[146]

Barths Theologie des Reiches Gottes entfaltet und konkretisiert sich,
nachdem er sie in der Zeit des ersten Römerbriefes (Röm I) entdeckt hatte,
– wie gezeigt – besonders in dessen Spätwerk immer mehr als eine der
messianischen Befreiungs- und Kampfesgeschichte Jesu entsprechende
Theologie auf dem Wege zur Befreiung. Barths Theologie ist deshalb seiner
ausdrücklichen Intention nach gerade *kein System,* sondern ein nach dem
Kommen der befreienden Herrschaft Gottes sich ausstreckender fragmen-
tarischer Verweis. Dabei spiegelt sich auch die fortgehende dynamische
Geschichte des Reiches Gottes in dem Weg der Theologie Karl Barths
selbst[147]. Barths Theologie ist eine theologia viatorum, eine Theologie auf
dem Wege.
Barth ist deshalb nicht bei seiner Theologie des zweiten Römerbriefs (Röm
II), in welcher er »so greulich von der Transzendenz Gottes reden« mußte[148], stehengeblieben: »Ich wäre dann wohl, wie man sagt, ›meiner Sache‹,
meinem System, treu geblieben. Es handelt sich aber nicht darum, ›seiner‹
Sache treu zu bleiben, sondern dem Worte Gottes treu zu bleiben, das ein
lebendiges Wort ist . . . Ich würde es . . . zu bereuen haben, wenn ich immer
weiter dasselbe gesagt hätte.«[149]

---

146   Zum Thema Karl Barth und die Theologie der Befreiung vgl. die folgende Literatur: *P.*
Eicher, Gottes Wahl: Unsere Freiheit. Karl Barths Beitrag zur Theologie der Befreiung, in:
Einwürfe 3, München 1986, 215ff.; ders., Exodus. Zu Karl Barths letztem Wort, in: P. Eicher /
M. Weinrich, Der gute Widerspruch, Düsseldorf-Neukirchen 1986, 11ff.; ders., Die Befrei-
ung zur Nachfolge. Zur Geschichte des reichen Jünglings, in: Karl Barth. Der reiche Jüngling
1986, 13ff.; *H. Gollwitzer:* Karl Barths Theologie der Freiheit und die Theologie der Befreiung, in: L. und W. Schottroff (Hg.), Wer ist unser Gott?, München 1986, 25ff.; *G. Gutiérrez,*
Die historische Macht der Armen, München 1984, 201f.; *G. Hunsinger:* Karl Barth und die
Befreiungstheologie, a.a.O., 43ff.; *T.A. Mofekeng:* The Crucified among the Crossbearers. To-
wards a Black Christology, Kampen 1983, 112ff.; *Bert Schumann:* Karl Barth en de
bevrijdingstheologie, in: J. Beumer / G.H. ter Schegget (Hg.), Karl Barth een theologisch
portret 1986, 127ff.; *Th. Witvliet,* Befreiungstheologie in der Dritten Welt, 149ff., ders., The
Way of the Black Messiah 1985 (engl. London 1987), 163ff.
147   *Karl Barth:* Einführung in die evangelische Theologie, a.a.O., 15, 99f.; H. Gollwitzer,
Karl Barths Theologie der Freiheit . . ., a.a.O., 39.
148   *Karl Barth:* Der Götze wackelt, a.a.O., 112.
149   A.a.O., 113.

Barths wichtige Schrift »Die Menschlichkeit Gottes« (1956) ist das leuchtende Dokument dieser Theologie auf dem Wege mit ihrem ständigen Hören auf das, was Hier und Jetzt angesichts dieser lebendigen Geschichte Jesu Christi in einem bestimmten zeitgeschichtlichen Kontext zu hören und zu sagen ist. Barth hat in KD IV/2 ein *system-theologisches* im Unterschied zu einem *weg-theologischen Denken* deshalb für dumm gehalten, weil »man (da) Gottes Wort je schon ... so gehört, seine Weisung ... in Form irgendeines Prinzips oder Systems sich schon so angeeignet zu haben (meint), daß man es neu zu hören und zu bestätigen nicht nötig habe, ... daß man der Offenheit für die weitere, fortgehende (!) Belehrung durch das, was es eben jetzt und hier meinen, sagen und wollen könnte, sich entschlagen zu können denkt.«[150]

In seiner »Einführung in die evangelische Theologie« (1962) ist Barth auf den Charakter aller Theologie als theologia viatorum erneut zu sprechen gekommen – und zwar von ihrem Gegenstand her: »Es liegt ... in der bis ins einzelne und einzelnste unendlichen Bewegtheit der Geschichte des Bundes«, die zur Folge hat, daß Theologie, »immer auf dasselbe bedacht, unvermeidlich ins *Wandern* (gerät): vom Alten zum Neuen Testament [beachte die Reihenfolge!] und wieder zurück«. Das bedeutet in einem Bilde ausgesprochen: »Die Arbeit der Theologie wird in dieser Hinsicht mit dem unermüdlichen *Umschreiten* eines und desselben ... hohen Berges zu vergleichen sein.«[151] Die Form und Gestalt, nicht zuletzt aber auch der Inhalt der Kirchlichen Dogmatik ist von daher ständig und durchgängig durch ein *weg-theologisches Denken und Argumentieren* gekennzeichnet und bestimmt.

Ist aber Gegenstand dieses unermüdlichen Umschreitens die unendliche Bewegtheit der Geschichte des in Jesus erfüllten Bundes und die teleologische Dynamik der messianischen Kampfes- und Befreiungsgeschichte Jesu Christi, dann kann die theologia viatorum nur als Theologie auf dem Wege zur Befreiung verstanden werden. Die Christologie der Befreiung, des dynamischen Ausschreitens, des Ausgangs, des Übergangs und Eingangs Jesu Christi (§ 64,4) ruft so zu einer Theologie und Praxis auf dem Wege zur Befreiung[152].

c) Kontextuelle Theologie[153]

Barths Theologie ist im eminenten Sinne als kontextuelle Theologie zu kennzeichnen und zu verstehen. Von daher ist es nicht zufällig, wenn G.

150 *Karl Barth:* KD IV/2, 464.
151 *Karl Barth:* Einführung in die evangelische Theologie, a.a.O., 43.
152) *P. Eicher:* Ein Katholik schreibt an den Seligen. Brief an Karl Barth zum hundertsten Geburtstag, in: LuMo 5/1986, 225–227.
153) *H. Lindenlauf,* Karl Barth und die Lehre von der Königsherrschaft Christi, a.a.O., versteht Barths Theologie richtig als »kontextuell« im Unterschied zur Korrelationsmethode

Casalis in seinem Aufsatz »Karl Barth und die theologische Existenz heute!« provozierend sagen kann: »Allein in den 9000 Seiten der ›Kirchlichen Dogmatik‹ kann man alle Ereignisse der Geschichte seiner Zeit ablesen.«[154]

Barths Theologie ist freilich kontextuelle Theologie in des Wortes mehrfacher Bedeutung:

1.   Sie ist kontextuelle Theologie im *Unterschied zur korrelativen Theologie*, mit der sie zwar das Anliegen der wechselseitigen Beziehung von Bibel und Zeitung, von Antwort und Frage teilt, über die hinaus sie aber streng auf den Analogatum-Charakter der Ereignisse der Zeit gegenüber dem Analogans-Charakter der messianischen Geschichte Jesu Christi als des einen Wortes Gottes bedacht ist. Deshalb hat Barth in IV/3, § 69,2 bewußt seine Lehre von den wahren Worten und Lichtern in der Welt als Auslegung von Barmen Artikel I verstanden, den er dann auch als Leitsatz zu Anfang des Paragraphen zitiert – ein einmaliger Vorgang in K. Barths ganzer Dogmatik! Barth, der noch 1924 im »Unterricht in der christlichen Religion« und noch 1927 in den »Prolegomena zur christlichen Dogmatik« selbst von einer solchen *korrelativen* Theologie herkommt, vertieft und konkretisiert diese zu einer *kontextuellen* Theologie.

2.   Barths Theologie ist kontextuelle Theologie im Sinne der dauernden *Anfechtung durch die Ereignisse der eigenen Zeit*, aus der heraus um das Ereignis des Hörens des Wortes Gottes gebetet wird. Das Gesagte kann an Barths Bericht »How my mind has changed?« über die Jahre 1948 bis 1958 – also dem Entstehungszeitraum von KD IV/1–3 – deutlich gemacht werden: Barth beginnt damit, daß er – »Ich komme zunächst zu den *politischen Dingen*« – zuerst sehr konkret die Zeitereignisse schildert und damit »die Anfechtung, die mich in diesem Jahrzehnt faktisch dauernd begleitet und auch beschäftigt hat.«[155] Und es ist erstaunlich zu lesen, welche Ausweitung auch in die gesellschaftliche und politische Dimension hinein der reformatorische Begriff der tentatio – der Anfechtung – hier erfährt. Barth fährt aber dann charakteristischerweise fort: »Mein eigentliches Interesse galt doch auch in dieser Zeit meiner nun einmal übernommenen . . . Aufgabe im spezifisch *theologischen* Bereich. Sie führte mich in der Ausarbeitung der ›*Kirchlichen Dogmatik*‹ . . . zu der bisher in drei Stücken entfalteten Lehre von der Versöhnung und damit in die lebendige Mitte aller Pro-

---

Paul Tillichs (356f., 419). – Vgl. die folgenden Beispiele kontextueller Bibelexegese bei Barth: KD IV/1, 288ff.: die Versuchungsgeschichte Jesu; KD IV/2, 251: die Erweckung der Tochter des Jairus; KD IV/2, 502ff.: die Gerichtsprophetie des Amos; KD IV/3, 627ff.: die Berufung des Levi. – Vgl. weiter den informativen Artikel von *L. Schreiner:* Kontextuelle Theologie, EKL III 1418-1422, Göttingen ³1989, in welchem Barth, Bonhoeffer und Iwand als *die* Beispiele kontextueller Theologie in Westeuropa und Deutschland leider nicht genannt werden.

154   *G. Casalis:* Karl Barth und unsere theologische Existenz heute, a.a.O. (Anm. 136) 285.

155   *Karl Barth:* Der Götze wackelt, a.a.O., 201, 205. – Vgl. weiter K. Barth: Einführung in die evangelische Theologie, 1962, 146ff über die Anfechtung.

bleme der theologischen Erkenntnis.«[156] *Dauernd begleitende Anfechtung durch die Zeitereignisse und eigentliches Interesse am Hören* auf die Mitte aller theologischen Erkenntnis: dieses Doppelte und diese Gewichtung ist Kennzeichen der kontextuellen Theologie Karl Barths. Man hätte von daher die Versöhnungslehre nie abstrakt, man hätte sie von daher immer zeitbezogen und kontextuell verstehen müssen!

3. Kontextuell ist Barths Theologie auch in dem Sinne, daß sie auf einen *bestimmten zeitgeschichtlichen Kontext* bezogen ist, was zur Folge hat, daß sie auf andere Kontexte nicht einfach übertragbar ist, daß sie vielmehr als Hinweis zu verstehen ist, auch in anderen Kontexten im Hören auf dieselbe messianische Rechts- und Freiheitsgeschichte auf dem Weg zur Befreiung eigene – und zwar kontextuelle – Theologie zu betreiben. Barth hat deshalb seine Theologie[157] – besonders die Theologie der Versöhnung der fünfziger Jahre – immer als Theologie zwischen Ost und West verstanden, als *Theologie der Versöhnung zwischen Ost und West*, als Theologie in Entsprechung zur Versöhnung der einen Menschheit. Dieser Theologie ist deshalb verwehrt, in dem ideologischen Ost-West-Gegensatz für die eine oder die andere Seite Partei zu ergreifen. Bei diesem Gegensatz nicht mitmachen, lautet deshalb seine Devise!

Barth hat die Begrenzung durch die Zeit- und Kontextbezogenheit seiner Theologie im Auge gehabt, als er 1961 an die *Zürcher Woche* schrieb: »Wir sollten realisieren, daß *über den Ost-West-Konflikt hinaus das Erwachen Asiens und Afrikas das (!) Problem auch unserer Zukunft bildet.*«[158] Und Barth hat sich in mehreren offenen Briefen an die Christen in Südostasien ausdrücklich nicht nur zur Kontextbezogenheit, sondern auch zur *Kontextbegrenztheit* seiner Theologie bekannt. Heißt es doch da im Sinne einer theologia viatorum, derzufolge die Theologie »immer weiter und weiter *vorwärts* zu schreiten allen Anlaß hat«: »Nun ist es *Eure* Aufgabe, in Eurer neuen, anderen und eigenen Lage mit Kopf und Herz, mit Mund und Händen christliche Theologie zu betreiben«. »Nun seid eben *Ihr* an der Reihe.«[159] »Ihr müßt wahrhaftig nicht ›europäische‹, ›abendländische‹ Menschen, geschweige ›Barthianer‹ werden . . . Ihr dürft fröhlich *südostasiatische* Christen sein.«[160] Freilich dies zwar in der unabdingbaren Bezogenheit

156   Karl Barth, Der Götze wackelt, a.a.O., 205.

157   Vgl. *Karl Barths* Schriften: Theologische Existenz *heute* (1933). – Die Kirche und die politische Frage von *heute* (1938). – Die christliche Verkündigung im *heutigen* Europa (1946). – Theologische Existenz *heute* (1956). – W. Kreck: Karl Barth und die deutsche evangelische Theologie, RKZ 12/1986, 356ff.

158   *Karl Barth:* Offene Briefe, a.a.O., 500 (Kursivierung von mir). – Auf dieses Zitat beziehen sich auch H. Gollwitzer, Karl Barths Theologie der Freiheit und die Theologie der Befreiung, a.a.O., 25f. und G. Casalis, Karl Barth und unsere theologische Existenz heute, a.a.O., 285.

159   A.a.O., 554.

160   A.a.O., 555. – Vgl. *Y.Amano:* Karl Barths Ethik der Versöhnungslehre. Ihre theologische Rezeption in Japan und ihre Bedeutung für die kirchlich-gesellschaftliche Situation in Japan, Diss. Wuppertal 1993.

auf den Kontext, *nicht* nicht aber in Verfallenheit an den Kontext. Denn gerade das ist ja das Spezifische der kontextuellen Theologie im Unterschied zur korrelativen Geschichtstheologie. Und so ist es nicht zufällig, daß Barth in demselben Brief nach Südostasien doch auch auf das Identische des der ökumenischen Theologie aufgetragenen Themas – auf die die Theologie bestimmende messianische Befreiungsgeschichte Jesu Christi – zu sprechen kommt. Barth verweist dabei auf die Selbstvorstellung des Gottes Israels im Exodus (Ex 20,3), auf das erste Gebot als theologisches Axiom und auf den »lebendigen, den freien und so gerade gnädigen Gott ... Abrahams, Isaaks und Jakobs – den Vater Jesu Christi!«[161]
Echte Kontextualität schließt also die primäre *Bindung an den Gott des Exodus und die zu bezeugende Exodus-Geschichte* nicht nur nicht aus, sie fordert sie vielmehr.

d)   Ökumenische Theologie[162]

Kontextuell ist Barths Theologie aber auch in ihrer ökumenischen Orientierung, auch dieses wiederum in des Wortes mehrfacher Bedeutung.
1.   Ökumenisch ist Barths Theologie nicht nur im Ernstnehmen der *gesamtreformatorischen* Theologie, Barths Theologie weiß sich also nicht einseitig der Theologie Calvins verpflichtet – Barths Kritik an Calvins Prädestinationslehre und an Calvins Engführung in der Ekklesiologie sind nur zwei Beispiele. Barths Theologie weiß sich im übrigen mehr der Theologie Luthers verpflichtet, als es das Luthertum[163] bisher zur Kenntnis genommen hat – die Lutheraner H.J. Iwand, E. Wolf und W. Joest, der holländische Lutherforscher J.P. Boendermaker u.a. ausgenommen. Und wie stark Barth den Traditionen der Schöpfungs- und Auferweckungstheologie der *Orthodoxen Kirchen* des Ostens verpflichtet ist, zeigt nicht nur seine konkrete, materialistische Auslegung der Wunder- und Heilungsgeschichten Jesu (KD IV/2)[164], sondern auch sein ausdrücklicher Hinweis, »daß (gerade) die *Ostkirche* ... nicht aufgehört hat, zu sehen und ernst zu nehmen,

161   A.a.O., 553.
162   *E. Busch:* Ein lebenslanger Freund der Deutschen, in: LuMo 5/1986, 193f.: »Zum Teil noch vor dem Krieg und erst recht nachher begann die ökumenische Bedeutung von Barths Theologie sichtbar zu werden« (194). – *Karl Barth:* Einführung in die evangelische Theologie, a.a.O., 11. – Ders., Eine Schweizer Stimme, a.a.O., 191. – G. Casalis, Karl Barth und unsere theologische Existenz heute, a.a.O., 289f.
163   Vgl. als jüngste Beispiele: *G. Ebeling:* Karl Barths Ringen mit Luther, in: Lutherstudien Bd. III, Tübingen 1985 und *A. Peters:* Karl Barth oder Martin Luther?, in: LuMo 5/1986, 232ff. – *E. Jüngel,* Zum Verhältnis von Kirche und Staat nach Karl Barth, ZThK Beiheft 6/1986, 76ff. sieht in Ebelings Aufsatz »eher Gerhard Ebelings Ringen mit Barth« dokumentiert (80), was entsprechend auch für *A. Peters* Beitrag gilt. – Die Barth-Deutung von *W. Joest:* Gott will zum Menschen kommen, Göttingen 1977, 140ff, 156ff; *ders.* Dogmatik Bd. I, Göttingen ²1987, Dogmatik Bd. II, Göttingen 1986 (passim) hebt sich davon positiv ab.
164   *Karl Barth:* KD IV/2, 200ff.

was da zu sehen ist – für uns betrübte Abendländer insgesamt völlig neu
zu sehen wäre.«[165] Barth hat diesen Hinweis auf die Wichtigkeit gerade
der orthodoxen Traditionen insbesondere bei seiner konkreten, die Leib-
lichkeit und darum auch die Gesellschaftlichkeit einschließenden *Theologie der Auferstehung* immer wieder – aber nicht nur dort – gegeben. Die
Botschaft der beiden Blumhardts und der Orthodoxie des Ostens müsse
erst einmal wieder gelernt werden, hat Barth des öfteren gemeint. Wie
stark Barth bereit ist, das Wahrheitsmoment der gerade in der *Katholischen Kirche*[166] vertretenen Lehre vom Synergismus in seiner Lehre vom
Mittun der Christinnen und Christen – nicht bei der Rechtfertigung und
auch nicht bei der Heiligung – wohl aber bei dem Dienst an der universalen Prophetie und messianischen Kampfesgeschichte Jesu Christi[167] aufzunehmen, hat die Analyse bereits gezeigt[168]: »Für einmal im Bild der römischen Gottesdienstordnung geredet: der Christ ist nicht Priester, er liest
nicht die Messe ... er ist gerade nur der *Ministrant*, der Meßbub, der das
Evangelien- und Epistelbuch hin und her trägt ... und im entscheidenden
Augenblick das Glöcklein läutet! Eben ... in solcher Art tut er *mit*. Zu solchem ministrierenden Dabeisein ist er berufen ..., daß er bei dem, was
Christus [in seiner messianischen Geschichte] tut, ... *mittut*.«[169] Und wie
stark Barth von der Reformation her, dann aber im Überschritt über die
Reformation hinaus, eine Theologie auf dem Wege zur Befreiung entfaltet, hat die obige Analyse ebenfalls gezeigt.
2. Als ökumenisch ist Barths Theologie darüber hinaus im Sinne der
Genfer Ökumenischen Bewegung[170] zu verstehen: Das zeigt sich nicht nur
darin, daß sich Barth seit Amsterdam (1948) in der engagierten Rolle eines
»ökumenischen consultant« gesehen hat, sondern auch – systematisch
entscheidend – an dem großen, die Lehre von der messianischen Prophetie
einleitenden *kirchengeschichtlichen Überblick*, den Barth nicht zufällig in

---

165 A.a.O., 258.
166 *Karl Barth*: Ad Limina Apostolorum, Zürich 1967. – 1966 besucht Barth die »römische Zentrale der katholischen Kirche, an deren konziliarer Erneuerung seine Theologie
unterschwellig beteiligt war« (E. Busch, Ein lebenslanger Freund der Deutschen, a.a.O., 194).
167 Von daher ist es konsequent, daß Barth über die Reformation hinaus *Maria* nicht nur
als Urbild der Gerechtfertigten, der Geheiligten, sondern auch der mit-tätigen Christinnen
und Christen verstehen kann. Barth will »in Maria das Urbild und Exemplar aller zum
Glauben und damit zum Gehorsam und damit zum Dienst berufenen und bestimmten
Menschen ... erkennen« (KD IV/3, 682, vgl. 687ff.). Maria wird in der Perspektive von KD
IV/3 zum Urbild der an der Prophetie Jesu Christi *mit*beteiligten und ihr dienenden Christenheit, zum Urbild »einer ihrem Herrn eindeutig dienenden und also weder direkt noch
indirekt neben ihr regierenden, sondern nur eben in Form ihres Dienstes mit ihm ›zusam-
menwirkenden‹ Christenheit« (692).
168 *Karl Barth*: KD IV/1, 123; KD IV/3, 687ff.
169 *Karl Barth*: KD IV/3, 690.
170 *E. Castro*: Geleitwort, a.a.O., 9f. – *W.A. Visser't Hooft*, Die Welt war meine Gemeinde,
1972 (vgl. in diesem Buch das Register zu Karl Barth). – Barth hat die Barmer Theologische
Erklärung noch während des Kirchenkampfes als »ökumenisches Glaubensbekenntnis«
verstanden und aktualisiert (Eine Schweizer Stimme, a.a.O., 191).

der Darstellung der Ökumenischen Bewegung gipfeln läßt[171]. Wobei Barth
– der messianischen Prophetie Jesu Christi, die sich in dieser ökumenischen Bewegung reflektiert und spiegelt, entsprechend – »die Einigung der
Kirchen *teleologisch-dynamisch*« verstehen will: »in der Einheit *von* Jesus
Christus *her* als Einigung *für* ihn, nämlich für die Bezeugung seines
[messianisch-prophetischen] Werkes in der Welt und für die Welt.«[172] Die
Versöhnungslehre Karl Barths, speziell ihre auf die messianische Prophetie zielende Dynamik (KD IV/3), ist *das* Ökumenische Testament Karl
Barths.

3.   Ökumenisch ist Barths Theologie aber ›last but not least‹ entscheidend in einem weiteren und zwar gegenüber allen bisher genannten
Aspekten weit fundamentaleren Sinn: gemeint ist das *ökumenische Verhältnis der Kirche zu Israel. H.J. Iwand* hat wohl richtig über die Theologie
Karl Barths gesagt, daß es keine Theologie der Gegenwart gibt, die sich
um das Verhältnis Israel und Kirche systematisch so bemüht habe wie die
Theologie Karl Barths. Gerade Karl Barth hat seinerseits die Beziehung
des ökumenischen Gottesvolkes aus allen Völkern zu Israel-Judentum als
der volkhaften Gottesgemeinde für *das* entscheidende ökumenische Problem überhaupt gehalten. Und er hat nicht zufällig gerade in KD IV/3, wo
er die messianische Prophetie des Messias Israels, der nur als solcher auch
der Herr der Kirche und der Befreier der Welt ist, entfaltet, erneut auf diese ökumenische Wurzel der Kirche aufmerksam gemacht. In seinem Abschnitt über die Ablehnung des heidenchristlichen Programms der »Judenmission« heißt es: »Auch die ökumenische Bewegung von heute leidet
schwerer unter der Abwesenheit Israels als unter der Roms und Moskaus!
Die Kirche muß mit der Synagoge leben: nicht, wie die Toren in ihrem
Herzen sagen, als mit einer anderen Religion oder Konfession, sondern als
mit der Wurzel, aus der sie selbst hervorgegangen ist.«[173]

Barth, der die »Barmer Theologische Erklärung« ein von Haus aus »echt
ökumenisches« Dokument genannt hat[174], hat es deshalb immer bedauert
und später als seine Schuld bekannt, daß in dieser, angesichts der Geistes-
verfassung der Mehrheit ihrer Bekenner, ein ökumenischer Hinweis auf
die Synagoge als die bleibende Wurzel der weltweiten Kirche und ein Auf-

---

171   *Karl Barth:* KD IV/3, 18–40: 37ff. rekurriert Barth auf die Ökumenische Bewegung.
172   A.a.O., 38. – Vgl. die wichtigen Ausführungen zu diesem Punkt in dem Referat von
W. Krötke, Die Erwählung der einen Gemeinde. Zum Ort des Ökumene-Problems in der Erwählungslehre Karl Barths (Arnoldshain 1986).
173   *Karl Barth:* KD IV/3, 1007. – Barth betont an dieser Stelle wie auch in: Einführung in
die Evangelische Theologie, a.a.O., 46 das von der Gemeinde geforderte messianische Lebenszeugnis in der Völkerwelt, das von Israel wahrgenommen werden kann und so den
ökumenischen Einigungsprozeß fördert. – H.J. Iwands Barth-Votum findet sich in: *ders.,* Um
den rechten Glauben, GA I München 1959, 193. – Vgl. zu Barths Israel-Lehre *Fr.-W. Marquardt,* Die Entdeckung des Judentums für die christliche Theologie. Israel im Denken Karl
Barths, München 1967, und *B. Klappert,* Israel und die Kirche. Erwägungen zur Israellehre
Karl Barths, München 1980.
174   *Karl Barth:* KD IV/3, 38.

ruf zu dem diesem Hinweis entsprechenden, zeitbezogenen und kontextuellen Handeln und Tun nicht gestanden hat.

e) Prophetische Theologie

Barths Theologie ist als ökumenische Theologie auch im eminenten Sinne »prophetische Theologie«. Prophetische Theologie z.B. im Sinne des wegweisenden *Kairos-Dokumentes*[175], das zwischen dieser und den beiden anderen Formen der Theologie – einer Staats- und einer Kirchentheologie – streng unterscheidet. Barth hat diese Unterscheidung durch sein ganzes Lebenswerk hindurch gelehrt und praktiziert. Prophetische Theologie ist eine der *messianischen Prophetie Jesu Christi dienende Theologie*. Als solche ist sie aber zugleich eine Theologie, die die Zeichen der Zeit durch vernünftige Sachanalyse zu verstehen sucht. Dabei darf die notwendige und unverzichtbare Analyse der Situation zur Erkenntnis der Zeichen der Zeit nicht von einem abstrakten Verständnis von Barmen I her abgewiesen werden, vielmehr gehören die *Analyse der Zeit* und ihre Beziehung auf die Richtung, den Weg und die *Tendenz der messianischen Befreiungsgeschichte Gottes* eng und unverzichtbar zusammen.

Zu den Aufgaben gerade einer prophetischen Theologie hat Barth deshalb das Erkennen und auch Herstellen der politischen und gesellschaftlichen Analogien zu dem von der Gemeinde verkündigten, gekommenen und kommenden Reich Gottes gerechnet. So heißt es in »Christengemeinde und Bürgergemeinde«: »Der Weg von hier [der Theologie des Reiches Gottes] nach dort [zu den gesellschaftlichen Analogien] verlangt auf der ganzen Linie ... prophetische Erkenntnis.«[176]

Barth hat die Aufgabe prophetischer Theologie vollzogen, und zwar nicht nur in seiner »Kirchlichen Dogmatik«, sondern auch in seinen dogmatisch-ethischen Abhandlungen und Wegweisungen, aber auch in seinen bis ins einzelne gehenden, konkreten Stellungnahmen. Sie sind deshalb für das Verstehen der Barthschen Theologie als einer prophetischen unverzichtbar: Ich nenne exemplarisch »Eine Schweizer Stimme«, die in »Der Götze wackelt« von K. Kupisch gesammelten Stellungnahmen und die von D. Koch herausgegebenen und meisterhaft kommentierten »Offenen Briefe«.

Theologie hat es in dieser prophetischen Dimension nicht nur mit der *Anfechtung* durch die konkrete Wirklichkeit, sondern auch mit dem *Einbre-*

---

175 Das *Kairos-Dokument* (1985) 2. revidierte Fassung 1986. Die problematische Antwort des Evangelischen Missionswerkes auf das Kairos-Dokument hat der Mainzer Arbeitskreis für Südliches Afrika (MAKSA) zu Recht kritisiert (Junge Kirche 8/9, 1986, 466–476). Vgl. darüber hinaus: *R. Hinz/K. Lefringhausen/J. Schroer* (Hg.): Der Weg nach Damaskus – Kairos und Bekehrung, in: Texte zum kirchlichen Entwicklungsdienst Nr. 53, Hamburg 1993.
176 *Karl Barth:* Christengemeinde und Bürgergemeinde, 1946. Punkt 27, S. 34.

chen des lebendigen Wortes Gottes zu tun, das dem von Amos gehörten »Brüllen des Löwen« vergleichbar ist. Barth hat diese eigene Erfahrung des befreienden Reiches Gottes, der gnädigen, in Christus aufgerichteten Herrschaft Gottes über die Welt, folgendermaßen zum Ausdruck gebracht: »Das Büblein einer afrikanischen Parabel, das jahrelang mit einem säuberlich und sehr naturgetreu aus Holz geschnitzten Löwen (es könnte ja auch eine saubere Dogmatik gewesen sein!) gespielt hatte, war übel erschrocken, als es eines Tages einen wirklichen und lebendigen Löwen brüllend auf sich zukommen sah«. Und Barth fügt hinzu: »Wer das Evangelium noch nie als einen wirklichen und lebendigen Löwen auf sich zukommen sah, der denke nur ja nicht, daß er andere je auf jenes überraschende Licht und auf jenes zweischneidige Schwert, auf die auf sie zukommende Entscheidung, auf die Eindeutigkeit, in der sie vollzogen sein will, auch nur aufmerksam machen und vorbereiten könne.«[177] Barth hat mit seiner Theologie auf dieses Einbrechen und auf diese Entscheidungen im Jetzt und Heute verweisen wollen.

E. Busch[178] hat in seinem 1986 in Göttingen gehaltenen Festvortrag zur Erinnerungsfeier an Barths Göttinger Jahre gesagt: Man kann durchaus von Gott reden, ohne von Karl Barth zu reden. Er hat aber hinzugefügt: Man kann aber nicht von Karl Barth reden, ohne zugleich von Gott zu reden und sich durch Barth – von Barth weg – vor den Gott Israels selbst stellen zu lassen: den Gott Abrahams, Isaaks und Jakobs, den Gott des Exodus. Dieser ist der *in Freiheit* liebende (II/1), mit Rechtfertigung (IV/1) und Freiheit (IV/2) beschenkende und darin *zur Freiheit* befreiende (IV/3) Gott. Ich habe meinem Beitrag zur Charakterisierung der Theologie K. Barths die Überschrift »Der messianische Mensch und die Verheißung der Befreiung« gegeben. Daß damit in der Tat ein wesentliches Element der Theologie sowohl des frühen als auch des späten Barth, insbesondere seines Spätwerks, das noch immer gegenüber seinem Frühwerk zu wenig beachtet und gewichtet wird, bezeichnet ist, das soll an einem von Barth gebrauchten *Bild* verdeutlicht werden, das er in den beiden Teilbänden von KD IV/3 gebraucht und das den Verheißungscharakter der messianischen Geschichte Jesu Christi und die ihr entsprechende Exodus-Bewegung der Christinnen und Christen präzis und anschaulich kennzeichnet: Es ist das Bild von der messianischen Geschichte Jesu Christi als einem auf das Ziel weisenden Pfeil und das entsprechende Bild von den Pfeilen, die auf einen äußerst angespannten Bogen aufgelegt sind, zur Charakterisierung des angespannten Wartens der Christinnen und Christen.

Zunächst der Vergleich der messianischen Verheißungsgeschichte Jesu

---

177 *Karl Barth:* KD IV/3, 756.
178 Vgl. *E. Busch:* Ein lebenslanger Freund der Deutschen, a.a.O., und ders., »Politische Konsequenzen einer theologischen Existenz heute«, in: Karl Barth. Gedenkfeier zum 100. Geburtstag am 30. 4. 1986 in Düsseldorf, hg. von der Landesregierung Nordrhein-Westfalen, 11ff.

Christi mit einem auf das Ziel weisenden *Pfeil:* »Nun ist . . . des einen Jesus Christus eine Parusie schon in ihrer *ersten* . . . Gestalt ein einziger Pfeil«, der auf ihre letzte, *dritte* Gestalt hinweist. Nun hat schon die proleptische Parusie des messianischen Menschensohnes in den Ostererscheinungen »ein einziges unumkehrbares Gefälle in der Richtung seines letzten Kommens. Nun ist schon ihr (der messianischen Prophetie Jesu Christi) Wort eine einzige Verheißung seiner jetzt noch unsichtbaren universalen . . . Herrlichkeit.«[179]

Sodann der Vergleich der gespannt wartenden Christinnen und Christen mit den auf angespanntem Bogen aufgelegten *Pfeilen:* In der proleptischen Parusie des kommenden Menschensohnes, »in jenem Anfang erkennen die Christen auch schon das *Ziel* . . . Sie können also nicht dorthin zurückblicken, ohne von dort aus . . . vorwärts zu blicken: auf desselben Jesus Christus dort angekündigte *letzte* . . . Parusie, auf die *Vollendung* seiner Prophetie in der Erleuchtung und Durchleuchtung alles dessen, was war, ist und sein wird und so auf die noch ausstehende *Erlösung* der in ihm versöhnten Welt. So müssen die Christen . . . schlechthin *dorthin* leben. So existieren sie in der großen . . . Spannung auf dieses Ziel, auf das noch ausstehende abschließende Kommen Jesu Christi hin: wirklich wie aufgelegte Pfeile auf einem aufs Äußerste angespannten Bogen unmittelbar vor dessen Abschuß.«[180]

Die Diagnose und Warnung A. *Schweitzers*, die kulturprotestantische Bejahung der Welt habe »den Bogen entspannt«[181] und an die Stelle des messianischen Menschensohnes den modernen liberalen Jesus der Weltbejahung gestellt, ist von Barth gehört und in seiner ganzen Theologie berücksichtigt worden[182]. Der Bogen wurde wieder *gespannt*. Die Entdeckung der konsequenten Eschatologie wird in Barths Dogmatik und Ethik endlich konsequent ernstgenommen. Damit wird der Blick geöffnet für den als ein Unbekannter auf die Jünger und Jüngerinnen zukommenden messianischen Menschensohn, der das Wort sagt: Folgt mir nach!

---

179 *Karl Barth:* KD IV/3, 1050.
180 A.a.O., 396.
181 *A. Schweitzer:* Geschichte der Leben-Jesu-Forschung 1906: »Es war die Gefahr, daß die moderne Theologie, um Ruhe zu haben, die antiprotestantische Weltverneinung in den Worten Jesu (zugunsten ihrer Weltbejahung) aufhob, *den Bogen entspannte* und den Protestantismus . . . (zu) einer Kulturmacht werden ließ« (Kursivierung von mir). – Zitiert von *H.J. Iwand:* Der Prinzipienstreit innerhalb der protestantischen Theologie, ThBü Bd. 9 (GA I), München 1959, 222ff., der mit Recht einen Zusammenhang zwischen Albert Schweitzers »konsequenter Eschatologie und Barths eschatologischer Christologie herstellt und dafür auf KD III/2, § 47,1: Jesus der Herr der Zeit (1948) verweist. Diesem Verweis ist Barths 1955 geschriebenes Kapitel über den messianischen Menschensohn (KD IV/2, § 64,3) hinzuzufügen.
182 Der vorliegende Beitrag ist Teil einer Gesamtanalyse der IVer Bände der Kirchlichen Dogmatik – im Sinne des Versuchs, Karl Barths Frühwerk von seinem Spätwerk her und Barths Theologie kontextuell zu verstehen.

Epilog

W. Visser't Hooft über K. Barths Bedeutung für die Ökumene

Der Generalsekretär des Weltrates der Kirchen und langjährige Freund
Karl Barths, Dr. Visser't Hooft, hat anläßlich des 80. Geburtstages Karl
Barths, am 10. Mai 1966, wie kein anderer die ökumenische Weite und
Bedeutung der Theologie Karl Barths herausgestellt, indem er meinte:
»Es hat in unserer Zeit keinen Theologen gegeben, dessen Lebensarbeit
eine so eminent ökumenische Wirkung gehabt hat wie die Arbeit Karl
Barths.«
Die ökumenische Weite der Theologie Barths zeige sich nicht nur beispiel-
haft daran, daß man im Haus von D.T. Niles in Jaffna/Ceylon, Generalse-
kretär der Ostasienkonferenz, »nur zwei Portraits, ein Portrait von Karl
Barth und ein Portrait von Pierre Maury« finde, sondern werde auch daran deutlich, daß die Kirchliche Dogmatik »auch in Athen und Leningrad
gelesen« werde.
Die Bedeutung Karl Barths für die Ökumene schildert Visser't Hooft so:
»Er hat durch seine kritischen Fragen uns gezwungen, tiefer nachzudenken über das *Wächteramt* der Kirche. Wir waren nicht immer froh, wenn
er uns interpellierte. Wir haben auch nicht immer getan, was er uns vor-
schlug. Aber wir haben von ihm immer wieder gelernt, . . . was die Freiheit
der Kirche und ihre *prophetische* Aufgabe bedeutet«.
Dabei hebt Visser't Hooft als beeindruckend hervor, was Barth in KD IV/
3, 18–40, insbesondere aber, was er in IV/3, 37–40 »damals so verständ-
nisvoll über die ökumenische Bewegung geschrieben hat«. Karl Barth habe
»durch seine Lebensarbeit eine theologische Situation geschaffen, in der
eine . . . theologisch-relevante ökumenische Bewegung entstehen konnte.
Es hätte (nämlich) so leicht geschehen können, daß die ökumenische Bewegung eine blasse und leere Aktion für allgemeine Toleranz geworden
wäre«.
Visser't Hooft schließt seine ökumenische Würdigung der Theologie
Barths mit dem Hinweis, »daß in den 30er und 40er Jahren, als die (ökumenische) Bewegung ihre Gestalt gewann, die klare Stimme in Bonn, in
Barmen, in Basel uns zur theologischen Sachlichkeit aufgerufen hat und
gewarnt hat . . ., daß es um das Was und nicht um das Wie des Kerygmas
geht. Dafür danken wir Karl Barth heute«. Und Visser't Hooft fügt hinzu:
»Das bedeutet zugleich, daß wir ihn weiter brauchen. Wenn man hier und
da hört, daß die Zeit von Karl Barth vorbei ist, weil es jetzt neue Fragen
und Antworten gibt, dann kann ich von der ökumenischen Situation aus
nur bemerken: Manche dieser neuen Fragen sind, wenn die Leute es nur
suchen und lesen wollen, gar nicht so neu und finden ihre Antwort in der
›Kirchlichen Dogmatik‹. Und die wirklich neuen Fragen werden nur dann
eine genuin biblische Antwort bekommen, wenn wir sie anpacken mit

dem leidenschaftlichen Bemühen um das Verständnis der Offenbarung, das wir von Karl Barth gelernt haben«.[183]
Deutlicher und umfassender kann die ökumenische Bedeutung und Weite der Theologie Karl Barths aus berufenem Munde wohl nicht formuliert werden.

---

183   Abschrift eines in meinem Besitz befindlichen Tonbandes.

3   Der Rechtshelfer als der für die Welt Gerichtete

Versöhnungslehre Karl Barths im Kontext der Ost-West-Frage[1]

Karl Barths Entwurf einer kontextuellen Versöhnungslehre hat seine *vorlaufende* Parallele in dem von *D. Bonhoeffer* vorgelegten Ethik-Fragment aus dem Jahre 1940: Ethik als Gestaltung bzw. Gleichgestaltung mit Christus. Hier entfaltet Bonhoeffer drei Aspekte der Geschichte Jesu Christi in drei Kontexten:

a) *Die Menschwerdung Christi im Kontext der Menschenverachtung des Dritten Reiches:* Menschwerdung (Inkarnation) ist die stellvertretende Annahme und Übernahme der Wirklichkeit der Welt, der wirklichen Welt und des wirklichen Menschen. Diese Annahme geschieht nicht abstrakt, sondern in Kontext der tyrannischen Menschenverächter. Diesen wirklichen Menschen des Jahres 1940 kennen und ihn nicht verachten, das ist nach Bonhoeffer allein aufgrund der Annahme der wirklichen Welt in der Inkarnation Christi möglich;

b) *Das Kreuz Christi im Kontext der Erfolgsvergötzung des Dritten Reiches:* Das Kreuz als Gericht Gottes behaftet die Menschheit bei den Folgen der Sünde (Mk 15,33). Gott vollzieht in seinem Sohn das Gericht, indem Gott den Gekreuzigten mit der Schuld der ganzen Menschheit identifiziert (Gal 3,13; M. Luther). Dieses Gericht im Kreuz, das auf der Annahme des wirklichen Menschen in der Inkarnation basiert, geschieht in der Gestalt der Schuldübernahme. Bonhoeffer schreibt diese Sätze auf dem Höhepunkt der Siege Hitlers im Frankreichfeldzug 1940 (E. Bethge), zu einer Zeit also, in der das menschliche Recht und auch das Gericht Gottes scheinbar nicht mehr gelten, vielmehr Erfolg allein das geschehene Unrecht zu rechtfertigen scheint;

c) *Die Auferweckung im Kontext der Todesvergötzung des Dritten Reiches:* Die Auferweckung Jesu durch Gott ist die Erscheinung des neuen Menschen, des homo novus, des messianischen Menschensohnes als Verheißung über Mensch und Welt. Im Kontext der Todesvergötzung des Dritten Reiches und als Protest ihr gegenüber schenkt die Auferweckung Jesu be-

---

1   Vortrag auf der Karl-Barth-Tagung in Dribergen/Holland am 4. 4. 1986 zusammen mit Prof. Dr. L. Bakker, Amsterdam.

fristete Zeit und Liebe zum Vorletzten in der Hoffnung und Erwartung des Letzten.[2]

Karl Barths Entwurf einer kontextuellen Versöhnungslehre hat seine *gleichzeitige* Parallele in den von *H.J. Iwand* vorgelegten Fragmenten einer Versöhnungslehre aus den Jahren 1950–1960. Sie sind dokumentiert in dem Quellenband »Schritte zum Frieden«, in dem von *G. den Hertog* bearbeiteten Textband »Friede mit dem Osten« und in der Arbeit von *M. Hoffmann,* »Bezeugte Versöhnung« und in meinem Iwand-Aufsatz »Versöhnung, Reich Gottes und Gesellschaft« unter dem Stichwort »Die Versöhnung der zweigeteilten Menschheit« behandelt worden.[3]

1. Der Kontext der Versöhnungslehre Karl Barths: die Ost-West-Frage

Im Rückblick auf die 50er Jahre (1948–1958) aus dem Jahre 1960 und also in der Rückschau auf den magistralen Entwurf seiner Versöhnungslehre gibt Barth den kontextuellen Ort seiner Lehre von der Versöhnung zu erkennen: »Ich komme zunächst (!) zu den politischen Dingen. Meine Einstellung . . . hat mich in diesen zehn Jahren in weitere Schwierigkeiten verwickelt . . . Es war *die Ost-West-Frage,* die seit dem Ende des Zweiten Weltkrieges . . . auch mich begleitet und beschattet hat.«[4] Die Verpflichtung auf ein absolutes Feindverhältnis gegenüber dem kommunistischen und atheistischen Osten und der Vorwurf des Kryptokommunismus seitens westdeutscher Kreise, aber auch in der eigenen Schweizer Heimat, waren Barth »immerhin eine Anfechtung, die mich in diesem Jahrzehnt faktisch dauernd begleitet und beschäftigt hat.«[5] Die Ost-West-Frage ist der weltgeschichtliche, die daraus erwachsene Anfechtung ist der existentielle Kontext der Versöhnungslehre Karl Barths.

Barth wahrt nun aber in signifikanter Weise den Subjektscharakter der theologischen Arbeit gegenüber dem Prädikatscharakter des politischen Kontextes indem er fortfährt: »Mein eigentliches (!) Interesse galt doch auch in dieser Zeit meiner nun einmal übernommenen . . . Aufgabe im speziell *theologischen* Bereich. Sie führte mich in der Ausarbeitung der

2   *D. Bonhoeffer*: Ethik als Gestaltung, in: ders., Ethik, Hg. E. Bethge, 1949, [4]1958, 11-54, [8]1975, 68-127.
3   *B. Klappert/U. Weidner* (Hg.): Schritte zum Frieden. Theologische Texte (der Bekennenden Kirche) zu Frieden und Abrüstung [2]1983, 128-171. – *G. den Hertog* (Hg.): Hans Joachim Iwand, Frieden mit dem Osten. Texte 1933-1959, 1988. – *M. Hoffmann*: Bezeugte Versöhnung. Die trinitarische Grundlegung der Ethik bei Hans Joachim Iwand 1988. – *B. Klappert*: Versöhnung, Reich Gottes und Gesellschaft. Hans Joachim Iwands theologische Existenz im Dienst der einen Menschheit, Ev Th 49/1989, 341ff.
4   *K. Barth*: Der Götze wackelt, hg von K. Kupisch 1961, 201.
5   A.a.O. 205.

>*Kirchlichen Dogmatik*‹ . . . zu der bisher in drei Stücken entfalteten Lehre
von der Versöhnung und damit in die lebendige Mitte (!) aller Probleme
theologischer Erkenntnis.«[6]
Die lebendige Mitte dieser Erkenntnis hat Barth – wie Iwand – mit dem
Satz umschrieben: *der Rechtshelfer als der im Kreuz Gerichtete*. Das ist der
Inhalt der Versöhnungslehre Karl Barths (IV/1, § 59,2). Das kennzeichnet
die Bedeutung des Kreuzes und des Todes Jesu, der in freiem Gehorsam
gegenüber dem Gott Israels und der Tora des Gottes Israels das Recht und
das Gerechte getan hat.
Dabei lassen sich Barth zufolge vier – erst im folgenden Abschnitt eigens
zu behandelnde – Bedeutungsaspekte der Versöhnung im Kreuz Christi
unterscheiden. Diese vier Aspekte erfahren dabei eine wichtige systematische *Zuordnung:* Die Erscheinung des messianischen Rechtshelfers, der eine Rechts- und Friedensordnung innerhalb des erneuerten *Bundes* herauf-
führt, und die Heraufführung des gerechten Menschen (1. und 4. Aspekt)
sind der Geschichte des ungekündigten und erfüllten Bundes Gottes zuzuordnen, während die Aspekte des richtenden, gerichteten und dem Nichtigen verfallen Richters (1.–3. Aspekt) der *Versöhnung* als Antwort und Reaktion Gottes auf den Zwischenfall der Sünde zugehören.
Die vier Aspekte der Versöhnung im Kreuz Christi lassen aber auch jeweils
vier *Kontexte* sichtbar werden, die eine umfassende Analyse verdienen,
um ins Licht dieser Aspekte gestellt und im Licht dieser Aspekte bewertet
und ausgerichtet zu werden:
Dabei widerspricht dem an unserer Stelle *richtenden* Richter (1. Aspekt)
der Mensch, der selber in seinem exklusiven Feind-Verhältnis totaler Richter über den Mitmenschen sein will und so gerade für Recht und Unrecht
blind wird. Der Krieg wird so zum Vater aller Dinge. Indem der Mensch
des Ost-West-Gegensatzes absolut existieren möchte, gerät er unter die
rechtlose Macht der herrenlosen Gewalten in Gestalt der staatlichen, der
ökonomischen, der ideologischen und technischen *Absolutismen.*[7] Demgegenüber bedeutet der an unserer Stelle richtende Richter kritisch und kontextuell die Unmöglichkeit, weiterhin die Rolle des Weltenrichters zu
spielen, nachdem der Mensch im Kreuz Christi aus seinem angemaßten
totalen Richteramt befreit worden ist.
Der an der Stelle der Welt *gerichtete* Richter (2. Aspekt) ist das Ereignis der
universalen Feindesliebe Gottes zu allen Menschen. Von diesem Ereignis
her hat die Gemeinde im Kalten Krieg des Ost-West-Konfliktes eine Stellung »Zwischen Ost und West« einzunehmen. Dabei ist der von den Kirchen und insbesondere den westlichen bürgerlichen Gesellschaften ge-
pflegte *Antikommunismus* die angesichts der Versöhnung im Kreuz Christi unmögliche Ideologie des absoluten Feindverhältnisses. Ist doch »Chri-

---

6 Ebd.
7 *K. Barth*: Das Christliche Leben. Die kirchliche Dogmatik IV, 4. Vorlesungen 1959-1961,
   1976, 363ff.

stus nicht gegen K. Marx gestorben, sondern für uns alle« (G. Heinemann am 23.1. und 25.3.1958 im Deutschen Bundestag).

Das Kreuz ist das grundstürzende Ereignis des an der Welt und an unserer Stelle *dem Nichtigen verfallenen* Richters (3. Aspekt). Im Kreuz dieses dem universalen Gericht preisgegebenen Rechtshelfers ist auch das Nichtige das drohende Vernichtetwerden, die Auslöschung des Menschen endgültig aufgehoben und beseitigt worden. Von daher erfolgt gerade vom Kreuz her die Unmöglichkeit, das von Gott im Kreuz Christi ausgeschlossene Nichtige als Instrument erneut zu handhaben. Barths kategorisches NEIN gegenüber der Anwendung der Todesstrafe (KD III/4, 506f.) und sein NEIN ohne jedes JA gegenüber der Einbeziehung von *Massenvernichtungsmitteln* in sonst legitime Androhung und Ausübung von Gewalt (ultima ratio) im Dienst von Gerechtigkeit, Frieden und Freiheit (Barmen V) ist kontextuelle Auslegung seiner Kreuzestheologie und Konsequenz seiner Versöhnungslehre.

Das Kreuz Jesu Christi ist aber zugleich die Stelle des neuen, messianischen Menschen aus Israel, der dem Gott Israels und der Tora seines Bundes in Freiheit entspricht (4. Aspekt), die Herauführung des *gerechten und bundesgemäßen Menschen* von Jeremia 31. Dessen Kommen bedeutet zugleich die Einweisung in das »Christliche Leben«, das Fiat (humana) Iustitia! und damit die kontextuelle Unterweisung, dem im Kreuz erschienenen gerechten Menschen gegen *alle gesellschaftliche Ungerechtigkeit* und Unfreiheit mit dem Kampf für eine menschliche Rechts-, Friedens- und Freiheitsordnung zu entsprechen.

Barth kontextuell zu verstehen, heißt aber: ihn *nicht korrelativ* mißzuverstehen[8]. Denn die auch von Barth in den 50er Jahren gemachten *korrelativen* Erfahrungen verdichten sich in der Versöhnungslehre zu der unumkehrbaren *kontextuellen* Aussage von der Versöhnung im Kreuz Christi als der Verunmöglichung eines absoluten Feindverhältnisses zwischen Ost und West – *heute!*

2. Die vier Aspekte der Versöhnung im Kreuz

Die Frage nach dem, »was Jesus Christus *pro nobis*, für uns, für die Welt, war und getan hat« (IV/1, 300), expliziert Barth in vier zusammenhängenden Antworten. Sie sollen hier zunächst ohne die von Barth im Zusammenhang damit vorgenommenen Abgrenzungen und Präzisierungen dar-

---

8 *K. Barths* »Lehre vom Wort Gottes. Prolegomena zur christlichen Dogmatik« (1927) ist eine nach der Methode der Korrelation verfahrende Dogmatik, die Barth deshalb später nicht zufällig durch die Kirchliche Dogmatik, die als durchgehend kontextuell zu charakterisieren ist, ersetzt hat.

gestellt und erst später im vorliegenden Buch auf ihre systematischen Implikationen und politischen Kontexte hin untersucht werden.

Die vier Antworten auf die Bedeutung und den Sinn des streng zu verstehenden »*für uns*« (IV/1, 254), d.h. die Einzelaspekte des pro nobis im Kreuz, lassen sich im Sinne Barths so formulieren: a) der an unserer Stelle *richtende Richter* (IV/1, 254–258); b) der an Stelle der Sünder *gerichtete* Richter (IV/1, 259–269); c) der an unserer Stelle *getötete* Richter (IV/1, 269–282) und d) der an unserer Stelle *rechttuende* Richter (IV/1, 282–300).

Dieses vierfach entfaltete pro nobis will insofern beachtet werden, als Barth in allen seinen Aspekten die juridische Terminologie streng durchhält und gerade so das Ganze des neutestamentlichen Ereignisses zu umschreiben versucht, so »daß dieser erste Satz [dieses vierfache ›für uns‹] in sich geschlossen . . ., in sich feststeht und gültig ist« (301), mithin diejenigen Elemente nennt, die in jeder Umschreibung der Versöhnung – in welcher Begrifflichkeit und Kontextualität diese auch immer geschieht – notwendig zur Sprache kommen müssen.

Diese vierfache Antwort umschreibt aber nicht nur die vier Essentials neutestamentlicher Versöhnungsaussage, sondern sie rezipiert zugleich jeweils vier Termini traditioneller Christologie und zwar den Terminus: a) der Richter, b) die Stellvertretung, c) die Genugtuung und d) die Gerechtigkeit. Barth rezipiert sie bewußt, um sie dem neutestamentlichen Christusgeschehen zu konfrontieren, sie angesichts dieses Ereignisses umzuschmelzen und mit neuem Inhalt zu füllen. Man wird sowohl die neutestamentlichen Aussagen über die Versöhnung als auch die von Barth bewußt rezipierten und transformierten traditionellen Termini, und zwar jeden für sich im Auge behalten müssen, um der Besonderheit dieser Versöhnungslehre und ihrem vierfachen pro nobis gerecht zu werden. Der Einwand, hier würden traditionell-dogmatische Topoi lediglich neo-orthodox restauriert, verfehlt die hier waltende Dialektik, verkennt die Vielschichtigkeit dieser Darstellung und die in der Rezeption bewußt vorgenommene Transformation traditioneller Begrifflichkeit.

3.   Die Einzelaspekte der Versöhnung im Kreuz

a)   Der an unserer Stelle *richtende* Richter

»Jesus Christus war und ist *für uns*, indem er als *Richter* an unsere Stelle getreten ist« (IV/1, 254): So umschreibt Barth den ersten der vier Aspekte der Versöhnung der Welt mit Gott. Jesus Christus ist der an unserer Stelle richtende Richter:

1. Ist aber die Sündenerkenntnis nur Ereignis in der Christuserkenntnis – gilt also, daß »der *Mensch der Sünde*« nur erkannt wird, »indem *Jesus Christus* erkannt

wird, *nur so, so wirklich*« (430) – und ist Jesus Christus der an unsere Stelle tretende, der uns das Gericht aus der Hand nehmende, an unserer Stelle »amtierende
Richter« (261), dann folgt daraus: »Mensch sein heißt praktisch: *Richter* sein wollen, befähigt und befugt sein wollen, [sich] selbst frei und gerecht und die Anderen
mehr oder weniger schuldig zu sprechen« (254). Das meint die Ursünde, die Wurzelsünde, die Ursprungssünde jedes Menschen (557f.), die Sünde, in der er ganz
bei sich selbst ist; der Mensch will selber Richter sein: »Der Mensch setzt sich selbst
in den Stuhl des Weltrichters« (501). Die Geschichte eines jeden Menschen ist
folglich die Geschichte seiner besonderen Rechthaberei, und die Geschichte des
menschlichen Zusammenlebens bedeutet das Zusammenprallen der verschiedenen Richter mit ihren verschiedenen Rechten (495f). Anstatt die Scheidung zwischen Gut und Böse Gottes Sache sein zu lassen und dieser guten Entscheidung
Gottes in Freiheit und Gehorsam zu entsprechen, fällt der Mensch auf das eritis sicut Deus herein (497), scheint es dem Menschen nichts »Würdigeres zu geben als
dies, daß er Gutes und Böses von sich aus zu unterscheiden und also selbst zu richten wisse« (ebd.). Kurz: »Er wird damit zum Sünder, daß er selbst sein möchte wie
Gott: selber Richter« (254).

2. Jesus Christus aber ist der Richter, und als dieser Richter ist er an unsere Stelle,
an die Stelle aller Menschen getreten. D.h., das in Jesus Christus geschehene Heilsereignis ist nicht nur der Angriff, die Problematisierung, sondern die effektive
Zerstörung des angemaßten und vermeintlichen Richtertums des Menschen
(254): Durch seine Handlung »sind wir aus unserem Richteramt entfernt« (255).
So ist Jesus Christus unser Richter. »Er ist es radikal und total: für uns, an unserer
Stelle« (ebd.). Und daß Jesus Christus der Richter, der auf den Plan getretene wirkliche, uns das Richteramt aus der Hand nehmende Richter ist, das ist nach Barth
das Thema des »ersten Hauptteils der evangelischen Geschichte« (258, 246f.).
Das von Barth (IV/1, 246f.) im Hinblick auf die Reden und Taten Jesu Gesagte hat
insbesondere *J. Schniewind* in seiner Analyse der Verkündigung Jesu herausgearbeitet: »Jesu Verkündigung ist eschatologische Predigt, eine Predigt, bei der jedes
Wort vom letzten Gericht Gottes her gesagt ist . . . In Jesu Wort ergeht Gottes Gericht über den Hörer, an seiner Predigt fällt Entscheidung und Urteil über uns.«[9]
Wird aber das »Todesurteil des Gesetzes, von dem Paulus weiß, . . . schon in Jesu
Worten vollzogen«, vollstrecken diese Worte »schon [!] das *Urteil*, das endgültig [!]
im Tode Jesu vollzogen wird« (22), bedeuten z.B. »die Spruchreihen Mt 5,21ff. . . .
das *Todesurteil* über den Hörer,[10] m.a.W.: »ist Jesu gesamtes Verhalten und Kämp-
fen ein einziges Urteil der Verwerfung . . . über die Frommen, ja über seine eigenen
Jünger«, dann folgt aus all dem, »daß wir in den Worten des irdischen Jesu die
Stimme des Weltrichters vernehmen, des Richters, der jetzt schon, auf Erden, das
künftige Gericht verhängt.« In einem Wort: »Der zukünftige Weltrichter war
Fleisch.«[11]
Ganz analog verläuft die Argumentation Barths: Der 1. Teil der synoptischen
Evangelien zeigt das »harte Bild des Gegensatzes, das Bild des mit dem Kommen
des Reiches hereinbrechenden Gerichtes über alles Fleisch« (IV/1, 247). Ein
schlechthin Überlegener und zugleich erschreckend Einsamer ist durch die Mitte

---

9 *J. Schniewind*: Die Botschaft Jesu und die Theologie des Paulus. Nachgelassene Reden
und Aufsätze, Hg. E. Kähler, 1952, 16-37, 20 (zit. Ges. Aufs.).
10 *J. Schniewind*: in H.J. Kraus, Julius Schniewind, Charisma der Theologie, 1965, 230.
11 *J. Schniewind*: Ges. Aufs. (Anm. 9) 27, 25, 20.

aller jener Menschen gegangen, ihre Verkehrtheit bestätigend, ja eigentlich erst ans Licht bringend (Joh 15,22; 247). Und wer ist dieser schlechthin Überlegene? Barth antwortet: »Der Herr ist unter ihnen gewesen. Und der Herr hat sich im Verlauf und Ergebnis seines Zusammenseins mit ihnen, im Vollzug seiner Verkündigung und seines Werkes . . . als ihr *Richter* erwiesen: als der Eine, . . . an dem sie im Grunde alle miteinander scheiterten, dem gegenüber sie sich gerade nur . . . als das *sündige, verlorene* Israel, die *sündige* und *verlorene* Menschenwelt . . . darstellten« (247). Darum verweist Barth mit solchem Nachdruck auf den 1. Teil der synoptischen Evangelien, weil »das göttliche *Subjekt* des über die Menschen ergehenden Gerichtes . . . im ersten Teil der evangelischen Erzählung sichtbar« wird (262), er als der messianische Herr, der »zuerst und vor allem selbst der *Richter* ist unter Übergehung und Ausschaltung unserer Gerichtsbarkeit« (258). Jesus Christus ist der auf den Plan getretene wirkliche, unsere menschenverachtende Gerichtsbarkeit ausschaltende, uns aus dem Richteramt entfernende, an unserer Stelle amtierende und so für uns, an unserer Stelle richtende Richter.

3. Jesus Christus ist der an unserer Stelle richtende messianische Richter: Bedeutet dies die Absetzung, Ausschaltung und Relegation, die effektive Bedrohung und konkrete Demütigung aller Menschen, »da dieser Mensch mein göttlicher Richter ist [und] ich es nicht mehr sein [kann]« (256), so meint es doch zugleich auch und entscheidend »unermeßliche *Befreiung*« (ebd.), »bei aller mir dabei widerfahrenen Härte eine Wohltat« (257): »Ich bin nicht Richter. Jesus Christus ist es. Die Sache ist mir aus der Hand genommen. Das bedeutet Befreiung« (ebd.). »Eben so, daß es wohlgetan ist, hat ja der wirkliche Richter damals und dort . . . schon entschieden« (ebd.). Mit diesen Sätzen nimmt Barth implizit eine Korrektur und *Neuinterpretation des traditionellen*, Begriffs des Richters (II/1 424f) im Sinne des alt- und neutestamentlichen Gesamtverständnisses vom Richter als dem Rechtshelfer vor, – eine Korrektur also des Richterbegriffs, der dogmengeschichtlich im »Christusbild der spätmittelalterlichen Verkündigung, das Christus als den Richter zeichnet«,[12] so wirksam geworden ist. Das Gericht des an unserer Stelle richtenden Richters steht im Dienst des Heils. »Der Richter ist . . . nicht in erster Linie der, der die einen belohnt und die anderen bestraft, sondern der Mann, der [heilsame] Ordnung schafft.«[13] Der Richter ist nicht primär der iudex iustus, qui iuste vindicat ac punit, »in seiner Gerechtigkeit nur fordernd, bzw. die Erfüllung seiner Forderung belohnend« (II/1, 424), sondern er kommt entscheidend als messianischer »Helfer, als Erretter, als Bringer einer anderen, der wirklichen Ordnung, des eigentlichen Lebens« (IV/1, 237). So, in dieser Ausrichtung und Teleo-

---

12 E. Wolf: Die Christusverkündigung bei Luther, in: Peregrinatio I, 2. Aufl. 1962, 30-80, 38. – B. Klappert: ». . . zu richten die Lebenden und die Toten«. Wie reden wir vom Jüngsten Gericht? Vortrag am 11. Juni 1993 im Olympiapark, Werner-von-Linde-Halle, in: Deutscher Evangelischer Kirchentag München 1993, hg. v. K. von Bonin, Gütersloh 1993, 363–382.
13 K. Barth, Dogmatik im Grundriß 1947, 158 (zit. Gr D).

logie, ist Jesus Christus der an unserer Stelle richtende Richter, in diesem
Sinn »war und ist [er] *für uns*« (254).

Der erste Aspekt der Versöhnung im Kreuz läßt sich deshalb so umschreiben: (a) Jesus Christus ist der auf den Plan getretene, wirkliche, sich wieder
in sein Recht setzende, unsere menschenfeindliche Gerichtsbarkeit ausschaltende, uns aus dem angemaßten Richteramt entfernende, an unserer
Stelle nunmehr amtierende und so für uns, an unserer Stelle richtende
Richter. (b) Indem Jesus Christus so für uns ist, an unserer Stelle richtet,
wird nicht nur offenbar, daß der Mensch selber eigenmächtig richten will,
daß er ein unbefugter und ungerechter Richter ist, wird nicht nur der
Mensch wirksam bedroht und konkret gedemütigt, sondern es bedeutet
des Menschen Absetzung und Entlassung aus dem totalen Richteramt zugleich seine Befreiung und Freiheit vom eigenen Richten, Freisprechen
und Verurteilen. (c) Indem Jesus Christus in dieser Weise für uns richtet,
erweist sich dieser Richter als messianischer Bringer einer wirklichen
Rechtsordnung, als Heiland der Welt, erweist sich das Kommen dieses
Richters als das Kommen des Helfers und Erretters. Bei aller dem Menschen widerfahrenden *Negation* bedeutet das Richten dieses messianischen Menschensohn-Richters an unserer Stelle entscheidend Wohltat
und Heil, ist es also primär eine *Position*. Darin liegt die Korrektur und
Vertiefung des traditionellen Begriffs des Richters.

b) Der an unserer Stelle *gerichtete* Richter

»Jesus Christus war und ist für uns, indem er an unsere, der *Sünder* Stelle
getreten ist« (IV/1, 259). So umschreibt Barth den zweiten der vier Aspekte der Versöhnung der Welt mit Gott. Der, der für uns, an unserer Stelle
richtet, ist zugleich der, der sich für uns richten läßt (258); der, der »ganz
allein der in unsere Mitte getretene und amtierende Richter ist«, der ist
nun »der ganz allein Gerichtete und Verurteilte« (261).

1. Barth hat die »unbegreifliche *Härte* dieser Sache« (291, 259, 263) dra-
matisch hervorgehoben und im Zusammenhang damit auf die synoptische Passionsgeschichte als »das größte Drama aller Zeiten« (Dorothy L.
Sayers)[14] verwiesen: Kommt man – so argumentiert Barth – von dem 1.

---

14 *E. Busch*: Karl Barths Lebenslauf 1975, 306. – *H.-W. Pietz*: Das Drama des Bundes. Die
dramatische Denkform in Karl Barths Kirchlicher Dogmatik, Neukirchen-Vluyn 1994 (vgl.
in diesem Band II 14). Der Aufsatz von *D.L. Sayers* »Das größte Drama aller Zeiten«, hg. von
H. Stoevesandt, Zürich 1982, ist von Barth bereits 1939 ins Deutsche übersetzt worden und
erst 1959 erschienen – neben einer Predigt Calvins die einzige Übersetzungsarbeit, die
Barth geleistet hat. Das bestätigt die Bedeutung der dramatischen Denkform für die ganze
Theologie Barths. Vgl. über die von Pietz genannten Stellen hinaus jetzt die Calvin-Vorlesung Barths von 1922, in welcher diese dramatische Denkform ebenfalls bereits eine wichti-
ge Rolle spielt: *K. Barth*, Die Theologie Calvins 1922, hg. von H. Scholl 1993, 393, 470. –
Barth spricht im Fragment seiner Versöhnungsethik 1959 zum Drama der Bundesgeschich-

Teil der synoptischen Evangelien, der Darstellung der Verkündigung und des Wirkens Jesu als des messianischen Herrn und Richters her, so erwartet man angesichts von Judas-Verrat, Petrus-Verleugnung, Jünger-Flucht und Verhaftung Jesu durch die Behörden in der Tat so etwas wie ein Gericht, eine in göttlicher Autorität gesprochene Anklage durch den messianischen Menschensohn-Richter: »Daß jener Jesus von Nazareth gegenüber so schmählich versagenden Menschenwelt, daß Israel und auch der Jüngergemeinde jetzt in irgend einer Form der Prozeß gemacht werde, das müßte man jetzt eigentlich erwarten« (248). Und was nun im 2. Teil der synoptischen Evangelien erzählt wird, »ist freilich die Schilderung eines nun über Israel hereinbrechenden Gottesgerichtes« (ebd.). Aber nun geschieht das Unerhörte (262), das »Aufregende« (248); von der dramatischen Denkform her gesagt: Es ereignet sich eine »Umkehrung«, ein »Rollenwechsel« (262), eine »Vertauschung der Rollen« (248): »Das göttliche *Subjekt* des über die Menschen ergehenden Gerichtes ... wird spätestens von der Gethsemane-Szene ab selber zum *Objekt* dieses Gerichtes« (262). Der Ankläger wird zum Angeklagten, der messianische Richter zum Gerichteten, der schon auf Erden gegenwärtige (Mk 2,10.28) transzendente, kommende (Mk 13,26) messianische Menschensohn wird vom Synhedrium verurteilt (Mk 14,62ff.), von Judas an die sündigen Menschen preisgegeben (Mk 9,31a; 14,41). Dies macht Barth zufolge die eigentliche Dramatik der synoptischen Evangelien aus. Und deshalb hat man – ein jesulogisches Verständnis der Evangelien und eine jesulogische theologia crucis wird dann nicht mehr möglich sein – den 1. Teil der Evangelien als Kommentar zum 2. Teil zu verstehen: Man müßte ja den ganzen ersten Hauptteil der synoptischen Evangelien »unterschlagen oder merkwürdig mißdeuten, wenn man nicht sehen wollte: Indem er für uns richtet, fällt die Entscheidung darüber, wer er ist, der sich dann für uns richten läßt« (258).

Ist diese Umkehrung, diese Vertauschung der Rollen, dieser Rollenwechsel – das Subjekt wird zum Objekt – das Spezifikum der synoptischen Passionsgeschichte (IV/1, 248f., 262), so wird nach Barth *die Bedeutung* dieser Umkehrung, das pro nobis, insbesondere von der paulinischen Tradition ausgesagt: Wenn Barth bei der Interpretation des pro nobis insbesondere auf die paulinische Tradition (Rö 8,32 = 261; 2Kor 5,21 = 259; Gal 3,13 = 260) rekurriert, die synoptische Tradition demgegenüber im Hinblick auf die Umkehrung – der Richter wird zum Gerichteten – heranzieht, so meint das weder im Sinne Barths noch auch der synoptischen Tradition, daß »in den synoptischen Evangelien ... durchweg das Kreuz als Heilsereignis [fehlt].«[15] Es meint keinesfalls, daß »auch die Passionsgeschichte ... sich nicht so interpretieren [läßt], daß sie das Kreuz als Heilsereignis aussagt.«[16] Barth formuliert hier weit sachgemäßer, daß »von der Bedeutsamkeit des dort und da-

---

te: »Das alte Testament bezeugt die sich folgenden Akte dieses widerspruchsvollen Dramas«, Das Christliche Leben (Anm. 7) 14.

15   *W. Marxsen*: Das Neue Testament als Buch der Kirche, 1966, 119.

16   *W. Marxsen*: Gesammelte Aufsätze, 1968, 160-170, 164.

mals stattgefundenen Christusgeschehens . . . in diesen Evangelien bekanntlich . . .
selten explizit [!] die Rede« ist (IV/1, 246), womit er also mit Ausnahme von Mk
10,45; 14,24 das Fehlen »direkter [!] soteriologischer Angaben«[17] in den Synoptikern meint. Die These Marxsens, in den Synoptikern komme das Kreuz als Heilsereignis nicht in den Blick, scheitert nämlich nicht nur (1) an den *Leidensankündigungen* und ihrer impliziten Soteriologie, nicht nur (2) an dem *Kreuzigungsbericht* und dessen impliziter Stellvertretungsaussage[18], nicht nur (3) an der *Barab-
bas-Szene*, die – falls sekundär dem ältesten Passionsbericht hinzugewachsen –
dessen implizite Soteriologie der Stellvertretung explizit macht, sondern sie scheitert auch (4) an den implizit *auf Jes 53 verweisenden Stellen*, die sich nicht nur schon
im ältesten Kreuzigungsbericht finden, sondern auch den ältesten Passionsbericht
durchziehen. Deshalb heißt es bei *E. Lohse*: »An das Ende der galiläischen Wirk-
samkeit aber hat der Evangelist Markus einen Satz gestellt, der allen Lesern seines
Buches zeigen soll, in welchem Sinne der folgende Bericht vom Leidensweg Jesu
zu lesen und zu verstehen ist: . . . Mk 10,45. Das also ist der Dienst, den Jesus Christus für alle geleistet hat: daß er das Lösegeld für unsere Befreiung entrichtet hat,
daß er für unsere Sünden gestorben ist«.[19]

2. Jesus Christus ist der an unsere Stelle getretene Richter: der Richter
handelt aber damit an unserer Stelle, daß er – wie Barth zunächst ganz allgemein ausführt – »eben das, was *wir* an dieser Stelle tun, auf sich, auf *seine eigene* Verantwortlichkeit nimmt« (IV/1, 259), daß er sich »die üble Sache [!] dieser Gesellschaft zu eigen« macht (ebd.), daß er es auf sich nimmt,
»der Träger und Vertreter dieser ihrer üblen Sache, für diese haftbar zu
sein« (ebd.). Und indem er das tut, wird »sein die Sünde, die wir . . . tun,
sein die Anklage, das Urteil, der Fluch [Gal 3,13], die . . . auf uns fallen
müssen« (260). Nimmt der Richter unsere verlorene Sache auf sich, macht
er sich für unsere Sünde haftbar, dann nimmt er damit »den göttlichen
Fluch auf sich« (Rö 8,3; 2Kor 5,21; Gal 3,13).
3. Barth geht aber – und erst damit kommen wir innerhalb des 2. Aspekts
des vierfachen pro nobis zum Skopus seiner Argumentation – noch einen
Schritt weiter: Ist Jesus Christus zur Versöhnung eines jeden Menschen »in
der Ganzheit seines Soseins gestorben«, besteht »die in Jesus Christus geschehene Versöhnung nicht in einer partiellen Veränderung«, sondern »in
einem schlechthin umfassenden Wandel« (IV/1, 548) der Situation des
Menschen, ist dieser »in seiner Ganzheit vorbehaltlos und restlos zu Gott
umgekehrt« (557), so folgt aus der Versöhnung des ganzen Menschen die
Unmöglichkeit, »*uns selbst von unserer Sünde zu unterscheiden*« (447), folgt

---

17   *W. Popkes*: Christus traditus. Eine Untersuchung zum Begriff der Dahingabe im Neuen
Testament, 1967, 260.
18   *B. Klappert*: Der Verlust und die Wiedergewinnung der israelitischen Kontur der Leidensgeschichte Jesu, in: H. Henrix/M. Stöhr (Hg.), Exodus und Kreuz im ökumenischen
Dialog zwischen Juden und Christen, 1978, 107-153.
19   *E. Lohse*: Die Geschichte des Leidens und Sterbens Jesu Christi, 1964, 25. – Vgl. jetzt die
umfassenden und wegweisenden Analysen bei *P. Stuhlmacher*: Biblische Theologie des Neu-
en Testaments Bd. I, §§ 10-11, Göttingen 1992.

daraus vielmehr: Es »geht nicht um *das* Böse, sondern um *den* Bösen und darum, daß der Mensch selbst dieser Böse ist« (550). »Der Mensch ist, was er tut« (548). Bleibt aber angesichts der Versöhnung des ganzen Menschen »zu jener *Unterscheidung* zwischen sich selbst als einem neutralen Täter der Sünde und der Sünde als seiner bösen Tat *kein* Raum« (450), ist es angesichts der Radikalität der Versöhnung »eben nichts mit jener ganzen Unterscheidung von *Sünder* und *Sünde* als Subjekt und Prädikat, Substanz und Akzidenz« (449), dann bedeutet das positiv, daß Jesus »sich zu den *Sündern* bekannt, sich *ihre* Situation zu eigen gemacht, sich mit *ihnen* solidarisch erklärt« hat (448). Dann meint Stellvertretung: »Es ist die Situation des sündigen Menschen in ihrer *Totalität,* die Jesus Christus sich zu eigen gemacht ... hat. Es ist der ganze Mensch, der Mensch in seiner Einheit von Sein und Tat, für den er gestorben ist« (448f.). Und im Sinne dieser *Vertiefung einer einseitig an der Sünde bzw. dem Heilshindernis orientierten zu einer christologisch-personalen Stellvertretungsaussage* sagt Barth, übrigens entsprechend dem Literalsinn der vorpaulinischen Überlieferung 2Kor 5,21: »Er [ist] für uns zum Sünder [!] gemacht« (IV/1, 261), er ist »an unsere, der *Sünder* Stelle« getreten (259, 261).

In diesem Zusammenhang rekurriert Barth auf Luthers *christologisch-personales Verständnis der Stellvertretung* (IV/1, 261f.), wie es in Luthers bekanntem Bild vom »fröhlichen Wechsel« (vgl. KD II/2, 182; II/1, 80) und in seinem drastischen Kommentar zu diesem Austausch zum Ausdruck kommt: »Tu sis Petrus ille negator, Paulus ille persecutor ... Tu sis omnium hominum persona (WA 40 I 437, 23ff.) ... omnium maximus latro, homicida, adulter, fur, sacrilegus, blasphemus etc., quo nullus maior unquam in mundo fuerit« (WA 40 I 433, 26ff.). Betont Luther, daß Christus nicht nur »persona privata« (448), sondern »persona maxima« sei, dann will er damit sagen, daß Christus die Person aller Sünder übernahm.

Barth vollzieht damit im Anschluß an das Neue Testament und Luther und in Berücksichtigung der sozinianischen Kritik und ihrer Nachfolger eine Korrektur und Vertiefung des traditionell-dogmatischen Stellvertretungsgedankens in Richtung auf ein christologisch-personales Stellvertretungsverständnis: Ist Jesus Christus an unsere Stelle getreten, wird der messianische Richter für uns zum Gerichteten, tritt der Sohn Gottes selbst an die Stelle der Gottlosen, dann ist angesichts dieser Solidarität Jesu mit den Sündern eine Unterscheidung zwischen dem Sünder und der Sünde unmöglich, dann ist in der Tat die Schuld nicht etwas Dinghaftes, etwas akzidentiell am Menschen Haftendes, das wie eine Geldschuld abgetragen werden kann. Tritt Jesus in die Solidarität mit den Sündern, wird »er für uns zum Sünder gemacht« (IV/1, 261), dann zeigt sich im Spiegel des Christusgeschehens, »daß echte, in Person erworbene Schuld tatsächlich unübertragbar«[20] ist, daß umgekehrt die Sündenvergebung im Sinne der An-

---

20   O. *Weber*: Das dogmatische Problem der Versöhnungslehre Ev Th 26/1966, 264.

rechnung eines meritum nicht verstanden werden kann, »wenn anders Sünde meine *eigene* Verfehlung ist, wenn sie als Verfehlung der *Person* verstanden werden muß.«[21].

Daß hier *eine Korrektur eines an Schuld und Strafe, an meritum und imputatio orientierten Stellvertretungsbegriffs zugunsten eines christologisch-personalen Stellvertretungsverständnisses* vorliegt und wir es darin mit dem Nerv der Argumentation Barths zu tun haben, bestätigt dieser durch die nochmalige besondere Hervorhebung der anthropologischen »Tragweite dieses Geschehens« (IV/1, 263, 263ff.): Ist der messianische Richter an unsere, und zwar der Sünder, Stelle getreten, dann bedeutet das: Er wollte die Sünde »nicht von außen, sondern von innen überwinden und beseitigen« (260). »Eben was *wir* sind, wollte er *selbst* werden, um es von innen her anzugreifen und umzukehren, es umzuschaffen in ein Neues, in das Sein des mit ihm versöhnten Menschen« (266, vgl. 98ff.). Und in unverkennbarer Rezeption und Vertiefung der sozinianischen Kritik und ihrer Nachfolger an der Sündenvergebung heißt es pointiert: »Was würde ihm [dem Menschen] deren Vergebung helfen, wenn ihm *selbst* dabei nicht geholfen würde? Er *selbst* bedarf der Erneuerung« (450). »Denn für ihn *selbst* tritt Jesus Christus ein« (449). Und worin besteht diese Erneuerung? Eben darin, »daß dem Menschen nicht etwas, etwa eine gleichsam als Makel ihm anklebende Sünde, sondern *er selbst* abgenommen ist«, denn »meine Schuld kann mir nur einer abnehmen, der mich gleichsam *mir selber abnimmt*.«[22] Mit Barths Worten, »daß das, was wir in Wahrheit sind, unser Sündersein, … uns in göttlicher Autorität abgenommen … ist« (IV/1, 265).

Diese Intention Barths, d.h. sein *christologisch-personales* Stellvertretungsdenken übersieht *D. Sölle* in ihrem Buch »Stellvertretung.«[23] Unter der charakteristischen Überschrift »Das objektivistische [!] Verständnis [der Stellvertretung] bei K. Barth«[24] wird hier mit Alternativen operiert, die weder dem Entwurf Barths noch dem neutestamentlichen ἐφάπαξ gerecht zu werden vermögen: Kennt Barth ein universales, abgeschlossenes, zugleich übergreifendes und inkludierendes ἐφάπαξ, das »nur in der Entscheidung [des] Glaubens« (IV/1, 270) erkannt werden kann, so ist eine keiner Ergänzung bedürftige Stellvertretung nach D. Sölle immer schon als Vergangenheit objektiviert[25]. Weil D. Sölle nicht sieht, *daß exklusive Stellvertretung nach Barth inklusive Implikation bei sich hat und nicht umgekehrt,* formuliert sie alternativ: »Nicht daß Christus exklusiv ›ohne uns‹ handelt und leidet, sondern daß wir in ihm sind, handeln und leiden, ist das Entscheidende.«[26] Stellvertretung ist Sölle zufolge immer schon »objektivistisch« verstanden und

21 O. *Weber*: Grundlagen der Dogmatik II, 1962, 346.
22 O. *Weber*: Grundlagen der Dogmatik II 348, 235.
23 D. *Sölle*: Stellvertretung. Ein Kapitel Theologie nach dem »Tode Gottes«, ²1965, 116-121. – Das Gespräch mit D. Sölle führt ausführlich H. *Gollwitzer*: Von der Stellvertretung Gottes, 1967.
24 D. *Sölle*, a.a.O., 116.
25 A.a.O., 91.
26 A.a.O., 113.

d.h. mißverstanden, wenn und insofern sie sich unabhängig von der Zustimmung oder dem Willen der Vertretenen vollzieht. Aber gerade darin liegt doch zunächst die Spitze der paulinischen Argumentation in Rö 5,8ff.! Werden wir nach Barth aus dem angemaßten Richteramt verdrängt, abgesetzt, aber so zu unserer eigenen Bestimmung befreit (IV/1, 254ff.), so bedeutet das nach Sölle »die Entmündigung des Menschen.«[27] Die von Sölle zitierten Stellen, an denen Barth in der Tat von Besetzung, Absetzung, Entsetzung, Verdrängung usw. redet, meinen im Barthschen Sachkontext die Relegation des Menschen aus seinem angemaßten Richteramt, nicht aber dessen Depotenzierung und Dehumanisierung zu einem »ersetzbaren Maschinenteilchen.«[28] Bei Barth ist die Stellvertretung weder »objektiviert«, noch werden die Vertretenen zu »puren Nullen« oder zu »ersetzbaren Steinchen im Schachspiel Gottes.«[29] Die entscheidende Differenz zwischen Sölle und Barth liegt freilich hier: D. Sölle macht – ähnlich wie Gogarten und durch Gogarten inspiriert – die *anthropologische Identitätsfrage*[30] zur Leitfrage ihrer Stellvertretungslehre und löst infolgedessen die exklusive in die inklusive Stellvertretung auf.[31] Wird so bei D. Sölle die anthropologische Identitätsfrage zum Kriterium aller Stellvertretungsaussagen, so sind umgekehrt bei Barth »in der Selbstzweckhaftigkeit dieses göttlichen Tuns ... auch die Errettung der Welt und des Menschen, auch wir und unser Heil eingeschlossen« (IV/1, 234).

In Korrektur und Vertiefung eines am Heilshindernis und dessen Beseitigung orientierten Stellvertretungsbegriffs kann Barth abschließend formulieren: »Jesus Christus ist als wahrer Mensch und wahrer Sohn Gottes an eines jeden Menschen Stelle, nämlich eben dahin getreten, wo ein Jeder in seinem Innersten aufs höchste bei und für sich selbst [!] ist« (IV/1, 254). Und eben in diesem Sinn ist Jesus Christus der an unsere, der *Sünder* Stelle getretene messianische Rechtshelfer.

c)   Der an unserer Stelle *getötete* Richter

»Jesus Christus war und ist für uns, indem er an unserer Stelle *gelitten* hat, *gekreuzigt* wurde und *gestorben* ist« (IV/1, 269): So umschreibt Barth den dritten der vier Aspekte der Versöhnung der Welt mit Gott.
Dieser dritte Aspekt bedeutet eine wichtige Näherbestimmung der beiden ersten, wie auch umgekehrt die beiden ersten Aspekte des pro nobis zum Verständnis dieses dritten unerläßlich sind: Es geht um das Ereignis des Gerichtes an dem messianischen Richter in seiner spezifisch geschichtlichen und raumzeitlichen Kontur. Der an unserer Stelle richtende und dann gerichtete messianische Menschensohn-Richter ist identisch mit dem gekreuzigten und am Kreuz gestorbenen Jesus von Nazareth: »Der

27   A.a.O., 119.
28   A.a.O., 118, 120.
29   A.a.O., 116.
30   A.a.O., 7, 54f, 133ff.
31   A.a.O., 89.

Richter, der Israel und die Welt damit richtete, daß er sich selbst richten ließ, vollzieht dieses wunderliche Gericht als der Mann, der unter Pontius Pilatus gelitten hat, gekreuzigt wurde, gestorben ist und begraben wurde« (269). Der Vollzug dieser Umkehrung ereignet sich in der Passion Jesu Christi. – Aus der wechselseitigen Interpretation der beiden ersten Aspekte einerseits und des dritten Aspektes andererseits ergeben sich zunächst folgende Näherbestimmungen des Gerichtes am messianischen Menschensohn-Richter in der Passion Jesu Christi:

1. *Der Aktions- und Passionscharakter des Sterbens Jesu Christi:*

(a) Die Passion als *Aktion:* Darf man, »um das Leiden und Kreuz Christi recht zu verstehen, nicht abstrahieren von dessen Zusammenhang« (IV/1, 258) und ist dieser Zusammenhang nach vorne der erste Teil der synoptischen Geschichte, die Darstellung des im Vollzug seiner Verkündigung und seines Werkes souveränen, an unserer Stelle richtenden messianischen Richters, ist also jener erste Teil seiner Geschichte – »das Alles ist souveräne *Handlung*« (258) – der »Kommentar zum zweiten« (ebd.), dann folgt daraus: Indem dieser Richter in messianischer Vollmacht an unserer Stelle richtet, fällt zugleich die Entscheidung über den Charakter seiner Passion: Sie ist als Passion von diesem Subjekt her »seine *Aktion*«, »ohne aufzuhören Aktion zu sein, vielmehr ... Aktion im stärksten Sinn des Wortes« (262). Und insofern heißt es bei Barth: »Daß das Subjekt der evangelischen Geschichte in ihr zum Objekt wurde, ändert nichts daran. Es geschah auch das und gerade das in der Freiheit dieses Subjektes« (269). *Weil Jesus Christus dieses Subjekt, dieser messianischer Menschensohn-Richter ist, darum ist seine Passion entscheidend auch Aktion. Die Entscheidung in der Subjektsfrage ist auch hier zugleich die Vorentscheidung der Passionsfrage.* Umgekehrt muß innerhalb eines *jesulogischen* Ansatzes der Aktionscharakter der Passion bestritten werden. W. Pannenberg hat u.a. im Unterschied zur Darstellung der Synoptiker den Widerfahrnischarakter des Todes Jesu betont und von der Verkündigung und dem Wirken Jesu scharf abgehoben: »Sein Leiden und Tod [bleiben] Widerfahrnis und sind nicht in dem Sinne als eine Tat Jesu zu verstehen wie sein Auftreten mit der Botschaft von der Nähe der Gottesherrschaft.«[32] Die Betonung des reinen »Geschickcharakters des Kreuzestodes Jesu«[33] ist aber für Pannenberg nicht nur eine Konsequenz seines jesulogischen Ansatzes, sondern zugleich das Ergebnis einer die Darstellung der synoptischen Tradition korrigierenden historischen Prämisse[34]. Aber auch die infolge dieser historischen Prämisse vollzogene Korrektur der Synoptiker, nach deren Zeugnis »Jesus Christus selbst es ... nicht nur gewußt, sondern auch gewollt [hat], daß es so geschehen müsse« (Barth, IV/1, 269), ist auch *historisch* keineswegs zwingend. Nach dem Ausweis von Mk 10,45b – *C. Colpe* u.a. zufolge

---

32 W. *Pannenberg:* Grundzüge der Christologie, 1964, 251.
33 A.a.O., 285.
34 A.a.O., 251f.

ein zur ältesten palästinischen Überlieferung der Herrenworte gehörendes und auf ein Jesus-Logion zurückgehendes Wort (ThW VIII 458, 14ff.) – hat Jesus »im Sinne der Abendmahlsworte« Mk 14,24 »von der Hingabe gerechten Lebens in der Endzeit zur Auslösung schuldverfallenen Lebens« und insofern von der »Selbsthingabe seines Lebens im Dienste der Erlösung aller« gesprochen. Im Lichte von Mk 10,45b ist Jesus, »der sich mit messianischem Anspruch zum Sühneleiden bestimmt wußte«, »seiner Passion bewußt entgegengegangen.«[35]

Und im Sinne dieses neutestamentlichen Verständnisses der Passion Jesu Christi formuliert Barth abschließend: »Um ein solches freies Sichopfern und insofern um eine Tat und nicht etwa um ein Schicksal handelt es sich in dieser Passion« (IV/1, 269). Wird dieser Richter an unserer, der Sünder Stelle gerichtet, wird der messianische Menschensohn in der Passion zum Objekt, dann geschieht das zugleich in der »Freiheit dieses Subjekts« (269), dann verwandelt dieses Subjekt die Passion unbeschadet ihres grausamen Widerfahrnischarakter zur Aktion, dann entscheidet die Subjektsfrage über den göttlichen Tat- und Aktionscharakter der Passion.

(b) Die Passion Jesu Christi als *raumzeitliche* Aktion: Folgt aus den beiden ersten Aspekten – der Richter, der sich an unserer Stelle richten ließ – der Aktionscharakter der Passion, so präzisiert umgekehrt der dritte Aspekt den Tatcharakter der Passion als eine raumzeitliche Aktion: der messianische Richter ist derjenige, »der unter Pontius Pilatus gelitten hat, gekreuzigt wurde, gestorben ist und begraben wurde« (IV/1, 269). Die Aktion der Passion des gerichteten Richters ist eine raumzeitliche, »eine auf Erden, im *Raum* und in der *Zeit* geschehene, mit dem Namen eines bestimmten *Menschen* unauflösbar verknüpfte Tat« (ebd.). Die Präzisierung der Passion als raumzeitliche Aktion vollzieht jedoch nicht nur negativ die Abgrenzung der Versöhnung von dem »zyklischen, zeitlos-jederzeitigen Geschehen eines Mythos« (270), sondern meint im Sinne Barths – entsprechend der auch später vollzogenen Präzisierung der Auferweckung als eines raumzeitlichen Geschehens (IV/1, 368) – positiv: Der messianische Menschensohn-Richter tritt an die Stelle des in Raum und Zeit lebenden Menschen (260). Die Versöhnung der Welt mit Gott hängt an dem raumzeitlichen Charakter der in der Passion Ereignis werdenden messianischen Aktion. So weist das ἐφάπαξ der Versöhnung konstitutiv »auf einen ganz bestimmten, mit keinem anderen zu verwechselnden Punkt der Weltgeschichte und ihres irdischen Schauplatzes« (269).

(c) Die Passion Jesu Christi als *göttliche Passion:* Im Rahmen seiner vorläufigen Näherbestimmungen der Passion Jesu Christi vollzieht Barth in seinem »stillen Gespräch« mit Bultmann eine charakteristische Umkehrung. Formuliert *R. Bultmann*, daß »ein Gekreuzigter als Herr verkündigt wird«, daß »Gott einen Gekreuzigten zum Herrn gemacht hat«[36], so kehrt Barth

---

35   *C. Colpe:* ThW VIII, 458, 14ff; 458, 17f; 458, 37; 458, 25; 445 A 300.
36   *R. Bultmann:* Theologie des Neuen Testaments, ³1958, 303.

die Formulierung um. Nicht nur: der Gekreuzigte ist der Herr, sondern auch und entscheidend: der messianische Herr ist der Gekreuzigte. Nicht nur: der Gekreuzigte wird zum Herrn gemacht (Bultmann), sondern: *der Herr, der messianische Menschensohn-Richter wird gekreuzigt* (Barth).

Auch in diesem Argumentationsgang bleibt Barth der *Indirektheit seiner* theologischen *Methode* treu: Weil die Passion »mit dem freien Tun und Leiden eines Menschen zusammenfällt«, will sie nicht nur als Aktion Gottes, sondern auch »als Passion Gottes selbst dargestellt und verstanden sein« (270). Und weil sie diese »Passion Gottes selbst« ist, weil in ihr der messianische Herr gekreuzigt, der messianische Menschensohn-Richter an unserer Stelle gerichtet ist, darum hat die Passion Jesu Christi – so Barth weiter gegenüber Bultmann – »in ihrer ganzen geschichtlichen Einmaligkeit nicht nur eine allgemeine ›Bedeutsamkeit‹ für alle Menschen aller Zeiten und Räume«. Sondern dadurch ist auch »deren Situation, ob sie es wissen oder nicht, objektiv entscheidend verändert« (270). Auch hier erfahren also die beiden ersten Aspekte des pro nobis eine Präzisierung vom dritten her: Die mit dem Leiden des Menschen Jesus von Nazareth zusammenfallende Aktion des messianischen Menschensohn-Richters erweist sich von dieser Koinzidenz her indirekt als »Passion Gottes selbst«.

2. *Die Singularität der Passion Jesu Christi:* Es bedeutet lediglich das Ausziehen der sachlichen Konsequenzen der bisherigen vorläufigen Näherbestimmungen und markiert doch zugleich den Höhepunkt der dramatischen Versöhnungsgeschichte, wenn Barth die Frage nach der Einzigartigkeit der Passion Jesu Christi stellt. Nicht nur, daß »unübersehbar viele Menschen . . . im Verlauf der menschlichen Geschichte Schweres und Schwerstes erlitten [haben]« (IV/1, 270), nicht nur, »daß Viele doch sehr viel Schwereres länger und schmerzlicher erlitten haben möchten als jener Eine in der immerhin beschränkten Prozedur jenes einen Tages« (ebd.), sondern auch, daß hier – man vergleiche nur im Kontrast die Gethsemane-Überlieferung – »der Stolz des Märtyrers, den man jetzt freudig und mutig die Bluttaufe empfangen und nach der Krone des Lebens greifen sehen möchte, ganz fehlt, – um von der heiteren Gelassenheit, in der einst *Sokrates* seinen Kelch getrunken haben soll, schon gar nicht zu reden« (IV/1, 292) – all das macht die Frage nach der Einzigartigkeit der Passion des messianischen Rechtshelfer unabweisbar.

Barth antwortet zunächst negativ, es sei in der Tat nicht die Meinung des Neuen Testaments, »daß es sich in dieser *menschlichen* Passion als solcher um ein grundsätzlich einzigartiges Geschehen gehandelt habe« (271). Die auch von Barth nicht bestrittenen Charakteristika und Spezifika der Passion Jesu Christi mögen noch so bemerkenswert sein (ebd.).

Die positive Antwort Barths auf die Frage nach der Einzigartigkeit der Passion aber lautet: Die Einzigartigkeit der Passion Jesu Christi und damit »das Geheimnis dieser Passion« (271) ist das Geheimnis dieser messianischen Person. *Die Einzigartigkeit der Passion ist ein Implikat der Einzigartigkeit der Person* dessen, »der da leidet, gekreuzigt wird und stirbt. Seine *Per-*

son: es ist der eine ewige Gott selber, der sich in seinem Sohn dazu hergegeben hat . . ., diese menschliche Passion auf sich zu nehmen. . . . Er selbst das Subjekt, das in diesem Geschehen in eigener Freiheit zum Objekt wird, das hier darin handelt, daß es sich mißhandeln läßt« (271).

Hier stehen wir im Zentrum der Versöhnungslehre Barths: »Wo es des Eintretens Gottes in eigener Person bedarf, da wäre ohne sein Eintreten offenbar Alles verloren« (276): Das Gericht Gottes wird im Kreuz offenbar (Rö 8,3). Dieses Gericht kann der Mensch nicht übernehmen. An die Stelle, wo dieses Gerichtsurteil gesprochen wird, tritt kein Mensch. Nur Gott in seinem messianischen Sohn, im Rechtshelfer als dem Gerichteten, kann die Radikalität des Gerichtsurteils tragen.

Hier hat das Barthsche nondum considerasti, quanti ponderis sit peccatum (IV/1, 456, 451) als im Kreuz selbst ablesbarer Hintergrund der Versöhnung der Welt durch Gott seinen Ort. Denn »daraus, daß es der Sohn Gottes, daß es [in ihm] Gott selber war, der auf Golgatha für uns eintrat und uns damit von seinem Zorn und Gericht frei sprach – daraus erst ergibt es sich, was es mit dem Zorne Gottes . . . auf sich hat, . . . was es mit der *Sünde selber* eigentlich auf sich hat« (II/1, 448). Und deshalb ist das kontingente, aus keinem übergreifenden Zusammenhang deduzierbare Ereignis der Selbsterniedrigung des messianischen Sohnes Gottes ins Kreuz die Versöhnung der Welt mit Gott: »Das ist die Versöhnung: Gott, der an die Stelle des Menschen tritt«[36a]. Und »daß Gott in eigener Person für uns eingetreten ist, das ist die frohe Botschaft des Karfreitags« (IV/1, 276).

In seinen abschließenden Thesen zum Thema »Kreuz« hat *H.J. Iwand* aus der Tatsache, *»daß nur Gott die Sünde aufzuheben vermag«*, wie Barth gefolgert: »Im Kreuz aber wird erst offenkundig, . . . wie weit die Sünde reicht: *daß sie bis in die tiefsten Tiefen der Gottheit reicht*, daß sie dort vernichtet, dort für uns – um unseretwillen! – überwunden werden muß, daß es keinen anderen Weg gibt, ihrer ledig zu werden, als diesen hier von Gott selbst beschrittenen Weg. Die Sünde ist ein infinitum. Sie meint Gott – und kann nur von Gott bedeckt, vernichtet, aufgehoben werden.«[37]

In diesem Sinne ist nach Barth die Einzigartigkeit der Passion Jesu Christi begründet in der Einzigartigkeit dieser messianischen Person. Denn *»soviel* kostet es Gott, gerecht zu sein, ohne uns zu vernichten. *So* groß ist der Gegensatz zu ihm, in welchem wir uns befinden: daß er nur von ihm her, und zwar nur so, daß er selbst sich in diesen Gegensatz begibt und leidet, was in diesem Gegensatz zu leiden ist, überwunden und für uns unschädlich gemacht werden kann. So stehen wir da, daß uns nur durch gänzliche und restlose Stellvertretung, und zwar durch die von Gott selbst übernommene Stellvertretung vom ewigen Tode . . . geholfen ist« (II/1, 449).

3. *Das Cur Christus mortuus?:* Der Frage, »warum . . . es nun gerade das . . .

36a   *K. Barth:* Dogmatik im Grundriß, Zürich 1947, 137.
37   *H.J. Iwand:* Christologie-Vorlesung II 1958/59, in: *B. Klappert* (Hg.), Diskussion um Kreuz und Auferstehung ⁶1992, 275-297, 290.

Sterben Jesu Christi ist, in welchem wir es mit Gottes für uns geschehener Tat zu tun haben« (IV/1, 278), und also der Frage Cur Christus mortuus? gilt der letzte Argumentationsgang innerhalb des dritten der Einzelaspekte der Versöhnung der Welt mit Gott. Die Antwort auf diese Frage kann nach Barth nur im Blick auf den »Begriff und die Realität der menschlichen *Sünde*« und »ihre Beziehung zur Wirklichkeit der *Versöhnung* auf der einen und . . . zu der des *Todes* auf der anderen Seite« (278) gesucht werden. Und im Blick auf die den Zusammenhang von Sünde und Tod aussagenden Stellen des Neuen Testaments (Rö 6,23; 1Kor 15,56) antwortet Barth (IV/1, 278–280): Im Tod als der Folge der Sünde vollzieht sich das dem Menschen zukommende Verderben, die grenzenlose Qual der Gottesferne. Der Tod in diesem Verstand ist das Nichtssein, die übermäßige drohende Gewalt der Zerstörung, die Trennung von Gott, der der Mensch als Täter der Sünde schuldhaft entgegentreibt. Dies bedeutet die vom Menschen nur in Jesus Christus erkennbare Tödlichkeit des Todes. Indem aber (1. Aspekt) der an unserer Stelle richtende Rechtshelfer nicht nur (2. Aspekt) solidarisch an die Stelle der Sünder tritt, sondern auch (3. Aspekt) den Weg der Sünder bis in den Tod zu Ende geht, hat er sich dem Nichtssein des Sünders ausgeliefert. M.a.W.: »Er hat eben damit, daß er . . . in den Tod gegangen ist, mit *uns* als *Sündern* und damit mit der *Sünde selbst* in seiner Person *Schluß gemacht*. Er hat in seiner Person uns als Sünder . . . aufgehoben, negiert« (279). Und eben in dieser Aufhebung des sündigen Menschen, in der Aufhebung des Täters der Sünde ist »die Sünde gewissermaßen im Rücken angegriffen«, ist sie »gerade von dem die Welt bedrohenden Verderben und Vernichtetwerden, vom ewigen Tod her aufgehoben« (280). So geht es im Tode Jesu Christi um das die Selbstgewißheit des Menschen aufhebende »hominem auferri« (Luther). Dieser Sachverhalt hebt eine jede an der Identität des Ich orientierte Stellvertretungslehre von vornherein auf.

Zur *Kritik* jeder an der Leitfrage der Identität des Ich orientierten Stellvertretungslehre ist zu vergleichen: 1. *W. Link*, Das Ringen Luthers um die Freiheit der Theologie von der Philosophie. Link beschreibt hier der die Auseinandersetzung Luthers mit dem thomistischen Gedanken der Formierung und dem diesem zugrunde liegenden »Satz von der Identität des Subjekts« und zitiert in diesem Zusammenhang folgenden Satz Luthers: »Maledictum vocabulum illud ›formatum‹, quod cogit intelligere animam esse velut eandem post et ante charitatem . . ., cum sit necesse ipsam totam mortificari et aliam fieri«[38] und kommentiert ihn so: »Entschieden verwahrt sich Luther dagegen, daß man von einem unversehrt zugrunde liegenden Subjekt reden könne, an dem die Veränderungen geschehen.«[39] 2. Eine analoge Kritik findet sich bei *H.J. Iwand*: »Unser Selbst konstituiert sich vor Gott, den es flieht, . . . immer aufs neue dadurch, daß es sich selbst – als Selbst – behaup-

---

38 *W. Link*: Das Ringen Luthers um die Freiheit der Theologie von der Philosophie, ²1955, 194.
39 *W. Link*: 196.

tet, daß es sich unvertretbar dünkt, daß es gerade dies eine, daß vor Gott ein anderer für uns eintreten könnte, für undenkbar, für unmöglich hält. Sonst wäre es ja gar nicht dieses auf sich selbst gestellte und gegründete Selbst.«[40] »Darum muß der Mensch aufgehoben werden ... – ›hominem potius auferri peccato remanente‹, während der ›sensus humanus‹, also der humanistisch ausgerichtete Geist, bestrebt ist, ›peccatum auferri homine remanente‹, daß also der *Mensch* die Einheit sei, das *Unwandelbare*, an dem [!] Sünde und Gerechtigkeit abwechseln. Der Mensch muß ›erhalten bleiben‹! ... Nein, sagt Luther, der Mensch muß nicht erhalten bleiben, sondern der Mensch muß untergehen, sterben, aufgehoben werden«. »Das Geheimnis der Sünde, ihres Lebens und ihrer Kraft, liegt im Verhältnis des Menschen zu sich, in der Tatsache, daß er sich behauptet, sich will, sich festhält in dem ›Ich bin, der ich bin‹. Das wird zerschlagen, wenn es heißt: ›Simul iustus et peccator‹. Ich bin also nicht mehr, der ich bin.«[41] »Das kann man aber nicht begreifen, solange man die Rechtfertigungslehre darauf aufbaut, daß sie sich am ... Selbstverständnis des Glaubens erweisen lasse. Denn diese Identität ist ja prinzipiell durchbrochen. Prinzipiell ist ja hier deklariert, daß Ich = Nicht-Ich bin! ... Nicht das Ich Adams, also des Menschen ihm inhärentes Selbstverständnis, umschließt christliche und vorchristliche Existenz ..., sondern umgekehrt: *Christus* umschließt beides: die Existenz des alten *und* des neuen Menschen«. In ihm stirbt Adam, und aus ihm lebt ein neuer Mensch, und wie beide in einem Menschen eins sind, ist Sache der *Treue* Gottes.«[42] Barth spricht in diesem Zusammenhang von der »notwendigen Entmythologisierung des ›Ich‹« (IV/1, 846). 3. In seinem wegweisenden, den Primat des Ich in seiner Eigentlichkeit grundsätzlich bestreitenden Aufsatz »Sterben für ... Zum Begriff der Eigentlichkeit bei Martin Heidegger« macht *E. Lévinas* die grundlegende Alternative auf: »Das Entweder-Oder ... zwischen der Identität in ihrer Eigentlichkeit, ... Unabhängigkeit und Freiheit [M. Heidegger] und dem Sein als menschliche Ergebenheit an den Anderen ... Das Dasein ... ist in seiner Eigentlichkeit selbst ein Sein-für-den-Anderen.«[43]

Diesen Sachverhalt, der eine jede Stellvertretungslehre unter der Leitfrage der Identität des Ich a limine unmöglich macht, hat Barth im Anschluß an das Neue Testament und Luther scharf akzentuiert: Indem Jesus Christus als der an unserer Stelle richtende Rechtshelfer, auch an unserer Stelle stirbt, stirbt er in seinem Tod den Tod jedes Menschen: »So, nicht durch irgend eine Beseitigung seiner Sünden, sondern durch die des *Sünders selbst*, ... des *Subjekts* der Sünde wird da Ordnung geschaffen« (IV/1, 326). Und gegenüber einer an der Identität des Ich orientierten Versöhnungs- und Rechtfertigungslehre heißt es noch drastischer: »Nicht durch Darreichung einer Medizin und nicht durch eine Operation, sondern durch *Tötung* des Patienten wird da geholfen« (ebd.). Die Aufhebung des Sünders durch die stellvertretende Übernahme der sich im Tod ereignenden Folge der Sünde,

40 *H.J. Iwand*: (Anm. 37) 287.
41 *H.J. Iwand*: Gesetz und Evangelium, Nachgelassene Werke IV 1964, 269, 270.
42 *H.J. Iwand*: a.a.O., 450.
43 *E. Lévinas*: »Sterben für ...«, in: F.J. Klehr, Den Anderen denken. Philosophisches Fachgespräch mit E. Lévinas, 1991, 169-178, 171.

das ist die Antwort auf das Cur Christus mortuus? der Passion des messianischen Rechtshelfers.

Im Zusammenhang mit dem Gesagten und nicht aus diesem Kontext ablösbar taucht nun bei Barth in Umprägung und Umschmelzung seines traditionell-dogmatischen Inhalts überraschend der Begriff der *Genugtuung* auf: »Gott hat in der . . . Dahingabe seines Sohnes in den Tod das zum siegreichen Kampf gegen die Sünde . . . *Genügende* getan« (IV/1, 280). Satisfactio meint hier nicht den Erwerb und die Darbringung eines meritum durch Christus gegenüber Gott (Anselm), nicht die Aufhebung der Sünde durch dessen Anrechnung. Satisfactio meint vielmehr – die Beseitigung der Sünde inkludierend – die Aufhebung des Sünders. Satisfactio meint das im Tode Jesu Christi – deshalb der *Tod* Jesu Christi! – Ereignis werdende hominem auferri peccato remanente. Und darum: »*Nicht* aus irgend einer göttlichen Vergeltungs- und Rachsucht, sondern kraft der Radikalität der göttlichen *Liebe*, hat Gott in der Person des messianischen Rechtshelfers genug getan. Satisfactio bedeutet m.a.W.: Gott hat im Sterben Jesu Christi »das Genügende« (280) getan: »satis fecit« (304). Der messianische Menschensohn-Richter übernimmt es, auch »der getötete Mensch der Sünde zu sein« (309)[44]. »Darum wird hier wirklich genug, d.h. das Genügende getan« (ebd.).

d) Der an unserer Stelle *rechttuende* Richter

»Jesus Christus war und ist für uns, indem er an unserer Stelle das vor Gott und also in Wahrheit *Rechte getan* hat (282): So umschreibt Barth den vierten und letzten Aspekt der Versöhnung der Welt mit und durch Gott. Hat Barth bisher vom messianischen Menschensohn-Richter, vom Gerichteten und vom Verfallensein ans Nichtige gesprochen und unter diesen Aspekten das pro nobis der Versöhnung entfaltet, so scheint das »für uns« der geschehenen Versöhnung – besonders vom zweiten und dritten Aspekt her – ein »bloß *negatives*« (282) zu sein. Gegenüber dem Gott feindlichen und das Richteramt usurpierenden Menschen muß die Versöhnung »jene *negative* Gestalt haben, . . . sein [Jesu Christi] entscheidendes Werk und Wort eben sein Leiden und Sterben« sein (282f.). Aber der an unserer Stelle gerichtete und getötete messianische Rechtshelfer – »das ist nur eben die negative *Gestalt* der Fülle des Positiven der göttlichen *Gerechtigkeit*« (283), »diese negativ gestaltete Aktion« Gottes ist ihrer Intention gemäß »die große *Position*« (282). Barth geht es also in diesem letzten Aspekt um den Aufweis der großen Position Gottes, wie sie im Tod Jesu Christi Ereignis geworden ist.

Zur Beschreibung dieser Position rezipiert und modifiziert Barth einen

---

44 *B. Klappert:* ». . . zu richten die Lebenden und die Toten« (Anm. 12), 263-382.

weiteren von der Tradition geprägten Begriff, den Terminus »Gerechtigkeit«: »Der Richter, der Gerichtete, das Gericht . . . das ist *Gottes Gerechtigkeit*« (282). Barth greift zur Interpretation dieses belasteten, traditonell-
dogmatischen Terminus auf seine im Anschluß an das alt- und neutestamentliche Verständnis vorgenommene Neuinterpretation des Begriffs
»Richter« als messianischer Rechtshelfer im Rahmen des ersten Aspektes
zurück: Gottes Gerechtigkeit ist Gottes helfende, Heil schaffende Macht
(282). Und er entfaltet innerhalb dieses vierten Aspektes dessen soteriologisch-anthropologische Tragweite: »Gottes in der Welt, ohne und gegen
sie und gerade so für sie [Heils-]Ordnung schaffende Allmacht ist konkret
identisch mit diesem gerechten Menschen« (283) Jesus von Nazareth. D.h.
die von Gott in jenem Gericht eigentlich und zuerst intendierte Position
besteht darin, »daß Jesus Christus eben in dieser Aktion als der *gerechte
Mensch* unter uns gewesen [ist] und als solcher für uns . . . gehandelt hat«
(28).
So geschieht in dieser messianischen Geschichte des Rechtshelfers »der
Vollzug des Gehorsams, der Demut, der Buße und eben damit der Umkehr
des Menschen zu ihm [Gott] hin und in dieser Umkehr . . . die Geburt des
neuen, des mit seinem Willen einigen Menschen« (310; IV/3, 1–5). D.h.
Was ist aber das Spezifikum des der Gerechtigkeit Gottes entsprechenden
neuen Menschen? Was meint die der Iustitia Dei entsprechende iustitia
hominis als Telos der ersten drei Aspekte des pro nobis? Barth antwortet:
Jesus Christus ist insofern der gerechte messianische Mensch, als er »sich
dem Gericht dieses Richters beugt« (IV/1, 241), als er jenes Gericht bejaht
(284), insofern er »Gott gegen sich selbst Recht« gibt (284f., 288, 297). Er
ist »der eine große Sünder, der Gott Recht gibt« (288). Wollen die Menschen, »statt Gott gegen sich selbst Recht zu geben, *selber Richter sein*«
(494), so hat sich Jesus Christus zu dem Gericht Gottes bekannt, »um in
ihrer aller Namen Gott gegen sich selbst recht zu geben« (285). Als dieser
Gott gegen sich selbst recht gebende Eine ist er der »*gerechte Mensch*«
(283), »eben damit hat er an ihrer aller Stelle und für sie alle das *Rechte* getan« (285 vgl. I,2 172). Die der Iustitia Dei als Heil schaffender Allmacht
entsprechende iustitia hominis meint also: deum iustificare (Luther), Gott
gegen sich selbst Recht geben. Zu der inhaltlichen Modifikation des *Rich-
ter-* (1. Aspekt), des *Stellvertretungs-* (2. Aspekt), des *Satisfactio-* (3. Aspekt)
tritt also hier die Neuinterpretation des *iustitia-Begriffs* (4. Aspekt): Jesus
Christus ist der der Gerechtigkeit Gottes entsprechende, das Gericht Gottes bejahende, Gott gegen sich selbst recht gebende und so »gerechte
Mensch«. Insofern ist er nicht nur der an unserer Stelle richtende (a), der
an unserer Stelle gerichtete (b), der an unserer Stelle getötete (c), sondern
er ist – das alles, als das soteriologisch-anthropologische Telos dieses Ganzen vorausgesetzt –, der für uns das helfende Recht aufrichtende, der an
unserer Stelle rechttuende (d) Richter.
Die vier zusammenhängenden Antworten auf die Frage nach dem »Christus pro nobis« faßt Barth selber so zusammen: »Er trat als der *Richter* an

unsere Stelle. Er trat an unsere Stelle als *Gerichteter* [das Gericht]. Er wurde *gerichtet* an unserer Stelle [der Vollzug des Gerichts]. Er hat an unserer
Stelle das *Rechte* getan [das aufgerichtete Recht]« (300). Es hängt nach
Barth alles davon ab, daß »er in dem Sinn für uns war, wie wir es nun gehört haben: der Richter als der an unserer Stelle gerichtete« (ebd.). *Der
messianische Rechthelfer Jesus von Nazareth ist der für die Welt Gerichtete.*

4 Die Rechts-, Freiheits- und Befreiungsgeschichte Gottes mit dem Menschen[1]

Zum Verständnis der Auferstehung in Karl Barths Versöhnungslehre

I. Kontexte der Auferstehung in Karl Barths Versöhnungslehre
Die Auferstehung als Erfüllung des Bundes und Ankunft der Zukunft
(Vorüberlegungen)

1. Der Bund als Voraussetzung der Versöhnung (§ 57,2)
Die Versöhnung als die Erfüllung des gebrochenen Bundes (§ 57,3)

Im Unterschied zu den wichtigsten Konzeptionen von Auferstehung in der Gegenwart hat Karl Barth die Lehre von der Auferstehung als ein Kapitel aus der Lehre von dem in der Versöhnung erfüllten Bund entfaltet. Die Auferstehung ist Ereignis im Raum des ungekündigten Israelbundes, der seine Erfüllung im Ereignis der weltweiten Versöhnung in Jesus Christus findet, in welchem Ereignis Gott die Versöhnung für Israel und die Völkerwelt heraufgeführt hat. Die Auferstehung, das ist Barths Grundthese, *ist ohne den ungekündigten Bund Gottes mit Israel und die Einbeziehung aller Menschen in diesen erfüllten Israelbund gar nicht zu verstehen.* Einfacher formuliert: Die Auferstehung ist für Barth ein Kapitel aus der Lehre von dem in der Versöhnung erfüllten Israelbund.

Hat Rudolf Bultmann die Auferweckung in einem existential-ontologischen Rahmen, hat Wolfhart Pannenberg die Auferstehung in einem universal-geschichtlichen Kontext und hat schließlich Jürgen Moltmann die Auferweckung in einem verheißungsgeschichtlich-eschatologischen Horizont interpretiert, so unterscheidet sich Barth von allen diesen Konzepten dadurch, daß er die Auferstehung dezidiert im bundestheologischen Rahmen versteht.

Im § 57,2 interpretiert er die Versöhnung von Jer 31 her unter dem Leitsatz vom ungekündigten Bund. Insofern steht der in Jesus Christus erfüllte

---

1 Hans-Georg Geyer, bei dem ich als Assistent das Geschäft der systematischen Theologie zu betreiben das Glück hatte und der meine Habilitationsschrift über »Promissio und Bund. Gesetz und Evangelium bei Luther und Barth« (Göttingen 1976) unermüdlich begleitet hat, ist dieser auf der Karl-Barth-Tagung auf dem Leuenberg (Schweiz) und an verschiedenen anderen Orten gehaltene Vortrag in Ehrerbietung und Dankbarkeit zugeeignet.

Bund, wie Barth sagt, »auch in einer Reihe mit denen, die zuerst mit Abraham und zuletzt noch einmal unter Esra vollzogen wurden« (IV/1, 34). Die Auferstehung ist ein Kapitel aus der Lehre von dem in der Versöhnung erfüllten Bund. Dazu zitiere ich einen Schlüsselsatz aus einem der Kommentare, die Barth zur Versöhnungslehre geschrieben hat: »Im Zeugnis des *Neuen Testaments* tritt an die Stelle jener alttestamentlichen Bundesgeschichte als israelitischer Volksgeschichte [und jetzt korrigiert sich Barth] – folgt ihr vielmehr als ihre Vollendung die Bundesgeschichte als Geschichte *Jesu Christi* und in ihr die schon in jener Volksgeschichte intendierte *Menschheits*geschichte. Jahve und Israel, der wahre Gott und der wahre Mensch sind jetzt beieinander ... Es ist ja eben der Gott, der den Bund seiner Gnade ... jetzt in seiner neuen Gestalt darin verherrlicht, daß er den einen, den ihm seinerseits treuen, *gehorsamen* Israeliten auf den Plan ruft, in welchem Israels Rechtfertigung, Heiligung und Berufung durch seinen Gott unproblematisch Ereignis wird. Aber eben in der Person dessen, der hier als *der* israelitische, nämlich als der den *Israel-Bund* in Treue haltende Mensch auf den Plan tritt, steht – der Sendung Israels an die ganze Welt entsprechend – *der* Mensch auf, in welchem die ganze Menschheit in das Licht der Gnade Gottes gerückt ... ist. Diese Geschichte der vollkommenen, d.h. der nicht nur einseitig anhebenden, sondern beiderseitig hergestellten Gemeinschaft zwischen Gott und Mensch ist« die Mitte des biblischen Zeugnisses (K. Barth, Das christliche Leben, 1959–1961, 1976, 14f.).

Barth versteht, so sagte ich, die Versöhnung vom ungekündigten Bund Gottes mit Israel her und die Auferstehung wiederum in diesem Kontext. Aber Barth versteht, so muß jetzt ergänzt werden, Bund, Versöhnung und Auferstehung vom Befreiungsgeschehen des Exodus her. Schon in der Grundlegung der Gotteslehre KD II/1 aus dem Jahre 1940 kommt Barth zu einer grundlegenden Verhältnisbestimmung der Auferweckung Jesu einerseits und dem Exodus Israels aus Ägypten andererseits. Barth versteht nämlich die alttestamentliche Prophetie »als Verkündigung Gottes in Form fortgesetzter *Explikation* (!) eben des ... mit dem Auszug aus Ägypten als seinem Inbegriff anhebenden *göttlichen* Werkes« (II/1, 19). Und er versteht die neutestamentliche Verkündigung der Apostel entsprechend als Verkündigung Gottes in fortgesetzter Explikation des mit der Auferweckung des Gekreuzigten als seinem Inbegriff »vollendeten« göttlichen Werkes. Kürzer: *Barth spricht von dem Exodus Israels als dem Inbegriff des anhebenden göttlichen Werkes und von der Auferweckung als dem Inbegriff des »vollendeten« göttlichen Werkes* (II/1, 20).

Sind aber Kreuz und Auferweckung Jesu vom Exodus Israels unablösbar, ist also der in der Versöhnung erfüllte Bund von der Exodusgeschichte, der Geschichte der Befreiung Israels nicht ablösbar, dann wird verständlich, warum Barth gerade die Geschichte des in der Versöhnung erfüllten Bundes und damit auch die Auferweckung erneut auf die Geschichte universaler Befreiung zielen läßt. Barth versteht also die Verheißung universaler

Befreiung von Bund und Auferweckung her. *Er läßt aber die Geschichte des in der Versöhnung erfüllten Bundes wiederum in der universalen Befreiung ihr Ziel haben.*

Barth hat diese systematische Grundthese kontextuell sehr genau verortet. Ist doch der mit der ökumenischen Bewegung stärker sichtbar werdende und anfangende Exodus der christlichen Gemeinde in die Welt die wirkliche Entsprechung zu dem sich in der Prophetie Jesu Christi unaufhaltsam vollziehenden Weg der Befreiungsgeschichte Jesu Christi selbst in Richtung auf die Befreiung aller Menschen, ja der ganzen Welt (IV/3, 37–40).

2. Der Ort der Auferstehung in der Versöhnungslehre
Auferweckung (§ 59,3) – Auferstehung (§ 64,4) – Parusie (§ 69,4)

Die Lehre von der Versöhnung wird von Barth entfaltet als Erkenntnis der Geschichte Jesu Christi in seinem *hohenpriesterlichen* (IV/1), seinem *königlich-messianischen* (IV/2) und seinem *prophetischen* (IV/3) Amt. Dabei ist die Geschichte des prophetischen Amtes Jesu Christi als das Noetische der beiden anderen Ämter verstanden. Dadurch wird nicht nur die Reihenfolge der traditionellen Ämterlehre verändert, dadurch wird zugleich die kommende Erlösung als die Offenbarung und Durchsetzung der vollendeten Versöhnung verstanden, was es nun wiederum nötig macht, dazu nötig, *die Vollendung des Bundes in der Versöhnung* gerade *als begründete Verheißung auf die Erlösung* hin zu verstehen.

a) Die Versöhnung ist für Barth laut KD IV/1 die Geschichte der Selbsterniedrigung Gottes in Jesus Christus, in der Gott in die menschliche Entfremdung sich erniedrigt und darin gerade sein wahres Gottsein erweist (§ 59,1). Hier tritt der Richter an die Stelle der Gerichteten und stellt die zerbrochene Rechtsordnung des Bundes wieder her (§ 58,2). In der *Auferweckung* Jesu Christi proklamiert Gott das Urteil über den Gekreuzigten und damit über Israel und die Völkerwelt und stellt sich darin als der *deus pro mundo* vor (§ 59,3). Hier rechtfertigt Gott sich selbst und spricht uns und die Welt frei (§ 61).

b) Die Versöhnung ist aber zugleich nach KD IV/2 die Geschichte der Erhöhung des Menschensohnes, durch die unser Menschsein in die Einheit und den Bund mit Gott versetzt wird (§ 64,1.2). Hier tritt der königlich-messianische Mensch auf den Plan, der Repräsentant der Herrschaft Gottes, in dessen Verkündigung und Taten Gottes befreiende Herrschaft und Macht am Werk ist (§ 64,3). Die *Auferstehung* Jesu aus den Toten offenbart in diesem Kontext die ausgreifende Macht des messianischen Menschen auf alle Menschen (§ 64,4: Die Weisung des Menschensohnes). Hier gibt Gott uns Anteil an Christi Heiligkeit, in ihm sind wir Menschen als Heilige Gottes in die Freiheit gestellt: Freispruch und Freiheit (§ 66).

c) Jesus Christus ist nicht nur die Geschichte der Versöhnung, sondern

KD IV/3 zufolge auch die Geschichte der Offenbarung der Versöhnung. In den *Erscheinungen des Auferstandenen* offenbart sich Jesus als das Licht des Lebens und die Ankunft der Zukunft des erlösenden Reiches Gottes (§ 69). Er ist als der Auferstandene sein eigener Zeuge, so daß er als der eine *über-zeugende* Zeuge von verschiedenen Gestalten und wahren Gleichnissen der *bezeugenden* Zeugen (Schrift, Kirche, wahre Worte im Weltgesche-hen, Lichter in der Schöpfung) unterschieden wird. Jesus Christus ist der überzeugende Zeuge, der Israel und die ganze Welt in eine neue Situation der Veränderung stellt, der die neue Geschichte christlicher Erkenntnis und die Befreiungsgeschichte von Mensch und Welt her
aufführt und die endgültige Durchsetzung des erfüllten Bundes und der vollendeten Ver-söhnung an Israel und allen Menschen weltweit durchführen wird (§ 69,3).

3. Rechtfertigung und Heiligung als Angeld universaler Befreiung

Rechtfertigung, Heiligung und Berufung (§ 61, § 66, § 71)

Aus der schlichten Gliederung der Versöhnungslehre und der Antwort auf die Frage, in welchen Kontexten eigentlich die Auferweckung bei Barth auftaucht, haben wir bereits wichtige Hinweise für eine inhaltliche Zuord-nung der drei großen Bände der Versöhnungslehre gewonnen. Entfaltet nämlich Barth in IV/1 die Erniedrigungsgeschichte Gottes als *Geschichte universaler Rechtsaufrichtung* (Luthers These von der Rechtfertigung des Gottlosen) und entfaltet er in IV/2 die Erhöhungsgeschichte Jesu Christi als *Geschichte universaler Freiheitsgewährung,* der Gabe der Freiheit für alle Menschen (Calvins Thema von der Heiligung als Geschenk der Freiheit), so entfaltet Barth in IV/3 die der erfolgten Rechtfertigung und Heiligung aller Menschen entsprechende Befreiungs- und Erlösungsgeschichte von Mensch und Welt (das Thema der ökumenischen Bewegung heute). Die Sequenz von priesterlichem, königlichem und prophetischem Werk Jesu Christi, und – davon abgeleitet – die Sequenz von Rechtfertigung, Heili-gung und Befreiung aller Menschen strukturieren die Versöhnungslehre. Dabei hat Barth das Thema des Prozesses universaler Befreiung als Ziel von Rechtfertigung und Heiligung in ausdrücklicher Kritik an den »bür-gerlichen« Verengungen seitens der reformatorischen und nachreformato-rischen Theologie entfaltet (§ 71). Kurz formuliert: *Rechtfertigung und Hei-ligung, das Doppelthema der Reformation, sind Begründung und Voraus-setzung der Befreiung.* Aber auch umgekehrt: *Befreiung ist das Ziel von Rechtfertigung und Heiligung.*

Die von Barth in der Zuordnung von Rechtfertigung und Heiligung (§ 66,1) vorgenommene Doppelbestimmung: Rechtfertigung als Grund, Hei-ligung als Folge (Luther) *und:* Rechtfertigung als Voraussetzung und Heili-gung als Ziel (Calvin), wird also auch auf das Verhältnis der Viererbände zu übertragen sein. Nämlich zunächst: Das priesterliche und königlich-messianische Werk Jesu Christi ist der Grund und das die vollendende Ver-

söhnung offenbarende Werk der Prophetie Jesu Christi die Folge. Aber
dann auch: Die in der Geschichte Jesu Christi erfolgte Aufrichtung universaler Rechtfertigung und Heiligung ist die *Voraussetzung,* die universale
Befreiung und Erlösung aber ist ihr *Ziel.* Einfacher formuliert: Befreiung
und Erlösung sind vom reformatorischen Thema von Rechtfertigung und
Heiligung her zu verstehen und von dort nicht ablösbar, *Rechtfertigung
und Heiligung aber haben über die Reformation hinaus in der Befreiung ihr
Ziel.*
Als Beleg dazu möge dienen, was Barth schon 1935 in seiner Credo-Ausle-
gung formuliert hat. Zur Eschatologie heißt es dort: »Man versteht, daß
die Eschatologie in der Theologie der Reformation eine verhältnismäßig
geringfügige Rolle spielen konnte. Sie (die Reformatoren) haben insbesondere von der Vergebung der Sünden in so angemessener Weise zu reden
gewußt, daß ihnen und ihren Zeitgenossen das Entscheidende, was über
die Auferstehung des Fleisches und über das ewige Leben zu sagen ist, als
dort mitgesagt erscheinen konnte.« Und nun Barths Kritik: »Man wird es
aber immerhin als eine Schwäche der Reformationstheologie bezeichnen
dürfen, die sich später und bis in unsere Tage hinein gerächt hat: daß sie
der im Alten und Neuen Testament wohlbegründeten Weisung . . ., alles
unter dem Gesichtspunkt der Gegenwart Gesagte unter dem Gesichtspunkt der Zukunft gleich noch einmal zu sagen, nicht nachdrücklicher, als
sie es getan, Folge leistete« (Credo, 1936, 140f.).

4.   Die Auferweckung als das Kommen der neuen Welt Gottes

Wer die Bände der Versöhnungslehre studiert, kann eine überraschende
Beobachtung machen: 2Kor 5,19 (die Versöhnung der Welt im Messias)
und 2Kor 5,17 (die neue Welt Gottes im Messias) werden, wie das Register
der Kirchlichen Dogmatik zeigt, von Barth in gleicher Weise zitiert und
wechselseitig interpretiert. Von daher wird eines jedenfalls klar: Man darf
und kann im Sinne Barths die weltweite Versöhnung in Christus (2Kor
5,19) nicht von dem *apokalyptischen Thema der vergehenden alten und der
kommenden neuen Welt Gottes* (2Kor 5,17) trennen. Die Versöhnung als die
Geschichte des ungekündigten Bundes ist in der Auferweckung vielmehr
das Ereignis des Vergehens und der Einbruch des Kommens der neuen
Welt Gottes. Von daher wird verständlich, warum Barth gerade die Versöhnung im Messias als die grundlegende, die revolutionäre Veränderung
der Situation aller Menschen und der ganzen Welt definiert hat. Ein Kardinalfehler der bisherigen Versöhnungslehre – und ich füge hinzu: auch
der *Interpretationen* der Barthschen Versöhnungslehre – war dabei nicht
nur die Ablösung der Versöhnung von der Stiftung des ungekündigten
Bundes, wodurch die *Israelthematik* verlorenging, sondern auch die Ablösung der Versöhnung von der apokalyptischen Thematik der vergehenden
alten und der kommenden neuen Welt Gottes, wodurch die *Befreiungsthe-*

matik verlorenging. Barth möchte die Versöhnung wieder biblisch als den Einbruch der neuen Welt Gottes entfalten und zurückgewinnen.

5. Das Verhältnis von Bund und Neuschöpfung
Bundesformel und Neuschöpfungsverheißung in Offb 21,3.4

Karl Barth ist des öfteren der Vorwurf gemacht worden, daß er von der Versöhnungslehre her zu einer Eschatologie der Erfüllung nicht mehr kommen könne. Gerhard Sauter z.B. hat kritisch von einer Apokalypse des erfüllten Bundes bei Barth gesprochen, und Jürgen Moltman hat Barth eine »platonische Anschauung von der dreifach gegliederten Herrschaft Jesu Christi über die Zeit« vorgehalten, von der her Barth »nicht . . . zum Ernstnehmen des eschatologischen, alles ändernden Kommens Jesu Christi gelangen könne« (G. Oblau, Gotteszeit und Menschenzeit, 1988, 10). Nun hat Barth sich in der Tat und – von der Geschichte des in Jesus Christus erfüllten Bundes mit Israel und der Welt her – auch unvermeidlich zu seiner »Auffassung vom Eschaton als ›apokalypsis‹ des ›tetelestai‹«, als der Enthüllung der erfüllten Geschichte bekannt. Konkret in einem Brief an Helmut Gollwitzer vom 7. 11. 1967: »Leise unbefriedigt war ich . . ., weil es da bei dir (wie bei Moltmann und anderen) nicht so recht herauskommt, was unter ›Erlösung‹ und dementsprechend unter ›Hoffnung‹ zu verstehen sein möchte. Meiner Auffassung vom Eschaton als ›apokalypsis‹ des ›tetelestai‹ scheinst du, wenn ich recht sehe, aus dem Weg zu gehen.« Und Barth fragt: »Aber was dann?« (K. Barth, Briefe 1961–1968, 1975, 445). Ich möchte in diesem Zusammenhang auf einen interessanten exegetischen Sachverhalt aufmerksam machen, der für Barths Verständnis der Eschatologie m.E. konstitutiv ist: In Offb 21 steht bekanntlich die Ansage der universalen Enthüllung und Offenbarung des Bundes: Sehet das Zelt Gottes bei den Menschen, und er wird bei ihnen wohnen, und sie werden seine Völker sein. Das ist die Apokalypse des universalen Bundes. In Offb 21 geht aber die Ansage der universalen Enthüllung des erfüllten Bundes und also die apokalypsis des tetelestai der Versöhnung (Offb 21,3) der universalen Neuschöpfung und dem Abwischen der Tränen voran. Offb 21,3 ist Bundesformel, Offb 21,4 ist Neuschöpfungsformel. *Die Bundesformel in Offb 21 ist also von der Neuschöpfungsformel in Offb 21 zu unterscheiden.* Beide sind aber nach Barth aufeinander so zu beziehen, *daß die Offenbarung des erfüllten Bundes mit Israel und allen Menschen in Jesus Christus zugleich die Neuschöpfung an den Dingen bedeutet und erwarten heißt.* Kürzer formuliert: Die Auferweckung ist als Erfüllung des Bundes zugleich die *Ankunft der Zukunft.*
Barth hat von daher im Ostergeschehen unterschieden zwischen der *Auferweckung* (IV/1) und der *Auferstehung* (IV/2) als der Offenbarung des erfüllten Bundes einerseits und der Prozeßgeschichte der dreifachen Parusie Jesu Christi als der *Ankunft der Zukunft* (IV/3) andererseits. Noch einmal:

Signalisiert die Auferweckung und die Auferstehung die Offenbarung des
erfüllten Bundes der Versöhnung, so antizipiert die Parusie die Neuschöpfung aller Dinge: in den 40 Tagen, im Kommen des schöpferischen Geistes,
der vorweist auf die Erlösung der ganzen seufzenden Kreatur.
Ich wollte mit diesen Überlegungen sagen: Das Thema der Auferstehung
wird bei Barth unter drei Aspekten diskutiert:
1. Auferweckung ist nach IV/1 *die Stiftung und Übereignung universaler
Gerechtigkeit* – in Aufnahme des Anliegens der Theologie Martin Luthers.
2. Die Auferstehung ist nach IV/2 die Stiftung und Übereignung universaler *Freiheit* – in Aufnahme des Anliegens der Theologie Calvins.
3. Schließlich ist die Auferstehung nach IV/3 zu verstehen als die dreifache Parusie, nämlich als die Weg- und *Kampfesgeschichte Jesu Christi mit
dem Ziel universaler Befreiung* – in Aufnahme des Anliegens des in der ökumenischen Bewegung gipfelnden Exodus, des Aufbruchs und Ausbruchs
der christlichen Gemeinde in die Welt.

II. Aspekte der Auferstehung in Karl Barths Versöhnungslehre

1. Das Urteil des Vaters als Übereignung universaler Gerechtigkeit
Die *Rechtsgeschichte* Gottes des Vaters (§ 59,3)

Die Versöhnung als die in Jesus Christus erfüllte Geschichte des ungekündigten Bundes hat eine erste von Barth in KD IV/1 entfaltete Dimension:
Die Gerechtigkeit Gottes. Das zeigt sich nicht nur an dem Vorherrschen der
Rechtskategorien schon in den Überschriften der einzelnen Paragraphen.
§ 59,2: Der Richter (d.h. der Rechtshelfer) als der Gerichtete. § 59,3: Das
Rechtsurteil des Vaters über den Gekreuzigten. § 61: Die Rechtfertigung
des Menschen. Das zeigt sich nicht zuletzt auch daran, daß Barth in seinem Überblick über das Ganze der Versöhnungslehre ausdrücklich sagt,
daß in dem Thema der Gerechtigkeit Gottes »die Heilserkenntnis der Reformation in der Gestalt, wie sie besonders *Luther* bewegt hat, ... hier in
ihrem positiven Gehalt zur Geltung« kommt (IV/1, 160). Barth ist sich dabei aber bewußt, daß er das große reformatorische Thema der schenken-
den Gerechtigkeit Gottes nicht nur in der Nachfolge Luthers, sondern
auch über Luther hinaus entfalten will.
a)   Karl Barth hat die dramatische Geschichte Jesu Christi, wie er sie in §
59,2 erzählt hat, durch und durch in Rechtskategorien entfaltet: Kündigt
der Täufer das kommende Gericht und den kommenden messianischen
Menschensohn-Weltenrichter an, so ist die Geschichte Jesu Christi eben
das Kommen dieses Richters, der uns Menschen aus dem angemaßten
Richteramt, selber wie Gott sein zu wollen, entfernt. Der Mensch will selber Richter sein und setzt sich selber auf den Stuhl des Weltenrichters mit

allen Konsequenzen, die diese Rechtsanmaßung für das gesellschaftliche und politische Zusammenleben der Menschen bis hin zum Holocaust und zur Einbeziehung von Massenvernichtungsmitteln in staatliche Gewaltausübung hat. Und nun ist für die besondere Dramatik und Dynamik der synoptischen Evangelien charakteristisch, daß spätestens von der Gethsemane-Geschichte an der Rechtshelfer zum Gerichteten wird, im Kreuz den von Amos bis Johannes dem Täufer angekündigten Gerichtstag Gottes selbst erleidet (Mk 15,33) und im Tod den Folgen dieses Gerichts, nämlich dem Nichtigen selbst, anheimfällt. Barth entfaltet dieses Thema unter ausdrücklicher Berufung auf Luthers großen Galaterkommentar: Der Richter wird hier zum Gerichteten und fällt dem Nichtigen, nämlich Sünde, Tod und Teufel, anheim. In Barths Zusammenfassung: »Der Richter, der Gerichtete, das Gericht . . ., das ist *Gottes Gerechtigkeit*« (IV/1, 282). Das Ziel dieser Geschichte des gerichteten Rechtshelfers erkennt Barth nun gerade darin, daß Jesus Christus, der zum Gerichteten wurde, eben in dieser Aktion des Rechtshelfers, »als der *gerechte Mensch* unter uns gewesen und als solcher für uns gelebt und gehandelt hat« (IV/1, 283).

b) Barth überschreibt den § 59,3 mit der elementaren Formel: Das Urteil des Vaters. Zunächst geht es um das Urteil des *Vaters*. Die Auferweckung Jesu ist die unzweideutige und alleinige Tat Gottes selbst, deshalb auch dem Historiker grundsätzlich entzogen. Als Urteil des Vaters ist sie die exemplarische Offenbarung des *Sohnes Gottes*, der den Weg in die Fremde und in die Erniedrigung gegangen ist. Das Urteil des Vaters (§ 59,3) aber bezieht sich zurück auf den Weg des Sohnes Gottes in die Fremde (§ 59,1). Die Auferweckung ist die exemplarische Offenbarung des Sohnes Gottes als des Subjekts der Erniedrigung ins Kreuz. Die Auferweckung ist die Tat der Bundestreue Gottes des Vaters. Wird doch nach Gal 1,1 Gott als der Vater bekannt, der Jesus Christus aus den Toten auferweckt hat. Barth kritisiert deshalb die Meinung, »daß Jesus Christus als der Sohn Gottes mit dem Vater zusammen auch selber das Subjekt seiner eigenen Auferweckung gewesen sei. Das Neue Testament sagt es nicht so. . . . Gestorben und begraben war der eine ganze Jesus Christus, wahrer Mensch *und* wahrer Gott« (334). Die Auferweckung ist nicht die Selbstauferstehung des Sohnes Gottes. Auf die freie Gehorsamstat des Sohnes in der Erniedrigung ins Kreuz folgt die freie Gnaden- und Treuetat Gottes im Urteil des Vaters, d.h. in der Auferweckung.

Es ist das Charakteristische aller Überlegungen Barths in den verschiedenen Abschnitten von IV/1–IV/3, daß er die trinitarische Implikation gleich anschließend entfaltet. *Die Trinitätslehre ist nämlich nach Barth die Einzeichnung der in der Auferweckung des Sohnes offenbarten Bundestreue des Vaters gegenüber dem Sohn in den Gottesbegriff* (IV/1, 335). Aber Barth ist bei diesen Feststellungen nicht stehengeblieben, sondern hat sofort angefügt: Die Trinitätslehre ist auch die Einzeichnung des schöpferischen Handelns des Heiligen Geistes am Sohn, wie es in der Auferweckung Jesu geschieht, in den Gottesbegriff (340).

Das zeitliche *Nacheinander* von Kreuz und Auferweckung (350ff.) – von
Barth auf die dreifache Gestalt der direkten, verborgenen und vollendenden Parusie hin interpretiert – kann uns erst später beschäftigen, und zwar
als der *Anfang* der Veränderung der Situation aller Menschen. Die Begründung der Veränderung der Situation aller Menschen hat nämlich bei sich
und setzt aus sich heraus die Prozeßgeschichte der anfangenden Veränderung zu einem vollendenden Ziel. Noch einmal anders formuliert: Wird
das zeitliche Miteinander von Kreuz und Auferweckung bei Barth als *Begründung* der Veränderung der Situation aller Menschen, so wird das zeitliche Nacheinander von Kreuz und Auferweckung als *Anfang* der Veränderung der Situation aller Menschen verstanden. Im § 59,3 greift Barth
dabei auf zwei frühe Aufsätze zurück, auf den Aufsatz »Gerechtigkeit
Gottes« aus dem Jahre 1916 und auf den Aufsatz »Die neue Welt (Gottes)
in der Bibel« aus dem Jahre 1917. (Das Wort Gottes und die Theologie,
1924, 5ff, 18ff). Alles Frühere, hat Barth einmal gesagt, ist im Späteren
aufgehoben, nicht aber umgekehrt.

2.   Die Weisung des Menschensohnes als Übereignung universaler Freiheit
Die Freiheitsgeschichte des Menschensohnes (§ 64,4)

Die Versöhnung (und so auch die Auferstehung) als die in Jesus Christus
erfüllte Geschichte des ungekündigten Bundes Gottes mit Israel hat eine
zweite, von Barth in KD IV/2 entfaltete Dimension: *Der königlich-messianische Mensch ist der Bringer des Reiches Gottes als des Reiches der Freiheit.*
Das zeigt sich nicht nur darin, daß Barth Jesus, den messianischen Menschensohn, als den nach Gott geschaffenen neuen Menschen und Erstling
der neuen Schöpfung bezeichnet, der »den Anderen die Freiheit dazu gibt«
(IV/2, 185), in seine Nachfolge zu treten. Das zeigt sich auch nicht nur darin, daß Jesus als der Bringer der errettenden Wirklichkeit des Reiches Gottes (214–274) die »Freiheitsbotschaft« bringt, damit die »Befreiung« »geschieht« (218). Das zeigt sich schließlich entscheidend darin, daß Barth die
ganze Tragweite des messianischen Werkes Jesu Christi (§ 64,4: die Weisung des Sohnes) in der *Übereignung und Verheißung universaler Freiheit*
gipfeln läßt und damit zu einer Ethik der Freiheit (405–422) vorstößt.
Barth ist sich dabei bewußt, daß er das reformatorische Thema der Heiligung und Freiheit, nämlich die »*sanctificatio*« als »*libertas christiana*«, im
Anschluß, aber auch im Überschritt über Calvin hinaus, entfaltet. Daß es
sich hier in der Tat um das Thema Calvins handelt, belegt ein kurzer Abschnitt aus dem Buch von *Hans Scholl,* »Reformation und Politik« (1976,
14ff): Freiheit koinzidiert bei Luther mit der Rechtfertigung des Gottlosen.
Freiheit ist aber bei Calvin im wesentlichen die »*vita christiana*«, die *libertas christiana.* Calvin spricht dabei nicht nur von dem durch den Heiligen
Geist gewirkten Geschenk der Freiheit, sondern darüber hinaus davon,

daß das Gesetz uns »als hilfreiche Weisung« gegeben ist, »kleine, aber mögliche Schritte zu tun« (19). Deshalb die Überschrift bei Barth § 64,4: »Die Weisung des Menschensohnes«. Identifiziert Luther die »*libertas*« mit der Rechtfertigung, so Calvin mit der Heiligung als dem durch den schöpferischen Geist gewirkten Geschenk der Freiheit (K. Barth, Die Theologie Calvins. 1922, hg. von H. Scholl, 1993, 261ff).

a)   Ich kann hier nicht im Einzelnen darstellen, wie Barth im § 64,3 die messianische Geschichte dieses Bringers des Reiches der Freiheit darstellt: Jesus ist der Parteigänger der Armen. Ich kann nur kurz andeuten, wie Barth diese Parteigängerschaft in einer dreifachen Weise präzisiert: Als Parteinahme für die *ökonomisch* Armen, als Parteinahme für die *geistlich* Armen – Zöllner und Sünder –, als Parteinahme für die *heilsgeschichtlich* Armen, letzteres auf die Einbeziehung der Völkerwelt in die Bundesgeschichte Gottes mit Israel zielend (188–191). Barth geht von der grundlegenden Parteilichkeit Jesu gegenüber den ökonomisch Armen aus – sie steht an erster Stelle –, um von daher die beiden anderen Gestalten der Parteilichkeit zu entfalten: »Wäre es doch eine . . . Verharmlosung, die Radikalität, in der da . . . Reichtum und Armut im ökonomischen Sinne der Begriffe . . . (von Jesus) gewertet werden« (189), etwa erst an die dritte Stelle zu setzen. Der konkreten *Exodusgeschichte* Israels aus der Sklaverei entsprechend steht die Parteilichkeit Jesu gegenüber den ökonomisch Armen Barth zufolge biblisch an erster Stelle. Denn erst von hierher kann die Parteilichkeit Gottes gegenüber den geistlich und heilsgeschichtlich Armen verstanden werden. Anders formuliert: *Der Gott des Exodus und kein anderer ist der Gott der Zöllner und der Heiden.* Die beliebte Umkehrung und Richtungsänderung von den geistlich und heilsgeschichtlich Armen zu den ökonomisch Armen ist nach Barth biblisch nicht erlaubt, denn »es ist eben durchgehend, und, der Konkretion der Begriffe Reichtum und Armut unbeschadet, im umfassenden Sinn so, daß die Hungrigen, Durstigen, die Fremden, die Nackten, die Kranken, die Gefangenen Jesu Brüder und Schwestern sind, in denen er selbst erkannt oder eben nicht erkannt wird« (189). In diesem umfassenden und unumkehrbaren Sinn ist Jesus der messianische Mensch, der Parteigänger der *ökonomisch* Armen, der *geistlich* Armen und der *heilsgeschichtlich* Armen.

Im § 63,3 stellt Barth Jesus als den Bringer des Reiches Gottes, als den Bringer der Revolution des Reiches Gottes vor. Hier wird Barths Tambacher Schrift »Der Christ in der Gesellschaft« (1919) erneut rezipiert und aktualisiert. Der Christus in der Gesellschaft ist, wie schon 1919, auch das Thema Barths im Jahre 1955.

Barth verbindet die Parteilichkeit Jesu gegenüber den verschiedenen Gruppen der Armen (IV/2, 188–191) mit seinem revolutionären Charakter in seinem Verhältnis zu den verschiedenen Wert- und Lebensordnungen der Menschen: Jesus steht als der messianische Mensch, als der Bringer der Freiheit des Reiches Gottes allen weltlichen Ordnungen gegenüber, so daß das in Jesus einbrechende Reich Gottes die große Revolution Gottes allen Revolutionen und Ordnungen gegenüber ist (IV/2, 191–200).

b)   Barth hat die *Tat* des messianischen Menschen als Tat der Befreiung an der Überlieferung erläutert, die auch in der Theologie der Befreiung zentral ist, nämlich an der Proklamation Jesu in der Synagoge von Nazareth (Lk 4,16ff.). Die Ansage und Aussage von der Sendung an die Armen, um ihnen die frohe Botschaft zu bringen, faßt nach Barth die Parteilichkeit Jesu für die Armen zusammen. Die Ansage, »den Gefangenen Befreiung zu verkündigen« (218) – Barth predigt zwischen 1954 und 1959 über das Thema »Der Gefangenen Befreiung« – zeugt von dem Kommen und dem Einbrechen des Reiches der Freiheit. *Heute* ist das Schriftwort erfüllt vor euren Ohren!

Aber dieses Einbrechen des Reiches der Freiheit, das Erkennen des Geschehens der befreienden Machtergreifung Gottes, hat nach Barth eine unverzichtbare Voraussetzung, in deren Licht diese anbrechende Erfüllung, also die Proklamation in der Synagoge von Nazareth, steht und ohne die sie nicht als Befreiungsgeschichte verstanden werden kann. Weshalb sie in der abendländischen Theologie nach Barth meistens ohne diesen Grundaspekt der Befreiung (miß)verstanden worden ist: Diese Voraussetzung ist der *Exodus:* »Der Auszug aus Ägypten, der Durchzug durch das Schilfmeer . . ., sie waren . . ., indem dies(es Einbrechen des Reiches der Freiheit in Jesus) Ereignis geworden war, nicht etwa abgewertet, sondern aufs Höchste aufgewertet, d.h. als eine einzige *Verheißung* erwiesen, die in diesem Ereignis ihre *Erfüllung* gefunden hatte« (226f.), nämlich in der Proklamation der messianischen Freiheitsgeschichte durch Jesus in der Synagoge von Nazareth.

Im Kontext dieser Exodus- und Bundesgeschichte steht die Geschichte des messianischen Menschen Jesus, steht also auch seine Verkündigung in der Synagoge von Nazareth. Sie ist nicht, wie z.T. in den Synopsen charakterisiert, die »Antrittspredigt« Jesu, sondern sie ist sein »Posaunenstoß, mit welchem das neue Jahr des Herrn (Lk 4,18f.) nicht nur angezeigt wird, sondern anbricht: bei dessen Schall alle Gefängnisse sich öffnen, alle Schulden erlassen sind« (227).

c)   Hat Barth im § 64,2 (IV/2, 131–172) die *Auferstehung als die Selbstoffenbarung* des messianischen Menschensohnes entfaltet, so handelt er in der Übergangsüberlegung des § 64,4 von der durch die Auferstehung Jesu erfolgenden *Übereignung der universalen Freiheit*. Dabei steht dieser § 64,4 »Die Weisung des Menschensohnes« in sachlicher und struktureller Entsprechung zum § 59,3 »Das Urteil des Vaters«.

Der die Übereignung universaler Freiheit thematisierende Abschnitt § 64,4 setzt die Freiheitsthematik des § 64,3 fort: Dort hatte Barth, wie wir sahen, Jesus als den Bringer des messianischen Reiches der Freiheit und als den freien messianischen Menschen erzählt und dargestellt.

Für das Verständnis des schwierigen § 64,4 ist nun die Beobachtung wichtig, daß Barth dessen Thematik zuvor in zwei kleineren Schriften eindrucksvoll abgehandelt hat. Ich denke hier an Barths Schriften »Das Geschenk der Freiheit« (1953) und »Christus und wir Christen« (1948). Dabei ist von Bedeutung, daß alle Elemente dieser kleinen Schriften Barths an entsprechender Stelle des § 64,4 (wenn auch in signifikant veränderter Reihenfolge) wieder auftauchen.

Ich versuche, das Thema des § 64,4 mit wenigen Strichen anzudeuten: Die Geschichte des messianischen Menschen Jesus und sein Geschick in Kreuz und Auferweckung bedeuten nach Barth das Geschenk universaler Freiheit für Mensch und Welt. Die durch die Auferstehung alle Menschen inkludierende, sie alle einbeziehende Freiheitsgeschichte des messianischen Menschen (Barth spricht von einem »ontologischen Zusammenhang zwischen Christus und allen Menschen«, 311) ist keine statische, sondern »eine stürmisch nach allen Menschen ausgreifende Wahrheit« (334). Dieses im auferstandenen Christus auf alle Menschen zukommende Geschenk der Freiheit hat bei sich den Heiligen Geist als die Macht und die Kraft der Befreiung (339), denn die *Promissio* des Auferstandenen als Zusage und Verheißung der Freiheit hat bei sich den Heiligen Geist als die Macht der Befreiung. Damit geschieht im Verhältnis zur Reformation, auch zu Calvin, eine interessante Verschiebung. Die reformatorische Korrelation von Verbum und Pneuma, Wort und Geist, ist hier von Barth in die Christusgeschichte hinein verlagert. Der messianische Mensch ist als der Auferstandene in *seinem* Wort der alleinige Bringer des Geistes als der Macht und Kraft der Befreiung.

So werden alle Menschen, ja der ganze Kosmos durch die Geschichte Jesu Christi in die Freiheitsgeschichte Gottes einbezogen, die durch drei immer wieder auftauchende Elemente gekennzeichnet ist: Barth redet vom Auszug, vom Übergang und vom Eingang. Er redet vom *Ausgang* Jesu Christi aus den Toten, vom *Übergang* Jesu Christi von dort nach hier und vom vorläufigen *Eingang* Jesu Christi in die Christen und dann in die ganze Welt (IV/2, 293–310; 339–357).

Karl Barth hat diesen Übergangsparagraphen gebündelt, indem er in § 64,4 mit der Weisung des messianischen Menschensohnes endet, die er als *Einweisung* in die Freiheit, als *Zurechtweisung* und schließlich als den Prozeß der *Unterweisung* versteht. Ich nehme aus diesem Abschnitt das zweite Element als exemplarisches Beispiel einer kontextuellen Exegese Barths: nämlich die Zurechtweisung. Diese Zurechtweisung durch den messianischen Menschensohn trennt das Geschenk der Freiheit der Christen von allem, was für sie nur Unfreiheit sein könnte. Das heißt im Jahre 1955 auf dem Höhepunkt des Kalten Krieges konkret: Unfreiheit d.h. Verweigerung gegenüber der universalen Verheißung und der Zusage der Freiheit für alle, bedeutet, »sich gegenüber der Gemeinschaft, die in dem einen (messianischen) Menschen Jesus zwischen allen Menschen schon aufgerichtet ist, ... (zu) verschließen« (488). Barth hat diesen kritischen Charakter der Weisung des messianischen Menschensohnes eindrücklich an der kontextuellen Exegese der *Kundschaftergeschichte* erläutert (542ff.):

Die Kundschaftergeschichte ist eine Grenzübergangsgeschichte, der zufolge es nach dem _Auszug_ (Exodus) und dem _Übergang_ (Wanderung in der Wüste) nun zum _Eingang_ in das Land der Verheißung, entsprechend der Verheißung und der Gabe der Freiheit, kommen soll: »Und ohne Tapferkeit sollte die dem ganzen Volk gegebene Verheißung nicht in Erfüllung gehen« (543). Auch selber wagend und handelnd sollen nun die Kundschafter nach dem Exodus den Übergang in das Neuland vollziehen, und zwar nicht ohne eine genaue Analyse der Situation, zu der die Kundschafter beauftragt werden. Und obwohl »die Wahrheit und Macht der göttlichen Verheißung« den sich ergebenden Schwierigkeiten turmhoch überlegen sind, machen die zehn Kundschafter durch ihre überzogene Situationsanalyse die Angst vor »Riesen«, gemeint sind die Russen, »riesengroß« (544). Und da man die Parole wählt, »lieber längst tot sein, in Ägypten oder in der Wüste . . ., als der offenbar riesengroßen Gefahr jener Zukunft entgegensehen!«, also »lieber tot als rot!«, stellt man »die Errettung und Befreiung« im Exodus infrage und wählt »die Rückkehr zu Pharao und in die Sklaverei« (544). Demgegenüber stehen nur Josua und Kaleb, die zu einer nüchternen Situationsanalyse vor dem Volk fähig sind und zur Freiheit, zu Mut und zur Tat aufrufen: »Fürchtet euch nicht vor dem Volk dieses Landes« (545). Barth sagt in dem – im Jahre 1954, also gleichzeitig mit unserem Text aus KD IV/2 entstandenen – Vortrag zum Volkstrauertag auf Einladung der hessischen Landesregierung in Wiesbaden, der ein einziger Aufruf zu dieser Grenzüberschreitung in das Neuland der europäischen Freiheit ist: »Männer wie Martin Niemöller, . . . Gustav Heinemann . . . haben dazu das Nötige längst gesagt. Sollen sie wirklich vergeblich geredet und (zur Freiheit) gerufen haben?« (Der Götze wackelt, 1961, 174). Noch einmal erscheint in dieser Analyse der beiden Kundschafter »die klare Linie der der Gewißheit der göttlichen Verheißung entsprechenden, ihr gehorsamen menschlichen Aktion« (545). Aber sie können sich nicht durchsetzen, denn »die Panik (sprich: Russenangst) kennt keine Grenzen« (544). »So geht es (das Volk) mit seiner Verheißung um« (ebd.). Dennoch, so schließt Barth die Exegese der Kundschaftergeschichte: »der Bund ist nicht annulliert und die Verheißung auch nicht« (545).

3. Die Prophetie Jesu Christi als Prozeß universaler Befreiung
Die Befreiungsgeschichte des Mittlers (§ 69,2–4)

Die Versöhnung als die in Jesus Christus erfüllte Geschichte des ungekündigten Bundes hat eine dritte von Barth in KD IV/3 entfaltete Dimension: _die Hoffnung auf die universale Befreiung und den messianischen Weg zur Befreiung._
Das zeigt sich nicht nur an dem Vorherrschen der Befreiungs- und Hoffnungskategorien schon in den Überschriften der einzelnen Paragraphen. § 69,3: Jesus ist Sieger, d.h. der Befreier. § 71,6: Des Christen Befreiung. § 73:

Der Heilige Geist und die christliche Hoffnung. Das zeigt sich auch darin, daß Barth die Sünde des Menschen im Spiegel dieses messianischen Befreiungskampfes so bestimmt: »Indem dem Menschen Gottes in der Kraft der Auferstehung Jesu Christi wirksame Verheißung begegnet«, begegnet ihm »seine Befreiung durch und für den freien Gott«, der gegenüber er sich als »Lügner« erweist, weil er sich ihr verschließt (Leitsatz § 70). Die Befreiungsthematik zeigt sich schließlich darin, daß Barth auf dem Fundament der reformatorischen Lehre, nämlich Luthers Lehre von der Rechtfertigung und Calvins Lehre von der Heiligung, als deren Telos und Ziel die Befreiung des Menschen bestimmt. In *kausaler* Sicht sind Rechtfertigung und Heiligung der Grund und ist die Befreiung ihre Folge. Barth hat daran immer festgehalten. Aber in *teleologischer* Perspektive sind Rechtfertigung und Heiligung die Voraussetzung und die Befreiung von Mensch und Welt ist das Ziel. Dabei steht die Befreiungsthematik für Barth im engen Zusammenhang mit dem Exodus der Gemeinde in die Welt, die darin der messianischen Weg- und Befreiungsgeschichte Jesu Christi folgt (§ 72).
a)   Versöhnung ist Geschichte und kann nur als Geschichte erzählt werden (IV/1). Die die Versöhnungsgeschichte Jesu Christi offenbarende messianische Prophetie Jesu Christi ist folglich *ein Drama* und kann deshalb nur als Drama erzählt werden (IV/3). H.-W. Pietz hat dies in einer schönen Arbeit über »das Drama des Bundes« (1986) umfassend gezeigt. Ähnlich sagt D. Bonhoeffer in seiner Predigt vom 17. 12. 1933 über das Magnificat Lk 1,46–55, das er als das »revolutionäre Adventslied« charakterisiert und in dessen dramatische Geschichte wir einbezogen werden: »Wenn wir an diesem Advents- . . . geschehen teilnehmen wollen, so können wir nicht einfach zuschauerisch wie bei einem Theater daneben stehen und uns an all den freundlichen Bildern freuen, sondern dann werden wir selbst in diese Handlung, die da geschieht, in diese Umkehr aller Dinge, mit hineingerissen. Da müssen wir mitspielen (!) auf dieser Bühne. Da ist der Zuschauer immer schon eine handelnde Person in dem Stück. Da können wir uns nicht entziehen« (Predigten, Auslegungen, Meditationen I, 1925–1935, 1984, 412).
Geht es in der Versöhnungsgeschichte als erfüllter Bundesgeschichte um die freie Gnadentat Gottes und die Gehorsamstat des Menschen, so ist die Offenbarung und machtvolle Durchsetzung dieser »doppelten Freiheitstat« (IV/3, 190), wie Barth sagt, ein weltgeschichtliches Drama von unerhörten Ausmaßen. Barth spricht von dem Wegcharakter des messianischen Kampfes. Und Barth hat den *Wegcharakter* des messianischen Kampfes und der Prophetie Jesu Christi mit dem Blumhardtschen Satz überschrieben: Jesus ist Sieger, Jesus ist der Befreier. Die messianische Herrschaft Jesu Christi über alle Bereiche der Welt ist, so hören wir, nicht statisch, sondern »dynamisch-teleologisch« zu verstehen (192). Sie kann deshalb auch »nur erzählend beschrieben werden« (192). Und Barth beschreibt nun den Weg der Kampfesgeschichte Jesu Christi im Rhythmus von Ausgang, Übergang, Eingang als die *Prozeßgeschichte der Befreiung*

aufgrund der Wirklichkeitsgeschichte von Rechtfertigung und Heiligung. In IV/3, 324ff. greift Barth erneut auf diese Terminologie zurück: Die Offenbarung der erfüllten Bundesgeschichte geschieht in dem Prozeß des Ausgangs, des Durchgangs und des Eingangs, in dem diese prophetische Geschichte Jesu Christi auf Mensch und Welt übergreift und ausgreift.

b) Ich sagte, daß Barth in IV/3 den Verlauf der Kampfesgeschichte Jesu Christi erzählt. Diese Kampfesgeschichte durchläuft den Weg der dreifachen Parusie: nämlich den Weg einer *anhebenden Parusie* des Menschensohnes in den Ostererscheinungen zur *vollendenden Parusie* als Ziel des entsprechenden menschlichen Befreiungskampfes, von welchem Anfang und Ziel her auch die Zeit zwischen den Zeiten Jesu Christi ihr Charakteristikum in der *Verheißung des Geistes* hat (§ 69,4). Stadien dieser Kampfesgeschichte des messianischen Menschen sind hier also die mit der österlichen Parusie anhebende Kampfesgeschichte, die mit der vollendenden Parusie abgeschlossene Kampfesgeschichte und die durch die Verheißung des Geistes machtvoll vorangetriebene und fortgehende Kampfesgeschichte. Der Wegcharakter des messianischen Kampfes um die Befreiung wird darin von Barth deutlich zum Ausdruck gebracht. Barth redet von der letzten, von der proleptischen und von der mittleren Gestalt der Parusie.

Die *letzte* Gestalt der Parusie ist nach Barth die Wiederkunft Jesu Christi, das Kommen dessen, der schon kam.

Die *proleptische* Gestalt der Parusie ist nach Barth das Kommen Jesu Christi in den Ostererscheinungen: Die Erscheinungen des Auferstandenen sind nämlich das Wiederkommen des Gekommenen, des Gekreuzigten. Deshalb redet Barth von der Wiederkunft Jesu Christi im Osterereignis. Barth ist darüber hinaus der Meinung, daß Jesus die Parusie des messianischen Menschensohnes (seine Parusie als der Menschensohn!) noch zu seinen Lebzeiten erwartet hat. Deshalb hat Barth die Ostererscheinungen, m.E. exegetisch zu Recht und systematisch noch gar nicht ausreichend bedacht, als proleptische Parusieerscheinungen verstanden: »Die Wiederkunft Jesu Christi im Osterereignis ist nach dem Neuen Testament noch nicht als solche seine Wiederkunft im Heiligen Geiste und erst recht noch nicht seine Wiederkunft am Ende aller Tage« (339).

Sowohl von der *letzten* als auch von und der *proleptischen* Gestalt der Parusie in den Ostererscheinungen her hat Barth noch einmal die *mittlere* Gestalt der Parusie, das Kommen Jesu Christi, unterschieden und engstens verklammert: »Auch die Ausgießung des Heiligen Geistes ist die Parusie. In ihr ist sie nicht nur gewesen, sondern in ihr geschieht sie noch heute« (340). Barth hat dabei auf die pneumatische Christologie des Neuen Testaments rekurriert. 2Kor 3,17: Der Kyrios ist der Geist. 1Kor 12,3: Niemand kann Jesus Christus einen Herrn nennen außer im Heiligen Geist. Er hat auf Joh 16,7.13, auf das Kommen des Trösters, des Parakleten, verwiesen. Das Kommen Jesu Christi im Geist ist nach dem Johannesevangelium – und Barth zitiert hier zustimmend Rudolf Bultmann: »Die Parusie ist schon gewesen« – die mittlere pneumatologische Gestalt der Parusie (340). Barth rekurriert schließlich auf Apg 2,33: Die Inthronisation Jesu zur Rechten Gottes bedeutet, *daß er selber erst die Verheißung des Geistes vom Vater empfängt* – der Geist geht nicht nur von ihm aus. Er *empfängt* die Verheißung des Geistes vom Vater, um diesen dann zu Pfingsten auszugießen auf alles Fleisch. Das heißt, die Gabe des Geistes ist die Weise, in welcher die Jünger an der messianischen Herrschaft Jesu Christi partizipieren. Umgekehrt ist der Geist die Kraft, in der Jesus Christus in seiner Gemeinde präsent ist und befreiend wirkt.

III. Die Ethik der Auferweckung, der Auferstehung und der Parusie
Die Ethik des Rechtes, der Freiheit und der Befreiung

Hat man die Unterscheidung der Viererbände der Versöhnungslehre vor Augen: die Rechtsgeschichte (IV/1), die Freiheitsgeschichte (IV/2), die Befreiungsgeschichte (IV/3), – das Verhältnis von Auferweckung (IV/1), Auferstehung (IV/2) und Parusie (IV/3), dann wird man auch die *ethischen* Grundaussagen Barths in diesen Kontext einordnen können. Mir ist eigentlich erst im Zusammenhang mit der differenzierten Gliederung der Versöhnungslehre deutlich geworden, daß schon in »Christengemeinde und Bürgergemeinde« (1946) nicht zufällig die Punkte 15–26 exakt der Architektonik und Sequenz dieser späteren Versöhnungsbände entsprechen.
a) Barth schreibt zu der in den Punkten 15f. beschriebenen *Ethik des Rechtes* in Punkt 16 – und wir hören damit das Thema des § 59,3 vorweg –: »Die christliche Gemeinde ist der Zeuge der göttlichen Rechtfertigung, d.h. des Aktes (des Urteils Gottes), in welchem Gott in Jesus Christus sein ursprüngliches Recht auf den Menschen und damit das Recht des Menschen selbst gegen Sünde und Tod aufgerichtet hat.« Dieses christologisch-eschatologische Rechts- und Staatsdenken und also die Forderung der Ausrichtung jedes menschlichen Rechtes auf die in Christus erkennbare, kommende Gerechtigkeit des Reiches Gottes und also die Gestaltung des menschlichen und gesellschaftlichen Rechtes im Sinne eines zukunftsoffenen und zukunftsorientierten Prozesses haben im Anschluß an Barth sein Schüler Gustav Heinemann und insbesondere Helmut Simon aufgenommen, weiterentwickelt und von einem naturrechtlich-katholischen und einem notordnungsrechtlich-neulutherischen Rechts- und Staatsdenken abgegrenzt. Der Kampf gegen das Vergeltungsstrafrecht der Todesstrafe, der Kampf für eine Minimalisierung des Sühne- und Vergeltungsstrafrechts, die Gründung des menschlichen Rechtes auf die Rechtsgeschichte des Gottes Israels bei Gustav Heinemann und die Verfassungsinitiative Helmut Simons mit dem Ziel, Massen- und Zukunftsvernichtungsmittel

zum Unabstimmbaren in der Verfassung zu machen, sind Beispiele eines solchen am kommenden Reich Gottes und seiner Gerechtigkeit orientierten christologisch-eschatologischen Rechtsdenkens (Barmen V).

b)   Analysiert man die von Barth genannten Punkte in »Christengemeinde und Bürgergemeinde« weiter, stößt man im Zusammenhang mit den Punkten 17–21 auf Barths *Ethik der Freiheit*. Alle dort genannten Punkte sind solche, die die Freiheit betreffen und § 64,4 wiederum vorwegnehmen. Ich wähle als Beispiel den Punkt 18 aus, wo es heißt: »Die Christengemeinde ist die Gemeinde derer, die durch das Wort der Gnade ... in *Freiheit* Gottes Kinder zu sein, berufen sind. Das bedeutet in der Übersetzung und im Übergang in die ganz andere politische Wirklichkeit: sie bejaht als das jedem Bürger durch die Bürgergemeinde zu garantierende Grundrecht der Freiheit: die Freiheit, seine Entscheidung in der politisch rechtlichen Sphäre nach eigener Einsicht und eigener Wahl selbständig zu vollziehen.«

c)   Und zuletzt: *Die Ethik der Befreiung.* Ich sagte: Die Punkte 15–16 in »Christengemeinde und Bürgergemeinde« sind an der Rechts-Thematik von IV/1, die Punkte 17–21 an der Freiheits-Thematik von IV/2, der Verheißung und Übereignung universaler Freiheit, orientiert. Und ich füge nun hinzu: Die Punkte 22–26 – die Herstellung einer kritischen Öffentlichkeit, das Eintreten für das freie menschliche Wort im Dienste der universalen Befreiung – sind an der Befreiungs-Thematik von IV/3 orientiert. Das Eintreten gegen eine unverantwortliche Geheimpolitik und gegen eine das kritische Licht scheuende Geheimdiplomatie, der Kampf um die Herstellung der kritischen Öffentlichkeit und für die Freiheit des öffentlichen Wortes sind von Barth der Thematik »Jesus – Licht des Lebens« zugeordnet worden. Und die kritische Begrenzung, ja Minimalisierung und Bändigung der Gewalt im Dienst von Recht, Freiheit und Frieden ist bei Barth der Thematik »Jesus ist Sieger« zugeordnet. Ist doch die dynamisch-teleologische Kampfesgeschichte Jesu Christi diejenige Macht des Lichtes, die der Durchsetzung der Verheißung universaler Gerechtigkeit dient.

Barth hat deshalb in dem letzten Punkt von »Christengemeinde und Bürgergemeinde«, auch das entspricht der Thematik von IV/3, auf die *ökumenische* Dimension abgehoben. Er hebt in diesem Zusammenhang eigens hervor, daß gerade die »von Haus aus *ökumenisch*« orientierte Christengemeinde »auch im Politischen allen abstrakten Lokal-, Regional- und Nationalinteressen« der einzelnen Staaten widersteht und sich demgegenüber für den Vorrang der gesamtmenschlichen Interessen einsetzt (Punkt 25). Dem Exodus und »Ausbruch der christlichen Gemeinde in die Welt« (IV/3, 20, 40) wird also das gesellschaftliche, politische und ökologische Eintreten für die Belange der ganzen Menschheit und Schöpfung entsprechen.

Schließlich eine letzte Bemerkung zur *Ethik der Befreiung:* Dem Aufstand gegen die Herrschaft totalitärer Gewalten gilt der letzte Paragraph von Barths Ethik der Versöhnung (§ 78). Daß Barths die messianische Befreiungs- und Kampfesgeschichte Jesu Christi entfaltende Ethik der Versöhnung eine Ethik des »Kampfes um menschliche Gerechtigkeit«, um Freiheit und Frieden ist, wird nach allem bisher Ausgeführten nicht überraschen können. Ebenfalls nicht, daß dieser Befreiungskampf als ein von der *Auferstehung* Jesu her inspirierter *Aufstand* gegen alle Formen der Unterdrückung des Menschen durch die Herrschaft totalitärer Gewalten geschildert wird. Auferstehung und Aufstand gehören für Barth zusammen!

IV. Die Auferstehung als Ankunft der Zukunft
Schlußbemerkung

In den Vorüberlegungen unter I wurde sehr vorläufig formuliert: Die Auferstehung als die Erfüllung des Bundes und Ankunft der Zukunft. Dazu nun einige abschließende Bemerkungen:
In seinem letzten Aufsatzfragment vom 9. 12. 1968 mit dem charakteristischen Titel »Aufbrechen – Umkehren – Bekennen« (1968), das Peter Eicher umfassend und, wie ich meine, angemessen gewürdigt hat, bekennt Barth sich zu der entscheidenden theologischen Bedeutung des *Exodus* und spricht von dem »nicht genug zu beleuchtenden und zu bedenkenden Modell: dem Auszug Israels aus Ägypten in das ihm verheißene Land« (Letzte Zeugnisse 1969, 63).
Ich möchte zu diesem Exodus-Motiv drei Beobachtungen mitteilen, die dieses Aufsatzfragment Barths beleuchten:
1. Barth hat sowohl in IV/2 (1955) als auch in IV/3 (1959) in immer wiederholten und neu durchgespielten Variationen die übergreifende, ausgreifende, die durchbrechende, die dynamisch-teleologische Geschichte Jesu Christi unter drei Stichworten beschrieben: Sie sind der *Ausgang* Jesu Christi aus den Toten, der *Übergang* Jesu Christi von dort nach hier (Übergangsüberlegung), der *Eingang* Jesu Christi durch den Heiligen Geist vorläufig zu den Christen, teleologisch aber zu allen Menschen.
Barth hat also in der Tat, wie ich zu Anfang sagte, die Auferweckung, die Ostererscheinungen (Auferstehung) und die Parusie in den Kategorien des Exodus verstanden. Darin ist er Dietrich Bonhoeffer vergleichbar, der in seinem Brief vom 27. 6. 1944 ebenfalls die Auferweckung des Gekreuzigten vom Exodus Israels her gewürdigt und von den religiösen Jenseitshoffnungen unterschieden wissen wollte. Die Auferstehung als Offenbarung des erfüllten Bundes versteht Barth also in Kategorien des Exodus, und d.h.: in den Kategorien von Exodus, Wüstenwanderung und Landnahme. Dies bestätigt, daß Barth die Auferstehung als Offenbarung des erfüllten Bundes zugleich als Ankunft der Zukunft verstand.
2. Am Schluß seines § 73: »Der Heilige Geist und die christliche Hoffnung« übersetzt Barth Phil 1,23 nicht in der resignativen Sprache, deren

sich auch die Zürcher Übersetzung bedient, »Ich habe Lust abzuscheiden, um bei Christus zu sein«, sondern in der hoffenden Sprache: »Ich habe Lust, aufzubrechen (!), um bei Christus zu sein« (IV/3, 1062; 1069). Barth wählt also nicht die Resignationsformel des Abscheidens, sondern er plädiert für die *Exodusformel des Aufbrechens*. Die Todesüberwindung ist demnach die letzte umfassende Gestalt des Exodus, nicht nur Rettung angesichts des Todes, wie im Exodus-Ereignis selbst, sondern Rettung aus dem Tode heraus. »Das bedeutet . . . sein ›Aufbrechen‹, um mit Christus zu sein, . . . seine Verwandlung, auch seine Überkleidung mit dem neuen, keiner Vergänglichkeit ausgesetzten . . . Sein« (IV/3, 1069).

3. Barth hat zu Ostern 1967 eine Meditation – »Das Geheimnis des Ostertages« – in der Neuen Zürcher Zeitung zu 1Petr 3,17 »Wiedergeboren zu einer lebendigen Hoffnung« veröffentlicht. Hier entfaltet er von Ostern her die der Welt von außen eingestiftete Hoffnung. Diese der Welt nicht nur im Sinne eines Sprachgeschehens zugesprochene, sondern ihr als Geschichte von außen in ihr Innerstes eingepflanzte Hoffnung ist das große Neue, das von keinem Menschen im Rahmen eines naturwissenschaftlichen oder universalgeschichtlichen »Wirkungszusammenhangs des Seienden konstatiert, überschaut und erklärt werden kann« (Predigten 1954–1967, 279). Die »Zukunft unseres, des ganzen Menschenvolkes . . . ist . . . in dem lebendigen Jesus Christus in der Macht seines Heiligen Geistes verborgen gegenwärtig« (ebd.).

Und Barth fährt fort: »Am Ostertag feiert die Kirche ihn als den lebendigen Herrn: die Zukunft seiner Offenbarung als die Hoffnung aller Menschen, der ganzen Welt, eines jeden Menschen« (277). Die Osterfeier ist also als Feier der Hoffnung eine Feier der Zukunft seiner Offenbarung. Und dann das Entscheidende: »Genauso wie einst Israel Passah feierte vor dem Aufbruch (!) aus der ägyptischen Knechtschaft in das seinen Vätern verheißene Land. Der Ostertag ist darum der höchste Abendmahlsfeiertag« (277). Das Abendmahl ist als Feier der Hoffnung vor dem Aufbrechen aus der Knechtschaft das Mahl der Vorweggabe der den Vätern gegebenen Landnahme. Die Trias von Ausgang, Übergang und Eingang als Motiv der Exodus-Theologie klingt hier erneut deutlich an.

Und damit komme ich zu der abschließenden These: Die Auferstehung will Barth zufolge nicht nur in den Kategorien der *Bundestheologie* als Offenbarung erfüllter Bundesgeschichte, sondern sie will auch in den Kategorien der *Exodus-Theologie* als Ankunft der Zukunft verstanden und gelebt werden. *Die Auferstehung ist als Erfüllung des Bundes zugleich als Ankunft der Zukunft zu verstehen, auszulegen, anzusagen, zu leben und zuletzt auch zu erhoffen.*

V. Auferweckung, Auferstehung und Parusie
Überblick über die Kontexte der Auferstehung in den Bänden der Versöhnungslehre

Ziel der vorliegenden Analyse war der Nachweis, daß für Barth das Theologumenon vom ungekündigten Israelbund als der entscheidende Hintergrund nicht nur aller drei Bände der Versöhnungslehre, sondern entsprechend auch als Voraussetzung des komplexen Zeugnisses von der Auferweckung Jesu zu verstehen ist.

Dementsprechend benennt Barth für die Auferweckung drei große geschichtliche Kontexte der Versöhnungsgeschichte: die *Rechts*geschichte Gottes, die *Freiheits*geschichte des messianischen Menschen und die *Befreiungs*geschichte des Mittlers: Mit dem »Urteil des Vaters« (59,3) wird uns die universale Gerechtigkeit (das Thema Luthers), mit der »Weisung des Sohnes« (§ 64,4) wird uns die universale Freiheit (das Thema Calvins) übereignet. Durch die »Prophetie Jesu Christi« (§ 69,2–4) werden wir in den realgeschichtlichen Prozeß universaler Befreiung (das Thema der Ökumene) eingewiesen.

Von diesem differenzierten Verständnis der Auferweckung, der Auferstehung und der Parusie her gewinnt nach Barth die Ethik ihre konkrete Zuspitzung, wird sie nämlich zur Ethik des Rechts, zur Ethik der Freiheit und zur Ethik der Befreiung, wie an den politischen und gesellschaftlichen Analogien in »Christengemeinde und Bürgergemeinde« (1946), an Barths Entwurf des Darmstädter Wortes (1947) und an Barths Fragment der Versöhnungsethik (§ 78: Der Kampf um menschliche Gerechtigkeit 1959–1961) gezeigt werden kann.

II
Themen der Versöhnungslehre

5 Gott in Christus – Versöhner der Welt

Die Christologie Karl Barths als Anfrage an die Christologie der Gegenwart[1]

»Ist der ursprüngliche Klang der Glocke, das ›Gott ist Gott‹, verstummt? Ist das revolutionäre Feuer verloschen und hat es womöglich einer monotonen Neuorthodoxie Platz gemacht, mit der man ungestört wieder in die gewohnten Bahnen einer bibeltreuen Kirchlichkeit einlenken konnte? Viele sagen so, und die Art, wie der große Magen der Kirche bei ihrer Restaurierung nach 1945 auch K. Barth aufgenommen und scheinbar verdaut hat, scheint dafür zu sprechen. Aber dieser Eindruck täuscht« (W. Kreck)[2].

I. Die Christologie K. Barths als Neo-Orthodoxie?

In seinem Buch »Grundzüge der Christologie« kommt W. *Pannenberg*[3] ganz ähnlich wie *H. Grass* in »Theologie und Kritik«[4] und *H. Dembowski* in seinen »Grundfragen der Christologie«[5] in einer zusammenfassenden Charakteristik der Christologie K. Barths zu folgendem Urteil: »Barth spricht in seiner Dogmatik von einer ›Geschichte‹ der Inkarnation. Der Gottessohn geht in die Fremde . . ., indem er ein Mensch wird, sich mit dem Menschen Jesus verbindet . . . Eben diese Verbindung bedeutet andererseits für den Menschen Jesus, dem sie zuteil wird, unaussprechliche Erhöhung« (27).

---

1   Überarbeitete Fassung eines Vortrages, der am 24. 1. 1972 im Rahmen der von der Stiftung Pro Helvetia und der Schweizerischen Botschaft veranstalteten Barth-Ausstellung in der Universität in Göttingen gehalten wurde.
2   *W. Kreck:* Zur Eröffnung der Barth-Ausstellung in Bonn am 1. 2. 1971, EvTh 31 (1971), Heft 6, 329.
3   *W. Pannenberg:* Grundzüge der Christologie, 1964.
4   *H. Grass:* Theologie und Kritik, Gesammelte Aufsätze und Vorträge, 1969: »Der spätere Barth ist . . . zur *Erneuerung der klassischen Christologie* fortgeschritten« (132, vgl. 136ff.).
5   *H. Dembowski:* Grundfragen der Christologie, in: BEvTh, hg. von E. Wolf, Bd. 51, 1969: »Mit der klassischen Christologie fällt aber auch die K. Barths, insofern er unkritisch eine Inkarnations- und Zwei-Naturen-Christologie betreibt . . . Insofern er sich den Rahmen von der unkritisch rezipierten klassischen Christologie vorgeben läßt, fällt mit diesem Rahmen seine Christologie als Ganze« (122, vgl. 115ff.).

Pannenberg verkennt, indem er die Christologie K. Barths als Entfaltung der Inkarnation interpretiert, durchaus nicht die Umformungen, die Barth an der traditionellen Christologie vorgenommen hat, nämlich die Vergeschichtlichung der Statik der altkirchlichen Zweinaturenlehre, das Ineinander der Stände in der Geschichte Jesu Christi im Gegensatz zu dem statischen Nacheinander von Erniedrigung und Erhöhung in der orthodoxen Christologie und die Interpretation der Zweinaturenlehre durch die Zweiständelehre, d.h. die Deutung der göttlichen Natur von der Erniedrigung und der menschlichen von der Erhöhung her. Im Gegenteil: diese Dynamisierung und Vergeschichtlichung läuft nach Pannenberg auf eine Radikalisierung der an der Inkarnation orientierten klassischen Christologie hinaus, bringt also Barth »in eine noch größere Nähe zum Grundriß des gnostischen Erlösermythos, als sie der ›von oben nach unten‹ konstruierten Inkarnationschristologie sowieso schon eigentümlich ist: Abstieg aus dem Himmel und Wiederaufstieg zu ihm«. Indem Barth »die Versöhnungslehre noch einmal als Auslegung der Inkarnation ... entwickelt«, indem er »seine Christologie von der Inkarnation her entwirft«, findet Barth den Fundamentalsatz der Christologie nicht – wie Pannenberg will – in der Auferweckung, nimmt vielmehr »für Barth das Inkarnationsdogma den Platz dieses Fundamentalsatzes ein.«[6]

Die Versöhnungslehre K. Barths als Explikation der Inkarnation, das Inkarnationsdogma als Fundamental- und Basissatz der Barthschen Christologie, die Dynamisierung der altkirchlichen Inkarnationschristologie und daraus folgend deren Radikalisierung in Richtung auf das Schema des gnostischen Erlösermythos – das ist der Grundeinwand, das sind die Deutungskategorien Pannenbergs, und nicht nur seine!

Die Fragen, die H. Dembowski, H. Grass und W. Pannenberg durch ihre Interpretation der Barthschen Christologie als Explikation der Inkarnationsgeschichte aufwerfen, können freilich nur dann beantwortet werden, wenn präzis nach dem *Ort* gefragt wird, innerhalb dessen Barth die genannten Modifikationen der überkommenen Christologie zur Sprache gebracht hat. In welchem Rahmen und an welchem Ort vollzieht sich diese Aktualisierung? Im Rahmen der Inkarnationschristologie und ihrer Inkarnationsaussage? – Gerade dies ist mit Bestimmtheit zu verneinen!

Barth hat nämlich präzis den Ort angegeben, innerhalb dessen er die Mo-

---

6   *W. Pannenberg*: a.a.O. 27, 288, 312, 109 A 123. – Pannenberg übersieht im Nachwort zur 5. Auflage seiner Grundzüge der Christologie, Gütersloh ⁵1976, 419ff den Punkt, an dem ich ihn kritisiert habe und auch weiterhin kritisiere. In den 1960 aus Anlaß der Disputation mit H. Braun aufgestellten Thesen formuliert Pannenberg zum Thema Kreuz: »Das Kreuz Jesu hat den Charakter eines Heilsereignisses *nicht von sich aus*, sondern *erst* im Licht seiner Auferweckung« (These 3; Kursivierung von mir). Ich betone demgegenüber, daß das Kreuz den Charakter eines Heilsereignisses nicht *nur* im Licht der Auferweckung und nicht nur im Lichte des Vollmachtsanspruchs Jesu, sondern *auch* im Lichte der Leidensankündigungen und *erst recht* im Lichte der Leidensdeutung Jesu (Mk 14,24f) erhält. – Vgl. dazu *P. Stuhlmacher*: Biblische Theologie des Neuen Testaments, Bd. I §§ 10-11, Göttingen 1992.

difikationen allein zur Sprache bringen wollte und auch im Zusammenhang seiner Christologie explizit zur Sprache gebracht hat. Diese Ortsangabe der Aktualisierung der traditionellen Christologie ist zum Schaden der Sache meist übersehen worden.

Stellen wir Barths grundsätzliche Erklärung an den Anfang: Die Versöhnungslehre selbst ist das »zentrale Wort des ganzen christlichen Bekenntnisses ... Die ganze Dogmatik hat nichts Höheres noch Tieferes, sie hat nichts wesentlich Anderes zu sagen als dies: daß »Gott war in Christus und versöhnte die Welt mit sich selber« (KD II/2, 95). Diese Versöhnung des Kosmos im Kreuz Christi impliziert nach Barth die beiden Momente des versöhnenden Gottes als Subjekt und des versöhnten Menschen als Objekt. Und nur an diesen beiden Dimensionen des versöhnenden Gottes und des versöhnten Menschen im Kreuz läßt sich nach Barth die Inkarnationsaussage ablesen.

Die Doppelbewegung von versöhnendem Gott und versöhntem Menschen im Kreuz, die wirkende Person des Versöhners und das persönliche Werk der Versöhnung implizieren das Kommen der Person in ihrem persönlichen Werk. Die Zweinaturenlehre ist damit nach Barth – und hier erst kommt der entscheidende Neuansatz der Ineinssetzung von Christologie und Versöhnungslehre voll zur Auswirkung – ein Implikat der Doppelbewegung des Versöhnungsgeschehens im Kreuz. Von dem aktuellen Ineinander von Mittler und Versöhnungswerk her fragt Barth nach dem Kommen des Mittlers in diesem Werk. Der in Jesus Christus versöhnende Gott ist der wahre Gott, der in Jesus Christus versöhnte Mensch ist der wahre Mensch. *Die Kreuzeschristologie K. Barths ist mithin nicht – wie in der klassischen Christologie – ein Explikat der an der Inkarnation orientierten Zweinaturenlehre, sondern umgekehrt: die Zweinaturenlehre ist ein Implikat der am Kreuz orientierten Versöhnungslehre.*

Was für die Zweinaturenlehre gilt, gilt auch für die Rezeption der Zweiständelehre. Die Koinzidenz der beiden Stände, die Interpretation des Kommens Gottes von der Erniedrigung und der Menschheit Jesu von der Erhöhung her sind nach Barth Implikate des Kreuzesgeschehens in seiner zeitlich koinzidierenden Doppelbewegung von versöhnendem Gott und versöhntem Menschen: der versöhnende Gott kommt in Jesus Christus als der wahre, sich erniedrigende Gott; der versöhnte Mensch ist Jesus der wahre, erhöhte Mensch.

Die theologia crucis bildet somit den Ort und den Rahmen der Modifikation und Aktualisierung der traditionellen Christologie bei Barth: Das Ineinander von Christologie und Versöhnungslehre impliziert und interpretiert die Zweinaturen- und Zweiständelehre.

Die traditionelle Redeweise von der Inkarnation umformend, formuliert deshalb Barth: »Was Inkarnation bedeutet, wird offenbar in der Frage [Jesu] am Kreuz: ›Mein Gott, mein Gott, warum hast du mich verlassen?‹ (Mk 15,34)« (IV/1, 202). Oder noch deutlicher in Barths Auslegung des Credo: »Nachdem wir den zweiten Artikel als das Zentrum des ganzen

Glaubensbekenntnisses bezeichnet haben, werden wir die uns nun begegnenden Sätze über den *Tod* und die *Auferstehung* Jesu Christi noch einmal das Zentrum [!] in diesem Zentrum nennen müssen. Kein Ergebnis der exegetischen Erforschung des Neuen Testaments kann so klar sein wie dieses: daß das Zeugnis der Apostel und Evangelisten von allen Seiten auf diese Mitte hinweist: crucifixus est et resurrexit ... Von hier aus ist zu ermessen, was die Menschwerdung bedeutet.«[7] Hatte *M. Dibelius* in seinem 1935 erschienenen Aufsatz »Evangelienkritik und Christologie« noch vom »radikalen Paulinismus ... [der] dialektischen Theologie *K. Barths*« gesprochen und hervorgehoben, »daß die dialektische Theologie [einseitig] auf Paulus gegründet« sei[8], so hat Barth in der KD die Integralisierung der vorösterlichen Geschichte Jesu durch Kreuz und Auferweckung herausgearbeitet und von daher »die Einheit der biblischen Botschaft«[9] sowohl in der paulinischen Konzentration als auch in der synoptischen Integralisierung gesehen. Denn »das Christuszeugnis des Neuen Testamentes läuft ... (in den Evangelien) diesem Satz [vom gekreuzigten Christus] entgegen, um (in ... den Episteln) von diesem Satz herzukommen« (IV/1, 269).

Der Mangel der Interpretationen der Barthschen Christologie und deren Deutung als Explikation und Aktualisierung der Inkarnationschristologie ist deshalb darin zu suchen, daß sie die Interpretation der Zweinaturen- und Zweiständelehre und ihre Koinzidenz, mithin die Vergeschichtlichung der traditionellen Christologie aus der Mitte der am Kreuz orientierten Barthschen Versöhnungslehre herauslösen und zugleich die Integralisierung der vorösterlichen Geschichte Jesu Christi durch Kreuz und Auferweckung verkennen: *Barth denkt nicht im neo-orthodoxen Sinn inkarnatorisch*. In Jesus Christus ereignet sich vielmehr die Einheit des sich erniedrigenden Gottes und des erhöhten Menschen deshalb und nur deshalb, weil Jesus Christus, der Versöhner im Kreuz, das Ereignis des versöhnenden und darin sich erniedrigenden Gottes und des versöhnten und darin erhöhten Menschen ist.

Erst in dieser Rückübersetzung der statischen Inkarnationschristologie in eine an Kreuz und Auferweckung und ihrer Integralbedeutung orientierte geschichtliche Dynamik ist das Spezifikum der Barthschen Rezeption und Modifikation traditioneller Christologie zu sehen. Im Hinblick darauf hat *H. Vogel* von der »*theologischen metanoia*« und einem »reformatorischen Umbruch« in der KD gesprochen, der Barth »auf weite Strecken den Acker der so sorgfältig gepflügten und dankbar respektierten Tradition geradezu [hat] umpflügen lassen«[10], hat *W. Kreck* darauf hingewiesen, daß sich in

---

7   *K. Barth:* Credo. Die Hauptprobleme der Dogmatik, dargestellt im Anschluß an das Apostolische Glaubensbekenntnis, 1936⁴, 75.
8   *M. Dibelius:* Evangelienkritik und Christologie, in: Botschaft und Geschichte. Gesammelte Aufsätze I, hg. von G. Bornkamm, 1953, 296.
9   A.a.O., 358.
10   *H. Vogel:* ECCE HOMO. Die Anthropologie K. Barths. Referat und Gegenfrage, in: VF, Theologischer Jahresbericht 1949/50, 128.

den Bänden der KD »eine Revision des gesamten Lehrgefüges, die bis heute . . . in der Breite noch kaum oder nur bruchstückhaft zur Kenntnis genommen, geschweige schon hinreichend durchdiskutiert worden ist«, vollzieht[11]. Von daher hat nicht zuletzt *K. Barth* selber auf die Frage, ob er sich »dagegen wehren würde, als neo-orthodoxer Theologe abgestempelt zu werden«, geantwortet: »Wenn ich dies Wort höre, kann ich nur lachen. Denn was heißt ›orthodox‹? und was heißt ›neo-orthodox‹? Ich kenne die sogenannte Orthodoxie . . . ich respektiere sie auch. Aber ich bin fern davon, selber einer von dieser Schule zu sein. Ich bin nur von anderer Seite darauf festgenagelt worden, daß ich ein Orthodoxer sei, weil ich manche Anregungen von dort empfangen habe. . . . Aber ›neo-orthodox‹: ich finde es nur komisch, wenn man mir das sagt.«[12]

Barths Kreuzeschristologie ist keine Auslegung der Inkarnationsgeschichte, Barths Christologie der Versöhnung keine Radikalisierung auf der Basis der klassischen Inkarnationschristologie. Vielmehr umgekehrt: Das Drama des versöhnenden Gottes und des versöhnten Menschen im Kreuz impliziert das Kommen des sich erniedrigenden Gottes und das Ereignis des erhöhten Menschen in Jesus Christus. Die Kreuzeschristologie Barths ist mithin nicht Explikat der an der Inkarnation orientierten Zweinaturen- und Zweiständelehre, vielmehr sind diese Implikat der an Kreuz und Auferweckung orientierten Versöhnungslehre.

II. Das Subjekt, der Inhalt und das Licht des Kreuzesgeschehens

Die Christologie K. Barths repräsentiert eine *Christologie* der *Auferweckung* des *Gekreuzigten*[13]. In dieser Bestimmung sind drei Momente: die *christologische* Frage, die *Kreuzesfrage* und die *Auferweckungsfrage* zu unterscheiden. Sie sind im folgenden jeweils zunächst für sich zu entfalten, sodann in den Zusammenhang der Christologie der Gegenwart zu stellen und als Anfrage an diese zu artikulieren. Diese drei Momente sind: 1. Das *Subjekt* dieses Geschehens, 2. Der *Inhalt* dieses Geschehens und 3. Das *Licht* dieses Geschehens.

Diese drei Momente sind dabei im strengen Sinn nicht voneinander zu trennende Aspekte des einen Geschehens, der Auferweckung des gekreuzigten Christus durch Gott.

---

11 *W. Kreck*: a.a.O., 329.
12 *K. Barth*: Liberale Theologie. Ein Interview, in: Letzte Zeugnisse, 1969, 34.
13 Zur eingehenden Begründung dieser These vgl. meine Arbeit: Die Auferweckung des Gekreuzigten, 1971, 1973[2].

1. Das Subjekt dieses Geschehens

»Wenn Jesus nicht nur das Wort Gottes sagt, sondern selbst das Wort Gottes ist, so heißt das, daß Gott selbst in einzigartiger Weise in ihm gegenwärtig ist und handelt oder – in der traditionellen kirchlichen Sprache – daß dieser Mensch Jesus, dieser Gekreuzigte, der Sohn Gottes ist« (W. Kreck)[14].

a) *Jesus von Nazareth – der messianische Sohn Gottes*

Von woher gewinnt K. Barth den Ansatz seiner Christologie? *H. Grass* urteilt in dieser Frage so: K. Barths Christologie ist »eine Christologie von oben her, in der die Gottheit Christi von vornherein außer Diskussion steht«[15]. Ganz im Gegensatz zu dieser Darstellung von Grass setzt Barth nicht mit einer außer Diskussion stehenden metaphysischen Voraussetzung, sondern mit einer *traditionsgeschichtlichen* Feststellung ein, die – wie der Exeget *G. Eichholz* formuliert – erkennen läßt, »wie Karl Barth ... die Problematik der historischen Forschung kennt, beobachtet und verarbeitet«[16]. Diese grundsätzliche traditionsgeschichtliche Feststellung K. Barths lautet: »Die neutestamentliche [insbesondere synoptische] Überlieferung ... ist sich darin einig, daß gerade in dem Menschen Jesus von Nazareth als

---

14   *W. Kreck:* Grundfragen der Dogmatik, Einführung in die Evangelische Theologie, Bd. 3, 1970, 73.

15   *H. Grass:* a.a.O., 138.

16   *G. Eichholz:* Der Ansatz Karl Barths in der Hermeneutik, in: Antwort, Festschrift für Karl Barth, 1956, 64 Anm. 28. Im Gegensatz zu dem gängigen Vorwurf einer bei Barth zu konstatierenden biblisch-positivistischen, d.h. vor-kritischen Schriftexegese haben R. Smend von »nachkritischer Schriftauslegung« (Parrhesia. Festschrift für Karl Barth zum 80. Geburtstag, 1966) und Fr.-W. Marquardt von einer »kritischen Radikalisierung ... des historisch-kritischen Verfahrens« (Exegese und Dogmatik in Karl Barths Theologie, in: Registerband zur Kirchlichen Dogmatik, 1970, 662) gesprochen, was Barths Argumentation in KD IV/1. beispielhaft bestätigt: Barth führt zur Begründung und Entfaltung des neutestamentlichen Axioms der Gottessohnschaft Jesu folgendes an: a) Die traditionsgeschichtliche Feststellung von dem Nichtvorhandensein einer neutestamentlichen Schicht, in der Jesus von Nazareth noch »unmessianisch« (W. Wrede, Das Messiasgeheimnis in den Evangelien, 1901) gesehen und beurteilt wäre (IV/1, 174, 176). b) Die historisch-exegetische Beobachtung von der faktischen und praktischen Deckungsgleichheit der drei Größen »der himmlische *Vater,* sein vom Himmel auf die Erde gekommenes *Reich* und die Person *Jesu von Nazareth*« (176), in der Barth die von R. Bultmann, Glauben und Verstehen II, 253ff. konstatierten »naiven Aussagen« (253) mit ihrem »unausgeglichenen Nebeneinander« (254) positiv als Ausdruck der *Gegenwart der kommenden Herrschaft* Gottes und deren *personhafter Bindung an und Vermittlung durch Jesus von Nazareth* im Sinn der sich realisierenden Eschatologie aufnimmt: »Die Nennung Jesu Christi und die Nennung des Reiches Gottes sollen sich offenbar in allen diesen Zusammenhängen gegenseitig interpretieren« (IV/2, 219). c) Das historische Argument von der Schwierigkeit einer Apotheose eines Menschen im Bereich des alttestamentlichen Gottesbegriffs (IV/1, 177f.). d) Die systematische These von der Unmöglichkeit, die im Bereich der Urgemeinde entstandenen Hoheitstitel mit ihrem Anspruch auf Gegenstandsbezogenheit und Gegenstandsentsprechung der nachkantischen Alternative »Seinsurteil oder religiöses Werturteil«, »Tatsachenwahrheit oder Existenzwahrheit« (Ritschl, Loofs, Bultmann) zu unterwerfen. Die Gegenstandsbegründetheit

stenzwahrheit« (Ritschl, Loofs, Bultmann) zu unterwerfen. Die Gegenstandsbegründetheit solchem, an dessen echter, voller und individueller Menschlichkeit sie keinen Zweifel läßt, »der messianische Sohn Gottes« auf dem Plan zu erkennen . . . sei: . . . ihr [messianischer] Herr . . . und Richter« (IV/1, 174). Und noch deutlicher: »Es gibt [nun] einmal keine erkennbare Schicht neutestamentlicher Überlieferung, in der Jesus – immer unter Voraussetzung seiner echten Menschlichkeit – praktisch anders gesehen und in dieser oder jener Terminologie anders beurteilt wäre« (IV/1, 176), nämlich als dieser messianische Menschsohn. Und schließlich in aktueller Zuspitzung: »Es gibt bis auf diesen Tag kaum einen Punkt christlicher Erkenntnis und christlichen Bekenntnisses, der nicht positiv oder negativ, direkt oder indirekt, mit diesem *einen* Punkt, mit dieser christlichen Urerkenntnis im Zusammenhang stünde« (IV/1, 175).

Die Subjektsfrage ist, wie Barth meint, der entscheidende, zugleich aber auch der umstrittenste Punkt in der christologischen Debatte der Gegenwart. Ich nenne drei Beispiele:

Nach *W. Marxsen*, der die Funktionschristologie des Neuen Testaments in berechtigter Frontstellung gegen eine statisch-metaphysische Christologie durch eine funktionale Jesulogie der Verkündigung ersetzen will, ist die Gottessohnschaft Jesu ein personales Interpretament der Gegenwart Gottes in der Verkündigung Jesu. Sie ist ein Prädikat von Jesu kerygmatischer Funktion: Weil Jesus Gott ereignet, ist Jesus »Gott«[17]. Nach *F. Gogarten* ist die »Gottheit Jesu« eine Chiffre für das reinste Sich-Empfangen des Menschen Jesu im Kreuz, die Gottesherrschaft Jesu die Umschreibung für das weltlose Menschentum Jesu aus Gott: Weil der Mensch Jesus sich im Kreuz in Reinheit aus Gott empfängt, ist Jesus »Gottes Sohn«. Deshalb darf »in der Christologie nur ausgesagt werden, was seine Begründung in dem Menschsein Jesu hat und was sich darauf beschränkt auszusagen, wer dieser Mensch ist«, denn »das in ihm erschlossene Personsein ist nicht nur das menschliche, sondern indem [!] es das ist, ist es das göttliche«[18]. Schließlich unterscheidet auch *H. Grass* in seinem Aufsatz über »Das christologische Problem in der gegenwärtigen Dogmatik« den für ihn »maßgebenden Grundgedanken« der »Sendung Jesu durch Gott« und des Handelns Gottes an dem gekreuzigten Jesus von der »hohen Christologie des ganzen neutestamentlichen Kerygmas«, will »sich mit dem Handeln Gottes in [d.h. an und durch] Jesus begnügen«[19] und damit christologisch in der Nähe solcher neutestamentlicher Aussagen bleiben, die man mit einer

---

der neutestamentlichen Hoheitstitel »würde sogar dann gelten, wenn es nicht nur vermutet, sondern nachgewiesen wäre, daß Jesus selbst sich über diese seine Hoheit, also über seine Messianität . . . nicht ausdrücklich ausgesprochen habe« (IV/1, 176).

17 *W. Marxsen:* Der Exeget als Theologe. Vorträge zum Neuen Testament, 1968, 214ff.

18 *F. Gogarten:* Jesus Christus Wende der Welt. Grundfragen zur Christologie, 1966, 33; ders.: Der Mensch zwischen Gott und Welt, 1956³, 230; vgl. W. Kreck, Die Christologie Gogartens, EvTh 23 (1963) 169–197.

19 *H. Grass:* a.a.O., 162f.

theozentrischen Jesulogie bezeichnen kann. Grass geht es im Gegensatz zu einer an der Funktionalität (Marxsen) oder Personalität (Gogarten) orientierten um eine am Handeln Gottes an und durch Jesus orientierte Jesulogie. Eine solche Christologie »unter dem leitenden Gesichtspunkt des Handelns Gottes durch« und an Jesus vermag aber den Rahmen einer Jesulogie nicht zu sprengen und dem traditionsgeschichtlichen Sachverhalt nicht gerecht zu werden, daß schon die ältesten Schichten des Neuen Testaments die funktionalen keineswegs im Gegensatz zu den personalen Aussagen verstehen[20], was nicht zuletzt auch die Gleichursprünglichkeit der Person- und Werkformel in den Bekenntnisformulierungen bestätigt[21]. Die neutestamentliche »Funktionschristologie«, wie sie von E. Schweizer[22] u.a. herausgearbeitet und auch von Barth vorausgesetzt wird, die die Alternative von funktionaler Jesulogie und messianischer Christologie nicht kennt, ist sowohl von der an der Personalität Jesu (Gogarten) als auch von der am Handeln an und durch Jesus orientierten theozentrischen Jesulogie (Grass) zu unterscheiden. D.h. zwischen einer *prophetischen Jesulogie*, in der man sich an der kerygmatischen Ereignung Gottes durch Jesus orientiert (Marxsen), einer *theozentrischen Jesulogie,* in der die Sendung Jesu durch Gott, das Handeln Gottes an und durch Jesus, das Bekenntnis Gottes zu dem gekreuzigten Jesus im Mittelpunkt steht (Grass) einerseits und der neutestamentlichen *Funktionschristologie* mit ihrem Ineinander von messianischer Person und ihrer Funktion im Kreuz (Barth) andererseits ist also zu differenzieren.

Von dieser in allen neutestamentlichen Schichten bezeugten, also nicht – wie Grass meint – metaphysisch einfach vorausgesetzten axiomatischen Erkenntnis der messianischen Gottessohnschaft Jesu her war es Barth unmöglich, sich an der Rückfrage nach dem »historischen Jesus« zu beteiligen. Allerdings nicht von einer angeblich generellen Ablehnung der historischen Kritik als solcher her, wie es *W. Schmithals* im Sinne einer sogar als notwendig proklamierten Alternative und Diastase zwischen Exegese und Systematik behauptet hat[23].

---

20   *F. Hahn:* Methodenprobleme einer Christologie des Neuen Testaments, in: VF (1970) Heft 2, urteilt, daß im Neuen Testament »die Aussagen über die ›Funktion‹ und über das ›Wesen‹ Jesu meist unverbunden nebeneinander stehen, bisweilen aber auch schon koordiniert sind. Es wäre falsch, wollte man eine dieser Aussagenreihen verselbständigen und etwa die funktionalen Aussagen wegen ihrer alttestamentlichen Vorgeschichte als normativ ansehen... Was die funktionalen und die Wesensaussagen miteinander verbindet, ist gerade der personale Aspekt, denn keinesfalls sind funktionale Aussagen im Gegensatz zu personalen Aussagen zu verstehen« (38).

21   *H. Conzelmann:* Jesus von Nazareth und der Glaube an den Auferstandenen, in: Der historische Jesus und der kerygmatische Christus, hg. von H. Ristow und K. Matthiae, 1962², 193: »Die *Personformeln* sind gleich ursprünglich wie die Werkformeln. Sie bestimmen das *Wesen* Jesu.«.

22   *E. Schweizer:* ThW Bd. VIII, 1969, bes. 368ff.

23   *W. Schmithals:* Barth, Bultmann und wir. Zum Methodenproblem in der Theologie, in: EvKomm (1969) Heft 8.

Nahm man, wie Barth es tat, die neutestamentliche Grunderkenntnis von der messianischen Gottessohnschaft Jesu ernst, dann war es unmöglich, der kerygmatischen Interpretation der christologischen Hoheitstitel durch *R. Bultmann* zu folgen. Gegenüber Bultmanns These, Jesus werde, *weil* er die »Tat Gottes«, *weil* er »das eschatologische Heilsereignis« sei, als der »Christus« verkündigt, argumentiert Barth umgekehrt: *Als* dieser messianische Sohn Gottes ist er »die *Tat Gottes*«, das »*eschatologische Heilsereignis*« (IV/1, 174). Hier argumentiert Barth in KD IV/1 so, wie der Exeget *J. Schniewind* in Kerygma und Mythos I. Dieser wollte nämlich die Formulierung Bultmanns »Gottes eschatologischer Gesandter«, »in dem Gott gegenwärtig handelt«, durch die Aussage von der Selbstvergegenwärtigung Gottes in dem messianischen Menschensohn, in dem Gott kommt und in einmaliger Gegenwärtigkeit handelt, ersetzt wissen, da »Bultmanns Formel ... auch auf einen Propheten angewandt werden« könnte[24].

Schon gegenüber *M. Dibelius*, der das Problem der neutestamentlichen Christologie dahin formulieren konnte, »wie sich das Wissen von der geschichtlichen Gestalt Jesu so schnell in den Glauben an den himmlischen Gottessohn umgewandelt habe«[25], hieß es bei Barth: »Das fragt sich eben, ob man ein solches Wissen um eine ›geschichtliche Gestalt‹ als das Erste, eine Verwandlung dieses Wissens in den Glauben an den himmlischen Gottessohn als das Zweite voraussetzen und dann nach geistesgeschichtlicher Art fragen kann, wie jene Umwandlung zustande gekommen sein möchte. Wir sehen keine Möglichkeit, auf diesem Wege anderswo als in einer Aporie zu endigen« (I/1, 422). Und wenn *K. Wengst* in seiner Arbeit über »Die christologischen Formeln und Lieder im Urchristentum« argumentiert, daß »Jesus in der Vorstellung [!] der Christen« göttlicher Kyrios »geworden« (!) ist und daß die Übertragung der Hoheitstitel auf Jesus »vorwiegend in dem Bedürfnis [!] zu liegen scheint, Jesus zu preisen, so sehr es irgend möglich [!] ist«[26], so gibt Barth gegenüber einer so oder so behaupteten »Apotheose eines Menschen« (IV/1, 177) zu bedenken, daß diese »ja jedenfalls in der palästinensischen Urgemeinde, im direkten Bereich des alttestamentlichen Gottesbegriffs ... ohnehin ein Unding war« und »angesichts der Tatsache, daß es keine christliche Gemeinde ohne das Alte Testament gegeben hat – auch in der hellenistischen Christenheit nicht ... durchführbar sein konnte« (ebd.).

Die Grundregel Barths aus KD I/2, 135 »Man kann nicht nachträglich christozentrisch reden, wenn man es nicht schon im Ansatz getan hat«, gilt also auch hinsichtlich der christologischen Bemühungen der Gegenwart: Man kann nicht nachträglich messianisch-christologisch reden,

---

24 *J. Schniewind:* Antwort an R. Bultmann. Thesen zum Problem der Entmythologisierung. Kerygma und Mythos I, 1960, 81, 83.
25 *M. Dibelius:* Art. »Christologie«, RGG² I, Sp. 1593.
26 *K. Wengst:* Christologische Formeln und Lieder des Urchristentum, Dissertation Bonn 1967, 196.

wenn man im Ansatz jesulogisch geredet hat. »Entweder wir verstehen Gott[es Sohn] als . . . Subjekt jener Geschichte oder wir verstehen jene Geschichte überhaupt nicht«[27]. In diesem Sinn ist das Bekenntnis zu Jesus von Nazareth, dem messianischen Menschensohn, »die selbstverständliche Voraussetzung des biblischen Zeugnisses«[28].

b) Das Kreuz als Offenbarung der Gottessohnschaft

Jesus von Nazareth der messianische Sohn Gottes! Diese axiomatische Erkenntnis wird nicht orthodox wiederholt oder »einfach vorausgesetzt« (H. Grass)[29]. Vielmehr geht es Barth in einem weiteren Interpretationsschritt um eine grundlegende Präzisierung dieser christlichen Urerkenntnis.

Zum Verständnis des folgenden ist der *methodische* Weg, den Barth hier einschlägt, zu beachten. Dieser ist – fern aller metaphysischen Spekulation im Rahmen einer Christologie von oben – durch ein Moment der Indirektheit gekennzeichnet. Barth geht es in der Entfaltung des christologischen Ansatzes um eine der indirekten Gegenständlichkeit der Offenbarung angemessene indirekte Erkenntnis der messianischen Gottessohnschaft Jesu im Spiegel seines konkreten Menschseins. Barth will bei der Beantwortung der alles weitere präjudizierenden Frage das konkrete Menschsein des Sohnes Gottes »als Ausgangspunkt für alle weiteren Überlegungen gelten lassen« (IV/1, 181).

Ist der Mensch Jesus – so argumentiert Barth – nicht im Sinne eines historischen Mißverständnisses ein »zufällig und beiläufig« oder »zur Prüfung und Bewährung seiner Gesinnung«, d.h. in Konsequenz seiner Verkündigung »*auch* Leidender« (180), sondern ist er ein »notwendig« und »wesentlich« Leidender, dann offenbart er sich darin indirekt als einer, der nicht nur wesentlich leidet, sondern der dieses Leiden im Gehorsam annimmt und darin seine messianische Gottessohnschaft offenbart. Das Leiden und das Kreuz sind das Interpretationszentrum der Gottessohnschaft Jesu.

Barth findet die entscheidende Begründung seiner These von dem Kreuz als Interpretationszentrum in dem unumkehrbaren Richtungs- und Interpretationsgefälle der neutestamentlichen Überlieferung selbst: Jesus Christus ist nach 2Kor 5,21 »zum Sünder gemacht« und nach Gal 3,13 am Kreuz »zum Verfluchten geworden«. Und Barth erläutert: »Was das heißt, spiegelt sich in all dem Ungeheuerlichen, was die Evangelisten von dem berichten, was [von den Zeitgenossen] über Jesus gesagt wurde« (180): der Zöllner und Sünder Geselle (Mt 11,19), der Gotteslästerer (Mt 9,3; 26,65). Und folgert: »Wenn die urchristliche Gemeinde ihren Blick so völlig auf den Gekreuzigten und Auferstandenen konzentriert hat, so ist das nicht exklusiv zu verstehen, sondern inklusiv: daß Christus gestorben und auf-

---

27 *K. Barth:* Das Glaubensbekenntnis der Kirche. Erklärung des Symbolum Apostolicum nach dem Katechismus Calvins, 1943, Deutsche Übersetzung von H. Goes 1967, 88.
28 *K. Barth:* Credo, a.a.O., 45.
29 *H. Grass:* a.a.O., 136ff.

erstanden ist, das ist eine Reduzierung des *ganzen* Lebens Jesu, aber man muß darin auch seine Entfaltung sehen«[30].

Gilt also, »daß die vier Evangelien . . . keineswegs eine Lebensgeschichte Jesu bieten wollen, in der dann irgend einmal zum Schluß auch noch von seinem Tod berichtet würde«[31], sind also die Evangelien – formgeschichtlich gesprochen – Passionsgeschichten mit ausführlicher Einleitung (M. Kähler), dann folgt daraus der »Charakter der *ganzen* Geschichte des Menschen Jesus als Leidensgeschichte« (IV/1, 181). M.a.W., die Geschichte Jesu in Wort und Tat als Aktion ist für Barth Antizipation seiner Passion. Das Kreuz ist das Integral der Geschichte Jesu Christi. Im Sinn des von Barth angewandten methodischen Grundsatzes, von dem Menschsein Jesu her die messianische Gottessohnschaft Jesu zu präzisieren, folgt aber aus dieser Integralbedeutung des Kreuzes im Hinblick auf die Subjektsfrage, »daß sich dieses menschliche Tun und Leiden als . . . *Passion* Gottes selbst darstellt und verstanden sein will« (270): Im Leiden des messianischen Sohnes Gottes und in seinem Kreuz offenbart Gott sich selbst, erniedrigt sich Gott selbst.

Ist aber das Kreuz das Integral der Geschichte Jesu Christi, dann zeigt sich hier noch einmal, wie wenig Barth gerade auch hinsichtlich der für seine Christologie grundlegenden Subjektsfrage weder im traditionellen Sinn inkarnatorisch noch im modernen Sinn jesulogisch denkt. Vielmehr: gerade nicht ein an der Inkarnation bzw. an der Verkündigung Jesu gewonnener, auch nicht einfach im Sinn einer Christologie »von oben« oder »von unten« vorausgesetzter, sondern ein am Kreuz in seiner Integralbedeutung gewonnenes Verständnis der messianischen Gottessohnschaft Jesu macht das Spezifikum der Fragestellung Barths aus. Die formgeschichtliche These Kählers wird damit nicht nur im Hinblick auf die Geschichte Jesu selbst und ihren Charakter als Leidensgeschichte, vielmehr konsequent auch für die Definition der messianischen Gottessohnschaft Jesu selbst fruchtbar gemacht. Damit allererst der Ansatz einer Inkarnationschristologie und einer Verkündigungsjesulogie wirksam durchbrochen. Das Kreuz als das Integral der Geschichte Jesu Christi ist *der* Ort der Offenbarung Gottes.

Die formgeschichtliche These von den Evangelien als Passionsgeschichten mit ausführlicher Einleitung ist in ihrer Bedeutung für die Subjektsfrage im Sinne Barths so zu umschreiben: Das messianische Subjekt am Anfang der Geschichte Jesu und sein Handeln in Wort und Tat ist zugleich von seinem Geschick im Kreuz bzw. von dem im Kreuz offenbar werdenden Subjekt her zu interpretieren. Das Interpretationszentrum der christlichen Urerkenntnis der messianischen Gottessohnschaft Jesu ist also nach Barth nicht inkarnatorisch, auch nicht jesulogisch-kerygmatisch, sondern stau-

---

30   *K. Barth:* Dogmatik im Grundriß im Anschluß an das apostolische Glaubensbekenntnis, 1947, 120.
31   *K. Barth:* Credo, a.a.O., 67.

rologisch zu umschreiben. Denn »dieser in dem Menschen Jesus sich offenbarende Gott ist allein wahrhaft Gott, in seinem Kreuz definiert sich sozusagen Gott selbst« (W. Kreck)[32].

Barths grundlegende These über *das Subjekt des Kreuzesgeschehens* lautet:
Jesus von Nazareth ist in seiner echten Menschlichkeit, d.h. in seinem konkreten israelitisch-jüdischen Menschseins, der messianische Sohn Gottes.
Deshalb vermag weder dessen Interpretation als Prädikat der Verkündigung Jesu (Marxsen) oder der zur Sprache gebrachten Personalität (Gogarten) noch dessen Interpretation im Sinn des Handelns Gottes an und
durch Jesus (Grass) der in allen neutestamentlichen Überlieferungsschich-
ten belegten axiomatischen Grunderkenntnis gerecht zu werden. Man
kann nicht nachträglich *messianisch-christologisch* reden, wenn man im
Ansatz *jesulogisch* geredet hat.

Die christliche Grunderkenntnis der messianischen Gottessohnschaft Jesu
hat im Ernstnehmen der Evangelien als Passionsgeschichten mit ausführlicher Einleitung fernab von jeglicher Inkarnationschristologie, fernab von
irgendeiner metaphysischen Voraussetzung, aber schließlich auch fernab
von jeglichem jesulogisch-kerygmatischen Ansatz eine unvertauschbare
Interpretationsmitte: Das Kreuz ist, weil das Integral der Geschichte Jesu
Christi, *der* Ort der Offenbarung der Gottheit Gottes.

2. Der Inhalt dieses Geschehens

»Jesus Christus ist Gottes Urteilsspruch über die Welt und zugleich ihre
Freisprechung. Hier ergeht ein Akt göttlicher Rechtsprechung, der unwi-
derruflich ist. Nicht nur die Worte, die Jesus sprach, nicht nur die Taten,
die er vollbrachte, . . . sondern sein Leben und Sterben . . . werden als das
Tatwort Gottes verkündet, das über alle Menschen entscheidet« (W.
Kreck)[33].

Der messianische Richter als der an unserer Stelle Gerichtete, der messianische Menschensohn gerichtet im Kreuz – das ist nach Barth die Mitte
der neutestamentlichen theologia crucis.

Barth hat die »unbegreifliche *Härte* dieser Sache« (IV/1, 291, 259) hervorgehoben und im Zusammenhang damit auf die synoptische Passionsgeschichte verwiesen: Kommt man – so argumentiert er – von dem ersten
Teil der synoptischen Evangelien, der Darstellung der Verkündigung und
des Wirkens Jesu als des messianischen Rechtshelfers her, so erwartet man
angesichts von Judasverrat, Petrusverleugnung, Jüngerflucht und Verhaftung Jesu durch die jüdischen Behörden in der Tat so etwas wie ein Gericht
durch den Richter. Und was nun im zweiten Teil der synoptischen Evangelien erzählt wird, »ist freilich die Schilderung eines nun über Israel herein-

---

32 *W. Kreck:* Zur Eröffnung der Barth-Ausstellung, a.a.O., 327.
33 *W. Kreck:* Grundfragen der Dogmatik, a.a.O., 88.

brechenden Gottesgerichtes« (248). Aber nun geschieht das Unerhörte
(262), inhaltlich gesagt: es ereignet sich eine »Umkehrung« (ebd.), eine
»Vertauschung der Rollen« (248): »Das göttliche *Subjekt* des über die Men-
schen ergehenden Gerichtes . . . wird spätestens von der Gethsemane-Sze-
ne ab selber zum *Objekt* dieses Gerichtes« (262). Der Ankläger wird zum
Angeklagten, der messianische Rechtshelfer zum Gerichteten. Dies macht
Barth zufolge die eigentliche Dramatik der synoptischen Evangelien aus.
Und diese macht ein jesulogisches Verständnis der Evangelien und eine jesulogische theologia crucis unmöglich.
Hier stehen wir im Zentrum der theologia crucis K. Barths. Hier ist die
Mitte seiner ganzen Argumentation: »Wo es des Eintretens Gottes in eigener Person bedarf, da wäre ohne sein Eintreten offenbar Alles verloren«
(276): Das Gericht Gottes wird im Kreuz offenbar; dieses Gericht kann der
Mensch nicht übernehmen. An die Stelle, wo dieses Gerichtsurteil gesprochen wird, tritt kein Mensch. Nur Gott kann die Radikalität dieses Ge-
richtsurteiles tragen: Daß »sein die Sünde, . . . sein die Anklage, das Urteil«
ist (IV/1, 260), bedeutet zugleich: »Dort und damals geschah das wunderliche Gericht, in dem es zu . . . des Unrechttäters Freispruch . . . gekommen
ist« (245). Der Richter kann das Gerichtsurteil auch so vollziehen, »daß es
eben durch seinen Vollzug zu dem kommt, was der Mensch in seiner Verkehrtheit sich selbst . . . nimmermehr verschaffen kann: zu seinem *Freispruch*« (243). Und »daß Gott in eigener Person für uns eingetreten ist, das
ist die frohe Botschaft des Karfreitags« (276).
Barth wendet sich mit dieser inhaltlichen Bestimmung des Geschehens im
Kreuz gegen die Reduktion des Heilsgeschehens auf das nackte Daß des
Kreuzes bei *R. Bultmann*. Er geht mit Bultmann davon aus, daß wir es im
Kreuz Jesu Christi mit »*Gottes Tat für uns*« zu tun haben (IV/1, 273). Für
Bultmann und Barth wiederum ist dieses objektive Handeln Gottes im
Kreuz nicht objektivierbar, d.h. als Heilsereignis nicht in und aus dem hi-
storischen Zusammenhang heraus aufweisbar[34]. Bultmann beschränkt
sich aber auf die Aussage, »daß in dem, was damals geschah, es möge ge-
wesen sein, wie es wolle, Gott gehandelt hat« (W. Schmithals)[35], und legt
alle Betonung darauf, daß diese Tat Gottes im Kreuz bzw. das Kreuz als Tat
Gottes im Kerygma gegenwärtig und Ereignis wird. Während sich also
Bultmann mit dem reinen Daß des Kreuzes als Tat Gottes begnügt, sagt
Barth – und hier erst kommt die Differenz zwischen beiden Theologen in
den Blick –: »Die Erklärung, daß es sich in . . . der Passion jenes einen Menschen um ›*Gottes Tat für uns*‹ handle, ist richtig. Sie darf aber keine Abwei-
sung der Frage nach jenem Was bedeuten« (IV/1, 273). Die »richtige Erklärung, daß wir es in der Passion Jesu Christi mit ›*Gottes Tat für uns*‹ zu tun
haben« ist »auch umgekehrt zu formulieren: daß wir es eben in der *Passion*

---

34 *R. Bultmann:* Zum Problem der Entmythologisierung. Kerygma und Mythos II, 1965,
198.
35 *W. Schmithals:* Die Theologie R. Bultmanns, 1966.

Jesu Christi mit der ›Tat Gottes für uns‹ zu tun haben« (ebd.). Barth fragt also über das »inhaltsleere Paradox« (N.A. Dahl)[36] der eschatologischen Tat Gottes im Kreuz hinaus nach dem inhaltlichen Wie und Was des Kreuzes. Nur in diesem bzw. als dieses konkrete Wie und Was in seiner inhaltlichen Bestimmtheit ist das Kreuz das eschatologische Handeln Gottes. Barth geht es also entscheidend um »die Umkehrung jener Erklärung« (IV/1, 274) R. Bultmanns.

Fragt Barth über Bultmann hinaus nach dem inhaltlichen Wie und Was des Kreuzes, so unterscheidet er sich damit sowohl von Bultmann selbst, als auch von der in der Bultmannschule vollzogenen Rückfrage nach dem »historischen Jesus«. Diese sucht bekanntlich die Bultmannsche Reduktion auf das reine Daß des Kreuzes durch den Rückgang auf das konkrete Wie und Was des irdischen Jesus bzw. seiner Verkündigung inhaltlich aufzufangen.

Die Rückfrage nach dem irdischen Jesus kann sich im Gegensatz zu Bultmanns Beschränkung auf das reine Daß des Kreuzes und dem darin implizierten »christologischen Doketismus« so vollziehen, daß man den irdischen Jesus bzw. das, »was in Jesus zur Sprache gekommen ist« (G. Ebeling) oder das Jesuskerygma (W. Marxsen) zum normativen Grund des Kerygmas macht. Aber die sich realisierende Eschatologie als der Kontext der Verkündigung und des Wirkens Jesu (W.G. Kümmel), die darin implizierte und von Ostern her erkennbare sachliche Ausrichtung der Verkündigung und des Wirkens Jesu auf Kreuz und Auferweckung als der eschatologischen Wende und nicht zuletzt die konstitutive, in diesen Entwürfen nicht mehr zur Sprache zu bringende Bedeutung, die Kreuz und Auferweckung im Urchristentum von Anfang an hatten, sprechen u.a. entscheidend gegen eine solche Lösung.

Die Rückfrage nach dem historischen Jesus kann sich in Abgrenzung vom Bultmannschen Daß des Kreuzes bei gleichzeitiger Betonung der konstitutiven Bedeutung von Ostern im Anschluß an Bultmann zum anderen so vollziehen, daß man die Frage nach der Kontinuität zwischen der Verkündigung Jesu und dem Kerygma der Urgemeinde stellt, also fragt, inwieweit das Christuskerygma seine sachliche Voraussetzung (nicht seinen Grund!) bereits in der Verkündigung Jesu hat (E. Käsemann). Die im Rahmen dieser am Kontinuitätsproblem orientierten Rückfrage gegebene Antwort lautet dann: Die Verkündigung Jesu und das Kerygma der Urgemeinde stehen in historischer und sachlicher Kontinuität durch Ostern, das das »Einmal« der Kontingenz des Eschatologischen in der Verkündigung Jesu zum »Ein-für-allemal« des eschatologischen Präsens in der Verkündigung der Gemeinde macht[37]. Die im Zusammenhang der Frage nach der Kontinuität des Kerygmas in der Diskontinuität der Zeiten (Käsemann) gestell-

---

36	*N.A. Dahl:* Der historische Jesus als geschichtswissenschaftliches und theologisches Problem, KuD, 1955, 126.
37	*E. Käsemann:* Exegetische Versuche und Besinnungen I, 1960, 201.

te Rückfrage nach dem konkreten Wie und Was der Verkündigung Jesu orientiert damit aber das nachösterliche Rechtfertigungskerygma zum mindesten *inhaltlich* an der Rechtfertigungsverkündigung Jesu, insofern Käsemanns Verweis auf *Ostern* als entscheidenden Grund des Kerygmas auf dessen inhaltliche Bestimmung keinen Einfluß hat. Das zeigt nicht nur die von Käsemann so zuerst gebrauchte und dann von Bultmann und seiner Schule aufgegriffene Wendung: »das Einmal« wird im Kerygma zum »Ein-für-allemal«, sondern wird entscheidend auch durch die Fragestellung als solche, nämlich die Frage nach der Kontinuität des Kerygmas in der Diskontinuität der Zeiten signalisiert. Das *inhaltliche* Kriterium des urchristlichen Kreuzes- und Auferstehungskerygmas ist auch bei Käsemann faktisch die Rechtfertigungsverkündigung Jesu, nicht aber das Kreuz in seinem konkreten Wie und Was.

G. Sauter hat als Fazit dieser Rückfrage mit Recht formuliert: Die neue Frage nach dem historischen Jesus bleibt »hinter dem zurück . . ., was *Bultmann* mit seiner Akzentuierung von [ich füge hinzu: Kreuz und] Ostern zumindest als Problem festgehalten hat«[38]. »Dieses Stichwort [sc. das ›Daß‹ des Kreuzes als Tat Gottes] wird . . . – so Sauter weiter – durch die Frage nach dem historischen Jesus nicht entfaltet, sondern ersetzt« (49). Und genau in diesem Zusammenhang ist nun die Position Barths zu würdigen: Denn das Bultmannsche Stichwort vom »Kreuz als Tat Gottes« wird bei Barth nicht durch die Frage nach dem konkreten Wie und Was des historischen Jesus ersetzt, sondern durch die »Umkehrung jener Erklärung« (IV/1, 274) aufgegriffen und vertieft.

Hat Bultmann das Kreuz auf das punktuelle Daß der Tat Gottes reduziert und seiner hermeneutischen Methode entsprechend durch die Frage nach der kerygmatischen Bestimmtheit menschlicher Existenz konkretisiert, so fragt Barth – die Integralbedeutung des Kreuzes für die Geschichte Jesu Christi vor Augen – nach der »Passion Jesu Christi selbst und als solcher« (ebd.), fragt er – das Stichwort Bultmanns vom Kreuz als Tat Gottes aufnehmend – nach dem konkreten Wie und Was »dieser ›Tat Gottes für uns‹ [als] etwas Bestimmtem und Inhaltlichem« (ebd.). Weil es das Kreuz dieses an unserer Stelle gerichteten Richters ist, darum ist das konkrete Wie und Was des Kreuzes »Gottes Tat für uns«, darum ist das »Ein-für-allemal« des Kreuzes die eschatologische Tat Gottes. Das Einmal der Tat Gottes wird also *nicht erst im Kerygma* zum Ein-für-allemal, sondern das Kerygma ist existenzbezogene *Proklamation des universalen Ein-für-allemal*. Barth meint deshalb »gerade an der Stelle . . . Konturen, Farben, eine Person und ihr Werk zu sehen, ein in sich klares Wort zu hören, wo nach Bultmann Dunkel und Schweigen herrscht, wo nur die Behauptung, daß es sich da um Gottes Heilstat handle, Raum haben dürfte«[39]. »Darum geht es«, so resümiert Barth abschließend, »wenn wir uns an der Definition der Passion

---

38 *G. Sauter*: Fragestellungen der Christologie, in: VF (1966), Heft 2, 52.
39 *K. Barth*: Rudolf Bultmann. Ein Versuch, ihn zu verstehen, ThSt Heft 34, 1964³, 27f.

Jesu Christi als der ›*Tat Gottes für uns*‹, so richtig sie ist, nicht genügen lassen können, sondern eben die Tat Gottes für uns als die *Passion Jesu Christi* definieren müssen. In ihr und nur in ihr *ist* sie die ›Tat Gottes für uns‹« (IV/ 1, 274).

Dies ist Barths Antwort auf die durch das Bultmannsche Daß des Kreuzes der Christologie gestellte Problematik. Es genügt deshalb nicht, wenn man Barths Beitrag zum *Problem des historischen Jesus*, d.h. zur Rückfrage hinter das Daß des Kreuzes wie u.a. W.G. *Kümmel*[40] nur negativ würdigt. Dabei wird 1. nicht nur der systematische Stellenwert der Kritik Barths in KD I/2, 150f. verkannt, die den durchaus bejahten historischen Phänomenen von der Offenbarung Gottes in dem Gekreuzigten und Auferstandenen her eine strenge Prädikatsstellung im Verhältnis zur Subjektsbedeutung der Offenbarung zuweist und von daher dem historischen Jesus keine Bedeutung als *Zugang zur Offenbarung* zubilligen kann. Dabei wird 2. nicht nur die bleibende Gültigkeit dieses von Barth[41] angesichts der neuen Rückfrage nach dem irdischen Jesus und ihres jesulogischen Ansatzes wiederholten Einwandes, der historische Jesus sei dazu da, die messianische Gottessohnschaft Jesu zu umgehen, übersehen, sondern 3. entscheidend die mit Käsemanns 1953 gehaltenem Vortrag gleichzeitige, von Käsemanns Fragestellung und Lösung abweichende, positive Antwort Barths zur Sache in IV/1, 273f. überlesen: *Das Bultmannsche »Daß« kann nur im Rahmen einer zugleich an der Integralbedeutung des Kreuzes orientierten theologia crucis durch die Frage nach dem konkreten Wie und Was des Kreuzes inhaltlich gefüllt werden*, also nicht durch den unmittelbaren Rückgang auf den irdischen Jesus als den Grund des Glaubens (Ebeling) bzw. durch die an dem Kontinuitätsproblem orientierte Frage nach der inhaltlichen Entsprechung zwischen dem Jesus- und dem Christuskerygma auf dem Hintergrund des bereits alles inhaltlich vorentscheidenden Frageschemas, wie aus dem »Einmal« der eschatologischen Kontingenz (irdischer Jesus) das »Ein-für-allemal« jeweiliger eschatologischer Präsenz (Kerygma der Gemeinde) wird (Käsemann).

Barths grundlegende These zu dem *Inhalt des Kreuzesgeschehens* lautet: Indem der messianische Rechtshelfer an die Stelle der Gerichteten tritt, treffen ihn das Urteil und der Fluch Gottes. So kommt es zu des Menschen Freispruch. Das Kreuzesgeschehen mit diesem Subjekt und dieser Umkehrung (das Subjekt wird zum Objekt), genauer: Jesus Christus, so wie er in dieser Geschichte existiert und handelt, ist der Sachgehalt der neutestamentlichen theologia crucis.

Von diesem inhaltlichen Geschehen ist die Kreuzeschristologie nicht ablösbar. Darin wendet sie sich sowohl gegen die Reduktion auf das bloße

---

40　W.G. *Kümmel*: Heilsgeschehen und Geschichte. Gesammelte Aufsätze 1933 bis 1964, Marburger Theologische Studien, Bd. 3, 1965, 421 Anm. 22, 425f. Anm. 42, 431; ders., ThR 31 (1965/66), 29.

41　K. *Barth*: EvTh 20/1969, 104.

Daß des Kreuzes bei Bultmann als auch gegen den Versuch der Bultmann-schule, das Daß des Kreuzes durch das inhaltliche Wie und Was des histo-rischen Jesus zu ersetzen. Kurz: Nicht weil es das *Heilsgeschehen* ist, ist es das Kreuz Christi, sondern weil es das Kreuz *Christi*, des an unserer Stelle gerichteten messianischen Rechtshelfers, ist, ist es das Heilsgeschehen.

3.   Das Licht dieses Geschehens

»So gewiß . . . der Auferstandene der Gekreuzigte ist, so gewiß gilt doch, daß das nackte Kreuz als solches schweigt. Erst von Ostern her fällt Licht auf Karfreitag und auf den irdischen Jesus, und in diesem Licht sind auch die Evangelien geschrieben« (W. Kreck)[42].
Wir haben in den beiden bisherigen Abschnitten II/1.2 im Anschluß an Barth zwischen 1. dem *Subjekt* dieses Geschehens und 2. dem *Inhalt* dieses Geschehens im Kreuz unterschieden. Zum Verständnis des Folgenden ist nun die Beobachtung wichtig, daß Barth auch hinsichtlich der Auferwek-kung zwischen diesen beiden Aspekten sorgfältig unterscheidet: Die Auf-erweckung ist a) die Offenbarung des *Subjekts* der Versöhnung im Kreuz und b) die Inkraftsetzung der *Tat* der Versöhnung im Kreuz. Oder in unse-rer Terminologie: Die Auferweckung ist als das *Licht des Kreuzesgeschehens*
a) das Licht, in dem das Subjekt des Kreuzes *erscheint* und
b) das Licht, *aufgrund dessen* seine Tat im Kreuz leuchtet.
Es ist also zu fragen: Wo und in welchem Zusammenhang hat die Aufer-weckung Barth zufolge rein *noetische* Bedeutung? Und wo und in welchem Zusammenhang kommt ihr eine das Kreuz positiv qualifizierende und in-sofern *ontische* Bedeutung zu?

a)   Das Licht, in dem das Subjekt erscheint
Die Auferweckung Jesu Christi war – so lautet Barths grundlegender Satz – »die untrügliche, in einer neuen Tat Gottes . . . [vermittelte] Erkenntnis: daß *Gott* war in Christus (2Kor 5,19), d.h. daß Gott *selbst* . . . in den Tod ge-gangen war und . . . in dieser seiner tiefsten Erniedrigung . . . als der eine hohe, wahre Gott gehandelt und sich erwiesen hatte« (IV/1, 332). D.h. die Auferweckung ist die exemplarische Gestalt der Offenbarung Gottes, weil sie das »Gott in Christus«, die Erniedrigung des messianischen Sohnes Gottes ins Kreuz eindeutig offenbar macht.
Zum Verständnis dieser grundlegenden These ist auf schon Gesagtes zu-rückzugreifen: Barth hatte den Subjektsaspekt der Versöhnung im Kreuz expliziert und staurologisch dahin präzisiert, »daß Gott . . . eben in solcher Erniedrigung [ins Kreuz] aufs Höchste Gott, in diesem Tode aufs Höchste lebendig war, daß er seine Gottheit gerade in der Passion dieses Menschen

---

42   W. *Kreck:* Grundfragen der Dogmatik, a.a.O., 72.

als seines . . . Sohnes eigentlich bewährt und offenbar gemacht hat« (IV/1, 271). Die wesentliche Offenbarung des Sohnes Gottes gerade im Kreuz bedeutet aber zugleich: »Das eigentliche Sein . . . Gottes in Jesus Christus, *dem Gekreuzigten*« (218), ist im Kreuz verborgen und für den Menschen verdeckt. Bedeutet doch die Kondeszendenz des Sohnes Gottes ins Kreuz, daß sein messianisches Geheimnis und also das Geheimnis des verborgenen Menschensohnes »für alle anderen Augen . . . schlechterdings *unsichtbar* wird«[43]. Daraus folgt aber: Daß der messianische Sohn Gottes sich selbst ins Kreuz erniedrigt und dort die Doxa Gottes offenbart, *das kann nur Gott selbst offenbar machen.* In diesem Sinn ist die Auferweckung für Barth grundlegend die exemplarische Gestalt der Offenbarung Gottes, die unzweideutige Vermittlung der Erkenntnis, daß Gott in dem gekreuzigten Christus war. Noch nicht, daß sie die Auferweckung eines gestorbenen Menschen ist, sondern daß sie das messianische Subjekt im Kreuz unzweideutig offenbart, macht die Auferweckung zur exemplarischen Gestalt der Offenbarung Gottes. Anders formuliert: *Im exklusiv göttlichen Aktionscharakter der Auferweckung kommt das Geheimnis des gekreuzigten Messias allererst zum Leuchten. Das macht im Kontext der Subjektsfrage – und nur hier! – das »Noetische« und »Formale« (IV/1, 332) der Auferweckung aus. In diesem Sinne ist die Auferweckung exklusiv das Licht, in dem das messianische Subjekt des Kreuzes erscheint.*

Das Formale und Noetische der Auferweckung im Kontext der Subjektsfrage wendet sich der Sache nach gegen eine Interpretation der Auferweckung als eschatologische *Begründung und Konstitution* der messianischen Gottessohnschaft Jesu. Ich nenne auch hier wieder drei Beispiele: Nach H.E. *Tödt*[44] ist die christologische Identität Jesu mit dem messianischen Menschensohn eine Konsequenz des Bestätigungscharakters der Auferweckung Jesu: Weil Gott die Exousia Jesu durch dessen Auferweckung bestätigt, wird Jesus mit dem Menschensohn identisch. Die soteriologische Relation zwischen Jesus und dem kommenden Menschensohn *wird* aufgrund der Auferweckung zur christologischen Identität. Der von Tödt postulierte und keineswegs zwingende traditionsgeschichtliche Übergang von der soteriologischen Relation zu einer durch den Bestätigungscharakter der Auferweckung angeblich begründeten christologischen Identität Jesu mit dem Menschensohn bedeutet aber faktisch die *adoptianische Interpretation der Gottessohnschaft Jesu.*

Nach W. *Pannenberg,* der sich exegetisch an Tödt anschließt, ist die Gottheit Jesu ein Prädikat der Offenbarungs- und Wesensidentität des Geschicks Jesu mit der mit der Gottheit Gottes wesensidentischen Prolepse der Universalgeschichte, weil Gott in dem mit ihm wesensidentischen Auferweckungsereignis an Jesus handelt.

J. *Moltmann* zufolge ist schließlich die Auferweckung Jesu im Unterschied

---

43 K. *Barth:* Credo, a.a.O., 78.
44 H.E. *Tödt:* Der Menschensohn in der synoptischen Überlieferung, 1969, passim.

zur »Nahverkündigung des zukünftigen Gottesreiches durch Jesus« »die Konstitution der eschatologischen Person Jesu als Offenbarung des kommenden Gottes«[45], »qualifiziert [die Auferweckung also] den historischen und gekreuzigten Jesus zur eschatologischen Person, in der uns die Zukunft Gottes vorausscheint«[46]. Die auch von Barth bejahte (s.u. II 3b) »neue, eschatologische Qualifikation seines Lebens und Sterbens« durch die Auferweckung will Moltmann von der Konstitution des gekreuzigten Jesus zur eschatologischen Person gerade *nicht* getrennt wissen. Denn »die systematische Frage, ob es sich dabei um eine neue Konstitution oder nur um die Bestätigung und Offenbarung seiner eschatologischen Person handelt, läßt sich nicht alternativ beantworten«[47].

Im Gegensatz zu den genannten Konzeptionen wird also von Barth zwischen in der Auferweckung begründeter, *retroaktiv-eschatologischer Qualifikation des Geschicks Jesu im Kreuz* einerseits (s.u. II 3b) und der *bestätigenden Offenbarung seiner eschatologischen Person* andererseits streng unterschieden. Wird doch Jesus Christus durch die Auferweckung nicht zum Sohn Gottes *gemacht*, sondern *bestimmt, definiert* zum Sohn Gottes *in Macht* (Röm 1,3f.).

Gegenüber solchen und anderen Interpretationen der Auferweckung als *Begründung der Gottheit Jesu* hat Barth also im Zusammenhang der Subjektsfrage streng an der *noetischen* Bedeutung der Auferweckung als Offenbarung, als Licht, in dem dieses Subjekt erscheint, festgehalten. Jesus Christus »war für [die Jünger] . . . in diesem Ereignis seiner *Offenbarung* das geworden, was er in sich selbst, in . . . seiner vorangegangenen Geschichte auch ohne dieses Ereignis gewesen war« (IV/2, 150), so »daß ihm das *Geheimnis* seines Seins, das in seiner Auferstehung offenbar wurde, *nicht* etwa inzwischen *neu* zugekommen war, daß es ihm vielmehr *von jeher* innewohnte« (III/2, 575)

b) Das Licht, aufgrund dessen seine Tat leuchtet

Die Auferweckung Jesu ist nach Barth nicht nur das Formale und Noetische des Kreuzes. »Das ist sie, wie wir sahen, *auch*« (IV/1, 335). Sie hat als neue Tat Gottes im Kontext der Subjektsfrage auch noetische Funktion und Implikation. Sie ist in diesem Zusammenhang sogar streng auf die Retro*spektive* begrenzt. Die Auferweckung ist aber – so präzisiert Barth nunmehr – als neue Tat Gottes zugleich auf das Sein Jesu Christi »als Gekreuzigter, Gestorbener«, auf sein Sein als »gerichteter Richter« (336) bezogen. Seine Auferweckung »hatte in seinem Tod an unserer Stelle ihren unaufgehobenen *terminus a quo*« (ebd.). In der Versöhnung der Welt mit Gott ist nämlich ein terminus a quo von einem terminus ad quem zu unterscheiden: das Kreuz als ein negatives Geschehen mit positiver Absicht von der

---

45 *J. Moltmann*: Perspektiven der Theologie. Gesammelte Aufsätze, 1968, 43.
46 *J. Moltmann*: Auferstehung als Hoffnung, MPTh (1969) Heft 1, 8f.
47 A.a.O., 4 Heft 4.

Auferweckung als einem positiven Geschehen mit einer negativen Voraussetzung. »Es geschah der *Tod* Jesu Christi als Gottes *negative* Tat laut seiner Auferstehung in *positiver* Absicht . . . Und es hatte die *Auferweckung* Jesu Christi als Gottes *positive* Tat laut seines vorangegangenen Todes jene *negative* Voraussetzung« (342). Kurz: Um unsere Übertretungen ging es dort (im Kreuz), um unsere Rechtfertigung hier (in der Auferweckung, Röm 4,25; IV/1, 341). D.h. nur unter Voraussetzung des positiven Ereignisses der Auferweckung kommt auch dem Nein des Kreuzes positive Bedeutung zu. Hier – und nicht in der Subjektsfrage – hat die Auferweckung in ontischer Bedeutung in Barths Christologie ihren Ort. Tod und Auferweckung konstituieren mit- und nacheinander die eine Versöhnung der Welt mit Gott (343).

Aus der Interpretation der retroaktiven Bedeutung der Auferweckung als neuer Tat Gottes folgt aber nach Barth, daß die Auferweckung nicht lediglich die »noetische Kehrseite« des Kreuzes (335), nicht nur »der Ausdruck der Bedeutsamkeit des Kreuzes« (R. Bultmann), nicht nur als Aufleuchten von dessen Heilsbedeutung im Osterglauben der Jünger ist. Die Auferweckung ist in ihrer »gewissen Selbständigkeit« (328) dem Kreuz gegenüber »nicht bloß irgendein Prädikat, ein Annex, oder eine Näherbestimmung jenes Widerfahrnisses« (ebd.). Sie besteht als neue Tat Gottes »nicht bloß in irgend einer Verlängerung oder Vertiefung oder in einer bloßen Erscheinung jenes ersten« (ebd.). Die Auferweckung geht nicht auf in der Aktualisierung der Tat Gottes im Kreuz im Osterglauben der Jünger. Kurz: *Die Auferweckung ist nicht das Aufleuchten der Bedeutsamkeit des Kreuzes, sondern das Leuchten des Lichtes, aufgrund dessen dem Kreuz des messianischen Menschensohnes positive Heilsbedeutung zukommt.*

Barths grundlegende These über die Auferweckung als *das Licht des Kreuzesgeschehens* lautet:

Indem Gott den Gekreuzigten von den Toten auferweckt, offenbart er ihn darin als den, der gerade im Kreuz seine messianische Gottessohnschaft bewährt und zeigt. Dies macht das Formale und Noetische der Auferweckung aus. Die Auferweckung ist das Licht, in dem das Subjekt des Kreuzes – der messianische Menschensohn – erscheint.

Die Auferweckung des Gekreuzigten von den Toten ist zugleich eine dem Kreuzesgeschehen gegenüber selbständige, neue Tat Gottes, die im Kreuz noch nicht enthalten, zugleich aber als ein von diesem verschiedenes, neues Geschehen mit eigenem Gehalt auf dieses bezogen ist. Die Auferweckung als diese dem Kreuz Christi folgende neue Tat Gottes ist deshalb nicht die Aktualisierung der Bedeutsamkeit des Kreuzes im Osterglauben der Jünger, sondern ihr kommt als diesem auf das negative Kreuzesgeschehen bezogenen positiven Ja Gottes eine das Kreuz positiv qualifizierende retroaktive Bedeutung zu. Die Auferweckung ist nicht das Aufleuchten der Bedeutsamkeit des Kreuzes, sondern das Leuchten, aufgrund dessen das Kreuz seine positive Bedeutung als Freispruch Gottes hat.

III. Das Alte Testament als Voraussetzung und die Trinitätslehre als Implikat der Kreuzeschristologie

K. Barths Kreuzeschristologie ist eine im Alten Testament fundierte und trinitarisch entfaltete messianische Christologie. Der Bund Gottes mit Israel ist dabei die axiomatische Voraussetzung und die Trinitätslehre das notwendige Implikat dieser Christologie, worin sie sich gegenüber einer sowohl von oben nach unten als auch von unten nach oben konstruierten Christologie abgrenzt.

1. Das Alte Testament als Voraussetzung der Kreuzeschristologie

Im Gericht des gerichteten Rechtshelfers und in der Auferweckung des messianischen Menschensohnes kommt der ungekündigte Bund Gottes mit Israel-Judentum »zu seinem Ziel, und zwar so, daß das Gesetz als richtendes und verdammendes Wort Gottes zugleich zu seinem Ende kommt . . . Daß Gottes Gnade keine billige Gnade ist, sondern daß Gott sich *des* Menschen annimmt, der Tod und Gericht verdient hat, das sagt unüberhörbar die Schrift des Alten Testaments« (W. Kreck)[48].

Indem Barth seine Kreuzeschristologie im Alten Testament und im ungekündigten Bund Gottes mit Israel fundiert sein läßt, grenzt sich seine Kreuzeschristologie sowohl gegenüber einer Christologie von oben nach unten mit ihrem metaphysisch-theistischen Allgemeinbegriff[49] als auch gegenüber einer Jesulogie von unten mit ihrem anthropologischen oder universalhistorischen Allgemeinbegriff ab.

Die Fundierung der Christologie Barths im Alten Testament und dem Bund Gottes mit Israel als der Voraussetzung der Versöhnung und ihre Orientierung an der Existenzeinheit des messianischen Sohnes Gottes mit

---

48 *W. Kreck:* Grundfragen der Dogmatik, a.a.O., 64f.

49 Im Gegensatz zu R. Bultmanns These von der im Alten Testament intendierten, aber nicht im streng eschatologischen Sinn verstandenen, sondern mit der empirischen Volksgeschichte vermischten Überweltlichkeit Gottes (Glauben und Verstehen I, 313ff.; II, 162ff.) heißt es bei W. Zimmerli: Im Kreuz Christi »bekommt auch die Weltlichkeit Gottes ihre volle Gültigkeit. In ihm beginnt vieles von dem voll aufzuleuchten, was am Kommen Gottes in die Weltlichkeit schon im Alten Testament zu erkennen war . . . Auf keinen Fall wird es angehen, in der Weltlichkeit dieses Buches . . . den tiefen Gesetzescharakter dieses Buches zu erkennen. Diese Weltlichkeit verkündigt vielmehr unüberhörbar, was dann in Christus seine volle Bedeutung erfährt, daß Gott es mit der Welt zu tun haben« will. »Das Alte Testament ist der große Ausleger dieses Kommens Gottes zur Welt« (Die Weltlichkeit des Alten Testaments, 1971, 149f.). Die Weltlichkeit Gottes im Alten Testament als indirektes Zeugnis der weltlichen Gegenständlichkeit des messianischen Sohnes Gottes im Kreuz ist der Inhalt des Exkurses in KD IV/1, 182–192: »Zur Erkenntnis dieser *Kontinuität* des Seins und Tuns Gottes, seiner Herablassung, ist das Alte Testament als Voraussetzung des Neuen unentbehrlich« (188).

dem israelitischen Menschen Jesus als der Erfüllung und Bekräftigung der
alttestamentlichen, auf die Weltlichkeit und Gegenständlichkeit Gottes
tendierenden Bundesgeschichte wehrt der Subsumierung des Besonderen
der Geschichte Jesu Christi unter ein metaphysisches, anthropologisches
oder universalhistorisches Allgemeines. »Deus non est in genere« (Tertulli-
an) – so hat Barth öfters zitiert! Und: »periculum latet in universalibus« –
so hat Barth immer wieder gewarnt!

2.   Die Trinitätslehre als Implikat der Kreuzeschristologie

Indem die Gegenwart des Gottes Israel in dem Kommen des messianischen Sohnes Gottes so »gesehen wird, daß sein Reden und Handeln, sein
Retten und Richten, sein Leiden und Sterben Gottes eschatologisches
Handeln ist, und dennoch dieser Jesus ganz auf unsrer Seite steht, also dies
alles tut, leidet und ist, ohne dabei sein wahres Menschsein aufzugeben,
müssen die Fragen aufbrechen, welche die altkirchliche Trinitätslehre mit
den ihr zur Verfügung stehenden Denkmitteln zu lösen versuchte« (W.
Kreck)[50].
Wie das Alte Testament die axiomatische Voraussetzung, so ist die Trinitätslehre das notwendige Implikat dieser Christologie der Auferweckung
des Gekreuzigten. *H.J. Iwand* hat in seinem Aufsatz über den »Prinzipienstreit in der Theologie« die Trinitätslehre »die Einzeichnung des christologischen Geheimnisses in den Gottesbegriff«[51] genannt. Man wird dies insbesondere im Hinblick auf Barths Trinitätslehre, wie er sie in allen Bänden
der Versöhnungslehre bis hin zur Versöhnungsethik noch einmal präzisiert hat, sagen müssen. *Die Trinitätslehre Barths ist die Einzeichnung der*
Christologie der Auferweckung des Gekreuzigten in den Gottesbegriff und da-
mit zugleich die Absicherung gegenüber den Versuchen der gegenwärtigen Christologie, das Besondere der Christusgeschichte einem metaphysischen, anthropologischen oder universalhistorischen Allgemeinen zu subsumieren. *Das sich in Kreuz und Auferweckung artikulierende Verhältnis des*
Gottes Israels, des Vaters, zu Jesus, dem messianischen Sohn Gottes, ist der
Ansatz der Trinitätslehre. Die Trinitätslehre ist die Einzeichnung des differenzierten Zusammenhangs von Kreuz und Auferweckung und des sich
darin aussprechenden Verhältnisses des göttlichen Vaters zu seinem
messianischen Sohn (2. Sam 7) in den Gottesbegriff.
K. Barth hat es also unternommen – und das ist bisher nicht unternommen worden –, die formgeschichtliche These von den Evangelien als
Oster- und Passionsgeschichten mit ausführlicher Einleitung für den Got-

---

50   *W. Kreck:* Grundfragen der Dogmatik, a.a.O., 78.
51   *H.J. Iwand:* Der Prinzipienstreit in der Theologie, in: ThBü Bd. 9 (GAI), 1959, 233. – Vgl.
dazu meine trinitätstheologischen Erwägungen in dem Buch *A.H. Friedlander:* Leo Baeck.
Leben und Lehre, München 1990, 285-328, bes. 326f.

tesbegriff und den Ansatz der Trinitätslehre fruchtbar zu machen, um so
allererst den Ansatz einer Inkarnationschristologie von oben und einer Je-
sologie von unten wirksam zu durchbrechen.

Aus dem Bund Gottes mit Israel als der axiomatischen Voraussetzung und
der Trinitätslehre als dem Implikat der Kreuzeschristologie folgt aber für
Barth: Nur wo *zugleich* das Alte Testament als Voraussetzung *und* die Trinitätslehre als Implikat des differenzierten Zusammenhangs von Kreuz
und Auferweckung erkannt und das darin erkennbare Verhältnis des Gottes Israels zum messianischen Menschensohn Jesus in Ansatz gebracht
sind – und nur da! – ist eine Christologie der Auferweckung des Gekreuzigten gegenüber den Versuchungen gefeit, das Besondere der Christusgeschichte einem Allgemeinen zu subsumieren.

K. Barths Christologie ist *eine am Alten Testament orientierte, trinitarische
Kreuzeschristologie.* Das macht das Novum der Christologie K. Barths in
der christologischen Debatte der Gegenwart aus. Darin repräsentiert sie
zugleich eine kritische Anfrage an die Christologie der Gegenwart.

IV.   Der politische Zeugendienst als Konsequenz der Kreuzeschristologie

»Wie bei allen Hervorragenden in der Geistesgeschichte scheint mir auch
gegenüber Barth die Gefahr zu bestehen, daß eine spätere Generation in
einem eindimensionalen Denken nur *eine* Seite zu sehen vermag, nur *einen* Ton hört und darum das Ganze ›monoton‹ erscheint. Wenn man nur
das ›Gott ist Gott‹ hört und im Sinne einer engstirnigen und zänkischen
Neuorthodoxie Barth deutet, oder wenn man nur das ›Gott mit uns‹ ver-
nimmt und am Ende in eine reine Humanitätsreligion abgeleitet, oder
wenn man unter dem Motto ›Gott für die Welt‹ einzig auf Veränderung
von Strukturen insistiert, anstatt das Zugleich dieser drei Klänge bei Barth
zu beachten, dann mag man damit vielleicht Tageseffekte erzielen, aber
man sollte sich nicht auf Barth berufen« (W. Kreck)[52].

Die Christologie K. Barths als im Alten Testament fundierte, trinitarische
Kreuzeschristologie wehrt als Christologie der Versöhnung der Welt mit
Gott – und eben nicht als Christologie der Versöhnung der Kirche oder gar
nur des einzelnen mit Gott – sowohl einer sterilen Neuorthodoxie, die das
Bekenntnis restauriert und konserviert, sich aber um ihr politisch-soziales
Mandat drückt, als auch einem politisch-gesellschaftlichen Engagement,
das Theologie und Christologie zum ideologischen Überbau erklärt, die
historische Kritik durch gesellschaftliche Kritik *ersetzt* und sich damit zum
Schaden der Sache der eigentlichen Begründung und Motivation begibt.

52   *W. Kreck:* Zur Eröffnung der Barth-Ausstellung, a.a.O., 333.

»Es sollte – so hat es E. Hübner gesagt – nicht vergessen werden, daß Barths politisches Engagement aus der Mitte seiner Theologie erwuchs. Viele, die heute so tun, als hätten sie es erfunden, und die von Theologie nicht viel oder nichts mehr halten, könnten hier für ihre theologische und politisch-gesellschaftliche Existenz lernen.«[53]

Die Versöhnung der Welt im Kreuz des messianischen Sohnes Gottes mit Gott war der Grund, von dem her Barth die jeweiligen politischen Stellungnahmen verstanden wissen wollte. »Nicht politische Allotria in einem vom Glauben getrennten Raum, sondern Gehorsam dem Gebot Gottes gegenüber ist das Zentrum politischer Entscheidung des Christen. Sie kann als Zeugnis von Christen an Christen (und Nichtchristen!) nur dann lichtvoll und gewichtig sein, wenn sie ihren Grund im Evangelium, im befreiten und befreienden Glauben an die in Jesus Christus schon geschehene, vollkommen vollbrachte Versöhnung der Welt mit Gott hat. Es geht hierbei für den Christen wie für die anderen um die praktische Bestätigung des Bundes Gottes mit seinem Volk, um die Erkenntnis und das Tun seines Gebotes« (K. Kupisch)[54].

Das Grundthema der Kreuzeschristologie ›Gott für die Welt‹ hat nicht zuletzt nach Barths eigenen Worten dazu geführt, »daß meine ganze Theologie immer eine starke politische Komponente hatte, ausgesprochen oder unausgesprochen. [Der Römerbrief] ist anno 1919, am Ende des Ersten Weltkrieges erschienen und hat durchaus auch schon, ohne daß arg viel direkt von Politik die Rede war, eine politische Wirkung gehabt. Ich bin . . . schon in Safenwil beschäftigt gewesen mit einer Gemeinde, die eine Arbeitergemeinde war, und bin dort auf die soziale Frage gestoßen. Dann habe ich mich mit Gewerkschaftsproblemen auseinandersetzen müssen, machte das auch – und war verrufen als der ›rote Pfarrer von Safenwil‹. . . . Als dann die Hitlerei kam, habe ich wieder mit der Politik eingesetzt, und dann kam es . . . zum Barmer-Bekenntnis, in dem direkt kein politisches Wort steht, das aber doch ein politisches Faktum war . . . – von Freund und Feind ist es so verstanden worden.«[55]

Von dieser Christologie der Versöhnung der *Welt* mit Gott ist wohl – E. Jüngel hat es so formuliert – »die erstaunliche Tatsache [zu erklären], daß selten wohl ein Theologieprofessor so konkret in das politische Tagesgeschehen hineingewirkt hat, wie eben Karl Barth«[56]. *K. Barths messianische Kreuzeschristologie steht damit quer zu allen Versuchen, sie restaurativ-neo-*

53 *E. Hübner:* »Monolog im Himmel«? Zur Barth-Interpretation von H. Zahrnt, EvTh 31 (1971) Heft 2, 81 Anm. 69.

54 *K. Kupisch:* Karl Barth in Selbstzeugnissen und Dokumenten, Rowohlts Monographien Bd. 171, 116.

55 *K. Barth:* Letzte Zeugnisse, a.a.O., 21f. Vgl. Fr.-W. Marquardt, Theologie und Sozialismus. Das Beispiel K. Barths, 1972² und H. Gollwitzer, Reich Gottes und Sozialismus bei Karl Barth, ThExh NF 169, 1972.

56 *E. Jüngel:* . . . keine Menschenlosigkeit Gottes . . . Zur Theologie Karl Barths zwischen Theismus und Atheismus, EvTh 31 (1971) Heft 7, 378f.

orthodox zu domestizieren oder sie politisch-ideologisch zu funktionalisieren.
Sie tut es von ihrem Thema her, wie es Barth wenige Wochen vor seinem
Tod noch einmal im Sinn einer im Alten Testament fundierten, trinita-
risch strukturierten messianischen Kreuzeschristologie formuliert hat:
»Jesus Christus ist der *Grund des Bundes*, der Gemeinschaft, der unauflösli-
chen Zusammengehörigkeit von Gott und Mensch. Ich bin auch ein
Mensch. So ist er der Grund dieses Bundes auch für mich.

Jesus Christus hat in seinem *Leben und Sterben* die Sünde der Welt und der
Kirche getragen und hinweggetragen. Indem auch ich ein Angehöriger der
in ihm mit Gott versöhnten Welt und ein Glied der von ihm zusammenge-
rufenen Kirche bin, darf auch ich im Licht der allen Verfehlungen der Welt
und der Kirche trotzenden Gerechtigkeit und Heiligkeit Gottes leben und
sterben.

Jesus Christus ist als *der von den Toten Auferstandene* die Verheißung, daß
der Sieg seines Lebens und Sterbens durch ihn einst endgültig und allgemein offenbar werden wird. Indem ich an seinen schon geschehenen Sieg
glauben darf, darf auch ich in diesem Glauben lebend und sterbend auf
diese seine kommende Offenbarung hoffen. Jesus Christus ist das *zu Allen
gesprochene Wort Gottes*. Indem auch ich einer von diesen Allen bin und
mich als einen durch sein Wort Angesprochenen entdecken darf, . . . bin
auch ich zur tätigen Beantwortung des an Alle gerichteten Wortes Gottes
bestimmt. Die Theologie, in der ich entscheidend probiert habe, aus der
Bibel zu schöpfen, ist für mich nie eine private Sache gewesen, etwas der
Welt und dem Menschen Fremdes, sofern ihr Gegenstand ist: Gott für die
Welt, Gott für den Menschen, der Himmel für die Erde.«[57]

---

57 K. *Barth*: Letzte Zeugnisse, a.a.O., 8f., 21 (Zitate gekürzt und Kursivdruck eingefügt).

6 Gesetz und Evangelium oder Evangelium und Gebot?[1]

Martin Luther und Karl Barth

Meinen Erwägungen zum Thema »Gesetz und Evangelium bei Luther und Barth« stelle ich zwei entgegengesetzte Äußerungen Barths über Luther voran – eine aus der zahlenmäßig kleineren Reihe der oft zitierten negativen und eine aus der größeren Reihe der weniger zitierten positiven Aussagen Barths über Luther:

In einem Brief Barths nach Frankreich aus dem Jahre 1939 heißt es: Das deutsche Volk »leidet an der Erbschaft des größten christlichen Deutschen: an dem Irrtum Martin Luthers hinsichtlich des Verhältnisses von Gesetz und Evangelium, von weltlicher und geistlicher Ordnung und Macht, durch den sein natürliches Heidentum nicht sowohl begrenzt und beschränkt als vielmehr ideologisch verklärt, bestätigt und bestärkt worden ist.«[2] Ähnlich äußert sich Barth in einem aus dem folgenden Jahr stammenden Brief nach Holland: »Das Luthertum hat dem deutschen Heidentum ... mit seiner Absonderung ... des Gesetzes vom Evangelium so etwas wie einen eigenen sakralen Raum zugewiesen.«[3]

E. Wolf hat darauf hingewiesen, daß Barth in seiner Schrift »Evangelium und Gesetz« merkwürdigerweise »ohne direkte (!) Polemik gegen Luther« argumentiert[4]. Auch G. Heintze hat auf den auffälligen Tatbestand aufmerksam gemacht, »daß in der grundsätzlichen Darlegung des Verhältnisses von Evangelium und Gesetz in der Kirchlichen Dogmatik II/2 Kp. 8 (Gottes Gebot) Luther nicht (kritisch) zitiert wird.«[5] Dieser Tatbestand ist aber nicht primär – wie Heintze meint – Ausdruck der Ehrerbietung

---

1 Überarbeitete Fassung eines am 12. Juli 1973 im Rahmen der Barthtagung auf dem Leuenberg (Schweiz) und am 6. 2. 1974 als Gastvorlesung an der Kirchlichen Hochschule in Wuppertal gehaltenen Vortrages. Der Verfasser, der seinem theologischen Lehrer die erste Beschäftigung mit der Thematik von Gesetz und Evangelium während seiner Wuppertaler Studienzeit verdankt, möchte J. Moltmann mit diesem Beitrag zu seinem 50. Geburtstag am 8. 4. 76 herzlich grüßen. »Das Recht der Freiheit stammt aus der Gnade der Befreiung« (J. Moltmann, Mensch, TT Bd. 11, 1971, 121).

2 *K. Barth:* Ein Brief nach Frankreich (1939); in: Eine Schweizer Stimme 1938–1945, 1945, 108, 117, 113.

3 *K. Barth:* Brief an Pfarrer Kooyman (Holland) (1940), ebd. 118–122, 122.

4 *E. Wolf:* Artikel »Gesetz und Evangelium, dogmengeschichtlich«, RGG³ Bd. II, Tübingen 1958, 1519–1526, 1525.

5 *G. Heintze:* Luthers Predigt von Gesetz und Evangelium, 1958, 12 Anm. 2.

Barths gegenüber Luther[6], sondern Kennzeichen der Barthschen Auseinandersetzung mit einer Theologie, deren Komplexität, Mehrschichtigkeit und Differenziertheit keinem anderen so bewußt war wie eben K. Barth: »Scheint (Luther)« – so fragte Barth schon 1933 – »nicht immer noch um eine Ecke weitergedacht zu haben, wo auch die scheinbar komplizierteren (wie etwa sein Schüler Melanchthon) zu denken aufhörten? Ist er nicht in Wahrheit doch differenzierter als etwa Thomas von Aquin oder Schleiermacher?«[7]

Barths ausgewogene, vorsichtige Stellungnahme zu Luther, die sich durch den ganzen Zeitraum der Beschäftigung Barths mit Luther belegen läßt[8], weicht nur in den seltensten Fällen einer direkten Polemik gegen Luther. Diese ist dann durch die akute Zeit- und Kirchengeschichte provoziert und durch eine fragwürdige, sich in den Dienst der »Deutschen Christen« stellende Lutherdeutung (Fr. Gogarten, W. Stapel und E. Hirsch) bedingt. Sie wird aber dann sogleich durch eine mögliche und offengelassene Differenzierung zwischen Luther und dem Luthertum von Barth präzisiert.[9] Im Jahre 1945 hat sich Barth wieder in differenzierter Weise dahingehend geäußert, daß die Kirche »entweder zu einem neuen kritischen Verhältnis zu ihrem Reformator Luther oder . . . zu einem anderen besseren (!) Verständnis seiner Lehre (!) vordringen müßte.«[10]

Meine Erwägungen gliedern sich in drei Hauptteile:

Gegenstand des I. Hauptteils ist der *systematische Bezugspunkt* der Lehre von Gesetz und Evangelium bei Luther und Barth.

Gegenstand des II. Hauptteils soll die *christologische Grundlegung* der Lehre von Gesetz und Evangelium bei Luther und Barth sein.

Der III. Hauptteil wird schließlich die *kerygmatischen und sozialethischen Konsequenzen* der Lehre von Gesetz und Evangelium bei Luther und Barth diskutieren.

---

6 Ders.: a.a.O., 11f.

7 *K. Barth*: Lutherfeier 1933, ThEx Heft 4, 1933, 9.

8 *K. Barth*: Die Theologie Calvins. 1922. hg. von H. Scholl, Gesamtausgabe II, Zürich 1993, 93ff; Ethik I (1928), Gesamtausgabe II. Akademische Werke Hg. D. Braun, 149 und KD IV/1, 411f. (1953).

9 *Ders.*: Brief an Pfarrer Kooyman a.a.O., 122: »Das Luthertum (!) hat dem deutschen Heidentum . . . mit seiner Ansonderung . . . des Gesetzes vom Evangelium so etwas wie einen eigenen sakralen Raum zugewiesen«.

10 *K. Kupisch*: Karl Barth in Selbstzeugnissen und Dokumenten, rororo 1971, Bd. 174, 109.

I.   Der systematische Bezugspunkt der Lehre von Gesetz und Evangelium bei Luther und Barth

Stellen wir den grundlegenden Eingangsabschnitt Barths aus seiner Schrift »Evangelium und Gesetz« an den Anfang: »Wer zu unserem Thema recht reden will, der muß zuerst vom *Evangelium* reden . . . Das Gesetz wäre nicht das Gesetz, wenn es nicht geborgen und verschlossen wäre in der Lade des *Bundes.* Und auch das Evangelium ist nur dann das Evangelium, wenn das Gesetz . . . in ihm, als in der Bundeslade geborgen und *verschlossen* ist.«[11]

Bund und Gebot – diese Begriffe bilden also nach Barth – wie anhand des Zitates sofort deutlich wird – das Koordinatensystem der Zuordnung von Evangelium und Gebot bzw. Gesetz und Evangelium.

1.   Verheißung und Gebot (Barth) und Gesetz und promissio (Luther) (Verheißung als mündliches Vergebungswort bei Luther und Verheißung als Kategorie des Bundes bei Barth)

Barth beginnt die bundestheologische Grundlegung der Verhältnisbestimmung von Gesetz und Evangelium mit dem Verweis auf Gal 3,17, der paulinischen Aussage von der zeitlichen Differenz und dem Abstand zwischen Verheißung und Gesetz: »Wer zu unserem Thema (sc. ›Evangelium und Gesetz‹) recht reden will, der muß zuerst vom *Evangelium* reden. Denken wir hier sofort an jene 430 Jahre Abstand, in dem das Gesetz nach Gal 3,17 der Verheißung folgte. Es *muß* ihr folgen, aber es muß ihr *folgen*.«[12]

Wie die Verheißung des Bundes dem Gebot, so ist – folgert Barth – das Evangelium dem Gesetz vorgeordnet, wobei Verheißung hier eine Kategorie des Bundes ist. Die qualitative Vorordnung des Evangeliums vor das Gebot wird also bei Barth bundestheologisch in der Vorordnung der Verheißung vor das Gebot verankert.

Wird die zeitliche Vorordnung der Verheißung vor das Gesetz nach Gal 3,17 von Barth *bundestheologisch* im Sinn der qualitativen Vorordnung der Verheißung vor das Gebot verstanden, so interpretiert *Luther* im Unterschied zu Barth im Großen Galaterkommentar die zeitliche Vorordnung der promissio vor die lex *soteriologisch* als qualitative Überlegenheit der

---

11   *K. Barth:* Evangelium und Gesetz, ThEx heute 32, München 1935; wiederabgedruckt in ThEx NF 50, 1956², 1961³ (zit. Ev. u. Ges.); weiter abgedruckt in: »Gesetz und Evangelium«. Beiträge zur gegenwärtigen theologischen Diskussion. Wege der Forschung Bd. CXLII, Darmstadt 1968, 1–29 (zit.: WdF) – Ev. u. Ges. 5 / WdF 1f
12   *Ders.:* a.a.O., Ev. u. Ges. 5 / WdF 1f.

promissio gegenüber der lex damnans: »Ergo promissio est supra legem . . . destruit legem, ut amplius non possit augere peccatum.«[13]

Die zeitliche Vorordnung der promissio vor die lex bei Paulus wird so von Luther sofort soteriologisch-anthropologisch im Sinn seines die Lehre von Gesetz und Evangelium durchgängig bestimmenden seelsorgerlichen Interesses aktualisiert: »Ideo« – so führt Luther zu Gal 3,17 weiter aus – »ut inculco, ista duo, lex et promissio (beachte die Reihenfolge!) diligentissime distinguenda sunt . . . Si vero ista duo confundis . . . nescias, quid lex, promissio, quid peccatum, quid iustitia sit.«[14]

Diese soteriologische Interpretation von Gal 3,17 im Sinne der Aufhebung des anklagenden Gesetzes durch die Verheißung[15] bezeichnet im Unterschied zu Barths bundestheologischer Orientierung zugleich das für Luthers Theologie grundlegende Verständnis der promissio als »des gewißmachenden Wortes«[16], als »promissio remissionis peccatorum«[17].

Die kerygmatisch-soteriologische Interpretation der promissio durch Luther schließt zugleich deren heilsgeschichtliches Verständnis im Sinne Barths aus: »Promissio‹« – so formuliert deshalb O. Bayer – »ist für Luther keine heilsgeschichtliche Offenbarungskategorie . . ., sondern der Inbegriff der Verkündigung. So kann Luther . . . promissio schon im Alten Bund nicht verstehen als ein . . . Versprechen, sondern nur als im hic et nunc wirklich tröstende und rettende Zusage.«[18] »Man würde also Luther mißverstehen, wollte man ihn mit seiner Aufzählung alttestamentlicher Promissionen sich im heilsgeschichtlichen Schema von ›Verheißung und Erfüllung‹ bewegen sehen. Jedesmal, wenn eine Zusage Gottes ergeht, geschieht dasselbe, geschieht das Ganze, geschieht alles: das Heil.«[19] Mit Luthers grundsätzlichen Worten definitorischen Charakters aus »De captivitate«: »Neque enim deus . . . aliter cum hominibus unquam egit [!] aut agit quam verbo promissionis. Rursus, nec nos cum deo unquam agere aliter possumus quam fide in verbum promissionis eius.«[20]

---

13 *M. Luther:* WA 40/I, 467, 14ff.: »Deshalb ist die Verheißung (der Sündenvergebung) dem Gesetz überlegen . . ., sie zerstört das Gesetz, so daß es die Sünde nicht mehr vermehren kann.«

14 *Ders.:* WA 40/I, 469, 19ff.: »Deshalb, wie ich oft einschärfe, müssen diese beiden Gesetz und Verheißung, aufs sorgfältigste unterschieden werden . . . Wenn du nämlich diese beiden vermischest . . ., weißt du nicht mehr, was Gesetz und Verheißung, was Sünde, was Gerechtigkeit sei.«

15 *Ders.:* »Promissio destruit legem« (WA 40/I 467, 17).

16 *O. Bayer:* Promissio. Geschichte der reformatorischen Wende in Luthers Theologie, Göttingen 1971, 344.

17 *M. Luther:* WA 6, 513, 34.

18 *O. Bayer:* Promissio, a.a.O., 245.

19 *Ders.:* Promissio, a.a.O., 345.

20 *M. Luther:* WA 6, 516, 30–32: »Denn Gott hat niemals . . . anders mit den Menschen gehandelt oder handelt anders mit ihnen als durch das Wort der Verheißung (= Zusage). Wiederum können wir niemals mit Gott anders handeln als durch den Glauben an das Wort seiner Verheißung«.

Luther versteht also die promissio wesentlich als rechtskräftige Zusage der Vergebung im mündlichen Wort des Evangeliums, als promissio absolutionis, sie meint nach ihm nicht ›Verheißung‹ (praemissio) im heils- bzw. hoffnungsgeschichtlichen Sinn.

Die auf die lex damnans bezogene *promissio remissionis peccatorum* bei Luther und die dem Gebot grundsätzlich und qualitativ vorgeordnete *promissio foederis* bei Barth, die *Verheißung als mündliches Vergebungswort* bei Luther und die *Verheißung als Kategorie des Bundes* bei Barth stehen sich hier gegenüber und signalisieren schon zu Beginn die Differenz des theologischen Ansatzes.

These I 1: Wie bei Luther das Nacheinander von lex et evangelium sofort durch das Nacheinander von lex et promissio präzisiert wird (der Inhalt des Evangeliums ist die remissio peccatorum propter Christum durch das Mittel des mündlichen Wortes der Predigt, des Wortes als Gnadenmittel; E. Bizer), so wird bei Barth die Vorordnung des Evangeliums vor das Gebot sofort durch die Vorordnung der Bundesverheißung vor das Bundesgebot erläutert.

Verweist das *Nacheinander von lex und promissio bei Luther* auf seine *soteriologische* Orientierung der promissio an der lex damnans und auf den Primat des usus elenchticus legis als des anklagenden und richtenden Gesetzes, so verweist *die Vorordnung der Verheißung vor das Gebot bei Barth* auf die *bundestheologische* Verankerung der lex in der promissio als der Verheißung des Bundes.

2. Erfüllung der Verheißung (Barth) und Verheißung der Vergebung (Luther)
(Die in der Erfüllung der Verheißung eingeschlossene Erfüllung des Gebotes bei Barth und die in der Erfüllung des Gesetzes gründende promissio der Vergebung bei Luther)

Die von *Luther* in den Antinomerdisputationen immer wieder formulierte und von R. Hermann[21] analysierte Grundthese lautet: »In Christo tota lex est impleta«, »Christus est impletor legis«, »Christus est mediator, qui venit implere legem« oder noch pointierter: »Plenitudo legis id est Christus.«[22]

Dabei wird die Verklammerung von promissio und impletio legis von Luther so vollzogen, daß Christus als der impletor legis den Rechtsgrund für die promissio remissionis darstellt: So geschieht z.B. die Aufhebung der lex

---

21   *R. Hermann:* Zum Streit um die Überwindung des Gesetzes. Erörterungen zu Luthers Antinomerthesen, Weimar 1958, 29ff.

22   *M. Luther:* WA 39/I, 380, 22: »In Christus ist das ganze Gesetz erfüllt«; ebd. 538, 15: »Christus ist der Erfüller des Gesetzes«; ebd. 535, 10: »Christus ist der Mittler, der kam, um das Gesetz zu erfüllen«; ebd. 357, 21: »Die Fülle des Gesetzes – das ist Christus«.

accusans durch die remissio peccatorum, »quod deus vult habere legem pro impleta lege, dum credimus in impletorem legis.«[23] Die Verheißung, der Zuspruch der Vergebung geschieht aufgrund der Erfüllung des Gesetzes durch Christus, sie geschieht propter Christum impletorem legis.

Ist die promissio – so läßt sich Luthers Verhältnisbestimmung von promissio und impletio legis umschreiben – ihrem Vollzug nach das mündliche Wort der Predigt, ist sie ihrem Inhalt nach die remissio peccatorum, so ist ihr Rechtsgrund die impletio legis in Christo. Die soteriologische promissio remissionis gründet bei Luther sachlich in der christologischen impletio legis und folgt auf sie.

Im Unterschied zu einer solchen Verhältnisbestimmung bei Luther heißt es bei *Barth* in »Evangelium und Gesetz« pointiert: Indem das Gesetz der Verheißung folgt, »folgt ihm selber die *Erfüllung* der Verheißung und in ihr, nur in ihr, auch seine eigene, des Gesetzes Erfüllung.«[24] M.a.W.: Wie nach Barth das Gebot der Verheißung des Bundes folgt[25], so ist auch die Erfüllung des Gebotes die Folge aus der Erfüllung der Verheißung des Bundes. Die Folge von impletio promissionis und impletio legis ist für Barth unumkehrbar, die Erfüllung des Gebotes durch Christus folgt und ist eingeschlossen in die Erfüllung der Verheißung in Christus. Impletio ist also zuerst eine Kategorie der promissio und erst darin auch eine Kategorie der lex.

Die Erfüllung der Bundes-Verheißung – und nur sie! – ist auch die Erfüllung des Gebotes selbst.

These I 2: Kann bei Luther das Evangelium unmittelbar als praedicatio legis in Christo impletae bezeichnet und Christus direkt als die plenitudo legis, als impletor legis, d.h. als die Erfüllung und der Erfüller des fordernden Gesetzes Gottes verstanden werden, so ist bei Barth im Unterschied zu Luther die Erfüllung des Gebotes die Folge der Erfüllung und Bekräftigung der Verheißung des Bundes.

Folgt das Gebot der Verheißung, so ist die Erfüllung (»impletio«) für Barth zuerst eine Kategorie des Bundes und erst daraufhin eine Kategorie des Gebotes. Folgt das Gebot der Verheißung, so ist Christus zuerst die Erfüllung der Bundesverheißung und erst als solcher und daraufhin auch die Erfüllung und Bekräftigung des Bundesgebotes.

---

23   *Ders.:* ebd. 380, 24ff.: Die Aufhebung des anklagenden Gesetzes durch die Sündenvergebung geschieht, »weil Gott das Gesetz als erfüllt ansehen will, sofern wir an den Erfüller glauben«.
24   *K. Barth:* Ev. u. Ges. 5/WdF 1.
25   Vgl. oben die These I 1.

3.   Das offenbare Gebot der Erfüllung (Barth) und das durch Christus in-
terpretierte allgemeine Naturgesetz (Luther)
(Das offenbare Gebot der Erfüllung des Bundes bei Barth und das radikali-
sierte allgemeine Natur- und Leistungsgesetz bei Luther)

Durchläuft der das Gebot einschließende Bund nach Barth die Geschichte
von der Verheißung auf die bekräftigende Erfüllung hin, so ist erst die Erfüllung der Verheißung die authentische Auslegung des Gebotes. Die die
Erfüllung des Gebotes einschließende Erfüllung und Bekräftigung der Verheißung in Christus ist allererst die definitive Offenbarung des Gebotes.
D.h. das christologische Zugleich von endgültiger Erfüllung und definitiver Offenbarung des Gebotes ist der Skopus der Aussagen Barths im Unterschied zu Luther.
Gegenüber dieser christologischen Koinzidenz von endgeschichtlicher Erfüllung und definitiver Offenbarung des Gebotes bei Barth zeichnet sich
bei Luther folgendes Nacheinander von allgemein gegebenem (lex generalis), offenbartem (Dekalog), in Jesu Verkündigung radikalisiertem (Bergpredigt) und in seinem Tod erfülltem Gesetz ab: 1. »Habent quidem omnes
homines naturaliter quandam cognitionem legis«; 2. »Christus . . . inter-
pretatur legem . . ., ut intelligamus cuiusmodi . . . impletio sit, quam lex a
nobis requirit«; 3. Christus »venit implere legem, sed non tollere.«[26]
Genau an diesem Punkt, am Zusammenhang von allgemeinem Naturgesetz (lex naturalis), schriftlichem Mosegesetz (lex renovata), von Jesus ver-
kündigtem Gesetz (lex interpretata) und durch Christus erfülltem Gesetz
(lex impleta) setzt Barths Kritik ein: die Geschichte Jesu Christi, sein Wort
und Werk, ist nicht die bestätigende Erfüllung des Allgemeinen der lex naturalis als eines allgemeinen Naturgesetzes.
In seinem Buch »Natürliches und gepredigtes Gesetz bei Luther« schreibt
deshalb Martin Schloemann: »Der prinzipielle Bezug auf die Allgemein-
heit und Unentrinnbarkeit des Gesetzes, die jeden Menschen . . . schon
durch seine Geburt und damit mit dem gefallenen Adam als sündig qualifiziert, ist für das Verständnis von Luthers Gesetzesbegriff grundlegend.«[27]
Luther konnte insbesondere in den Antinomerdisputationen von der lex
naturalis als einem fordernden Leistungsgesetz reden. Entsprechend hat
der Lutheraner W. Joest in seinem Buch »Gesetz und Freiheit« die in dieser
Richtung laufenden Aussagen Luthers über das Gesetz so resümiert: Das
Gesetz »ist eine Instanz, die den Menschen von außen unter Druck setzt,

---

26   *M. Luther*: WA 39/I 361, 19f.: »Alle Menschen haben von Natur eine allgemeine
Kenntnis des Gesetzes«; ebd. 387, 5–7: »Christus . . . legt das Gesetz aus . . ., damit wir begreifen, welcher Art . . . die Erfüllung sei, die das Gesetz von uns fordert«; ebd. 535, 10f.:
Christus »kam, das Gesetz zu erfüllen, nicht aber um es aufzuheben«.
27   *M. Schloemann*: Natürliches und gepredigtes Gesetz bei Luther. Eine Studie zur Frage
nach der Einheit der Gesetzesauffassung Luthers mit besonderer Berücksichtigung seiner
Auseinandersetzung mit den Antinomern, Theologische Bibliothek Töpelmann 4, Berlin
1961, 32.

von ihm eine verdienstliche Leistung fordert, ihn damit auf seine Aktivität, sein *facere* stellt, ein einsichtiges Verhältnis zwischen Leistung und Lohn, Werk und Heil herstellt . . . Gott selbst hat das Gesetz des Leistens und der reziproken Vergeltung gegeben, und er selbst setzt es im Evangelium außer Kraft.«[28]

Solche Aussagen Luthers von einem abstrakten Naturgesetz, einem vom Menschen unerfüllbaren Leistungs- und Vergeltungsgesetz, durch das der Mensch zur Einsicht in seinen Widerspruch zu Gott und zur Erkenntnis der Sünde gebracht werden soll, hat auch H. Gollwitzer vor Augen, wenn er in seinem Aufsatz »Zur Einheit von Gesetz und Evangelium« sagt: »Jene axiomatische Voraussetzung eines Vergeltungsgesetzes . . . ist schon durch Luther selbst verschuldet, indem auch er oft genug, besonders . . . in den Antinomerdisputationen . . . den Zorn Gottes im Vergeltungsgesetz begründet«, »wohl von seiner Anfechtungserfahrung her, die sich hier als problematischer Ausgangspunkt für theologisches Denken enthüllt.«[29]

D.h.: Im Unterschied zu Luthers skizziertem Einsatz – und Ausgangspunkt (terminus a quo), von der lex naturalis, die er als Vergeltungs- und Leistungsgesetz, in welcher Form sie dem allgemeinen Menschengeschlecht gegeben, dem Gewissen jedes Menschen eingeschrieben, durch Moses lediglich illustriert und durch Christus bestätigt, interpretiert und erfüllt wird, wird Barth zufolge das Besondere des Bundesgebotes Gottes in der für alle Menschen stellvertretend vollzogenen Erfüllung des Bundesgebotes in Jesus Christus allererst offenbar.

»Wir müssen« – so konnte Barth in KD II/2 formulieren – »Gottes Gebot . . . nur in dem suchen, was in Bethlehem, was zu Kapernaum und Tiberias, was in Gethsemane und auf Golgatha, was im Garten des Joseph von Arimathia geschehen ist. In diesem Geschehen hat Gott sein Gebot ausgesprochen.« »Gerade das in Jesus Christus ein für allemal *erfüllte* Gesetz [Gebot] ist ja das wahrhaft *bindende* Gesetz [Gebot].«[30]

Kurz: der Name Jesus Christus, im Zentrum definiert durch sein Geschick in Kreuz und Auferweckung, ist das endgültige Ereignis der Erfüllung und darin die definitive Bezeichnung des Inhalts des Gebotes Gottes.

These I 3: Indem der das Gebot einschließende Bund die Geschichte von der Verheißung des Bundes auf seine Erfüllung und Bestätigung in Jesus Christus durchläuft, ist nicht ein abstraktes Natur-, Vergeltungs- und Leistungsgesetz, noch der Dekalog, sondern erst die in der bestätigenden Erfüllung des Bundes in Jesus Christus eingeschlossene Erfüllung des Gebotes die definitive Offenbarung des Gebotes (Barth).

Im Unterschied zu Luthers möglichem, systematisch nicht ausgeschlosse-

---

28   W. *Joest*: Gesetz und Freiheit. Das Problem des Tertius usus legis bei Luther und die neutestamentliche Parainese, Göttingen 1951, 1956², 27.

29   H. *Gollwitzer*: Zur Einheit von Gesetz und Evangelium, in: »Antwort«. Karl Barth zum 70. Geburtstag am 10. Mai 1956, 1956, 287–309, 303f.

30   K. *Barth*: KD II/2, 621 (vgl. Ev. u. Ges. 11/WdF 7); 625.

nen Einsatz und Ausgang (terminus a quo) von der lex naturalis, demzufolge das Allgemeine des Gesetzes durch Mose illustriert und durch Christus interpretiert und erfüllt wird, ist für Barth Christus als die Erfüllung
der Bundesgeschichte Gottes mit dem Menschen der Definitionsort des
Gebotes Gottes.
Ist aber die in der Erfüllung und Bestätigung der Bundesverheißung in
Christus implizierte stellvertretende Erfüllung des Gebotes allererst die
definitive Offenbarung des Gebotes, dann macht die Koinzidenz von endgeschichtlicher Erfüllung und definitiver Offenbarung des Bundesgebotes
in Jesus Christus das Besondere der Position Barths im Unterschied zu Luther aus.

II.   Die christologische Grundlegung der Lehre von Gesetz und Evangelium bei Luther und Barth

W. Joest hat in seiner Analyse in »Gesetz und Freiheit« – und viele lutherische Interpreten und Kritiker Barths sind ihm darin gefolgt[31] – die Differenz zwischen Luther und Barth dahingehend zusammengefaßt, daß für
Barth das richtende, tötende Gesetz nur ein Ergebnis menschlichen Mißverständnisses und Mißbrauchs, für Luther dagegen die lex accusans darüber hinaus auch und entscheidend Gottes Handeln selbst, seine Zornes-
reaktion auf den sündigen Mißbrauch durch den Menschen darstellt[32].
Joest meint dabei, Barth so verstehen zu sollen: »Gesetz und Evangelium
seien von Gott her überhaupt nicht einander entgegengesetzt, sondern gehörten undialektisch [!] zusammen ... Was hingegen dem Evangelium
entgegenstehe und an ihm sein Ende finde, sei wirklich nur jene menschliche Gesetzesfrömmigkeit, die Gottes Gesetz gerade mißdeutet und verfälscht, indem sie es als eine Forderung zu Leistungen versteht... Das dem
Evangelium entgegenstehende und in ihm endende Gesetz sei nicht Gottes wirkliches, sondern das vom Menschen ›gesetzlich‹ mißverstandene
Gesetz.«[33]
Barth hat sich demgegenüber schon in »Evangelium und Gesetz« – aber
nicht nur dort! – in dezidiert anderer Weise und Richtung geäußert, wenn
er sagt: »Es ist das durch den Betrug der Sünde entehrte und *entleerte* Gesetz, das mit der Kraft des *Zornes Gottes* dennoch *sein* Gesetz ist und
bleibt.«[34] Es ist deshalb gegenüber Joest zu sagen, daß an diesem Punkt ei-

---

31   *H.G. Pöhlmann:* Abriß der Dogmatik 1973, 32ff., 196ff.
32   *W. Joest:* Gesetz und Freiheit, a.a.O., 20, 25, 37ff.
33   *Ders.:* Artikel »Gesetz und Evangelium, dogmatisch«, in: RGG³, Bd. II, Tübingen 1958,
     1526–1531, 1529.
34   *K. Barth:* Ev. u. Ges. 27/WdF 23.

ne Differenz zwischen Luther und Barth nicht aufgemacht werden kann. Denn »stimmt Luther mit Karl Barth darin überein, daß es sich [bei dem Mißbrauch des Gebotes Gottes] um eine falsa opinio de lege handelt, so versäumt Karl Barth ebenso wenig wie Luther klarzustellen, daß eben dieses mißbrauchte Gottesgesetz dem Menschen zum Gericht [Gottes] wird; [es ist] Gottes Reaktion . . . [und] sein Zorn, in dem er den Menschen bei dem mißbrauchten Gesetz behaftet«.[35]

W. Joest hat schließlich im Unterschied zu früheren Stellungnahmen in seinem Artikel »Gesetz und Evangelium« die Position Barths dahingehend charakterisiert: Gegenüber dem das Gebot pervertierenden Willen des Menschen »gewinnt nun auch Gottes wirkliches Gesetz eine Gestalt [!], in der es nicht mehr gnädiger Zuspruch und Anspruch . . . sein kann. Auch Barth deutet in ›Evangelium und Gesetz‹ diesen Gedanken an, ohne ihn aber systematisch in seine Gesamtkonzeption hineinzunehmen.«[36]

Zu dieser Charakterisierung der Position Barths ist dreierlei zu bemerken: 1. Hier ist richtig gesehen, daß Barth in der Tat das richtende Gesetz Gottes als Gestalt des Bundesgebotes Gottes begreift. 2. Aber Barth deutet diesen Gedanken nicht nur, wie Joest meint, an, sondern bezeichnet präzis den – freilich christologischen und nicht kerygmatischen! – Ort, an dem die Reihenfolge »richtendes Gesetz Gottes – freisprechendes Evangelium« ihre konstitutive Bedeutung hat. Und 3. integriert Barth die Reihenfolge Luthers von tötendem Gesetz und lebendigmachendem Evangelium systematisch in seine am Bund Gottes und seiner Geschichte orientierte Gesamtkonzeption.

Die Differenz zwischen Luther und Barth taucht also nicht hier auf, d.h. in der Alternative zwischen einem vom Menschen pervertierten und einem aufgrund des Zornes Gottes tötenden Gesetz, sie taucht aber an folgender Stelle auf: Barth versteht in fundamentaler Differenz zu Luther das richtende Gesetz als Funktion des Bundesgebotes, die lex accusans als Bedrohung aus der Bundeswirklichkeit heraus (W. Zimmerli), den Zorn Gottes als das verzehrende Feuer seiner Bundesliebe. Die »Verkehrung des Bundesverhältnisses« in der Pervertierung des Bundesgebotes durch den Menschen bedeutet, daß der Mensch das auch weiterhin zu ihm gesprochene Ja Gottes »als ein *Nein* hören muß, . . . daß ihm Gottes Gnade . . . zum *Zorn* und *Gericht* wird.«[37]

Die usus-Bestimmung des richtenden Gesetzes ist – darin läßt sich Barths Grundthese im Unterschied zu Luther zusammenfassen – von dem Hintergrund der Wahrheitsbestimmung des Bundesgebotes und der freien Selbstbestimmung Gottes zur Gemeinschaft mit dem Menschen im Bund nicht ablösbar. *Das richtende Gesetz ist im Sinne Barths eine Funktion des Bundesgebotes, der Zorn Gottes eine Gestalt seines Bundeswillens. Barth geht*

---

35 *H. Gollwitzer:* Zur Einheit von Gesetz und Evangelium, a.a.O., 301.
36 *W. Joest:* Artikel »Gesetz und Evangelium«, a.a.O., 1530.
37 *K. Barth:* KD, Bd. IV/1, 536f.

*es also im Zentrum um die Unablösbarkeit der lex accusans von dem Gebot als
der Form des Evangeliums.*

1.   Die Verlagerung der kerygmatischen Kategorien Gesetz und Evangelium (Luther) in das christologische Nacheinander von Kreuz und Auferweckung (Barth)

Barth transponiert die kerygmatische Dialektik Luthers von Gesetz und
Evangelium, von opus alienum und opus proprium, in die christologische
Dialektik von Kreuz und Auferweckung, indem er sie durch die Teleologie
des differenzierten Zusammenhangs von Kreuz und Auferweckung bestimmt. »Es geschah der *Tod* Jesu Christi als Gottes *negative* Tat laut seiner
Auferstehung in *positiver* Absicht ... Und es hatte die *Auferweckung* Jesu
Christi als Gottes *positive* Tat laut seines vorangegangenen Todes jene nega-
tive Voraussetzung«, so daß da ein terminus a quo und ein terminus ad
quem zu unterscheiden sind: »zuerst [!] ein *negatives* Geschehen (in *positiver*
Absicht!), eine Abwendung (mit dem Ziel einer Zuwendung!) ... – dann [!]
aber ein *positives* Geschehen (mit einer *negativen Voraussetzung!*)«[38].
Indem Barth die kerygmatische Dialektik von Gesetz und Evangelium bei
Luther in die christologische Dialektik von Kreuz und Auferstehung zu-
rücküberrsetzt und zur Eindeutigkeit bringt, wird für ihn die Korrelation
von Kreuz und Auferweckung zum exklusiven Kriterium für die Zuordnung von Gesetz und Evangelium:
1.   Das Gesetz ist als Gesetz nur erkennbar und verstehbar von der Auferweckung des Gekreuzigten her: nulla lex sine evangelio, quia nulla crux sine resurrectione.
2.   Das Evangelium ist als Evangelium nur erkennbar und verstehbar von
der Auferweckung des Gekreuzigten her: nullum evangelium sine lege,
quia nulla resurrectio sine cruce[39].
These II 1: Barth transponiert die *kerygmatische* Dialektik von Gesetz und
Evangelium bei Luther in die *christologische* Dialektik von Kreuz und
Auferweckung und eliminiert dadurch die Zweideutigkeit der kerygmatischen Dialektik von Gesetz und Evangelium bei Luther. Infolgedessen
wird für Barth der Zusammenhang von Kreuz und Auferweckung zum
exklusiven Kriterium für die Zuordnung von Gesetz und Evangelium:
a) Das Gesetz ist als Gesetz nur erkennbar und verstehbar von der *Aufer-*
weckung des Gekreuzigten her.

---

38   *Ders.:* KD IV/1, 342.
39   1. Kein Gesetz ohne Evangelium, weil kein Kreuz ohne Auferweckung (kein Verstehen
des Gesetzes ohne das Verstehen des Evangeliums, weil kein Verstehen des Kreuzes ohne
das Verstehen der Auferweckung); 2. Kein Evangelium ohne Gesetz, weil keine Auferwek-
kung ohne Kreuz (kein Verstehen des Evangeliums ohne das Verstehen des Gesetzes, weil
kein Verstehen der Auferweckung ohne das Verstehen des Kreuzes).

b) Das Evangelium ist als Evangelium nur erkennbar und verstehbar von der Auferweckung des *Gekreuzigten* her.

2. Die Exklusivität der christologischen Fassung des Nacheinanders von Gesetz und Evangelium (Barth)

Kreuz und Auferweckung, so heißt es in Barths formaler Näherbestimmung, bilden die *Einheit einer unumkehrbaren Folge*. Diese Einheit »hat die Art einer ›Einbahnstraße‹, sie ist also *nicht umkehrbar.*«[40] Der wechselseitige Zusammenhang von Kreuz und Auferweckung ist ein *Zusammenhang einer unumkehrbaren Teleologie.* War ante Christum resuscitatum die Gnade Gottes in seinem Gericht, das Ja Gottes in seinem Nein, die große Position als das Telos unter der Negation Gottes verborgen, so gilt das »post Christum crucifixum et resuscitatum« nicht mehr. »Denn das Erste ist im Zweiten, Jesu Christi Tod ist in seinem Leben, Gottes Gericht ist in Gottes Gnade eingeschlossen.«[41] Das bedeutet aber umgekehrt: »Das Zweite ist nicht, nie mehr, im Ersten, Jesu Christi Leben nicht, nie mehr in seinem Tod, Gottes Gnade nicht, nie mehr in seinem Gericht, sein Ja nicht, nie mehr in seinem Nein verschlossen.«[42] Haben wir es aber »mit dem *Gekreuzigten* nur noch als mit dem *Auferstandenen* zu tun«, dann gibt es »keinen Gekreuzigten in abstracto«, dann gibt es »kein Zurück hinter den Ostermorgen«[43] Eine mit dem ›nackten Kreuz‹ operierende Kreuzes- [bzw. Gesetzes-]predigt schritte ja »zurück in die noch nicht durch das Licht des Ostertages erleuchtete Nacht von Golgatha!, zurück und hinein in das noch nicht als Heilsgeschehen proklamierte und offenbare Gerichtsgeschehen!, zurück in den Bereich, wo Gottes Ja zum Menschen ... noch unzugänglich tief unter seinem Nein verborgen war!«[44]
Und in wörtlicher Abgrenzung von Luthers Predigt von Gesetz und Evangelium und dessen Definition: »proprium officium legis est accusare et occidere, Evangelii est vivificare«[45], heißt es dann bei Barth: »Als ob wir noch einmal dort anzufangen hätten, wo er für uns und mit uns Schluß gemacht hat! Als ob er das nicht ein für allemal und für uns alle getan hätte! ... Als ob es etwas anderes als ... ein im Grunde frevelhaftes Spiel bedeuten könnte, das Unwiederholbare, weil von Gott selbst Vollbrachte, unsererseits wiederholen zu wollen.«[46]
Von dieser unumkehrbaren Teleologie des Zusammenhangs von Kreuz

---

40 *K. Barth:* KD IV/1, 379.
41 *Ders.:* KD IV/1, 380.
42 *Ders.:* KD IV/1, 380.
43 *Ders.:* KD IV/1, 379.
44 *Ders.:* KD IV/1, 380.
45 M. Luther: WA 39/I, 363, 19f.: »Die eigentliche Funktion des Gesetzes ist, anzuklagen und zu töten, die (eigentliche Funktion) des Evangeliums ist, lebendig zu machen.«
46 *K. Barth:* KD IV/1, 380.

und Auferweckung her ist es nach Barth theologisch unsachgemäß, wenn
man *kerygmatisch* »wieder mit dem Ersten, mit dem ›nackten Kreuz‹, mit
dem Gericht, mit dem göttlichen Nein . . . mit dem Gesetz anfangen wollte, das doch von Jesus an unserer Stelle erfüllt ist – mit Gottes Zorn, den er
doch an unserer Stelle ein für allemal erlitten hat«[47].

Und gegenüber Luthers im Anschluß an 1Sam 2,6f. immer wieder formu-
lierter Grundaussage, daß »Gottes Handeln am Menschen im Nacheinander von Demütigen und Erhöhen, von Zorn und Gnade, von Gesetz und
Evangelium« geschieht, daß also Gottes dialektisches Handeln am Menschen im Töten und Lebendigmachen besteht[48], heißt es bei Barth: »Gott
hat von Ewigkeit her verworfen und in der Zeit verdammt und gerichtet,
er *hat* getötet – in seinem Sohn . . . Alle getötet, indem dieser an ihrer Stelle getötet wurde. Aber eben darauf kommt er *nicht* zurück. Eben damit
fängt er nicht wieder von vorne an. Denn um *zu erretten* hat er gerichtet.
Um *lebendig zu machen* hat er getötet . . . Und nun ist dieses *Telos* des Weges, den er . . . in der Geschichte Jesu Christi gegangen ist, unser Anfang.«[49]
Ist aber die christologische Dialektik von Gesetz und Evangelium identisch
mit der christologischen Teleologie des differenzierten Zusammenhangs
von Kreuz und Auferweckung und ist diese christologische Teleologie post
Christum resuscitatum kerygmatisch nicht wiederholbar, dann – so heißt
es nun wörtlich bei Barth – »sollte [man] das Evangelium vom Weg des
wahren [Sohnes] Gottes *nicht* mythologisieren (auch nicht im Namen . . .
Luthers selbst!)«[50].

Bei R. Prenter heißt es: »Die Anfechtung ist für Luther tatsächlich *Schluß*,
Tod, Vernichtung. Auf der anderen Seite der Anfechtung geht für ihn kein
Weg weiter. Sie ist nicht das negative Moment einer folgenden Synthese,
sondern das tatsächlich unwiderrufliche und erschreckende Ende«[51]. Barth
nimmt solche Aussagen Luthers aus der kerygmatisch-anthropologischen
Ebene heraus und konzentriert sie auf den christologischen Übergang von
Kreuz und Auferweckung, womit zugleich ausgesagt wird, daß diese christologischen Aussagen keiner kerygmatisch-anthropologischen Wiederholung und Erfahrung fähig sind.

Allerdings gilt es hier ebenso deutlich zu sehen, daß Barth Luther auch positiv rezipiert: Dem anklagenden Gesetz bei Luther entspricht Barth genau
mit seinem Verständnis des Kreuzes als des Gerichtes und Endes aller
Menschen. Und das lebendigmachende Evangelium bei Luther hat sein ge-
naues Pendant in dem Verständnis der exklusiven göttlichen Tat der Auferweckung als Leben aus dem Tod für alle Menschen bei Barth.

These II 2: Der differenzierte Zusammenhang von Kreuz und Auferwek-

---

47   Ebd.
48   *G. Heintze:* Luthers Predigt von Gesetz und Evangelium, a.a.O., 97, vgl. 272.
49   *K. Barth:* KD IV/1, 381.
50   Ebd.
51   *R. Prenter:* Spiritus Creator. Studien zu Luthers Theologie, 1954, 220.

kung bei Barth ist nach der Dialektik von Gesetz und Evangelium bei Luther entworfen. Umgekehrt wird Luthers Dialektik von Gesetz und Evangelium von Barth auf den differenzierten Zusammenhang von Kreuz und Auferweckung, d.h. christologisch begrenzt. Die christologische Dialektik von Gesetz und Evangelium ist post Christum resuscitatum kerygmatisch nicht wiederholbar. Darin liegt bei aller positiven Rezeption Luthers eine nicht aufzuhebende Differenz zwischen Luther und Barth.

In der Bestimmung des differenzierten Zusammenhangs von Kreuz und Auferweckung bei Barth kommt Luthers Dialektik von Gesetz und Evangelium einerseits voll zu Ehren, wird sie aber andererseits auf diesen christologischen Ereigniszusammenhang beschränkt. Das Spezifikum der Rezeption der Dialektik von Gesetz und Evangelium bei Luther durch Barth liegt damit in deren christologischer Restriktion.

III.   Die kerygmatischen und sozialethischen Konsequenzen der Vorordnung des Evangeliums vor das Gesetz bei Barth

1.   Die kerygmatischen Konsequenzen der Vorordnung des Evangeliums bei Barth
(Die Erkenntnis der Sünde durch die Predigt des Gesetzes bei Luther und die Sündenerkenntnis als Moment der Predigt des Evangeliums bei Barth)

Barth hat die kerygmatischen Konsequenzen aus der exklusiv-christologischen Fassung der Dialektik von Gesetz und Evangelium bei Luther speziell auch im Hinblick auf die Kategorie des »richtenden Gesetzes« gezogen: Ist die Schilderung Israels im Alten Testament durch die »fast völlig beherrschende göttliche Anklage gegen die Untreue und gegen den Ungehorsam« Israels charakterisiert, so ist im Neuen Testament diese Anklage »verstummt . . . zu einer bloßen warnenden Erinnerung« geworden. Und zwar, wie Barth sogleich hinzufügt, »nicht deshalb, weil sie jetzt gegenstandslos geworden wäre. Sie hat aber in Jesus Christus ihren eigentlichen Gegenstand gefunden. Es ist das ihr notwendig folgende Gericht an ihm zur Erfüllung gekommen«[52].

M.a.W.: *Das anklagende, richtende Gesetz, die lex accusans Luthers, ist für Barth keine Kategorie der neutestamentlichen Verkündigung, keine kerygmatische Kategorie.*

Entsteht Luthers Aussagen insbesondere in den Antinomerdisputationen zufolge die Erkenntnis der Sünde durch die Predigt des Gesetzes, so ist nach Barth das Evangelium der exklusive Grund der Sündenerkenntnis.

---

52   *K. Barth:* KD II/2, 638.

In diesem Gegensatz wiederholt sich – worauf P. Althaus und M. Schloemann[53] aufmerksam gemacht haben (ich möchte es freilich vorsichtiger sagen) – *so etwas wie* die reformatorische Aporie zwischen Luther und Agricola.

Für Luthers Predigt ist – so sagten wir – das Nacheinander von Gesetz und Evangelium konstitutiv: Das Gesetz tötet, das Evangelium macht lebendig. Genau dieses »zuerst – dann«, dieser ordo rei, den Luther gegen Agricola so leidenschaftlich verteidigt hat, taucht – so sagten wir weiter – bei Barth unter expliziter Berufung auf diese Unterscheidung Luthers im Nacheinander von Kreuz und Auferweckung auf. Barth sagt: zuerst das Gericht, dann die Auferweckung; zuerst die Negation, dann die Position. Barth zufolge kann aber – will man das EPHAPAX und damit die Unwiederholbarkeit von Kreuz und Auferweckung nicht eliminieren – diese Reihenfolge von richtendem Gesetz und freisprechendem Evangelium deshalb nicht mehr kerygmatisch wiederholt werden, weil der Zielpunkt der Geschichte Jesu Christi, die Auferweckung, der ausschließliche Ausgangspunkt der Verkündigung ist.

D.h. exklusiv an der Verkündigung des *Evangeliums* entsteht nach Barth die Buße und die Sündenerkenntnis. Das schließt aber gerade die Perpetuierung bzw. Wiederholung der Reihenfolge von »Gesetz und Evangelium« als einer kerygmatischer Kategorie im Sinne Luthers aus. Von dieser Differenz zu Luther her ist es deshalb nicht zufällig, daß Barth an *diesem* Punkt eine gewisse Nähe zu *Agricola* aufweist, der sich auf Aussagen des frühen Luther von der Entstehung der Sündenerkenntnis am Evangelium beruft. Barth weist nämlich im Zusammenhang der Entfaltung der Hamartiologie, seiner am Evangelium der Geschichte Jesu Christi orientierten Lehre von der Sünde der Menschen, darauf hin, daß Luther und Melanchthon in ihrer Predigt Sündenerkenntnis generell nicht aus dem Evangelium, sondern aus der Predigt des Gesetzes abgeleitet haben[54]. Und exakt da ist der Punkt, an dem Barth Agricolas Anliegen gegenüber Luther bzw. das Anliegen des frühen Luther gegenüber dem späten der Antinomerdisputationen berücksichtigt.

M.a.W.: Die Aporie, die in der Reformation zwischen Luther und Agricola nicht gelöst werden konnte, weil sie eine Aporie im kerygmatischen Bereich und eine notwendige Konsequenz der kerygmatischen Wiederholung der Gerichts- und Rechtfertigungsgeschichte im Kreuz Christi war – diese Aporie wird von Barth so aufgelöst, daß er das richtende Gesetz und das rechtfertigende Evangelium, das tötende Gesetz und das lebendigma-

---

53 *P. Althaus:* Durch das Gesetz kommt Erkenntnis der Sünde. Zur Auseinandersetzung mit der exklusiv-christologischen Dogmatik, in: Solange es »heute« heißt, Festschrift für R. Hermann zum 70. Geburtstag 1957, 7–15; abgedruckt in: Althaus, P.: Um die Wahrheit des Evangeliums, Aufsätze und Vorträge, Stuttgart 1962, 168–180; *M. Schloemann:* Natürliches und gepredigtes Gesetz bei Luther, a.a.O., 54.
54 *K. Barth:* KD IV/1, 438ff.

chende Evangelium (Luther) in die Christusgeschichte verlagert und Agricolas Anliegen[55], daß Sündenerkenntnis am Evangelium entstehe, als die Funktion der Predigt bezeichnet, in der das Gebot als Form des Evangeliums verkündigt wird.

Bei Barth ist also beides aufgehoben, nämlich sowohl das Anliegen Luthers von der Notwendigkeit der Gesetzespredigt im Unterschied zur Predigt des Evangeliums als auch das Anliegen Agricolas, daß Sündenerkenntnis ausschließlich am Evangelium entsteht.

Mehr noch: Barth hat damit die Aporie bei Luthers gelöst, indem er expressis verbis darauf hinwies, daß »ausgerechnet Luther sich gelegentlich ziemlich kräftig so hat äußern können, als ob auch er den Grund der Erkenntnis der Sünde im Evangelium ... gesehen hätte«. Aber die Frage müssen »offen bleiben, ob und in welchem Maß man Luther bei diesen Aussagen behaften darf«, insofern »Aussagen in dieser Richtung bei ihm nur vereinzelt anzutreffen sind« und Luther »in der Regel ... zweifellos auf der bekannten anderen Linie gedacht und geredet« hat[56]. Und Barth hat hinzugefügt: »Jedenfalls sind Sätze dieser Art (sc. über die Erkenntnis der Sünde am Evangelium) für die Lehre der lutherischen Kirche im Ganzen ebensowenig bezeichnend und wirksam geworden wie für die der reformierten.«[57]

These III 1: Während für Luther Gesetz und Evangelium als kerygmatisch-anthropologische Kategorien auch christologische Kategorien sind, bilden Barth zufolge *Gesetz und Evangelium (in dieser Reihenfolge!) eine exklusiv christologische Relation,* die mit der Geschichte von Kreuz und Auferweckung identisch, d.h. exklusiv in der Geschichte Jesu Christi Ereignis und infolgedessen auf der kerygmatisch-anthropologischen Ebene nicht wiederholbar ist.

Ist aber eine kerygmatische Wiederholung der exklusiv christologischen Teleologie von Gericht und Gnade in Kreuz und Auferweckung theologisch illegitim, ist vielmehr der Endpunkt der Teleologie (die Auferweckung) der Ausgangspunkt des Kerygmas, dann folgt daraus nach Barth: Das Evangelium ist der ausschließliche Grund der Sündenerkenntnis. Barth versteht also auf der *kerygmatischen* Ebene das Gesetz ausschließlich vom Evangelium her: Das Gesetz ist die Form des Evangeliums als Inhalt.

---

55 *S. Hausammann:* Buße als Umkehr und Erneuerung von Mensch und Gesellschaft, in: Studien zur Dogmengeschichte und Systematischen Theologie, Hg. E. Jüngel, A. Rich, G.W. Locher, J. Staedtke, Bd. 33, Zürich 1974, 168ff. und *H.E. Eisenhuth:* Luther und der Antinomismus, in: Disciplina Domini, Thüringer Kirchliche Studien Bd. I, Evangelische Verlagsanstalt Berlin 1963, 18–44.

56 *K. Barth:* KD IV/1, 438f.

57 *Ders.:* KD IV/1, 439.

2.   Die sozialethischen Konsequenzen der Vorordnung des Evangeliums
vor das Gebot
(Die Ersetzung des insbesondere durch die lutherische Theologie vertretenen Vergeltungsstrafrechts durch das Fürsorgemaßnahmerecht bei
Barth)

Wir sprachen im Abschnitt I 3 von dem *offenbaren Gebot der erfüllten Bundesgeschichte.* Barths These lautete dort: Die in der Erfüllung der Verheißung in Jesus Christus eingeschlossene Erfüllung des Gebotes ist allererst
die definitive Offenbarung des Inhalts und Wesens des Gebotes Gottes.
Barth hat dies gegenüber Luthers möglichem Ausgang von einer als Lei-
stungs- und Vergeltungsgesetz verstandenen lex naturalis festhalten wollen.
Wir sprachen im Abschnitt II 2 von der *Transposition der kerygmatischen
Kategorie Gesetz und Evangelium* bei Luther *in das Nacheinander von Kreuz
und Auferweckung.* Barths These lautete dort: Das Nacheinander von Gesetz und Evangelium bei Luther hat seinen theologisch legitimen Ort im
christologischen Nacheinander von Kreuz und Auferweckung, was zugleich bedeutet: Das richtende Gesetz ist eine exklusiv christologische Kategorie, wie sie exklusiv im Gericht über den Gekreuzigten Ereignis und
offenbar wird.
Wir sprachen im Abschnitt III 1 von den *kerygmatischen Konsequenzen dieser Transposition und Reduktion.* Barths These lautete dort: Die Kategorie
des richtenden Gesetzes im Kreuz Christi ist kerygmatisch nicht wiederholbar; das Gesetz als warnende Erinnerung ist die Form des Evangeliums
als Inhalt; die Erkenntnis des Gesetzes ist in der Erkenntnis des Evangeliums eingeschlossen. Oder: Sündenerkenntnis ist ein Moment der Evange-
liumserkenntnis.
Entsprechend der von Barth in der ganzen Kirchlichen Dogmatik durch-
geführten Verklammerung von Dogmatik und Ethik, werden die bisher
entwickelten christologischen und kerygmatischen Grundentscheidungen
Barths ihre unmittelbaren Entsprechungen im sozialethischen Bereich haben.
Stellen wir Barths *Ergebnis* hier gleich an den Anfang: Der christologischen Interpretation und Restriktion des richtenden Gesetzes Gottes und
der daraus folgenden Unmöglichkeit, das richtende Gesetz Gottes kerygmatisch zu wiederholen, entspricht im gesellschaftlichen Bereich die Unmöglichkeit einer strafrechtlichen Wiederholung des richtenden Gesetzes
Gottes. Der christologischen Restriktion des richtenden Gesetzes Gottes
entspricht mithin positiv die Notwendigkeit, das Sühne- und Schuldstrafrecht durch ein Fürsorgemaßnahmerecht zu ersetzen. Barths entscheidende Begründung für die Abschaffung der im Rahmen des Schuld- und Süh-
ne-Strafrechts theologischerseits immer wieder geforderten Todesstrafe
und also für die Humanisierung des Strafvollzugs lautet nämlich: »Sühne

ist keine menschliche Möglichkeit, sondern Gottes in Jesus Christus (im Kreuz) vollzogene Tat«[58].

Gegenüber der insbesondere von Paul Althaus versuchten Ableitung der Todesstrafe aus dem Begriff der metaphysischen Sühne und gegenüber dem von Walter Künneth vertretenen Verständnis der Todesstrafe als staatlichen Vollzugs des göttlichen Zorngerichtes im Raum der Geschichte oder gegenüber dessen These von der partiellen Antizipation (Vorwegnahme) des Weltgerichtes im Sühneamt der staatlichen Todesstrafe[59], d.h. genüber allen so oder so vorgetragenen theologischen Begründungen der Todesstrafe als »Abbild des göttlichen Vergeltens«[60] hat Karl Barth *die theologische und sozialethische Unmöglichkeit einer strafrechtlichen Wiederholung des richtenden Gesetzes*, wie sie der Forderung der Todesstrafe faktisch zu Grunde liegt, immer wieder herausgearbeitet.

Sein entscheidender Begründungssatz gegen die Todesstrafe in der Schöpfungsethik KD III/4 lautet denn auch: »Die vergeltende Gerechtigkeit Gottes hat sich nach christlicher Erkenntnis schon ausgewirkt, die von Ihm geforderte Sühne für alle menschliche Übertretung ist ja schon [am Kreuz Christi] geleistet, die geforderte Todesstrafe des menschlichen Rechtsbrechers ist ja *schon* vollzogen. Eben dazu hat Gott ja seinen einzigen Sohn hingegeben.« Und Barth fährt fort mit der Frage: »Bedeutet das Ergebnis dieses gerechten Gerichtes nicht: ... Vergebung für sie alle? Für welche dann nicht? Welche Kategorie besonders schwerer Sünder dürfte dann von dem Freispruch, wie er aufgrund der auf Golgatha vollzogenen Todesstrafe erwirkt wurde, ausgenommen werden?« Und gegen die angebliche Begründung der Todesstrafe mit dem metaphysischen Begriff der Sühne: »Wie kann man angesichts des für die Sünde der Welt ans Kreuz geschlagenen Jesus Christus zur Begründung der Todesstrafe immer noch und immer wieder mit dem Sühnegedanken operieren?«[61] Und das Fazit, das Barth zieht: Vom Evangelium her ist nichts, [aber auch] gar nichts für diese Einrichtung [der Todesstrafe], [vielmehr] alles gegen sie zu sagen!«[62]

M.a.W.: das christologische ephapax, das stellvertretende Erleiden des richtenden Gesetzes im Kreuz, ist Barth zufolge nicht nur der *Grund* der kerygmatischen Vorordnung des Evangeliums vor das Gebot, sondern auch das exklusive *Maß* der Illegitimität des Sühne- und Strafmotivs im Strafrecht und Strafvollzug der Gegenwart samt dessen gesellschaftlicher Klassenbedingtheit.

These III 2: Der exklusiv christologischen Ortsbestimmung des richtenden Gesetzes Gottes im Kreuz Christi und der daraus abgeleiteten Unmöglich-

---

58 K. *Barth:* Antworten auf Grundsatzfragen der Gefangenenseelsorge, in: U. Kleinert (Hg.), Strafvollzug. Analysen und Alternativen, 1972, 46–52, 48.

59 Vgl. dazu E. *Wolf:* Todesstrafe. Naturrecht oder Christusrecht, in: Unterwegs, H. 11, 1960, 37ff.

60 K. *Barth:* KD III/4, 505.

61 *Ders.:* KD III/4, 506.

62 *Ders.:* KD III/4, 510.

keit, das richtende Gesetz Gottes im Sinn der lex accusans et occidens Luthers kerygmatisch zu wiederholen, *entspricht* im gesellschaftlichen Bereich negativ die Illegitimität der strafrechtlichen Wiederholung des richtenden Vergeltungsgesetzes Gottes, und *entspricht* positiv die Notwendigkeit, das Sühne- und Schuldstrafrecht durch ein Fürsorgemaßnahmerecht (Barth) zu ersetzen.

Gegenüber dem insbesondere von lutherischer Seite (Künneth) vertretenen Verständnis der Todesstrafe als staatlichen Vollzugs des göttlichen Zorngerichtes im Raum der Geschichte oder als partielle Antizipation des Weltgerichtes im Sühneamt der staatlichen Todesstrafe, d.h. gegenüber jeglichem Verständnis einer abbildlichen *Wiederholung* des richtenden Gesetzes Gottes im Raum der Gesellschaft und ihres Strafrechtes ist Barth zufolge das ephapax der am Kreuz erlittenen Todesstrafe das Maß für die Abschaffung jeglichen an Sühne und Schuld orientierten Strafrechtes und die Norm für ein Fürsorgemaßnahmerecht, das die Resozialisierung in die menschliche Rechtsgemeinschaft ermöglicht.

Barths These vom Sinn der Strafe als Fürsorgemaßnahme, seine theologische Kritik am Sühne- und Schuldstrafrecht und dessen Klassenbedingtheit folgt aus seiner neuen Sicht des Verhältnisses von Evangelium und Gebot. *Jegliches gesellschaftliche und also auch das strafrechtliche Gesetz hat die Form des normativen Inhalts, des Evangeliums, zu sein.*[63]

Ich versuche ein Fazit zu ziehen: Das Verhältnis Barths zu Luthers Lehre von Gesetz und Evangelium ist kein alternatives, sondern ein inklusives Verhältnis. Barths Vorordnung des Evangeliums vor das Gesetz schließt Luthers Nacheinander von Gesetz und Evangelium nicht aus, sondern legitimerweise ein.[64]

---

63 *Ders.*, Antworten auf Grundsatzfragen der Gefangenenseelsorge, in: U. Kleinert (Hg.), Strafvollzug, München 1972, 46-52; vgl. H. Gollwitzer, AW III 313ff.

64 Zum Hintergrund dieses Beitrages vgl. mein Buch: Promissio und Bund. Gesetz und Evangelium bei Luther und Barth, Göttingen 1976. – Vgl. besonders die weiterführende Besprechung dieses Buches und Beitrages durch *W. Joest:* Karl Barth und das lutherische Verständnis von Gesetz und Evangelium, in: KuD 24/1978, 86-103. In einem längeren persönlichen Gespräch konnten W. Joest und ich die Gedanken und Fragen weiter vertiefen. Vgl. auch die Besprechung meines Buches durch den holländischen Systematiker *J.P. Boendermaker:* Promissio und Bund, in: Theol. Beitr., hg. v. Theo Sorg und Klaus Haacker, 2/1986, 104-107. Vgl. weiter jetzt *U.H.J. Körtner:* Noch einmal: Evangelium und Gesetz, ThZ 49/1993, 248-266.

7 Gott kann das – Gott entspricht das!

Karl Barths Gotteslehre im Kontext der Gotteslehre der Gegenwart[1]

In meinen Überlegungen zum Thema »Tendenzen der Gotteslehre in der Gegenwart« möchte ich methodisch so vorgehen, daß ich in einem 1. Abschnitt Bestimmung und Konsequenzen des metaphysischen Gottesbegriffs umreiße, von daher in einem 2. Abschnitt die existentiale Reduktion und in einem 3. Abschnitt die universalhistorische Radikalisierung des metaphysischen Gottesbegriffs in der Gegenwart darstelle, um in einem 4. und 5. Abschnitt Versuche der Kritik des metaphysischen Gottesbegriffs in der Theologie der Gegenwart vorzustellen.

Gegenstand der folgenden Überlegungen wird also sein:

1. Der Gott der *metaphysischen* Transzendenz.
2. Der Gott der *existentialen* Transzendenz (Bultmann).
3. Der Gott der *universalhistorischen* Transzendenz (Pannenberg).
4. Der Gott der *eschatologischen* Transzendenz (Moltmann).
5. Der Gott der *inklusiven* Transzendenz (Barth).

1. Der Gott der metaphysischen Transzendenz
(Die Begriffsbestimmung des metaphysischen Gottes)[2]

Metaphysik bedeutet von ihren Anfängen in der kosmologischen Metaphysik der Griechen die Frage nach dem umfassenden Grund für die Gesamtheit der endlichen Dinge. Der metaphysische Gedanke deutet das Ganze der er-

1 Überarbeitete Fassung der Habilitationsvorlesung vor der Theologischen Fakultät der Universität Göttingen am 10. Juli 1974.
2 *H.-G. Geyer:* Theologie des Nihilismus, EvTh 23, 1963, 89–104; *ders.:* Gottes Sein als Thema der Theologie, VuF, 1966, 2, 3–37; *ders.:* Metaphysik als kritische Aufgabe der Theologie, in: W. Dantine / K. Lüthi (Hg.), Theologie zwischen Gestern und Morgen. Interpretationen und Anfragen zum Werk K. Barths, 1968, 247–260; *ders.:* Atheismus und Christentum, EvTh 30, 1970, 255–274; *H. Gollwitzer:* Krummes Holz – Aufrechter Gang. Zur Frage nach dem Sinn des Lebens, 1970, bes. 52, 182ff., 191ff., 211ff., 304, 334, 348; *W. Müller-Lauter:* Zarathustras Schatten hat lange Beine, EvTh 23, 1963, 113–131; *J. Moltmann:* Gottesoffenbarung und Wahrheitsfrage, in: *ders.:* Perspektiven der Theologie. Gesammelte Aufsätze, 1968, 13–35; *ders.:* Gott und Auferstehung, a.a.O., 36–56; *ders.:* Die Zukunft als neues Paradigma der Transzendenz, Internationa-

fahrbaren Wirklichkeit aus einem Ursprung als dem letzten Grund des Seienden.

Die Aufgabe der Metaphysik, wie sie im Buch XII seiner »Metaphysik« entfaltet ist, besteht Aristoteles zufolge darin, das wahrnehmbare und veränderliche Sein in der Welt mit dem ewigen und unbeweglichen Sein zu vermitteln, das als das letzte, unbewegte Sein das gründende Sein jenseits aller Bewegung ist.

Metaphysisches Denken schreitet a) vom einzelnen Vergänglichen in der Welt über b) die Welt als Einheit alles vergänglichen Einzelnen zum c) letzten Einen als Seinsgrund der Welt fort. Folgende Konsequenzen ergeben sich aus diesem metaphysischen Denken für die Gotteslehre:

a)   Der Titelcharakter des metaphysischen Gottesbegriffs

Schreitet metaphyisches Denken vom endlichen Einzelnen zum umfassenden Ganzen und vom umfassenden Ganzen zum letzten Seinsgrund fort, dann steht am Ende dieses metaphysischen Denkweges Gott als *Titel* für den Grund der Gesamtheit aller endlichen Dinge. In der Metaphysik ist das Wort »Gott« Chiffre für das Gegründetsein der Welt als der Gesamtheit aller Dinge.

Die zweite Konsequenz aus dem metaphysischen Denken ist:

b)   Die wechselseitige Beziehung von Transzendenz und Immanenz

»Metaphysische Transzendenz« ist ein *korrelativer* Begriff. Denn es handelt sich überall, wo er verwendet wird, um eine Transzendenz für etwas Anderes. »Wie das Jenseits immer das Jenseits eines Diesseits ist, so ist auch das Diesseits immer das Diesseits eines Jenseitigen. Beide Begriffe gehören darum zusammen . . ., definieren sich gegenseitig und sind wechselseitig aufeinander bezogen.«[3] Zwischen der Transzendenz und der Immanenz gibt es deshalb nur Wechselbeziehung und Korrelation und infolgedessen keine Selbständig-

---

le Dialogzeitschrift 1, 1969, 2–13; *ders.:* Der gekreuzigte Gott. Das Kreuz Christi als Grund und Kritik christlicher Theologie, 1972, bes. 31, 65, 84f., 194ff., 199f., 205f., 208, 214f.; *W. Pannenberg:* Die Frage nach Gott, in: *ders.:* Grundfragen Systematischer Theologie, 1967, 361–386; *J. Salaquarda:* Philosophische Theologie im Schatten des Nihilismus, 1971; *W. Weischedel:* Philosophische Theologie im Schatten des Nihilismus, EvTh 22, 1962, 233–249; *ders.:* Von der Fragwürdigkeit einer Philosophischen Theologie, EvTh 27, 1967, 113–138; *ders.:* Der Gott der Philosophen, I und II, 1972/73; *ders.:* Religionsphilosophie oder Philosophische Theologie, Neue Zeitschrift für Systematische Theologie und Religionsphilosophie 2, 1973, 117–131; *ders.:* Die radikale Frage nach der Wirklichkeit. Plädoyer für die Möglichkeit einer Philosophischen Theologie, EvKomm 7, 1974, 12–14.
3   *Moltmann:* Zukunft, 12.

keit oder Aseität der Transzendenz gegenüber der Immanenz[4]. Wie die Transzendenz ontologisch, im Sinn des letzten Grundes, die Immanenz begründet, so setzt noetisch die Transzendenz die Immanenz voraus. Transzendenz ist ohne Immanenz nicht definierbar. Von der Transzendenz kann man nur reden, indem man zugleich von der Immanenz redet. *Und so bleibt es richtig, wenn gefragt wird, wie ein Reden im metaphysischen Denken von Gott möglich ist: nur zugleich als ein Reden von der Welt.*

Die dritte Konsequenz aus dem metaphysischen Denken ist neben dem Titelcharakter Gottes und der Korrelativität Gottes und des endlichen Seins:

c) Die Namenlosigkeit Gottes

Umschreibt die Metaphysik den letzten Grund für das endliche Sein mit dem Wort »Gott« (Gott als Titel für den letzten Grund des Seins) und ist die Transzendenz ohne die Immanenz nicht aussagbar (die Korrelation von Transzendenz Gottes und Immanenz der Welt), dann folgt daraus, daß im metaphysischen Denken nicht nur Gottes Selbstsein[5], sondern auch nicht das *Personsein* Gottes ausgesagt werden kann. Im Rahmen der wechselseitigen Beziehung von Transzendenz und Immanenz läßt sich nur noch sagen, *was* Gott in seiner Beziehung zur Welt und zum Menschen, nicht aber *wer* Gott ist. D.h. der *metaphysische Gottesbegriff* und der *biblische Gottesname* schließen sich insofern aus, als Gottes Name nicht als *Begriff* interpretierbar ist, wie nicht zuletzt die alttestamentlichen Wissenschaft gezeigt hat. Gott kann im Namen nicht mehr als Titel, sondern muß als Person gedacht werden, insofern der Name die sprachliche Form ist, in der ein bisher Ungenannter aus seiner Unbekanntheit

---

4 Vgl. *K. Barths* innerhalb der Bde. KD I/1 bis IV/3 passim gegebene kritische Definitionen des metaphysischen Gottes, wie er insbesondere durch die jegliche Aseität ausschließende *Korrelation* bestimmt ist: »Allzu oft wird sie (die Vokabel ›Gott‹) ja nur als Deckname für die Grenze alles menschlichen Selbst- und Weltverständnisses gebraucht. Allzu oft sagt man ›Gott‹ und meint mit dieser Chiffre doch nur ein Etwas, nämlich jene inhaltlose, unfruchtbare, im Grunde tief langweilige sogenannte ›Transzendenz‹, die dann statt als echtes Gegenüber, als ganz und wahrhaft Anderes ... viel besser als illusionärer Reflex der menschlichen Freiheit, als deren Projektion in einen leeren Raum der Gegenstandslosigkeit interpretiert werden wird. Dieser ›Transzendenz‹ ist es durchaus wesentlich, daß sie dem Menschen gegenüber weder einen bestimmten Willen hat, noch ... ein bestimmtes Wort findet ...« (KD III/4, 549).

5 *Geyer:* Atheismus, 267: »Der biblische Gottesgedanke (nötigt) zu der Erkenntnis, daß Gottes Sein in keiner Beziehung, d.h. weder in der Beziehung des Daseins noch in der Beziehung des Wesens, unter der Bedingung der empirischen Welt steht und gedacht werden kann. Das biblische Zeugnis von Gott erfordert die Verbindung des Gedankens der Abhängigkeit aller Dinge in dieser Welt und dieser Welt selbst von Gott mit dem Gedanken der radikalen Unabhängigkeit Gottes von der Welt«; *ders.:* Metaphysik, 258: »Die weithin vertretene Ansicht (etwa bei Bultmann und Braun), die Rede von Gottes Aseität in der Theologie sei eine Art metaphysische Interpretation, die Folge der in die Theologie eingebrochenen metaphysischen Spekulation, (ist) dann insofern fragwürdig, als sich zeigt, daß es im Denken der Metaphysik gerade nicht zum Andenken an Gott selbst kommt«; vgl. *G. Eichholz:* Die Theologie des Paulus im Umriß, 1972, 108ff.

heraustritt und sich in seinem Eigennamen erkennbar und nennbar macht[6].
Eine vierte Konsequenz des metaphysischen Gottesgedankens ist:

d) Die Leidenslosigkeit Gottes

»Divinam naturam absque dubio impassibilem asserimus«, das Wesen Gottes
ist ohne Zweifel leidensunfähig (Anselm): Diese Aussage über das Wesen
Gottes, das die Gotteslehre der Alten Kirche über das Mittelalter bis in die
Neuzeit durchzieht, ist die exakte Wesensbestimmung des metaphysischen
Gottes in seiner Ungewordenheit, Unvergänglichkeit und Unsterblichkeit[7].
Das sog. Apathieaxiom in der Gotteslehre[8] ist bis auf unsere Gegenwart ein
Erbe des metaphysischen Gottesbegriffs, bis hin zu *P. Tillichs* Interpretation
der Leidensgeschichte Jesu Christi als Zeichengeschichte des Sein-selbst[9] und
H. Zahrnts »Gott kann nicht sterben«[10].

e) Die Erweisfähigkeit und Erweisnotwendigkeit Gottes an der Welt

Ist in der theistischen Metaphysik die Gottheit der für den Bestand der Wirklichkeit notwendige Grund für alles endliche und vergängliche Sein, so folgt
daraus: Jedes einzelne im Ganzen der Welt bedarf mit Notwendigkeit des
letzten Grundes jenseits alles einzelnen Vergänglichen. M.a.W.: Gott ist im
metaphysischen Denken erst dann als Gott gedacht, wenn er *als Not-wendigkeit* für die bestehende innerweltliche Wirklichkeit im einzelnen und im ganzen gedacht ist. Die Versuche gegenwärtiger Theologie, Gott an der Wirklichkeit in ihrer Totalität[11] oder am Gewissen und der Existenz[12] als not-wendig

---

6   *W. Zimmerli:* Ich bin Jahwe, in: *ders.:* Gottes Offenbarung (ThB 19), 1969[2], 11–40; *ders.:* Erkenntnis Gottes nach dem Buch Ezechiel, a.a.O., 41–119; *ders.:* Das Wort des göttlichen Selbst-
erweises, a.a.O., 120–132; *ders.,* Grundriß der alttestamentlichen Theologie, 1972, § 1: Der offenbare Name, 12ff. – *H.-J. Kraus:* Systematische Theologie im Kontext biblischer Geschichte
und Eschatologie, 1983, 142ff.

7   *Geyer:* Atheismus, 269: »In der Metaphysik ist das Wesen des göttlichen Seins fundamental
durch die beiden Attribute der Anfangs- und Endlosigkeit charakterisiert: und dies im absoluten Unterschied zu allem irdischen Sein, das in der Zeit zu existieren anhebt und aufhört. Zum
göttlichen Sein gehört wesenhaft die Bestimmung der Unsterblichkeit; und sie begründet auch
im eigentlichen Sinne seine radikale Verschiedenheit gegenüber dem sterblichen Sein aller Wesen.« »Für das Wirklichkeitsverständnis der Metaphysik ist es ein entscheidender Grundzug gewesen, daß das Wesen der Gottheit die Sterblichkeit und den Tod radikal ausschließt. Für die
Gottheit gibt es den Tod nicht« (ebd.).

8   *Moltmann:* Der gekreuzigte Gott, passim.

9   *P. Tillich:* Systematische Theologie II, 1958, 107–194.

10   *H. Zahrnt:* Gott kann nicht sterben. Wider die falschen Alternativen in der Theologie und
Gesellschaft, 1970; vgl. dazu die kritische Rezension von *H.-G. Geyer* in: Theologie practica,
1972, 170–179, bes. 172ff.

11   *W. Pannenberg:* Wissenschaftstheorie und Theologie, 1973, passim, bes. 299ff.

12   *G. Ebeling:* Theologische Erwägungen über das Gewissen, in: Wort und Glaube, 1960, 429–
446; *ders.:* Elementare Besinnung auf verantwortliches Reden von Gott, a.a.O., 349–371.

zu erweisen, stehen in ungebrochener Tradition zur metaphysischen Fragestellung. Die Bestimmung Gottes als eines notwendigen Implikates des
menschlichen Daseins im einzelnen oder der Weltgeschichte im ganzen sind
Zeichen für die Kräftigkeit und Ungebrochenheit des metaphysischen Denkens. Die *Verifikationsfähigkeit* und *Verifikationsnotwendigkeit* Gottes an der
bestehenden Welt und der menschlichen Existenz ist eine Konsequenz des
metaphysischen Gottes(-begriffs) als des für das endliche menschliche und
weltgeschichtliche Dasein not-wendigen Grundes.

Ich fasse den ersten Abschnitt einer abbreviaturartigen Begriffsbestimmung
des metaphysischen Gottes zusammen:

Der metaphysische Gottesbegriff in seinem *Titelcharakter* und in seiner ausschließlichen *Wechselbeziehung* von weltlicher Immanenz und göttlicher
Transzendenz eliminiert das *Selbstsein* Gottes, d.h. das radikale Schöpfersein
Gottes gegenüber der Welt, schließt die *Namenlosigkeit* und *Leidensunfähigkeit* Gottes ein und erfordert die Notwendigkeit, Gott an der menschlichen
und universalgeschichtlichen Wirklichkeit als not-wendig aufzuweisen (*Erweisnotwendigkeit* Gottes).[13]

2.   Der Gott der existentialen Transzendenz[14]
(R. Bultmann, H. Braun)[15]

Die Grundthese, die *R. Bultmann* in seinem 1925 noch vor Erscheinen von
»Sein und Zeit« (1927) geschriebenen berühmten Aufsatz »Welchen Sinn hat
es, von Gott zu reden?« entwickelte, lautet: Wenn Gott allmächtig, d.h. die al-

---

13   Deutliche Kennzeichen der Kräftigkeit des metaphysischen Gottesgedankens sind also da
zu konstatieren, wo Gott als Prädikat und Titel des letzten Grundes gedacht, die strenge Wechselbeziehung und Korrelativität Gottes als des letzten Grundes und des endlichen Daseins behauptet, die Namenlosigkeit und die Apathie bzw. Leidenslosigkeit Gottes gefolgert und die Er-
weis- bzw. Verifizierbarkeit Gottes an der Welt bzw. die Not-wendigkeit Gottes für die Welt gefordert wird.

14   Im folgenden sollen zwei Konzeptionen dargestellt werden, in denen der metaphysische
Gottesgedanke a) existential *reduziert* wird (der Gott der existentialen Transzendenz: *Bult-
mann/Braun*) und b) universalhistorisch *ausgeweitet* wird (der Gott der universalhistorischen
Transzendenz: *Pannenberg*). Auf eine dritte Konzeption, derzufolge der metaphysische Gottesgedanke c) radikal *negiert* wird (der Tod des metaphysischen Gottes), wobei freilich seine undia-
lektische Negation ihm selbst noch verhaftet bleibt, kann im Rahmen dieser Überlegungen
nicht eingegangen werden. Ich verweise in diesem Zusammenhang auf den Bericht von *W. Hamilton*, ›Death-of-God-Theology‹ in den Vereinigten Staaten, MPTh 1967, 353–362 und 425–
436. Im Anschluß an *D. Bonhoeffer* folgert Hamilton aus dem mit dem Mündig-Werden des
Menschen erfolgten Zusammenbruch des ›religiösen Apriori‹, »daß es keinen – sei es ontologischen ... oder psychologischen – Weg gibt, um einen Teil unseres Selbst oder unserer Existenz
so zu definieren, daß er Gott ›braucht‹. Es gibt keine von Gott gestaltete Leere im Menschen.
Das menschliche Herz mag – oder es mag auch nicht – ›ruhelos sein, bis es ruht in dir‹ (Augu-
stin). Es ist jedenfalls nicht notwendig so. Gott ist überhaupt nicht im Bereich des Notwendigen
(!) zu finden; er ist kein notwendiges Sein; er ist nicht notwendig...« (427). »Es ist nicht richtig

les bestimmende Wirklichkeit ist, dann kann Gott nicht zum Gegenstand eines objektivierenden Denkens gemacht werden. Existenzbezogenes Reden aus Gott ist damit ontisch ein Implikat des Gottesbegriffs selber. »Bultmanns Ansatz ist (insofern) theologisch gemeint.«[16] Rede von Gott kann nur existentielles Reden aus Gott, kann also nicht objektivierendes, von der Existenz abstrahierendes Reden über Gott sein. Zugleich gilt ein Zweites: Wie Gott selber dem Menschen, so ist in analoger Weise auch die menschliche Existenz sich selber unverfügbar: »Es ist also mit unserer Existenz eine ebenso merkwürdige Sache wie mit Gott; über beides können wir nicht eigentlich reden, über beides verfügen wir nicht«. D.h. Gott als der unsere konkrete Existenz bestimmende Allmächtige ist zugleich der der verobjektivierenden Existenz gegenüber ganz Andere.

Daraus folgt im Sinne Bultmanns ein doppeltes Dilemma: a) Können wir nicht aus Gott, sondern nur verobjektivierend über Gott reden, so können wir auch nicht von unserer Existenz reden; b) Können wir nicht aus unserer Existenz, sondern nur über unsere Existenz reden, so können wir auch nicht von Gott reden. – Und Bultmann fährt fort: »Wir könnten nur eins mit dem anderen. Könnten wir *aus* Gott von Gott reden, so könnten wir auch von unserer Existenz reden, und umgekehrt. Jedenfalls müßte ein Reden von Gott, *wenn* es möglich wäre, zugleich ein Reden von uns sein«. Und Bultmann resümiert – G. Eichholz zufolge überraschenderweise nur eine der beiden genannten Möglichkeiten aufgreifend –: »Wenn gefragt wird, wie ein Reden von Gott möglich sein kann, so muß geantwortet werden: nur als ein Reden von uns«[17].

Ich versuche die Relevanz der Bultmannschen Position umrißartig in folgenden Gedankenschritten zu entfalten:

a) In dem Maße, wie der Mensch durch die technische und wissenschaftliche Bewältigung der Natur die Welt zum Gegenstand seiner objektivierenden

---

zu sagen, daß es bestimmte Bereiche, Probleme und Dimensionen in unserem heutigen Leben gibt, die nur in einer religiösen Perspektive ins Auge gefaßt, gelöst, erhellt und behandelt werden können« (428). – Gehört die Position der Gott-ist-tot-Theologie systematisch geurteilt in ihrer Negation des metaphysischen Gottesbegriffs zu den in Abschnitt IV. und V. darzustellenden Typen des Gottesverständnisses, so ist sie in ihrer gleichzeitigen, noch in der Negation erfolgenden inhaltlichen Orientierung am metaphysischen Gottesbegriff selbst den im Abschnitt II. und III. darzustellenden Konzeption zuzurechnen.

15 *H. Braun:* Gottes Existenz und meine Geschichtlichkeit im Neuen Testament, in: Zeit und Geschichte. Festschrift für R. Bultmann, 1964, 499ff.; *ders.:* Jesus (Themen der Theologie 1), 1969; *R. Bultmann:* Welchen Sinn hat es, von Gott zu reden?, in: GuV I, 26ff.; *ders.:* Der Gottesgedanke und der moderne Mensch, in: GuV IV, 113ff.; *ders.:* Ist der Glaube an Gott erledigt?, in: GuV IV, 107ff.; *G. Ebeling:* Elementare Besinnung (Anm. 12); *ders.:* Weltliches Reden von Gott, in: Wort und Glaube, 372ff.; *ders.:* Glaube und Unglaube im Streit um die Wirklichkeit, a.a.O., 393ff.; *G. Eichholz:* Die Grenze der existentialen Interpretation, in: *ders.:* Tradition und Interpretation (ThB 29), 210ff.; *Geyer:* Gottes Sein, bes. 3ff., 9ff., 16ff.; *W. Zimmerli:* Die Weltlichkeit des Alten Testaments (Kleine Vandenhoeck-Reihe 327 S), 1971, bes. 5, 139ff.; *Pannenberg:* Wissenschaftstheorie, 304f.

16 *Eichholz:* Die Theologie des Paulus, 44.

17 *R. Bultmann:* GuV I 31, 33. – *Eichholz:* Theologie des Paulus 45.

Bemächtigung macht und sich in der Welt als Herr der Natur begreift[18], *er-fährt der neuzeitliche Mensch die Transzendenz Gottes nicht mehr aus der Welt,* wird in der Neuzeit die Transzendenz Gottes nicht mehr im Bereich der theoretischen, sondern nur noch im Bereich der praktischen Vernunft und des religiösen Erlebens[19] erfahren. Ist an die Stelle des metaphysischen Gottes als des Seinsgrundes der Welt der Mensch als Herr über die Natur getreten, so kann Gott nur noch in der Fraglichkeit menschlichen Existierens erfahren werden.

b) Die Existentialisierung Gottes bei Bultmann bedeutet dann die unter der Bedingung der technischen Weltbeherrschung erfolgte *Reduktion* der metaphysischen Wechselbeziehung von Weltimmanenz und Transzendenz Gottes *auf die Korrelation von Existenz und Transzendenz, ohne daß die metaphysische Wechselbeziehung als solche in Frage gestellt wird.* So erfolgt auf dem Hintergrund der Neuzeit der Übergang vom metaphysisch-kosmischen Verständnis Gottes als Grund der Welt zum existentialen Gottesbegriff als Grund der Existenz. Die metaphysische Korrelation von radikaler Fraglichkeit der Existenz und Gott als dem in der radikalen Fraglichkeit Erfragten ist ein wesentliches Spezifikum des Gottesbegriffs der existentialen Transzendenz.

c) Ist wissenschaftliches Denken in Naturwissenschaft und Historie ein objektivierendes Erkennen und kann Gott nur in der Weltlosigkeit menschlichen Existierens erfahren werden, so ist von Gott als dem Allmächtigen und ganz Anderen – so Bultmann – notwendigerweise die *Ungegenständlichkeit und Weltlosigkeit* auszusagen. Mit dem Begriff der Weltlosigkeit und Ungegenständlichkeit Gottes wird aber zugleich an dem metaphysischen Apathieaxiom, d.h. an der metaphysischen *Leidensunfähigkeit Gottes* festgehalten und infolgedessen die Weltlichkeit Gottes im Alten Testament als Gesetz[20] und die Gegenständlichkeit Gottes im Kreuz Christi als weltanschauliche Vorgabe und Prämisse interpretiert.

d) Die metaphysische Bestimmtheit der existentialen Transzendenz Gottes wird schließlich weiter daran deutlich, daß der Geschichtlichkeit menschlichen Existierens *die Geschichtlichkeit Gottes* korrespondiert. »Ist der Mensch . . . sich selbst nicht objektivierbar, so ist es ihm Gott auch nicht. Ist er selbst geschichtlich, so ist ihm auch Gott ein ›Geschehen‹.«[21] Die weder im Alten noch dem Neuen Testament gemäße Rede vom »Geschehen« und der »Ereignung« Gottes, wie man sie etwa bei H. Braun und W. Marxsen (Gott geschieht, Gott wird ereignet) findet, hat in der metaphysischen Korrelation von Gott und Existenz ihren direkten sachlichen Grund[22]. Denn »der Mensch

---

18   *Pannenberg:* Wissenschaftstheorie, 283.
19   Ebd., Anm. 573.
20   Vgl. *Zimmerli,* Weltlichkeit, 139ff.
21   *Moltmann:* Gottesoffenbarung, 13ff., 20.
22   *Geyer:* »Nur weil und sofern Gott im Bezug zum Menschen er selbst im Unterschied zu Mensch und Welt bleibt, kann der Mensch er selbst werden, so daß in der Begegnung Gottes mit dem Menschen, von der die Bibel spricht, sensu strictiori nicht das Selbstsein Gottes und das Selbstsein des Menschen einander korrespondieren, sondern das Selbstbleiben Gottes und

als Mensch, der Mensch in seiner Mitmenschlichkeit impliziert Gott«[23].
Ich fasse den zweiten Abschnitt über den Gott der existentialen Transzendenz
zusammen:
Infolge der technischen Weltbeherrschung in der Neuzeit, in der der Mensch
sich nicht mehr aus Gott als dem metaphysischen Grund *der Welt* verstehen
kann, kommt es im Rahmen der Existentialisierung Gottes zu einer Reduktion der kosmologischen auf die *existentiale Transzendenz Gottes,* wobei weder
die metaphysische Wechselbeziehung von Gott und Existenz als solche (Gott
wird durch den Existenzbezug definiert) noch das metaphysische Axiom der
Leidensunfähigkeit bzw. Weltlosigkeit Gottes in Frage gestellt wird. Gott
wird infolgedessen nicht in seinem Selbstsein und Namen im Gegenüber zur
menschlichen Existenz, sondern innerhalb der Korrelation von Gott und Existenz als Grund und *Woher der Eigentlichkeit menschlichen Existierens* verstanden. Der metaphysische Gottesgedanke ist bei Bultmann und Braun unter
den Bedingungen der Neuzeit existential modifiziert und reduziert, aber
nicht grundsätzlich durchbrochen.

3.   Der Gott der universalhistorischen Transzendenz
(W. Pannenberg)[24]

Wird der metaphysische Gottesgedanke bei Bultmann aus der Korrelation
von Welt und Gott in die Korrelation von Gott und Existenz transformiert,
d.h. existential reduziert, so wird der metaphysische Gottesgedanke bei Pan-

das Selbstwerden des Menschen« (Gottes Sein, 15). Das Selbstsein Gottes (Aseität) im Unterschied zum Selbst*werden* des Menschen schließt also die metaphysische Korrelation zwischen
der Ereignung Gottes (*W. Marxsen*) und dem Ereignis der Existenz aus.
23   *H. Braun:* Gesammelte Studien zum Neuen Testament und seiner Umwelt, 1962, 341. – Ist
in der existentialen Metaphysik die Fraglichkeit der menschlichen Existenz der Sachbezug auf
die Offenbarung, so wird Gott nach Bultmann erst dann als Gott gedacht, wenn er als notwendiges Implikat und als notwendiges Woher der Eigentlichkeit menschlichen Existierens gedacht
wird. Die Wahrheit Gottes tritt als not-wendig erst an der zur geschichtlichen Ganzheit gebrachten Existenz heraus. Die metaphysische Verifizierbarkeit und Erweisnotwendigkeit Gottes ist also auch hier grundsätzlich nicht preisgegeben.
24   *W. Pannenberg* (Hg.): Offenbarung als Geschichte (KuD, Beiheft 1), 1961, mit einem Nachwort zur 2. Auflage; *ders.:* Was ist der Mensch? Die Anthropologie der Gegenwart im Lichte der
Theologie (Kleine Vandenhoeck-Reihe 139/140), 1962; *ders.:* Grundzüge der Christologie, 1964;
ders.: Grundfragen Systematischer Theologie. Gesammelte Aufsätze, 1967, bes. 22ff., 91ff.,
252ff., 296ff., 347ff., 361ff., 387ff.; *ders.:* Reden von Gott angesichts atheistischer Kritik,
EvKomm 2, 1969, 442ff.; *ders.:* Wie wahr ist das Reden von Gott? Die wissenschaftstheoretische
Problematik theologischer Aussagen, EvKomm 4, 1971, 629ff.; *ders.:* Gottesgedanke und
menschliche Freiheit (Sammlung Vandenhoeck), 1972; *ders.:* Im Fegefeuer der Methode,
EvKomm 6, 1973, 4ff.; *ders.:* Wissenschaftstheorie; *Geyer:* Gottes Sein, bes. 24ff.; *Moltmann:* Der
gekreuzigte Gott, bes. 158ff.; *G. Eichholz:* Theologie des Paulus, 18f.; *J.M. Robinson / J.B. Cobb:*
Neuland in der Theologie, Bd. III: Theologie als Geschichte, 1967. – Vgl. zu Pannenberg weiter
den Beitrag I 1 in diesem Band.

nenberg universalhistorisch radikalisiert, d.h. es wird die kosmologische (griechische Philosophie) und existentiale (Bultmann) Transzendenz Gottes in den
umgreifenden Rahmen einer universalhistorischen Transzendenz Gottes eingestellt.

Pannenberg geht es dabei expressis verbis um den Nachweis der Konvergenz
von biblischer Gottesaussage und universalhistorischer und anthropologi-
scher Erfahrungswirklichkeit. Wird Gott in der biblischen Offenbarung »als
die alles bestimmende Wirklichkeit behauptet«, dann genügt nicht lediglich
eine sich auf Offenbarung berufende subjektive Versicherung, sondern dann
will diese Behauptung – so Pannenberg – an ihren Implikationen und Konsequenzen geprüft werden: Wird Gott als die alles bestimmende Wirklichkeit
ausgesagt, dann »lassen sich Behauptungen über Gott daran prüfen, ob ihr
Inhalt tatsächlich für alle endliche Wirklichkeit – so wie sie unserer Erfahrung zugänglich ist – bestimmend ist. Gesetzt nämlich, das sei der Fall, so
kann nichts Wirkliches in seiner Eigenart voll verstanden werden ohne Beziehung auf den behaupteten Gott, und umgekehrt muß dann erwartet werden,
daß sich von der behaupteten göttlichen Wirklichkeit her ein tieferes Verständnis alles Wirklichen überhaupt erschließt. In dem Maße, wie beides der
Fall ist, kann von einer Bewährung theologischer Behauptungen gesprochen
werden.«[25]

Dieser Satz bedeutet ein ganzes Programm. Pannenberg hat dieses Programm
so einzulösen versucht, daß er die behauptete Universalität des biblischen
Gottes in seiner die Wirklichkeit in Totalität bestimmenden Bedeutung sowohl an der universalhistorischen als auch an der anthropologischen Vernunft meinte verifizieren zu können: der biblische Gott als der Herr der Universalgeschichte, wie er in der Vorwegereignung des Endes der Universalgeschichte offenbar wird, bewährt und verifiziert sich sowohl an dem Gottesbegriff als dem Postulat der universalhistorischen Vernunft als auch an dem
Gottesbegriff als Postulat der anthropologischen Vernunft.

Der Aufweis der Selbigkeit des biblischen Gottes mit dem Gottesbegriff als
dem Postulat der universalhistorischen und anthropologischen Vernunft
macht das Spezifikum der Pannenbergschen Gotteslehre aus.

a) Der Gottesgedanke als Postulat der universalhistorischen Vernunft[26]

Will der Historiker – so argumentiert Pannenberg – ein einzelnes historisches
Ereignis in seinem überlieferungsgeschichtlichen Kontext interpretieren, so

---

25 *Pannenberg:* Wie wahr ist das Reden von Gott, 631.
26 *Pannenberg:* »Der eine einzige Gott kann nur aus der Gesamtheit alles Geschehens indirekt in seiner Gottheit offenbar werden. Das war auch der Leitgedanke der Frage nach der wahren Gestalt des Göttlichen in der griechischen Philosophie. Nur daß diese das Ganze der Wirklichkeit nicht als eine für immer Neues kontingent offene Geschichte, sondern als einen Kosmos unveränderlicher Ordnungsstrukturen verstand ... Aber es hat sich für die weitere Geschichte des Denkens gezeigt, daß der griechische Kosmos eine verengte Auffassung der dem

kann er dieses der hermeneutischen Bedeutungslogik zufolge[27], nach der das Einzelne seine Bedeutung ausschließlich im Rahmen des Ganzen erhält, nur im universalhistorischen Kontext interpretieren. Die Einheit der Geschichte kann aber nach Pannenberg nur so gedacht werden, »daß die Kontingenz des Geschehens und sein Zusammenhang eine gemeinsame Wurzel haben«[28]. Diese Einheit der Geschichte als das Zugleich von Kontingenz und Kontinuität, von Einmaligkeit und Einheit kann aber nicht geschichtsimmanent, sondern muß vielmehr geschichtstranszendent begründet sein. Und Pannenberg folgert: Da nur der universalhistorische Gottesgedanke die Einheit der Geschichte (Kontinuität) in gleichzeitiger Beachtung der Einmaligkeit (Kontingenz) des Geschichtlichen zu wahren vermag, sollte er als Postulat dem Historiker unentbehrlich sein[29].

Der transzendente, sowohl Kontinuität, als auch Kontingenz und die Einheit beider stiftende Einheitsgrund der Universalgeschichte als Postulat der historischen Vernunft[30] und die Prolepse des Endes der Universalgeschichte als Postulat der hermeneutischen Vernunft[31] bewahrheiten und verifizieren nach Pannenberg den biblischen Gott, wie er in der universalhistorischen Prolepse der Auferweckung Jesu Christi offenbar geworden ist[32].

Menschen erfahrbaren Wirklichkeit bot. Die biblische Erfahrung der Wirklichkeit als Geschichte ist umfassender, da das Zufällige des realen Geschehens hier mit umgriffen ist ... Unter dieser Bedingung gilt: Der aus dem Ganzen der Geschichte indirekt offenbare Gott wäre die überlegene Antwort auch auf die philosophische Gottesfrage.« Und Pannenberg folgert aus dem um das Moment des Kontingenten erweiterten Wirklichkeitsbegriff: »Nun wird die Geschichte als Ganzes nur sichtbar, wenn man an ihrem Ende steht ... Nur insofern also, als die Vollendung der Geschichte in Jesus Christus bereits eingetreten ist, nur insofern ist Gott an seinem Geschick endgültig und vollständig offenbar. Das Ende der Geschichte aber ist mit der Auferweckung Jesu an ihm schon geschehen ... Darum ... hat der Gott Israels im Geschick Jesu endgültig seine Gottheit erwiesen und ist nun auch als der eine Gott aller Menschen offenbar« (Offenbarung, 104f.). – Auf die von Pannenberg in EvKomm 4, 1971, 629ff., Ges. Aufs. 252ff. und insbesondere in seinem Buch »Wissenschaftstheorie und Theologie« (bes. 299ff.) entwickelte Korrelation zwischen biblischem Gottesbegriff einerseits und *metaphysischer Gottesaussage als Postulat der religionshistorischen bzw. religionsphilosophischen Vernunft* kann hier nicht eingegangen werden.

27 *Pannenberg*: Wissenschaftstheorie, passim.
28 *Pannenberg*: Grundfragen, 73.
29 A.a.O., 66ff.
30 A.a.O., 73f.
31 A.a.O., 91ff.
32 Vgl. die vom Barth-Schüler *Eichholz*: Die Theologie des Paulus, an diesen um das Moment des Kontingenten erweiterten universalhistorischen Geschichtsbegriff als Korrelat der Offenbarung Gottes gerichtete Anfrage: »Das Problem ist gleichzeitig dies, ob der Theologe einen *eigenen* Geschichtsbegriff entwerfen kann, der den Kanon des (historisch) Möglichen vom Horizont des biblischen Geschehens her zu weiten hätte, und ob dabei das Element des *Kontingenten* (das zu aller Geschichte gehört) verwendbar wäre, das Kontingente als das Zufällige, Unerwartete, Unvorhersehbare, oder ob auch dieses Element nicht ausreichen würde, um zur Sprache zu bringen, was der Theologe zur Sprache zu bringen hat, eben weil es zu *aller* Geschichte gehört« (19).

b) Der Gottesgedanke als Postulat der anthropologischen Vernunft

Analog zur Verifikation am Gottesbegriff der universalhistorischen Vernunft
wird die biblische Gottesaussage von Pannenberg am Gottesbegriff als Postulat der anthropologischen Vernunft im Rahmen einer als Fundamentalonto-
logie fungierenden theologischen Anthropologie[33] verifiziert. Pannenberg
geht dabei im Anschluß an die anthropologische Skizze Max Schelers und in
Auseinandersetzung mit A. Gehlen vom Phänomen der menschlichen Weltoffenheit aus, indem er diese zugleich als Ausdruck der Angewiesenheit des
Menschen auf eine alles Vorhandene und alles Endliche überhaupt überstei-
gende Wirklichkeit versteht, von der her allein die menschliche Selbsttran-
szendenz diejenige Erfüllung und Ganzheit erwarten kann, auf die sie in ihrer
Weltoffenheit angelegt ist[34]. Der Mensch ist in dieser auf Antwort zielenden
Offenheit und Fraglichkeit »angewiesen auf einen ihn samt seiner Welt tragenden Grund, . . . der mit nichts in der Welt Vorfindlichem identisch ist«[35].
Dieser Angewiesenheit des Menschen auf einen ihn jenseits alles Vorfindlichen tragenden Grund korreliert – so meint Pannenberg – der Gottesbegriff
als Postulat der anthropologischen Vernunft.
Wir haben hier nicht nach der Stringenz dieses Gottesbegriffs als Postulat sowohl der universalhistorischen als auch der anthropologischen Vernunft zu
fragen.[36] Hier gilt es nur grundsätzlich zu sehen, daß Pannenberg an dem metaphysischen Grundsatz der Korrelation von Gott und Universalgeschichte
nicht rüttelt, daß er Gott als den transzendenten Einheitsgrund einer um den
Begriff des Kontingenten erweiterten universalhistorischen Wirklichkeit begreift und im Rahmen dieser metaphysischen Korrelation von Gott und Universalgeschichte die »Bewährung der Gottheit des biblischen Gottes an der
Gesamtheit der gegenwärtigen Wirklichkeitserfahrung«[37], d.h. die Verifizierbarkeit Gottes an der Totalität der endlichen erfahrbaren Wirklichkeit ins
Zentrum der Gottesfrage rückt. M.a.W.: Pannenbergs Entwurf bedeutet eine
Radikalisierung des traditionellen metaphysischen Gottesbegriffs.
Ich fasse den dritten Abschnitt über die universalhistorische Transzendenz
Gottes zusammen:
Der Bultmannschen Reduktion auf die existentiale Transzendenz Gottes tritt
bei Pannenberg die Radikalisierung auf eine universalhistorische Transzen-
denz Gottes zur Seite, die sowohl die kosmologische als auch die existentiale
Transzendenz Gottes als Elemente ihrer selbst zu integrieren vermag. Der
Gottesbegriff der metaphysischen Transzendenz ist hier nicht nur nicht
durchbrochen, sondern radikalisiert, wie die *Wechselbeziehung von Gott und
Universalgeschichte* und die *Korrelativität von Gott und Weltoffenheit des Men-*

---

33 *Pannenberg:* Gottesgedanke, 21.
34 *Pannenberg:* Was ist der Mensch, passim, Christologie, 69ff.
35 *Pannenberg:* Grundfragen, 252.
36 Vgl. dazu die kritischen Erwägungen von *Geyer:* Gottes Sein, 26–29.
37 *Pannenberg:* Offenbarung, 104, Anm. 17.

schen einerseits und die *Leidensunfähigkeit Gottes* als des die Universalgeschichte stiftenden Einheitsgrundes andererseits zeigen.

Die in Abschnitt I–III entfalteten Gottesbegriffe der metaphysischen, existentialen und universalhistorischen Transzendenz setzen – wie gezeigt – alle
gleichermaßen voraus, daß die Bewahrheitung Gottes darin bestehen müsse,
daß Gott und Welt, Gott und Existenz und Gott und Universalgeschichte zur
Entsprechung kommen, daß sich Gott an der Welt, an der Existenz und an der
Universalgeschichte bewahrheitet, also erst in dieser verifizierenden Übereinstimmung Gottes Gottheit erkannt werde.

Die beiden im folgenden darzustellenden Typen des Verständnisses Gottes in
der Gegenwart bedeuten die Kritik sowohl an dem kosmologischen, anthropologischen und universalhistorischen Verständnis der Transzendenz Gottes
und an der in diesem Rahmen geforderten Verifikationsfähigkeit bzw. Verifikationsnotwendigkeit Gottes als auch die Infragestellung der Korrelativität,
Namenlosigkeit und Leidensunfähigkeit Gottes.

4. Der Gott der eschatologischen Transzendenz
(J. Moltmann)[38]

Folgt man J. Moltmanns schöpfungseschatologisch orientierter Theologie der
Hoffnung, so ist die Auferweckung Jesu Christi von den Toten ein Geschehen,
das als Verheißung auf eine noch ausstehende Zukunft verstanden werden
muß. Christliche Hoffnung unterscheidet sich darin von apokalyptischer En-
derwartung, daß sie sachlich auf die Person Jesu von Nazareth, auf das Ereignis seiner Auferweckung und auf die in dieser Person und in diesem Geschehen liegende Zukunft ausgerichtet ist. Christliche Eschatologie redet so von
Christus und seiner Zukunft.

Die Auferweckung Christi erkennen, heißt aber in diesem Geschehen nicht
nur die Zukunft Christi, sondern entscheidend darin die *Zukunft Gottes* erkennen. Die Auferweckung ist eine Verheißung Gottes, die als Widerspruchsprinzip[39] so lange Unruhe stiftet, bis sie in der Auferweckung der Toten und
der neuen Schöpfung ihre Entsprechung, bis sie in der universalen Herrschaft

---

38   *J. Moltmann:* Theologie der Hoffnung, 1964; *ders.:* Gottesoffenbarung, 13ff.; *ders.:* Gott und
Auferstehung; *ders.:* Der gekreuzigte Gott; *ders.:* Gesichtspunkte der Kreuzestheologie heute,
EvTh 33, 1973, 346–365; dazu: *H.G. Geyer:* Ansichten zu J. Moltmanns ›Theologie der Hoffnung‹, ThLZ 93, 1967, Heft 6 und 7, wiederabgedruckt in: W.D. Marsch (Hg.), Diskussion über
die ›Theologie der Hoffnung‹, 1967, 40ff.; *W. Kasper:* Revolution im Gottesverständnis. Zur Situation des ökumenischen Dialogs nach J. Moltmanns ›Der gekreuzigte Gott‹, ThQ 153, 1973,
8–14; *H.G. Link:* Gegenwärtige Probleme einer Kreuzestheologie. Ein Bericht, EvTh 33, 1973,
337ff.; *J.M. Lochman:* Gottes Sein ist im Leiden. Zur trinitarischen Kreuzestheologie J. Moltmanns, EvKomm 6, 1973, 421–424; *J. Moltmann:* ›Dialektik, die umschlägt in Identität‹ – was
ist das? Zu Befürchtungen W. Kaspers, ThQ 153, 1973, 346–350.
39   *Moltmann:* Der gekreuzigte Gott, 10f., 209ff., 239ff.

Gottes ihre Analogie gefunden hat. Die in der Auferweckung Jesu Christi
gründende Gotteserkenntnis ist insofern eine auf die Zukunft der Neuschöpfung der Welt durch Gott vorgreifende Erkenntnis.
»Darum bricht die Zukunft Gottes mit der Auferweckung der Toten an. Einer
muß weichen: Gott oder der Tod. Solange die Toten tot sind und die Lebendigen sterben, ist Gott noch nicht Gott, sind nicht alle Lande seiner Ehre voll
. . .«.[40] Haben die Jünger die Ostererscheinungen des Gekreuzigten als Ankunft der Zukunft Gottes und der Freiheit aller Kreatur verstanden, so stand
»die Auferstehung Christi für sie nicht wie ein himmlisches Wunder in einer
. . . unverwandelten Welt, sondern im Zusammenhang mit einer erwarteten
Verwandlung dieser Welt und bekam von daher ihren Sinn. Er erschien ihnen
in der Herrlichkeit des kommenden Gottes.«[41]
Liegt aber die Offenbarung Gottes in der Auferweckung des Gekreuzigten
und entspricht Gott darin *nicht* der erkennbaren oder erfahrbaren Wirklichkeit, so kann der wahrgenommene Widerspruch zwischen Gott und der
Wirklichkeit – so Moltmann – nicht nur zu einem Argument gegen *Gott*,
sondern auch umgekehrt zu einem Argument gegen die *Wirklichkeit* werden.
»Es erscheint darum wichtiger, zunächst den Widerspruch zu erheben, in den
das Kreuz Jesu Gott und die Wirklichkeit setzt, als Entsprechungen (zwischen
Gott und der Wirklichkeit) zu unterstellen, die noch nicht da sind.«
Die Unmöglichkeit einer Korrelation oder Entsprechung zwischen Gott und
Welt angesichts des Widerspruches zwischen der Auferweckung des Gekreuzigten und der Wirklichkeit der unerlösten Welt »ist für den Unglauben Anlaß, Gott ins Unrecht zu setzen, . . . für den Glauben Anlaß, die Wirklichkeit,
wie sie vorliegt, ins Unrecht zu setzen«. Der Widerspruch »bedeutet für den
Glauben, daß er Gott und die Wirklichkeit in der Auferweckung des Gekreuzigten nur so zusammendenken kann, daß er die Wirklichkeit zur vergehenden Wirklichkeit der Sünde und des Todes erklärt und *contra experientiam* auf
den Sieg des Gekreuzigten hofft und wartet und ihn sucht«. In dem Widerspruch, in den Gottes Zukunft sich in der Auferweckung des Gekreuzigten
zum Elend der gegenwärtigen Kreatur setzt, gründet die Infragestellung, mit
der der Glaube der elenden Wirklichkeit entgegentritt.
Wird aber Gott in der Auferweckung des Gekreuzigten an seiner Verheißung
erkannt, so »deckt die Offenbarung (Gottes) nicht vorhandene Geschichte
auf, erhellt auch nicht immer schon angehende Geschichtlichkeit (und Fraglichkeit der Existenz), sondern *eröffnet* Geschichte durch Verheißung eines
Neuen«.
Indem sich Gott in der Auferweckung des Gekreuzigten in Widerspruch zur
bestehenden anthropologischen und weltgeschichtlichen Wirklichkeit setzt,
wird theologisches Denken – Moltmann zufolge – genötigt, das metaphysische Erweisschema durch ein *eschatologisches Verifikationsschema* zu erset-

---

40   *J. Moltmann:* Die Auferstehung des Gekreuzigten und die Zukunft Christi, in: B. Klappert
(Hg.), Diskussion um Kreuz und Auferstehung, 1971[4], 251.
41   Ebd.

zen: Denn »die Wahrheit (der Gottesoffenbarung) wird nicht durch eine erkennbare oder erlebbare Wirklichkeit, sondern (erst) durch die erwartete Zukunft gedeckt«.

Dabei »steht der *Name Gottes* sowohl über den ergehenden Verheißungen seiner Zukunft wie über der geschehenden Verherrlichung in der Zukunft. Der
Name Gottes macht deutlich, *wer* Gott ist. Die Geschichte von Verheißung
und Verherrlichung macht deutlich, *was* seine Gottheit ist«.[42]

Die *Gottesfrage* kann also nicht allgemein-metaphysisch *aus* der Welt, *aus* der
Existenz und *aus* der Universalgeschichte, sondern allein *aus* der konkreten
Offenbarung Gottes in der Auferweckung Jesu Christi, des Gekreuzigten,
heraus gestellt werden, die sich dann als Widerspruchsprinzip *an* die Welt, *an*
die Existenz und *an* die Universalgeschichte in der Erwartung der Selbstverifikation Gottes an Welt, Existenz und Geschichte richtet. M.a.W.: Der Glaube
fragt nicht metaphysisch *aus* der bestehenden Welt nach Gott, sondern er
fragt nach der neuen Welt aus Gott; der Glaube fragt nicht metaphysisch *aus*
dem geschichtlichen Dasein nach Gott, sondern er fragt nach dem neuen Dasein aus Gott. Die Frage nach Gott – so argumentiert Moltmann – »kann
(deshalb) noch nicht durch Erhellung der vorliegenden und uns immer schon
angehenden Wirklichkeit beantwortet werden, sondern findet ihre Antwort
erst in jener Verwandlung aller Dinge, die ihren Vorschein in Christus . . . vor-
auswirft«. »Nachdem der christliche Glaube die in Christus geglaubte Transzendenz lange Zeit metaphysisch ausgelegt hat . . . kommt es heute darauf
an, daß er dort präsent ist, wo die ›Grenze‹ der Immanenz im Leiden erfahren
und in der aktiven Hoffnung transzendiert wird.«[43]

Wer ist also Gott? Moltmann antwortet: »Im von Gott verlassenen, von ihm
dahingegebenen Christus (im Kreuz) ist die Herrlichkeit der ganz anderen
Gotteswelt als verändernde Kraft im Diesseits präsent.«[44] Wer ist also *Gott* in
der *Auferweckung des Gekreuzigten?* »Er ist die Macht der Weltveränderung
im stellvertretenden Leiden . . . Er ist die Macht einer qualitativ neuen Zukunft.« Und in Abgrenzung von Bultmanns Gottesbegriff der existentialen
Transzendenz heißt es schließlich bei Moltmann: »Nicht als ›der (im Bultmannschen Sinn) ganz Andere‹ tritt ›Gott‹ im Horizont des Gekreuzigten in
Erscheinung, sondern als der Ganz-Ändernde«.[45]

Ohne hier auf die unmittelbar implizierten sozialethischen Konsequenzen[46]
eingehen zu können, fasse ich den vierten Abschnitt über die eschatologische
(Zukunfts-) Transzendenz Gottes zusammen:

Moltmanns Gotteslehre der *Zukunfts- und Verheißungstranszendenz des gekreuzigten Gottes* steht im Widerspruch zu dem metaphysischen Verständnis
der Transzendenz Gottes in seiner kosmologischen, anthropologisch-existen-

---

42   *Moltmann:* Gottesoffenbarung, 25-27.
43   *Moltmann:* Gottesoffenbarung 28, 35; Zukunft, 13.
44   *Moltmann:* Gott und Auferstehung, 55, vgl. Der gekreuzigte Gott, passim.
45   *Moltmann:* Gott und Auferstehung, 55, 41.
46   *Moltmann:* Perspektiven der Theologie, 149ff.; Der gekreuzigte Gott, 268ff.

tialen oder universalhistorischen Gestalt. Aufgrund der Zukunftstranszendenz des gekreuzigten Gottes verneint Moltmann nicht nur die Korrelation von Gott und Welt, versteht er nicht nur Gott als den *ganz Ändernden* anstatt als den ganz Anderen, sondern ersetzt er auch das metaphysische Verifikationsschema der Erweisfähigkeit bzw. Erweisnotwendigkeit Gottes an der Welt und der Existenz durch *das eschatologische Verifikationsschema*, demzufolge der Glaube nicht aus der bestehenden Welt nach Gott, sondern nach der neuen Welt aus Gott fragt. Die Wahrheit Gottes wird nicht durch die gegenwärtige Welt und Existenz gedeckt, sondern ihr wird erst durch die erwartete Zukunft der neuen Welt entsprochen.

Auf die schwierige *Frage*, ob und inwieweit Moltmanns Futurisierung und Eschatologisierung des metaphysischen Verifikationsschemas nicht doch dem Verifikationsschema selbst – diesmal im Rahmen einer Ontologie des Noch-nicht-Seins – strukturell verhaftet bleibt[47], kann ich in diesem Rahmen nicht eingehen. Sie muß aber zumindest gestellt werden, insofern Moltmann das Kreuz durch das *Leiden des gegenwärtigen Ganzen*[48] und die Zukunft der Selbstoffenbarung in Korrelation mit der *Neuschöpfung des Ganzen* interpretiert. MaW.: Denkt Moltmann nicht doch das *Kreuz* als Korrelat des umfassenden Defizits des Ganzen und die eschatologische *Selbstverifikation Gottes* als Korrelat des aufgehobenen Defizits des Ganzen? Ich wende mich damit dem letzten Interpretationstyp zu.

5.   Der Gott der inklusiven Transzendenz (K. Barth)[49]

Geht es bei Moltmann vorwiegend um die eschatologisch-futurische Transzendenz Gottes, um die Zukunft als die Seinsweise Gottes, wobei das Kreuz

---

47   Vgl. *Geyer*: Ansichten zu J. Moltmanns ›Theologie der Hoffnung‹, 69ff.
48   *Moltmann*: Der gekreuzigte Gott, passim.
49   *K. Barth*: Die Kirchliche Dogmatik I/1–IV/4 (1932–1964); *H.G. Geyer*: Rohgedanken über das Problem der Identität Jesu Christi, EvTh 33, 1973, 385ff.; *H. Gollwitzer*: Die Existenz Gottes im Bekenntnis des Glaubens, 1963; *ders.*: Von der Stellvertretung Gottes. Christlicher Glaube in der Erfahrung der Verborgenheit Gottes, 1967; *ders.*: Gottes Offenbarung und unsere Vorstellung von Gott, 1964; *ders.*: Krummes Holz – Aufrechter Gang. Zur Frage nach dem Sinn des Lebens, 1971³; *E. Jüngel*: Vom Tod des lebendigen Gottes. Ein Plakat, in: *ders.*: Unterwegs zur Sache. Theologische Bemerkungen, 1972, 105ff.; *H.J. Iwand*: Das Kreuz Jesu Christi. Zum Thema Kreuz, in: B. Klappert (Hg.), Diskussion um Kreuz und Auferstehung, 288ff.; *ders.*: Meditation zu 1Kor 15,54–58, in: G. Eichholz (Hg.), Herr tue meine Lippen auf IV, 1965⁵, 255ff.; *B. Klappert*: Die Auferweckung des Gekreuzigten. Der Ansatz der Christologie K. Barths im Zusammenhang der Christologie der Gegenwart, ³1981, bes. 151ff.; *ders.*: Die Christologie K. Barths als Anfrage an die Christologie der Gegenwart, in: Freispruch und Freiheit. Theologische Aufsätze für W. Kreck, 1973, 244ff. (II 5 in diesem Band); *W. Kreck*: Grundfragen der Dogmatik, 1970; *H.J. Kraus*: Der lebendige Gott. Ein Kapitel biblischer Theologie, in: *ders.*: Biblisch-theologische Aufsätze, 1972, 1ff. – Auf die von *Moltmann* sowohl in seinem Buch »Der gekreuzigte Gott« passim

die Modalität und Gestalt der Antizipation dieser Zukunft ist[50], so steht bei *Barth* die eschatologisch-inklusive Transzendenz Gottes im gekreuzigten Christus im Zentrum der Gotteslehre. Eschatologisch-inklusive Transzen-

als auch in EvTh 33, 1973, 346ff., bes. 350f. vorgetragene Barth-Kritik kann in diesem Kontext – der Gewichtigkeit der zwischen beiden infragestehenden Differenz wegen – nicht eingegangen werden. *Moltmann* zufolge stehen *Barths* Trinitätslehre und dessen trinitarische theologia crucis im *soteriologischen* Kontext (Der gekreuzigte Gott, 187f., EvTh 33, 1973, 350f.). Bei dieser Kritik wird die von Barth sorgsam vorgenommene Unterscheidung zwischen 1. der *wesentlichen Bundesbestimmtheit* des trinitarischen Lebens Gottes und 2. der *kontingenten Protestbestimmtheit* der trinitarischen Kreuzesgeschichte Gottes übersehen, insofern die Trinitätslehre bei Barth sowohl *bundestheologisch* als auch *staurozentrisch* entworfen wird. Steht die Versöhnungslehre Barths im übergreifenden Rahmen der Bundestheologie und ist die bundestheologische Kontur der Trinitätslehre für Barth konstitutiv (Gottes Sein ist im Bund; KD II/2), dann ist die Trinitätslehre Barths nicht primär soteriologisch, sondern *theologisch* orientiert. Wie die Bundesgeschichte angesichts des Zwischenfalls der Sünde und des Leidens in der Weltgeschichte im Kreuz die *Gestalt* der Versöhnung annimmt, so nimmt die Bundesbestimmtheit der trinitarischen Geschichte Gottes die *kontingente* Kreuzesbestimmtheit (das Leiden Gottes im Kreuz Christi) an. Es bleibt also die staurozentrische Kontur der Trinitätslehre bei Barth auf deren bundestheologische Kontur grundlegend bezogen. Was *Moltmann*, Der gekreuzigte Gott, 188, als »transchristologischen Vorbehalt« bei Barth kritisiert, ist also nichts anderes als der transsoteriologische Vorbehalt, den Moltmann selber fordert. Indem Barth die Trinitätslehre primär bundestheologisch orientiert (das Verhältnis des Gegenübers, der Vorordnung und Nachordnung, der liebenden Freiheit des Vaters und des freien Gehorsams des messianischen Sohnes) und die Versöhnungsgeschichte als die *Widerspruchsgestalt* der trinitarischen Bundesgeschichte unter den Bedingungen der Schuld und der Leidensgeschichte der Menschheit darstellt, ist auch diese nicht an einem »einfachen, noch nicht trinitarisch entfalteten Gottesbegriff« (EvTh 33, 1973, 351) orientiert. Barth denkt »Gott in der Geschichte« des Widerspruchs der Sünde und des Leidens im Kreuz, Barth denkt die Kontingenz des Seins und Leidens des messianischen Sohnes Gottes in der Kreuzesgeschichte auf dem Hintergrund und in der Beziehung auf die Geschichte des Bundes. Barth denkt zugleich »die Geschichte in Gott« (Moltmann, EvTh 33, 1973, 353), freilich die Bundesgeschichte als Geschichte des Seins und Liebens Gottes selbst. Barth weigert sich aber, die kontingente Geschichte des Sohnes Gottes im Kreuz, die Versöhnungs- und Leidensgeschichte des Sohnes Gottes im Kreuz Christi *umgekehrt* als die *Geschichte des Kreuzes in Gott* zu denken, wie Moltmann pointiert will. Denn die kontingente Selbsterniedrigung des Sohnes Gottes in die Negativität der Kreuzesgeschichte bedeutet Barth zufolge der *bleibende Widerspruch* zu ihrer Negativität aus der Kraft der Positivität der Bundesgeschichte heraus, nicht aber die Vermittlung der Negativität der Leidensgeschichte des Kreuzes und der Weltgeschichte mit der Bundesgeschichte und mit Gott selbst. Die Bundesgeschichte sichert im Sinne Barths die bleibende Widerspruchsgestalt der kontingenten Kreuzesgeschichte. Bedeutet aber die Unterscheidung (nicht Trennung) der kontingenten Kreuzesgeschichte von der Wesentlichkeit der Bundesgeschichte die Sicherung des unaufhebbaren Widerspruchscharakters der Kontingenz der Erniedrigung des messianischen Sohnes Gottes ins Kreuz, dann hätte das Bedenken dieses *theologischen* Sachverhaltes die Umkehrung der *notwendigen* Aussage vom *Sein Gottes im Kreuz* zur Spitzenaussage Moltmanns vom *Sein des Kreuzes in Gott* verunmöglichen müssen, dann wäre nicht die Integration der Leidensgeschichte des Kreuzes und der Welt in den trinitarischen Prozeß Gottes, sondern gerade die *Weigerung dieser Umkehrung* die Konsequenz gewesen, nicht zuletzt auch die Konsequenz der kritischen Theorie und negativen Dialektik. Die Hegelkritik Adornos in der »Negativen Dialektik« als Voraussetzung der negativen Dialektik ist in Moltmanns Kreuzestheologie m.E. noch nicht zur Kenntnis genommen. Die wesentliche Bundesbestimmtheit des trinitarischen Gottes als Kraft der kontingenten Protest- und Widerspruchsbestimmtheit der Kreuzes- und Leidensgeschichte des messianischen Sohnes Gottes scheint mir das entscheidende Anliegen der bundestheologischen und staurozentrischen

denz Gottes meint dabei eine Transzendenz Gottes, die der äußersten Immanenz des Todes in dem einen Gekreuzigten fähig und von daher der Zukunft
der Welt und des Menschen mächtig ist. *Gotteslehre* ist nach Barths Verständnis *Kreuzestheologie*, d.h. sie hat die Aufgabe, das Ereignis des Kreuzes, das
»Gott war in Christus und versöhnte die Welt mit sich selbst« zu entfalten.
Der Gott, der sich an die Stelle der Gottlosen erniedrigt, der Gott, der sich selber in den Tod des Gekreuzigten begibt, dieser Gott ist aber in unseren Augen
der tote Gott. Wie kann dann Gott trotzdem nicht aufhören, Gott zu sein?
Widerspricht nicht der Tod des Gekreuzigten der Lebendigkeit Gottes?
Barth antwortet im Abschnitt § 59,2 der Versöhnungslehre, in der er noch
einmal eine *Interpretation der trinitarischen Gotteslehre als notwendiger Explikation der Kreuzestheologie* vorgelegt hat: »Wer Gott und was göttlich ist, das
haben wir da zu lernen, wo Gott sich selbst und damit auch . . . das Wesen des
Göttlichen . . . offenbart hat. Und wenn er sich nun in Jesus Christus (dem Gekreuzigten) als der Gott offenbart hat, der solches *tut*, dann kann es nicht an
uns sein, weiser sein zu wollen als er und zu behaupten, daß Solches mit dem
göttlichen Wesen in Widerspruch stehe.«[51] Die Gotteslehre Barths ist damit
der ausgeführte Versuch, *die Härte des Kreuzes des messianischen Sohnes Gottes in den Gottesbegriff einzuzeichnen.* Gott kann das! Gott entspricht das! Und
gegenüber einem metaphysischen Gottesverständnis und der in seinem Gefolge ausgesagten Ungegenständlichkeit und Weltlosigkeit Gottes (Bultmann!) beharrt Barth nachdrücklich auf der Weltlichkeit und Gegenständlichkeit Gottes in der Versöhnungsgeschichte. Er beharrt nämlich darauf, daß
der unsichtbare Gott sich in unsere Welt der Sichtbarkeit hineinbegeben,
»daß in einem einzelnen, zeitlich und räumlich gebundenen Menschen . . .
Gott selbst zu uns gekommen ist«, ja »daß es Gott gefallen hat, sich selbst zu
erniedrigen und also allerdings weltlich, gegenständlich – horrible dictu: da-
tierbar zu werden«[52]. Gott macht sich im Kreuz Christi selber zur weltlichen
Gegebenheit. Und gegenüber der Transzendenz Gottes in Korrelation zur Immanenz, gegenüber der Weltlosigkeit und Ungegenständlichkeit Gottes in
Korrelation zur weltlosen und ungegenständlichen Existenz und gegenüber
dem Apathieaxiom der Leidenslosigkeit Gottes im Gegensatz zum Leiden der
Welt heißt es bei Barth: »Unsere Meinung, daß Gott durchaus nur absolut im
Gegensatz zu allem Relativen, durchaus nur unendlich unter Ausschluß aller
Endlichkeit, durchaus nur hoch im Gegensatz zu aller Niedrigkeit, durchaus
nur tätig im Gegensatz zu allem Leiden, . . . sein könne und dürfe: diese unse-

---

Kontur der Trinitätslehre K. Barths zu sein. Im Horizont dieser umrissenen Probleme und Fragen könnte und müßte m.E. die Diskussion mit Moltmanns gewichtigem Buch geführt werden,
während die Kritiken von *H. Dembowski*, EvKomm 6, 1973, 424ff., *U. Asendorf*, Theol. Beiträge
4, 1973, 150ff. und *H.G. Pöhlmann*, NZsyTh 3, 1973, 373ff. – sie stehen für viele – Moltmanns
Entwurf m.E. noch nicht gerecht zu werden vermögen.
50 *Moltmann*: Der gekreuzigte Gott, 173: »Das Kreuz ist die Form (!) des kommenden, erlösenden Reiches.«.
51 KD IV/1, 203.
52 *K. Barth*: Rudolf Bultmann. Ein Versuch, ihn zu verstehen (ThSt 34), 1964[3], 39.

re Meinungen erweisen sich eben darin, daß Gott in Jesus Christus (dem Gekreuzigten) faktisch gerade solches *ist* und *tut*, als unhaltbar, verkehrt, und heidnisch [metaphysisch] . . . Sondern indem Gott Solches *tut* (indem er sich in seinem messianischen Sohn in den Tod ans Kreuz begibt), beweist er uns eben damit, daß er es *kann*, daß Solches zu tun durchaus in seiner *Natur* liegt.«[53]

Gott ist nach Barth in solcher Erniedrigung im Kreuz aufs höchste Gott, in diesem Tod aufs höchste lebendig. Gott hat seine Gottheit gerade in der Passion dieses einen Menschen bewährt und offenbar gemacht. Der Tod des messianischen Sohnes Gottes im Kreuz ist der eigentliche Ort der Selbstoffenbarung Gottes. – Wie man angesichts solcher Aussagen bis in die Gegenwart hinein Barth ein metaphysisches Gottesverständnis hat aninterpretieren können, wird man nur von einem Mißverständnis des Begriffes des Metaphysischen selbst her erklären können.

Hieß es bei Bultmann: »Von Gott kann man nur reden, indem man zugleich vom Menschen redet«, und hatte H. Braun diesen Satz dahingehend interpretiert: »Der Mensch als Mensch, der Mensch in seiner Mitmenschlichkeit, impliziert Gott«[54], so heißt es bei Barth im ausschließlichen Gegensatz gegen solche Korrelativität Gottes und der Existenz im Rahmen der existentialen Transzendenz Gottes: »Wer gar nichts davon hören will, daß Gott auch und zuerst *pro se* (für sich) ist, der wird schwerlich verstehen, was es bedeutet, daß er, indem er *pro se* (für sich) ist . . auch *pro me* (für mich) ist.«[55]

Gottes Selbsterniedrigung ins Kreuz als Offenbarung seiner Gottheit und darin seine *freie Selbstbestimmung zur Gemeinschaft mit den Menschen im Bund* schließt die *Lebendigkeit Gottes*, vor allem Sein für uns, ein: Die von Barth akzentuierte, im Kreuz offenbarte Aseität Gottes ist also nicht etwa metaphysische Spekulation, sondern die konsequente Aufhebung der im metaphysischen Denken mit Notwendigkeit implizierten Korrelation von Gott und Welt, Gott und Existenz und Gott und Universalgeschichte.

Folgt einerseits aus Bultmanns existentialer Interpretation »keineswegs, daß Gott nicht außerhalb des Glaubenden bzw. des Glaubensaktes sei«[56], und geht es Barth seinerseits grundlegend um das rechte existentielle Verstehen des Glaubens, so besteht der Kern der Differenz zwischen Bultmann und Barth in der Gotteslehre darin: Bultmann vermag Gott ausschließlich als Korrelat zur menschlichen Existenz, Barth aber umgekehrt menschliche Existenz nur im Rahmen der freien Selbstbestimmung Gottes zum Sein im *Bund* mit den Menschen, d.h. nur im Rahmen der zugleich ausgesagten Aseität Gottes zu interpretieren. Die *Beziehung Gottes zum Menschen* ist nach Barth strukturell und inhaltlich so von der *Beziehung des Menschen zu Gott* ver-

---

53   KD IV/1, 203f.

54   *Braun*: Ges. Studien, 341.

55   KD IV/1, 232. – Vgl. den nur ein Jahr später erschienenen grundlegende Aufsatz von *H.J. Iwand*, Wider den Mißbrauch des *pro me* als methodisches Prinzip in der Theologie 1954, in: P.-P. Sänger (Hg.), H.J. Iwand, Briefe. Vorträge. Predigtmeditationen, Berlin-Ost 1979, 225-230.

56   *R. Bultmann*, in: Kerygma und Mythos II, 198f.

schieden, daß Gott nicht metaphysisch als Implikat und Korrelat zum menschlichen Sein, zum Sein der Welt und der Weltgeschichte ausgesagt werden kann.

Ich fasse den fünften Punkt über die inklusive Transzendenz Gottes zusammen:

Indem für Barth die Erniedrigung des messianischen Sohnes Gottes ins Kreuz im Zentrum der Gotteslehre steht, wird von ihm nicht nur der Tod Christi im Kreuz als die tiefste Offenbarung der Gottheit Gottes erkannt, sondern der metaphysische Gottesbegriff, die in seinem Gefolge ausgesagte Leidensunfähigkeit Gottes und die strenge Korrelativität von Gott und Existenz und Gott und Weltgeschichte zugunsten der Aussage von der Selbstvergegenwärtigung Gottes im gekreuzigten Messias überwunden. *Damit steht im Zentrum der Gotteslehre Barths das Bedenken der inklusiven Transzendenz Gottes im Gekreuzigten,* einer Transzendenz Gottes, die der äußersten Immanenz des Todes im Kreuz aus seiner Freiheit heraus fähig und exklusiv von daher der Zukunft der Welt, des Menschen und der Weltgeschichte mächtig ist.

Ich schließe mit einem Hinweis auf den ehemaligen Göttinger Systematiker H.J. Iwand, der wie kein anderer die Intentionen und Implikationen des biblischen Gottesbegriffs im Sinne Barths in Abgrenzung vom metaphysischen Gottesverständnis in seinen Fragmenten zur Gotteslehre entfaltet hat: »Entweder der Tod oder Gott behält das letzte Wort über uns. Das ist die Entscheidung, in die uns der Tod Jesu stellt. Und die Auferstehung wird verkündigt als Erweis, daß in der Welt Gottes der Tod keine Macht hat. So tief mußte die Gottesfrage ›hinabgezogen werden in unser Fleisch‹, daß an seiner tiefsten Tiefe, der Verwesung, an dem Vergehen, dem Nichts deutlich wurde, daß Gott ein Gott der Lebendigen und nicht der Toten ist.«

Und Iwand akzentuiert in Antithese zum metaphysischen Erweisschema in seiner kosmologischen, existentialen und universalhistorischen Spielart die – von Iwand bis in die Sozialethik hinein entfaltete – Weigerung des biblischen Gottes, sich an der kosmologischen, an der existentialen und an der universalhistorischen Wirklichkeit als not-wendig erweisen zu lassen und so zur ideologischen Verklärung der Gegenwart in welcher Form auch immer mißbraucht zu werden: »Einmal wird aus der Theologie des ›Es steht geschrieben‹ eine Ontologie des ›Es ist geschehen‹, einmal werden wir schauen. Einmal wird uns aus der umgebenden Wirklichkeit in Natur und Geschichte nicht mehr die Anfechtung, sondern die Bestätigung dessen, was wir geglaubt haben, entgegenkommen. Einmal wird alles ›stimmen‹! Aber bis dahin wird eben nichts ›stimmen‹ und darf nichts mit dem, was jetzt ist, übereinstimmen.«[57]

---

57   *Iwand,* Meditation zu 1.Kor 15,54–58, (Anm. 49), 259, wiederveröffentlicht in H.J. Iwand, Predigtmeditationen. Bd II o.J., 143. – Vgl. zum Ganzen dieses Aufsatzes *H. Gollwitzer:* AW III 24ff, 42ff, 86ff, 269ff, 280ff und ders., Befreiung zur Solidarität, München 1978.

8 Nicht mehr Theologie treiben, als wäre nichts geschehen!

Karl Barths Schuldbekenntnisse aus den Jahren 1945 und 1967

Helmut Gollwitzer hätte es m.E. gar nicht nötig gehabt, bei seiner Entfaltung der Theologie Karl Barths unter dem Leitwort »Reich Gottes und (demokratischer) Sozialismus« und zur Stützung seiner eigenen Position Barths »Theologische Existenz heute« vom Juni 1933 als Dokument einer *Konzession* zu bezeichnen[1], und Barths Äußerung aus »Abschied« vom Oktober 1933 als ein *Selbstmißverständnis* Barths zu charakterisieren[2]. Beides hat *E. Jüngel* in seinem Barth-Artikel[3] mit Recht kritisiert und nun seinerseits auf beides mit Ironie und Sarkasmus den Satz Barths aus dem Jahre 1933 aus »Abschied zwischen den Zeiten« angewendet: »Bis dahin werde ich es für ein unter Männern unwürdiges Gerede halten«[4].

1. Barths Theologie der Abgrenzung zwischen 1919-1933 (Keine Ableitung der Theologie Barths aus Sozialismus und Liberalismus)

Ersteres, d.h. die Kennzeichnung der Schrift« Theologische Existenz heute« als Dokument einer Konzession, hat Gollwitzer freilich inzwischen zurückgenommen[5]. Letzteres beruht m.E. darauf, daß Gollwitzer den folgenden Satz von Barth mißversteht: »Dann hätte meine theologisch-kirchliche Affinität zum Marxismus, Liberalismus etc. doch auch in den berüchtigten 14 Jahren irgendwie sichtbar werden müssen«[6]. Gollwitzer versteht

---

1 *H. Gollwitzer*: Reich Gottes und Sozialismus bei Karl Barth, TEH 169, München ²1978, 59.
2 A.a.O., 10.
3 *E. Jüngel*: Barth-Studien, Ökumenische Theologie Bd 9, Zürich-Köln-Gütersloh 1982, 46.
4 *K. Barth*: Abschied von »Zwischen den Zeiten« (1933), ZZ 1, 1933, 536-544,542.
5 Vgl. *B. Klappert*: Die Auferweckung des Gekreuzigten und der Aufstand gegen das Nichtige, in: R. Wischnath (Hg.), Frieden als Bekenntnisfrage, Gütersloh 1984, 360-389, 369 Anm. 47. In diesem Band wiederabgedruckt unter III 11 (vgl. dort Anm. 47).
6 *K. Barth*: Abschied (Anm. 4) 542. – Vgl. unten Anm. 40.

diesen Satz in dem Sinne, »daß – seine studentischen Hörer ruft er (Barth) dafür als Zeugen an – seine theologische Position keine Affinität etwa zu Demokratie und Sozialismus impliziere«, was – wie Gollwitzer fortfährt – »ein eigenartiges, durch jene besondere Situation verursachtes Selbstmißverständis (Barths) war«[7].

Da Gollwitzer den Terminus »Affinität zum Marxismus, Liberalismus« in Barths Satz offensichtlich positiv versteht, weil er diesen Terminus von »Rechtfertigung und Recht« (1938) her als positive Affinität zur Demokratie[8] und von »Christengemeinde und Bürgergemeinde« (1946) her als positive Affinität zwischen Reich Gottes und demokratischem Sozialismus[9] interpretiert, muß er ihn konsequenterweise von den späteren Äußerungen Barths her als Selbstmißverständnis verstehen, was Jüngel[10] nicht braucht, weil er sich dem Problem, das durch das Gegenüber der Äußerungen Barths aus dem Jahre 1933 einerseits und seinen späteren Äußerungen aus dem Jahre 1938 andererseits tatsächlich gegeben ist, nicht stellt.

M. E. ist aber der Terminus »Affinität zum Marxismus, Liberalismus etc.« von 1933 nicht positiv im Sinne einer Affinität, Analogie und Entsprechung[11], sondern negativ im Sinne einer kausalen Deduktion der Theologie Barths aus Sozialismus und Demokratie zu verstehen. So zeigt es eindeutig der Kontext der Äußerungen Barths:

Barth spricht nämlich 1933 – im Unterschied zu einer *analogen*, von ihm selbst bejahten Affinität – von einer abzulehnenden *deduktiven Affinität*: So warnt er davor, seine Theologie von seinen politischen Voraussetzungen her zu verstehen (K. Barth war 1931 erneut in die Sozialdemokratie eingetreten), ihn »*von daher zu interpretieren*«[12]. Im Hinblick auf die in der Tat vorhandene Tendenz zur deduktiven Affinität zwischen Sozialismus und Reich-Gottes-Theologie bei den Religiös-Sozialen meint Barth: »Dann hätte ich wohl schwerlich den deutschen Religiös-Sozialen so gründlich das Konzept verdorben«[13], was freilich nicht ausschließt, daß es im Sinne einer *analogen Affinität* auch weiterhin eine praktisch-politische Nähe zwischen Barth und den Religiös-Sozialen geben wird, wie *U. Dannemann* eindrücklich gezeigt hat[14]. Barth ruft sodann seine studentischen Zuhörer als Zeugen an: »Dann müßten . . . auch in diesem Jahr 1933 meine

7   *H. Gollwitzer*: (Anm. 1) 10 Anm. 2.
8   A.a.O., 29 Anm. 21.
9   A.a.O., 42.
10   *E. Jüngel*: (Anm. 3) 46.
11   Die Affinität im Sinne der *positiven* Analogie und Entsprechung ist von Barth seit 1938 immer deutlicher entwickelt worden.
12   Kursivierung von mir.
13   *K. Barth*: Abschied (Anm. 4) 542.
14   *U. Dannemann*: Der unvollendete Abschied vom Bürgertum. Karl Barths Kritik des religiösen Sozialismus, in: G. Ewald (Hg.), Religiöser Sozialismus, Stuttgart 1977, 91-113; *ders.*, Theologie und Politik im Denken Karl Barths, München-Mainz 1977 und dazu die vorzügliche Besprechung von *J. Fangmeier* in ThLZ 105/1980, 454-457.

politisch überwiegend ganz anders als ich eingestellten Zuhörer irgendet-
was von diesem bösen *kausalen* (sic!) Zusammenhang meiner Theologie
gemerkt haben[15]. Barth argumentiert also eindeutig und mit Recht dagegen, daß man seine Theologie, seine theologischen Äußerungen im Jahre
1933 – also auch seine »Theologische Existenz heute« – als von seinen »politischen Hintergründen« kausal-abgeleitete (miß)versteht.
Von diesen eindeutigen Rahmenaussagen Barths her ist nun aber auch der
umstrittene Zwischensatz zu verstehen, der sich auf einen Zeitraum bezieht, den man vom Tambacher Vortrag, also von 1919 bis zum Jahre 1933
(»14 Jahre«) datieren kann. »Dann hätte meine theologisch-kirchliche Affinität zum Marxismus, Liberalismus etc. doch auch in den berüchtigten
14 Jahren irgendwie sichtbar werden müssen«[16].
Versteht man also den Terminus Affinität in Barths Aufsatz »Abschied«
(1933) korrekterweise im Sinne einer deduktiven und kausalen Affinität,
dann wird verständlich, warum sich Barth gegen dieses Mißverständnis
seiner Theologie, sie sei systematisch-theologisch abkünftig von Sozialismus und liberaler Demokratie, gewandt hat. Und es wird zunächst zu sagen sein: Barth hat *diese* Position von 1933 nie – auch nicht in der Kirchlichen Dogmatik – aufgegeben. Im Gegenteil!
Sprechendes Dokument dafür ist der Brief Barths an *J.L. Hromádka* vom
10.7.1963. Hier läßt Barth, auf die Zeit des Safenwiler Religiösen Sozialismus (1911ff) und auf die Jahre 1933-1945 zurückblickend, eine kontinuier-
liche Linie erkennen, auf der auch seine Position im Jahre 1963 liegt: »Um
was es mir im Verhältnis zu Dir ging und geht, ist schlicht dies: daß ich nun
einmal, seit ich hier in der Schweiz meine Erfahrungen mit dem ›Religiösen Sozialismus‹ von Kutter und Ragaz machte, seit ich dann 1921 nach
Deutschland kam und dort die Jahre 1933f. miterlebte, höchst allergisch
reagiere gegen alle Identifikationen, aber auch gegen alle solche . . . Analo-
gisierungen (!) des theologischen und sozial-politischen Denkens, in welchem die Superiorität des analogans (des Evangeliums) gegenüber dem
analogatum (den politischen Einsichten und Ansichten der betreffenden
Theologen) nicht eindeutig . . . und unumkehrbar (!) festgehalten und
sichtbar bleibt. Wo deren Verhältnis umkehrbar wird, da rede ich . . . von
einer die Theologie und die christliche Verkündigung beeinträchtigenden
›Geschichtsphilosophie‹«[17].
Wie 1933 den Terminus »Affinität«, so verwendet Barth 1963 den Terminus »Analogie« ebenfalls im deduktiven, d.h. negativen und also von ihm
selbst für seine Theologie abgelehnten Sinne. Unbeschadet dessen ist aber
darauf hinzuweisen, daß Barth diese Termini 1946 in »Christengemeinde
und Bürgergemeinde« auch positiv im Sinne der Affinität und Analogie

---

15 *K. Barth*: Abschied (Anm. 4) 542.
16 Ebd.
17 *K. Barth*: Brief an J.L. Hromádka vom 10.7.1963, in: ders., Briefe 1961-1968, hg von J.
Fangmeier und H. Stoevesandt, Zürich 1975, 151f.

zwischen dem kommenden Reich Gottes einerseits und dem demokratischen Sozialismus andererseits verwendet.

In diesem Zusammenhang verstehe ich auch Barths Hinweis auf die »Gerichtsbotschaft des Propheten Amos«, der auch autobiographische Züge trägt und sowohl für die Entstehung der Theologie Barths in Safenwil als auch für den Theologie-Politik-Zusammenhang der Kirchlichen Dogmatik von Bedeutung ist: Amos »ist also nicht ein Mann aus dem ›niederen Volk‹, dem ländlichen Proletariat etwa . . . Aus (!) seiner sozialen Herkunft und Situation wird seine Botschaft nicht zu erklären sein«. Barths kontextuelle Exegese des Amosbuches ist dabei ein Meisterstück und ausgezeichnetes Beispiel für die Sachorientierung der Theologie Barths einerseits und ihre Kontextbezogenheit andererseits[18]. Barths Exegese des Amosbuches ist nämlich zugleich eine präzise Kontextanalyse der Situation und Entwicklung der Gesellschaft und Wirtschaft der Bundesrepublik Deutschland in den 50er Jahren unter dem Leitmotto: »Des Menschen Trägheit«[19].

Barth ist also auch später in der Kirchlichen Dogmatik nicht müde geworden, davor zu warnen, seine Theologie »von daher zu interpretieren« und sie also systematisch einem »kausalen Zusammenhang« – nach dem Motto: vom Sozialismus zum Reich Gottes – zu unterwerfen und sich damit einer Umkehrung von Reich Gottes (Subjekt) und demokratischem Sozialismus (Prädikat) schuldig zu machen. H. Gollwitzer hat die Wichtigkeit eben dieser Warnung Barths überzeugend an dessen Gesamtwerk aufgezeigt.

Was Barth allerdings später getan hat, versuche ich im folgenden näher zu bestimmen:

2. Barths Schuldbekenntnis im Brief an deutsche Theologen
(Die positive Affinität zwischen dem Reich Gottes und dem demokratischen Sozialismus)

Barth hat in seinem Brief an deutsche Theologen in der Kriegsgefangenschaft vom 8. Juli 1945[20] im Sinne eines Schuldbekenntnisses bedauert, daß er die positiv-analoge und also unumkehrbare Affinität zwischen Reich Gottes einerseits und demokratischem Sozialismus andererseits, da sie doch bei ihm persönlich, d.h. von 1919-1933, »implizit« in jenen »14 Jahren« zweifellos vorhanden gewesen sei, nicht auch »explizit« gemacht habe. Der wichtige Passus aus diesem Brief lautet – und er ist m.E. für die

18 *K. Barth*: KD IV/2, 502-509,502.
19 A.a.O., § 65,2.
20 *K. Barth*: in: E. Wolf (Hg.), Karl Barth zum Kirchenkampf, TEH 49/1956, 89-96.

Barth-Interpretation auch der fraglichen Zeit von 1921-1933 viel zu wenig fruchtbar gemacht worden -: »Wenn ich mir selbst im Blick auf meine in Deutschland verbrachten Jahre etwas vorwerfe, so ist es dies, daß ich es damals aus lauter Konzentration auf meine theologisch-kirchliche Aufgabe und auch in einer gewissen Scheu vor der Einmischung des Schweizers in deutsche Angelegenheiten *unterlassen habe*, vor Tendenzen, die mir, seit ich 1921 (sic!) den deutschen Boden betreten hatte, in der mich umgebenden Kirche und Welt sichtbar und unheimlich genug waren, *nicht nur implizit*, sondern explizit, *nicht nur privatim*, sondern auch öffentlich zu warnen. . . So laut und deutlich, wie damals hätte geredet werden müssen, habe auch ich damals nicht geredet«[21].

Barth gibt in diesem *Schuldbekenntnis* zu erkennen, daß er in der ihm gebotenen »Konzentration auf meine theologisch-kirchliche Aufgabe« und also in notwendiger Abwehr aller Anschuldigungen, seine Theologie sei im Sinne einer deduktiven und kausalen Affinität zu Demokratie und Sozialismus zu interpretieren, es gleichwohl versäumt habe, die bei ihm bereits damals »privatim« und auch »implizit« vorhandene positive, analoge Affinität zwischen Reich Gottes und demokratischem Sozialismus auch systematisch-theologisch explizit und politisch-gesellschaftlich öffentlich zu machen.

Diesem Schuldbekenntnis, die analoge Affinität zwischen Reich Gottes und demokratischem Sozialismus nicht gleichzeitig auch positiv entfaltet zu haben, entspricht bei Barth in demselben Brief eine Akzentverlagerung gegenüber der »Theologischen Existenz heute« von 1933: In scheinbarem Gegensatz zwar, m.E. aber in zeitbezogen richtiger Zuspitzung warnt Barth davor, in zeitloser und problematischer Wiederholung des richtigen Satzes der »Theologischen Existenz heute« aus dem Jahre 1933 – Theologie zu treiben, als wäre nichts geschehen – diese Parole nach dem Krieg erneut auszugeben. Nein! Theologie kann nach 1945 *nicht* mehr so betrieben werden, als wäre nichts geschehen. Barth meint, »daß ich Sie alle bitten muß, bei der Theologischen Existenz von 1933 Ihrerseits nicht stehen zu bleiben,. . . sondern anhand der Heiligen Schrift von dort vorwärts. . .in die Weite zu denken. . .Derselbe Jesus Christus, wie er uns in der Heiligen Schrift bezeugt ist (Barmen I), ist immer noch reicher und mächtiger, als wir es das vorige Mal bemerkt und verstanden haben«[22].

Analog zu dieser Warnung hebt Barth in demselben Brief aus dem Jahre 1945 auf eine notwendige Akzentverlagerung innerhalb der Barmer Theologischen Erklärung ab: Man soll nun, statt – wie damals im Jahre 1933 nötig und in der Frontstellung gegenüber den »Deutschen Christen« wichtig – den eigentlichen Akzent auf Barmen I zu legen, in einer anderen Akzentuierung Theologie treiben. Barth schreibt: »Ich würde auf dem Boden des berühmten ersten Satzes von Barmen auf den fünften jener Sätze

---

21   A.a.O., 91; Kursivierung von mir.
22   A.a.O., 95.

höchstes Gewicht legen«[23]. Von dem einen Worte Gottes (Barmen I) und dem Reich Gottes in Gestalt der Königsherrschaft Jesu Christi (Barmen II) her sei der Akzent *heute* auf die Begrenzung staatlicher Gewalt durch Recht, Frieden und Freiheit zu legen und also die positiv-analoge Affinität von Reich Gottes und demokratischem Sozialismus in der Situation nach 1945 besonders zu unterstreichen.

3. Barths Schuldbekenntnis in seinem Brief an E. Bethge (Humanität – Ökumene – Sozialismus – Friedensbewegung)

Barth hat dieses Schuldbekenntnis aus dem Jahre 1945 im Jahre 1967 – ein Jahr vor seinem Tode – in seinem Brief an E. Bethge ausdrücklich und in gleicher Richtung wiederholt[24]. Barth führt zunächst aus, daß der von Bonhoeffer gegangene »Weg vom christlichen Glauben zum *politischen* Handeln« nach meinem »Abschied vom theologischen Liberalismus« »in Gestalt des ›Religiösen Sozialismus‹« »auch mein Thema« war. Barth erläutert dann weiter, daß das Thema einer positiven Affinität vom christlichen Glauben zum politischen Handeln und also einer Entsprechung zwischen Reich Gottes und demokratischem Sozialismus bei ihm »zunächst etwas zurück(trat)«, »als ich an den ›Römerbrief‹ geriet«. »Dieses Thema« einer positiven und analogen Affinität zwischen Reich Gottes und demokratischem Sozialismus trat aber »erst recht, als ich 1921 nach Deutschland kam, zunächst etwas zurück« gegenüber dem »für mich in den Vordergrund gerückten Versuch, die Reformation neu zu interpretieren und aktuell zu machen«. Barth bedauert nun, daß die bei ihm zunächst etwas in den Hintergrund getretene positive Affinität zwischen Reich Gottes und demokratischem Sozialismus seiner »deutschen Hörerschaft und Leserschaft in dieser Hinsicht weniger eindrücklich« geworden ist[25]. Barth bedauert also das »Zunächst-etwas-Zurücktreten« des Theologie-Politik-Zusammenhangs durch die zuerst in den Vordergrund tretende Neuinterpretation und Aktualisierung der Reformation. Und Barth bedauert dies,

---

23 A.a.O., 94; vgl. auch die dazu wichtigen Ausführungen Barths in: ders., Eine Schweizer Stimme. 1938-1945, Zürich 1945, 324ff, 327ff, 416ff. – Zur Verfehlung des status confessionis vgl. KD III/4, 87 (1951).

24 In diesem Sinne und in ähnlicher Intention hat sich Barth noch grundsätzlicher im Jahre 1962 aus Anlaß seiner Amerika-Reise *Markus Barth* gegenüber geäußert: Wenn er noch Zeit und Kraft für die Neufassung der Dogmatik hätte, dann würde er die ganze Dogmatik unter der Leitfrage entwickeln: Was sollen wir tun? (M. Barth, mündlich auf dem Leuenberg am 15.7.1992). – Ich habe Markus Barth für viele freundschaftliche Gespräche in seinem Haus in Basel und auf dem Leuenberg sehr zu danken.

25 *K. Barth*: Briefe 1961-1968, hg. von J. Fangmeier und H. Stoevesandt, Karl-Barth-Gesamtausgabe, Zürich 1975, 404.

weil nämlich »in dem durch die Problematik seiner lutherischen Tradition belasteten Deutschland ein richtiger ›Nachholbedarf‹ (bestand) gerade in der von mir stillschweigend vorausgesetzten oder nur nebenbei betonten Richtung: Ethik – Mitmenschlichkeit – dienende Kirche – Nachfolge – Sozialismus – Friedensbewegung – und in und mit dem allem eben Politik«[26]. Obwohl Barth durchaus und auch weiterhin eine *deduktiven Affinität* zwischen Politik und Theologie und also eine Vermischung von Theologie und Politik im Sinne einer »politisierenden« Theologie wie damals, im Jahre 1933, so auch 1967 ablehnt, bekennt er es doch zugleich als seine Schuld, die bei ihm immer und so auch damals 1933 – wenn auch nur privatim und implizit – vorhanden gewesene *analoge Affinität* zwischen Reich Gottes und demokratischem Sozialismus in den Jahren 1933ff nicht im höheren Maße *explizit* gemacht, sondern sie nur »stillschweigend vorausgesetzt« oder »nur nebenbei betont (. . .)« zu haben. Barth bedauert dieses schuldhafte Versäumnis deshalb, weil für die öffentliche systematisch-theologische Explikation schon im Jahre 1933 – wie er nachträglich erkennt – eine »Notwendigkeit«[27] vorhanden gewesen war. Und deshalb anerkennt er ausdrücklich die diesbezüglich klare Erkenntnis und Praxis Dietrich Bonhoeffers in den Jahren 1933-1945: »Diese Lücke und die Notwendigkeit, sie auszufüllen, hat Bonhoeffer offenbar von Anfang an scharf und dann immer schärfer empfunden und auf breiter Front zur Aussprache gebracht«[28].

4. Barths Problematisierung des Theologie-Politik-Zusammenhangs zwischen 1933-1938
(Plädoyer für ein kontextuelles Miteinander von Theologie und Politik)

Barth hat besonders vom Jahre 1938 an die bei ihm auch während der Jahre 1919-1933 und 1934-1936 persönlich vorhandene und auch geäußerte, positive und analoge Affinität zwischen dem Reich Gottes und dem demokratischen Sozialismus – in Aufnahme der in Tambach (1919) entwickelten Linien – *auch systematisch-theologisch explizit gemacht.* So zeigt es eindeutig »Rechtfertigung und Recht« (1938), seine Vorlesung über den »politischen Gottesdienst« (1938) und sein Hromádka-Brief (1938). Darauf hat

---

26   A.a.O., 404f. – Das eindrücklichste Beispiel für den für Barth in den Vordergrund gerückten Versuch, die Reformation (Luther, Zwingli, Calvin) neu zu interpretieren, ist die soeben erschienene, von H. Scholl herausgegebene und meisterhaft kommentierte Vorlesung Barths: Die Theologie Calvins. 1922, Zürich 1993.
27   A.a.O., 405.
28   Ebd.

H. Gollwitzer in seiner Schrift »Reich Gottes und Sozialismus«[29] ausführlich aufmerksam gemacht.

Barths Ruf zur Konzentration auf die Sache der Theologie in seiner »Theologischen Existenz heute« Nr. 1 war also keine Konzession. Ebensowenig war seine Abwehr gegen ein deduktives Mißverständnis seiner Theologie als kausal abkünftig von politischen Voraussetzungen, die ebenfalls im Jahre 1933 erfolgte, ein Selbstmißverständnis. Das hat Barth im Jahre 1938 in einem in seiner Bedeutung m.E. bisher in der Barth-Forschung unterschätzten Aufsatz »Die Kirche und die politische Frage von heute« eindeutig zum Ausdruck gebracht. Dabei scheint mir signifikant zu sein, daß weder Jüngel, noch auch Gollwitzer oder Dannemann in der systematisch-theologisch so überaus wichtigen Auseinandersetzung auf *diese* Selbstinterpretation Barths ausführlich eingegangen sind.

Barth erläutert darin den Weg der Bekennenden Kirche, den er – theologisch führend – mitgegangen ist, mit der Notwendigkeit eines ersten und – eines diesem zeitlich folgenden – zweiten Schrittes, eines ersten Schrittes der theologischen Konzentration und eines zweiten Schrittes der politischen Konsequenz.

So ist es Barth im Jahre 1933/34 zunächst wichtig gewesen, »zur Wahrung ihrer (der Bekennenden Kirche) eigenen Substanz, zur ›Theologischen Existenz heute‹, zur Abwehr der einbrechenden natürlichen Theologie . . . der braunen Überschwemmung (in der Gestalt der Deutschen Christen) zunächst (sic!) *diesen* Deich entgegenzusetzen: die Konsolidierung des kirchlichen Bekenntnisses in seiner Reinheit und Eigenart«[30]. In der Situation des Jahres 1938 gelte es aber nun, die politische Herausforderung des nationalsozialistischen Gewaltstaates als solche zugleich auch als theologische Frage explizit zu machen und als Bekenntnisfrage zu stellen: Der Nationalsozialismus »schließt es aus, die durch ihn gestellte Frage ›nur‹ als politische und nicht mittelbar und unmittelbar zugleich als Glaubensfrage zu behandeln. Die Kirche kann der politischen Frage von heute (im Jahre 1938!) auf keinen Fall neutral gegenüberstehen«[31].

Was Barth in diesem Aufsatz aus »Eine Schweizer Stimme« im Sinne des zu tuenden ersten (1933/34) und zweiten (1938) Schrittes sagt, hat H. Gollwitzer – ohne auf Barths Aufsatz zu rekurrieren – m.E. sachlich richtig so beschrieben: Zwar hat Barth »durch ›Nebenbei‹-Äußerungen in allen seinen Veröffentlichungen und durch seine politischen Stellungnahmen immer wieder Signale gegeben für seine Überzeugung von der Untrennbarkeit des Theologischen und des Politischen« und der Nichtbeliebigkeit des Politischen vom Theologischen her. »Aber anscheinend hielt er doch lange eine Reihenfolge (sic!) für möglich und nötig: zuerst die theologische

29 *H. Gollwitzer:* (Anm. 1) 44f.
30 *K. Barth:* Eine Schweizer Stimme (Anm. 23), 81.
31 A.a.O., 80.

Klärung und dann erst die Wendung zum Politischen«[32]. Und Gollwitzer
nennt dann auch einen Zeitpunkt, der mit der Veröffentlichung des Barth-
Aufsatzes »Die Kirche und die politische Frage von heute« ganz genau
übereinstimmt: »1938, inmitten seiner Agitation gegen den Nationalsozialismus, entwickelte Barth uns auf dem ›Bergli‹ den Plan einer internationalen theologischen Zeitschrift. . .: da war aber freilich keine Reihenfolge mehr, sondern ein Neben- und Miteinander, wie es dann sein weiteres
Leben bewies. Aber in der vorhergehenden Zeit hat er doch vielleicht im
Schema einer solchen Reihenfolge gedacht und darum in Kauf genommen, daß die dialektische Theologie« in breiten Kreisen der Öffentlichkeit
und der Bekennenden Kirche »entpolitisierend wirkte«[33].

Man wird diesen Ausführungen Gollwitzers angesichts der Selbstinterpretation Barths in seinem genannten Aufsatz von 1938 nur lebhaft zustimmen können. In der Tat! Im Schema dieser Reihenfolge hat Barth in
den Jahren 1933/34ff tatsächlich gedacht. Aufgrund dieser von Barth für
notwendig erachteten Reihenfolge ist Barth der breiten Öffentlichkeit zunächst primär theologisch und weniger politisch bekannt geworden. Und
dieses Schema der Reihenfolge hat Barth im Jahre 1938 sogar verteidigt,
indem er nun den zweiten Schritt im Jahre 1938 als Konsequenz des ersten
Schrittes notwendiger theologischer Konzentration in den Jahren 1933/
34ff forderte. Im Hinblick auf dieses Schema der Reihenfolge hat aber
Barth im Jahre 1945 im Brief an deutsche Theologen in der Kriegsgefangenschaft und im Jahre 1967 im Brief an E. Bethge sein Schuldbekenntnis
gesprochen. In diesem Schuldbekenntnis hat er das Fehlen eines »Zugleichs« und eines »Miteinanders« von theologischer Konzentration und
politischer Implikation in den Jahren 1933/34ff als Schuld bekannt und
hat dieses Fehlen als »Lücke« empfunden[34]. In diesen Schuldbekenntnissen hat Barth angesichts des bei ihm damals – 1933 bis 1938 – *fehlenden
Zugleichs von theologischer Konzentration und expliziter politischer Implikation* im Hinblick auf Bonhoeffer von der »Notwendigkeit« des Zugleichs
und Miteinanders des Theologischen und Politischen und also von der Untrennbarkeit des Politischen vom Theologischen gesprochen: »Diese Lücke
und Notwendigkeit hat Bonhoeffer offenbar von Anfang an scharf und
dann immer schärfer empfunden und auf breiter Front zur Aussprache gebracht«[35].

Damit komme ich zu folgenden Schlußfolgerungen:
Weder hat Barth die im Jahre 1933 in »Abschied« ausgesprochene Ablehnung und Bestreitung einer deduktiven, kausalen Affinität zwischen dem
Politischen und dem Theologischen (in dieser Reihenfolge!) als Selbstmißverständnis bezeichnet. Noch hat er die notwendige Unterscheidung zwi-

32 *H. Gollwitzer*: (Anm. 1) 44.
33 A.a.O., 44f.
34 *K. Barth*: (Anm. 25) 405.
35 Ebd.

schen dem Theologischen als Subjekt und dem Politischen als Prädikat jemals widerrufen. Vielmehr hat er die *zeitliche* Reihenfolge eines ersten
Schrittes der theologischen Konzentration (1933/34ff), auf die ein zweiter
Schritt der analogen Implikation und politischen Konsequenz zeitlich zu
folgen habe (1938ff), in seinen Schuldbekenntnissen gerade auch im Hinblick auf Bonhoeffers vorbildliches Zugleich von theologischer Konzentration und politischer Implikation als problematisch bekannt.

In diesen Schuldbekenntnissen griff aber Barth m.E. auf eine Erkenntnis
zurück, die er im Jahre 1938 in seiner Dogmatik KD I/2 publiziert hat.
Gollwitzer hat zwar mit Recht auf sie aufmerksam gemacht[36], sie gewinnt
aber in dem jetzt diskutierten Zusammenhang eine sachliche und auch im
Hinblick auf den Zeitpunkt der Veröffentlichung eine besondere Bedeutung. Barth hat in KD I/2 dazu, daß theologische Konzentration und kon-
textuell-politische Implikation, sowohl streng unterschieden, doch in einem Zugleich wahrgenommen werden müssen, ausgeführt: »Die Verkündigung der Kirche ist dann reine Lehre, wenn das in ihr ausgesprochene
menschliche Wort in Bestätigung des biblischen Offenbarungszeugnisses
dem Wort Gottes . . . Gehorsam verschafft«[37]. Darum fällt aber auch »im Leben der Kirche . . . die Entscheidung über die Reinheit oder Unreinheit ihrer Lehre . . . nicht zuletzt in ihrer konkreten Haltung gegenüber den
Mächten von Staat und Gesellschaft«[38]. Bonhoeffers Satz ein Jahr zuvor
aus der »Nachfolge« (1937) – nur der Glaubende ist gehorsam, aber nur
der Gehorsame glaubt – hat in diesen Sätzen Barths seine unmittelbare
Entsprechung.

Barths Schuldbekenntnisse aus den Jahren 1945 und 1967 bedeuten also
*Barths Eingeständnis, gegenüber diesem – sowohl sachlich wie zeitlich zu ver-
stehenden – kontextuellen Zugleich und der Notwendigkeit dieses Zugleichs in
den Jahren 1933/34ff schuldhaft versagt zu haben.* Barths Schuldbekenntnis
bedeutet das Eingeständnis, daß das *zeitliche* Verständnis des systematisch-theologisch wichtigen Modells vom ersten und zweiten Schritt ein
schuldhaftes »Mißverständnis« gewesen ist.

Hier und nicht anderswo ist also – dem Schuldbekenntnis Barths zufolge –
das Mißverständnis Barths anzusiedeln. Daraus ergibt sich aber im Sinne
der kontextuellen Theologie Barths die Notwendigkeit, das *sachliche Zugleich* der Unterscheidung des Theologischen vom Politischen (1. Schritt)
und der Beziehung der Theologie auf die Politik (2. Schritt) immer auch als
ein *zeitliches Zugleich* zu verstehen. Ja, kontextuelle Theologie meint noch
mehr: Die notwendige Unterscheidung des Theologischen vom Politischen (1. Schritt) steht immer zugleich im Dienst des notwendigen und
rechten Bezuges des Theologischen auf das Politische im Sinne von »Ethik

---

36 H. *Gollwitzer*: (Anm. 1) 23.
37 K. *Barth*: KD I/2 (1938), 831; Kursivierung von mir.
38 A.a.O., 861.

– Mitmenschlichkeit – dienende Kirche – Nachfolge – Sozialismus – Friedensbewegung«[39].

Diesen Akzent hat H. Gollwitzer in seiner Schrift »Reich Gottes und Sozialismus« sachgemäß herausgearbeitet, diesen Akzent hat Barth mit seinen Schuldbekenntnissen seinerseits setzen wollen und in seiner kontextuellen Theologie und Biographie seit 1938 auch tatsächlich, wenn auch nicht erstmalig, gesetzt. So belegt es deutlich eine Äußerung Barths,

---

39   *K. Barth*: (Anm. 25) 404f. In seiner Dissertation über »Karl Barths Ethik der Versöhnungslehre. Ihre theologische Rezeption in Japan und ihre Bedeutung für die kirchlich-gesellschaftliche Situation in Japan« (Wuppertal 1993) macht der japanische Theologe *Yu Amano* auf Barths implizites Schuldbekenntnis am Ende von »Christengemeinde und Bürgergemeinde« von 1946 aufmerksam: »Denn die Bekennende Kirche, zu der sich Barth immer zuallererst selbst zählte, hätte ›diesem Element (sc. These V) jener (Barmer) Erklärung rechtzeitig eine größere (!) Aufmerksamkeit‹ (Abs. 35) schenken müssen. Mit dieser komparativischen Formulierung spricht Barth noch sehr die Sprache des ›Stuttgarter Schuldbekenntnisses‹ von 1945. Anders redet er 1947 im ›Darmstädter Wort‹, das ein besonderes Schuldbekenntnis gerade im Blick auf das Versagen gegenüber der Barmer Theologischen Erklärung war, härter und selbstkritischer« (Amano 101). – In nicht unproblematischer Weise schreibt Barth in seinem wichtigen Aufsatz aus dem Jahre 1938 »Die Kirche und die politische Frage von heute« (in: Eine Schweizer Stimme. 1938–1945, 1945, 69–107), »daß der Nationalsozialismus in der ersten Zeit seiner Macht (!) in der Tat den Charakter eines politischen Experimentes wie andere mehr hatte und daß die Kirche in Deutschland damals – das ist noch heute (1938!) meine Überzeugung – das Recht und die Pflicht hatte . . ., ihm als einem politischen Experiment zunächst (!) Zeit und Chance zu geben« (80f). Waren damit auch Hitlers Gesetze aus dem Jahre 1933 gemeint: Beschränkung der Grundrechte der Presse- und Meinungsfreiheit, Eingriffe in das Brief- und Postgeheimnis (28.2.1933), das Nichtariergesetz zur Wiederherstellung des Berufsbeamtentums vom 1. April 1933 und das Ermächtigungsgesetz vom 24.3.1933? – Im Jahre 1956 schreibt Barth über den chinesisch-japanischen Hegemonialkrieg von 1894/95, in welchem der Militarismus und Staatsshintoismus in seinen kriegerischen Auswirkungen bereits verhängnisvoll sichtbar wurden (Amano 273f), daß er (Barth) »sich an dem Sieg des Kleinen (Japan) gegen den Großen (China) so richtig knabenhaft gefreut habe« (Offene Briefe 1945–1968, 371f). – Und obwohl Barth 1956 im selben Brief »von etwas seltsamen praktischen Konsequenzen, die . . . von japanischen ›Barthianern‹ gelegentlich aus der Lektüre meiner Bücher gezogen worden sein sollen« (a.a.O. 373) spricht, schreibt er an *Hidenobu Kuwada* am 22.1.1963, nach dessen Besuch bei Barth in Basel im Jahre 1955 (E. Busch 421), einen richtigen, aber wohl doch nicht rechten Brief. Erwähnt er darin doch mit keinem Wort, welche verhängnisvolle Rolle die konservative, rechtspolitische, a-politische, in Wahrheit politisierende Barth-Interpretation der japanischen Barth-Rezipienten H. Kuwada (1895–1975) und Y. Kumano (1899–1982) am Tokyo-Union-Theological-Seminary (TUTS) im Japan der Jahre 1933–1945 und auch im Japan nach 1945 über 1970 (der Streit um die Expo 1970 in Osaka) hinaus gespielt hat (vgl. dazu Amano a.a.O. 8ff, 177ff, 216f). Von dieser problematischen hebt sich die *prophetisch-politische* Barth-Rezeption von *Y. Inoue*, Germanistik-Professor am TUTS, und von *M. Suzuki* positiv ab (vgl. Amano 1f, 7f, 14f). Die rechtskonservative-politisierende Barth-Rezeption in Japan wie auch die mangelnde Abgrenzung Barths ihr gegenüber (z.B. gegenüber Kuwada) ist deshalb erstaunlich, weil Barth schon 1925 sehr klar das Tennosystem »als ›Apotheose der Nation‹ in Gestalt von ›Nationalismus und Militarismus‹« im Brief an Thurneysen charakterisiert hatte (K. Barth – E. Thurneysen: Bw 372f; vgl. auch Amano a.a.O. 274). Auch die kritischen Anfragen des »jüdischen Barth-Schülers« *M. Wyschogrod* an Barth in der Festschrift für Fr.-W. Marquardt, Berlin 1991, 30–37 gehören in diesen Zusammenhang.

die er unmittelbar nach seinem Hromádka-Brief geschrieben hat und in der er vom Jahre 1938 auf die Jahre 1928 bis 1938 zurückblickt: »Ich denke, daß die Majestät Gottes, der eschatologische Charakter der ganzen christlichen Botschaft, die Predigt des reinen Evangeliums als die alleinige Aufgabe der christlichen Kirche die Gedanken sind, die nach wie vor den Mittelpunkt meiner theologischen Lehre bilden. Es existierte aber der abstrakte transzendente Gott, der sich des wirklichen Menschen nicht annimmt . . ., es existierte eine abstrakte eschatologische Erwartung ohne Gegenwartsbedeutung und es existierte die ebenso abstrakt nur mit diesem abstrakten Gott beschäftigte, von Staat und Gesellschaft durch einen Abgrund getrennte Kirche nicht in *meinem* Kopf, sondern nur in den Köpfen mancher meiner Leser, und besonders solcher, die Rezensionen und ganze Bücher über mich geschrieben haben. . . Ich habe nicht nur zu meinem Vergnügen einen leeren Bogen gespannt, wie ich es nach vieler Meinung zu tun schien, ich habe nun offenbar auch einen Pfeil auf der Sehne gehabt und geschossen. Es wäre gut, wenn einige im Blick auf das, was jetzt geschehen ist, endlich verstehen würden, *wie es schon vorher gemeint war!*«.[40] [41]

---

40 *K. Barth*: How my mind has changed, in: K. Kupisch (Hg.), Der Götze wackelt, Berlin 1961, 181-190, 189f –. In seinem Brief vom 22.9.1985 schreibt mir *H. Gollwitzer*, daß ihm meine Analyse »in allen Stücken eingeleuchtet hat« (vgl. oben Anm. 6).
41 Der vorliegende Beitrag erscheint in einer erweiterten Fassung in: *H. de Buhr/H. Küppers/V. Wittmütz* (Hg.), Kirche im Spannungsfeld von Staat und Gesellschaft, FS für G. van Norden, Köln 1993, 379-394. – Zum Thema dieses Beitrages vgl. *L. Siegele-Wenschkewitz*: Was geht das einen Pfarrer an? und: Die Judenfrage ist eine Arierfrage, in: (Hg.) H. Karnick und W. Richter, Protestant. Das Jahrhundert des Pastors Martin Niemöller, Frankfurt 1992, 61ff,109ff; *dies.*, »Die Ehre der Frau, dem Manne zu dienen«. Zum Frauenbild Dietrich Bonhoeffers, in: (Hg.) R. Jost und U. Kubera, Wie Theologen Frauen sehen – von der Macht der Bilder, Freiburg-Basel-Wien 1993, 98-126; *dies./H. Erhart*, »Vierfache Stufenleiter abwärts . . . Gott, Christus, der Mann, das Weib«. Karl Barth und die Solidarität und Kritik von Henriette Visser't Hooft, a.a.O., 142-158.

9 Das Wort von der Versöhnung hören und tun!

Karl Barths Anstoß zum »Darmstädter Wort« 1947

Wir stehen alle in der Gefahr, das Darmstädter Wort mit beliebigen Inhalten zu füllen, uns allein für die aus ihm folgenden gesellschaftlichen und politischen Konsequenzen zu interessieren oder – andersherum – es als politische Privatmeinung einzelner, die die Gemeinde Jesu Christi nichts angeht, zu bagatellisieren. Deshalb soll hier zunächst nach den *theologischen Voraussetzungen* gefragt werden, die allererst zum Darmstädter Wort geführt und es inhaltlich bis ins Detail geprägt haben.

Karl Barth, der vom Bruderrat zur Teilnahme an der Darmstädter Sitzung vom 5./6. Juli 1947 eingeladen worden war, hält dort sein Referat über das Thema: »Die Kirche – die lebendige Gemeinde des lebendigen Herrn Jesus Christus«.[1] Dabei ist dieses Referat Barths so etwas wie eine Bündelung seiner literarischen Äußerungen aus den Jahren von 1944–1948. Die Reaktion Iwands und sein Vorschlag, ein politisches Wort zum politischen Weg des deutschen Volkes zu wagen, ist ohne diese Voraussetzungen gar nicht zu verstehen.

1. Die Versöhnung der Welt in Christus[2]

Die Kirche, für die Barth hier den Terminus »lebendige Gemeinde« wählt, ist »der Begriff einer *dynamischen* Wirklichkeit«, die von der lebendigen Geschichte des »lebendigen Jesus Christus« herkommt und durch sie bestimmt ist. Und zwar ist die lebendige Gemeinde näherhin »das Ereignis,

---

1 *K. Barth:* Die Kirche – die lebendige Gemeinde des lebendigen Herrn Jesus Christus, Studienabteilung Genf 1947 (wiederabgedruckt in: ThExh NF 9/1947). – Der Text des »Darmstädter Wortes des Bruderrates . . . zum politischen Weg unseres Volkes« (1947) sowie die Vorentwürfe zu diesem Wort finden sich wiederabgedruckt in meiner Arbeit: Bekennende Kirche in ökumenischer Verantwortung, ÖEH, München 1988, 12f, 115-117. – Die Thesen des Darmstädter Wortes werden wie folgt zitiert: z.B. Th 1. Sind die Vorentwürfe von Iwand oder Barth gemeint, so ist dies eigens gekennzeichnet.
2 Zur zentralen Stellung der Versöhnung für das Ganze der Dogmatik vgl. KD II/2, 95 (1942).

in welchem Menschen miteinander vor die Tatsache der in Jesus Christus geschehenen *Versöhnung* der Welt (2Kor 5,19) . . . gestellt sind«. Versöhnung aber bedeutet Vergebung (2Kor 5,21), bedeutet aber zugleich auch, daß wir »miteinander unter die richtende Gnade und unter das gnädige *Gericht* Gottes gestellt sind«.[3]

Versöhnung bedeutet aber darüber hinaus, weil sie »in der Kraft des Todes und der Auferstehung Jesu Christi« (Th 6) Ereignis ist, *das Vergehen der alten Welt und das Kommen der neuen Welt Gottes*. Der Zusammenhang von 2Kor 5,19 mit 2Kor 5,17 bringt dies zum Ausdruck: Ist jemand in Christus, so ist er eine Neuschöpfung. Denn die alte Welt ist vergangen, siehe die neue Welt Gottes ist geworden (Jes 43,18; 65,17). Man darf also die Versöhnung in Christus nicht trennen von dem messianisch eschatologischen Drama der vergehenden alten und dem in Jesus Christus schon angebrochenen Kommen der neuen Welt Gottes. Ist doch die Versöhnung in diesem Kontext die grundlegende und revolutionäre Veränderung der Situation aller Menschen und der ganzen Welt.

Barth hat insbesondere in seiner späteren Versöhnungslehre diesen wechselseitigen Zusammenhang von 2Kor 5,19 mit 2Kor 5,17 entfaltet, das Thema der Versöhnung auf die Dramatik der vergehenden alten und der kommenden neuen Welt Gottes bezogen und damit *die enge Beziehung zwischen der Versöhnung und dem Kommen des Reiches Gottes* wiedergewonnen.[4] *D. Schellong* hat diesen Zusammenhang richtig gesehen: »Das Leitwort der ganzen Erklärung [von Darmstadt] heißt ›Versöhnung‹. Wir haben hier also einen Beitrag zur *politischen* Dimension der christlichen Versöhnungsbotschaft vor uns – speziell auf die deutsche politische Situation der Nachkriegszeit bezogen . . . Das Entscheidende am Versöhnungsgedanken ist der *Bruch*, der Neuanfang, den Gott in Christus vollzogen hat und in den er uns . . . durch die Verkündigung der Versöhnung mitreißen will.«[5]

2.   Die Bindungen der Kirche

Kommt man von der Versöhnung der Welt in Christus her, so ist das eigentlich brennende Thema nicht die Bedrohung der Welt, sondern – wie

---

3   *K. Barth*: (Anm. 1) 3.
4   *K. Barth*: KD IV/1–3; vgl. dazu besonders meinen Beitrag auf der ökumenischen Barth-Konferenz 1986 in Arnoldshain: »Der messianische Mensch und die Verheißung der Befreiung« (in diesem Band I 2).
5   *D. Schellong*: Versöhnung und Politik. Zur Aktualität des Darmstädter Wortes, in: *K.G. Steck, D. Schellong*, Umstrittene Versöhnung, ThExh NF 196, 1977, 35ff., 38; Kursivierung von mir.

Barth in seinem Referat nun weiter ausführt – »*die Bedrohung der Kirche*«.[6]
Bedroht ist die Kirche *zunächst* durch *die Restauration*, die dadurch gekennzeichnet ist, daß die Kirche »die Bibel und die alten Symbole, Bekenntnisse und Katechismen«, aber auch die Barmer Theologische Erklärung als »ihre Autorität« zwar erkennt. »Aber schon ist es ihr entgangen,
daß die alten Worte ja Zeugnisse von Gottes an sie gerichteter Anreden
sind, einer Anrede, auf die sie selbst, *heute und hier mit ihren eigenen Worten, mit ihrem eigenen Leben, in Auseinandersetzung mit den Nöten und Aufgaben der heutigen Welt antworten sollte.*«[7]
Daß die Restauration und nicht die Welt die Kirche bedroht, hatte Iwand in
seinem 1946 in Bad Boll gehaltenen Vortrag »Die Neuordnung Kirche und
die konfessionelle Frage von heute« ganz ähnlich beschrieben. *Barth* bringt
sie so zu Wort: »Noch beteuern die Christen aufrichtig ihren Glauben oder
doch den ihrer Väter und schon ist ihnen Gottes Offenbarung zu einer Ge-
spensterwelt von ehrwürdigen Wahrheiten und hohen Moralgesetzen geworden.« Anders formuliert: »Noch bewegt sich das große objektive Rad,
aber schon bewegt es sich leider im Leerlauf, denn schon hat sich das kleine,
das subjektive Rad, das von jenem bewegt werden sollte, ausgeschaltet – ein
paar matte Drehungen noch und es wird still stehen.«[8]
Die *andere* Gestalt der Bedrohung und Bindung beschreibt Barth als *das
Bündnis der Kirche mit den gesellschaftlichen und staatlichen Mächten* und
den Interessen der sie umgebenden Weltanschauung: Die Christen finden
sich dabei »verflochten: vielleicht in die Interessen und in die diesen entsprechende Moral der sie umgebenden Gesellschaft, vielleicht in einen bestimmten Stand der … Weltanschauung … – oder noch schlimmer und
gefährlicher: … in eine bestimmte Kombination im Verhältnis von Kirche
und Staat, christlicher und politischer Existenz.[9] Sie sagen: ›Gottes Wort‹
und bemerken gar nicht mehr, daß sie damit eine dieser Kombinationen
meinen, mit dem ›christlichen Glauben‹: den Glauben an die Ewigkeit dieser Kombination, mit ›christlicher Treue‹: die Treue dieser Kombination
gegenüber. An ihr erbaut sich nun die Kirche. Und sie meint sie nun auch
der Welt als ›das Christentum‹ anbieten zu dürfen und zu müssen!«[10]
Deshalb bedarf die Kirche, nicht die Welt, dringend der Erneuerung und
Reformation. *Iwand* hat diesen von Barth gemeinten Sachverhalt in seiner
These 7, die später *so* nicht in das Darmstädter Wort aufgenommen worden ist, präzise wiedergegeben: »Nicht Rückkehr zum Christentum, sondern Umkehr zu Gott durch das Evangelium ist uns geboten. Nicht die

---

6 *K. Barth:* (Anm. 1) 8ff.
7 A.a.O., 9; Kursivierung von mir.
8 Ebd. – *Vgl. H.J. Iwand:* Theologie in der Zeit, München 1992, 250.
9 Vgl. *K. Barth:* Die Evangelische Kirche nach dem Zusammenbruch des Dritten Reiches,
Stuttgart 1946.
10 *K. Barth:* (Anm. 1) 10.

Rettung der Welt ist die Aufgabe der Christenheit, sondern die Reformation der Christenheit ist die Rettung der Welt.«[11]

3. Das Reich Gottes und das irdische Recht

Steht die Versöhnung der Welt im dramatischen Kontext der vergehenden alten und der kommenden neuen Welt Gottes, so ist – fährt Barth in seinem Vortrag am 5. 7. 1947 in Darmstadt fort – die Gemeinde in der Welt ein »Herd *prophetischer* Unruhe . . ., um mit ihrer Botschaft vom Reiche Gottes den hellen, aber auch strengen Horizont aller menschlichen Bewegungen und Bestrebungen . . . sichtbar zu machen.«[12]
Schon in seinem Vortrag aus dem Jahre 1944 »Verheißung und Verantwortung der christlichen Gemeinde im heutigen Zeitgeschehen« hatte Barth unter den Dingen, »für deren Bezeugung die christliche Gemeinde im heutigen Zeitgeschehen besonders verantwortlich ist«, genannt: »Das Erste ist schlicht . . . das *Reich Gottes.* Das ist es ja, was die Welt nicht weiß: daß Gott, nämlich der Gott Abrahams, Isaaks und Jakobs, der Vater Jesu Christi, *regiert.*«[13]
Aus dieser Botschaft von der *kommenden und in der Herrschaft Jesu Christi proleptisch schon gegenwärtigen Herrschaft Gottes* – »das Reich Gottes ist nahe herbeigekommen!« – folgerte Barth ein zweites Element christlicher Verantwortung: »Die christliche Gemeinde ist es heute ihrem Herrn und der Welt schuldig, die göttliche Wohltat und die göttliche Notwendigkeit des rechten und freien irdischen *Staates* zu bezeugen.«[14] Gerade aus der Botschaft vom kommenden Reich Gottes folgt der Einsatz für eine vorläufige Rechts-, Freiheits- und Friedensordnung auf Erden: »Könnte sie (die Gemeinde) das Gottesreich aufrichtig und kräftig verkündigen, wenn ihr in allem, was sie sagt, nicht auch die Fragen, Sorgen und Aufgaben der vorläufigen, der von den Menschen zu verwaltenden irdischen Ordnung am Herzen läge?«[15]
Gerade die Botschaft vom kommenden Reich Gottes macht ja dieses Engagement nicht etwa unmöglich und ist eben nicht nur selbst die Krisis (Asmussen), sondern ermöglicht und erfordert den *Einsatz für den durch Recht, Freiheit und Frieden gekennzeichneten Rechtsstaat* (Barth).
Ganz anders folgerte *H. Asmussen* aus der strengen eschatologischen Bezogenheit des Evangeliums das Desinteresse gegenüber allen vorläufigen

11 *Iwand-Vorentwurf* (Anm. 1) Th 7:
12 *K. Barth* (Anm. 1), 6f.; Kursivierung von mir.
13 *K. Barth*: Eine Schweizer Stimme (1945), 307ff., 324.
14 A.a.O., 327.
15 A.a.O., 328.

Ordnungen: »Träume von einer besseren Zukunft sind ebenso verwerflich
wie Träume von einer besseren Vergangenheit.« Asmussen sah – wie H.
Diem in Aufnahme eines Asmussen-Zitates richtig bemerkte[16] – die kritische Funktion der Verkündigung der Kirche darin, »den Menschen im politischen Raum zu sagen, ›wie laut die Engel im Himmel über die törichten
Bemühungen der Menschen lachen, im eigenen Namen oder im Namen
des Evangeliums die Welt zu reformieren‹.«[17]

Demgegenüber fordert nach Barth gerade die »Botschaft vom Reich Gottes« als der »strenge Horizont aller menschlichen Bewegungen und Bestrebungen«[18] auch den Einsatz für die vorläufige Rechts- und Freiheitsordnung im weltlichen Bereich. Barth hat in der Diskussion über seinen Vortrag in Darmstadt, in welcher er sich von Asmussen abgrenzte, sich nicht
zufällig auf seine 1946 erschienene Schrift »Christengemeinde und Bürgergemeinde« berufen[19], in welcher er diesen Zusammenhang zwischen
der kommenden Herrschaft Gottes, wie sie in Christi Versöhnung proleptisch gegenwärtig ist, und dem Einsatz für menschliches Recht, menschlichen Frieden und menschliche Freiheit dargestellt hat. An diesem Zusammenhang hat dann insbesondere *H. Simon* mit seiner eschatologischen
Rechts- und Gesellschaftskonzeption angeknüpft.

These 5 des Darmstädter Wortes hat – wie wir schon andeuteten – diesen
eschatologischen Bezug mit dem Satz »gemäß dem Evangelium von Gottes kommendem Reich« festgehalten.

4.   Die lebendige Gemeinde in der heutigen Welt[20]

Die lebendige Gemeinde des lebendigen Jesus Christus, des Messias Jesus,
ist von der Versöhnung der Welt und d.h. dem Ereignis des Vergehens der
alten und des Kommens der neuen Welt Gottes her – so fährt Barth in seinem Vortrag fort – *Gemeinde in der Welt und für die Welt.*

»Und das Sein der Kirche ist das Ereignis, in welchem die Gemeinde ein
auch nach außen, *in der Welt* leuchtendes Licht ist. Die Kirche ist, indem
sie der Welt ... sichtbar wird ... Es geht darum, daß sie ihre Türen und
Fenster weit öffnet, um nicht an dem Schwindel und vor allem auch nicht

---

16   *Beckmann-Archiv* 11 (= ELKZ 1/1947, 9–11). – J. Beckmann hat mir sämtliche Unterla-
gen zum Darmstädter Wort aus seinem Archiv zur Verfügung gestellt. Aus den persönlichen Begegnungen und Diskussionen über den Weg der Bekennenden Kirche und von den
Akademietagungen, auf denen wir gemeinsam referiert haben, habe ich viel gelernt.
17   Beckmann-Archiv 537, vgl. auch 534.
18   *K. Barth* (Anm. 1) 7.
19   *Beckmann-Archiv* 413.
20   Vgl. auch *H.J. Iwand:* »Die politische Verantwortung muß aus der Existenz der Gemeinde in der Welt gewonnen werden« (zit. nach Neue Stimme der Gemeinde 9/1987, 5).

an den religiösen und moralischen Illusionen ihrer Umgebung, wohl aber an deren echten Sorgen, Nöten und Aufgaben aufrichtig teilzunehmen . . ., um . . . in ihrer Mitte der Herd prophetischer Unruhe, Warnung und Anregung zu sein.«[21]
Barth hat schon 1938 dieses Ereigniswerden der Gemeinde *in* der Welt und *für* die Welt als »politischen Gottesdienst« der Gemeinde im Alltag der Welt bezeichnet.[22]

5. Hans Joachim Iwands Anstoß zum Darmstädter Wort

Man sollte sich den exakten theologischen Kontext der Entstehung des Darmstädter Wortes immer wieder vor Augen stellen: Die Versöhnung der Welt in Christus als gnädiges Gericht Gottes und der Einbruch der neuen Welt Gottes, der Aufweis der Bedrohung der Gemeinde durch das Bündnis mit gesellschaftlichen Interessen, die Botschaft vom kommenden Reich Gottes und der ihm entsprechende Einsatz für menschliches Recht, Freiheit und Frieden, schließlich der Verweis auf den politischen Gottesdienst der Gemeinde in der Welt und für die Welt bilden den Zusammenhang, aus dem der Anstoß zum Darmstädter Wort erfolgt ist und in dem das Darmstädter Wort als *Antwort* verstanden werden muß.
Was Barths und Iwands Vorentwürfe zum Darmstädter Wort anbetrifft, so steht fest: Iwand nahm noch vor der Darmstädter Sitzung mit Barth einen Briefwechsel auf, der bisher nicht veröffentlicht wurde. Sodann: Iwand nahm an der Tagung in Bad Boll (Oktober 1946) teil, auf welcher *H. Diem* über Karl Barths Buch, »Eine Schweizer Stimme« (1945), referierte[23]. Deshalb gehe ich historisch davon aus, daß Iwand Barths historische und politische Analysen zu den Irrwegen der Deutschen kannte und sich diese in seiner Antwort auf Barths Vortrag – wenn auch eigenständig – zu eigen

---

21   *K. Barth* (Anm. 1), 6. – Denselben Sachverhalt formuliert Barth in einem gleichzeitig mit der Entstehung des Darmstädter Wortes gehaltenen Vortrag über Barmen Art. VI vom Juli/August 1947: »Aber die Gnade (der Versöhnung) ist auch stürmisch. Weil sie Gnade ist, wird sie der Kirche auch neue Wege zeigen und eröffnen, gegen deren Beschreitung sie sich dann auch nicht verschließen darf: neue Wege, die Menschen konkret zu sehen und anzusprechen – neue Wege, die allgemein menschlichen, auch die politischen und sozialen Dinge nüchtern zu würdigen und in ihren Zusammenhängen unerschrocken beim Namen zu nennen« (*K. Barth:* These zur Barmer Theologischen Erklärung, hg. von M. Rohrkrämer, Zürich 1984, 127ff., 146f.), – eine Anspielung auf das Darmstädter Wort. M.a.W.: »Anders denn . . . als Kirche für das Volk und mitten im Volk kann sie auch nicht bekennende Kirche sein« (153).
22   *K. Barth:* Gotteserkenntnis und Gottesdienst nach reformatorischer Lehre, Zürich 1938, 203ff.
23   *H. Diem:* Karl Barths Kritik am deutschen Luthertum, in: *P. Schempp* (Hg.): Evangelische Selbstprüfung, Stuttgart 1947, 69ff.

machte. Versteht man Barths Vortrag über die lebendige Gemeinde des lebendigen Jesus Christus nicht isoliert und abstrakt, sondern im Zusammenhang von Barths sonstigen Äußerungen aus den Jahren 1935–1947 und also *kontextuell*, so wird man verstehen, warum gerade dieser Vortrag *dieses* Echo bei Iwand und anderen ausgelöst hat.

Verdeutlichen wir uns den Antwortcharakter des Darmstädter Wortes zunächst und entscheidend an der *Antwort Iwands:* Laut Protokoll vom 5. 7. 1947 »weist (Iwand) auf die Gefahr hin, daß die Kirche als ein Rückzugsgebiet für den verdrängten Nationalismus benutzt wird. Es ist – so argumentiert Iwand – die Frage, ob die Kirche selber in der Lage sein wird und will, eine Revision ihres Nationalbewußtseins vorzunehmen. Wir müssen dieses Problem vom Reichsbruderrat aus anfassen. Diese Fragen lähmen unsere Predigten restlos.«[24]

a) Der Glaube an eine echte Reformation

Die Versöhnung als die grundstürzende Erneuerung der Welt durch Gott in Christus läßt *Iwand* sagen: »Wir sind immer wieder gefragt: Glauben wir an eine Reformation? Es ist die Frage, ob wir wirklich den Glauben haben, daß der alte Abraham noch einen Sohn bekommen kann. Dies ist die tiefste Not, ob wir *diesen* Glauben haben.« Und Iwand ergänzt sofort im Hinblick auf die bereits 1947 sichtbar werdende Tendenz der Siegermächte – besonders der wirtschaftlich mächtigen USA –, in den Westzonen Bemühungen um eine teilweise Verstaatlichung der Schlüsselindustrien und Tendenzen zur Sozialisierung zu verhindern[25]: »Mit diesem Glauben an eine echte Reformation habe ich den Eindruck, daß wir nicht von den Besatzungsmächten verstanden werden. Dies führt dazu, daß sie (die Besatzungsmächte) sich mit den alten kirchlichen Kräften besser verstehen und wir darum als Bekennende Kirche ... nur wenige Freunde haben.«[26]

---

24 *Beckmann-Archiv* 412 (= Protokoll der Sitzung vom 5./6. Juli 1947).
25 Zur *historischen Situation des Jahres 1947*, aus der heraus Iwands Worte ihre besondere Konkretion und Zuspitzung erhalten, ist zu vergleichen: *E. Hein-Janke:* Protestantismus und Faschismus nach der Katastrophe (1945–1949), 1982; *ders.:* Theologische Motive und gesellschaftspolitische Intentionen des Darmstädter Wortes (Arnoldshain Okt. 1987); *H. Noormann:* Protestantismus und politisches Mandat, 2 Bde., 1985; *D. Koch:* Wirkung und Bedeutung des Darmstädter Wortes, JK 1/1977, 549-553 und *H. Ludwig:* Die Entstehung des Darmstädter Wortes, Beiheft zur Jungen Kirche 8/9, 1977, 18f. –
Alle Historiker betonen die Weichenstellung des Jahres 1947 für die Nachkriegsgeschichte: das Scheitern der Moskauer Außenministerkonferenz; die Verkündung der antikommunistischen Truman-Doktrin in den USA; das Ende der Anti-Hitler-Koalition; das Scheitern der letzten gesamtdeutschen Ministerpräsidentenkonferenz; die Suspendierung der Sozialisierungsgesetze und der Verstaatlichung der Schlüsselindustrie; die Entwicklung und der Beschluß über eine offensive atomare Militärstrategie der USA.
26 *Beckmann-Archiv* 413f. (Darmstadt-Protokoll v. 5./6. Juli 1947). Vgl. Anm. 228.

b) Der politische Gottesdienst der Gemeinde

Aus dem von Barth geforderten politischen Gottesdienst der lebendigen Gemeinde des lebendigen Christus folgert *Iwand:* »Die Bekennende Kirche *muß* eine politische Linie haben, wir müssen eine politische Haltung als Christen haben. Wir müssen heute vom Bruderrat aus sagen: wir gehen einen *neuen* Weg. Die Gefahr besteht für uns heute darin, daß die gescheiterten Stände Deutschlands bei uns ein Rückzugsgebiet suchen. Die Arbeiterschaft hat noch kein rechtes Vertrauen, daß die Kirche ihr Anliegen auch soziologisch aufnimmt.«[27]

c) Die Wiedergeburt des deutschen Wesens

Gerade aus dem Ankommen der neuen, messianischen Welt Gottes in der Versöhnung in Christus (2Kor 5,17.19) folgert *Iwand:* »Es geht um die Wiedergeburt des deutschen Wesens aus dem Evangelium! Wir müssen einmal das heiße Eisen des Nationalismus anfassen. Es geht nicht, daß wir auf zwei Rechnungen wirtschaften: Hier sind wir Christen und hier sind wir Nationalisten.«[28]
Gerade diese messianisch-eschatologische Botschaft von der Neugeburt der Welt und der neuen Welt Gottes in der Auferweckung Jesu Christi läßt *Iwand* zu der Frage nach der Zukunft der Deutschen kommen und für die Mitarbeit der Deutschen »im Dienst an den gemeinsamen Aufgaben der Völker« (Th 2) hoffen: »Mich bewegt ständig (die Frage), was heißt es denn, ich bin ein Deutscher? Wir dürfen uns unseres Namens, daß wir Deutsche sind, nicht schämen. Aber wir müssen uns schämen. Das Evangelium muß uns wieder Zuversicht geben, daß wir Deutsche sind. Wir müssen von diesem (Evangelium her) zu einer Reinigung unseres deutschen Wesens kommen.« Iwand zieht das Beispiel der Auferweckung des Lazarus heran: »Die Menschen sagen: Er stinkt schon, Christus (aber) sagt: Komm heraus. Wir haben schon im Grabe gelegen, aber von der Auferstehung (Christi) her ist uns die neue und einzige Freiheit gegeben.«[29]
Stellt man zusammenfassend die Frage, in welchem theologischen Kontext das Darmstädter Wort steht, so wäre von dem bisher Gesagten zu antworten: Es ist die Botschaft von 1) der *Versöhnung* als der Voraussetzung von Umkehr und Erneuerung und 2) vom *Reich Gottes* als Horizont menschlicher Bemühung um den Aufbau einer durch Recht, Wohlfahrt und Frieden charakterisierten Gesellschaft (Th 7). Versöhnung und Reich Gottes, Rechtfertigung und gnädiges Gericht, Rechtfertigung und Recht, Versöhnung und Dienst an »der Versöhnung der Völker« sind die tragen-

---

27   A.a.O., 412.
28   Ebd.
29   A.a.O., 414.

den Begriffe dieser reformatorisch orientierten Theologie, die hinter dem
Darmstädter Wort steht und auf die das Darmstädter Wort antwortet.
J. Beckmann hat schon recht: »Der Urheber der Sätze (des Darmstädter
Wortes) im geistlichen Sinne ist also Iwand.« Aber darüber darf der Kontext und Antwortcharakter des Darmstädter Wortes nicht vergessen werden: »Als wir in einer Sitzung des Bruderrates (vom 5./6. 7. 1947) nach einem Referat von Karl Barth über ›Die lebendige Gemeinde des lebendigen
Herrn (Jesus Christus)‹ im Zusammenhang der Diskussion und einer längeren Rede Iwands zu einer Aussprache über diese Dinge (den politischen
Weg unseres Volkes) kamen, baten wir Iwand, seine Gedanken darüber
niederzuschreiben.«[30]

6.   Hans Joachim Iwands Vorentwurf vom 6. Juli 1947

In diesem Rahmen kann es nicht darum gehen, die ökumenische Weite
der Theologie H. J. Iwands und ihre Bedeutung für die Beziehungen zu
den Völkern Ost-Europas und zur russisch-orthodoxen Kirche aufzuzeigen[31], sondern hier ist nur Gelegenheit, die in dieser Theologie eingeschlossenen historischen, gesellschaftlichen und religionskritischen Einsichten, wie sie sich im Vorentwurf Iwands niedergeschlagen haben, kurz
zu skizzieren. Iwand nennt vier Irrwege:

a)   den nationalen Irrweg

»Wir sind in die Irre gegangen, als wir begonnen haben, den Traum einer
besonderen deutschen Sendung zu träumen und damit den Glauben an
den schrankenlosen Gebrauch politischer Macht zu begründen« (These 2).

b)   den konservativen Irrweg:

»Wir sind in die Irre gegangenn, als wir begonnen haben, eine christliche
Front gegenüber den notwendigen gesellschaftlichen Neuordnungen im
modernen Leben der Menschen aufzurichten. Das Bündnis der Kirche mit
den konservativen Mächten hat furchtbare Folgen gezeigt. Wir haben die

---

30 *Beckmann-Bericht* vom 13. 10. 1947, 1–3.
31 *Vgl. dazu W. Kreck, H.J. Iwand* (1959–1960), in: Tradition und Verantwortung, 1974,
244–261; *P.P. Sänger* (Hg.): H.J. Iwand, Berlin-Ost 1979; *J. Seim/M. Stöhr* (Hg.): Beiträge zur
Theologie H.J. Iwands, Frankfurt 1988; *P.P. Sänger/D. Pauly* (Hg.): H.J. Iwand: Theologie in
der Zeit, München 1992; *B. Klappert/U. Weidner* (Hg.) Schritte zum Frieden, Neukirchen-
Vluyn ²1983, 128-171.

christliche Freiheit preisgegeben, Lebensformen zu ändern, wenn das Leben der Menschen solche Wandlungen erfordert. Wir haben das Recht zur Revolution abgelehnt, aber die Entwicklung zur schrankenlosen Diktatur gerechtfertigt« (These 3).

c) den weltanschaulichen Irrweg:

»Noch immer werden nationalistische und politische Parolen, die den Ausgangspunkt für die Katastrophe von 1933 bildeten, weiter gepflegt und zur Selbstrechtfertigung gebraucht. Die Gemeinde Gottes auf Erden . . . wird aber . . . die Freiheit ihres Zeugnisses verlieren, wenn sie sich noch einmal bestimmen läßt von der Parole Christentum oder Marxismus. Diese Parole hat uns verführt, zu schweigen, als wir zum Zeugnis für Recht und Freiheit gefordert waren, und denen politisch zu folgen, denen wir als Christen widerstehen mußten« (These 5).

d) den religiösen Irrweg:

»Nicht Rückkehr zum Christentum, sondern Umkehr zu Gott durch das Evangelium ist uns geboten. Nicht die Rettung der (christlichen) Welt ist die Aufgabe der Christenheit, sondern die Reformation der Christenheit ist die Rettung der Welt . . . Wir geraten in Gefahr . . ., seine (des deutschen Volkes) in der Welt zerbrochenen und zerschlagenen Hoffnungen und Träume religiös zu pflegen und wirksam zu erhalten. Wir verhelfen ihm dadurch zu einer Flucht vor der unabweisbaren diesseitigen Verantwortung in Staat und Gesellschaft ins Niemandsland der Religion« (These 7 und 8)[32].

M.a.W.: Der Weg und die Verherrlichung des Nationalismus (These 2), die grundsätzliche Verneinung des Rechtes auf Revolution bei gleichzeitig expliziter oder faktisch-impliziter Bejahung der Entwicklung zur absoluten Diktatur (These 3), die Alternativ-Parole »Christentum oder Marxismus« (These 5) und schließlich der Verlust der religionskritischen Bedeutung

---

32 Man braucht sich die Religionskritik Luthers (vgl. *E. Wolf:* Martin Luther. Das Evangelium und die Religion, Peregrinatio I, 1954, 9ff.), der Lutheraner Iwand und Bonhoeffer, die Religionskritik Barths und deren Niederschlag im Darmstädter Wort nur in Erinnerung zu rufen, um den Abstand des heute auf volkskirchlicher Basis wieder propagierten Religionismus zum Darmstädter Wort zu erkennen: Nur so ist die Klage H.O. Wölbers zu verstehen, »daß die volkskirchlich außerordentlich relevante, individuelle religiöse Grundbefindlichkeit« in der Gegenwart verkannt werde. »Diese Entwicklung hat die Theologie im ganzen dazu verführt, die Religionskritik von Barth und Bonhoeffer weiterhin zu pflegen«. »Man sollte volkskirchliche Religiosität von der Frage nach dem Geist her aufschlüsseln und den theologischen Unfall bei Barth und Bonhoeffer . . . endlich überwinden« (*H.O. Wölber:* Wie steht es mit der deutschen Theologie?, EK 3/77, S. 144). Wie steht es – aus der Perspektive des Darmstädter Wortes geurteilt – mit der deutschen Theologie?

und Tragweite des Evangeliums (These 7f.) sind die vier von Iwand aufge-
zeigten Irrwege, deren Verlassen die Voraussetzung für eine Neuorientierung in Theologie und Gesellschaft zu sein hätte.

7.　Karl Barths Vorentwurf vom 10. Juli 1947

In Ergänzung zum Iwandschen Vorentwurf werden von K. Barth drei weitere Irrwege namhaft gemacht:

a)　*der machtstaatliche Irrweg:*

Wir sind in die Irre gegangen, als wir begannen, unseren Staat nach außen
allein auf militärische Machtentfaltung zu begründen (These 2).

b)　*der kapitalistische Irrweg:*

Wir sind in die Irre gegangen, indem wir uns mit den konservativen Mächten (Monarchie, Adel, Armee, Großgrundbesitz, Großindustrie) verbündeten (These 3).

c)　*der spiritualistische Irrweg:*

Wir sind in die Irre gegangen, indem wir den ökonomischen Materialismus
der marxistischen Lehre als ein Licht der leiblichen Auferweckung Jesu Christi und als Licht der umfassenden Prophetie Jesu Christi übersahen (These 4).
M.a.W.: Der Machtstaatsgedanke und die Ideologie des »starken Staates«
(These 2), die schonungslose und konkrete Benennung der konservativen
Mächte (These 3) und der ökonomische Materialismus als Element ver-
gessener und verdrängter biblischer Wahrheit (These 4) sind die von Barth
hervorgehobenen Elemente, Kritik, deren Erinnerung und Wiedergewinnung die entscheidende Voraussetzung für eine Neuorientierung in Theologie und Gesellschaft zu sein hätten.
Die 4. These, die die wichtigste Neuerung über Iwand hinaus darstellt und
als 5. These des Darmstädter Worts bekannt geworden ist, sollte zur um-
strittensten These des Darmstädter Wortes werden. Sie steht in Kontinuität zu früheren Aussagen Barths, wie folgendes Beispiel aus seinem frühen
Feuerbach-Aufsatz zeigt: Der ökonomische Materialismus sollte die Kirche an ein dem Evangelium wesentliches, von der Kirche aber verdrängtes
und so vergessenes Element erinnern. Mehr nicht, das aber ganz!

In seinem Feuerbach-Aufsatz sagt Barth schon 1926: »Hätte die Kirche
nicht früher als Marx sagen und *bestätigen* müssen und können, daß gerade *Gottes*erkenntnis die Befreiung von allen Hypostasen und Götzenbil-
dern automatisch kräftig in sich schließe« – anderenfalls das Evangelium
»bei breiten und immer breiter werdenden Massen in den Verdacht geriet,
ein schöner Traum nicht nur, sondern eine zur Dämpfung jenes Befreiungskampfes sehr absichtlich unterhaltene Vorspiegelung falscher Tatsachen zu sein . . . Es war und ist die Gottlosigkeit der Sozialdemokratie ein
Mene-tekel für die Kirche, angesichts dessen sie nicht . . . sich entrüsten,
als vielmehr Buße tun sollte.«[33]
Und sofern der ökonomische Materialismus als ein Licht der messianischen Prophetie Jesu Christi die Gesellschaftlichkeit und Sozialität betont,
erinnert er die Kirche an ein von ihr zwar vergessenes, ihr aber von Haus
eigenes Element: »Bis das Zeugnis der beiden Blumhardt . . . verarbeitet ist
. . ., bis der radikale Osterglaube der orientalischen (orthodoxen) Kirche
. . . der unsrige geworden ist – wird es auch in dieser Beziehung der Feuer-
bachschen (und Marxschen) Frage gegenüber keine Ruhe geben. Wem es
nur um den Geist [Hegel], das Herz [Schleiermacher], das Gewissen
[Kant], die Innerlichkeit [W. Herrmann] des Menschen geht, der muß sich
fragen lassen, ob es ihm wirklich um Gott und nicht um eine (religiöse)
Apotheose des Menschen gehe.«[34]

Karl Barths Entwurf vom 10. Juli 1947 lautet:
1.   Die Evangelische Kirche in Deutschland ist die Gemeinde der deutschen Menschen, die das Wort von der Versöhnung der Welt mit Gott in
Christus hören, annehmen und tun möchten. Wir erkennen und bekennen: dazu gehört auch dies, daß wir uns heimrufen lassen und umkehren
von den bösen und verderblichen Wegen, auf denen wir Deutsche in unserem politischen Denken, Reden und Handeln so lange gegangen sind.
2.   Wir sind in die Irre gegangen, wir haben unseren deutschen Beruf inmitten der anderen Völker verfehlt, indem wir begannen, unseren Staat
nach innen allein auf eine starke Regierung, nach außen allein auf militärische Machtentfaltung zu begründen.
3.   Wir sind in die Irre gegangen, indem wir uns als Kirche mit den konservativen Mächten (Monarchie, Adel, Armee, Großgrundbesitz, Großin-

---

33   *K. Barth, Ludwig Feuerbach,* in: Die Theologie und die Kirche, Gesammelte Vorträge
Bd. II, 1928, 212–239. 235.
34   *K. Barth,* a.a.O., 233. – Barths Ausführungen in »Eine Schweizer Stimme« 1945, 416ff.
stellen in der Analyse bereits so etwas wie eine Vorstufe zum Darmstädter Wort von 1947
dar: Barth kommt auf die Versäumnisse der 15 Jahre »zwischen dem Ende des letzten Krieges und Hitlers Machtergreifung« zu sprechen und weist auf die problematische Auseinandersetzung mit dem Un-Geist durch die Flucht in »private Meditation« und »sonntägliche
Kulturarbeit« (417f.) hin, »während er doch gerade da verborgen ist und herrscht, wo wir . . .
wirklich leben: in der Politik also und in der Wirtschaft, in der sozialen und technischen Gestaltung« (418).

dustrie) verbündeten, indem wir die christliche Freiheit preisgaben, Lebensformen zu ändern, wenn das Leben der Menschen sie zu ändern forderte, indem wir das Recht zur Revolution ablehnten, die Entwicklung zur nihilistischen Diktatur aber duldeten und guthießen.

4.   Wir sind in die Irre gegangen, indem wir es übersahen, daß der ökonomische Materialismus der marxistischen Lehre ein von der Kirche weithin vergessenes wichtiges Element biblischer Wahrheit (Auferstehung des Fleisches!) neu ans Licht gestellt hat, indem wir ihm ein unbiblisch spiritualistisches Christentum gegenüberstellten und indem wir es in dieser falschen Kampffront unterließen, die Sache der Armen im überlegenen Licht des Evangeliums von Gottes kommendem Reich zur Sache der Kirche zu machen.

5.   Indem wir das erkennen und bekennen, wissen wir uns als Gemeinde Jesu Christi freigesprochen zu einem neuen, besseren Dienst zur Ehre Gottes und zum ewigen und zeitlichen Heil der Menschen.

6.   Nicht Rückkehr zum Christentum, sondern Umkehr zu Gott und zum Bruder in der Kraft des Todes und der Auferstehung Jesu Christi ist das, was unserem Volke und inmitten unseres Volkes vor allem uns Christen selbst nottut.

7.   Wir bezeugen die Herrschaft Jesu Christi in seiner Kirche und über alle Mächte und Gewalten dieser Welt, indem wir die Christen und die Nichtchristen in Deutschland aufrufen, aller politischen Apathie und allen politischen Spekulationen den Abschied zu geben, um sich in großer Nüchternheit der Verantwortlichkeit aller und jedes einzelnen für den Aufbau eines dem Recht, der Wohlfahrt und dem inneren und äußeren Frieden dienenden neuen deutschen Staatswesens bewußt zu werden.[35]

---

35   Text des Vorentwurfs von Barth in: (Anm. 1) 116f. – Zur Vorgeschichte des Darmstädter Wortes, zu der K. Barths Aufsätze »Zur Genesung des deutschen Wesens« (1945) und »Ein Wort an die Deutschen« (1946) gehören, vgl. die wichtigen Arbeiten von *L. Siegele-Wenschkewitz:* Geschichtsverständnis angesichts des Nationalsozialismus. Der Tübinger Kirchenhistoriker Hanns Rückert in der Auseinandersetzung mit Karl Barth, in: *L. Siegele-Wenschkewitz und C. Nicolaisen* (Hg.), Theologische Fakultäten im Nationalsozialismus, Göttingen 1993, 113-144 und: Die evangelische Kirche in Deutschland während des Zweiten Weltkriegs 1939–1945, in: EvTh 39/1979, 389-409.

III
Ethik der Versöhnungslehre

10   Barmen – ein Ruf nach vorwärts

Karl Barths Neuinterpretation von Barmen V nach dem Holocaust

Einleitung: Die Wurzeln und die Folgen des Holocaust

John S. Conway, der Autor des auch in Deutschland bekannten Buches
»The Nazi Persecution of the Churches« (1968) hat in einem Aufsatz über
»Antisemitism and the Conflict in the Churches since 1945« geschrieben:
*»Since 1945 there has been a growing realization that the Holocaust was a
major climateric in world history, which raised profound questions about the
nature of modern society, about its political and institutional structures, and
about the moral and spiritual ideologies which have determined the thoughts
and practices of twentieth century man. As the inheritors and bearers of Europe's most lasting and formative moral and spiritual tradition, the Christian
churches have been particulary challenged. The contradiction between the
murder of Europe's Jews and the ideals of peace, brotherhood and love profes-
sed in Christian doctrine, is too striking to be ignored.«*[1]
Daraus mag deutlich werden: Barmen V und also die in Barmen V genannten Kriterien für Recht und Grenze rechtstaatlicher Gewalt können nicht
ohne die Erinnerung an den Holocaust behandelt werden.
Ähnlich wie Conway hat sich auch von jüdischer Seite der bekannte or-

---

1   *John S. Conway:* Antisemitism and the Conflict in the Churches since 1945, in: Christian
Jewish Relations, vol. 16, Nr. 1, 1983, S. 21. Übersetzung des Textes:
»Seit 1945 ist die Einsicht gewachsen, daß der Holocaust ein besonders kritischer Einschnitt
in der Weltgeschichte war, der grundlegende Fragen über die Natur der modernen Gesellschaft aufwarf, über ihre politischen und institutionellen Strukturen und über die moralischen und geistigen Ideologien, welche das Denken und Handeln des Menschen des 20.
Jahrhunderts bestimmt haben. Als die Erben und Träger der dauerhaftesten und prägend-
sten moralischen und geistigen Traditionen Europas sind die christlichen Kirchen besonders
herausgefordert worden. Der Widerspruch zwischen dem Mord an den europäischen Juden
und den Idealen des Friedens, der Brüderlichkeit und der Liebe, zu denen die christliche
Lehre sich bekennt, ist zu kraß, als daß er ignoriert werden könnte.«
Das oben erwähnte Buch »The Nazi Persecution of the Churches« ist 1969 in deutscher
Übersetzung mit dem Titel »Die nationalsozialistische Kirchenpolitik« im Kaiser Verlag,
München, erschienen. John Conway hat auf meine Einladung hin zu den Themen seiner
Bücher an der Kirchlichen Hochschule Wuppertal referiert. Für den persönlichen und litera-
rischen Austausch habe ich ihm zu danken.

thodoxe Rabbiner Irving Greenberg in einem wegweisenden Aufsatz »Cloud of Smoke, Pillar of Fire« geäußert. Ich habe eine Begegnung mit Irving Greenberg in New York im Jahre 1980 in lebhafter und unvergessener Erinnerung, so daß ich ihn hier stellvertretend für andere zu Wort kommen lassen möchte.

I. Greenberg spricht von dem säkularen Absoluten als einer entscheidenden Wurzel für den Holocaust: »*No assessment of modern culture can ignore the fact that science and technology – the accepted flower and glory of modernity – now climaxes in the factories of death; the awareness that unlimited, value-free use of knowledge and science . . . had paved the way for bureaucratic and scientific death campaign.*«[2]

Die Überwindung der säkularen und politischen Absolutismen ist für Greenberg die entscheidende Aufgabe nach dem Holocaust: Greenberg zufolge ist das säkulare Wertesystem der alternative Glaube, »*transferring allegiance from the Lord of History and Revelation to the Lord of Science and (universal) Humanism. In so many ways the Holocaust is the direct fruit and will of this alternative. Modernity fostered the excessive rationalism and utilitarian relations which created . . . the surrender of moral judgement. The secular city (die Stadt ohne Gott) sustained . . . value-free sciences and objectivity, which created unparalleled power but weakened its moral limits. Surely it is no accident that so many members of the Einsatzgruppen were professionals. Mass communication . . . weakened resistance to centralized power. . . . In the light of Auschwitz, secular twentieth-century civilization is not worthy . . . of our ultimate loyalty.*«[3]

Nach Greenberg haben die säkularen Absolutismen und die ohne Parallele zentralisierte politische Gewalt die Voraussetzungen für den Massenmord

---

2 *Irving Greenberg:* Cloud of Smoke, Pillar of Fire. Judaism, Christianity, and Modernity after the Holocaust, in: Auschwitz. Beginning of a new Era? Reflections on the Holocaust, edited by Eva Fleischner, New York 1974, S. 15.
Übersetzung des Textes:
»Keine Einschätzung der modernen Kultur kann das Faktum ignorieren, daß Wissenschaft und Technologie – die anerkannte Zierde und der Glanz der Moderne – jetzt ihren Höhepunkt in den Todesfabriken erreichen; sie führt zu der Erkenntnis, daß der unbegrenzte, wertfreie Gebrauch von Kenntnissen und Wissenschaft den Weg für die bürokratische und wissenschaftliche Todes-Maschinerie bereitet hat.«
3 Ebd., S. 28. Übersetzung des Textes:
Greenberg zufolge ist das säkulare Wertesystem der Alternativglaube, »der das Treueverhältnis vom Gott der Geschichte und Offenbarung auf den Gott der Wissenschaft und des (sakularisierten) Humanismus übertrug. In vielerlei Hinsicht ist der Holocaust das unmittelbare Ergebnis und Vermächtnis dieser Alternative. Die Moderne begünstigte den übermäßigen Rationalismus und die utilitaristischen Beziehungen, die . . . die Kapitulation des moralischen Urteils hervorbrachten. Die ›Stadt ohne Gott‹ stützte . . . die Bedeutung von wertfreier Wissenschaft und Objektivität, die nie dagewesene Macht erzeugten, aber deren moralische Zügelung schwächten. Es ist sicherlich kein Zufall, daß so viele Mitglieder der Einsatzgruppen Akademiker waren. Die Massenkommunikation . . . schwächte den Widerstand gegen die zentralisierte Gewalt . . . Im Lichte von Auschwitz ist die säkularisierte Zivilisation des 20. Jahrhunderts . . . unserer höchsten Treue nicht würdig.«

des 20. Jahrhunderts geschaffen. *»The victims ask us, above all, not to allow the creation of another matrix of values that might sustain another attempt at genocide. The absence of strong alternative value systems gives a moral monopoly to the wielders of power and authority. Secular authority unchecked becomes absolute ... This vacuum was a major factor in the Nazi ability to concentrate power and carry out the destruction without protest or resistance. ... After the Holocaust it is all the more urgent to resist this absolutization of the secular ... The absence of limits or belief in a judge, and the belief, that persons could therefore become God, underlay the structure of l'univers concentrationaire. Mengele and other selectors of Auschwitz openly joked about this. I will argue ... that the need to deny God leads directly to the assumption of omnipotent power over life and death. The desire to control-people leads directly to crushing the image of God within them, so that the jailer becomes God.«*[4] Der Holocaust ist das Ergebnis von unkontrollierter Gewalt und von omnipotenter Macht von Menschen über Leben und Tod von anderen Menschen.

Greenberg erinnert in diesem Zusammenhang an die Barmer Theologische Erklärung und die in ihr geforderte Einbindung von staatlicher Gewalt in das Recht (Barmen V): *»The primary sources of resistance were systems of absolute alternative values – the Barmen Conference in the Confessional Church.«*[5] Die Barmer Theologische Erklärung wird hier als Dokument des Widerstandes gegenüber dem totalen Staat und gegenüber unbegrenzter Gewalt der Menschen über andere Menschen verstanden. Ich möchte angesichts des von Greenberg Gesagten ein Dreifaches hervorheben:

1. Wir werden zu erinnern haben: Barmen ist nicht mehr ohne den Holocaust zu verstehen.

2. Wir werden zu fragen haben: Inwiefern ist Barmen als ein Dokument

---

4 Ebd., S. 29. Übersetzung des Textes:
»Die Opfer verlangen von uns vor allem, nicht zuzulassen, daß neuer Nährboden für Werte entsteht, die einen neuen Versuch des Völkermordes unterstützen könnten. Das Fehlen starker alternativer Wertesysteme gibt denen, die Macht und Amtsgewalt ausüben, ein Monopol auf die Moral. Unkontrollierte säkulare Macht wird absolut ... Dieses Vakuum war ein Hauptfaktor, der es den Nazis erlaubte, die Macht in ihren Händen zu vereinen und die Vernichtung ohne Widerspruch und Widerstand durchzuführen ... Nach dem Holocaust ist es um so dringender, sich dieser Verabsolutierung des Säkularen zu widersetzen ... Das Fehlen von Grenzen oder des Glaubens an einen Richter und der Glaube, daß darum der Mensch Gott werden kann, lagen der Struktur des univers concentrationaire zugrunde. Mengele und andere Selektoren von Auschwitz rissen offen Witze darüber. Ich werde ... den Nachweis führen, daß das Bedürfnis, Gott zu leugnen, geradewegs zur Inanspruchnahme der Allmacht über Leben und Tod führt. Das Verlangen, Menschen zu beherrschen, führt unmittelbar zur Vernichtung des Ebenbildes Gottes in ihnen und macht den Kerkermeister zum Gott.«
5 Ebd. Übersetzung des Textes:
»Die Hauptquellen des Widerstandes waren Systeme absoluter alternativer Werte, zum Beispiel die Barmer Konferenz der Bekennenden Kirche.«

des Widerstandes gegen die totale und unbegrenzte staatliche Gewalt zu
verstehen?
3. Wir werden nicht vergessen dürfen: Sich dem Holocaust nicht zu stellen, heißt Gefahr zu laufen, den Holocaust zu wiederholen.
»Failure to confront it makes repitition all more likely ... Not to respond is to
collaborate in its repetition ... Failure to radically criticize and restructure means collaboration with the possible repitition.«[6]

1. Barmen nur ein erster Schritt

Die Barmer Theologische Erklärung[7] kann und muß unter historischem
Aspekt verstanden werden. Man versteht dann die Barmer Synode vom
29. bis 31. Mai 1934 als Antwort auf die kirchenpolitischen Ereignisse nach
der Machtergreifung Hitlers vom Januar 1933. Man versteht die Barmer
Synode dann positiv als Bündelung der verschiedenen Bemühungen, wie
sie in der Entstehung des Pfarrernotbundes unter Martin Niemöller, in der
Gründung des reformierten Coetus durch Karl Immer und in dem Widerstand freier Synoden in Rheinland, Westfalen und Brandenburg sichtbar
wurden. Man stellt dann die Frage: Wie kam es historisch bzw. kirchenhi-
storisch zur Barmer Theologischen Erklärung? Die Barmer Erklärung gehört dann in den Zeitraum zwischen der Machtergreifung Hitlers (Januar
1933) einerseits und der Ermordung der gesamten SA-Führung in der sogenannten Röhm-Affaire (Juni 1934) andererseits.
Dieses richtige und wichtige Verständnis von Barmen aus der Perspektive
der Jahre 1933/34 muß aber durch eine doppelte Sicht ergänzt werden:
1. Durch die Frage, welche Erfahrungen man noch im Kirchenkampf – also in den Jahren 1934 bis 1945 – mit der Barmer Theologischen Erklärung
gemacht hat. Barmen kann und darf also nicht ohne seine Folgegeschichte
bis hin zum Holocaust[8] und auch nicht ohne die unerledigten Anfragen
aus dem Kirchenkampf verstanden werden, darf nicht ohne die Erfahrung
des Scheiterns, die man Barmen gegenüber noch während des Kirchenkampfes gemacht hat, interpretiert werden.

---

6 Ebd., S. 20. Übersetzung des Textes:
»Das Versäumnis, sich der Herausforderung zu stellen, macht die Wiederholung um so
wahrscheinlicher ... Nicht zu antworten heißt, an seiner Wiederholung mitzuarbeiten ... Das
Versäumnis, grundlegend zu kritisieren und wiederaufzubauen, bedeutet Mitarbeit an einer möglichen Wiederholung.«
7 *Wolfgang Huber:* Folgen christlicher Freiheit. Ethik und Theorie der Kirche im Horizont
der Barmer Theologischen Erklärung, Neukirchen-Vluyn 1983.
8 *Franklin A. Littell / Harold G. Locke* (Hg.): The German Church Struggle and the Holocaust, Detroit 1974; *R. Gutteridge:* Open Thy Mouth for the Dumb. The German Evangelical
Church and the Jews 1879–1950, Oxford 1976.

2. Zum anderen durch die Frage, welche Erfahrungen man nach 1945, nach dem Holocaust, mit Barmen gemacht hat und inwieweit es zur Aufnahme oder zur Verdrängung der Grundentscheidungen von Barmen in der Nachkriegsgeschichte (1945 bis 1984) gekommen ist. Barmen kann also nicht ohne die Schulderklärung von Stuttgart (1945)[9] und nicht ohne das »Darmstädter Wort des Bruderrates« (1947)[10], nicht ohne die Frankfurter Erklärung zu den atomaren Massenvernichtungsmitteln (1958)[11], nicht ohne die »Erneuerung des Verhältnisses von Christen und Juden« (1980)[12] – um nur einige Beispiele zu nennen – gewürdigt werden.

Aus dieser doppelten Rückschau scheiden aber bestimmte Deutungen von Barmen während des Kirchenkampfes aus: etwa das nur kirchlich und nicht auch politisch orientierte Verständnis der meisten Teilnehmer von Barmen. Und auch das nur exklusiv christologische und nicht im Hinblick auf das Judentum auch inklusive Verständnis von Barmen I und II. Aus dieser doppelten Retrospektive heraus erscheint auch die Barmer Synode selbst nur als ein erster Schritt und ein »Ruf nach vorwärts«[13].

Auf einen notwendigen und unverzichtbaren ersten Schritt der Konzentration mußte und muß ein zweiter folgen. Auf einen »Ruf nach vorwärts« hin muß eine Kirche ganz bestimmte Schritte tun. Wer solche Folgeschritte verweigert, der gibt spätestens dann zu erkennen, daß er oder sie Barmen als Ruf nach vorwärts nicht wirklich gehört haben.

Ich konkretisiere das bisher Gesagte durch Karl Barths Einschätzung des Kirchenkampfes in Deutschland aus dem Jahre 1942: Dem »Vater der Barmer Theologischen Erklärung« zufolge spielt der Kampf der Bekennenden Kirche »*in dem bestimmten schmalen Sektor der Frage, ob die Kirche als solche auch in Zukunft Kirche bleiben, d.h. das Evangelium nach Anweisung des Alten und Neuen Testaments zu verkündigen oder ob sie sich ›gleichzuschalten‹ . . . habe.*« Mit anderen Worten: ob sie ihre Verkündigung mit der Ideologie der Deutschen Christen und mit der Botschaft von der sogenannten »Deutschen Stunde« kombinieren solle.

Kirche muß Kirche bleiben bzw. werden! Theologie treiben, als wäre nichts geschehen: Karl Barth meint, »noch bis in das Jahr 1934 hinein . . . auf dieser und nur auf dieser Linie arbeiten zu sollen«. Und entgegen vieler gängiger Kritik an Barmen aus der Sicht von heute sagt Barth »*1. wie notwendig*

---

9 *Eberhard Bethge:* Geschichtliche Schuld der Kirche. Anmerkungen zum Stuttgarter Schuldbekenntnis (1972), in: *ders.:* Am gegebenen Ort, München 1979, S. 117ff.

10 *Bertold Klappert:* Die ökumenische Bedeutung des Darmstädter Wortes, in: Richte unsere Füße auf den Weg des Friedens. Festschrift für Helmut Gollwitzer, München 1979, S. 629ff (vgl. in diesem Band II 9).

11 *Bertold Klappert / Ulrich Weidner* (Hg.): Schritte zum Frieden. Theologische Texte zu Frieden und Abrüstung, 2. Aufl. Neukirchen-Vluyn 1983, S. 297ff.

12 *Bertold Klappert / Helmut Starck* (Hg.): Umkehr und Erneuerung. Erläuterungen zum Synodalbeschluß der Rheinischen Landessynode 1980, Neukirchen-Vluyn 1980.

13 *Karl Barth:* Texte zur Barmer Theologischen Erklärung, hg. von Martin Rohkrämer, Zürich 1984, S. 172.

*es war, zunächst einmal jene Grundfrage (nach der Mitte der Verkündigung)
klar zu beantworten, 2. wie wenig selbstverständlich und leicht es damals in
Deutschland war, auch nur hier Widerstand zu leisten und 3. wie treu und
energisch hier tatsächlich von Tausenden von bekannten und unbekannten
Männern und Frauen (!) bis auf diesen Tag gekämpft worden ist«.*
Und was bedeutet dieser erste Schritt unter dem Motto »Kirche muß Kirche werden« inhaltlich? Barth nennt als Beispiele: Einsatz für die Judenchristen, für die Freiheit und Reinheit des christlichen Bekenntnisses und
Gottesdienstes, für eine sachgemäße Ausbildung der theologischen Ju-
gend, für ein um ein redliches Studium der Bibel sich sammelndes Ge-
meindeleben.
Was aber ist in der Sicht des Vaters der Barmer Theologischen Erklärung
die Grenze der Bekennenden Kirche gewesen? Barths Antwort lautet: Die
»Grenze ihres Gesichtsfeldes« war, daß sie »das politische Problem des Nationalsozialismus« gar nicht gesehen hat, »der Kampf der Bekennenden
Kirche in Deutschland galt nicht dem Nationalsozialismus als solchem«.
Im Gegenteil: »*Es meinten die meisten Vertreter und Anhänger der Bekennenden Kirche mit seinen politischen und sozialen Absichten sogar einig gehen
oder doch weithin sympathisieren zu können.*«
Und deshalb lautet das Gesamturteil Barths: »*Will man ihnen* (den Anhän-
gern der Bekennenden Kirche) *einen Vorwurf machen, so kann es nicht der
sein, daß sie dort* (in Barmen) *angefangen haben, sondern nur der, daß sie von
dort aus nicht weitergegangen sind.*«[14]
Barmen als ersten Schritt und Ruf nach vorwärts hören, heißt Barmen
richtig verstehen. Von Barmen her einen zweiten notwendigen Schritt zu
verweigern, bedeutet zugleich, dem ersten Schritt gegenüber ungehorsam
zu werden.
Und welches wäre dieser von Barmen als einem ersten Schritt her notwendige zweite Schritt? Barth hat diesen schon im Oktober 1933 in einem
Theologenkreis in Berlin in folgenden Fragen angedeutet: »*Was sagt die
Kirche zu dem, was in den Konzentrationslagern geschieht? oder zu der Behandlung der Juden* (nicht nur der Judenchristen)? *oder zu allem, was im Namen der Eugenik unternommen wird? oder zum ›totalen Anspruch‹ des Staates?*«[15]
Barth hat ein Jahr nach Barmen im Juni 1935 diesen zweiten, vom Bekenntnis her geforderten Schritt so skizziert: »*. . . Ich bin überzeugt, daß
auch die Bekenntniskirche als solche über kurz oder lang vor der Frage stehen
wird, ob . . . ihr Gebet für die von Gott gesetzte Obrigkeit seine Echtheit darin
erweisen müsse, daß es, wo sie die Lüge und das Unrecht zum Prinzip erhoben
sieht, eines Tages auch zu dem in den Psalmen vorgesehenen Gebet um Befrei-*

14   *Karl Barth:* Die protestantischen Kirchen in Europa – ihre Gegenwart und ihre Zukunft
(1942), in: *ders.:* Eine Schweizer Stimme 1938–1945, Zürich 1945, S. 260.
15   *Karl Barth*, zitiert in Hans Prolingheuer: Der Fall Karl Barth, Neukirchen-Vluyn 1977,
S. 239.

ung von einer fluchwürdig gewordenen Tyrannei werden könnte. Sie hat für
Millionen von Unrecht Leidenden noch kein Herz. Sie hat zu den einfachsten
Fragen der öffentlichen Redlichkeit noch kein Wort gefunden. Sie redet – wenn
sie redet – noch immer nur in ihrer eigenen Sache.«[16]
Barmen wird also nur als erster Schritt und nur als Ruf nach vorwärts richtig gehört und verstanden. Das bedeutet aber ein Doppeltes:
a) Den ersten Schritt von einem zweiten (im Kirchenkampf nur an wenigen Stellen versuchten) Schritt zu isolieren und das Problem des zweiten
Schrittes nicht ernsthaft zu diskutieren, heißt Barmen abstrakt verstehen.
b) Den zweiten nötigen Schritt aber von dem ersten Schritt zu trennen
und ihn nicht als zweiten Schritt *vom Bekenntnis her* zu vollziehen, heißt
Barmen gar nicht verstehen.
Das stellt uns heute vor die Aufgabe, die theologischen Grundentscheidungen der Barmer Theologischen Erklärung selbständig zu würdigen und
von ihnen her nach einem zweiten, damals wie heute fälligen Schritt zu
fragen. Die Grundentscheidungen der Barmer Theologischen Erklärung
wollen und sollen deshalb zunächst aus sich selbst heraus verstanden und
gewürdigt werden.

2.   Barmen I als Summe reformatorischer Theologie

Die Barmer Theologische Erklärung hat als das große Dokument der Wiederentdeckung reformatorischer Theologie zu gelten. Wer sie nicht so und
also von daher versteht, der wird sie nicht verstehen können. Sie sagt deshalb zunächst nicht Nein, sondern sie sagt zunächst Ja. Die in ihr dann
vollzogenen Abgrenzungen und »Verwerfungen« sind nur von diesem Ja
her zu verstehen. Von daher ist es unmöglich, nur die Verwerfungen zu ak-
zeptieren, nicht aber die theologischen Grundentscheidungen, aus denen
die Verwerfungen folgen wie der Fluß aus der Quelle.
»Jesus Christus ... ist das eine Wort Gottes, das wir zu hören ... haben« –
das ist die Umschreibung der Grunderkenntnis der Reformation: »Christus allein«. Er ist das eine Wort der Selbstdarbietung Gottes. Und dieses
Wort kann allein im Glauben gehört werden. Fides ex auditu[17] sagte Luther: der Glaube verdankt sich dem Hören auf das Wort Gottes, das seinen
ausschließlichen Inhalt in Jesus Christus hat. Wie Luther den Glauben als
geschenktes Hören, so kann Calvin seine Bekehrung als conversio ad doci-
litatem, d.h. als Umkehr zu einer hörbereiten und lernfähigen Existenz beschreiben.
Jesus Christus, seine Person und Geschichte, ist gegenüber dem Paganis-

---

16   Ebd., S. 349.
17   *Ernst Bizer:* Fides ex auditu, Neukirchen-Vluyn 1966.

mus exklusiv das Wort Gottes. So versteht die Barmer Theologische Erklärung die reformatorische Grundentscheidung durch und durch christologisch: Jesus Christus ist der »Spiegel des väterlichen Herzens Gottes« (Luther).

In seiner Heidelberger Disputation von 1518 hat Luther[18] seine These von der ausschließlichen Erkenntnis Gottes im Spiegel des gekreuzigten Christus mit zwei neutestamentlichen Stellen begründet, die auch der Barmer Theologischen Erklärung Art. I vorangestellt worden sind: Joh 14,6 »Ich bin der Weg« und Joh 10,9 »Ich bin die Tür«.[19]

Aber nicht nur diese Grundaussage der Theologie Luthers, sondern auch reformierte Tradition klingt bis in die Formulierung hinein in Barmen I an: »Dem wir im Leben und im Sterben zu vertrauen und zu gehorchen haben« ist eine Anspielung auf Frage 1 des Heidelberger Katechismus.

Karl Barth hat die im wesentlichen von ihm entworfene These von Barmen I auf der reformierten Vorsynode in Barmen (Januar 1934) im Kontext dieser reformatorischen Grundentscheidung so interpretiert: »*Redet Gott mit uns, dann haben wir auf ihn zu hören, wie man eben auf Gott hört; dann können wir nicht gleichzeitig auch noch woandershin hören. Wenn wir im Angesicht Jesu Christi das Angesicht Gottes zu erblicken haben, dann sind wir hier festgehalten. Gott hat hier ein für allemal gesprochen ... Der Sohn ist nicht eine Erkenntnisquelle neben anderen, sondern er ist die einzige oder er ist es gar nicht.*«[20]

3. Die Verwerfung der religiösen Eigenmächtigkeit und der totalen Gewalt

Von daher ist der Verwerfungssatz von Barmen I zunächst ein Bußbekenntnis der Kirche im Hinblick auf ihre eigene Geschichte und Theologie, wie Reformiert-Barmen deutlich sagt: »*Angesichts der kirchlichen Ereignisse des Jahres 1933 gebietet uns das Wort Gottes, Buße zu tun und umzukehren. Denn in diesen Ereignissen ist ein die evangelische Kirche seit Jahrhunderten verwüstender Irrtum reif und sichtbar geworden ..., daß neben Gottes Offenbarung, Gottes Gnade ... auch eine berechtigte Eigenmächtigkeit des Menschen über die Botschaft und die Gestalt der Kirche ... zu bestimmen habe.*« Abgelehnt wird damit in Konsequenz der reformatorischen Grund-

---

18   *Martin Luther*, Weimarer Ausgabe, I, S. 350–374.
19   *Bertold Klappert*: Darüber später mehr. Anzeige eines biographischen Fragmentes zu Hans Joachim Iwand, in: Evangelische Theologie 4/1983, S. 393.
20   *Karl Barth*: Erklärung über das rechte Verständnis der reformatorischen Bekenntnisse in der Deutschen Evangelischen Kirche in der Gegenwart, in: *Joachim Beckmann* (Hg.): Rheinische Bekenntnissynoden im Kirchenkampf, Neukirchen-Vluyn 1975, S. 38.

entscheidung »*eine dem Menschen trotz des Sündenfalls zugängliche Gottes-offenbarung in Natur und Geschichte*«. »*Wir stecken alle voll natürlicher Theologie. Sie ist uns eingeimpft worden von unseren Großvätern her. Zwei Jahrhunderte haben einen Bund mit ihr geschlossen. Es ist eine große Sache, nun heute dem abzusagen.*«[21] Barmen I verwirft sowohl die *religiöse* Eigen-mächtigkeit als auch die totale Gewalt des Menschen.

Barmen I verwirft zunächst die *religiöse* Eigenmächtigkeit des Menschen: Barth spricht von einer Eigenmächtigkeit des religiösen Menschen, die dieser über die Botschaft und Ordnung der Kirche beansprucht. Und Barth bezeichnet diesen seit dem 18. Jahrhundert – also seit zweihundert Jahren – dauernden Irrtum als den »Aufstand der Menschen gegenüber dem in der Kirche handelnden Gott und seinem Wort«[22]. Es ist der »Anspruch des Menschen, der selber unter Berufung auf seinen Geist, sein Gewissen, sei-ne Gerechtigkeit Gott gegenüber ein zweiter Gott sein will«[23]. Demgegen-über sagt Barmen I mit Luther und Calvin: »Dem Wort (Gottes) hat sich der Mensch unterzuordnen und nicht umgekehrt.«[24] Barmen I ist der Mei-nung, daß »der Irrtum von der Eigenmächtigkeit des Menschen in Sachen Botschaft und Gestalt der Kirche«[25] in den Deutschen Christen manifest geworden ist. »Dieser selbstbewußte, herrische Ton, diese Anmeldung des deutschen Menschen mit seinem Eigenrecht«[26] tritt mit den »Deutschen Christen« auf den Plan.

Barmen I verwirft aber auch die *politische* Eigenmächtigkeit des Men-schen: Barth hat im Wintersemester 1932/33 in seiner protestantischen Theologie den Menschen des 18. Jahrhunderts in dem »für diesen bezeich-nenden Absolutismus« beschrieben.[27] In diesem Jahrhundert des Staats-kirchentums hat »die Kirche jedenfalls als Ganze keine Eigenständigkeit gegenüber der Politik«[28]. »Die Kirche und das Christentum sind . . . im Staate und empfangen jedenfalls ihre äußere Gestalt (Ordnung) . . . ganz und gar vom Staate her, nicht aus ihrem eigenen Wesen und Gesetz.«[29] So prägte sich für Jahrhunderte die falsche Überzeugung ein, »daß die Kirche zu den Dingen gehört, die . . . in die Hand eines omnipotenten Menschen gegeben sind«[30]. So wird die Kirche zu einem Instrument des omnipoten-ten Staates.

Barmen I verwirft aber auch den *omnipotenten* politischen Menschen, wie

---

21   Ebd., S. 34 und 38.
22   Ebd., S. 35.
23   Ebd., S. 36.
24   Ebd.
25   Ebd., S. 35.
26   Ebd.
27   *Karl Barth:* Die protestantische Theologie im 19. Jahrhundert, Zollikon/Zürich 1947, S. 61.
28   Ebd., S. 66.
29   Ebd., S. 70.
30   Ebd.

er dann zuletzt in Hitler auf den Plan getreten ist. Ist Jesus Christus der Spiegel des väterlichen Herzens Gottes (Luther) und hören wir in ihm auf die Macht, der »wir im Leben und Sterben zu vertrauen und gehorchen haben«, dann vertrauen und gehorchen wir damit keiner absoluten, sondern einer legitimen Macht: »Die Macht Gottes ist von Haus aus die Macht des Rechtes.« Sie ist deshalb nicht absolute, omnipotente, sondern sie ist »legitime, im Recht begründete Macht«[31]. Diese im Recht begründete und ans Recht sich bindende Macht Gottes, wie sie in Jesus Christus offenbar wird, ist die radikale Antithese zur absoluten Macht, zur »Macht an sich«.

Gottes im Recht begründete Macht unterscheidet sich radikal von der absoluten Macht des »Allmächtigen«, der nur das Spiegelbild menschlicher Omnipotenz ist. Barth sagt 1946 in Bonn: »*Sie erinnern sich wohl, wie Hitler, wenn er von Gott zu sprechen pflegte, ihn den ›Allmächtigen‹ nannte. Aber nicht der ›Allmächtige‹ ist Gott, nicht von einem höchsten Inbegriff von Macht aus ist zu verstehen, wer Gott ist. Und wer den ›Allmächtigen‹ Gott nennt, der redet in der furchtbarsten Weise an Gott vorbei. Denn der ›Allmächtige‹ ist böse, wie ›Macht an sich‹ böse ist. Der ›Allmächtige‹ ist das Chaos . . . das ist der Teufel . . . Diese Vorstellung eines in sich begründeten, freien, souveränen Könnens . . ., dieser Rauschgedanke zu Gott, das ist die Gefahr, von der die von Gott geschaffene Welt fortwährend bedroht ist: der Einbruch, die Offensive dieser . . . freien Willkür, welche nur potentia (Macht) an sich sein will. . . . Wo die Macht an sich geehrt und verehrt wird, wo die Macht an sich . . . Recht setzen will, da haben wir es mit der ›Revolution des Nihilismus‹ [Hermann Rauschning] zu tun . . . Macht an sich ist böse, ist das Ende aller Dinge. Die Macht Gottes, die wirkliche Macht, ist dieser Macht entgegengesetzt.*«[32]

Barmen I ist die Auslegung des 1. Gebotes: »Du sollst keine anderen Götter neben mir haben.« Und die Anwendung des 1. Gebotes bedeutet die Verwerfung sowohl der religiösen als auch der politischen Omnipotenz des Menschen, der sich an die Stelle Gottes setzen möchte. Barmen I verwirft gemeinsam mit der religiösen Eigenmächtigkeit auch die politische Omnipotenz des Menschen über den Menschen.

4.   »Theologische Existenz 1945«

Der Zusammenhang von Barmen I und Barmen V bedeutet den ausschließlichen Gegensatz zwischen der in Jesus Christus offenbaren legitimen Macht des Rechtes und der illegitimen absoluten Macht an sich. Barth hat das im Sommer 1935 so formuliert: »*Die Fragen, vor die die evan-*

---

31 *Karl Barth:* Dogmatik im Grundriß, Zollikon/Zürich 1947, S. 55.
32 Ebd., S. 54f.

gelische Kirche im Frühjahr 1933 . . . gestellt war, waren diese: . . . Ob man das Ereignis der nationalsozialistischen Revolution als eine Art zweite Offenbarung neben dem Evangelium von Christus . . . zu ehren habe (Barmen I)? Ob es neben Gott . . . auch noch ein ›ewiges Deutschland‹ gebe? Neben dem Gebot Gottes . . . auch noch die Stimme des arischen Blutes bzw. das Gebot Adolf Hitlers? . . . Ob dem Staat wirklich zukomme, ›totalen‹ Anspruch auf das Leben der Menschen zu erheben, der Kirche aber nur das Recht (zu lassen) . . . diesen Anspruch als göttlichen Anspruch zu wiederholen« (Barmen V).[33] Der Streit in der Kirche geht also nach Barth um die umfassende Geltung des 1. Gebotes: »In Sachen des ersten Gebotes ist heute Streit in der Kirche und haben wir heute zu ›bekennen‹.«[34]

Im Jahre 1945, nach dem Holocaust, warnt Barth die Pfarrer davor, sein Heft Theologische Existenz heute Nr. 1 aus dem Jahre 1933 einfach zu wiederholen. Barth schreibt in einem Brief an deutsche Theologen in der Kriegsgefangenschaft, »daß ich auf keinen Fall in der Lage wäre, heute einfach zu wiederholen, was ich damals gesagt habe«[35]. Barth meint, »*daß ich Sie Alle bitten muß, bei der Theologischen Existenz von 1933 Ihrerseits nicht stehen zu bleiben, . . . sondern anhand der Heiligen Schrift von dort vorwärts . . . in die Weite zu denken . . . Derselbe ›Jesus Christus, wie er uns in der Heiligen Schrift bezeugt wird‹ (Barmen I), ist immer noch reicher und mächtiger, als wir es das vorige Mal bemerkt und verstanden hatten.*«[36] Von daher gibt es nach Barth »einen ganzen Berg von deutscher theologischer Literatur, der heute . . . nur noch Makulaturwert hätte«[37].

Aber wie müßte denn eine »Theologische Existenz 1945« (so Barth ausdrücklich) nach dem Holocaust aussehen? Barth antwortet: »*Ich würde das deutsche Unrecht . . . konkreter beim Namen nennen als ich es damals getan habe. Ich würde deutlicher machen . . . : daß die Theologie und die Kirche nicht für sich, sondern in der Welt und für die Welt existieren, . . . im Staat und für den Staat. Ich würde bestimmter sagen, was das bedeutet, daß Ihm, unserem Herrn Jesus Christus, alle Gewalt gegeben ist im Himmel und auf Erden.*«[38] Und dann kommt der entscheidende Satz, der für eine Interpretation von Barmen nach dem Holocaust meines Erachtens grundlegend ist: »*Ich würde auf dem Boden des berühmten ersten Satzes von Barmen auf den fünften jener Sätze höchstes Gewicht legen.*«[39]

Barmen I meint die Offenbarung Gottes in Jesus Christus und nicht auch im Nationalsozialismus, Barmen I meint die Offenbarung des ersten Gebotes im Gegensatz zum Gebot Adolf Hitlers. Barmen I meint Gottes gan-

33   *Ernst Wolf* (Hg.): Karl Barth zum Kirchenkampf. In: Theologische Existenz heute 49 (1956), S. 30f.
34   Ebd., S. 17.
35   Ebd., S. 94.
36   Ebd., S. 95.
37   Ebd.
38   Ebd., S. 94.
39   Ebd.

zen Anspruch im Gegensatz zum totalen Staat Hitlers und seines totalen Anspruchs auf das ganze Leben. Barmen I meint die Offenbarung der Herrschaft Gottes in Jesus Christus, dem Gott alle Macht, die legitime Macht des Rechtes, gegeben hat im Himmel und auf Erden im Widerspruch zu aller omnipotenten Macht an sich. Barmen-Erinnerung nach dem Holocaust wird nunmehr die Aufgabe haben, auf dem Boden von Barmen I auf Barmen V höchstes Gewicht zu legen. Denn Kirche ist von Barmen her Kirche in der Welt und für die Welt. Beides: die Botschaft und die Existenz der Kirche ist die kritische Begrenzung für den Staat. Kirche hat das Unrecht und die omnipotente Macht konkreter beim Namen zu nennen, als sie das damals getan hat. Das bedeutet Theologische Existenz 1945 – nach dem Holocaust. »*Jawohl, das sagt uns die Schrift, und eben darin ist die deutsche Kirche vor dem Krieg und schon lange, lange vor Hitler dem deutschen Volk und Staat Entscheidendes schuldig geblieben, daß sie ihm die Erinnerung ›an Gottes Reich, an Gottes Gebot und Gerechtigkeit und damit an die Verantwortung der Regierenden und Regierten‹ (Barmen V) nicht so zum Ereignis gemacht hat, wie sie es nach der Schrift des Alten und des Neuen Testaments hätte tun müssen.*«[40] Es scheint mir deshalb nicht zufällig, daß Barth einzig und allein die 5. Barmer These im Jahre 1963 neuformuliert hat, und zwar im Sinne der Unterordnung staatlicher Gewalt unter das Recht einerseits und im Sinne ihrer Anbindung an die göttliche Gerechtigkeit und das göttliche Gebot andererseits. Hier hat Barth bis in die Formulierung hinein ernstgemacht mit der Forderung, auf dem Boden von Barmen I müsse nach dem Holocaust auf Barmen V höchstes Gewicht gelegt werden. Die Neufassung lautet: »*Der Staat hat nach göttlicher Anordnung die Aufgabe, dem gesellschaftlichen Gemeinwohl und also dem Recht, dem Frieden und der Freiheit zu dienen, – notfalls (im Notfall, im Grenzfall) unter Androhung und Ausübung von Gewalt. Die Kirche ... verkündigt ... Gottes Gerechtigkeit und Gottes Gebot. Sie erinnert Christen und Nichtchristen an ihre politische Verantwortlichkeit*«.[41]

5. Barmen V nach dem Holocaust

Ich nenne zwei Dokumente nach 1945, die das Problem von Barmen V nach dem Holocaust in Deutschland aufgegriffen haben: Zunächst das in der Bundesrepublik Deutschland bis heute heiß umstrittene und bisher von den Kirchen nicht übernommene sogenannte »Darmstädter Wort«

---

40 Ebd., S. 95.
41 *Karl Barth*, zitiert in: *Bertold Klappert / Ulrich Weidner*, a.a.O. (Anm. 11), S. 88 (gekürzte Fassung); vgl. jetzt auch *Karl Barth*: Texte zur Barmer Theologischen Erklärung, a.a.O. (Anm. 13), S. 185ff.

der Bekennenden Kirche aus dem Jahre 1947, sodann die Thesen zum
Rheinischen Synodalbeschluß »Zur Erneuerung des Verhältnisses von
Christen und Juden« aus dem Jahre 1980, der ebenfalls in Deutschland
momentan sehr umstritten ist.

1. Das »Darmstädter Wort« des Bruderrates der Bekennenden Kirche
zum politischen Weg unseres Volkes (1947)[42] ist ein Schuld- und Bußbe-
kenntnis, gesprochen im Hinblick auf das Versagen gegenüber Barmen V.
Es ist ein Schuldbekenntnis, das das zu allgemeine Schuldbekenntnis von
Stuttgart im Hinblick auf Barmen V konkretisiert und die unerledigten
Anfragen des Kirchenkampfes in folgenden vier Irrwegen bekennt:

a)   Der Irrweg des Komplizentums mit der absoluten Gewalt von oben

*»Wir sind in die Irre gegangen, als wir begannen, . . . unseren Staat nach innen
allein auf eine starke Regierung, nach außen allein auf militärische Machtentfaltung zu begründen . . . Dadurch haben wir dem schrankenlosen Gebrauch
der politischen Macht den Weg bereitet und unsere Nation auf den Thron Gottes gesetzt . . . Das Bündnis der Kirche mit den das Alte und Herkömmliche
konservierenden Mächten hat sich schwer an uns gerächt«* (aus These 2 und
3). K. Barth konkretisierte weiter so: *»Wir sind in die Irre gegangen, indem
wir uns als Kirche mit den konservativen Mächten (Monarchie, Adel, Armee,
Großgrundbesitz, Großindustrie) verbündeten.«*[43]

b)   Der Irrweg der Ablehnung rechtmäßiger und widerstehender Gewalt
von unten

*»Wir haben die christliche Freiheit verraten, die uns erlaubt und gebietet, Le-
bensformen abzuändern, wo das Zusammenleben der Menschen solche
Wandlung erfordert. Wir haben das Recht zur Revolution verneint, aber die
Entwicklung zur absoluten Diktatur geduldet und gutgeheißen«* (aus These 3).

c)   Der Irrweg der antikommunistischen Front der Guten gegen die Bösen

*»Wir sind in die Irre gegangen, als wir meinten, eine Front der Guten gegen die
Bösen, des Lichtes gegen die Finsternis . . . im politischen Leben und mit politischen Mitteln bilden zu müssen. Damit haben wir das freie Angebot der Gnade Gottes an alle durch eine politische, soziale und weltanschauliche Fronten-*

---

42   *Bertold Klappert:* Die ökumenische Bedeutung des Darmstädter Wortes, a.a.O. (Anm.
10), S. 637–641; hier auch die folgenden Zitate des Darmstädter Wortes. (Vgl. in diesem
Band II 9).
43   Ebd., S. 634.

bildung verfälscht« (aus These 4). Dem braucht nur hinzugefügt zu werden, daß der Antikommunismus und der Antisozialismus bis heute in der Bundesrepublik Deutschland virulent ist und die Angst vor »den Russen« und vor dem »Weltjudentum« in sich aufgesogen hat.

d)   Der Irrweg der verweigerten Solidarität der Kirche mit der Sache der Armen

»Wir sind in die Irre gegangen, als wir übersahen, daß der ökonomische Materialismus der marxistischen Lehre die Kirche an . . . das Zusammenleben der Menschen im Diesseits hätte gemahnen müssen. Wir haben es unterlassen, die Sache der Armen und Entrechteten gemäß dem Evangelium von Gottes kommendem Reich zur Sache der Christenheit zu machen« (aus These 5). Und Barth ergänzt wiederum: *»Wir sind in die Irre gegangen, indem wir es übersahen, daß der ökonomische Materialismus der marxistischen Lehre ein von der Kirche weithin vergessenes wichtiges Element biblischer Wahrheit (Auferstehung des Fleisches) neu ans Licht gestellt hat. (Wir sind in die Irre gegangen), indem wir ihm (dem ökonomischen Materialismus der marxistischen Lehre) ein unbiblisch spiritualistisches Christentum gegenüberstellten.«*[44] Ähnlich hat schon vorher D. Bonhoeffer die Auferweckung Jesu Christi mit der geschichtlichen Befreiung Israels aus der Sklaverei in Ägypten verbinden können.[45]

Das Darmstädter Schuldbekenntnis ist im Hinblick auf Barmen V von wegweisender Bedeutung. Es kennzeichnet den Irrweg der Kirche im Dritten Reich dahingehend, daß die Kirche sich mit der illegitimen und absoluten Gewalt von oben verbündet, infolgedessen die rechtmäßige Gewalt von unten abgelehnt und aus einer antikommunistischen Ideologie heraus den starken Staat Hitlers als Bollwerk gegen den Bolschewismus gutgeheißen hat. Dies hat die Kirche daran gehindert, ökumenische Kirche zu werden und die Sache der Armen und also deren Recht und Freiheit zur Sache der ganzen Kirche zu machen.

Freilich: so klar und wegweisend hier das Versagen gegenüber Barmen V im Hinblick auf den Machtstaat, die Komplizenschaft mit Armee und Großindustrie, d.h. mit dem militärisch-industriellen Komplex, und im Hinblick auf den Antikommunismus auch ausgesagt worden ist, so fehlt doch die Einsicht in eine weitere und entscheidende Dimension des Versagens gegenüber Barmen V: nämlich in den Antisemitismus und Antijudaismus der Kirche und ihr Versagen gegenüber dem Judentum.

2. Im Rheinischen Synodalbeschluß (1980)[46] hat eine Kirche zum ersten-

---

44   Ebd.
45   *Dietrich Bonhoeffer:* Widerstand und Ergebung, Neuausgabe (WEN), Brief vom 27. 6. 1944, München 1970, S. 368f.
46   *Bertold Klappert / Helmut Starck:* Umkehr und Erneuerung, a.a.O. (Anm. 12), S. 267ff.

mal als Kirche ihr Versagen gegenüber Barmen V im Hinblick auf die Judenfrage bekannt:

Das Versagen der Kirche im Hinblick auf die staatliche »Judenfrage« im Unterschied zur Judenchristen-Frage hat Irving Greenberg lapidar in dem Satz zusammengefaßt: »*The fact is that during the Holocaust the church's protests were primarily on behalf of converted Jews.*«[47] »*During the Holocaust, many (most?) of the church's protests were on behalf of Jews converted to Christianity. Consider what this means. It is not important to protest the murder of Jews; only if a person believes in Jesus Christ as Lord and Saviour is there a moral need to protest his fate.*«[48]

Ein unverdächtiger Zeuge für dieses Scheitern der Bekennenden Kirche gegenüber Barmen V ist ein Teilnehmer an der Barmer Synode und Verfasser des Artikels über »die Barmer Theologische Erklärung« im Evangelischen Kirchenlexikon, Georg Merz. Er schreibt im Jahre 1933 in »Zwischen den Zeiten«: »*Der Staat im Dritten Reich mag . . . durch volkspolitische Erwägungen genötigt sein, ihm (dem Judentum) den Eingang in das natürliche (deutsche) Volk zu versagen. Der lutherische Christ . . . kann auch dieses Gesetz* (gemeint ist der staatliche Arier-Paragraph) *bejahen. Die Gemeinde aber als Gemeinde kann dem Staat (hier) nicht folgen. Gerade weil sie das allgemeine Priestertum lehrt, darf sie den ›Priester‹, der der Jude durch die Taufe geworden ist, nicht vom Amte ausschließen.*«[49] Hier wird die staatliche Judenpolitik aus der kirchlichen Verantwortung ausgeklammert – und das bis tief in die Kreise der Bekennenden Kirche hinein.

Daß gerade von Barmen I her im Blick auf Barmen V die Juden*christen*-Frage nicht von der »*Judenfrage*« getrennt werden durfte und konnte, dafür ist ein unverdächtiger Zeuge einer der entscheidenden Väter der Bekennenden Kirche: Heinrich Vogel. Heinrich Vogel berichtete mir 1983 telefonisch und erzählte mir 1984 auf der Barmen-Konferenz in Seattle über seine Rede auf der Steglitzer Bekenntnissynode kurz nach der Verabschiedung der Nürnberger Rassengesetze vom 15. September 1935:

»*Ich bin damals von Präses Koch unter anderem erpreßt worden, nur zur Judentaufe, nicht aber zur Judenfrage nach den Rassengesetzen von Nürnberg zu*

---

47 *Irving Greenberg:* Cloud of Smoke, Pillat of Fire, a.a.O. (Anm. 2), S. 12. Übersetzung des Textes:
»Tatsache ist, daß während des Holocaust die kirchlichen Proteste sich in erster Linie auf die übergetretenen Juden bezogen.«

48 Ebd., S. 47.
Übersetzung des Textes:
»Während des Holocaust bezogen sich viele (die meisten?) kirchliche(n) Proteste auf die Judenchristen. Bedenke, was das bedeutet. Es ist nicht wichtig, gegen den Mord an Juden zu protestieren; nur wenn eine Person an Jesus Christus als Herr und Erlöser glaubt, gibt es eine moralische Notwendigkeit, gegen ihr Verderben zu protestieren.«

49 *Georg Merz,* in: Zwischen den Zeiten, Jahrgang 1933, S. 529ff.; zitiert auch bei *Eberhard Busch:* Juden und Christen im Schatten des Dritten Reiches, in: Theologische Existenz heute 205 (1979), S. 26; die vorzügliche Arbeit von E. Busch scheint mir bisher in der Diskussion zu wenig berücksichtigt worden zu sein.

sprechen. Ich habe dann eine Eingabe an den Bruderrat gemacht, der sich dieser Sache annehmen wollte. Martin Niemöller hat am Ende der Steglitzer Synode gesagt: Es gibt Gelegenheiten, die man verpaßt und die dann nicht wiederkommen.

Ich selbst habe später noch die Möglichkeit gehabt, über die Judentaufe hinaus zur Judenfrage zu sprechen. Und zwar in der Kirche in Eisleben. Als ich am Tage der Reichskristallnacht in Eisleben ankam und davon hörte, ›jetzt geht es den Juden ans Leben‹, habe ich mir gesagt: Ich muß in aller Deutlichkeit etwas zur Judenfrage sagen. Ich habe dann zu Beginn der Predigt bei einer atemlosen Stille der Gemeinde gesagt: ›Du sollst Deinen Nächsten lieben, wie Dich selbst. Auch der Jude ist unser Nächster‹ und: ›Richtet nicht, auf daß ihr nicht gerichtet werdet‹.«

Der Rheinische Synodalbeschluß zur Erneuerung des Verhältnisses der Christen zu den Juden formuliert zum erstenmal im Namen einer kirchlichen Synode das Versagen der Kirche gegenüber Barmen V im Hinblick auf das Judentum: »Wir bekennen betroffen die Mitverantwortung und Schuld der Christenheit in Deutschland am Holocaust.«[50]

Dieses Bekenntnis der Schuld und des Versagens gegenüber Barmen V im Hinblick auf das Judentum blieb aber nicht abstrakt, sondern wurde sofort konkretisiert: »*Dieser Holocaust bedeutet eine Krise unserer Zivilisation ... und Politik ...*

Der Zivilisation: Die Universität entwickelte und lehrte die Wissenschaft, welche die Menschen mit den technischen Mitteln für diesen Genocid (Völkermord) ausrüstete ...

Der Politik: das Mandat der Macht über Menschen und der Verwaltung ihres Zusammenlebens enthüllte in aktiver Beteiligung oder in passiver Zulassung seine bösesten Möglichkeiten als unsere eigene Möglichkeit.«[51]

Mit diesem Schuldbekenntnis des Versagens gegenüber Barmen V im Hinblick auf das jüdische Volk im Rheinischen Beschluß werden aber auch die Aufgaben genannt, die aus der Umkehr und Erneuerung folgen müssen.

»*Mitarbeit bei der verantwortlichen Kontrolle unserer (inzwischen unendlich erweiterten) technokratischen Mittel (Zivilisation); ...*

Kritischer Widerstand gegen die Wiederholung von Machtballungen und gegen die Entmündigung ohnmächtiger Gesellschaftsgruppen (Politik).«[52]

Auf Barmen V von Barmen I her (um mit Barth zu sprechen) höchstes Gewicht legen bedeutet: Barmen V kann und darf nicht mehr ohne die Erinnerung an den Holocaust und das Versagen der Kirche gegenüber dem Ju-

---

50 *Bertold Klappert / Helmut Starck*: Umkehr und Erneuerung, a.a.O. (Anm. 12), S. 264. – Vgl. auch *B. Klappert / G. van Norden* (Hg.), Tut um Gottes willen etwas Tapferes! Karl Immer im Kirchenkampf, Neukirchen-Vluyn 1989.
51 *Bertold Klappert / Helmut Starck*: Umkehr und Erneuerung, a.a.O. (Anm. 12), 267f.
52 Ebd., S. 273.

dentum bis hin zum Holocaust ausgelegt und rezipiert werden. Das meint das Stichwort: »Barmen V nach dem Holocaust.«

6.   Der Holocaust von gestern und Hiroshima von morgen

Elie Wiesel hat in seinem Buch: »Der Gesang der Toten« aus dem Jahre 1967 gesagt: *»Keine Frage ist für den Menschen unseres Zeitalters bedeutender als die Frage nach Auschwitz und Hiroshima – ich meine das Hiroshima von morgen. Die Zukunft erfüllt uns mit Angst, mit Scham die Vergangenheit, beide Ereignisse sind eng miteinander verknüpft wie die Ursache mit der Wirkung. Auschwitz wird die Ursache für das Hiroshima von morgen sein, . . . wenn das Menschengeschlecht durch die Atombombe ausgelöscht sein wird.«*[53]

Irving Greenberg hat darauf aufmerksam gemacht: Wo der Mensch Gott als den kommenden Richter verneint, wo der Mensch keine Instanz mehr als Maß seiner selbst anerkennt, da maßt er sich unausweichlich die Rolle an, selber den Weltenrichter zu spielen.

Ähnlich haben überlebende Zeugen aus den Konzentrationslagern in der im Jahre 1981 vom Deutschen Fernsehen ausgestrahlten Sendung »Zeugen« zu der Bedrohung durch die anwachsenden atomaren Vernichtungspotentiale gesagt: »Die Welt läuft auf eine erneute Zerstörung zu. Damals (gemeint ist der Holocaust) hat es begonnen.«

Die dem drohenden Atomtod zugrunde liegende Sünde, selber Richter sein zu wollen über Leben und Tod, hat sich den in dieser Sendung zu Worte kommenden Zeugen von Auschwitz in der Gestalt des Dr. Mengele personifiziert: Alle Zeugen des Holocaust berichten übereinstimmend über den »Arzt«, der, auf der Rampe stehend, die den Güterwaggons entsteigenden jüdischen Männer, Frauen und Kinder »selektierte«. Er hielt einen Stab in der Hand und sagte nach kurzer »Musterung« des jeweils ihn passierenden jüdischen Menschen: »links« oder »rechts«, wobei diese »Selektion« entweder harte Sklavenarbeit oder die unmittelbare Vernichtung bedeutete. Damit hatte er das endgültige Urteil über das Leben dieser Menschen ausgesprochen. In dieser Gestalt des Dr. Mengele personifiziert sich das, was die Ursünde des Menschen ist: Der Mensch setzt sich selbst auf den Thron des Weltenrichters und praktiziert das angemaßte Richteramt des Menschen, das nur auf die völlige Vernichtung des Menschen im Atomtod zulaufen kann. Die Holocaust-Sünde ist in dieser Gestalt des Dr. Mengele überdeutlich und grell markiert: Der Mensch praktiziert in un-

---

menschlicher Anmaßung das totale Richteramt über den Menschen. Und
nun scheint es mir überaus charakteristisch zu sein, daß diese Holocaust-
Sünde, der zufolge der Mensch sich in ethisch nicht mehr verantwortbarer
Weise zum Richter über Leben und Tod des Mitmenschen aufschwingt,
von der holländischen Kernwaffen-Denkschrift »Kirche und Kernbewaffnung« an einem konkreten Beispiel demonstriert wird:
Die Kernwaffen-Denkschrift berichtet über die verschiedenen von der holländischen Regierung geplanten Programme für Schutzunterkünfte bei einem Atomkrieg. Ist bei der heutigen Schutzbunkerkapazität in Holland
mit beinahe zwei Millionen Toten und beinahe drei Millionen Verwundeten zu rechnen, so würden bei einer Aufstockung des Bunkerprogramms
den Schätzungen der Kommission zufolge »nur« eine Million Tote und
»etwas mehr« als drei Millionen Verwundete zu erwarten sein.[54]
Das führt die holländische Denkschrift zur folgenden ethischen Überlegung, die das angemaßte Richteramt des Menschen in ein grelles Licht
rückt: Die Verfasser fragen: »Was ist zum Beispiel Solidarität in einer Situation der Massenvernichtung? Wie werden die Menschen zwischen den
vielen unterscheiden (!), die sterben müssen, und ›dem kleinen Rest‹, der
gerettet wird? Offensichtlich hat man wohl allgemein akzeptiert, daß in
den Niederlanden eine Million Tote besser ist als zwei Millionen Tote . . .
Aber die wirkliche ethische Frage ist, ob wir mit Unterscheidungen (!) hantieren, die jenseits der Grenze dessen liegen, wo Unterscheidungen ethisch
noch möglich sind.«[55]
Drastischer und plastischer kann das angemaßte Richteramt des Menschen, der sich selbst auf den Stuhl des Weltenrichters setzt, nicht mehr
beschrieben werden: Der Mensch hantiert mit Unterscheidungen zwischen Millionen von Menschen und Megatoten, die jenseits dessen liegen,
was dem Menschen ethisch zusteht.

7. Antisemitismus und Massenvernichtungsmittel als Kennzeichen to-
talitärer Gewalt heute

Karl Barth hat zwei Jahre vor seinem Tod eine letzte Interpretation der
Barmer Theologischen Erklärung für die Situation nach dem Holocaust
und im Hinblick auf das drohende Hiroshima von morgen abgegeben.
Seine These ist: Die Barmer Theologische Erklärung hatte auch in der Situation des Jahres 1934 bereits einen politischen Unterton. Diesen politischen Unterton gilt es im Jahre 1966 – und ich füge hinzu: auch heute –

---

54 Die Handreichung der Nederlandse Hervormde Kerk: Kirche und Kernbewaffnung,
Neukirchen-Vluyn 1981, S. 83.
55 Ebd., S. 85.

angesichts der stärker werdenden Tendenzen totalitärer wirtschaftlicher
Interessen und staatlicher Gewalt – kräftiger zu betonen, als es damals in
der Situation des Jahres 1934 getan worden ist.

Er sagte nämlich am 8. 5. 1966: »*Ich vermisse in den Lebensäußerungen der
Kirche einen lebhaften Sinn für die politische Verantwortung der Kirche. Die
sechs Sätze von Barmen haben, wie es damals die Gegner deutlich bemerkt haben, auch einen politischen Unterton gehabt ... Wer feine Ohren hatte bei
Freund und Feind, der merkte, daß da auch etwas Politisches mitschwang. Und
nun hätte ich erwartet, daß sich dieses Politische in der Folgezeit auch wieder
geltend machen würde.*«[56]

Und was heißt das rechte Verständnis von Barmen zwischen Holocaust
und Hiroshima? Barth antwortet in Auslegung von Barmen V: »*Die Kirche
muß nicht nur Dinge aussprechen dürfen, in denen alle einig* **sind,** *sondern
Dinge, in denen alle einig* **sein sollten** ... *Ich möchte mal fragen: Wo hat die
deutsche Kirche bis jetzt ein deutliches Wort gesprochen zu der Vietnam-Politik der mit Westdeutschland verbündeten Amerikaner? Oder: Wann und wo
hat die Kirche ein deutliches und verbindliches Wort gesprochen im Blick auf
die drohende Atombewaffnung des deutschen Bundesheeres? Wann und wo
hat die Kirche sich deutlich und verbindlich geäußert gegen die neuen Äußerungen von Antisemitismus, die es in Deutschland gibt? ... In diesen Dingen
gibt es [von Barmen V her!] keine verschiedene Meinung.*«[57]

In dieser letzten Barmen-Interpretation K. Barths werden sowohl der Antisemitismus als auch die Massenvernichtungsmittel als die beiden Kennzeichen totalitärer Gewalt von heute verstanden. Und auf die Frage, ob die
Kirche nicht damit ihre eigentliche Aufgabe, die Verkündigung des Evangeliums, preisgebe, hat Barth geantwortet: »*Man hat uns das auch 1933/34
zum Vorwurf gemacht, in der Bekenntniszeit des Kirchenkampfes, wir mischten uns in politische Belange ein; man solle das reine Evangelium predigen und
nicht gegen den Nationalsozialismus Stellung nehmen. Das waren im Grund
immer die Leute, welche heimlich oder auch offen für den Nationalsozialismus
waren.*«[58]

Der Zusammenhang zwischen dem Holocaust (Antisemitismus) und Hiroshima (atomare Massenvernichtungsmittel) klingt in Barths letzter Barmen-Interpretation also überdeutlich an.

---

56   *Karl Barth:* Kirche und Theologie heute, in: Zeichen der Zeit, 20. Jahrgang 1966, S. 285.
57   Ebd., S. 288.
58   Ebd.

Schluß: Die verheißende Stimme der Hoffnung

Ähnlich wie Karl Barth hat auch Irving Greenberg in seinem jetzt schon des öfteren genannten Aufsatz auf den Zusammenhang zwischen dem Holocaust von gestern und Hiroshima von morgen aufmerksam gemacht. Greenberg hat darüber hinaus den Holocaust von gestern und damit den Antisemitismus überhaupt als ein »Frühwarnsystem« verstanden, an welchem Tendenzen einer ganzen wissenschaftlichen und politischen Kultur vorhergeschaut werden können. Der Antisemitismus, im Holocaust zu seinem entsetzlichen Höhepunkt gelangt, »*is a kind of early warning system of the sins intrinsic in the culture but often not seen until later . . . The dangers of absolute power . . . now broadcast aloud for all to see was foreshadowed earlier in the treatment of the Jews.*«[59]
»*The Holocaust was an advance warning of the demonic potential in modern culture. If one could conceive of Hitler coming to power not in 1933 but in 1963, after the invention of nuclear and hydrogen bombs, then the Holocaust would have been truly universal. It is a kind of last warning that if man will . . . overcome the demonism unleashed in modern culture, the world may survive. Otherwise, the next Holocaust will embrace the whole world.*«[60]
Aber Greenberg schließt nicht mit der Aussicht auf den drohenden Totalitarismus, sondern mit dem Aufruf zum Widerstand angesichts der verheißenden Stimme der Hoffnung: »*The holocaust calls on Jews, Christians, and others to absolutely resist the total authority of this cultural moment. The experience frees them . . . to relate to a divine other, who sets limits and judges the absolute claims of contemporary philosophic, scientific and . . . political systems.*«[61] »*I would argue that the moral necessity of a world to come, and even*

---

59 *Irving Greenberg:* Cloud of Smoke, Pillar of Fire, a.a.O. (Anm. 2), S. 37.
Übersetzung des Textes:
». . . ist eine Art Frühwarnsystem für die in einer Kultur angelegten, aber oftmals erst später sichtbar werdenden Sünden . . . Die Gefahr der absoluten Macht, . . . jetzt laut verkündet, so daß jeder sie erkennen kann, hatte sich schon früher in der Behandlung der Juden angedeutet.«
60 Ebd.
Übersetzung des Textes:
»Der Holocaust war eine Vorwarnung der dämonischen Möglichkeiten der modernen Kultur. Wenn man sich vorstellen könnte, daß Hitler nicht 1933, sondern 1963 nach der Erfindung der Atom- und Wasserstoffbombe an die Macht gekommen wäre, der Holocaust wäre wahrhaft weltweit gewesen. Er ist eine Art letzte Warnung, daß die Welt nur überleben kann, wenn der Mensch die in der modernen Kultur entfesselten dämonischen Kräfte überwinden wird. Sonst wird der nächste Holocaust die ganze Welt einbeziehen.«
61 Ebd., S. 31.
Übersetzung des Textes:
»Der Holocaust ruft Juden, Christen und andere auf, sich dem Totalitätsanspruch dieses kulturellen Augenblicks absolut zu widersetzen. Die Erfahrung macht sie frei, . . . sich auf ein göttliches Anderes beziehen zu können, das Grenzen setzt und über die Absolutheitsansprüche der zeitgenössischen philosophischen, naturwissenschaftlichen und . . . politischen Systeme Gericht hält«.

of resurrection, arises powerfully out of the encounter with the Holocaust«.[62]
Die Stimme des Gottes des Exodus und der Auferstehung Jesu Christi, an
die von Greenberg so überzeugend angesichts des Holocaust neu erinnert
wird, ist auch von Bonhoeffer und Barth während des Holocaust gehört
und zur Sprache gebracht worden.

Diese Stimme des Gottes des Exodus Israels und der Auferweckung Jesu
Christi ist auch in Barmen gehört worden, als man dort bekannte: Die Kirche »erinnert an Gottes (kommendes) Reich, an Gottes Gebot und Gerechtigkeit und damit (!) an die Verantwortung der Regierenden und Regierten« (Barmen V).

---

62   Ebd., S. 30.
Übersetzung des Textes:
»Ich möchte behaupten, daß die moralische Notwendigkeit der kommenden [messiani-
schen] Welt, ja sogar der Auferstehung, sich kraftvoll aus der Begegnung mit dem Holocaust erhebt.«

11 Die Auferstehung Jesu und der Aufstand gegen das Nichtige[1]

Karl Barths Stellungnahmen zu Krieg und Massenvernichtung

»Es wird Ihnen aufgefallen sein, daß ich vorhin gegen Hitler und für die Notwendigkeit, ›ihm zu widerstehen‹, in letzter Linie so einfach die Auferstehung Jesu Christi geltend gemacht habe . . . Wir müssen es darum in aller Bestimmtheit sagen, weil die Welt, in der wir leben, der Ort ist, wo Jesus Christus von den Toten auferstanden ist« (K. Barth am 31. Juli 1941).

Karl Barths Stellungnahme zur Friedensfrage in voratomarer und atomarer Situation kann in ihrer Weite und Komplexität hier auch nicht annähernd dargestellt werden. Ich beginne mit dem Hinweis auf den merkwürdigen Tatbestand, daß man Barth immer wieder Inkonsequenzen und Brüche vorgeworfen hat. Barth habe – so wird z.B. argumentiert – während des Zweiten Weltkrieges in der Frage des Widerstandsrechtes gegenüber dem Hitlerstaat eine Stellung bezogen, die er nach 1945 gegenüber dem Kommunismus und den sogenannten »Ostblockstaaten« nicht mehr durchgehalten habe. Barth habe – so lautet eine andere Variante – in seiner Schöpfungsethik KD III/4 Aussagen zum Krieg gemacht, die er in den späten fünfziger Jahren im Hinblick auf die Massenvernichtungsmittel korrigiert habe. Erschwerend kommt hinzu, daß die vielen und eindeutigen, aber verstreuten Äußerungen Barths zur atomaren Frage meistens nicht bekannt sind, so daß man aus Barths Schöpfungsethik des Jahres 1951 sogar die atomare Integration Deutschlands in das westliche Abschreckungssystem meint folgern zu können. Nach dem Motto: »Was süd-

---

1 Eine verkürzte Fassung dieses Beitrages ist in der Festschrift für H.-J. Kraus »Wenn nicht jetzt – wann dann?«, hg. von H.-G. Geyer, J.M. Schmidt, W. Schneider und M. Weinrich, Neukirchen-Vluyn 1984, S. 365–382 erschienen. Vgl. zum Folgenden auch den Quellenband »Schritte zum Frieden. Theologische Texte zu Frieden und Abrüstung« (hg. von B. Klappert und U. Weidner, ²1983). In diesem Band sind im wesentlichen die Stimmen der Bekennenden Kirche (K. Barth, E. Bethge, J. Beckmann, D. Bonhoeffer, W. Busch, H. Gollwitzer, H.J. Iwand, W. Kreck, K. Scharf und H. Vogel) zur Friedensfrage gesammelt und kommentiert. Vgl. die dort ebenfalls abgedruckten Texte K. Barths zur Friedensfrage: 1. Es geht ums Leben (Karfreitag 1957); 2. Zehn Thesen zur Frage der atomaren »Bewaffnung« (Januar 1958); 3. Ob die Möglichkeit des Atomkrieges im Gehorsam gegen das Evangelium zu bejahen ist (September 1958); 4. Brief an den Europäischen Kongreß gegen atomare Aufrüstung (Januar 1959).

lich von Lörrach (in der Schweiz) gilt, sollte auch nördlich von Lörrach (in West-Deutschland) gelten.«

Das Verstehen der Position Barths, die eine konsequente und aktualisierende Auslegung der Barmer Theologischen Erklärung von 1934 in neuer Situation darstellt (»Barmen heute«), wird weiter dadurch kompliziert, daß Barth wie auch D. Bonhoeffer sich den heute gängigen Alternativen – »Sicherung des Friedens« mit Bejahung der atomaren Abschreckung einerseits und »Ohne Rüstung leben«, eine Position in gewisser Nähe zum prinzipiellen Pazifismus andererseits – *nicht* einfügen. Hinzu kommt, daß Barth zeitgeschichtlich konkret zwischen Kriegen in voratomarer Zeit und Massenvernichtung in atomarer Zeit unterscheidet, um die Frage nach dem Grenzfall berechtigter innerstaatlicher und zwischenstaatlicher Notwehr in voratomaren Situationen (man denke an die Befreiungsbewegungen) von der nach Barth grundsätzlich illegitimen Notwehr mit Massenvernichtungsmitteln unterscheiden zu können.

Wie schwierig – weil nicht abstrakt, sondern den konkreten Fragen seiner Zeit verpflichtet – Barths Position ist, zeigt sich z.B. an der sonst verständnisvollen Darstellung von D. Cornu, der in seinem Buch »Karl Barth und die Politik« schreiben kann: Barths »jüngste Erklärungen (zur atomaren Frage) stellen in der Tat eine Anzahl von früheren Aussagen in Frage, die vor allem im dritten Band seiner ›Kirchlichen Dogmatik‹ (KD III/4) enthalten sind . . . Daraus ergibt sich dann die Beobachtung, daß die Schriften über die Atombombe eine starke Nuancierung bestimmter Aussagen nach sich ziehen, zum Beispiel derjenigen über den gerechten Krieg. Auch wird dadurch teilweise abgeschwächt, was Barth über . . . die Kriegsdienstverweigerung sagte«. Und Cornu resümiert am Ende seiner kurzen Darstellungen: »Beim Lesen all dieser Ausführungen Barths über die Atombombe wird es deutlich, wie offenkundig schwierig es ist, einen gerechten Krieg zu erwägen, in dem Atomwaffen zum Einsatz kommen.«[2]

M.E. ist eine solche These, es gäbe bei Barth Korrekturen und Abschwächungen nicht möglich, ja sie versperrt sogar den eigentlichen Zugang zur systematisch-ethischen Konsistenz der Aussagen und Stellungnahmen Barths zur Friedensfrage. Denn – um sogleich das Wichtigste vorwegzunehmen – Barth hat seine Aussagen über den »gerechten Krieg« – das meint im Anschluß an Luther den Grenzfall berechtigter, weil aufgezwungener Notwehr – nicht etwa abgeschwächt, sondern in der Atom»waffen«frage zur konsequenten und vollen Anwendung gebracht.

2 *D. Cornu:* Karl Barth und die Politik, 1969, S. 153, 160f.

1.   Die Wirklichkeit des Krieges in vor-atomarer Situation (1951)

Barth schreibt den Abschnitt KD III/4 unter dem Eindruck der beiden
Weltkriege.[3] Er sieht Theologie und Kirche immer in der Gefahr, zwischen
einer prinzipiellen Rechtfertigung des Krieges oder einem prinzipiellen
Pazifismus aufgerieben zu werden.
Barth beginnt mit einer schonungslosen Darstellung der nackten Wirklichkeit insbesondere der letzten beiden Weltkriege, die er als Massenmord und Massenvernichtung bezeichnet[4]. Für den Krieg in seiner modernen Form ist heute *jeder* Bürger verantwortlich. Sieht man den Krieg illu-
sionslos, so offenbart er sich primär als ein Raubkrieg im Dienst wirtschaftlicher und materieller Interessen und hat die unterschiedslose Vernichtung der Kämpfenden und der Zivilbevölkerung zur Folge. Die Ab-
scheulichkeit seiner Methoden und seiner massenhaften Wirkung kennzeichnet also schon die Kriege in der vor-atomaren Zeit.

a)   Die falsche Rechtfertigung des Krieges und das Recht des Pazifismus

Kirche und Theologie sind in verhängnisvoller Weise mit dieser brutalen
Wirklichkeit des Krieges verflochten, insofern es eine pseudo-biblische
Rechtfertigung des Krieges durch die Kirchengeschichte hindurch gibt.
Barth hebt die Rechtfertigung des Krieges insbesondere in der nachkon-
stantinischen und neuprotestantischen[5] Ära hervor: »Die nachkonstanti-
nische Kriegstheologie«[6] setzt sich in der neuprotestantischen Rechtfertigung des Krieges bis zu Althaus u.a. fort.[7] Dabei hebt Barth – wie auch
Bonhoeffer – besonders auf die pseudo-biblische, »satanische« Rechtfertigung des Krieges ab: Die Kirche hat »in diesem Äon den Auftrag, sich der
satanischen Lehre entgegenzustellen, daß der Krieg prinzipiell unvermeidlich und also prinzipiell gerechtfertigt sei, daß es in diesem Äon nicht
anders sein könne und also in Ordnung gehe, wenn es immer wieder Kriege gebe, an denen dann selbstverständlich auch die Christen teilzunehmen
hätten«[8]. Diese die Kirchengeschichte faktisch größtenteils bestimmende
Rechtfertigung der Kriege geht einher mit einer Abgrenzungsangst gegenüber den pazifistischen »Schwärmern«.[9]
Weiß sich Barth von dieser Kriegstheologie und -ideologie radikal geschieden, so hebt er umgekehrt die »relative Kraft der pazifistischen These« und

3   *K. Barth:* KD III/4, S. 515ff.
4   A.a.O., S. 516–519.
5   A.a.O., S. 521–523.
6   A.a.O., S. 527.
7   A.a.O., S. 523.
8   A.a.O., S. 526.
9   A.a.O., S. 523.

Bewegung[10] hervor: Das rigorose Nein des Pazifismus hat fast unendlich viel für sich[11], während die Angst vor der »Schwärmerei« nur die Kehrseite der einseitigen Bejahung des militanten Machtstaates ist.[12] Deshalb drängt sich »das Wahrheitsmoment der pazifistischen These« heute stärker denn je auf.[13] Lediglich das Prinzipielle am Pazifismus ist das Problematische, weil der Absolutismus der pazifistischen These die Wirklichkeit verfehlen kann.[14]

b) Die Aktualisierung von Barmen V

Der pseudo-biblischen Rechtfertigung des Krieges, von der Barth sich prinzipiell geschieden weiß, und dem prinzipiellen Pazifismus, dessen Wahrheitsmoment sich ihm immer stärker aufdrängt, stellt er zunächst seine Neuaktualisierung der 5. These der Barmer Theologischen Erklärung über die Aufgaben des Staates (Barmen V) gegenüber: »Der Krieg darf *nicht* als ein *normales*, ein ständiges, gewissermaßen wesensnotwendiges Element dessen anerkannt werden, was ... den rechten *Staat*, die von Gott gewollte politische Ordnung ausmacht. Gewiß, der Staat ist als solcher Träger von Gewalt, und er muß solche auch üben können. Aber das tut er ja ohnehin (!), und nicht das hat die christliche Ethik in erster Linie auszusprechen, daß er das tun solle, und auf keinen Fall das, daß die Gewaltübung das *Wesen* des Staates sei, sein *opus proprium* (sein eigentliches Werk) ..., sondern vielmehr, daß es ein *opus alienum* (ein fremdes Werk) schon des Staates ist, wenn er Gewalt üben muß.«[15] Der Staat dient nämlich seiner Bestimmung und Aufgabe gemäß primär dem Aufbau einer durch Recht, Frieden und Freiheit bestimmten Lebens- und Gesellschaftsordnung für alle und ist deshalb zuerst als demokratische Gesellschaft und soziale Demokratie zu kennzeichnen.[16] Er hat schließlich dem Aufbau einer zwischenstaatlichen Friedensordnung zu dienen. Der christliche Einsatz hat demzufolge primär der Gestaltung des Friedens *in* und *zwischen* den Staaten zu gelten.

Von diesen Voraussetzungen her hat Barth, um dem Mißbrauch von Barmen V, wie er nach 1934 stattgefunden hat, zu begegnen, im Jahre 1963

10 A.a.O., S. 523.
11 A.a.O., S. 520.
12 A.a.O., S. 523.
13 A.a.O., S. 527.
14 A.a.O., S. 527.
15 A.a.O., S. 522.
16 A.a.O., S. 524–526. Dies wird durch den Vorentwurf zu Barmen V bestätigt, den Barth 1934 verfaßte und in welchem er formuliert, »daß der Staat ... in der noch nicht erlösten Welt ... nach dem Maß menschlicher Einsicht und menschlichen Vermögens für Recht zu sorgen hat« (in: *Chr. Barth*: Bekenntnis im Werden. Neue Quellen zur Entstehung der Barmer Erklärung, 1979, S. 61f.). Von der Androhung und Ausübung von Gewalt ist hier noch nicht die Rede!

folgende Neuformulierung von Barmen V vorgeschlagen: Der Staat hat
»nach göttlicher Anordnung die Aufgabe, in der noch nicht erlösten Welt,
in der auch die Kirche steht, nach dem Maß menschlicher Einsicht und
menschlichen Vermögens dem Gemeinwohl und also dem Recht, dem
Frieden und der Freiheit zu dienen – notfalls [im Notfall, Grenzfall] auch
unter Androhung und Ausübung von Gewalt«[17].

c) Der Grenzfall gerechter Notwehr in vor-atomarer Situation

Nachdem sich Barth auf diese Weise sowohl gegen eine prinzipielle Rechtfertigung des Krieges als auch gegen einen prinzipiellen Pazifismus abgegrenzt hat, kommt er in KD III/4[18] zu der sorgfältigen Bestimmung dessen, was Luther das »iustum bellum« (den »gerechten Krieg«; nicht die
Rechtfertigung des Krieges) nannte und was Barth nun genauer als *äußersten Grenzfall berechtigter, weil von außen aufgezwungener Notwehr*[19] kennzeichnet: Dieser äußerste Grenzfall eines von außen aufgezwungenen Widerstandes kann von christlicher Ethik nicht prinzipiell in Abrede gestellt
werden. »Eben mit Rücksicht auf diesen Fall kann die christliche Ethik
nicht absolut pazifistisch sein, kann sie *nicht* aller und jeder ... militärischen Rüstung widersprechen.«[20] Konkrete Beispiele können hier genannt
werden: Barths Brief an Hromádka vom September 1938, sein Brief an eine holländische Pazifistin vom Oktober 1938[21] und seine in der Auslegung
des Schottischen Bekenntnisses (März 1938) und in »Rechtfertigung und
Recht« (Juni 1938) gemachten Ausführungen zum Grenzfall berechtigter
(innerstaatlicher wie auch zwischenstaatlicher) Notwehr.
Barths damals so umstrittene Aussagen über das Vorhandensein des
Grenzfalls berechtigten Widerstandes im Jahre 1938 – weil durch den entschlossenen staatlichen Widerstand von außen und innen der Raubkrieg
Hitlers wahrscheinlich hätte verhindert werden können – hat nach 1945
der Bonhoeffer-Vertraute Bischof Bell von Chichester (England) bestätigt.
Als Antwort auf die »Stuttgarter Schulderklärung« (1945) schreibt er:
»Wir hier in England haben in geradezu verbrecherisch leichtfertiger Weise unsere Verpflichtung verkannt, Friede und Ordnung zu verteidigen,
und wenn die Deutschen sich beim Aufstieg Hitlers verhängnisvoll passiv
verhalten haben, so war auch unsere und anderer Völker Passivität kaum

---

17 *K. Barth:* Gespräch über verschiedene theologische Themen – darunter auch über die
    Barmer Theologische Erklärung – aus dem Jahre 1963, das W. Schlenker in der Stimme der
    Gemeinde, 1963, Sp. 745–758 *teilweise* wiedergegeben und auch als Separatdruck veröf-
    fentlicht hat: Zum Gedenken an Karl Barth. Ein Gespräch der Kirchlichen Bruderschaft in
    Württemberg mit Herrn Prof. Dr. Karl Barth am 15. Juli 1963.
18 *Karl Barth:* KD III/4, S. 527ff.
19 A.a.O., S. 527.
20 A.a.O., S. 529.
21 *Ders.:* Eine Schweizer Stimme 1938–1945, 1945, S. 58f, 63ff.

weniger tadelnswert. Auch wir und unsere Kirchen haben zugeschaut, wie das nationalsozialistische System allmählich Überhand gewann über das Leben in Deutschland, und wir waren zu bekümmert oder zu faul, die nötigen militärischen Maßnahmen zur Sicherung der Freiheit Europas zu treffen.«[22] Barth hat 1951 – wie auch schon während des Zweiten Weltkrieges – diesen Grenzfall berechtigten Widerstandes auch »gegenüber einem Angriff auf die Unabhängigkeit, Neutralität und territoriale Integrität der Schweiz ... für *gegeben* gehalten«.[23] Und im Anschluß an H. Gollwitzers Hinweis darauf, daß dieser Grenzfall berechtigter Notwehr im Verteidigungskrieg Israels des Jahres 1948 vorgelegen habe[24], hat Barth im Jahre 1967 einer Stellungnahme der »Prager christlichen Friedenskonferenz« mit ihrer »negativen Stellungnahme zum Daseinskampf des Staates Israel jede tiefere theologische Besinnung, aber auch praktisch-politische Vernunft« abgesprochen.[25]

Von daher hat Barth in vor-atomarer Situation die allgemeine Wehrpflicht in der Schweiz befürwortet und sich lediglich für eine konkrete, nicht-prinzipielle, also eine *situationsbezogene Wehrdienstverweigerung* ausgesprochen.

Bonhoeffers Weg in den Widerstand muß ebenfalls in dieser Richtung verstanden werden: Er sah, daß mit Hitlers Raubkrieg und Totalstaat nach 1938 der Grenzfall berechtigten innerstaatlichen Widerstandes eingetreten war.

Diese grundsätzliche Stellungnahme zum Grenzfall legitimen Widerstandes in vor-atomarer Situation in KD III/4 ist von Barth – entgegen aller Legendenbildung – nicht nur nicht widerrufen worden, sondern ausdrücklich als Auslegung und Aktualisierung von Barmen V festgehalten worden.

So hat Barth in dem bereits zitierten Gespräch aus dem Jahre 1963 sich nicht nur auf Barmen berufen, sondern auch über den umstrittenen Abschnitt aus der Schöpfungsethik gesagt: An dem Abschnitt »wird Ihnen doch das hoffentlich Eindruck gemacht haben, daß ich ja zunächst eigentlich neunundneunzigprozentig *gegen* Krieg und Militär geredet habe. Es ist mir schon gesagt worden, es sei eigentlich vom Schärfsten, was in dieser Richtung gesagt worden sei. – Und dann ... bleibt 1% übrig, gelt, nur das! Man wird mir also nicht den Vorwurf machen können, das sei Kriegstheologie, was ich da vorgetragen habe. Nur ist es allerdings auch nicht einfach ... prinzipieller Pazifismus. Sondern ich habe damit gerechnet: der Staat könne in einen Notstand kommen, in welchem ihm nichts anderes übrig

22　*G. Bell:* Antwort auf die Stuttgarter Schulderklärung, in: Nachrichtendienst der Pressestelle der Evangelischen Kirche der Rheinprovinz, 9. Folge, 1946, o.S.
23　*K. Barth:* KD III/4, S. 529.
24　*H. Gollwitzer:* Die Christen und die Atomwaffen, TEH 61, S. 49.
25　*K. Barth:* Briefe 1961–1968, hg. v. J. Fangmeier und H. Stoevesandt, 1975, S. 423. – Vgl. *L. Siegele-Wenschkewitz:* Die Judenfrage im Leben M. Niemöllers, in: U. Büttner (Hg.), Die Deutschen und die Judenverfolgung im Dritten Reich, Hamburg 1992, 293-319, bes. 312f.

bleibt, als – wie er es nach innen häufig tun muß – nun auch nach außen Gewalt zu brauchen.

Ich habe zudem ausgeführt – ergänzt Barth –, daß eigentlich die ganze Entwicklung der Kriegsfrage schlechterdings darauf hinweist, daß der Krieg auszuschließen ist. Wir haben nicht mehr die Naivität, die noch Luther den Kriegsmännern gegenüber haben konnte. Wir wissen auch zu viel darüber, wie Kriege entstehen und was die eigentlichen Motive zu sein pflegen. Und vor allem: Wir stehen zu stark unter dem Eindruck, daß heutzutage der Krieg eine Angelegenheit der ganzen Völker geworden ist – aktiv und passiv – und daß der Krieg in seiner Durchführung etwas so Scheußliches geworden ist, daß die Frage sich immer pointierter stellt: Geht das? Ist das noch tragbar? Gibt es da noch einen Notstand des Staates, in welchem man sich darauf berufen kann: es muß Krieg geführt werden?«[26]

Und doch: Barth hat damals, 1938 wie auch 1963, mit diesem Grenzfall des berechtigten, weil von außen aufgezwungenen Widerstandes als Möglichkeit gerechnet: »Und es wäre in diesem Fall, in diesem 1% da an der Grenze, dann also von einem ... Grenzfall«[27] zu sprechen.

Aber nun hat man in Westdeutschland dies, daß Barth hier die Möglichkeit des äußersten Grenzfalls berechtigter Notwehr konstatiert zur Begründung der Remilitarisierung mißbraucht: Jetzt natürlich sind sie gekommen und haben gesagt: »Ha, jetzt haben wir's! Er rechtfertigt den Krieg! Und sie sind dann offenbar sogar im Deutschen Bundestag mit diesem Buch in der Hand aufgetreten ... Sogar der Bundespräsident Heuss hat ein paar Mal darauf Bezug genommen und gesagt: Was? Was südlich von Lörrach gilt, das soll nicht auch nördlich von Lörrach gelten? Also – die deutsche Wiederaufrüstung!« Barths Kommentar dazu: »Ich kann nur sagen: das ist heller Unfug.«[28]

Barth kommt auch später immer wieder auf seine Darstellung der voratomaren Kriege zurück[29] und hat in seinem Brief an Daniel Pache vom Mai 1964 bündig erklärt: »Ich habe grundsätzlich den Inhalt meines Dogmatik-Textes nicht zurückgenommen.«[30]

Hat Barth aber seine grundsätzliche Position, die er 1951 in der Dogmatik bezogen hat, nicht zurückgenommen, dann können die Stellungnahmen, die er in den späten fünfziger Jahren, also in der atomaren Situation gemacht hat nur so verstanden werden: *Barth hat seine Aussagen und Kriterien, die das Vorhandensein des äußersten Grenzfalls berechtigten Widerstan-*

---

26 *Ders.* (Anm. 17).
27 A.a.O. (Anm. 17).
28 A.a.O. (Anm. 17).
29 In den Thesen 1 und 2 der Zehn Thesen (Anm. 1) vom Januar 1958; in der These 1 des Minderheitenberichts: Ob die Möglichkeit des Atomkrieges zu bejahen ist (Anm. 1) vom September 1958; in These 7 seines Briefes an den Europäischen Kongreß (Anm. 1) vom Januar 1959.
30 *Ders.*: Briefe (Anm. 25), S. 255.

des betreffen, nicht etwa aufgegeben oder abgeschwächt, sondern in der Atom»waffen«-Frage streng zur Geltung gebracht.

d) Massenvernichtungsmittel – keine Waffen des Rechtes

Barth hat seine Ausführungen des Jahres 1951 in KD III/4 nur an einem Punkt selber kritisiert: »Nun . . . der Punkt, der fatal ist an dem Abschnitt und was mich jetzt selber nicht freut . . ., ist, daß da nicht drinsteht, was jetzt ganz anderswo steht: In der Enzyklika ›Pacem in terris‹. Leider nicht in der Kirchlichen Dogmatik, sondern in der Enzyklika steht's: ›Es widerstrebt in unserem . . . Atomzeitalter . . . der Vernunft, den Krieg noch als das geeignete Mittel zur Wiederherstellung verletzter Rechte zu betrachten.‹ Das ist der Punkt, den ich dort nicht berücksichtigt habe. 1951: da waren freilich schon sechs Jahre seit Hiroshima vergangen. Ich hätte es eigentlich wissen und die Überlegung schon anstellen können, die der Papst Johannes XXIII. . . . angestellt hat. Das Auftauchen der Atomwaffen hat nun allerdings die Situation verändert, daß man sagen muß: Jetzt ist's genug! Man konnte über den Krieg noch Dinge sagen, die ich da so einprozentig gesagt habe, *wenn man das ausschaltet, was Atomkrieg heute bedeutet.* Wenn es aber so ist – Krieg heißt heute Atomkrieg –, dann bleibt allerdings wohl nichts übrig als zu sagen: *dann* eben *nicht* Krieg!«[31]

Aus dem von Barth in KD III/4[32] entwickelten Grenzfall berechtigter Notwehr war also in Westdeutschland die theologische Legitimität der Remilitarisierung und auch der atomaren Abschreckung gefolgert worden. Solchen Folgerungen gegenüber sagt nun Barth nach 1958: *Der Grenzfall berechtigter Notwehr aufgrund der Kriterien des gerechten Widerstandes*[33] *ist auf die atomare Abschreckung mit Massenvernichtungsmitteln nicht mehr anwendbar.*

Deshalb schreibt Barth 1964 in seinem schon zitierten Brief an Daniel Pache: »Ich bedaure, daß ich die Möglichkeit einer atomaren Bewaffnung und eines atomaren Krieges, der durch seine Natur den zureichenden Legitimationsgrund für einen Krieg (den Grenzfall berechtigter Notwehr) in Frage stellt (in meinem Dogmatik-Text), nicht in Erwägung gezogen habe

---

31 *Ders.:* Gespräch 1963 (Anm. 17).
32 *Ders.:* KD III/4, S. 515–538.
33 Dieser Grenzfall berechtigter Notwehr findet z.B. im Kontext des Antirassismusprogramms samt Sonderfonds des Ökumenischen Rates der Kirchen seine berechtigte – wenn auch innerhalb der EKD nicht anerkannte – Anwendung: Indonesische Christen haben sich in der Teilnahme am Befreiungskampf Sukarnos gegen die Holländer (A. Sitompul), die Mehrheit der Mitglieder der Kirchen Namibias haben sich ebenfalls in der Teilnahme am Befreiungskampf Sam Nujomas gegen das rassistische Regime in Südafrika (Z. Kameeta, Bischof H. Fréderic, A. Maasdorp) auf diese Aussagen berufen.

... Die Verteidigung unseres Bundesstaates mittels der Atomwaffen wäre
ein Widerspruch in sich selbst.«[34]

2. Die Wirklichkeit des Krieges im atomaren Zeitalter (1958)

Barth hat nicht erst in dem Zeitraum von 1957 bis 1959 zu den Massenvernichtungsmitteln Stellung genommen. Schon kurz nach dem Abwurf
der Atombomben auf Hiroshima und Nagasaki erwähnt er 1945 die
Schrecken der neuen Erfindung.[35] 1948 spricht er in Amsterdam von den
Gefahren »der drohenden Atombombe«.[36] Ja, selbst in dem oben bespro-
chenen Abschnitt der Schöpfungsethik aus dem Jahre 1951 heißt es zum
Krieg: »Die Möglichkeit der Atom- und Wasserstoffbomben hat eigentlich
nur noch gefehlt, um die Selbstenthüllung des Krieges in dieser Hinsicht
vollständig zu machen.«[37] Und schließlich löst Barths Rede zum Volkstrauertag im November 1954, wozu er von der Hessischen Landesregierung nach Wiesbaden eingeladen worden war, in Deutschland und Europa
Unruhe aus. Hatte doch Barth dort unter den »Unternehmungen, die zu
einem Dritten Weltkrieg führen müssen«, auch die »Wiederbewaffnung
Westdeutschlands im Rahmen einer antiöstlichen Militärallianz unter
amerikanischer Führung« genannt, »die darum als solche eine Kriegsdro-
hung ist, weil es unmöglich ist, daß sich die Gegenseite durch sie nicht of-
fensiv bedroht fühlen muß«[38]. Barth hatte es eine »Illusion« genannt zu
meinen, »es könnte der Kommunismus, unter dessen Herrschaft wir alle
nicht geraten wollen, statt mit sozialer Erneuerung und Reform, mit Pan-
zerdivisionen und Atomgeschützen angegriffen oder auch nur abgewehrt,
geschweige denn überwunden werden«[39].
Und Barth hatte die Remilitarisierung Westdeutschlands und seine atomare Integration in die westliche Allianz deshalb in Parallele zum Nationalsozialismus gestellt, weil sie »als Maßnahmen zum Schutz der bedroh-
ten westlichen Freiheit ... Produkte derselben Panik und Massensugge-
stion, derselben aufgeregten Phantasie, ... derselben Entwicklung ungu-
ter Instinkte, derselben eiligen Flucht in die Gewaltdrohung (sind), in denen jene böse Sache damals groß geworden ist und zum Kriege geführt
hat«[40]. Dem Barth-Biographen E. Busch ist grundsätzlich zuzustimmen:

34 *K. Barth:* Briefe (Anm. 25), S. 255.
35 *D. Cornu:* K. Barth und die Politik (Anm. 2), S. 153.
36 *K. Barth:* Die Unordnung der Welt und Gottes Heilsplan, 1948, S. 4.
37 *Ders.:* KD III/4, S. 519.
38 *Ders.:* Volkstrauertag 1954, in: *K. Kupisch* (Hg.): Der Götze wackelt, ²1964, S. 165ff.,
173.
39 A.a.O., S. 174.
40 A.a.O., S. 174.

»Das Jahr 1958 war für Barth in besonderem Maße bestimmt durch seine Beschäftigung mit der sich ihm von verschiedenen Seiten her aufdrängenden Frage der atomaren Aufrüstung.«[41]

a) Es geht ums Leben (Karfreitag 1957)

Im April 1954 hatte sich A. Schweitzer mit einem Brief an den »Daily Herald« gewandt, worin er die Atomwissenschaftler aufforderte, zu der Welt zu sprechen und dieser Welt die Wahrheit zu sagen.[42] Als dann am 12. April 1957 die Erklärung der 18 Göttinger Atomphysiker erschien, schrieb Barth nur eine Woche später seinen kurzen Beitrag: »Es geht ums Leben« (19. 4. 1957), also noch *vor* dem am Dienstag nach Ostern verlesenen Appell A. Schweitzers zur Einstellung aller Kernwaffenversuche (23. 4. 1957).[43]
Barth appellierte – im Sinne von Barmen V und angesichts des gegebenen Grenzfalls gerechten Widerstandes – an die Bürger in den betroffenen Staaten, an den Regierenden vorbei die Sache in ihre eigenen Hände zu nehmen, solange die politischen Stellen und die sie mehrheitlich stützende Presse die atomare Aufrüstung fortsetzen würden.
Barth unterschrieb dabei seinen Artikel »Karfreitag 1957«. *Das ist mehr als nur eine Zeitangabe.* Das signalisiert vielmehr den theologischen Hintergrund, von dem aus Barth von nun an so eindeutig Stellung bezieht. Barth hatte den ersten Teil seiner Versöhnungslehre im Jahre 1953 erscheinen lassen. Dort hatte er seine Lehre von dem Rechtshelfer entwickelt[44], der an unserer und der Welt Stelle die Vernichtung ein für allemal getragen hat: Das Kreuz ist der Ort der endgültigen Besiegung und Eindämmung des Nichtigen. Im Kreuz des der Vernichtung anheimgefallenen Sohnes Gottes ist auch das Nichtige, das Vernichtetwerden, die Auslöschung von Gott besiegt worden. Indem aber das Nichtige und die Vernichtung, die Auslöschung und das Untergehen im Nichts im Kreuz auf Golgatha von Gott wirksam ausgeschlossen worden sind, kann und darf diese Vernichtung in der Geschichte nach dem Kreuz Christi nicht mehr instrumentalisiert und vom Menschen zu irgendwelchen Zwecken gehandhabt werden. *Von diesem »Karfreitag« her sind Barths Stellungnahmen zu den Massenvernichtungsmitteln Auslegung seiner Kreuzestheologie und Konsequenz seiner Versöhnungslehre.*
Anders als Barth hielt H. Thielicke einen Monat später, im Mai 1957, auf dem 7. Bundesparteitag der CDU seinen Vortrag zum Thema »Gewissen

41 *E. Busch:* Karl Barths Lebenslauf, 1975, ⁸1986, S. 446.
42 *H.K. Rupp:* Außerparlamentarische Opposition in der Ära Adenauer, ²1980, S. 84.
43 A.a.O., S. 84; dahingehend ist die Darstellung von E. Busch (Anm. 41) zu korrigieren.
44 *K. Barth:* KD IV/1, S. 269ff., 279ff.; vgl. zur Analyse dieser Stellen *B. Klappert:* Die Auferweckung des Gekreuzigten, ³1981, S. 194ff. (vgl. in diesem Band den Beitrag I 3).

und Freiheit«, zu dem ihn Adenauer selbst gebeten hatte. Dieser Vortrag trug denn auch zur Beruhigung der durch die (mehrheitlich der CDU angehörigen) Göttinger Atomwissenschaftler zunächst beunruhigten CDU-Delegierten bei. Und Adenauer, der nach der Rede Thielickes erklärte, dessen »Rede hätte ihn zur Nachprüfung seines eigenen Gewissens veranlaßt«, wiederholte kurz danach in Washington seinen Wunsch, die Bundeswehr mit Atom»waffen« auszustatten.[45]

Demgegenüber schickte Barth Anfang Juni 1957 auf eine entsprechende Anfrage von Radio Warschau ein Telegramm nach Warschau, in welchem er die beiden Atommächte verbindlich zu einem – notfalls auch einseitigen – Verzicht auf Kernwaffenversuche aufforderte: »Wir warten auf Taten, nicht auf Verhandlungen. Aufrichtig und glaubwürdig ist [der] Friedenswille derjenigen Weltmacht, die zuerst ohne Rücksicht auf [das] Verhalten der Gegenseite und verbindlich ihren Verzicht auf weitere Kernwaffenexperimente aussprechen wird. Karl Barth.«[46]

b) Der Grenzfall berechtigter Notwehr und die Unmöglichkeit atomarer Abschreckung (Januar 1958)

Nach Vorgesprächen mit E. Wolf, H. Hansch, M. Rohkrämer und dem späteren Bundesverfassungsrichter H. Simon entwarf Barth im Januar 1958 die 10 Thesen zur Frage der atomaren »Bewaffnung«, die anonym erschienen und sich an die Ende April 1958 tagende EKD-Synode richteten. Barth resümierte und rezipierte in den Thesen 1 und 2 das in KD III/4 zum Grenzfall gerechtfertigter Notwehr Gesagte, nannte in These 3 und 4 die Atom»waffen« »Massenvernichtungsmittel«, die deshalb keine Waffen des Rechtes und Mittel der Politik mehr sein könnten (Th. 5), zu denen die Kirche also »im voraus«, d.h. prinzipiell nur eindeutig *Nein* sagen könne (Th. 6). So daß nicht erst die Anwendung, sondern schon die Herstellung und der Besitz der Massenvernichtungsmittel grundsätzlich Sünde gegen Gott und den Nächsten sind – eine These, der sich 1979 die holländische Kernwaffendenkschrift und 1982 das von H.-J. Kraus herausgegebene Friedensvotum des Reformierten Moderamens angeschlossen haben. These 10 schließlich erklärt die Atomfrage als solche zur Bekenntnisfrage (status confessionis), indem sie ein Ja oder Neutralität in dieser Frage als Verleugnung aller drei Artikel des christlichen Glaubens kennzeichnet.[47]

45 *H.K. Rupp:* Außerparlamentarische Opposition (Anm. 42), S. 80f.
46 *K. Barth:* Telegramm an Radio Warschau, in: Kirchenblatt für die Reformierte Schweiz.
47 Zum Problem des *status confessionis* vgl. *K. Barth:* Die Kirche und die politische Frage von heute (1938), in: *ders.:* Eine Schweizer Stimme 1938–1945, 1945, S. 69ff. Dieser Aufsatz scheint mir nicht nur für die heutige Frage nach der Bestimmung des *status confessionis*, sondern auch für die Deutung von Barths »Theologische Existenz heute« (vom Juni 1933) von Bedeutung zu sein. Die Aussagen Barths insbesondere auf S. 80ff. machen deutlich: Es ist nicht möglich, Barths Schrift aus dem Jahre 1933 als ein *Dokument der Konzessionen* zu

Karl Barth hatte im Jahre 1934 die Judenfrage zwar auf die reformierte Vorsynode, aber nicht ausdrücklich auf die Synode in Barmen 1934 gebracht. Er hatte sich gegenüber Bonhoeffer[48] brieflich dahingehend geäußert, daß der Zusammenstoß mit dem NS-Staat an einer noch entscheidenderen Stelle stattfinden müsse. Später hat Barth in seinem Brief an E. Bethge aus dem Jahre 1967 bedauert, daß er nicht schon früher, sondern erst ab 1938 in der Judenfrage die Bekenntnisfrage gesehen und gestellt hatte. Barth hat dann im Jahre 1958 in der Atomfrage die Bekenntnisfrage als gegeben gesehen – und zwar als Aktualisierung der Barmer Theologischen Erklärung.

In verschiedenen deutschen Zeitungen wurde nach Bekanntwerden der 10 Thesen das Gerücht verbreitet, »daß Prof. Barth mit den 10 Thesen der ›Anfrage‹ nicht übereinstimmt«.[49] Man hat also – wie bereits entfaltet wurde – die von Barth in KD III/4 vertretene These vom möglichen Grenzfall berechtigter Notwehr so interpretiert, als ob dieser Grenzfall nun im Gegenüber zur »atheistischen« Sowjetunion gegeben sei. E. Gerstenmeier hatte in »Christ und Welt« argumentiert, daß das von Barth in seinem Brief an Hromádka 1938 befürwortete Widerstandsrecht gegen den Verbrecherstaat Hitlers nun nach 1945 auch auf den Osten appliziert werden müsse.[50] Und man hatte daraus wiederum gefolgert, daß Barths Position unmöglich mit einem in den 10 Thesen vertretenen Atompazifismus identifiziert werden könne. Barth hat dann in einem Schreiben an H. Simon vom September 1958 in verdeckter Form geschrieben: »Sagen Sie es allen und jedem, daß ich mit diesen Thesen (mit Einschluß der 10.) übereinstimme, *wie wenn ich sie selber geschrieben hätte.*«[51] E. Busch hat dazu kurz erklärt – was H.K. Rupp und Chr. Walther noch nicht notiert haben –: »Er (Barth) konnte das leicht sagen – denn er war ihr anonymer Verfasser!«[52]

---

kennzeichnen (wie H. Gollwitzer, Reich Gottes und Sozialismus, TEH 169, 1972, S. 59, meint). Es geht aber erst recht nicht an, es als *Dokument der endgültigen Position* Barths hinzustellen (wie E. Jüngel, Barth-Studien, 1982, S. 46, will). Über Barths Schrift »Theologische Existenz heute« (1933) und über die Barmer Theologische Erklärung (1934) hinaus wird Barth 1938 *die politische Frage* in der Gestalt des Nationalsozialismus *als solche zur theologischen Frage*, die ihn die Bekenntnisfrage stellen läßt. Dieser Sachverhalt wiederholt sich für Barth 1957/1958 in der Frage der atomaren Massenvernichtungsmittel. H. Gollwitzer hat seine Einschätzung der Endfassung von TEH 1 als Dokument politischer Konzession inzwischen korrigiert: »Meine . . . Schlußfolgerung auf größere *politische* Schärfe der 1. Fassung ist also unrichtig« (in: *H. Prolingheuer:* Der ungekämpfte Kirchenkampf 1933–1945 – Das politische Versagen der Bekennenden Kirche, 1983, S. 171, Anm. 56).

48 *D. Bonhoeffer:* Die Kirche vor der Judenfrage (1933), in: GS II, S. 44ff., bes. 48ff.; vgl. weiter *E. Bethge:* »status confessionis – was ist das?«, epd-Dokumentation 46, 1982, S. 29ff. Über die von E. Bethge genannten Texte zur Bekenntnisfrage hinaus ist insbesondere Bonhoeffers Bestimmung des status confessionis in GS III, S. 246f. zu bedenken.

49 K. Barth zit. bei *K. Kupisch* (Hg.): Der Götze wackelt (Anm. 38), S. 177.

50 *Ders.:* Fürchtet Euch nicht! Ein Brief. 1950, in: *K. Kupisch* (Hg.) (Anm. 38), S. 150.

51 *K. Barth* (Anm. 49), S. 177.

52 *E. Busch:* Karl Barths Lebenslauf (Anm. 41), S. 447.

Um so wichtiger und richtiger ist aber die Deutung, die H.K. Rupp diesen 10 Thesen gegeben hat: ». . . daß (nämlich) . . . auch dieses Schriftstück nicht verstanden werden kann ohne die Theologische Erklärung der Barmer Bekenntnissynode und insbesondere nicht ohne die Christologie Karl Barths«[53]. In der Tat! kann man dazu nur sagen.

c)   Rechtliche und ethische Argumente gegen die Drohung mit Atom->>waffen«

In seiner Rede am 25. März 1958 anläßlich der großen Atomdebatte im Deutschen Bundestag hat sich G. Heinemann auf diese 10 Thesen K. Barths inhaltlich gestützt und sie als Richtschnur seiner Argumentation zugrunde gelegt. Heinemann erwähnt das rechtliche Argument, demzufolge nach Art. 25 des Grundgesetzes Völkerrecht auch Bundesrecht ist, so daß z.B. nach der Haager Landkriegsordnung von 1907 »die Kriegsführenden . . . kein unbeschränktes Recht in der Wahl der Mittel zur Schädigung des Feindes« haben.[54]

Entscheidend ist aber für Heinemann die ethische Frage, die nun im Anschluß an die 10 Thesen und an die Argumentation Barths in KD III/4 so formuliert wird: »Sie (gemeint sind die Abgeordneten der CDU) brauchen mir nicht zu sagen, daß nach der Lehre der beiden großen Kirchen eine Wehrdienstpflicht *unter bestimmten Voraussetzungen* gegeben sei. Die Frage (aber) ist die, ob alles das . . . Bestand hat gegenüber Massenvernichtungsmitteln von heute. Das ist die Frage! . . . Ich nenne die Atomwaffen Ungezieferverti lgungsmittel, bei denen diesmal der Mensch das Ungeziefer sein soll.«[55] Heinemann stellte die Frage, »ob irgendein Grund die Anwendung von Massenvernichtungsmitteln *rechtfertigt*«[56]. Massenvernichtungsmittel sind christlich-ethisch nicht zu verantworten.

Nun ist folgender Passus aus dem Protokoll des Bundestages von theologisch erheblicher Bedeutung: Heinemann wird aus dem Plenum seitens der CDU entgegengerufen: »Aber Notwehr!« Und Heinemann antwortet exakt von den Kriterien des Grenzfalls berechtigter Notwehr her, den auch er selbst mit Barth anerkennt: »Meine Damen und Herren, Notwehr ist ihrem Sinn und ihrem Charakter nach eine begrenzte Abwehr, aber

---

53   *H.K. Rupp:* Außerparlamentarische Opposition (Anm. 42), S. 146.

54   *G. Heinemann:* Wider die atomare Bewaffnung der Bundeswehr. Rede im Deutschen Bundestag, März 1958, in: *ders.:* Es gibt schwierige Vaterländer. Reden und Schriften, Bd. 3, 1977, S. 293ff., 302.

55   A.a.O., S. 303f; Kursivierung von mir.

56   A.a.O., S. 304; Kursivierung von mir. In diesem Sinne hat H. Simon 1983 auf dem Kirchentag in Hannover von der »Delegitimierung . . . der Massenvernichtungsmittel« gesprochen. »Rechtlich zielt dieser Prozeß darauf ab, den Gebrauch von Massenvernichtungsmitteln – ebenso wie früher einmal die Sklaverei – zum Gegenstand des Unabstimmbaren zu machen« (Junge Kirche 7/1983, S. 356).

Notwehr mit Massenvernichtungsmitteln ist unmöglich.«[57] Gegenüber einer solchen staatlichen Einbeziehung von Massenvernichtungsmitteln in den Grenzfall berechtigter Notwehr besteht nach Heinemann – wie für Barth – von Barmen V her das »Recht . . ., ja sogar die Pflicht zur Gehorsamsverweigerung«[58].

Barth hat die atomaren Massenvernichtungsmittel nicht speziell für West- und Ostdeutschland abgelehnt, sondern – wie er in einem Brief an einen japanischen Theologen im Juni 1958 schreibt – »für alle Staaten und Völker, da der Atomkrieg in keinem Sinne mehr ein rechtlicher Krieg sein kann, sondern nur noch der Vernichtung Aller dienen würde«[59].

Barth hat seine Kritik an der Remilitarisierung Deutschlands und an atomarer Rüstung im August 1958 in seinem »Brief an einen Pfarrer in der Deutschen Demokratischen Republik« erneut so formuliert: »Die westdeutschen Bruderschaften stehen seit Jahr und Tag im anstrengendsten Handgemenge mit den Mächten und Gewalten, den Geistern und Dämonen im Land des ›Wirtschaftswunders‹, mit seinem gedankenlosen Anschluß an die NATO, mit seiner Remilitarisierung, seinem Militärseelsorgevertrag [der vor 25 Jahren abgeschlossen wurde! d. Vf.], seiner Atomwaffen-Aufrüstung, seiner panischen Russenangst, seinen Kreuzzugsstimmungen, seinen alten Nazis.«[60]

d) Atomrüstung als Ungehorsam gegen das Evangelium (September 1958)

Was nördlich von Lörrach gilt, sollte auch südlich von Lörrach gelten. Barth war nicht nur mit der Atomfrage in Deutschland, sondern auch mit der geplanten Atombewaffnung in der Schweiz beschäftigt. In seinem Protest gegen die atomare Bewaffnung in der Schweiz, die auch dort durch einen handfesten Antikommunismus ideologisch legitimiert wurde, stieß Barth sowohl bei den Schweizer Pfarrern als auch bei den Politikern auf heftigsten Widerstand. Die Theologische Kommission des Kirchenbundes in der Schweiz, die sich ebenfalls mit der Atomfrage zu befassen hatte, erstellte zwei gegensätzliche Gutachten, wobei das eine Votum entscheidend durch Barth erstellt wurde, wie J. Courvoisier berichtet hat.[61] Nachdem die erste Sitzung der Theologischen Kommission vom 14. 6. 1958 in Bern ergebnislos verlief, wurde dann auf einer weiteren Sitzung am 20. 9. 1958 ein Minderheitenvotum erstellt, das auf die Frage, ob die Möglichkeit des

---

57 A.a.O., S. 308.

58 A.a.O., S. 302.

59 Zit. nach E. *Busch* (Anm. 41), S. 447.

60 K. *Barth:* Brief an einen Pfarrer in der Deutschen Demokratischen Republik, 1958, S. 42f.

61 D. *Cornu:* Karl Barth und die Politik (Anm. 1), S. 159.

Atomkrieges im Gehorsam gegen das Evangelium zu bejahen ist, mit einem eindeutigen Nein antwortete, indem es wiederum die Bekenntnisfrage *(status confessionis)* stellte. Der Auftrag der Kirche – so heißt es in These 8 – »könnte ... nur in dem eindeutigen und unbedingten Bekenntnis bestehen, daß im Gehorsam gegen das Evangelium Jesu Christi jede aktive Beteiligung am Atomkrieg und seine Vorbereitung ausgeschlossen ist«.

e) Der Aufruf zum entschlossenen Widerstand gegen die Atom»bewaffnung« (Januar 1959)

Nachdem schon bald nach Ostern 1958 der »Europäische Kongreß gegen Atomrüstung« als Organisation der namhaftesten europäischen Gegner gegen die Massenvernichtungsmittel gegründet wurde, sollte er am 5./6. Juli 1958 erstmalig in Basel stattfinden. Da aber wesentliche Repräsentanten der politischen Parteien der Schweiz – bis hin zu führenden Sozialdemokraten und Gewerkschaftlern – und auch der Schweizer Bundesrat als Exekutive für die Ausrüstung der Schweizer Armee mit Massenvernichtungsmitteln plädiert hatten, wurde die Durchführung des Kongresses in Basel am 1. Juli polizeilich verboten.[62] Zu dem nunmehr für den Januar 1959 in London angesetzten Kongreß war als Einladender auch K. Barth gewonnen worden. Da Barth aus persönlichen Gründen seine Beteiligung absagen mußte, schickte er durch F. Lieb einen öffentlichen Brief an den Europäischen Kongreß in London. Er stellte angesichts des Widerspruchs zwischen der besseren Erkenntnis und schlechten Praxis auf seiten der Regierung, der Bevölkerung und der Kirchen die Forderung nach einem entschlossenen aktiven Widerstand in den Vordergrund. Nur der praktische Aufstand gegen die Mächte und Absolutismen des Nichtigen könne über den toten Punkt der fortschreitenden Atomspirale hinweghelfen. Barth hat diesen Aufruf zum Aufstand gegen die Absolutismen dann in seiner Vorlesung über »Das christliche Leben« (1959–1961) als die dem christlichen Gebet *entsprechende* und *aus ihm folgende*, weil in ihm implizierte Tat theologisch begründet und umfassend entfaltet. Leider ist das bis heute in der Interpretation dieses Fragmentes der Versöhnungsethik nicht zur Kenntnis genommen worden[63], wie überhaupt zwischen Barths Lehre vom Nichtigen (KD III/4) und seiner Versöhnungslehre (KD IV/1–3) und Versöhnungsethik (KD IV/4 Fragment) ein enger Zusammenhang besteht. Daß mit dem Jahre 1959 Barths Engagement in dieser Frage nicht erlischt, ist nach dem Aufruf zum aktiven Widerstand selbstredend: Barth antwortet im April 1959 auf die Frage des protestantischen Magazins »Christianity today«, warum »die großen christlichen Kirchen *nicht* in der Lage sind,

62   *H.K. Rupp:* Außerparlamentarische Opposition (Anm. 42), S. 246f.
63   Das gilt z.B. für *E. Jüngel:* Anrufung Gottes als Grundethos christlichen Handelns, in: Barth-Studien, 1982, S. 314ff.

in der Frage der *Atombewaffnung* ein klares *Ja oder Nein* auszusprechen«, wie folgt: »Jene Tatsache hat ihren Grund in einer schmerzlichen *Stagnation des Glaubens* und damit (!) der *Denk- und Handlungsfreiheit* der christlichen Kirchen. Sie bedeutet, a) daß ihr Verhältnis zu dem von ihnen verkündigten lebendigen Herrn an einem Mangel an Offenheit für seinen heute (!) offenbaren Willen leidet (und) b) daß sie sich vor der sie umgebenden Welt, die sie lieben sollte, fürchtet und ihr darum die Weisung, die sie ihr in einer Stunde höchster Versuchung und Gefahr schuldig wäre, versagt.«[64] Im Januar 1960 beschäftigt sich Barth in der amerikanischen Zeitschrift »Christian Century« in einem Rückblick auf die Jahre 1948 bis 1958 erneut mit der Atomfrage, indem er fragt: »Wußte der Westen schießlich keinen besseren Rat, als seine Zuversicht auf seine infamen A- und H-Bomben zu setzen, und geschah es ihm nicht recht, erfahren zu müssen, daß der andere auf diesem Gebiet auch nicht . . . erfolglos geblieben war? . . . War man der Güte der westlichen Sache und war man der Widerstandskraft des westlichen Menschen nicht sicherer als so, daß man diesen nur vor die sinnlose Alternative: Freiheit und Menschenwürde *oder* gegenseitige atomare Vernichtung zu stellen wußte, und eben diese letztere für alle Fälle zum vornherein als ein Werk der wahren christlichen Nächstenliebe auszugeben wagte?!«[65] – wie es W. Künneth u.a. explizit getan haben. Barth setzt sich im März 1962 in einem Beitrag der »Zürcher Woche« für eine Verfassungsinitiative gegen die atomare Bewaffnung der Schweiz ein. In diesem Beitrag beschreibt er noch einmal die Kontinuität und Konsistenz seines Weges von 1951 bis 1958: »Die Notwendigkeit und das Recht, die politische Existenz der Schweiz auch militärisch zu sichern, steht außer Frage.« Aber da der eigentliche Zweck des Staates im Aufbau einer Rechts-, Friedens und Freiheitsordnung besteht, ist die Entwicklung des sozialen Rechtsstaates seine primäre Aufgabe: »Zu ihrer Sicherung bedarf es aber . . . auch der Aufrechterhaltung und Vertiefung ihrer auf die Achtung der Menschenwürde begründeten Lebens- und Rechtsordnung – auch der Fortsetzung und Neubelebung ihrer Mission als eines . . . versöhnenden Elementes und Faktors im Völkerleben.« Und da die Schweiz »nur in der unteilbaren Einheit dieser ihrer politischen Existenz gesichert werden kann«, würde die mit Hilfe atomarer Massenvernichtungsmittel, die keine Waffen des Rechtes mehr sind, verteidigte Schweiz »nicht mehr die Schweiz und auch dem drohenden Weltkommunismus gegenüber verloren sein«[66].
Barth setzt auch im Jahre 1963 seine Aktivitäten in der Atomfrage fort: Im Januar 1963 schreibt er einen längeren Brief an einen japanischen Theologen, in welchem er den unauflöslichen Zusammenhang zwischen der in

---

64 Zit. bei *D. Koch:* Offene Briefe Karl Barths zum Ost-West-Konflikt, in: FS für H. Gollwitzer, 1979, S. 486.
65 K. Barth, 1948–1958, in: *K. Kupisch* (Hg.): Der Götze wackelt (Anm. 38), S. 202f.
66 *Ders.:* Zürcher Woche vom 23. 3. 1962.

seiner Dogmatik entwickelten Versöhnungslehre und dem Engagement in der Friedensfrage aufdeckt.[67] Im Juli 1963 führt er zu dieser Frage das Gespräch mit der Kirchlichen Bruderschaft Württembergs in Basel, in welchem er als Resümee festhält: »*Atomkrieg* ist vom ersten Augenblick an das *Ende aller Dinge*. Damit hat die Kriegsführung selbst jeden Sinn verloren. Damit hat der Krieg aufgehört, jemals noch bellum iustum [Grenzfall berechtigter Notwehr] sein zu können ... Damit wird für die Christen nichts anderes übrigbleiben als die Kriegsdienstverweigerung.«[68]
Barth hat – wie das schon des öfteren erwähnte Gespräch über »Barmen heute!« aus dem Jahre 1963 deutlich macht – seinen Kampf gegen die atomaren Massenvernichtungsmittel als Aktualisierung der Entscheidung von »Barmen 1934« verstanden. Denn »das Bekenntnis von Barmen wurde *1934* verfaßt und veröffentlicht. Im Jahre 1934 gab es aber noch keine Massenvernichtungsmittel.«[69]

f) Die Friedensfrage und die Israelfrage

Barth hat aber die Aktualisierung der Entscheidung von Barmen in der *Friedensfrage* zugleich mit der in Barmen schuldhaft übergangenen *Israelfrage* in enge Verbindung gebracht und damit zum Ausdruck gebracht, *daß die Friedensfrage heute von der Israelfrage nicht gelöst werden kann.* So schreibt Barth an die Adresse der Bekenntnisbewegung »Kein anderes Evangelium« in einem »Offenen Brief an Adolf Grau 1966«, daß das echte Christusbekenntnis den Kampf gegen die atomare Rüstung und den Antisemitismus einschließt: ». . . sowohl gegen das Begehren nach Ausrüstung der westdeutschen Armee mit Atomwaffen . . . und die Kriegsführung der mit Westdeutschland verbündeten Amerikaner in Vietnam« als auch »gegen die immer wieder sich ereignenden Ausbrüche eines wüsten Antisemitismus (Gräberschändungen) in Westdeutschland«[70].
Zwei Monate später – am 8. 5. 1966 – votiert Barth in einem Rundfunkinterview mit M. Linz ebenfalls für die enge Verklammerung der Friedensmit der Israelfrage – und zwar diesmal unter ausführlicher Berufung auf »Barmen« damals und heute.[71]

67 *Ders.:* Brief an Hidenobu Kuwada (Anm. 25), S. 123–125. – Vgl. dazu in diesem Band II 8, Anm. 39.
68 *Ders.:* Die Stimme der Gemeinde (Anm. 17), Sp. 751.
69 *Ders.:* Briefe (Anm. 25), S. 394.
70 *Ders.:* Antwort an die Bekenntnisbewegung »Kein anderes Evangelium«, in: *K. Kupisch:* Quellen zur Geschichte des Protestantismus von 1945 bis zur Gegenwart, 2. Teil, 1971, S. 32. – Zum fundamentalen Zusammenhang der Friedensfrage mit der Israelfrage vgl. mein Referat auf dem Kirchentag in Essen: Eine Christologie der Völkerwallfahrt zum Zion, in: B. Klappert/H.-J. Kraus/Fr.-W. Marquardt/M. Stöhr: Jesusbekenntnis und Christusnachfolge, München 1992, ²1994, 65-93, bes. 65-69 und 84-88.
71 *Ders.:* Kirche und Theologie heute. Ein Gespräch mit Karl Barth, in: Zeichen der Zeit 20. Jg. 1966, 285–289. Die folgenden Zitate finden sich auf den Seiten 286, 288, 289.

Auf die Neigung zum Konservatismus und die Tendenz zu einem Obrigkeitsdenken in den Kirchen Westdeutschlands angesprochen, antwortet Barth mit einer Erläuterung von Barmen:»Ich vermisse in den Lebensäußerungen der Kirche einen lebhaften Sinn für die politische Verantwortung der Kirche. Die sechs Sätze von Barmen haben, wie es damals die Gegner sehr deutlich gemerkt haben, auch einen politischen Unterton gehabt, der freilich in den Sätzen als solchen nicht hervortritt. . . . Es wird dort theologisch geredet. Aber wer feine Ohren hatte bei Freund und Feind, der merkte, daß da auch etwas Politisches mitschwang. Und nun hätte ich erwartet, daß sich dieses Politische in der Folgezeit auch wieder geltend machen würde.«

Der Interviewer führt eine auch heute immer wieder hörbare Meinung an: »Da wird gesagt: Die Kirche ist für alle da. Die Universalität ihrer Botschaft wird gefährdet, wenn sie in politischen Fragen, in denen längst nicht alle Christen einer Meinung sind, so definitiv Stellung nimmt.«

Barth antwortet auf diesen Einwand:»Ganz im Gegenteil. Die Kirche muß nicht nur Dinge aussprechen dürfen, in denen alle einig sind, sondern Dinge, in denen alle einig *sein sollten.* Es sollte so geredet werden, ob es den Leuten gefällt oder nicht.«

Als Beispiele führt Barth nicht zufällig die Friedens- und die Israelfrage an: »Ich möchte mal fragen: Wo hat die deutsche Kirche bis jetzt ein deutliches Wort gesprochen zu der Vietnam-Politik der mit Westdeutschland verbündeten Amerikaner? Oder: Wann und wo hat die Kirche ein deutliches und verbindliches Wort gesprochen im Blick auf die drohende Atombewaffnung des deutschen Bundesheeres? Wann und wo hat die Kirche sich deutlich und verbindlich geäußert gegen die neuen Äußerungen von Antisemitismus, die es in Deutschland gibt? Ist es nicht so, daß die Kirche in und mit ihrer evangelischen Verkündigung hier auch deutlich sprechen müßte?«

Und Barth begründet seinen Aufruf zum politischen Wächteramt der Kirche mit Berufung auf die Barmer Theologische Erklärung:»Man hat uns das auch 1933/34 zum Vorwurf gemacht, in der Bekenntniszeit des Kirchenkampfes, wir mischten uns in politische Belange ein; man solle das reine Evangelium predigen und nicht gegen den Nationalsozialismus Stellung nehmen. Das waren im Grunde immer die Leute, welche heimlich oder auch offen für den Nationalsozialismus waren.«

Der Interviewer bringt ein letztes – heute wieder stark diskutiertes – Argument: die Unterscheidung zwischen der Gesinnungsethik der Christen und der Verantwortungsethik der Politiker. Die Aufgabe der Kirche sei es, die Gesinnung der Menschen zu verändern. Sache der Politiker sei es, »mit der veränderten Gesinnung die Verhältnisse zu ändern«. Herzensbekehrung gehe der Strukturveränderung voran. Strukturveränderung sei Sache der Fachleute in Politik und Militär, Herzensbekehrung aber sei die Aufgabe der Kirche.

Barths Antwort ist von seinem Verständnis der Ethik als einem geformten

Hinweis mit inhaltlicher Bestimmtheit, Konkretheit und Richtung (KD
III/4 § 52/1), von seinem Verständnis der Ethik, die »also nicht selbst Weisung, sondern nur Unterweisung geben« kann (KD IV/4 Fragment § 74/1)
eindeutig: »Es gibt keine abstrakte Gesinnung, sondern die Gesinnung ist
immer eine konkrete Sache . . . Die bloße Gesinnung, dafür gebe ich keinen roten Heller! Das ist nichts. Gar nichts! Sondern die Gesinnung muß
eine Richtung haben, die muß einen Pfeil haben, der in eine bestimmte
Richtung zeigt. Und die Gesinnung muß eine Sache sein, die in Bewegung
ist und vorwärts geht.«
Der 1934 von Barth verfehlte, von Bonhoeffer aber gesehene »status confessionis« in der *Judenfrage* und der seit 1958 von Barth festgestellte »status
confessionis« in der *Atomfrage* gehören also unlöslich zusammen.

3. Der Friede als Versöhnung im Kreuz Christi

Wir haben bisher – in Abschnitt 1. und 2. – Barths Stellungnahmen zur
Wirklichkeit des Krieges sowohl in der vor-atomaren Situation als auch
im atomaren Zeitalter kennengelernt und uns die inhaltliche Konsistenz
und Konsequenz der Aussagen Barths vorläufig verdeutlicht.
Deshalb soll es nunmehr darum gehen, beide Aussagereihen Barths – insbesondere aber die letzte – in den systematischen Zusammenhang seiner
Versöhnungslehre hineinzustellen. Daraus mag zuletzt deutlich werden,
daß und inwiefern Barth seine Aussagen insbesondere zu den »Instrumen-
ten des Völkermordes« (G. Grass) als Konsequenz, Prädikat und Implikat
seiner Versöhnungslehre verstanden und ausgelegt wissen wollte. Darin
liegt das Spezifische der Äußerungen Barths und seines *Aufstandes* gegen
das Nichtige von der *Auferstehung* Jesu her.
Die Stellungnahmen Barths zu Krieg und Massenvernichtung kann man
nämlich nicht von der Auferweckung des Gekreuzigten und von dem
Kreuz als dem Ort der Versöhnung Israels und der Völkerwelt isolieren.
Sonst wird man sie nicht ganz verstehen.

a) Die Wirklichkeit der Versöhnung und die Friedensaufgabe der Ge-
meinde

Es zeichnet nämlich die Theologie K. Barths besonders aus, daß sie die
Friedensfrage und den Friedensauftrag der Christen in der Geschichte Jesu
Christi, des Gekreuzigten, verankert sieht. Diese Geschichte Jesu Christi
aber ist für Barth in ihrer Mitte zugleich *die Geschichte* des erfüllten und
bekräftigten Bundes und *der Versöhnung der Welt mit Gott*.
K. Barth hat diesen Zusammenhang zwischen der *Wirklichkeit der Versöh-*

nung im Kreuz Christi und der *Friedensaufgabe der Gemeinde* an vielen Stellen deutlich gemacht. Ich nenne hier nur drei Beispiele:

a) Im Jahre 1947 hat Barth einen Vorentwurf zum »Darmstädter Wort«[72] geschrieben. Danach stellt die Versöhnung im Kreuz Christi (Th. 1) die entscheidende Voraussetzung für die konkrete Sündenerkenntnis des Irrweges der deutschen Geschichte seit 1933 dar (Th. 2ff.). Denn Sündenbekenntnis entsteht an der Versöhnung, wie die Erkenntnis des anklagenden Gesetzes angesichts des Evangeliums erfolgt. Zugleich läßt Barth aber den Friedensauftrag der Gemeinde aus der Wirklichkeit der Versöhnung im Kreuz Christi heraus entsprechen, nämlich die Aufgabe, am »Aufbau eines dem Recht, der Wohlfahrt und dem inneren und äußeren Frieden dienenden neuen deutschen Staatswesens« mitzuarbeiten (Th. 7).

So begründet die Versöhnung im Kreuz Christi sowohl die Sündenerkenntnis – und das heißt konkret das nüchterne Erkennen des deutschen Irrweges einer militärischen Machtentfaltung nach innen und außen – als auch die Mitarbeit an dem Aufbau einer durch Recht und Frieden gekennzeichneten Gesellschaft. Und die Verklammerung dieser Elemente – der Versöhnung im Kreuz Christi, der Umkehr und der Friedensarbeit – macht das Besondere der Versöhnungslehre K. Barths aus.

b) Im Jahre 1960 hat K. Barth in der amerikanischen Zeitschrift »The Christian Century« einen Rückblick auf seinen Weg in den Jahren 1948–1958 geschrieben und dabei zwei Dinge erwähnt, denen sein besonderes Interesse galt: Sein »eigentliches Interesse« galt in diesem Zeitraum »der Ausarbeitung der ›Kirchlichen Dogmatik‹ . . ., (speziell) der in bisher drei Stücken entfalteten *Lehre von der Versöhnung*«, die ihn »in die lebendige Mitte aller Probleme theologischer Erkenntnis« führte. Diese Mitte aber ist die Lehre von der Versöhnung Israels und der Völkerwelt im Kreuz Christi.[73]

Von der Versöhnungslehre als der Mitte der Theologie her hat sich Barth – sozusagen als dessen praktische Bezeugung und Erläuterung – mit der »Ost-West-Frage« intensiv beschäftigt. Von der Versöhnungs- und Friedensgeschichte im Kreuz Christi her mußte Barth nämlich einen bestimmten theologisch-politischen Weg gehen, den er mit der Formel »Die Kirche *zwischen* Ost und West« umschrieben hat. Als Folge der Versöhnung der Welt im Kreuz hat sich Barth vom prinzipiellen Antikommunismus scharf distanziert und das von diesem aufgemachte exklusive Feindverhältnis zwischen West und Ost leidenschaftlich in Frage gestellt.[74]

c) Schließlich hat Barth im Jahre 1963 einen Brief an Hidenobu Kuwada

---

72 B. *Klappert:* Die ökumenische Bedeutung des Darmstädter Wortes, in: Richte unsere Füße auf den Weg des Friedens, FS für H. Gollwitzer zum 70. Geburtstag 1979, 629ff.

73 *K. Barth:* 1948–1958, in: *K. Kupisch:* Der Götze wackelt, ²1964, 200ff., 205.

74 A.a.O., 124ff. und 202f.

(Tokyo) geschrieben und diesem auf seine Anfrage nach dem Verhältnis von Theologie und Friedensbewegung geantwortet[75]:
Für Barth besteht ein Unterschied zwischen der *Friedensbewegung Gottes* zugunsten des Menschen in der Versöhnung Jesu Christi und den *Friedensbewegungen der Menschen* damals und jetzt. Und diese Unterscheidung, die für Barth keine Trennung bedeutet, ist entscheidend für die kleinen Friedensbewegungen, die hier auf der Erde und insbesondere in unserem atomaren Zeitalter notwendig sind. Schreibt doch Barth an einen Theologen, in dessen Land die ersten Atombomben – wenn auch nicht ohne historischen Zusammenhang mit der mörderischen Schuldgeschichte Japans in den Jahren 1930–1945 – verbrecherisch gezündet worden sind, deren Auswirkungen an Zerstörung und Massenvernichtung uns allen drastisch vor Augen stehen sollten.
Barth unterscheidet die große Friedenshoffnung und die kleinen Friedenshoffnungen. Barth unterscheidet *die große Friedensbewegung Gottes* von den *kleinen Friedensbewegungen,* die wir Menschen in Gang bringen sollen, und er meint, daß nur von der großen Friedensbewegung Gottes in Jesus Christus her auch die kleinen Friedensinitiativen ihre Dynamik und ihre auch alles Scheitern und alle Resignation überdauernde Berechtigung und Notwendigkeit erhalten.
Ich zitiere aus diesem Brief: »Was der Welt fehlt, ist die Erkenntnis ... der menschlichen Verantwortlichkeit gegenüber der Tatsache, daß der Friede keine schöne Idee ist, sondern die Wirklichkeit, die Gott selbst inmitten der Weltgeschichte geschaffen und sichtbar gemacht hat.« Von dieser schon vollbrachten Versöhnung her sieht Barth die Schuld an der die Welt bedrohenden Friedlosigkeit wesentlich »darin, daß die christlichen Kirchen in allen Erdteilen so träge waren in der Erfüllung ihrer besonderen Aufgabe, den Menschen jene objektive Wahrheit des Heils (!) und damit auch des Friedens (!) durch ihr Wort und Beispiel (!) in der dieser großen Sache angemessenen Klarheit und Bestimmtheit ... zu verkündigen«[76].
Ich versuche, diesen Brief – seiner grundlegenden Bedeutung wegen – in seinen wesentlichen Elementen zusammenzufassen:

1. Friede ist die Wirklichkeit der *großen Versöhnung Gottes* in Jesus Christus, die Gott schon vollbracht hat, die in der Auferstehung Jesu Christi schon offenbart worden ist und die als Gottes Licht allen Menschen bereits leuchtet.
2. Dieser Friede als die eine Wirklichkeit Gottes für Mensch und Welt ist als konkretes Ereignis in Raum und Zeit *keine schöne Idee, kein utopisches Ideal,* sondern die die Weltgeschichte bestimmende Wirklichkeit.
3. Die *christlichen Kirchen* haben die Aufgabe, dem in Jesus Christus verwirklichten Frieden und der in ihm stattfindenden prophetischen Bezeugung dieser Wirklichkeit zu entsprechen und selber – in Entsprechung zu der Prophetie Jesu Christi

---

75 *Ders.:* Briefe 1961–1968, hg. von J. Fangmeier und H. Stoevesandt, 1975, 123ff. (Vgl. oben Anm. 67 und in diesem Band II 8 Anm. 39).
76 A.a.O., S. 124f.

– *das prophetische Amt* der Friedensverkündigung und Friedensanalyse auszuüben, und zwar in Wort und Werk. Was deshalb heute im Interesse des Friedens in der Welt geschehen müßte, wäre eine Umkehr der Kirche zu der Wahrheit und zum Tun ihrer eigenen Botschaft.

4. Unsere *persönliche »Friedensbewegung«* muß zuallererst sein: unser Gebet um das Kommen des Reiches Gottes, unser Dienst an dem vollbrachten Friedens- und Versöhnungswerk Gottes, dessen Kraft und Licht die siegreiche Friedenshoffnung ist, die Friedenshoffnungen und Friedensarbeit ermöglicht.

Man wird nicht übertreiben, wenn man sagt, daß in diesem Brief – der die drei Bände der Versöhnungslehre K. Barths[77] und die Vorlesungen zur Versöhnungsethik[78] bereits voraussetzt – im Kern das Anliegen und die Elemente der Versöhnungslehre K. Barths zusammengefaßt sind.

Warum hat die große Friedensstiftung im Kreuz Christi die kleinen Friedensbewegungen in Kirche und Welt zur notwendigen Folge?

Karl Barth antwortet: Das Kreuz ist der Ort der Versöhnung zwischen Israel und der Völkerwelt (Eph 2,14ff.) und der Ort der Friedensstiftung zwischen Gott und den Feinden Gottes. Das Kreuz Christi ist der Ort der praktizierten Feindesliebe Gottes zugunsten aller Menschen (Röm 5,1ff.). Von dieser Friedensstiftung durch Gott her hat die Gemeinde die Aufgabe, die große Friedensbewegung Gottes in der Welt zu bezeugen, kleine Friedensinitiativen zu entwickeln und – weil selbst zum Modell der Realversöhnung bestimmt – mit bestehenden Friedensbewegungen zusammenzuarbeiten.

b) Die Versöhnung als Befreiung aus dem totalen Richteramt

1. Die Geschichte Jesu Christi ist die Bestätigung und Erfüllung der alttestamentlichen Bundesgeschichte, in welcher Gott sich in äußerster Solidarität Israels annimmt und zur Rettung und Befreiung seiner Menschen kommt. Barth hat von dem Auftreten Jesu Christi als vom Kommen des messianischen Rechtshelfers, der zugleich der Weltenrichter ist, gesprochen. Als Rechtshelfer nimmt er sich der Armen an und spricht ihnen die Vergebung und Annahme Gottes zu.

Seine Geschichte ist nach K. Barth die Geschichte »der Solidarität mit dem Kosmos, die Gott in Jesus Christus auf sich nimmt«[79]. »Er (Gott in Jesus Christus) ist . . . des Menschen *Bruder* geworden.«[80]

Will man die Geschichte Jesu Christi als die Geschichte der letztgültigen Treue Gottes zu seinem Bund mit Israel und darin zu allen Menschen ver-

---

77   *Ders.*: Kirchliche Dogmatik (KD) Bd. IV/1–3.
78   *Ders.*: Das christliche Leben. KD IV/4. Fragmente aus dem Nachlaß (1959–1961), hg. v. H.-A. Drewes und E. Jüngel, 1976.
79   *K. Barth*: KD IV/1, 236.
80   A.a.O., 236.

stehen, so muß man »die große positive Antwort an die Spitze stellen . . .:
unser, der Menschen, der Welt Heil (= *Friede*) soll und *wird da Ereignis werden*«[81].

Barth verweist auf die sogenannten »großen Richter« des Alten Testaments, die als charismatische Führer im Auftrag des Gottes Israels in Not-
situationen auftreten und »deren Hauptamt als das von Nothelfern und
Heilanden (Befreiern) in den immer wiederkehrenden Bedrängnissen des
Volkes durch die umliegenden Fremdstämme beschrieben wird«[82]. So ist
auch das Kommen Jesu Christi als Treueereignis Gottes zu seinen Bundes-
verheißungen an Israel das Kommen des messianischen Rechtshelfers.
»Und so hat *das Kommen des Richters* auch im Neuen Testament – das ist
später vergessen worden – den Grundsinn des *Kommens des Helfers und
Erretters.*«[83]

Von Jesus Christus ist also zuerst das Positive und das Ja zu sagen: Er ist der
befreiende Rechtshelfer. »Er kommt als Helfer, als Erretter, als Bringer einer anderen, der wirklichen Ordnung, des eigentlichen Lebens. Er kommt
als das Reich Gottes in Person. Er kommt ja, um die Welt mit Gott zu ver-
söhnen, d.h. sie zu Gott hin umzukehren.«[84]

Als dieser messianische Rechtshelfer, der eine neue Rechts- und Friedensordnung zwischen Gott und den Menschen, zwischen Mensch und
Mensch und zwischen Mensch und Welt bringt und so zwischen Gott und
Mensch Versöhnung und Frieden schafft, ist Jesus Christus aber zugleich
der Richter, der uns unser angemaßtes Richten aus der Hand nimmt (K.
Barth). *Jesus Christus ist der Rechtshelfer, der unser angemaßtes Richten verurteilt. Er ist der befreiende Versöhner, der uns aus dem totalen Richteramt
entfernt.*

2. Die Geschichte vom Kommen des Rechtshelfers, der eine Rechtsordnung des Friedens bringt und uns dabei aus dem angemaßten Richteramt
entfernt – das scheint sehr abstrakt und theoretisch zu sein. Das ist es aber
nicht!

Die höchst kritische Funktion, die das Kommen des Rechtshelfers zugleich
bedeutet, zeigt Mt 10,34: »Ich bin nicht gekommen, den (falschen) Frieden
zu bringen, sondern die Scheidung.«

Wie sieht das angemaßte Richtersein und Richtenwollen des Menschen
konkret aus?

Barth antwortet in seiner Versöhnungslehre: »Mensch sein heißt praktisch: *Richter* sein wollen, befähigt und befugt sein wollen, uns selbst frei
und gerecht und die Anderen mehr oder weniger schuldig zu sprechen.«[85]

81   A.a.O., 237; Kursivierung von mir.
82   A.a.O., 238.
83   A.a.O., 238 (Hervorhebungen von mir).
84   A.a.O., 237; vgl. zu Barths Versöhnungslehre: *B. Klappert:* Die Auferweckung des Gekreuzigten. Der Ansatz der Christologie K. Barths im Zusammenhang der Christologie der
Gegenwart, ³1981, 194ff.
85   *Ders.:* KD IV/1, 254.

Denn »auf was läuft denn unser eigenes Richten immer hinaus? Darauf, daß wir uns selbst frei- und die Anderen . . . schuldig sprechen. Davon leben wir doch.«[86]

Und welche konkreten Folgen hat das zu Unrecht angemaßte Richteramt und Richtenwollen des Menschen?

a) In seiner Versöhnungslehre sagt Barth 1953: Der Mensch will selber richten und d.h., er will selber sein wie Gott: »Eritis sicut Deus«.[87] Indem der Mensch als Richter fungieren will, verliert er seine Freiheit und seinen Frieden mit Gott.[88] Und indem der Mensch das Richteramt Gottes fälschlich beansprucht, kommt es zur *wechselseitigen Verurteilung des Menschen durch den Menschen*. Und wie sieht das konkret aus? – Barth schreibt:

»Und es beginnt dann die ganze Misere des moralischen Kampfes Aller gegen Alle, in welchem wir . . . als Kinder des Unfriedens immer nur Unfrieden säen und ernten werden. Der Krieg – immer als der heilige, der gerechte (!), der notwendige . . . Krieg (ausgegeben) unter dem Zeichen . . . der . . . Sichel . . . oder auch unter dem des heiligen Kreuzes, der blutige oder . . . der kalte Krieg – wird dann nach jenem scheußlichen Heidenwort (Heraklits) tatsächlich der ›Vater aller Dinge‹. Der Mensch meine, die Augen aufgetan zu haben, und also zu wissen, was Gut und Böse ist, *der Mensch setze sich selbst auf den Stuhl des Weltrichters* oder wähne doch, das tun zu können – so läßt sich der Krieg nicht aufhalten, sondern kommt mit unausweichlicher Konsequenz.«[89]

Barth will damit unterstreichen, daß die Massenvernichtungsmittel am Ende eines Zeitalters stehen, in welchem der Krieg immer mehr zum Vater aller Dinge gemacht wurde. Zugleich erinnert aber sein Verweis auf die »unter dem heiligen Kreuz« als gerecht ausgegebenen Kriege an Luthers Stellungnahmen: Als nämlich Kaiser Karl V. im Jahre 1524 zum heiligen Krieg unter dem Zeichen des Kreuzes gegen die Türken aufrief, »um das Christentum zu verteidigen«, widersetzte sich Luther mit dem theologischen Argument: Der Kaiser, der mit einem gerechten Krieg den Glauben schützen wolle, versuche sich an die Stelle Gottes zu setzen, weil Gott alleine den Glauben wirksam schützen könne.[90]

Ist das absolute Richten und das anmaßende Unterscheiden zwischen den Guten und den Bösen die Wurzelsünde des Menschen, so ist der kalte Krieg mit seiner Abschreckung deren unausweichliche Konsequenz.

b) K. Barth hat in seiner Ethik der Versöhnung die verschiedenen Gestalten der »herrenlosen Gewalten« dargestellt und aus dem angemaßten

---

86 A.a.O., 256.
87 A.a.O., 497.
88 A.a.O., 499f.
89 A.a.O., 501 (Hervorhebung von mir).
90 Vgl. *H.A. Oberman: Wurzeln des Antisemitismus*, 1981, 154 und 158 und K. Barth: Ad Limina Apostolorum 1967, 40. Barth meint deshalb, daß angesichts der »fatalen Rolle der Kirche in den sogenannten Kreuzzügen« ein »ausdrücklich *Schuldbekenntnis* . . . bei der Erwähnung der Muslime« im Vaticanum II am Platz gewesen wäre.

menschlichen Richtersein-Wollen mit dem Ziel des »Ihr werdet sein wie Gott«[91] abgeleitet.

Der Mensch, der selber Richter sein möchte, der selber – entgegen seiner ursprünglichen Bestimmung – »absolut« existieren *möchte*«[92], gerät unter die *Macht der herrenlosen Gewalten,* in denen die geschöpflichen Möglichkeiten und geschöpflichen Fähigkeiten des Menschen zu ihn beherrschenden Mächten werden: »überlebensgroße Realisierungen *seiner* Kräfte«, die aber nun »in relativer Selbständigkeit, ja Gegensätzlichkeit ihm gegenüber« erscheinen und auftreten[93]. Barth hat dabei an die *staatlichen, wirtschaftlichen, ideologischen und technischen* Absolutismen unserer Zeit gedacht, die den Menschen versklaven und den Frieden zwischen den Menschen bedrohen.

Diesen Umschlag von der »guten Schöpfung Gottes in Gestalt eines neu entdeckten herrlichen kosmischen Angebotes und eines ebenso herrlich entwickelten neuen menschlichen Vermögens« zum Besitz der Atomwaffen und der Drohung mit diesen, hat Barth die *Atomsünde* genannt: »Das allgemeine Grauen vor dem unverkennbar anklopfenden Atom*tod* ist Eines ... etwas Anderes wäre ... die Erkenntnis der Atom*sünde.*«[94]

c) Daß die Anmaßung des Selbst-Richten-Wollens die dem drohenden Atomtod zugrunde liegende Atomsünde ist, das hat K. Barth in seiner Lehre von der Sünde, die als Implikat der Lehre von der Versöhnung entfaltet wird, mit der Kategorie der Möglichkeit angemaßter Gerichtshoheit des Menschen über den Menschen beschrieben: »Indem uns – mit der Schlange von Gen 3 zu reden – die Augen aufgehen für die Möglichkeit (!) unserer eigenen Gerichtshoheit, werden wir in Wahrheit blind für Recht und Unrecht.«[95]

3. Das angemaßte totale Richteramt des Menschen, sein Versuch, sich auf den Stuhl des Weltenrichters zu setzen, hat eine konkrete Dimension die von der *holländischen Kernwaffendenkschrift* »Kirche und Kernbewaffnung« an einem konkreten Beispiel demonstriert wird:

Ist bei der heutigen Schutzbunkerkapazität in Holland mit beinahe 2 Millionen Toten und beinahe 3 Millionen Verwundeten zu rechnen, so würden bei einer Aufstockung des Bunkerprogramms den Schätzungen der Kommission zufolge »nur« 1 Million Tote und »etwas mehr« als 3 Millionen Verwundete zu erwarten sein.[96]

Das führt die holländische Denkschrift zu der folgenden ethischen Überlegung, die *das angemaßte Richteramt des Menschen* in ein grelles Licht rückt: Die Verfasser fragen: »Wie werden die Menschen zwischen den vielen un-

---

91   *K. Barth:* Das christliche Leben (Anm. 78), 363ff., 364.
92   A.a.O., 364.
93   A.a.O., 370.
94   *Ders.:* KD IV/3, 802.
95   *Ders.:* KD IV/1, 501.
96   Die Handreichung der Nederlandse Hervormde Kerk: Kirche und Kernbewaffnung, 1981, 83.

terscheiden (!), die sterben müssen, und ›dem kleinen Rest‹, der gerettet wird? Offensichtlich hat man wohl allgemein akzeptiert, daß in den Niederlanden *eine* Million Tote besser ist als *zwei* Millionen Tote . . . Aber die wirkliche ethische Frage ist, *ob wir mit Unterscheidungen (!) hantieren, die jenseits der Grenze dessen liegen, wo Unterscheidungen ethisch noch möglich sind.«*[97]

4. Die Geschichte Jesu Christi ist die Wirklichkeit, die solches menschliche Planen und Tun faktisch und praktisch unmöglich gemacht hat. Das Kommen Jesu Christi bedeutet nämlich die endgültige Problematisierung und *Zerstörung dieses angemaßten Richteramtes des Menschen.* Der in Jesus Christus erschienene Rechtshelfer und messianische Befreier ist zugleich der Richter, der uns Menschen aus diesem angemaßten Richteramt verdrängt und uns die Scheidung zwischen den Guten und den Bösen, den Menschen des Lichtes und den Menschen der Finsternis, dem lebenswerten und dem lebensunwerten Leben endgültig aus der Hand genommen hat.

Und dieses Richten des messianischen Rechtshelfers bedeutet zugleich Entlastung und Befreiung: »Schon dies – sagt Barth –, daß Jesus Christus an unserer Stelle richtet, bedeutet nun doch auch eine unermeßliche *Befreiung* und *Hoffnung*«, denn »es bedeutet Plage, und zwar eine im Grund unerträgliche Plage, selbst der Mann sein zu müssen, der Recht spricht«[98]. Ist die Gerechtigkeit, wie sie in der Geschichte des messianischen Menschensohn-Weltenrichter und in der Geschichte der Versöhnung auf den Plan tritt, »das Maß aller Gerechtigkeit«[99], dann wird im Spiegel dieser Geschichte deutlich, was die Ursünde des Menschen ist: Der Mensch richtet Gott gegenüber »ein anderes, sein eigenes Recht auf; er mißt sich an diesem; er meint, indem er sich an diesem mißt, sich selbst frei- und gerechtsprechen zu können. Er will sein eigener Richter sein und benimmt sich als solcher. Alle Sünde hat darin ihr Wesen und ihren Ursprung, daß der Mensch sein eigener Richter sein will«[100].

Sagen wir es nochmals: Die atomaren Massenvernichtungsmittel haben darin ihre tiefe Voraussetzung, daß der Mensch selbst Richter sein will. Das ist die »*Holocaust-Sünde,«* das ist die *Atomsünde* des Menschen, die dem geschehenen Holocaust und dem drohenden Atomtod zugrundeliegen.

Die Geschichte Jesu Christi bedeutet die Erscheinung des Versöhners, des Friedensstifters und Rechtshelfers, der uns Menschen aus diesem angemaßten Richteramt verdrängt und uns dieses mörderische Richten aus der Hand genommen hat.

---

97   A.a.O., 85 (Hervorhebung von mir).
98   *K. Barth:* KD IV/1, 256.
99   A.a.O., 241.
100   A.a.O., 241.

c) Der Gekreuzigte als der Versöhner aller Menschen

Jesus Christus ist der gekreuzigte Versöhner aller Menschen, der sich dem Gericht Gottes zugunsten der Welt unterstellt hat. Er hat damit ein absolutes Feindverhältnis unmöglich gemacht.

Karl Barth hat in seiner Versöhnungslehre diese Geschichte des Gekreuzigten, der als Versöhner aller Menschen ein absolutes Feindverhältnis unter den Menschen unmöglich macht, unter dem Stichwort beschrieben: Der messianische Rechtshelfer wird zum Gerichteten.

Der Rechtshelfer wird zum Gerichteten: Er übt nicht nur den *Rechtsverzicht*, wie ihn die Bergpredigt fordert (Mt 5,38–42)[101], sondern er lebt ein Leben stellvertretender Verantwortung, indem er selbst zu dem großen Sünder wird, der die Schuld der vielen trägt, ja, der an der Stelle von Israel und der Völkerwelt steht, weil Gott ihn mit der Schuld Israels und der Völkerwelt identifiziert.

Für dieses personale Verständnis der *Stellvertretung*, für dieses Verständnis des Tausches bezieht sich Barth auf die Grundaussage *Luthers* in seinem großen Galaterkommentar zu Gal 3,13, wo Luther *das Bild vom »fröhlichen Wechsel«*[102] verwendet.

Und indem Christus das böse Tun und die böse Person aller Menschen übernommen hat, sich mit ihnen solidarisch identifiziert, ereignet sich in ihm die *Feindesliebe Gottes* zu allen Menschen. *Die Versöhnung ist das große Ereignis der Feindesliebe Gottes*, in welchem Christus die Person aller Feinde Gottes übernimmt und Gott durch ihn die Versöhnung Israels und der Völkerwelt stiftet: »Jesus Christus hat seine, hat Gottes Feinde – das sind nach Röm 5,10; Kol 1,21 wir alle! – in der Weise bekämpft, nein, eben geliebt, daß er sich mit ihnen identifiziert hat.«[103]

Jesus hat also die Feindesliebe Gottes – wie in der Bergpredigt (Mt 5,43f.) – nicht nur gelehrt; entscheidend ist: Er hat die Feindesliebe getan und gelebt, er selbst ist in Person das universale Ereignis der Feindesliebe Gottes. Daraus ergeben sich bestimmte *Konsequenzen* für die Friedensfrage und das Friedenszeugnis der Christen:

Ist Jesus das Ereignis der Feindesliebe Gottes zugunsten aller Menschen, so ist es von daher *unmöglich, ein absolutes Feindverhältnis* in der Welt erneut aufzurichten und im anderen Menschen nicht auch den von Gott geliebten und versöhnten Menschen zu erkennen.

Von diesem Ereignis der Feindesliebe Gottes im Kreuz Christi her hätte die Kirche im Raum des Ost-West-Konfliktes einen Weg »zwischen Ost und West« einzuschlagen und also nicht den *Antikommunismus der westlichen Welt* religiös zu sanktionieren. In seinem Rückblick auf die Jahre 1948 bis 1958, den Zeitraum, in welchem er seine Versöhnungslehre geschrieben

---

101 *K. Barth:* KD IV/1, 248.
102 *M. Luther:* WA 40/1, 437 und 433. Vgl. *K. Barth:* KD IV/1, 261f.
103 *K. Barth:* KD IV/1, 268.

hat, sagt Barth – und wir haben es hier mit einer Konkretion seiner Versöhnungslehre zu tun!:

»Ich halte den prinzipiellen Antikommunismus für das noch größere Übel als den Kommunismus selber . . . Hatte man vergessen, daß es sich eben in diesem absoluten Feindverhältnis zu ihm, auf das nun im Westen jeder brave Mann zu verpflichten und alles und jedes auszurichten wäre, um eine typische Erfindung und Erbschaft unserer verflossenen Diktatoren handelt – daß *nur der ›Hitler in uns‹ ein prinzipieller Antikommunist sein kann?*«
Und weiter:»Was war das für eine westliche Philosophie, politische Ethik – und leider auch Theologie, deren Weisheit darin bestand, den östlichen Kollektivmenschen in einen Engel der Finsternis, den westlichen *›organisation man‹* aber in einen Engel des Lichtes umzudichten und . . . (damit) dem absurden Wettlauf des ›kalten Krieges‹ die nötige höhere Weihe zu geben?«[104]

Diese *Ideologie eines absoluten Feindverhältnisses* ist für Christinnen und Christen deshalb unmöglich, weil sie von dem universalen Ereignis der Feindesliebe Gottes im Kreuz Christi herkommen und davon Zeugnis zu geben haben: »Es kann aber offenbar gerade unser bißchen Feindesliebe in der Anschauung dessen, was Jesus Christus für uns wurde und war, als Zeichen (!) unserer Anerkennung und unseres Verständnisses dessen, daß er mit uns, seinen Feinden, so umgegangen ist, nicht wohl ausbleiben. Es ist wirklich ein klares Gottesgebot, das uns von dem Kreuz . . . her in diese Richtung weist.«[105]
Gerade die Versöhnung im Gekreuzigten, gerade der Gekreuzigte als der Versöhner aller Menschen macht eine Verteufelung des Gegners und ein absolutes Freund-Feind-Verhältnis unmöglich.
Jesus Christus ist der *gekreuzigte Versöhner* der Welt. Er ist das Ereignis der Feindesliebe Gottes zugunsten aller Menschen (Mt 5,44; Röm 5,8–11), der eine Verteufelung des Gegners und ein totales Feindverhältnis unmöglich macht. Damit schlägt er uns die *theologische* Legitimation der atomaren Abschreckung durch den bei uns herrschenden *Antikommunismus* aus der Hand und erinnert uns an die *Zeichen des in unserer deutschen Geschichte ergangenen Gerichtes.*

d)   Das Kreuz als der endgültige Ausschluß des Nichtigen

Der gekreuzigte Messias Jesus, so kennzeichnet das Neue Testament diesen Sachverhalt, ist nicht nur für die Welt gestorben, sondern das Ereignis der Versöhnung und Befreiung des Menschen greift tiefer: Der Gekreuzigte hat die Vernichtung, das unendliche Verfallensein an die Macht des Verderbens, selbst an unserer Stelle getragen. 2Kor 5,14 heißt es: »Ist einer für

---

104   *K. Barth:* 1948–1958 (Anm. 73), 201–203.
105   *Ders.:* KD IV/1, 268f.

alle gestorben, so sind sie alle gestorben.« Gott hat in dem für die Welt gekreuzigten Versöhner die Mächte des Verderbens und des Nichtigen endgültig begrenzt und aus dem Bereich der Schöpfung und des Geschaffenen
ausgeschlossen.

1. Diesem neutestamentlichen Hinweis folgend spricht *K. Barth* in seiner
Versöhnungslehre überraschenderweise nicht nur von dem richtenden
Richter, der uns aus dem angemaßten Richter-sein-Wollen entfernt, nicht
nur von dem für die Welt gerichteten Richter, sondern auch von dem *Nich-
tigen anheimgefallen messianischen Rechtshelfer, der an unserer Stelle die
Vernichtung getragen hat.*

»Er hat in seiner Person . . . die Sünde der Vernichtung (!) überliefert, aufgehoben,
negiert, durchgestrichen.«[106]
Aber nicht nur die Sünde muß vom Menschen weggenommen und der Vernich-
tung übergeben werden, sondern *mit dem Menschen* – so erkennen wir in dem der
Vernichtung verfallenen Rechtshelfer – *steht es viel schlimmer.*
»Der Mensch der Sünde . . . ist in und mit ihm ans Kreuz geschlagen, getötet, be-
graben worden. Damit hat er (Christus) in der Geschichte des Bundes zwischen
Gott und Mensch ein neues Blatt aufgeschlagen, die Versöhnung, den Frieden des
Menschen mit Gott hergestellt.«[107]
Und eben damit »hat er allerdings auch die Quellen unseres Verderbens verstopft,
. . . hat er uns also dem Verderben entrissen und aus dem ewigen Tode errettet«[108].
Nur als Passion des an unserer Stelle der Vernichtung anheimgefallenen messiani-
schen Rechtshelfers, der die Vernichtung erlitten und in dem Gott die Quelle un-
seres Verderbens verschlossen hat, ist das Kreuz »die radikale, die das primäre
Übel der Welt in der Wurzel angreifende und zerstörende göttliche Aktion«[109].

Und nun der entscheidende Satz, der nur von der *endgültigen Besiegung des
Nichtigen im Kreuz Christi* her zu verstehen ist: »Nur indem die Sünde gewissermaßen im Rücken angegriffen, indem sie gerade von dem die Welt
bedrohenden Verderben und Vernichtetwerden, vom ewigen Tod her aufgehoben wurde«, konnte das Verderben und konnte das Vernichtetwerden
endgültig besiegt und beseitigt werden. Gott hat in der Geschichte des ver-
nichteten Rechtshelfers, der die Vernichtung selber getragen hat, »genug
getan«.[110]

---

106   *K. Barth:* KD IV/1, 279; vgl. zum folgenden die Arbeit von *W. Krötke:* Sünde und Nichtiges bei Karl Barth, 1971, 2. erw. Aufl. 1982.
107   *K. Barth:* KD IV/1, 279.
108   A.a.O., 279f.
109   A.a.O., 280.
110   A.a.O., 280. Es kann in diesem Zusammenhang freilich nicht übersehen werden, daß
Barth innerhalb seiner richtigen und wichtigen Aussagen – das Nichtige wird von Gott im
Gekreuzigten endgültig ausgeschlossen und nicht etwa in das Leben Gottes aufgehoben –
zugleich zu höchst problematischen Aussagen gelangt wie z.B. der folgenden, daß »eben
dieses Schlimmste (das Vernichtetwerden des Menschen durch den ewigen Tod) in der Hand
des barmherzigen Gottes zum Instrument (!) der Beschaffung des Besten wurde (IV/1, 280).
Weder die *Aufhebung des Nichtigen in Gott* (Hegel, Jüngel, Moltmann), noch auch die *Instru-*

2. Was bedeutet die ungeheure Vernichtungsterminologie, die innerhalb der Versöhnungslehre Barths moniert worden ist? Warum ist das Verfallensein Jesu an das Nichtige als Element der Geschichte des Gekreuzigten wichtig? Und was meint das Nichtige, das im Kreuz endgültig begrenzt und ausgeschlossen ist?

Man wird das Nichtige – sagt Barth – »immer nur (als) das von Gott Verneinte, Verworfene, Verbotene, das als solches Nichtige, das in sich Unmögliche bezeichnen können«. Es kann in seiner Gefährlichkeit auch nur im Kreuz Christi erkannt werden: »Hinter den dort (in Jesu Christi Tod auf Golgatha) aufgerissenen *Gegensatz* zwischen Gott und dem Menschen auf der einen und dem Bösen (Nichtigen) auf der anderen Seite können und dürfen wir . . . nicht wieder zurückgehen.«[111] Wie Barth in seiner Lehre vom Nichtigen ausführt, »war es Gott selbst, der sich dem Nichtigen gerade auch als diesem *Feind* und *Angreifer* stellte. Er tat es, um ihn zurückzuschlagen. Er tat es, um . . . ihn, den *Vernichter*, zu vernichten«[112].

Die Wundergeschichten des Neuen Testaments zeigen Jesus als den Befreier, »der sich dem Widerspruch und Widerstand des Nichtigen auch in dessen Gestalt als aggressive Fremdmacht seinerseits entgegenzuwerfen gekommen ist«. So hat er nicht nur die Sünde auf sich genommen, sondern sich auch dem Nichtigen in seiner ganzen Totalität entgegengeworfen. »Der nicht in dieser Ganzheit der Heiland wäre, wäre es im Sinn des Neuen Testamentes überhaupt nicht.«[113]

Nach Jes 28,15 sagen einige: »Wir haben mit dem Tod einen Bund geschlossen und mit dem Totenreich (als Exponent des Nichtigen) einen Vertrag gemacht. Die Flut, wenn sie einherfährt, wird nicht über uns kommen.«

Im Hinblick auf diese aktuelle Untergangsformel heißt es bei Barth: »Das Nichtige aber hat keinen Bestand, . . . so gewiß es keinen Bund Gottes mit dem Nichtigen gibt.«[114]

Die Macht des Nichtigen ist uns Menschen gegenüber zu groß, als daß wir sie in irgendwelche Zwecke einbeziehen könnten, so daß »jede Einbeziehung dieses Nichtigen in die Geschöpfwelt, in Gottes gute Schöpfung, und also . . . jede noch so feine Verharmlosung dieser Sache verboten und ausgeschlossen« ist[115]. Ist doch das Nichtige etwas, »was nicht nur uns selbst, sondern eben zuerst und vor allem *Gott* abscheulich und von *da* aus dann seinem Geschöpf furchtbar, als letzte tödliche

---

mentalisierung *des Nichtigen durch Gott* (Barth) dürfte in der Kreuzestheologie behauptet werden. H.J. Iwand hat in seiner eschatologia crucis beide Abwege vermieden. Eine Darstellung seiner Kreuzestheologie steht noch aus.
111   A.a.O., 454, 455.
112   *Ders.:* KD III/3, 354.
113   A.a.O., 354.
114   *K. Barth:* KD III/3, 417.
115   A.a.O., 344.

Gefährdung gegenübersteht. Wir würden Gottes Feind als unseren Freund behandeln, wenn wir hier mild sein (und) Frieden schließen« würden[116].

Das Nichtige ist nicht nur die Sünde, sondern es ist umfassender auch die »Bedrohung und Gefährdung des geschaffenen Daseins«[117], auch der Tod als die die Schöpfung bedrohende und auslöschende Fremdmacht. Und nun kann und darf von diesem Nichtigen – will man es umfassend und in seinen verschiedenen Erscheinungsformen erkennen – nicht abstrakt und freihändig geredet werden. Von diesem Nichtigen kann sachgemäß nur im Hinblick auf das Kreuz Christi gesprochen werden: Denn, »was Jesus Christus ans Kreuz gebracht und was er am Kreuz besiegt hat, *das* ist das wirklich Nichtige«[118]. Und da dieser Sieg und diese endgültige Begrenzung des Nichtigen in der Auferweckung Jesu ans Licht tritt, ergänzt Barth: »Das ist das Nichtige: Es ist das, was damit, daß Jesus Sieger ist, aus dem Feld geschlagen und erledigt ist ... Das ist es, was aus dem Nichtigen in Jesus Christus ein für allemal geworden ist.«[119]

Von dieser Erkenntnis des tödlich Nichtigen im Angesicht des auferweckten Gekreuzigten gilt dann freilich zugleich: »Es ist nicht mehr erlaubt, vom Nichtigen so zu denken, als ob die reale Befreiung oder Lösung von ihm erst die Sache irgendeiner Zukunft, eines erst bevorstehenden Ereignisses wäre.«[120] Sie ist im Kreuz auf Golgatha geschehen.

Von dieser Auferweckung Jesu Christi aus dem Verfallensein an das Nichtige heraus, von diesem Sieg Gottes über die Macht des Nichtigen her sind die Christinnen und Christen nach Barth aufgerufen, dem Nichtigen Widerstand entgegenzusetzen[121], ist die Gemeinde dazu befreit, den »Aufstand« und den Kampf gegen die Mächte des Nichtigen aufzunehmen[122] – und zwar in Bezeugung der endgültigen Begrenzung und Ausschließung des Nichtigen im Kreuz: »in lauter vorläufigen, relativen, aber bestimmten Schritten«[123].

In diesen bestimmten und vorläufigen Schritten zum Frieden hat die Gemeinde den Sieg Gottes über das Nichtige in der Auferweckung des gekreuzigten Messias Jesu zu bezeugen, und wehrt sie in allen Bereichen dem Versuch einer Synthese von Gott und dem Nichtigen und von Gottes Schöpfung und dem Nichtigen.[124]

Wir können jetzt Barths Anwendung seiner Lehre vom Nichtigen auf die Massenvernichtungsmittel zusammenfassen. Sie lautet: *Im Kreuz* des der Vernichtung anheimgefallenen messianischen Rechtshelfers ist *auch das*

---

116   A.a.O., 344.
117   A.a.O., 353.
118   A.a.O., 346.
119   A.a.O., 420.
120   A.a.O., 420.
121   A.a.O., 407, 409f.
122   *Ders.:* Das christliche Leben (Anm. 78), 349.
123   A.a.O., 317.
124   *Ders.:* KD IV/1, 453; IV/2, 445–450.

Nichtige, das Verderben, das Vernichtetwerden, die Auslöschung von Gott besiegt worden.

Indem aber das Nichtige, die Vernichtung, das Vernichtetwerden, die Auslöschung des Menschen und das Untergehen ins Nichts am Kreuz auf Golgatha Ereignis geworden ist, kann und darf der vom Kreuz des messianischen Rechtshelfers herkommende Mensch dieses von Gott in der Auferweckung des Gekreuzigten ausgeschlossene Nichts nicht mehr seinerseits wiederholen bzw. instrumentalisieren. Ist es also dem Menschen vom Kreuz Christi her verwehrt, die Vernichtung instrumental zur Beschaffung eines Besseren zu handhaben.

Die im Kreuz endgültig und radikal erfolgte Aufhebung und Überwindung des Nichtigen verwehren es dem Menschen endgültig, diese Vernichtung noch einmal selbst in seine Hand zu nehmen und sie mittels der »Massenvernichtungs-Mittel« erneut als Instrument zu einem Zweck zu handhaben. Die instrumentale Handhabung des Nichtigen ist dem Menschen nach Christi Kreuzigung nicht mehr möglich und erst recht nicht mehr erlaubt. *Darum auch sind Barths Stellungnahmen zu den Massenvernichtungsmitteln Auslegung der Kreuzestheologie und Konsequenzen der Versöhnungslehre.* Von daher hat Barth nicht zufällig, sondern – wie oben schon gezeigt – mit höchstem Bedacht seinen kurzen Beitrag »Es geht ums Leben« mit dem Datum »Karfreitag 1957« versehen.

Und darum hat er ferner – wenn auch für die meisten anstößig, so doch theologisch, weil nämlich von der endgültigen Ausschließung und Begrenzung des Nichtigen im Kreuz Christi herkommend, durchaus folgerichtig – in der von ihm entworfenen 10. These der Anfrage der Bruderschaften an die EKD (1958) formuliert, daß ein gegenteiliger Standpunkt oder Neutralität in dieser Sache die Verleugnung des Gottes ist, der im Kreuz Christi als Versöhner und Befreier sich den Mächten des Nichtigen entgegengeworfen hat, um sie in dieser Auseinandersetzung endgültig auszuschließen und zu begrenzen.

Gerade von der Auferweckung des Gekreuzigten her gilt es, das Nichtige nicht zu verharmlosen, sondern es in seinen konkreten Erscheinungsformen aufzuzeigen. Das Fazit aus der im Kreuz Christi erfolgten endgültigen Ausschließung und Begrenzung des Nichtigen, das der Mensch bei Gefahr der eigenen Selbstvernichtung nicht mehr handhaben darf, ist nicht zu umgehen: Die »Atomwaffen« sind das Teufelszeug, die Teufeleien, Ausprägungen des Nichtigen, mit denen der Mensch nicht spielen, die er erst recht nicht handhaben darf, weil Gott sie ein für allemal im Kreuz Christi bekämpft und als Mächte der Vernichtung und Auslöschung des Menschen besiegt und überwunden hat. Das Kreuz ist auch der Sieg über die Mächte der Vernichtung, gegen die der messianische Menschensohn Jesus in seinen Heilungen machtvoll gekämpft hat und die Gott in der Auferweckung des Gekreuzigten endgültig besiegt bzw. begrenzt hat.

Das Kreuz ist der Ort des Verfallenseins Christi an das Nichtige und zugleich der Ort der Ausschließung und der letztgültigen Begrenzung der

verschiedenen Gestalten des Nichtigen. Von dieser endgültigen Ausschließung des Nichtigen in der Auferweckung des Gekreuzigten her ist es dem
Menschen endgültig verwehrt, Massenvernichtungsmittel als Instrument
zu einem angeblich guten Zweck zu handhaben, ist also dem Menschen
die instrumentale Handhabung des Nichtigen, in welchen Formen auch
immer, ethisch verboten.

Hat Jesus als der messianische Menschensohn[125] in seinen Heiligungen gegen das Nichtige gekämpft und ist er aufgrund der Auferweckung als der
Sieger über das Nichtige offenbar geworden, so hat die Gemeinde dies zu
bezeugen, so ist die Gemeinde zum Aufstand gegen alle Erscheinungsformen und Absolutismen des Nichtigen aufgerufen. Die Gemeinde hat von
daher die Aufgabe, schon heute relative, aber bestimmte Schritte zum
Frieden zu tun.

Epilog

Die Ökumenische Weltkonferenz von Vancouver hat zum »Aufstand gegen das Nichtige«, wie ihn Karl Barth gefordert hat, dringlich und mit dem
folgenden dreifachen Hinweis aufgerufen:
1. Die Erprobung, Herstellung und Androhung von Massen- und Zu-
kunftsvernichtungsmitteln sind ein Verbrechen an der Menschheit.
2. Die Friedensfrage kann nicht von der Gerechtigkeit und also nicht von
der Frage nach einer die Dritte und Vierte Welt einschließenden gerechten
Weltwirtschaftsordnung getrennt werden.
3. Der Besitzverzicht auf die Massen- und Zukunftsvernichtungsmittel ist
nötig, ungeachtet der zeitweisen nuklearen Verletzbarkeit.
Die Auferweckung des Gekreuzigten und der Aufstand gegen das Nichtige
gehören gerade heute untrennbar zusammen!
Als Barth 1950 seine Schöpfungsethik KD III/4 in der Vorlesung vortrug,
kehrte er die römische Regel »si vis pacem, para bellum« um: »si non vis
bellum, para pacem«. Nach Karfreitag und Ostern gilt also nicht mehr die
heidnische Regel: Wenn du den Frieden willst, bereite den Krieg vor. Sondern nur noch: Wenn du den Krieg nicht willst, bereite den Frieden vor.[126]

---

125   *K. Barth*: KD IV/2, 249-257. – Zu dem hier verwendeten Terminus »messianischer
Menschensohn« vgl. über Barth hinaus *P. Stuhlmacher*: Biblische Theologie des Neuen Testaments, Bd. I, Göttingen 1992, passim.
126   Berichtet von *H. Falcke* in seinem Vortrag für den Leuenberg (Schweiz): Die Kirche in
der Jahrtausendwende, Juli 1993, 21 (unveröffentlicht).

12   Christengemeinde und Bürgergemeinde

K. Barth – G. Heinemann – H. Simon

In der 1985 erschienenen Demokratie-Denkschrift der EKD »Evangelische Kirche und freiheitliche Demokratie. Der Staat des Grundgesetzes als Angebot und Aufgabe«[1] vollzieht der deutsche Protestantismus eine historische, theologische und politische Standortbestimmung. In der Absage an die seit *Luther* vorherrschende Tradition der Kirche im Bündnis von Thron und Altar sagt die Denkschrift: »Zum ersten Mal erfährt die Staatsform der liberalen Demokratie eine so eingehende positive Würdigung in einer Stellungnahme der evangelischen Kirche. Darin wird über einen bedeutsamen Wandel im evangelischen Verständnis des Staates Rechenschaft abgelegt.«[2]
Erhard Eppler, ein Mitglied der Kammer für Öffentliche Verantwortung, die die Denkschrift erarbeitet hat, hat in einem kritischen Kommentar von einer »verspäteten Denkschrift« gesprochen: »Der neuen Denkschrift zum Demokratieverhältnis der Kirche stand ich bis zum Schluß deshalb zögernd gegenüber, weil ich sie für verspätet hielt und noch halte. Sie wäre 1955 oder auch noch 1970 hilfreicher gewesen als 1985.«[3] Demgegenüber hat *Helmut Simon* gemeint, daß »in ›Korrektur obrigkeitlicher Traditionen im deutschen Protestantismus‹ . . . mit dieser Denkschrift dem Protestantismus erstmals eine grundsätzliche, gleichsam kirchenamtliche Ortsbestimmung in seinem Verhältnis zur rechtsstaatlichen Demokratie gelungen ist«[4], ja »daß mit der neuen Denkschrift nunmehr ein Durchbruch auf breiter Front gelungen sein dürfte.«[5]
Dennoch bemerkt auch *Simon* kritisch, daß »mit der Überwindung obrigkeitlicher Vorstellungen . . . schon erheblich früher begonnen worden« ist. Hat doch nicht nur *Karl Barth* bereits 1946 seine wegweisende Demokratie-Schrift »Christengemeinde und Bürgergemeinde« geschrieben, son-

---

1   Evangelische Kirche und freiheitliche Demokratie – Der Staat des Grundgesetzes als Angebot und Aufgabe – Eine Denkschrift der Evangelischen Kirche in Deutschland, Gütersloh 1985 – Im folgenden zitiert als: Denkschrift.
2   Denkschrift, (Anm. 1), S. 7.
3   Ev. Komm. 4/1986, S. 217.
4   *H. Simon*: Demokratie und Grundgesetz, in: *Jüngel/Herzog/Simon*: Evangelische Christen in unserer Demokratie, Gütersloh 1986, S. 55; im folgenden zitiert als: Demokratie.
5   *H. Simon*: Demokratie, (Anm. 4), S. 56.

dern auch die in der Tradition der Bekennenden Kirche stehenden Kirchlichen Bruderschaften haben schon »Anfang der sechziger Jahre eine theologische Würdigung der rechts- und sozialstaatlichen Demokratie unternommen.«[6]

I. Die rechts- und sozialstaatliche Demokratie als Aufgabe der Christengemeinde

Wer die Demokratie-Denkschrift der EKD recht würdigen will, kann an dem lebenslangen Engagement *Gustav Heinemanns*, des Mitstreiters und Freundes von Karl Barth, für eine rechts- und sozialstaatliche Demokratie nicht vorbeigehen. In der Demokratie-Denkschrift sind viele Gedanken zum Durchbruch gelangt, die *Gustav Heinemann* von den vierziger Jahren bis in die siebziger Jahre hinein unermüdlich vorgetragen hat.

Man wird sogar sagen können, daß es einen Überschuß von Begründungen und Argumenten für den demokratischen Rechtsstaat bei *Heinemann* gibt, der keinen Eingang in die EKD-Denkschrift gefunden hat, dessen sich zu erinnern aber wichtig ist.

1. Der demokratische Rechtsstaat als theologisches Problem

In seinem 1965 vor dem Parteivorstand der SPD und 1967 aus Anlaß der Verleihung der Würde eines Ehrendoktors der Theologie in der Universität Bonn gehaltenen Vortrag »Der demokratische Rechtsstaat als theologisches Problem« hat *Gustav Heinemann* sein Plädoyer für den Rechtsstaat zusammengefaßt und gebündelt.

Er hat dies in drei Gedankenschritten getan:

a) Wer für die rechts- und sozialstaatliche Demokratie in Deutschland kämpft, darf die Geschichte nicht vergessen, von der wir herkommen, nämlich die obrigkeitsstaatliche Tradition der lutherischen Reformation: Weil die Landesfürsten und die Magistrate der reichsfreien Städte die Reformation *Luthers* in die Hand nahmen, kam es 400 Jahre lang zum Bündnis zwischen Thron und Altar, das der Demokratie in Deutschland schädlich gewesen ist. »Jahrhundertelang wurden unsere Kirchen durch die Landesherren regiert. Daraus entstanden (Kirchen als) Predigtanstalten ohne lebendige Gemeinden. Jahrhundertelang waren unsere Obrigkeiten in den erblichen Monarchien vorgegeben. Daraus entstand ein Untertanengeist,

---

6 *H. Simon:* Demokratie, (Anm. 4), S. 55.

der immer noch nachwirkt.«[7] Dieses Bündnis von Thron und Altar hat auch die Weimarer Demokratie entscheidend geschwächt, weil sich die Kirche nicht auf die Seite der Demokratie stellte und sie stützte, sondern rückwärtsgewandt das Angebot eines freiheitlichen Rechtsstaates nicht angenommen hat. »Hier ... in Deutschland blieben Kirche und Theologie aufs Ganze gesehen auch dann noch rückbezogen auf den Patriarchalismus und auf staatskirchliche Privilegien, als mit der Weimarer Republik eine neue Zeit anbrach. Man fand kein positives Verhältnis zur Demokratie, begegnete ihr vielmehr mit Reserviertheit, ja sogar mit Abscheu. Alles, was sich über ihre Gefahren sagen ließ, wurde gründlicher ausgebreitet als das, was über ihre Bedeutung in der Gegenwart, insbesondere für den demokratischen Rechtsstaat, zu sagen gewesen wäre.«[8]

b) Nicht nur die obrigkeitsstaatliche Tradition der lutherischen Reformation, sondern auch die Unzulänglichkeit der Weimarer Verfassung gilt es zu erinnern. *Heinemann* nennt insbesondere zwei Schwächen, die den Vätern der Weimarer Verfassung unterlaufen sind und aus denen heute zu lernen ist:

– *Die Überordnung des Parlamentes über die Grundrechte:* »Die Weimarer Verfassung nennt Grundrechte der Bürger. Indem sie aber diese Grundrechte als Gewährungen von seiten des Staates versteht, also nicht als aller staatlichen Gewalt vorauf- und vorgehende Rechte, läßt sie die Grundrechte zur Disposition des ... Gesetzgebers. Die Weimarer Grundrechte waren ... nicht Schranke, sondern Objekt des Gesetzgebers.«[9] Die Überordnung des Parlamentes über die Grundrechte konnte schließlich zur Abschaffung der Grundrechte durch das Parlament führen.

– *Die Neutralität der Verfassung gegenüber jeder politischen Zielsetzung:* Was immer auf dem Wege demokratischer Mehrheitsbildung erstrebt wurde, »war legal, auch wenn es auf die Aufhebung der Weimarer Verfassung selbst abzielte.«[10] Diese legale Verfügungsfreiheit über die Weimarer Demokratie haben ihre Feinde gründlich in Anspruch genommen: »Zur Legalisierung der nationalsozialistischen Bewegung genügte Hitlers Eid ..., daß er und seine Trabanten die Macht nur auf demokratischem Wege anstrebten. Dann aber galt das andere, das Goebbels so ausgedrückt hatte: ›Legal bis zur letzten Sprosse, aber gehängt wird doch‹.«[11]

c) Angesichts der überaus wirksamen obrigkeitsstaatlichen Tradition und der unzulänglichen Konstruktion der Weimarer Verfassung stellt sich für *Heinemann* die drängende Frage nach einer theologischen Begründung

7 *Gustav Heinemann:* Glaubensfreiheit – Bürgerfreiheit. Reden und Aufsätze zu Kirche – Staat – Gesellschaft 1956–1975, Reden und Schriften, Bd. II, Hg. v. *Diether Koch* 1976, S. 148.
8 *Heinemann,* (Anm. 7), S. 271f.
9 A.a.O., S. 270.
10 A.a.O., S. 270.
11 A.a.O., S. 271.

der Grundrechte des Grundgesetzes. Das Grundgesetz ist ein großes Angebot. »Sein Ansatz ist nicht die Obrigkeit, nicht der Gesetzgeber, sondern
der Bürger. Oberster Wert unserer Gemeinschaft ist die Würde des Menschen.«[12] Diese Überordnung der Grundrechte über die positive parlamen-
tarische Gesetzgebung bedeutet nach *Heinemann:* »Damit ist der parla-
mentarische Gesetzgeber, auf den die Weimarer Republik abstellte, ent-
thront. Er ist selber um des Menschen willen einem höheren Menschen-
recht unterworfen.«[13]

Das aber bedeutet nicht nur, »daß sie [die Grundrechte] auch durch noch
so große Mehrheitsentscheidungen ihrer Bürger oder ihrer verfassungs-
mäßigen Organe rechtens weder zerstört noch gar aufgehoben werden
können«[14], sondern diese Überordnung der Grundrechte im Grundgesetz
stellt zugleich an Kirche und Theologie die Frage nach einer theologischen
Begründung der Grundrechte.

Nach der Einsicht in die »Unzulänglichkeit eines bloßen Gesetzespositivis-
mus« und wegen der Schwierigkeiten, die mit der Auslegung und Erhebung eines Naturrechtes verbunden sind, gibt *Heinemann* für ein evangelisches Verständnis der Begründung des überpositiven Rechtes einen wichtigen theologischen Hinweis: *Die überpositiven Grundlagen der Grundrechte
des Grundgesetzes und des in ihm zum Ausdruck kommenden Wertsystems
liegen in der Rechtsgeschichte des Gottes Israels und seiner in Jesus Christus
bestätigten Rechtsgeschichte mit allen Menschen.*

»Die biblische Geschichte selbst ist ja als eine Rechtsgeschichte bezeugt
worden. In dieser Rechtsgeschichte richtet Gott sein Recht auf. Seine Gerechtigkeit kommt zum Zuge, indem er die Menschen erwählt, sie aus ihren Bindungen befreit und zum Frieden führt. In der Königsherrschaft Jesu
Christi ist Gottes Gerechtigkeit aufgerichtet. Jesus Christus hat alle Gewalt im Himmel und auf Erden. Alles Daseins- und Lebensrecht ist dem
Menschen also von Gott zugesprochen.«[15]

Nicht die Konstruktion einer zeitlos gültigen Schöpfungsordnung mit ihrem abstrakten Naturrecht, sondern die Rechtsgeschichte, die Gott mit Israel beginnt, indem er es aus der Sklaverei Ägyptens führt, und die
Rechtsgeschichte, die Gott weiterführt, indem er in Jesus Christus, in der
Rechtfertigung, das Recht für alle Menschen aufrichtet und bewahrt, ist
nach *Heinemann* die eigentliche theologische Begründung der Grundrechte.

Es gibt im Alten Testament eine Stelle, in der wird dem Vater ein Rat gegeben: »Wenn dich dein Sohn fragt, was Gott geboten habe und was seine
Rechte seien, dann sprich zu ihm davon, daß Gott dich aus der Knecht-

---

12 A.a.O., S. 274.
13 A.a.O., S. 274.
14 A.a.O., S. 274.
15 A.a.O., S. 277.

schaft in Ägypten in die Freiheit geführt hat« (5. Mose 6,20–21). Das ist die Nachricht, die die Väter ihren Söhnen sagen sollen, daß Knechtschaft nicht bleiben muß, daß Freiheit sein kann, wie es dann im Neuen Testament heißt: Freiheit der Kinder Gottes.

Und darum steht in der Bibel nicht, daß alles beim alten bleiben und Unterdrückung des Rechtes und der Freiheit immer sein sollen, sondern die Rechts- und Freiheitszusage ist in der Verheißung erkennbar: »Siehe, ich mache alles neu« (Offb 21,5). Im Sinne dieser Begründung der Grundrechte und Grundwerte in der Rechts- und Freiheitsgeschichte des Gottes Israels, des Vaters Jesu Christi, hat *Gustav Heinemann* gerne auf den alttestamentlichen Satz »Im Reiche dieses Königs hat man das Recht lieb« (Ps 99,4)[16] hingewiesen und dazu ausgeführt: »Die Geschichte des Volkes Israel kennt gleich zu Anfang den Kampf um die Befreiung aus der ägyptischen Knechtschaft, und wie es heute ist, so war es damals: dem Recht der Ausgebeuteten auf Freiheit und Menschenwürde wird das Arbeitssoll entgegengestellt, das der Ausbeuter erfüllt sehen will . . . Noch nicht einmal das Gewissen der Menschen bleibt geachtet, wenn die Pharaonen dieser Welt ihre Ziele erzwingen sollen.«[17]

Leuchtendes Beispiel einer Einbindung und Unterordnung staatlicher Macht unter das in der Rechtsgeschichte des Gottes Israels gegründete überpositive Recht war deshalb für *Heinemann* das sogenannte Königsgesetz in 5. Mose 17,14ff., demzufolge das Recht des Gottes Israels vom König immer wieder gelesen werden sollte: »Und wenn der König dann auf seinem Königsthrone sitzt, soll er sich eine Abschrift dieses Gesetzes in ein Buch schreiben lassen . . . Und er soll es bei sich haben und darin lesen sein Leben lang . . ., daß sich sein Herz nicht über seine Brüder erhebe.«[18] Die Demokratie-Denkschrift der EKD hat mit ihrem Rekurs auf eine »angeblich zeitlos gültige göttliche Schöpfungsordnung oder Erhaltungsordnung«[19] diesen wichtigen Hinweis *Heinemanns* nicht aufgenommen.

2.   Die Christengemeinde als Anwalt rechtsstaatlicher Demokratie

Mit dieser Begründung der überpositiven Grundrechte auf die Rechts- und Freiheitsgeschichte des Gottes Israels, des Vaters Jesu Christi – eine Begründung, die für Argumente des Naturrechtes freilich offen war – wollte *Gustav Heinemann* keine christliche Vereinnahmung des Grundgesetzes vollziehen. »Nichts liegt mir also ferner, als etwa ein christliches Monopol für die Interpretation des Grundgesetzes in Anspruch zu nehmen . . . Wesentlich bleibt, daß sich für alle Interpretationen in den Aussa-

---

16   A.a.O., S. 124ff.
17   A.a.O., S. 125f.
18   5. Mose 17,14–20 (gekürzt).
19   *Heinemann*, (Anm. 7), S. 277.

gen des Grundgesetzes das Minimum an Übereinstimmung ergibt, dessen eine pluralistische Gesellschaft bedarf.«[20] Vielmehr geht es *Heinemann* in dieser theologischen Begründung primär darum, die christliche Gemeinde von ihren Voraussetzungen her für die Verteidigung und die Festigung des sozialen und demokratischen Rechtsstaates verantwortlich zu machen. Deshalb »vermissen wir noch oft eine prompte christliche oder kirchliche Reaktion auf Freiheitsverletzungen, weil die Überzeugung von dem Wertcharakter der Grundrechte und ihrer Unantastbarkeit um des Menschseins des Menschen willen noch längst nicht allgemein (unter Christen) durchgedrungen ist.«[21]

Gerade ein christliches Verständnis der Grundrechte, ein theologisches Verständnis der Gleichheit des Menschen von der »Würdigung des Menschen von Gott her«, würde alle Festschreibung von »Ungleichheiten unter den Menschen nach Rasse, Geschlecht, Gesundheit, Begabung« unmöglich machen. Die »Würdigung aller Menschen durch Gott in Christus statuiert (vielmehr) . . . eine Gleichheit quer durch alle irdischen Ungleichheiten hindurch. Das hat zum Beispiel für das Recht der Frau oder des unehelichen Kindes oder des sogenannten lebensunwerten Lebens praktische Bedeutung.«[22] *Heinemann* schließt sein Plädoyer für den Rechtsstaat mit einem Satz *Reinhold Niebuhrs*, den *Trutz Rendtorff* in seiner Erläuterung der EKD-Denkschrift wieder aufgegriffen hat: »Die Fähigkeit des Menschen zum Recht macht Demokratie möglich. Die Neigung des Menschen zum Unrecht macht Demokratie nötig.«[23]

Heinemann ging es aber nicht nur darum, die christliche Gemeinde für die Demokratie verantwortlich zu machen, sondern auch darum, daß die christliche Gemeinde selbst wieder eine Gemeinde werde, die in ihren eigenen Reihen in Gestalt einer lebendigen geschwisterlichen Gemeinschaft das praktiziert und lebt, wofür sie sich dann auch im Bereich der Bürgergemeinde einzusetzen legitimiert ist.

In diesem Sinne hatte *Karl Barth* schon 1946 seinem Freund *Gustav Heinemann* über das Programm einer kirchlichen und staatlichen Neuorientierung geschrieben: Es gehe gerade auch im Hinblick auf die dringend nötige demokratische Erneuerung des deutschen Volkes zunächst um eine »grundsätzliche Neubesinnung über die von der Schrift und vom Glauben her gebotene Gestalt christlicher Gemeinden . . .: (Aufbau von unten!)« und damit um die »Schaffung entsprechender (und inmitten der deutschen Wirklichkeit für sich selber sprechender!) Tatsachen«. *Barth* fordert: »Die Christen haben die ›Demokratie‹ zunächst auf ihrem eigensten Boden . . . kennen und exerzieren gelernt; sie haben . . . von da aus begriffen,

---

20   A.a.O., S. 275.
21   A.a.O., S. 278.
22   A.a.O., S. 278f.
23   A.a.O., S. 280.

daß eben das Gesetz, unter dem sie selbst stehen, mutatis mutandis dasselbe ist, unter dem auch das (deutsche) Volk ... allein genesen kann.«[24]
In diesem Sinn hat dann *Heinemann* auch Artikel III der Barmer Theologischen Erklärung verstanden:»Die christliche Gemeinde ist eine Gemeinde von (Schwestern und) Brüdern«. Daraus folgert er:»Damit ist abgewehrt, daß die Kirche eine hierarchisch gegliederte Heilsanstalt ist.«[25] Lebendige Gemeinde als Anwalt der Demokratie ist nach *Heinemann* »etwas ganz anderes als nur das Publikum für eine Sonntagspredigt.«[26] Im Geschehen des Kirchenkampfes hat eine »Umstellung (der Kirche) zur *Gemeindekirche* begonnen.«[27] War infolge der Organisation der Kirchen durch die Landesherren seit der Reformation »alle Demokratie in diesem Bereich an der Wurzel abgeriegelt«[28], so bedeutet der Zusammenhang von Barmen Artikel II, IV und V: »Heute sind wir als Christen und als Staatsbürger für Kirche und Staat mitverantwortlich. Kirchenregiment und Obrigkeit erwachsen heute, wenngleich auf recht verschiedene Weise, aus uns selbst als den Gliedern der Gemeinde und als Staatsbürgern».[29] *Luthers* richtiges Verständnis vom allgemeinen Priestertum der Glaubenden wird nach *Heinemann* erst durch die Barmer Theologische Erklärung und ihr Verständnis von einer freien und mitverantwortlichen Gemeinde eingelöst.[30] In seinem Beitrag über »Synode und Parlament« (1971) hat er nicht nur von Barmen Artikel III – die Kirche als Gemeinde von Schwestern und Brüdern – her daran festgehalten, »daß eine evangelische Kirche keine hierarchisch gegliederte Heilsanstalt sein kann und daß erst recht keinesfalls der Staat ihr Herr ist, auch nicht Herr ihrer Ordnungen.«[31] Er hat trotz aller Unterschiede zwischen Synode und Parlament hervorgehoben, »wie sehr auch die Kirche durch eine klare presbyterialsynodale Ordnung (Aufbau von unten!) zur Verlebendigung einer demokratischen Staatsordnung beitragen kann«, weil »ein kirchlicher Aufbau aus brüderlicher (und schwesterlicher) Gleichberechtigung ihrer Glieder in den staatlichen Raum hineinwirkt.«[32] Indem die Christengemeinde geschwisterliche Gleichheit unter der Herrschaft Jesu Christi selbst praktiziert und lebt, macht sie sich zugleich mitverantwortlich für die Bürgergemeinde, wird sie zur Anwältin sozialer und rechtsstaatlicher Demokratie.

24   *Karl Barth:* Offene Briefe 1945–1968, 1984, S. 62f.
25   *Heinemann*, (Anm. 7), S. 273.
26   A.a.O., S. 54.
27   A.a.O., S. 57.
28   A.a.O., S. 15.
29   A.a.O., S. 149.
30   A.a.O., S. 259.
31   In: *G.W. Heinemann:* Reden und Interviews (III) 1. Juli 1971 – 30. Juni 1972, 1972, S. 30 (Hg. vom Presse- und Informationsamt der Bundesregierung).
32   *Heinemann*, (Anm. 31), S. 39f. – Vgl. dazu den wichtigen Aufsatz von *H.-R. Reuter:* Was soll das Recht in der Kirche?: Zur Begründung und Aufgabe des evangelischen Kirchenrechts – nach Karl Barth (Vortrag auf dem Leuenberg/Schweiz 1993; unveröffentlicht).

3. Das Schwertamt – kein Atombombenamt

Gustav Heinemann hat wie kein anderer von Barmen Artikel V her das
Recht und die Pflicht rechtsstaatlicher Gewalt verteidigt: »Das vornehm-
ste Mittel, mit dem der Staat seine Aufgabe durchführt, ist *die Schwertgewalt* ... Der Staat hat das Monopol der legitimen Gewalt. In dieser
Schwertgewalt liegen Hoheit und Würde des Staates begründet.«[33]
Gleichzeitig hat er aus den Erfahrungen des Kirchenkampfes heraus wie
kein anderer nach den Grenzen rechtsstaatlicher Gewalt gefragt: »Das ein-
drucksvollste Bild von dem Staat, der alles an sich zieht, ist der Über-
mensch oder Leviathan ... Er ist das Sinnbild der Gefahr, daß der Staat
sich übernimmt und den Bürger erdrückt.«[34] Diese kritische Frage nach
dem Überschreiten der Grenzen rechtsstaatlicher Gewalt gilt nach *Heinemann* nicht nur gegenüber totalitären Regimen, sondern auch innerhalb
und gegenüber der Demokratie. Und *Heinemann* ist in dieser Frage nicht
theoretisch geblieben, sondern er hat sie in der Ablehnung der Todesstrafe
konkretisiert.[35] Er hat die Grenzen rechtsstaatlicher Gewalt auch innerhalb der Friedenssicherung deutlich benannt; *Heinemann* hat nämlich von
Barmen V her die Konsequenz gezogen: Massenvernichtungsmittel sind
keine Elemente rechtsstaatlicher Gewalt.
Gerade diejenigen, die der Minderheit der eigentlichen Bekennenden Kirche zuzurechnen sind, die also die Minderheitsmeinung auf der Barmer
Synode 1934 repräsentierten, haben in den Jahren nach 1945 diese Konsequenzen aus dem Artikel V der Barmer Theologischen Erklärung zuerst
gezogen: Die Theologen *Karl Barth, Heinrich Vogel, Hans Joachim Iwand,
Martin Niemöller, Kurt Scharf,* aber eben auch und nicht zuletzt *Gustav
Heinemann.* Sie haben in den Nachkriegsjahren in verschiedenen Verlaut-
barungen und Erklärungen in den Traditionen der Bekennenden Kirche
formuliert: Die Einbeziehung von Massenvernichtungsmitteln in sonst legitime staatliche Machtandrohung und Machtausübung ist Christinnen
und Christen theologisch und ethisch nicht erlaubt. Entsprechend dieser
Erkenntnis lautet der entscheidende Satz der Frankfurter Erklärung zu
den atomaren Massenvernichtungsmitteln aus dem Jahre 1958: »In der
Wahrnehmung solcher Mitverantwortung müssen wir bekennen: Die Einbeziehung von Massenvernichtungsmitteln in den (sonst legitimen!) Gebrauch staatlicher Machtandrohung und Machtausübung kann nur in fak-
tischer Verneinung des Willens des seiner Schöpfung treuen und den Menschen gnädigen Gottes erfolgen.« *Heinemann* hat das hier erörterte Problem auf die kurze Formel gebracht: Das legitime »Schwertamt des Staates
(nach Römer 13 hat der Staat das Gewaltmonopol!) ist kein Atombombenamt«.

---

33 *Heinemann,* (Anm. 7), S. 36.
34 A.a.O., S. 38.
35 A.a.O., S. 130f.

In der Debatte des Deutschen Bundestages im März 1958 hat er erklärt: »Notwehr des Staates ... ist ihrem Charakter nach eine begrenzte Abwehr, aber Notwehr mit Massenvernichtung ist unmöglich!«[36]

4. Das eschatologische Rechts- und Staatsdenken

Aufbauend auf seinen theologischen Lehrern *Karl Barth* und *Ernst Wolf* und grundlegend Einsichten und Bemühungen *Gustav Heinemanns* weiterführend, hat sich *Helmut Simon* seit den fünfziger Jahren für die Annahme und Weiterentwicklung der rechts- und sozialstaatlichen Demokratie eingesetzt. Dabei hat er deren Annahme und Weiterentwicklung rechtstheologisch in einem christologisch-eschatologischen Rechts- und Staatsdenken verankert.

Aus einer Fülle von Arbeiten *Helmut Simons* können hier nur die wesentlichen genannt werden: Der Rechtsgedanke in der gegenwärtigen deutschen evangelischen Theologie unter besonderer Berücksichtigung des Problems materialer Rechtsgrundsätze, Bonner Dissertation 1952; – Die kritische Frage Karl Barths an die moderne Rechtstheologie, Festschrift für *Karl Barth*, 1956; – Die evangelischen Christen vor der Frage nach dem Naturrecht, Festschrift für *Ernst Wolf*, 1962; – Die zweite und fünfte These der Barmer Erklärung und der staatliche Gewaltgebrauch, in: Bekennende Kirche wagen (herausgegeben von *Jürgen Moltmann*), 1984; – Demokratie und Grundgesetz, in: Evangelische Christen in unserer Demokratie, 1985.

Gegenüber einem naturrechtlichen oder ordnungstheologischen Fragen nach dem Wesen des Staates und seines Rechtes geht es *Helmut Simon* um ein eschatologisches Rechts- und Staatsdenken, wie es durch die Barmer Theologische Erklärung Artikel II und V gewiesen und durch seine Lehrer *Karl Barth* und *Ernst Wolf* anfangsweise entwickelt worden ist. Von einem naturrechtlichen oder ordnungstheologischen Standpunkt aus gesehen, werden weder die Herrschaft Jesu Christi über alle Bereiche der Welt (Barmen II) noch das Kommen des Reiches der Gerechtigkeit Gottes als Kriterien menschlichen Rechts (Barmen V) für das Verständnis des staatlichen Rechtes anerkannt. Demgegenüber versteht *Helmut Simon* die Königsherrschaft Jesu Christi mit *Ernst Wolf* als Voraussetzung und die Hoffnung auf das Kommen des Reiches Gottes und seiner Gerechtigkeit mit *Karl Barth* als Orientierung für die Frage nach dem weltlichen Recht.
Der Grundgedanke dieser Rechtsbegründung und Rechtsfindung läßt sich dabei so umreißen: Weil die kommende Gerechtigkeit Gottes dem Menschen unverfügbar ist, kann es bei der Gestaltung von Recht und Gesellschaft nur um die Errichtung einer vorläufigen und stets verbesserungs-

---

36 In: *B. Klappert / U. Weidner:* Schritte zum Frieden, 2. Aufl. 1983, S. 95.

würdigen menschlichen Rechtsordnung gehen. »Daher kommt schon dem
Rechts- und Staatsgedanken als solchem und dem menschlichen Engagement im Recht eine vorläufige relative Würde gegenüber allen ... Versuchen zu, das Zusammenleben willkürlich oder nach einseitigen Interessen
zu bestimmen oder sich des Rechtes als eines Instrumentes der Macht ...
zu bemächtigen.«[37] Dabei verhält sich dieses Rechtsdenken gegenüber den
bisherigen Richtungen durchaus offen.

Als kritische Frage formuliert: »Deckt nicht ... Christus als Mittler zwischen Gott dem Schöpfer und der Menschheit und als Ausleger des Gebotes auf, was Gott als Schöpfer und Erhalter von uns will?«[38] Von dieser
christologischen Voraussetzung her kann »das Naturrecht als Phänomen
dieser Welt, als eine Art ius gentium, sogar für die Errichtung einer relativen Rechtsordnung durchaus wertvoll sein.«[39] Entsprechend hat auch
Barth 1938 seinen Beitrag über »Rechtfertigung und Recht« mit dem naturrechtlichen suum cuique geschlossen und 1946 in »Christengemeinde
und Bürgergemeinde« diese Einsicht wiederholt: Vom Christusrecht her
gibt es Berührungen mit dem Naturrecht. Ja mehr: »Sollten wir uns mit
naturrechtlich begründeten Thesen im Ergebnis ... wirklich getroffen haben, so würde darin nur eine Bestätigung dessen zu erblicken sein, daß die
Polis sich auch da im Reiche Christi befindet, wo ihre Träger diesen Sachverhalt nicht kennen« (These 28).

Gegenüber vielen Verzeichnungen und Fehlinterpretationen der Konzeption *Barths* hat *Helmut Simon* nicht nur den weltoffenen und integrations-
fähigen, sondern auch den grundlegend eschatologischen Charakter des
Rechtsdenkens *Barths* erkannt und fruchtbar weiterentwickelt. So kommt
es nicht nur bei *Karl Barth* und *Ernst Wolf*, sondern auch bei *Helmut Simon*
bei aller Abgrenzung gegenüber einer »Überbewertung ungesicherter Na-
turrechtsideologien«[40] doch zu einer Aufnahme von Einsichten des Natur-
rechts: Ist nämlich »das Naturrecht einmal von seinem Absolutheitsan-
spruch befreit, kann es als eine Art ius gentium für die Errichtung einer
vorläufigen relativen Rechtsordnung wertvolle Dienste leisten, wie sich
beispielsweise in den Grundrechtskatalogen der Verfassungen zeigt.«[41] Die
Offenheit des eschatologischen Rechts- und Staatsdenkens gegenüber
dem Naturrecht ist unverkennbar.

Diese Unterscheidungen haben für *Helmut Simon* erhebliche praktische
Konsequenzen:

a) *Die heilsgeschichtliche Bestimmung von Staat und Recht:* Der Staat
soll demnach eine Rechts- und Friedensordnung sein, die die freie Predigt

---

37 *H. Simon:* Die evangelischen Christen vor der Frage nach dem Naturrecht, in: Festschrift für *E. Wolf,* 1962, S. 351.
38 *H. Simon,* (Anm. 37), S. 353.
39 *H. Simon:* Die kritische Frage Karl Barths an die moderne Rechtstheologie, in: Festschrift für *Karl Barth,* 1956, S. 350.
40 *H. Simon,* (Anm. 37), S. 352.
41 A.a.O., S. 348.

des Evangeliums an alle Menschen ermöglicht. »Nicht ein christliches Verhalten wird von ihm erwartet, sondern ein neutrales Verhalten, das die Verkündigung nicht ausschließt.«[42] Aus dieser Bestimmung folgt freilich zugleich, »daß der Staat auch gegenüber seinen Gegnern nicht zu solchen Machtmitteln greifen sollte, die sich mit der Geduld Gottes mit allen Menschen nicht vereinbaren lassen. Daß von hier aus weder Todesstrafe noch atomare Kriegsführung von Christen befürwortet werden können, müßte unmittelbar einleuchten.«[43]

b) *Der Akt der Annahme des Staates:* Der Verzicht auf naturrechtliche und ordnungstheologische Spekulationen über ein Wesen des Staates macht nach *Helmut Simon* die Christen zugleich frei zur gebotenen Annahme des »jeweils vorfindlichen« Staates. Gerade der Glaube an die Herrschaft Jesu Christi auch über den Staat (Barmen V mit Verweis auf Hebr 1,3) drängt die Frage auf: »Was ist dem Christen im Stand der Nachfolge zu tun geboten, wie verhält sich der Christ gegenüber dem jeweils vorfindlichen Staat?«[44]

Weil aber »Christus der Herr . . . über jede staatliche Rechtsordnung« ist[45], kann *Paulus* in Römer 13 »so merkwürdig selbstvertändlich zum Gehorsam gegenüber den jeweiligen Regierenden mahnen.«[46] Diese Freiheit zur Annahme des »jeweils Vorfindlichen« hat hohe Aktualität für die »genauere Klärung, ob und wieweit Christen im kommunistischen Herrschaftsbereich eine positive Einstellung zum Staat möglich« ist.[47]

Von dieser Christen zunächst gebotenen Annahme des jeweiligen Staates, auch wenn er ein Obrigkeitsstaat im Sinne von Jeremia 29 und Römer 13 oder ein nicht aus freien Wahlen hervorgegangener kommunistischer Staat ist, unterscheidet *Simon* die Besonderheit des »vorfindlichen Angebotes einer rechts- und sozialstaatlichen Demokratie.«[48] Im Anschluß an *Karl Barths* Überlegungen in »Christengemeinde und Bürgergemeinde« weist *Simon* dabei auf eine Entsprechung von »konkreten Strukturelementen der rechts- und sozialstaatlichen Demokratie . . . zum christlichen Glauben«[49] hin, wenn dieser den demokratisch-sozialen Rechtsstaat zu einer menschlich-relativen und nicht zu einer christlichen Staatsform macht.

Diese Unterscheidung zwischen der allen Christen gebotenen Annahme des jeweils vorfindlichen Staates (Jeremia 29,7; Römer 13; kommunisti-

---

42 A.a.O., S. 356.

43 A.a.O., S. 356.

44 *H. Simon:* Die zweite und fünfte These der Barmer Erklärung und der staatliche Gewaltgebrauch, in: Bekennende Kirche wagen (hg. von *Jürgen Moltmann*), 1984, S. 199–216 (im folgenden zitiert als: Gewaltgebrauch).

45 *H. Simon,* (Anm. 37), S. 357.

46 *H. Simon:* Gewaltgebrauch, (Anm. 44), S. 202.

47 A.a.O., S. 202f.

48 A.a.O., S. 193.

49 A.a.O., S. 212.

scher Staat) und der Besonderheit des vorfindlichen Angebotes der rechts-
und sozialstaatlichen Demokratie wird in der Demokratie-Denkschrift
der EKD leider nicht gemacht.

c) *Die Grenze der Annahme des jeweils vorfindlichen Staates:* Die Annahme des Staates – also auch des Angebotes einer rechts- und sozialstaatlichen Demokratie – geschieht *Simon* zufolge niemals unbegrenzt
und unkritisch, sondern stets in einem Akt mit-verantwortlicher und vor
Gott verantwortlicher Annahme. Der in Barmen Artikel V bewußt ge-
wählte Leitvers aus 1. Petrus 2,17 mit seiner Unterscheidung zwischen
Gottesfurcht und staatlicher Loyalität vermag dies deutlich zu machen:
»Fürchtet Gott, ehret den König«. Er ist übrigens eine inhaltlich exakte
Wiedergabe des so oft mißbrauchten Jesuswortes: »Gebt dem Kaiser, was
des Kaisers und Gott, was Gottes ist« (Markus 12,17), dem *Martin Buber*
die Fassung gegeben hat: Gebt dem Kaiser nicht, was Gott gehört!

Der Hinweis auf die Grenzen der Annahme des Vorfindlichen auch in einer rechts- und sozialstaatlichen Demokratie bedeutet *Simon* zufolge:
Christinnen und Christen sollten nicht nur »an der Seite derer zu finden
sein, welche die stets vorhandene Kluft zwischen Verfassungsangebot und
Verfassungswirklichkeit« aufdecken[50], sondern auch an der dynamischen
Weiterentwicklung der Verfassungsnorm selbst *aktiv* beteiligt sein. Sind
doch »die überlieferten Strukturprobleme der rechts- und sozialstaatlichen Demokratie so fortzuentwickeln, daß sie unter den veränderten Bedingungen des technischen und industriellen Massenzeitalters funktions-
tüchtig bleiben.«[51]

Dies also sind einige Konsequenzen des Rechts- und Staatsdenkens, das
Helmut Simon auf der Barmen-Tagung 1984 noch einmal so umschrieben
hat: »Jede menschliche Rechts- und Staatsordnung (erweist sich) gerade im
Licht der kommenden Gerechtigkeit Gottes als höchst vorläufige, höchst
unzulängliche, als stets verbesserungsbedürftige Ordnung. Die Ausrichtung auf die eschatologisch verstandene Gerechtigkeit Gottes verbietet es,
daß wir uns beim status quo des jeweils Erreichten beruhigen; sie mahnt
uns, daß die Gestaltung der Gesellschaftsordnung ein zukunftsgerichteter
offener Prozeß bleiben muß, der in zähen und tapferen Schritten ein Mehr
an relativer menschlicher Gerechtigkeit anstrebt.«[52]

---

50 A.a.O., S. 215.
51 A.a.O., S. 216.
52 A.a.O., S. 205.

II. Die Demokratie-Denkschrift der EKD

Kommt man von den Traditionen der Bekennenden Kirche her, wie sie sich in der Barmer Theologischen Erklärung und der Stuttgarter Schulderklärung niedergeschlagen haben, und hat man die Arbeiten von *Karl Barth, Ernst Wolf, Gustav Heinemann, Helmut Simon* u.a. seit den fünfziger Jahren vor Augen, dann kann man die Wichtigkeit der Demokratie-Denkschrift ermessen. *Helmut Simon* hat deshalb formuliert, »daß mit der neuen Denkschrift nunmehr ein Durchbruch auf breiter Front gelungen sein dürfte.«[53]

1. Leitgedanken der Demokratie-Denkschrift

In die Denkschrift ist – auch angesichts der Herausforderungen in Vergangenheit und Gegenwart – eine Fülle von Fragen und Gedanken eingegangen, aus denen ich im folgenden nur die wichtigsten hervorheben kann.
a) In der Denkschrift versucht der Protestantismus eine politische Standortbestimmung, die sich aus seinem Versagen gegenüber der Weimarer Demokratie und seiner mehr oder minder aktiven Verstrickung in den Verbrecherstaat des Nationalsozialismus ergibt. Diese Standortbestimmung ergibt sich aber auch aus dem Weg, den der Protestantismus seit 1945 in der Teilnahme an der Gestaltung des demokratischen Rechtsstaates gegangen ist und dessen Stadien mit folgenden, auch in der Denkschrift genannten Daten nur bruchstückhaft beschrieben sind: Die Demokratie-Denkschrift erscheint vierzig Jahre nach der Stuttgarter Schulderklärung 1945, zwanzig Jahre nach der Ostdenkschrift 1965 und nur wenige Jahre nach der Friedensdenkschrift 1981. Sie ist nicht zuletzt auch veranlaßt durch die Kritik namhafter evangelischer Politiker wie *Helmut Schmidt* und *Karl Carstens*, die entweder die politische Unzuverlässigkeit oder die politische Einmischung des deutschen Protestantismus kritisiert haben.[54]
b) Die theologische Standortbestimmung des Protestantismus, die vorwiegend im Teil I der Denkschrift vorgenommen wird, betont zunächst im Anschluß an Barmen Artikel V und an *Luthers* Zwei-Regimentenlehre die Unterscheidung und Beziehung zwischen Kirche und Staat (I 1) und spricht in Aufnahme lutherischer Tradition von der politischen Verantwortung als dem Beruf eines jeden Christen (I 1). Die Denkschrift argumentiert *ordnungstheologisch*: »Der Staat soll die Auswirkungen der Fehlsamkeit des Menschen in Grenzen halten«[55], wobei stärker als im ord-

53 *H. Simon*: Demokratie, (Anm. 4), S. 56.
54 Vgl. dazu *B. Klappert / U. Weidner*, (Anm. 36), S. 300–308.
55 Denkschrift, (Anm. 1), S. 13f.

nungstheologischen Denken der Akzent nicht nur auf die Fehlbarkeit der Regierten, sondern auch auf den Machtmißbrauch der Regierenden gelegt wird. Die Denkschrift argumentiert aber entscheidend *schöpfungstheologisch*: Von der Gottesebenbildlichkeit des Menschen als Geschöpf Gottes (1. Mose 1,27) leitet sie die Unantastbarkeit der Würde des Menschen, seine Mitverantwortung als cooperator Dei und die Freiheit und Gleichheit aller Menschen ab[56] und plädiert infolgedessen zu Recht für eine Entsprechung und »positive Beziehung zwischen den geistigen Grundlagen der demokratischen Staatsform und dem christlichen Menschenbild.«[57] Dabei hebt die Sündhaftigkeit des Menschen seine Verantwortungsfähigkeit nicht auf.[58] Die Denkschrift argumentiert am Rande auch *eschatologisch*: »Im Lichte der kommenden Gerechtigkeit Gottes ist jede menschliche Rechts- und Staatsordnung vorläufig und verbesserungsbedürftig.«[59] Von dieser eschatologisch orientierten Rechts- und Staatsauffassung her bekommt die christlich gebotene Annahme des demokratischen Rechtsstaates aber immer zugleich den Charakter »kritischer Solidarität mit einer verbesserungsfähigen, aber auch verbesserungsbedürftigen Ordnung.«[60] Deshalb soll über die in der Geschichte des Protestantismus so oft vorhandene unkritische Staatsbejahung nunmehr »eine positive Bewertung der freiheitlichen Demokratie dadurch hinaus(führen), daß sie auch die gegebene Form der Demokratie daraufhin befragt, an welchen Stellen sie so verändert werden kann, daß Freiheit und Menschenwürde besser gewahrt, daß Gerechtigkeit und Frieden wirksamer gefördert werden können ... Angesichts der gegenwärtigen Belastungs- und Bewährungsproben der Demokratie ist diese kritische Solidarität besonders wichtig.«[61]
c)   Nachdem die Denkschrift an die Grundelemente der demokratischen Verfassung erinnert hat, unternimmt sie in Teil III den Versuch, sich den heutigen Herausforderungen, der Krise und der Fortentwicklung der Demokratie zu stellen. Die Denkschrift geht davon aus, daß nur die Demokratie – die beste von allen schlechten Staatsformen – in der Lage ist, durch offene Diskussion und kritische Auseinandersetzung die Herausforderungen der Gegenwart zu lösen[62]. Unter solcher Herausforderung und Krise versteht sie konkret: die Ambivalenz der wissenschaftlich-technischen Entwicklung, die dem Lebensinteresse der kommenden Generationen zuwiderlaufende Ausbeutung der Natur, die Ungerechtigkeit innerhalb der Industrienationen (Arbeitslosigkeit) und die Ungerechtigkeit dieser Nationen in ihrem Verhältnis zu den Ländern der sogenannten Dritten Welt, die Gefahr der Informationstechnologien für die Freiheit und das

---

56   A.a.O., S. 13f.
57   A.a.O., S. 13.
58   A.a.O., S. 16.
59   A.a.O., S. 16.
60   A.a.O., S. 17.
61   A.a.O., S. 17.
62   A.a.O., S. 40.

politische Engagement des einzelnen, schließlich die beispiellose Hochrüstung und die finanzielle und ethische Fragwürdigkeit der Strategie der nuklearen Abschreckung.[63] Aufgrund der christlich gebotenen Annahme in kritischer Solidarität (Teil I) und angesichts der Herausforderungen durch die Probleme der Gegenwart stellt sie Christinnen und Christen schließlich vor eine doppelte Frage: Geht es nicht zum einen darum, die Verfassungswirklichkeit mit ihren Mißständen und Defiziten ständig an die Verfassungsnormen des Grundgesetzes anzugleichen? Und geht es nicht zum anderen darum, die Verfassungsnormen selbst zu erweitern und wie einstmals die Sklaverei so zum Beispiel heute die Massenvernichtungsmittel zum Gegenstand des Unabstimmbaren zu machen? Bemerkenswert bleibt auch, was die Denkschrift zum Fall des zivilen Ungehorsams zu bedenken gibt: Danach »wird die evangelische Kirche Respekt und Schutz gerade denen nicht verweigern können, die nach gewissenhafter Prüfung auch persönliche Risiken auf sich nehmen, um vor Entwicklungen zu warnen, die sie für verhängnisvoll halten.«[64] Sie spricht damit über »das Widerstehen des Bürgers gegen einzelne gewichtige Entscheidungen staatlicher Organe, wenn der Bürger die Entscheidung für verhängnisvoll und trotz formaler Legitimität für ethisch illegitim hält . . . Sieht jemand grundlegende Rechte aller schwerwiegend verletzt und veranschlagt dies höher als eine begrenzte Verletzung der staatlichen Ordnung, so muß er bereit sein, die rechtlichen Konsequenzen zu tragen. Es handelt sich dabei . . . um demonstrative, zeichenhafte Handlungen, die bis zu Rechtsverstößen gehen können . . . Auch wenn sie (die Gewissensentscheidungen der Bürger/innen) rechtswidrig sind und den dafür vorgesehenen Sanktionen unterliegen, müssen sie als Anfragen an Inhalt und Form demokratischer Entscheidungen ernst genommen werden.«[65] Damit hält die Denkschrift die schmale Linie zwischen Rechtsbefolgung und Regelverletzung ein, die *Helmut Simon* in seinem Kommentar in ihrer Intention noch deutlicher beschrieben (und auch im Bundesverfassungsgerichtsurteil vom 11. 11. 1986[66] ausführlich vertreten) hat: »Wer sich zu zivilem Ungehorsam verpflichtet fühlt, weiß . . . und muß wissen, daß er ein rechtlich höchst riskantes Wagnis eingeht, das niemals auf die Zerstörung der Rechtsordnung zielen kann, sondern immer nur auf deren Fortschreibung zugunsten von Mensch und Schöpfung.«[67]

---

63 A.a.O., S. 36f.
64 A.a.O., S. 64.
65 A.a.O., S. 21f.
66 BVerfGE 73, 206.
67 *H. Simon:* Demokratie, (Anm. 4), S. 71. – *B. Klappert:* Warum wir die südafrikanische Botschaft gewaltfrei blockiert haben. Verteidigung vor dem Amtsgericht Bonn gegenüber der Anklage auf Widerstand und Nötigung am 7.9.1989, in: Ev Th 50/1990, 142–156. – Ich habe meinem Oberbergischen Landsmann H. Simon für alle menschliche Begegnung und besonders seine iuristische Beratung in Sachen zivilen Ungehorsams persönlich zu danken.

2. Theologische Defizite der Demokratie-Denkschrift

Sieht man auf die bisherige Geschichte des deutschen Protestantismus, sein unkritisches Verhältnis zur Obrigkeit und seine Ablehnung der Weimarer Demokratie, so ist die Denkschrift in der Tat »ein Durchbruch auf breiter Front« *(Helmut Simon)*. Freilich bedeutet dieser Durchbruch noch kein hinreichendes Ausschöpfen der Einsichten, wie sie durch die Barmer Theologische Erklärung bekannt und von *Karl Barth* und *Ernst Wolf* bis hin zu *Gustav Heinemann* und *Helmut Simon* erarbeitet und praktiziert worden sind.

a) Die Denkschrift beruft sich insbesondere für die theologische Standortbestimmung auf die Barmer Theologische Erklärung. Sie zitiert aus Barmen V, daß der Staat eine »Anordnung« Gottes[68] sei, der nach dem Maß »menschlicher Einsicht und menschlichen Vermögens«[69] »in der noch nicht erlösten Welt«[70] den Auftrag habe, »Recht« zu schützen und »Frieden« zu wahren.[71] Die Denkschrift zitiert auch aus Barmen Artikel II, der vom »Anspruch auf unser ganzes Leben«[72] spricht.

Aber die Art der Zitierung fällt ins Auge: Heißt es in der Denkschrift, »daß allein Gott (!) ein Anspruch auf unser ganzes Leben zukommt«[73], so betont Barmen Artikel II, daß »Jesus Christus (!) . . . Gottes kräftiger Anspruch auf unser ganzes Leben« ist. Dem entspricht nicht nur, daß in der Denkschrift der *christologische* Verweis auf Hebr 1,3 in Barmen V unerwähnt und die fundamentale Verklammerung dieser beiden Barmer Artikel unbeachtet bleibt. Dem entspricht auch, daß für die Erkenntnis von Barmen I – »Jesus Christus ist das eine Wort Gottes« – in der theologischen Standortbestimmung der Denkschrift kein Platz ist. Die für das theologische Verstehen des Rechtsstaates als »Angebot und Aufgabe«[74] so überaus wichtige Lehre von der »Königsherrschaft Jesu Christi über alle Bereiche der Welt« *(Ernst Wolf)* spielt für die Denkschrift keine Rolle. Anders formuliert: In der Denkschrift hat sich ein Verständnis der Barmer Theologischen Erklärung durchgesetzt, *das die Einheit der beiden Regierungsweisen Gottes zwar in Gott dem Schöpfer und Erhalter, nicht aber in der messianischen Herrschaft Jesu Christi über alle Bereiche der Welt verankert und begründet* sehen möchte.

b) In der Frage der Begründung des Rechts und des Staates ist die Denkschrift ordnungs- und schöpfungstheologisch orientiert. Der in Barmen V angedeutete, dann aber in der christologisch-»eschatologisch orientierten neueren evangelischen Rechts- und Staatsethik« *(Helmut Simon)* entwik-

---

68 Denkschrift, (Anm. 1), S. 15.
69 A.a.O., S. 12.
70 A.a.O., S. 13.
71 A.a.O., S. 15.
72 A.a.O., S. 13.
73 A.a.O., S. 13.
74 A.a.O., S. 12.

kelte Ansatz[75] findet in der Denkschrift selbst keine Berücksichtigung. Allenfalls mit einer Andeutung in dem Satz: »Im Lichte der kommenden Gerechtigkeit Gottes (!) ist jede menschliche Rechts- und Staatsordnung vorläufig und verbesserungswürdig«[76], obwohl gerade von ihm her die doppelte Aufgabenstellung, Verfassungsnormen einzulösen und fortzuentwickeln, durchsichtig und verbindlich gemacht werden könnte und von Barmen über *Barth* bis zu *Heinemann* und *Simon* auch verbindlich gemacht ist. Hängt mit diesem christologischen Defizit auch zusammen, daß die wichtige Frage nach der Rolle und Bedeutung der Bergpredigt für das politische Handeln der Christen in Staat und Gesellschaft in der Denkschrift keine Erwähnung findet?

c) In der Demokratie-Denkschrift wird die Schuldgeschichte des Protestantismus zu schnell übersprungen. Der amerikanische Historiker *Robert P. Ericksen* hat in seinem Buch »Theologen unter Hitler. Das Bündnis zwischen evangelischer Dogmatik und Nationalsozialismus« (1986) auf die verharmlosende Formulierung in der Einleitung der EKD-Denkschrift – die Kirche war »nicht unerheblich in den Nationalsozialismus verstrickt«[77] – hingewiesen und gefragt: »Verstrickung in den Nationalsozialismus?«[78] Haben nicht sogar noch Teile der Bekennenden Kirche im Jahre 1938 die Schrift *Karl Barths* über »Rechtfertigung und Recht« und sein Plädoyer für den demokratischen Rechtsstaat mit der Begründung abgelehnt, daß Kirche und Diktatur eine größere Nähe hätten als Kirche und Demokratie?[79] Und hängt nicht mit diesem Überspringen der Schuldgeschichte des Protestantismus, wie sie in dem Bündnis zwischen Thron und Altar konkret geworden ist, auch die verharmlosende Zitierung der Stuttgarter Schulderklärung im Vorwort der Denkschrift zusammen? Während die Stuttgarter Schulderklärung auf die Intervention *Martin Niemöllers* hin deutlich formulierte: »Durch uns (!) ist unendliches Leid über viele Völker und Länder gebracht worden«, spricht nun die Denkschrift von der »Mitschuld der evangelischen Christen an dem Leid, das durch das nationalsozialistische Deutschland (!) über viele Länder und Völker gebracht wurde.«[80] Hängt mit diesem Verzicht auf eine eingehendere Analyse der Schuldgeschichte der Kirche auch zusammen, daß die Denkschrift das Schuldbekenntnis der gesamten damaligen ganzen Kirche, das im Jahre 1947 veröffentlichte »Darmstädter Wort des Bruderrates zum politischen Weg unseres Volkes« nicht erwähnt? Die Denkschrift formuliert richtig und wichtig: Die Kirche »darf in konkreten Fällen den Konflikt mit dem Staat und der Öffentlich-

---

75   *H. Simon:* Demokratie, (Anm. 4), S. 57.
76   Denkschrift, (Anm. 1), S. 13.
77   A.a.O., S. 9: Protestantismus und evangelische Kirche »waren nicht unerheblich in den Nationalsozialismus verstrickt«.
78   *R.P. Ericksen:* Klappentext.
79   Brief der VKL vom 18. 8. 1938 (unveröffentlicht).
80   Denkschrift, (Anm. 1), S. 6.

keit nicht scheuen.«[81] Aber hängt es mit dem zu schnellen Überspringen der Schuldgeschichte des Protestantismus zusammen, daß die Kirche auch in der EKD-Denkschrift kein kritisches Wort zu der Schuldverdrängung vierzig Jahre nach dem Ende des Zweiten Weltkrieges durch das Debakel von Bitburg und Bergen-Belsen gefunden hat? Mußte es nicht jedem angesichts der Beteiligung der Kirche an der Liturgie in Bergen-Belsen in die Augen springen: Die Evangelische Kirche steht im Jahre 1985 wieder einmal an der Seite der staatlichen Macht, während die Opfer – Juden, Sinti, Roma und Russen – aus Protest nicht teilnehmen wollten, ja nicht teilnehmen konnten?

Helmut Simon war es vorbehalten, auf dem Düsseldorfer Kirchentag 1985 zu sagen: »Die Erinnerung an diese Erklärungen (das Stuttgarter Schuldbekenntnis und das Darmstädter Wort) dürfte auch heute noch hilfreicher sein als jene Symbolik (von Bitburg und Bergen-Belsen), die uns zum vierzigsten Jahrestag des Kriegsendes beschert wurde.«[82]

3.   Rechts- und sozialstaatliche Defizite der Denkschrift

Die Kirche – so heißt es in der Denkschrift zu Recht – »darf in konkreten Fällen den Konflikt mit dem Staat und der Öffentlichkeit nicht scheuen«. *Helmut Simon* hat darauf hingewiesen, daß die Denkschrift selbst aber den Konflikt scheut, indem sie zwar wichtige Fragen stellt, selbst aber an keiner Stelle Position bezieht. So blieb es ihm überlassen, auf der EKD-Synode 1985 in Trier auf ihre rechts- und sozialstaatlichen Defizite aufmerksam zu machen und also solche »verfassungspolitischen Punkte zu behandeln, die in der Denkschrift nicht vorkommen.«[83]

a)   *Helmut Simon* zufolge müssen gegenwärtige Trends, die die rechtsstaatliche Demokratie in Richtung auf einen Obrigkeitsstaat verfälschen, öffentlich benannt werden: Ihn beunruhigen »Mißbräuche und Umwertungen des Rechtsstaatsgedankens im obrigkeitlichen Sinne und unter Rückfall in einen Rechtspositivismus. Der Rechtsgedanke wird nicht nur zur Zementierung ungerechtfertigter Besitzstände mißbraucht, sondern zunehmend gleichgesetzt mit dem Gehorsam gegenüber staatlichen Vorschriften. Werden solche verletzt – wohlgemerkt: durch Protest Jugendlicher gegen Mißstände, nicht etwa durch Steuersünder oder Umweltverbrechen –, wird lamentiert, der Rechtsstaat schlechthin sei in Gefahr.«[84]

b)   Die Demokratie-Denkschrift redet durchgängig von der »freiheitlichen Demokratie«. Sie betont auch den Rechtsstaatsgedanken. Demge-

---

81   A.a.O., S. 47.
82   *H. Simon*: Protestantismus und Protest, in: Deutscher Evangelischer Kirchentag in Düsseldorf 1985, S. 336ff., 339.
83   *H. Simon*: Demokratie, (Anm. 4), S. 60.
84   A.a.O., Demokratie, S. 62.

genüber tritt aber der Sozialstaatsgedanke zurück. *Helmut Simon* hat dazu bemerkt: »Das dritte Element der rechts- und sozialstaatlichen Demokratie, das Sozialstaatsangebot, kommt in der Denkschrift leider zu kurz . . ., obwohl der Protestantismus dazu über den Diakoniegedanken am leichtesten Zugang finden könnte und obwohl der Mangel an Solidarität in unserer Ellenbogengesellschaft zu den größten Zukunftsgefahren gehört.«[85] Gerade vom Sozialstaatsangebot der Verfassung her wäre es nämlich die Aufgabe, eine innergesellschaftliche Solidarität »im Sinne eines teilenden Miteinanders« zu praktizieren, »statt den neuen Klassenkampf in der Arbeitswelt zwischen denen, die drin sind, und denen, die draußen sind, sich selbst zu überlassen oder gar nach dem frühkapitalistischen Prinzip des Heuerns und Feuerns zu lösen.«[86] Diesem Hinweis *Simons* auf das Zurücktreten des Sozialstaatsgedankens in der Denkschrift entspricht, daß auch *Barth* in »Christengemeinde und Bürgergemeinde« den besonderen Beitrag und Akzent der Christen gerade in dem »Kampf für die soziale Gerechtigkeit« gesehen hat (These 17). Ob es etwa nur zufällig ist, daß in der Denkschrift der Begriff »rechts- und sozialstaatliche Demokratie« nirgendwo auftaucht? Deshalb betont *Simon*: »Das ursprüngliche Postulat der rechtsstaatlichen Freiheit vor dem Staat bedarf für die Masse der Staatsbürger einer Ergänzung durch die komplementäre Forderung nach Teilhabe am sozialstaatlichen Leistungsangebot und nach Daseinsvorsorge durch die Solidargemeinschaft. Umwertungen erleidet das Sozialstaatsangebot heute vor allem durch Schmähkritik am Wohlfahrtsstaat und am vermeintlich zu engmaschigen (sozialen) Netz. Wortführer dieser Kritik sind jene, deren eigener Lebenszuschnitt nichts zu wünschen übrig läßt und die ihre systemverändernden Bestrebungen auch noch gerne als besonders verfassungstreu ausgeben«.

Demgegenüber erinnert *Simon* an einen wichtigen Satz aus der Ökumene: »Wer wenig im Leben hat, soll viel im (sozialen) Recht haben.«[87]

c)   Wer sich für den Rechtsstaat als Angebot und Aufgabe einsetzen und zugunsten der Fortentwicklung dieses Rechtsstaates »in konkreten Fällen auch den Konflikt mit dem Staat und der Öffentlichkeit nicht scheuen« will[88], der muß nach *Helmut Simon* auch auf »die Art und Weise der Extremistenbekämpfung« kritisch hinweisen, »zu der die Denkschrift schweigt.«[89]

Macht sich nicht auch hier ein Defizit an Schulderinnerung bemerkbar? »Gerade eine Generation, die für die Irrtümer ihrer eigenen Jugend so sehr auf Nachsicht angewiesen ist und die ihren neuen Staat notgedrungen mit

85   A.a.O., Demokratie, (Anm. 4), S. 63.
86   *H. Simon*, (Anm. 82), S. 347.
87   *H. Simon:* »Wer wenig im Leben hat, soll viel im Recht haben«, in: Ökumenische Rundschau 16/1967, S. 338ff.
88   Denkschrift, (Anm. 1), S. 47.
89   *H. Simon:* Demokratie, (Anm. 4), S. 65.

zahllosen Nazis aufgebaut hat, sollte ihren eigenen Kindern die Chance lassen, Irrtümer durch den Lernprozeß praktischer Bewährung zu überwinden.«[90]

Im Sinne dieser mitverantwortlichen Annahme und kritischen Solidarität stellen *Helmut Simons* Anfragen an die Demokratie-Denkschrift diese selbst nicht etwa infrage, sondern sie sind ein Beispiel der von ihr selbst geforderten Annahme der rechtsstaatlichen und sozialstaatlichen Demokratie. Gerade im Interesse der Weiterentwicklung unseres demokratischen und sozialen Rechtsstaates muß deshalb an die an K. Barth orientierte eschatologische Rechtskonzeption *Helmut Simons* erinnert werden, die in der Denkschrift zwar einen Durchbruch erfahren hat, in ihrer Intention und Dynamik aber noch nicht wirklich berücksichtigt worden ist. Die Denkschrift spricht von der »Demokratie als Herrschafts- und Lebensform«, die darauf angewiesen ist, daß Bürger ihr persönliches Leben und Verhalten daran orientieren.

Helmut Simon hat im Jahre 1962 gesagt: »Was wir brauchen, sind Richterpersönlichkeiten, die sich in schwerwiegenden Fällen überhaupt auf diesen Kampf einlassen und trotz grundsätzlicher Bindung an das positive Gesetz das tun, wozu sie nach dem Maß ihrer Einsicht ihr Gewissen verpflichtet, in der Hoffnung, die Rechtsordnung möge dieser Auffassung folgen.«[91] *Helmut Simon* hat das für seine und unsere Generation vorbildlich gelebt. K. Barths Schrift »Christengemeinde und Bürgergemeinde« und sein dazugehörendes Kapitel der Kirchlichen Dogmatik »Die Ordnung der Gemeinde« (KD IV/2, § 67,4, 1955) sind durch *E. Wolf, G. Heinemann* und *H. Simon* umfassend aktualisiert worden. Beide werden ohne diese gesellschaftlichen, iuristischen und politischen Konkretisierungen nicht wirklich verstanden werden können. Das ist in der Literatur über Barth bis heute oftmals vergessen worden. Das sollte aber weiterhin nicht vergessen werden.[92]

---

90 A.a.O., S. 65.
91 *H. Simon:* Festschrift *E. Wolf,* (Anm. 37), S. 359.
92 Zum politischen Auftrage der christlichen Gemeinde (Barmen II), hg. v. A. Burgsmüller, Gütersloh 1974. – EKU: Für Recht und Frieden sorgen. Auftrag der Kirche und Aufgabe des Staates nach Barmen V, hg. v. W. Hüffmeier, Gütersloh 1986. – Besonders *W. Schrage* hat sich im Sinne Barths um die exegetische Grundlegung von Barmen II und Barmen V in herausragender Weise bemüht. Ihm habe ich für viele exegetische Einsichten aus persönlichen Begegnungen in seinem Haus, im Kuratorium der Kirchlichen Hochschule und in theologischen Ausschüssen zu danken. Über das Universitäre hinaus sind wir uns bei den Demonstrationen vor der Südafrikanischen Botschaft begegnet. Bei meinem Prozeß in Bonn (Anm. 67) war W. Schrage mit dabei.

13 Reich Gottes und ökonomische Gerechtigkeit

Anfragen an Arthur Richs Stellungnahmen zu Karl Barth und Bekennender Kirche, zu Sozialismus und Weltwirtschaft in ökumenischer Verantwortung

H. Gollwitzer in Dankbarkeit für Freundschaft und Wegweisung[1]

1. Eine notwendige Vorbemerkung

Das Folgende setzt die eingehende Beschäftigung mit und die genaue Kenntnis, ja die positive Würdigung der beiden Bände der epochalen Wirtschaftsethik *A. Richs* voraus und will zu ihrer Lektüre und eingehenden Diskussion mit ihnen dringlich aufrufen. Es möchte angesichts der überreichen Gesichtspunkte in diesem Doppelwerk das Gespräch mit Rich bis in die ökumenischen Perspektiven und Probleme hinein suchen und fortsetzen.

---

1 *H. Gollwitzer,* dem dieser Beitrag gewidmet ist, hat in unermüdlicher Weise den von A. Rich entfalteten Zusammenhang zwischen der Gerechtigkeit des kommenden Reiches Gottes und der sozialen und ökonomischen Gerechtigkeit in seinen Schriften und Büchern behandelt und dargestellt. Seine radikale Kapitalismuskritik hat ihn zum Kritiker des kapitalistischen Westens, seine Schriften zu Christentum, Demokratie und Sozialismus haben ihn zur persona non grata mit Einreiseverbot im stalinistischen und staatssozialistischen Osten gemacht. Seine beiden Bücher »Die kapitalistische Revolution« (München 1974) und »Christentum Demokratie Sozialismus« (Berlin-West 1980) dokumentieren diese *Position zwischen Ost und West* eindeutig. In »der theologischen Existenz zwischen Ost und West« blieb H. Gollwitzer dabei seinem Lehrer *Karl Barth* treu, dessen theologische und gesellschaftliche Intentionen Gollwitzer in seinem Buch »Reich Gottes und (demokratischer) Sozialismus« (München 1972) eindrücklich beschrieben hat. In der »politischen Existenz zwischen Ost und West« blieb Gollwitzer seinem politischen Weggefährten und persönlichen Freund, *G. Heinemann,* treu, dessen politische und gesellschaftliche Intentionen für die Situation im vereinigten Deutschland heute soeben die »Erklärung des Vorstandes der Gustav-Heinemann-Initiative: Zur historischen Verantwortung in Deutschland« hilfreich und wegweisend aktualisiert hat (JK 53/1992, 170). Die Position G. Heinemanns und H. Gollwitzers wird in dem nicht genug zu beherzigenden Aufsatz von *R. Giordano:* »Die trauerunfähige Linke« (Spiegel 12/1992, 54–56) leider weder erwähnt noch erinnert. Gollwitzers inzwischen in 10 Bänden im Kaiser-Verlag München publiziertes Werk ist für den zwischen beiden Teilen des vereinigten Deutschland noch erst der führende Dialog – anstelle des heute weitgehend gehandhabten Diktates des Westens gegenüber dem Osten – wegweisend und unverzichtbar. Es sollte zusammen mit Richs epochalem Werk für diesen fälligen Dialog erschlossen und genutzt werden. – Im Zusammenhang der Entfaltung des Kriteriums der relativen Rezeption und der Partizipation (Rich I 181 ff, 196 ff) beruft sich Rich auch auf H. Gollwitzers Arbeiten. – Vgl. weiter *N. Sommer* (Hg.), Der Traum aber bleibt. Sozialismus und christliche Hoffnung, Berlin 1992.

a)   Keine billige Kritik und Apologetik

Eine traditionsgeschichtliche Korrektur scheint mir jedoch angebracht.
Anders als es sich bei der Lektüre der Abgrenzungen Richs z.B. gegenüber *Karl Barth* nahezulegen scheint, nimmt Rich de facto zentrale Intentionen der »Bekennenden Kirche in ökumenischer Verantwortung«
oder der Ökumene auf, die auf Impulse von *Dietrich Bonhoeffer, Hans
Joachim Iwand, Karl Barth* und anderen zurückgehen. »Reich Gottes und
weltweite ökonomische Gerechtigkeit im ökumenischen Kontext« ist
das Grundthema Barths in seinen sozialethischen und sozialökonomi-
schen Stellungnahmen seit 1946. Rich veröffentlicht mehr als 30 Jahre,
nachdem Barth sein Ethik-Fragment über das Christliche Leben« (1959-
1961) abgeschlossen hat. Barth hat sich hier – wie auch Rich in seinem
Werk – grundlegend und zentral mit dem Verhältnis von göttlicher und
menschlicher Gerechtigkeit beschäftigt. Seine Nähe insbesondere zum
späten Barth wird von Rich nicht gesehen, obwohl gerade Rich wichtige
Intentionen der fragmentarischen Sozial- und Wirtschaftsethik zu kla-
rer Entfaltung bringt.

b)   Quer zu allen Fronten im vereinigten Deutschland

Richs Bände sind nicht zuletzt für die Diskussionen im vereinigten
Deutschland wegweisend. Nachdem vom Westen Deutschlands aus die
Überlegenheit des Kapitalismus gegenüber dem Sozialismus, ja dessen
Sieg über den Sozialismus – weil angeblich durch den Zusammenbruch
des kommunistischen Staatssozialismus mit unmenschlichem Antlitz
bewiesen – proklamiert worden ist, plädiert Rich quer zu allen falschen
Frontbildungen bei uns für die Weiterentwicklung der sozialen Marktwirtschaft in Richtung auf die *human orientierte Wirtschaftsdemokratie
Ota Šiks*, des »maßgebenden Ökonomen der sozialistischen Reformbewegung des Prager Frühlings«[2], in Verbindung mit der *ökologisch orientierten Marktwirtschaft*, wie sie *H.Chr. Binswanger* innerhalb der For-
schungsgemeinschaft für Nationalökonomie in St. Gallen vorgelegt hat.
Und ich sehe in der Absage Richs an den Kapitalismus mit seinen weltweit sichtbaren zerstörerischen Folgen von Ausbeutung und Umwelt-
zerstörung und in seinem Argument, »daß die prägnant kapitalistische
Gestalt der Marktwirtschaft für die Humanität aus Glauben, Hoffnung,

---

2   *A. Rich:* Wirtschaftsethik. Bd. I, Gütersloh 1984, ³1987; Bd. II, Gütersloh 1990; Zitat
a.a.O. II 296, das folgende Zitat a.a.O. II 342. – Richs Ausführungen zu O. Šik finden sich
a.a.O. II 296ff, 342f, zu H.Chr. Binswanger a.a.O. II 308ff, 342f. Zusammen mit dem maßgebenden Ökonomen O. Šik sollte auch des maßgebenden Theologen der Reformbewegung
des Prager Frühlings, nämlich *J.L. Hromádkas* gedacht werden: Vgl. dazu *M. Opočenský* in
Zusammenarbeit mit *B. Klappert* und *M. Stöhr* (Hg.): Sprung über die Mauer. Ein Hromád-
ka-Lesebuch, Wuppertal 1991.

Liebe unakzeptabel ist«, und schließlich in seinem Plädoyer für die nötige Weiterentwicklung der Sozialen Marktwirtschaft in Richtung auf das »Modell der human reformierten und ... ökologisch regulierten Marktwirtschaft« eine Parallele zu dem, was *H.J. Iwand* nach dem Zweiten Weltkrieg und nach dem Antikommunismus und Antisozialismus des Hitlerreiches als gesellschaftliches und wirtschaftliches Ziel vor Augen gehabt hat: einen – wie Iwand sagte – nüchternen demokratischen Sozialismus im ökumenisch verankerten und weltweit zu verantwortenden Kontext als unsere kommende Lebensform.

In Richs sachkundiger Marx-Analyse bis hin zu seinem Plädoyer für die human orientierte Wirtschaftsdemokratie Šiks finden wir nunmehr auch eine fundierte Abgrenzung gegenüber aller billigen und pauschalen Sozialismuskritik, vor der der Rheinische Präses, *P. Beier*, in seinem Brief an die Rheinischen Gemeinden vom April 1990 in der Nachfolge Iwands gewarnt hatte: »Bitte beteiligen Sie sich nicht . . . an dieser wohlfeilen Sozialismusschelte, die hierzulande im Schwange geht. Jedem war längst klar, daß der sogenannte ›real existierende Sozialismus‹ in den uns bekannten Ausprägungen mit Sozialismus im Wortsinne nichts mehr gemein hatte. Sicher bleibt christliches Denken im Grundsatz unterschieden von allen optimistischen Menschenbildern, die der Heiligen Schrift widersprechen. Gleichwohl bewahrt der Begriff ›Sozialismus‹ ein unaufgebbares Humanum, eine Vielzahl von unerprobten Möglichkeiten, die zu lästern Christen schlecht ansteht. Der Sozialismus wurde, daran ist nachdrücklich zu erinnern, aus nackter Not geboren. Nicht zuletzt deshalb, weil die Christenheit weithin während der industriellen Revolution im vorigen Jahrhundert dem Leiden des Proletariats nichts entgegenzusetzen hatte«.

2.   Barths transzendent-eschatologischer Ansatz

Eine Kritik speziell an Barth hinsichtlich der Kommunikabilität des christozentrischen Ansatzes seiner gesellschaftlichen und politischen Ethik findet sich ebenfalls in der Wirtschaftsethik *Richs*. Rich schildert dort Barths Weg und Wendung von einem transzendent-eschatologischen und d.h. radikal-kritischen zu einem christologischen Ansatz der Ethik. Dabei entsteht der Eindruck, als ob Barth die dialektische, d.h. radikal-eschatologische Phase hinter sich gelassen habe und also die »christologische Begründung« seiner Ethik die Preisgabe seiner dialektischen Phase darstelle, eine These, die sich auch unter dem Schlagwort der (von Barth angeblich vollzogenen) Wende von der Dialektik zur Analogie in der Barth-Literatur ständig wiederholt. Demgegenüber lädt gerade die

Differenziertheit der Argumentation Richs zum Gespräch mit ihm ein.
Es geht also um die Frage, ob Barth einen Weg von der eschatologischen
Radikalkritik zur christologischen Verklärung des Relativen gegangen
ist.

Rich weist zunächst in meisterhafter Bündelung darauf hin, wie Barth –
von Kutter und Ragaz herkommend – »im wesentlichen die Linie Kut-
ters« – das Von-Gott-her – fortführt, »während das Ragazsche ›Zu-
Gott-hin‹ als ... soziale und politische Aktivität des Menschen zwar
nicht einfach verschwindet, aber theologisch im Ungewichtigen belassen wird«[3].

a)   Das relative Recht der radikalen Kritik Barths

Die Radikalität des Gerichts über die Welt bei Barth hat aber nach Rich
die fatale Folge, daß »das Geschehen in der gegenwärtigen Welt letzten
Endes belanglos wird«[4]. Die von Barth im zweiten Römerbriefkommen-
tar und in Tambach (1919) aufgemachte »qualitative Differenz zwischen
Ewigkeit und Zeit, Absolutem und Relativem« läßt »letztendlich das
Zeitliche, Relative, Menschheitsgeschichtliche – trotz einiger dämpfen-
der Haltezeichen – der Nichtigkeit verfallen ... Es ist hier im Grunde
nur ein absolut kritisches Verhältnis zur vorhandenen Welt mit ihren
Prozessen und Institutionen zu gewinnen«[5].

---

3   A.a.O. I 137.
4   A.a.O. 140.
5   Ebd. Übrigens ist schon hier auffällig: Wie Rich nicht auf den späten, so geht er auch auf
den *vordialektischen Barth* nicht ein, bei dem die positive Verhältnisbestimmung des Absoluten zum Relativen, des Letzten zum Vorletzten durchaus Thema und Gegenstand ist (vgl.
dazu jetzt die wichtige Arbeit von *H. Anzinger:* Glaube und kommunikative Praxis. Eine
Studie zur »vordialektischen« Theologie K. Barths, Dissertation Heidelberg 1984, München
1991). Dazu zitiere ich zwei Belege. Einmal aus dem Brief an Thurneysen vom 5. 2. 1915:
»Gerade weil ich mich bemühe, Sonntag für Sonntag von den letzten Dingen (!) zu reden,
ließ es es mir nicht mehr zu, persönlich in den Wolken über der jetzigen bösen Welt zu
schweben, sondern es mußte gerade jetzt gezeigt werden, daß der Glaube an das Größte (!)
die Arbeit und das Leiden im Unvollkommenen nicht aus-, sondern einschließt« (*K. Barth –
E. Thurneysen:* Briefwechsel Bd. I, 1913–1921, hg. von E. Thurneysen, Karl-Barth-Gesamtausgabe V, Zürich 1973, 29f, 30). Sodann sei zitiert aus dem die theologische Wende Barths
markierenden Vortrag in der Stadtkirche zu Aarau vom Januar 1916: »Wo geglaubt wird, da
fängt mitten in der alten Kriegswelt und Geldwelt und Todeswelt der neue Geist an, aus
dem eine neue Welt, die Welt der Gerechtigkeit Gottes (!) wächst ... Denn ... Gott selbst
hat nun seine Sache an die Hand genommen ... Wirkliche Liebe, ... ja Moral und Kultur,
Staat und Vaterland, sogar Religion und Kirche werden jetzt möglich (!), jetzt, erst jetzt! Eine weite Aussicht tut sich auf für die Zukunft auf ein Leben, ja auf eine Welt hier auf der Erde (Die Gerechtigkeit Gottes, in: Das Wort Gottes und die Theologie, München 1924, 5–17,
61).

Angesichts des problematischen Verständnisses des Sozialismus als einer Gestalt des Geschichte werdenden Reiches Gottes und also angesichts der religiösen Interpretation des Sozialismus, insbesondere durch seinen Lehrer Ragaz, kommt Rich zunächst zu einer *relativen Würdigung der radikalen Kritik Barths*: »Es ist . . . das Wissen darum, daß menschliche Gerechtigkeit nie göttliche Gerechtigkeit sein kann . . . Von dieser Einsicht aus wußte Barth in den frühen 20er Jahren – und das hat der damalige Religiöse Sozialismus, von den kulturprotestantischen Vorläufern und Nachzüglern ganz zu schweigen, so nicht erkannt – eindringlich zu Gehör zu bringen, daß nicht allein Kapitalismus, Militarismus . . . im Argen liegen, (sondern) daß auch Sozialismus, Pazifismus, Demokratie und proletarischer Lebensstil ›von Gott her‹ mit einem großen Fragezeichen zu versehen sind«[6].

Es sollte ergänzt werden, was bei Rich nicht so deutlich, aber für die weltpolitischen Veränderungen heute von Wichtigkeit ist, daß Barth auch in seiner späten Phase nach 1945 diese Einsichten in keiner Weise zurückgenommen hat, wie seine Ausführungen über das tätige Leben und speziell über die Arbeit[7] zeigen. Rich hat diese wichtigen, seiner Position nahestehenden Ausführungen Barths nicht mitdargestellt. Barth schreibt 1951: Haben sich Theologie und Kirche im Westen dem Kapitalismus gegenüber radikal-kritisch und seinen »Vertretern gegenüber ›links‹ zu halten, d.h. sich grundsätzlich zu den durch diese Unordnung Benachteiligten zu bekennen«, so brauchen sie »ihre Botschaft deshalb mit keinem von den Programmen jener Gegenbewegungen zu identifizieren . . . Sollte es sich als wahr erweisen, daß auch die Abschaffung des Privateigentums an Produktionsmitteln, daß auch der Staatssozialismus *das* Heilmittel der sozialen Krankheit *nicht* ist, . . . als das er jetzt im Osten so laut gepriesen wird, dann würde das schließlich nur bedeuten . . . : die Relativität auch dieses ›Revolution‹ genannten, radikalsten Reformentwurfes . . ., daß *alles* das . . . nur relative Bedeutung und Kraft haben kann«[8].

b)   Die Problematik der dialektisch-kritischen Phase Barths

Die folgende Kritik von Rich an Barth ist freilich berechtigt: Sein Hinweis nämlich auf die Gefahren des radikal-kritischen Ansatzes der dia-

---

6   A.a.O. 140f. – Zum Ganzen vgl. die eindringliche Analyse von *D. Schellong*: Bürgertum und christliche Religion, TEH 187, München 1975, 95ff.
7   *K. Barth*: KD III/4, 1951, 592ff. – Vgl. die vorzüglichen Analysen dieser Abschnitte durch *U. Dannemann*: Theologie und Politik im Denken Karl Barths, München/Mainz 1977 und ders., Karl Barth und der religiöse Sozialismus, in: EvTh 37/1977, 127–148.
8   A.a.O. 625.

lektischen Phase Barths, letztendlich alle sozialen und politischen Optionen von rechts und links als gleich gültig und so als gleichgültig zu proklamieren: »Dahinter verbirgt sich die faktische Unmöglichkeit, vom Absoluten her ein sozialethisch konstruktives Verhältnis zum Relativen zu gewinnen«[9]. Rich hat freilich übersehen, daß Barth sich diese kritische Frage mit ausdrücklichem Verweis auf Ragaz selber gestellt hat: »Wie – das war damals die Sorge und der Einwand von Leonhard Ragaz – wenn das Ende des Liedes von der Majestät Gottes eine neue Bestätigung der Hoffnungslosigkeit alles menschlichen Tuns, eben damit eine neue Rechtfertigung ... des Säkularismus im Sinne der lutherischen Lehre von den zwei Reichen [und also der Eigengesetzlichkeit des gesellschaftlichen und politischen Lebens] sein sollte? Bewahre! So meinten und wollten wir es nicht«[10].

3. Barths christologisch-eschatologischer Ansatz der Ethik

Barth hat seit den 30er Jahren immer deutlicher und expliziter den Weg zu einer christologisch-eschatologischen Ethik beschritten: von dem Vorentwurf zur Barmer Theologischen Erklärung (1934) über ›Rechtfertigung und Recht‹ (1938), ›Christengemeinde und Bürgergemeinde‹ (1946), die Schöpfungsethik KD III/4 (1951) bis hin zur Versöhnungsethik (1959-1961), die nicht zufällig mit dem Abschnitt »Der Kampf um menschliche [!] Gerechtigkeit« (§ 78) und dem Unterabschnitt »Fiat [humana] iustitia« endet. Das kommt bei Rich, wenigstens was seine Darstellung betrifft, nur noch ansatzweise und deshalb unvollständig in den Blick.

a) Richs doppelte Kritik an Barth

Rich stellt zunächst richtig dar, daß es sich in »Rechtfertigung und Recht« (1938), in welcher Schrift sich Barth auf Zwinglis Schrift von »göttlicher und menschlicher Gerechtigkeit« (1523) beruft, um eine »christologische Begründung des Staates« handelt. Und er fügt auch im Hinblick auf den kontextuellen Bezug der Barthschen Aussagen gegen den Hitlerstaat des Jahres 1938 zu Recht hinzu, was entsprechend auch für Zwingli[11] gilt: »Falls der Staat nicht Gerechtigkeit übt in relational

---

9   *A. Rich:* (Anm. 1) I 141.
10   *K. Barth:* Die Menschlichkeit Gottes, ThSt(B) H. 48, Zürich 1956, 9f.
11   *H. Zwingli:* Die göttliche und menschliche Gerechtigkeit (1523), hg. v. *R. Christoffel,* Bd. 9, Zürich 1845. Die dort von Zwingli entfalteten dreimal zehn Punkte der göttlichen *Gebo-*

verstandener Analogie zur Gerechtigkeit Gottes«, muß dem Staat Widerstand geleistet werden in Richtung auf eine bessere Rechtsordnung des Staates. »Insofern wohnt der christologischen Begründung des Staates durch Karl Barth ein eminent staatskritisches Moment inne«[12]. Und in positiver Würdigung der Position Barths: »Das Relative, eben die bestehende Welt in ihrer konkreten institutionellen Ordnung, ist dergestalt vor dem Anspruch des Absoluten nicht mehr … zur Nichtigkeit verurteilt, sondern vielmehr – ähnlich wie bei Ragaz – der Ort, wo Gottes eschatologischer Erlöserwille geschehen will und geschieht. Damit ist [bei Barth] Raum geschaffen für ein sozialethisches Handeln, das sich vom Anspruch des Letzten her für eine verantwortliche Gestaltung der gesellschaftlichen Verhältnisse im Vorletzten verantwortlich weiß«[13].

Dennoch meint Rich, Barth in doppelter Hinsicht *kritisieren* zu sollen:

1. Die christologische *Begründung* des Staates

Indem Barth das Relative der staatlichen Ordnung »auf die Ebene des mit dem Absoluten der Christusherrschaft Gleichnisfähigen gehoben (hat), um die Vermittlung zu ermöglichen«[14], erfolgt über »die Christokratie« eine »ideologieverdächtige Überhöhung derartiger Mächtigkeiten [wie der staatlichen Ordnung]«[15]. Aber Rich, der sich für diese berechtigte Kritik an Barth, sofern es sich um Barths christologische Begründung des Staates in »Rechtfertigung und Recht« handelt (1938), auf *E. Wolf* beruft, übersieht, daß auch Barth selbst bei dieser Position des Jahres 1938 eben nicht stehengeblieben ist, vielmehr schon in »Christengemeinde und Bürgergemeinde« (1946) die christologische Begründung des Staates nicht wiederholt hat, eine Position, die dann in E. Wolfs Sozialethik aufgenommen und weitergeführt worden ist.

Gleichnisfähigkeit bedeutet 1946 bei Barth in keinem Sinn eine theologische Überhöhung des Relativen, sondern – entsprechend der Formu-

---

te, der gesellschaftlichen *Gesetze* und der praktischen *Ratschläge* sind in Richs Unterscheidung (I 105ff, 172ff, 222ff) zwischen 1. dem *theologisch-eschatologischen* Ansatz (1. Ebene), 2. den *prinzipiellen Kriterien* des Menschengerechten (2. Ebene) und den praktischen und operationalen *Handlungsmaximen* (3. Ebene) präsent. Zwinglis Schlußausführungen zufolge »hat die Obrigkeit die Pflicht, der göttlichen Gerechtigkeit *so gemäß als möglich* zu handeln« (67, Kursivierung von mir). Zwinglis *göttlichen Geboten* entspricht bei *Barth* die Gerechtigkeit des Reiches Gottes. Zwinglis daran inhaltlich orientierte Bestimmung der *gesellschaftlichen Gesetze* entsprechen bei Barth die dem Kommen des Reiches Gottes auf der gesellschaftlichen Ebene entsprechenden Richtungen und Handlungsrichtlinien. Zwinglis *praktischen Ratschlägen* entspricht bei Barth das jeweilige situationsbezogene Wählen in Richtung des jeweils relativ Besseren und relativ Gerechteren (K. Barth, Christengemeinde und Bürgergemeinde, ThSt(B) H. 20, Zürich 1946 und *W. Schrage*: Zum Komparativ in der urchristlichen Ethik, EvTh 48/1988, 330–345).

12 *A. Rich*: (Anm. 1) I 155.
13 A.a.O. 156.
14 Ebd.
15 A.a.O. 165.

lierung in Barmen V – die Aufgabe, nach dem Maß *menschlicher* Einsicht und *menschlichen* Vermögens für *menschliches* Recht zu sorgen.

2.   Die *Deduktion* des Relativen vom Absoluten

Indem Barth die staatliche Ordnung christologisch fundiere, versuche er, so meint Rich, in problematischer Weise »direkt vom Absoluten her relative, weil geschichtliche Ordnungen zu begründen und daraus unmittelbar [!] Maßstäbe für die Weltgestaltung zu gewinnen«, mit der Gefahr, »doch zu keiner wirklichen Annahme des Relativen (zu) gelangen«[16].

Nochmals: Hat Rich mit dieser Kritik allenfalls gegenüber der Position Barths aus dem Jahre 1938 ein gewisses Recht, so verfehlt diese Kritik die sozialethischen Stellungnahmen Barths, die dieser seit 1946 zu dieser Frage veröffentlicht hat. Denn die Ausführungen Barths in »Christengemeinde und Bürgergemeinde« (1946) bestimmen die Gleichnisfähigkeit und Gleichnisbedürftigkeit gesellschaftlicher und staatlicher Ordnung *nicht deduktiv,* sondern als gegenüber der politischen und gesellschaftlichen Vernunft explizierbare und vermittelbare, menschliche und also nur indirekte Entsprechungen zu der Gerechtigkeit der kommenden Herrschaft Gottes – in Differenz und Analogie, entsprechend den Richschen Kriterien des Menschengerechten, der kritischen Distanz und relativen Rezeption.[17] Wie überhaupt die von Barth in »Christengemeinde und Bürgergemeinde« entwickelten Richtungen und Linien des – der Gerechtigkeit des Reiches Gottes entsprechenden – *menschlichen* Rechtes eine große inhaltliche Nähe zu den Kriterien des Menschengerechten bei Rich aufweisen.

So weist Rich zwar richtig darauf hin, daß *W. Kreck* in seinen Grundfragen christlicher Ethik (1975) von Barths Position, wie dieser sie im Jahre 1938 erreicht hat, aus- und also weitergegangen sei[18], er verkennt aber, daß Kreck dies in Übereinstimmung mit Barths seit 1946 immer eindeutiger entwickelter Position in dieser Frage tut. So daß also auch Kreck keine deduktive Ethik entfaltet, sondern – wie Barth – die konkreten und zunächst zu analysierenden Felder des Gesellschaftlichen und Politischen in das Licht des in Christus zu erkennenden Gebotes des Schöpfers, Versöhners und Erlösers stellt. Anders formuliert: Der zustimmende Verweis Richs auf Kreck signalisiert erneut die Nähe, die Richs Fragen nach den normativen Kriterien des Menschengerechten zu Barths Fragen nach den richtungsweisenden Handlungsrichtlinien des Gerechten faktisch darstellen. Das zeigt nicht zuletzt auch die bei Barth und Rich gegebene radikale Kapitalismuskritik und das Plädoyer für soziali-

---

16   A.a.O. 164.
17   A.a.O. 179f, 181ff.
18   A.a.O. 167.

stische Möglichkeiten im Bereich der wirtschaftlichen Ordnungs-systeme[19].

Die zwischen E. Wolf, W. Kreck einerseits und Barth andererseits von Rich aufgemachten Differenzen bestehen also erst dann, wenn man – wie Rich – bei der Position Barths von 1938 stehenbleibt, aber die Position Barths von »Christengemeinde und Bürgergemeinde« (1946) bis hin zur Versöhnungsethik (1959-1961) nicht mehr miteinbezieht. So fehlt denn nicht zufällig »Christengemeinde und Bürgergemeinde« im Literaturverzeichnis bei Rich und wird »Rechtfertigung und Recht« zu Unrecht als Dokument »Barths in seiner Spätzeit«[20] diskutiert und vor-gestellt.

b) Ökumenische und weltwirtschaftliche Orientierung der Ethik

Darum fehlt bei Rich die bei Barth 1946 vorhandene »von Haus aus« ökumenische Grundorientierung der Christengemeinde, der dann eine grundlegende und nicht nur ausblickhafte[21] weltwirtschaftliche Perspektive zu entsprechen hätte. Fehlen auch darum nicht zufällig die aus der Perspektive der sogenannten Dritten und Vierten Welt argumentie-renden ökonomischen Entwürfe von *H. Assmann, U. Duchrow, Fr. Hinkelammert, H. M. de Lange, Th. Witvliet* u.a.?[22] Barth jedenfalls hat sei-nen ethischen Schlußparagraphen »Der Kampf um menschliche Ge-rechtigkeit«(§78) ausdrücklich in die ökumenische Perspektive zunächst des Auszugs der Gemeinde aus den gottlosen Bindungen dieser Welt in Gestalt des Bündnisses der Kirche mit den reaktionären Kräften *und* so-

19 *K. Barth*: Christengemeinde und Bürgergemeinde (Anm. 10) 27, Punkt 17: »Die Christengemeinde steht im politischen Raum . . . notwendig im Einsatz und Kampf für die soziale Gerechtigkeit. Und sie wird in der Wahl der verschiedenen sozialistischen [beachte: nicht kapitalistischen!] Möglichkeiten (Sozial-Liberalismus?, Genossenschaftswesen?, Syndikalismus? . . . Gemäßigter? Radikaler Marxismus?) auf alle Fälle die Wahl treffen, von der sie jeweils . . . das Höchstmaß von sozialer Gerechtigkeit erwarten zu sollen glaubt«. – A. Rich: (Anm. 1) II, 260ff, 269ff, 342f.
20 *A. Rich*: (Anm. 1) I 150ff.
21 A.a.O. II 345ff.
22 *H. Assmann / F. Hinkelammert / J.V. Pixley / P. Richard / J. Sobrino*: Die Götzen der Unterdrückung und der befreiende Gott, Münster 1984. – U. Duchrow: Weltwirtschaft heute – Ein Feld für Bekennende Kirche?, München 1986. – *U. Duchrow / G. Eisenbürger / J. Hippler* (Hg.): Totaler Krieg gegen die Armen, München 1989. – *B. Goudzwaard / H.M. de Lange*: Weder Armut noch Überfluß. Plädoyer für eine neue Ökonomie, München 1990. – *Fr.J. Hinkelammert*: Die ideologischen Waffen des Todes. Zur Metaphysik des Kapitalismus, Freiburg/Münster 1985. – *R.H. Strahm*: Warum sie so arm sind. Arbeitsbuch zur Entwicklung der Unterentwicklung in der Dritten Welt, Wuppertal 1985. – *Südwind* (Hg.): »Gott steht auf der Seite der Armen«. Erklärungen der Kirchen zu wirtschaftlicher Gerechtigkeit, Texte I, Siegburg 1992. – *Th. Witvliet*: Befreiungstheologie in der Dritten Welt, Hamburg 1986.

dann in die Perspektive der Erkenntnis der wahren Worte im Weltgeschehen in Gestalt des demokratischen Sozialismus gestellt[23].

Muß nicht vom Kommen des Reiches Gottes her ineins mit der »welt-
wirtschaftlichen Herausforderung an die Marktwirtschaft« (A. Rich)
nicht nur die Priorität[24], sondern mit Barth auch der *Primat der kritischen Distanz* gegenüber der relativen Rezeption der reformistisch wei-
terzuentwickelnden sozialen Marktwirtschaft auf deren sozialistische
und ökologische Perspektiven hin[25] festgehalten werden? Das ist der
Sinn des von Barth seit Tambach (1919) betonten Primats der kritischen
Distanz gegenüber allen anzustrebenden relativen Verwirklichungen im
Bereich von Politik und Gesellschaft. Ich bewerte also die Ausführungen
Barths in seiner Ethik[26] als Hinweis darauf, daß es einen Weg Barths
weg von der kritischen Dialektik hin zur Analogie so nicht gegeben hat,
und ich halte diese Ausführungen deshalb für bemerkenswert, weil
Barth sich dort – wie Rich – für die »Gestalt des sozialen Fortschrittes
oder auch des Sozialismus – immer für seine zu bestimmter Zeit an bestimmtem Ort in bestimmter Situation gerade hilfreichste Gestalt«[27]
ausspricht. Ich sehe über Rich hinaus auch darin ein Proprium der gesellschaftlichen Ethik Barths, daß er insbesondere auf die *nationalen und
internationalen Gegenbewegungen* wie Gewerkschaften und Genossenschaften hinweist, im Unterschied zu Rich, bei dem die Gewerkschaften
nicht einmal im Register und die Genossenschaften wie der »korporati-
vistisch-sozialgeordnete Ansatz der Wirtschaft« nur nebenbei behandelt werden[28].

*Die Weltwirtschaft ist eben nicht ein Sonderproblem, sondern das zentrale
Problem der Wirtschaftsethik.* Dem würde in den Kriterien des Menschengerechten bei Rich eine Richtlinie wie »internationale Verträglich-

---

23 *K. Barth:* KD IV/3 § 69 als Auslegung von Barmen I.
24 *A. Rich:* (Anm. 1) I 179f.
25 A.a.O. 296ff.
26 *K. Barth:* KD III/4, 613–626, bes. 623–626.
27 A.a.O. 626.
28 Während *K. Barth* unter den »verschiedenen sozialistischen Möglichkeiten«, für die
die von Hause ökumenisch orientierte Christengemeinde ökonomisch jeweils einzutreten
hat, neben dem Genossenschaftswesen auch den Syndikalismus nennt (Anm. 10, Pkt. 17),
behandelt *Rich* die neokorporatistischen Ansätze, insbesondere den von S. Katterle vorge-
stellten, nur fragmentarisch und peripher (Rich II 179f, 254–256, 290, 332), weil es Rich im
Gegensatz zu Katterle fraglich ist, »ob der Korporativismus als drittes fundamentales Koordinatensystem [neben Markt- und Zentralverwaltungswirtschaft] gelten [und praktiziert
werden] kann« (254). Solche »korporativistischen Institutionen« (Katterle) mit ihren mi-
kroökonomischen Zielen im Raum makroökonomischer Vorgaben würden den von Rich
entwickelten Kriterium der Kooperation und Partizipation durchaus entsprechen. Deshalb
verweise ich in diesem Zusammenhang nachdrücklich auf *S. Katterles* Buch: Alternativen
zur neoliberalen Wende. Wirtschaftsethik in der sozialstaatlichen Demokratie, Bochum
1989. Ich verweise ferner auf die 1975 gegründete *Ökumenische Entwicklungsgenossenschaft*
(EDCS) und deren Jahresbericht, Amersfort 1991.

keit und Gerechtigkeit« entsprechen müssen. Der »von Hause aus *ökumenisch*« orientierten Christengemeinde«[29] entspräche dann angesichts des Kommens des Reiches Gottes und seiner Gerechtigkeit die Parteinahme für die Armen in ökumenischer Perspektive[30]. Eine Wirtschaftsethik müßte also schon von Hause aus die transnationalen Verflechtungen der Trans National Corporations (TNC) im Blick haben, um nicht binneneuropäisch oder gar nur binnennational mißverstanden zu werden.

4.   Barths Frage nach dem menschlichen Recht als Reflex der göttlichen Gerechtigkeit

Summa Summarum: Die Nähe Richs zu Barth scheint mir größer, als sie in den Abgrenzungen Richs gegenüber Barth zum Ausdruck kommt. Ja, es könnte umgekehrt Richs informative und umfassende zweibändige Wirtschaftsethik als eine erste Aktualisierung und noch mehr Konkretisierung der sozialethischen Intentionen Barths verstanden werden. Und das nicht aus Zufall. Hat doch Rich in seiner Wirtschaftsethik für eine Weiterentwicklung der sozialen auf eine sozialistische Marktwirtschaft hin plädiert und seinen RGG-Artikel über den Religiösen Sozialismus seiner Lehrer Kutter und Ragaz so geschlossen: »Eine Weiterführung auf veränderten theologischen Grundlagen und unter bewußtem Verständnis des Sozialismus als eines bloß säkularen und somit relativen Entwurfs innerweltlicher Gestaltung betreibt A. Rich«[31]. Ähnlich hat Barth 1956 in seiner Rechenschaftsablage über seinen theologisch-ethischen Weg seit Safenwil geschrieben: »War es die Begegnung mit dem durch Kutter und Ragaz interpretierten Sozialismus, der uns die Augen dafür öffnete, daß Gott auch noch ganz anders als in dem dumpfen Gehäuse des christlich-religiösen Selbstbewußtseins Gott sein und als solcher handeln und reden möchte?«[32].

---

29   *K. Barth:* (Anm. 10) 32, Punkt 25.
30   Die weltweite Parteinahme für die Armen durchzieht die beiden Bände der Wirtschaftsethik *A. Richs,* sowohl die Grundlegung I 125ff, 218f, 225, als auch die Konkretionen II 345ff, 367f.
31   *A. Rich:* Art. »Religiös-sozial«, ³RGG Bd. V Tübingen 1961, 957f, 958.
32   *K. Barth:* Die Menschlichkeit Gottes (Anm. 9) 6.

a)   Ethik – dienende Kirche – demokratischer Sozialismus

Es ist das folgende Bonmot *G. Dehns* an seine Studierenden überliefert:
»Blumhardt zeugte Kutter, Kutter zeugte Ragaz, Ragaz zeugte Rich«[33].
Genau diese Linie hat Barth in seinem Brief vom 22. Mai 1967 an *E.
Bethge* auch als die seine anerkannt und beschrieben: als seinen Weg
vom christlichen Glauben zum *politischen* Handeln in Gestalt des »Religiösen Sozialismus« eines »Blumhardt, Kutter und Ragaz, die damals
zunächst meine ›Väter‹ waren«[34]. Und Barth benennt dann die von ihm
immer »stillschweigend vorausgesetzte . . . Richtung« und Linie: »Ethik
– Mitmenschlichkeit – dienende Kirche – Nachfolge – Sozialismus –
Friedensbewegung – und in und mit dem Allem eben Politik«[35].
In dieser Reihe sind alle wichtigen Elemente der Wirtschaftsethik von
A. Rich benannt – mit Ausnahme der »dienenden Kirche«. – Rich unterschätzt die fundamentale Frage nach der internationalen Macht, die die
von ihm mit Recht geforderte »partizipatorische Kooperation in der
Weltwirtschaft«[36] auch wirksam durchzusetzen vermag. Genausowenig
wie Rich den *Internationalismus der Gewerkschaften* oder anderer Gegenbewegungen als Macht zur Durchsetzung partizipatorischer Strukturen der Weltwirtschaft angesichts der tödlichen Verteilungskämpfe
zwischen dem reichen Norden und dem verarmten Süden der Welt
wahrzunehmen vermag, genausowenig sagt seine Wirtschaftsethik etwas über die Rolle und Funktion der *ökumenischen Kirche*. Tritt das
Christliche dieser »Wirtschaftsethik . . . in theologischer Perspektive«
nur in den Einzelsubjekten der Humanität aus Glaube, Liebe, Hoffnung
in Erscheinung? Welche Bedeutung für die Weltwirtschaftslage hat gegenüber den Transnationalen Konzernen (Trans National Corporation;
TNC) die ökumenische Christengemeinde (Trans National Community;
TNC), die nach Barth von Hause aus ökumenisch zu denken und zu
handeln hat und die er in KD IV,3 als Volk Gottes im Weltgeschehen

---

33 Mitteilung von OKR *J. Schroer* i.R., Düsseldorf, Student bei G. Dehn in den 50er Jahren.
34 *K. Barth*: Briefe 1961–1968, Karl-Barth-Gesamtausgabe V, Zürich 1975, 404.
35 A.a.O. 404f. Vgl. die treffende Bewertung von Richs Wirtschaftsethik Bd. II durch *H.
Exner*: »Rich nennt sein Modell zwar nicht ›sozialistisch‹ – aber was soll heutzutage ›sozialistisch‹ heißen, wenn nicht die hier präsentierte Variante der sozialen Marktwirtschaft? So
trifft es sich gut, daß er – sicher ungewollt – einen wichtigen Beitrag zu jener Sozialismusdebatte beisteuert, mit deren Eröffnung der rheinische *Präses Peter Beier* Schimpf und
Schande auf sich gezogen hat« (DAS vom 19. 10. 1990, 20). Dem wäre lediglich hinzuzufügen, daß Peter Beier mit seinen Ausführungen im WEG vom April 1990 der Linie der Rheinischen Präsides *H. Held und J. Beckmann* entspricht, die diese in dem von Barth initiierten
und von Iwand entworfenen »Darmstädter Wort des Bruderrates zum politischen Weg unseres Volkes« (1947) mitgetragen und mitverantwortet haben. – Vgl. dazu *B. Klappert*: Bekennende Kirche in ökumenischer Verantwortung, ÖEH 4, München 1988.
36 *A. Rich*: (Anm. 1) II 350ff.

und als Gemeinde für die Welt beschreibt?[37]. Welche Bedeutung haben die von *U. Duchrow* im Anschluß an Bonhoeffer entwickelten *vier Sozialgestalten der Kirche*[38] für die von Rich geforderte Weiterentwicklung der sozialen Marktwirtschaft hin auf ein sozialistisches Ordnungssystem? Könnte die Regionalkirche und Ortsgemeinde sich für die Weiterentwicklung der sozialen Marktwirtschaft in Richtung auf ein demokratisch-sozialistisches Ordnungssystem (im Sinne Richs) einsetzen, während die ökumenische Bewegung im Bündnis mit den Nachfolgegruppen vor Ort die Belange der Entwicklungsländer und der Armen »revolutionär«[39] und befreiungstheologisch vertreten und über die Lokal- und Regionalkirche in die jeweiligen Gesellschaften hineintragen sollte?! Müßten nicht von daher die Dokumente des World Council of Churches von Uppsala bis Seoul und deren Forderungen nach einer gerechten Weltwirtschaftsordnung stärker zu Gehör gebracht werden, insofern doch »der Skandal, daß 1.100 Millionen Menschen und damit etwa ein Drittel der gesamten Bevölkerung der Entwicklungsländer unterhalb der Armutsgrenze leben«[40], nicht nur eine »Herausforderung« an die soziale Marktwirtschaft ist, wie Rich meint[41], sondern eine grundsätzliche Infragestellung der humanen und ökonomischen Legitimität der »sozialen Marktwirtschaft« überhaupt darstellt.

Ist es von daher zufällig, daß das den ethischen Ansatz Barths ökumenisch aktualisierende und konkretisierende Erbe der *Bekennenden Kir-*

---

37 *K. Barth:* KD IV/3 § 72, 1.2.
38 *U. Duchrow:* Weltwirtschaft heute (Anm. 21) 170ff, 321ff.
39 *A. Rich:* (Anm. 1) I 157ff.
40 *EKD* (Hg.): Gemeinwohl und Eigennutz. Wirtschaftliches Handeln in Verantwortung für die Zukunft. Eine Denkschrift der EKD, epd-Dokumentation 42/91, Frankfurt 10. 10. 1991. – Vgl. die Rezension von *A. Jäger:* A. Rich, Wirtschaftsethik II, in: ThZ 47/1991, 187–189, 189; weiter *W. Kreck:* »Gemeinwohl und Eigennutz«. Kritische Anmerkungen zur Wirtschaftsdenkschrift der EKD, in: EvTh 52/1992, 92–99. Krecks differenzierte und berechtigte Kritik an dem zu pauschalen Plädoyer der EKD-Denkschrift für die bestehende soziale Marktwirtschaft der Bundesrepulik Deutschland und Krecks (von der Marxismus-Analyse Richs her gesehen) nur zu berechtigte Frage: »Macht man (die EKD) es sich mit der Marxschen Kapitalismuskritik nicht zu leicht?« (a.a.O. 94), wird auch von Rich geteilt. Angesichts des kommunistischen Staatssozialismus der ehemaligen DDR mit seinem Terrorsystem nach innen (STASI) und seinem Imperialismus nach außen (Einmarsch in die ČSSR zur Liquidierung des Prager Frühlings) wäre allerdings – von Rich aus geurteilt – Krecks (im Unterschied zu seiner ausführlichen Kapitalismuskritik) einziger kritischer Hinweis zu undifferenziert: »Man braucht nur an die oberflächliche Rede von der Abschaffung des Privateigentums und Marktes im Sozialismus zu denken« (a.a.O. 95).
41 *A. Rich:* (Anm. 1) II 345.

che von *D. Bonhoeffer*[42] über *A. de Quervain*[43] bis hin zu *H. J. Iwand*[44], *W. Schweitzer*[45] und *J. Moltmann*[46], ist es weiter zufällig, daß die in der Tradition Barths nach der »Analogie und Differenz« der Menschenrechtstraditionen fragenden Arbeiten von *H. E. Tödt* und *W. Huber*[47] – und ist es schließlich zufällig, daß das *EKU-Votum zu Barmen II* samt seinen wichtigen Konkretionen zur Frage der Wirtschaftsordnung in der Bundesrepublik und zur Frage der Gewalt[48] bei Rich nicht einmal im Literaturverzeichnis bzw. Register auftauchen? Und ebenfalls nicht die diese Dokumente weiterschreibende *Stellungnahme der United Church of Christ*

42   *J. Wiebering* fragt in seiner Rezension der Richschen Wirtschaftsethik Bd. I, »ob sich die Unterscheidung von Absolutem und Relativem mit der von Letztem und Vorletztem deckt, die ohne weitere Auseinandersetzung von Bonhoeffer übernommen wird« (ThLZ 111/1986, 471f).

43   *H. Scholl*, Student bei *A. de Quervain*, schreibt in seiner Rezension zu Richs Wirtschaftsethik Bd. I mit Recht: »Der terminus technicus ›Christusherrschaft‹ fällt auch bei Rich, wird aber theoretisch und nach seiner Genese nicht erörtert und nicht hinterfragt. Das ist schade, weil damit auch der Name von Alfred de Quervain in diesem Buch [Richs] fehlen kann. De Quervain hat aber, im Anschluß an Karl Barth, aber mit dessen Position keinesfalls identisch, eine vierbändige Wirtschaftsethik (Ruhe und Arbeit – Lohn und Eigentum, Ethik II 3, Zollikon-Zürich 1956) verfaßt, die sehr zum Schaden der ethischen Debatte heute nicht mehr verarbeitet wird« (Theol. Beiträge Oktober 1986).

44   *H.J. Iwand*: Kirche und Gesellschaft, in: Bekennende Kirche. Martin Niemöller zum 60. Geburtstag (am 4. 1. 1952), München 1952, 101–117; ders.: Die Bibel und die soziale Frage, in: JK 13/1952, 65–75, 113–123. – Beide Aufsätze fassen die leider noch nicht veröffentlichte Vorlesung von Iwand über »Kirche und Gesellschaft«, Göttingen Sommersemester 1951 zusammen. Vgl. dazu *B. Klappert*: Versöhnung, Reich Gottes und Gesellschaft. H.J. Iwands theologische Existenz im Dienst der einen Menschheit, in: EvTh 49/1989, 341–369.

45   *W. Schweitzers* sozialethische Arbeiten werden von Rich gar nicht erwähnt (Rich II 384 nennt lediglich die Festschrift für W. Schweitzer!). Vgl. Schweitzers instruktive Ausführungen zu Barths »Rechtfertigung und Recht« in seinem Artikel »Politische Ethik (Politik und Moral)«, in: RGG Bd. V, Tübingen 1961, 438–443, 441.

46   *J. Wiebering* (Anm. 41) hat richtig bemerkt: »Vom Reich-Gottes-Gedanken her, wie Rich ihn im Anschluß an Ragaz oder Wendland bevorzugt, ließe sich . . . ein stärkeres Eingehen auf die ›Theologie der Hoffnung‹ oder die ›Theologie der Befreiung‹ denken, als es hier geschieht«. – Das gilt insbesondere im Hinblick auf die sozialethischen Arbeiten *J. Moltmanns*, denen Rich I 157ff in keiner Weise gerecht zu werden vermag. Zwar ist die Formulierung Moltmanns: »Gott in der Revolution« (in: E. Feil / R. Weth, Diskussion zur »Theologie der Revolution«, Mainz-München 1969, 65–81) im Vergleich mit seinen grundlegenden Arbeiten in der Tat problematisch. Vgl. aber J. Moltmann: Politische Theologie – Politische Ethik 1984; ders.: Der Weg Jesu Christi, München 1989 und die dort entfaltete messianische Ethik in ökumenischer Perspektive mit ihren eschatologischen und kosmisch-ökologischen Dimensionen.

47   *W. Huber / H.E. Tödt*: Menschenrechte, Stuttgart-Berlin 1977. – W. Huber hat mir mündlich bestätigt, daß es sich in der Frage nach »Analogie und Differenz zwischen der Grundfigur des Menschenrechts und . . . Grundinhalten des christlichen Glaubens« (162ff), daß es sich sodann bei dem Thema »Verheißung der Herrschaft Gottes und . . . Menschenrechte« (181ff) und »Rechtfertigung des Menschen und . . . Menschenrechte« (186ff) um weiterführende Konkretisierungen der Arbeiten Barths handelt.

48   *A. Burgsmüller* (Hg.): Zum politischen Auftrag der christlichen Gemeinde. Barmen II, Gütersloh 1974. – Die Konkretionen zur Wirtschaftsordnung und zur Frage der Gewalt sind insbesondere von *W. Kreck* und *H.-G. Geyer* erstellt worden.

»Christlicher Glaube, Wirtschaftsleben und Gerechtigkeit. Eine Erklärung der Vereinigten Kirche Jesu Christi (UCC) in den USA« (1989)[49], eine Tradition der am Erbe der Bekennenden Kirche orientierten Ökumene also, die zuletzt von *U. Duchrow* in seiner Analyse »Europa im Weltsystem. Gibt es einen Weg der Gerechtigkeit nach 500 Jahren Raub, Unterdrückung und Geldver(m)ehrung?« aktualisiert worden ist[50].

b) Menschliches Recht nach dem Maß menschlicher Einsicht und menschlichen Vermögens

Ich stelle diese Fragen nicht, um das in der Tat epochale zweibändige Werk der theologischen Wirtschaftsethik von A. Rich in seiner Bedeutung in irgendeiner Weise zu schmälern, sondern um vielmehr deutlich zu machen: Die Kritik Richs an und seine Abgrenzungen insbesondere gegenüber Barth erscheinen mir als zu kurz gegriffen, insofern die zwischen beiden vorhandenen parallelen Intentionen viel größer sind, als Rich zu erkennen gibt. Auch verbinden die reformatorischen, religiössozialen und ökumenischen Traditionen und Perspektiven beide viel stärker, als Rich in seiner Abgrenzung gegenüber Barth deutlich zu machen vermag. Liegt doch auch bei Barth – wie Rich fälschlich kritisiert – weder eine durch die Methode der Differenz und Analogie bedingte »ideologieverdächtige Überhöhung«[51] des gesellschaftlich und staatlich Relativen, noch auch eine deduktive, »christokratische« Begründung des Relativen gesellschaftlicher und staatlicher Ordnungen »direkt vom Absoluten her«[52] vor. Nochmals: Das gilt allenfalls für den Barth des Jahres 1938[53], nicht aber für den Barth seit 1946, eigentlich aber schon

49 Vgl. auch den *Hirtenbrief der katholischen Bischofskonferenz der USA:* Wirtschaftliche Gerechtigkeit für alle. Katholische Soziallehre und die US-Wirtschaft, Frankfurt 1987 und »Geld für wenige oder Leben für alle? *Ökumenisches Hearing zum Internationalen Finanzsystem* 1989«, in: Publik-Forum Dokumentation 1989.
50 *U. Duchrow:* Europa im Weltsystem, in: Junge Kirche Beiheft zu Heft 9/91, Bremen 1991.
51 *A. Rich:* (Anm. 1) I 165.
52 A.a.O. 164.
53 Vgl. *W. Schweitzers* informative Würdigung von Barths »Rechtfertigung und Recht« (1938): »Der Gedanke dieser Entsprechung (von Rechtfertigung und Recht) mag angreifbar sein. Er darf aber nicht so gedeutet werden, als würde hier ein Handeln allein aus der Eingebung des Geistes ohne den Gebrauch der Vernunft gefordert. Wohl aber soll verhindert werden, daß sich die Vernunft angeblichen ›Eigengesetzlichkeiten‹ der Politik ausliefert« (Anm. 44, 441). – *A. Richs* Abgrenzung von *M. Honecker* dahingehend, daß hinsichtlich der *Kriterien* des Menschengerechten die Hoffnung auf das Kommen des Reiches Gottes und seiner Gerechtigkeit durchaus *inhaltlichen* Einfluß auf die Frage nach »den ihr gemäßen Kriterien« hat (Rich I 170), während sie in die *Maximenebene* keinen direkten Eingang finden darf (Rich I 133, 229), diese Abgrenzung also entspricht Barths Frage nach den nichtbeliebigen *Gerechtigkeitsrichtlinien* einerseits und seiner Frage nach den allein durch die Vernunft und Sachgemäßheit zu begründenden *praktikablen Entscheidungsrichtlinien* andererseits, wie

nicht für den Barth des Jahres 1934, der bereits in seinem *Vorentwurf* zu
Barmen V dem Staat die Aufgabe zuschreibt, »nach dem Maß menschli-
cher Einsicht und menschlichen Vermögens für (*menschliches*) Recht zu
sorgen ... mit der Erinnerung an Gottes überlegenes Reich, an Gottes
Gesetz und Gottes Gericht«[54]. Daß dies die Barth und Rich verbindende
Intention ist und daß Barth, der sich sowohl 1938 als auch 1946 auf
Zwinglis von Rich so geschätzte Schrift von »göttlicher und menschlicher Gerechtigkeit« (1523)[55] beruft, in seiner Ethik nicht deduktiv mißverstanden, sondern im Sinne der »Differenz und Analogie« (*W.Huber/
Tödt*) bzw. im Sinne der Kriterien »der kritischen Distanz« und »relativen Rezeption«[56] verstanden werden will, mögen die folgenden Sätze
Barths über göttliches Recht, Reich Gottes, Königsherrschaft Jesu Christi einerseits und menschliches Recht, soziale Gerechtigkeit und Naturrecht andererseits belegen. sie stammen aus einem Gespräch, das Barth
im Jahre 1963 mit württembergischen Pfarrern führte und sind aktuelle
Auslegung von Barmen V: »Auf dem Gebiete des Rechts wird der Christ
immer eintreten für Entsprechungen zu dem, was er als göttliche
Rechtssetzung, wie sie in Christus vollzogen ist, erkennt: Entsprechungen natürlich nur. Er kann nicht das Reich Gottes ins Staatsgesetz ein-
führen wollen«. Das wäre *Deduktion* und ideologisierende Überhöhung
des Relativen, wie es Rich zu Unrecht bei Barth konstatiert. Barth fährt
sodann im Sinne der *Analogie* fort: »Wohl aber kann er fordern – auf der
ganzen Linie -, daß das Staatsgesetz ein Reflex des Gesetzes Gottes wird.
Wenn Menschen Recht setzen ..., dann ist das in sich selbst immer Naturrecht ... Es ist (aber) auch auf der ganzen Linie immer Klassenrecht;
denn das ist sozusagen immer die Gefahr aller Rechtssetzung, daß sie
bloßes Klassenrecht ist ... Und darum, würde ich sagen, ist der Christ,
der Jesus Christus erkennen darf, ... dazu berufen, an der Rechtsbildung

---

Barths Kampf gegen das »hohe C« und eine sich »christlich« legitimierende Partei-Politik
überaus deutlich machen kann. Auch in dieser Frage ist die Nähe zwischen Rich und Barth
größer, als es Richs Darstellung aber auch Richs Abgrenzung gegenüber Barth erkennen
lassen: Rich lehnt über die Identifikation von Letztem und Vorletztem hinaus auch die
gleichnishafte Entsprechung von Reich Gottes und menschlicher Gerechtigkeit und also die
Analogie zwischen der Gerechtigkeit des kommenden Reiches Gottes und den Linien und
Richtungen des Menschengerechten ab, wie sie Barth in »Christengemeinde und Bürgergemeinde« (Anm. 10) wegweisend entfaltet. Dadurch kann das Mißverständnis entstehen, als
würde Rich – mit M. Honecker – die Dimension des Reiches Gottes auf die vergewissernde
Motivation zum Handeln reduzieren (Rich I 127). *Chr. Frey* hat denn auch mit Recht die Kritik von Rich, bei Barth werde durch die Analogie das Relative auf das Absolute hin ideolo-
gieverdächtig transzendiert, in seiner Rezension zu Richs Wirtschaftsethik I in: ZEE 29/
1985, 465–474, 468 zurückgewiesen. – Wie Barth gewinnt auch Rich seine normativen *Kriterien* inhaltlich aus der durch Glaube, Liebe, Hoffnung qualifizierten Humanität des kommenden Reiches Gottes, und er führt diese bewußt bekenntnismäßig ein (Rich I 81), indem
er sie zugleich vor dem Sachgemäßen verantwortet und vor der Vernunft entfaltet.
54 *K. Barth:* zitiert bei *Chr. Barth*, Bekenntnis im Werden, Neukirchen-Vluyn 1979, 61f.
55 *A. Rich:* (Anm. 1) I: vgl. dort das Namenregister unter »Zwingli«.
56 A.a.O. 179f, 181ff.

teilzunehmen. Er kennt die Quelle. Er kennt das Licht, das aufgegangen ist[57]. Die Anderen sind auch nicht unberührt von dem Licht: es scheint auch für sie; es scheint jedem Menschen. Aber der Christ darf es wissen und ist darum auch zum Zeugen berufen für ein Recht, welches mehr ist als nur sogenanntes Naturrecht«[58].

57 Vgl. *Karl Barths* Lehre von den wahren Worten im Weltgeschehen und Lichtern in der Schöpfung (KD IV/3, § 69,2). – Merkwürdig ist, daß Rich, Wirtschaftsethik I 129ff, im Zusammenhang mit der eschatologischen Dimension der Humanität aus Glaube, Hoffnung, Liebe zwar auf Barth KD IV/3, 1066–1083 (Leben in Hoffnung) verweist, aber weder die entsprechenden *kontextuellen* Ausführungen Barths in IV/3,1ff (der beginnende Exodus der ökumenischen Gemeinde aus dem Bündnis mit den konservativen staatlichen Mächten) und in IV/3 § 72 (Volk Gottes im Weltgeschehen und Gemeinde für die Welt), noch die Versöhnungsethik (1959–1961) mit ihrem magistralen Schlußparagraphen § 78 (der angesichts des Kommens des Reiches Gottes ermöglichte Aufstand gegen die Unordnung [kritische Distanz] und der geforderte Kampf um menschliche Gerechtigkeit [relative Rezeption]) für sein Gespräch mit Barth und seine Würdigung Barths auswertet.
58 *K. Barth:* zitiert bei *E. Busch*, Humane Theologie. Texte und Erläuterungen zur Theologie des alten Karl Barth, in: polis H. 32, Zürich 1967, 26f. – Richs faktische, theologische und sachliche Nähe zu Barth steht in Spannung zu seiner Barth-Interpretation (Rich, Wirtschaftsethik I 134ff, 150ff), die freilich in ihrer Art und Weise für eine bestimmte Barth-Rezeption in der Gegenwart typisch und charakteristisch ist. Sie läßt sich wie folgt charakterisieren: 1. Der *vordialektische* Barth mit seiner von Bonhoeffer aufgenommenen Verhältnisbestimmung des Letzten zum Vorletzten, seinem Verständnis des Vorletzten als Wegbereitung des Letzten (1916), wie ihn H. Anzinger sachkundig dargestellt hat (Anm. 4), findet keine Berücksichtigung. – 2. Barths Theologie des 2. Römerbriefes (1922) wird zum Ausgangspunkt der Interpretation genommen und als *radikaler Eschatologismus* bzw. eschatologischer Radikalismus dargestellt, der die Frage nach einer positiven gesellschaftlichen Entsprechung des Vorletzten zum Letzten tendenziell und letztendlich unmöglich macht. – 3. Diese radikal-kritische, transzendente Eschatologie des dialektischen Barth werde dann abgelöst durch den christologischen Ansatz Barths in seiner »Spätzeit«, in welchem an die Stelle des vormaligen eschatologischen Radikalismus ein »*christokratischer*« Deduktionismus getreten sei (Rechtfertigung und Recht 1938), demzufolge die gesellschaftlichen und politischen Verhältnisse eine problematische christologische Verklärung und theologisch-religiöse Überhöhung erhielten. – 4. Der weitere Weg Barths zur christologisch fundierten und orientierten Frage nach dem dem kommenden Reich Gottes im Bereich des Gesellschaftlichen und des Politischen Entsprechenden und Analogen, Barths Suche nach dem *menschlichen* Recht, dem *menschlichen* Frieden und der *menschlichen* Freiheit nach dem Maß *menschlichen* Vermögens (Barmen V), Barths Frage also nach dem Menschengerechten und Sach- sowie Situationsgemäßen (Christengemeinde und Bürgergemeinde 1946) wird dabei ausgeklammert. – 5. Damit wird übersehen, daß Barth spätestens seit 1946 die vordialektische Verhältnisbestimmung des Absoluten zum Relativen, des Letzten zum Vorletzten (vgl. Anm. 4) – präzisiert und transformiert durch den kritisch-eschatologischen (1922) und affirmativ-christologischen (1938) Ansatz – wieder aufnimmt und zur Grundlage seiner gesellschaftspolitischen Stellungnahmen sowie seiner Versöhnungsethik (1959–1961) macht. – 6. Gegenüber dieser Barth-Rezeption und (Miß)-Interpretation gilt zu betonen, daß in dem Entwurf Richs die Anliegen und Intentionen Barths de facto konkretisiert und in umfassender Weise zur Darstellung gebracht werden.

14 Bund und Versöhnung – Reich Gottes und Königsherrschaft Jesu Christi

Akzente gegenwärtiger Barth-Interpretationen

I. Zur dramatischen Denkform K. Barths

Die im Jahre 1986 in Naumburg angenommene und im Neukirchener Verlag 1993 erschienene Dissertation von *H.-W. Pietz*, »Das Drama des Bundes«[1], dient dem differenzierten und am Ende bündigen Aufweis, daß die gesamte Kirchliche Dogmatik Barths als eine Dogmatik zu verstehen ist, die von einer dramatischen Denkform geprägt zu verstehen ist.

Die Arbeit wendet sich dabei nicht nur gegen die Kritiker von Barths Dogmatik, denen zufolge dessen Kirchliche Dogmatik durch eine geschichtslose *Statik* gekennzeichnet sei und die sie insofern eigentümlich »*undramatisch*« verstehen.[2] Sie nimmt nicht nur Ansätze der Frage nach der »biblischen Denkform« in Barths Werk auf (W. Schlichting), indem sie sie zugleich entscheidend weiterführt. Die Arbeit ist nicht zuletzt darin von Bedeutung, daß sie die von *Fr.-W. Marquardt* in seiner Barth-Deutung seit längerem gemachten Beobachtungen zu Barths Begriff der »Darstellung«[3] nunmehr einer überzeugenden Gesamtdeutung und Gesamtinterpretation zuführen kann.

Die Arbeit geht auch *methodisch* in angemessener Weise vom Hauptwerk, nämlich der magistralen Versöhnungslehre K. Barths aus, notiert dort seine Aussage, Christologie müsse in allen ihren Teilen »die Entfaltung eines Dramas« sein[4], und entfaltet diesen Hinweis Barths in überzeugender Weise nicht nur an der Kampfesgeschichte der Prophetie Jesu Christi in

---

1   *H.-W. Pietz*: Das Drama des Bundes. Die dramatische Denkform in Karl Barths Kirchlicher Dogmatik, Neukirchen-Vluyn 1994 (Dissertation Naumburg/Saale 1986; Erstgutachter Professor I. Klaer; Zweitgutachter Prof. Dr. W. Krötke). – Vgl. dazu weiter *U.H.J. Körtner* (Hg.), Theodramatik. Das Drama als Denkmodell in der neueren Theologie, Iserlohner Protokolle 72/91, Iserlohn 1992.

2   So insbesondere die Interpretationsmuster des Barth-Kritikers *H.G. Pöhlmann*, aber auch die von Pietz nicht berücksichtigte Interpretationslinie *G. Gloeges* in seinem Aufsatzband: Heilsgeschehen und Welt, Theologische Traktate Bd I, Göttingen 1965, bes. 77-132.

3   *Fr.-W. Marquardt*: Die Entdeckung des Judentums für die christliche Theologie. Israel im Denken Karl Barths, München 1967.

4   *K. Barth*: KD IV/3, 154.

KD IV/3, sondern auch an den anderen Partien der Kirchlichen Dogmatik: an der *Erwählungslehre*, an der *Schöpfungslehre* – dort ist sie auch eine wichtige Anfrage an J. *Moltmanns* in seiner Schöpfungslehre[5] vorgetragener Barth-Interpretation – und an Barths Lehre von der *Vorsehung*, speziell seiner Engellehre und seiner Lehre vom *Nichtigen*. Schließlich kehrt Pietz zum Ausgangspunkt seiner Analyse zurück, indem er die dramatische Denkform nicht nur in der Christologie der *Versöhnungslehre*, sondern auch in der in dieser verankerten *Rechtfertigungslehre* nachweisen kann. Den Abschluß der Arbeit bildet die an dem 3. Teilband der Versöhnungslehre (KD IV/3) orientierte Interpretation der *dramatischen Kampfesgeschichte Jesu Christi* und der aktiven »Rolle«, die der christlichen Gemeinde und den einzelnen Christinnen und Christen in diesem »Bundesdrama« zukommt.

Die Bedeutung der Arbeit ist nicht nur darin zu sehen, daß sie zum erstenmal die dramatische Denkform in Karl Barths Kirchlicher Dogmatik überzeugend aufweist und umfassend untersucht, sondern darüber hinaus auch darin zu finden, daß sie einen originellen Zugang zum Gesamtwerk Barths verschafft. Werden doch im Ausgang von der Versöhnungslehre Barths die einzelnen Loci aus Barths Dogmatik – von der Erwählungslehre über die Schöpfungslehre bis zur Eschatologie – nicht nur in ihrem systematischen Zusammenhang, nämlich unter dem Aspekt des Dramas des Bundes dargestellt, sondern es wird auch inhaltlich übersichtlich in sie eingeführt: So entsteht am Leitfaden des »Dramas des Bundes« eine hilfreiche Einführung in die Theologie Barths, – zugleich mit der Entdeckung der dramatischen Denkform, die, wie Pietz mit Recht sagt, von Barth selbst nie eigens bewußt dargestellt worden ist.

Dabei ist die Entdeckung der »dramatischen Denkform« für die Interpretation speziell der Versöhnungslehre, aber auch für die des Gesamtwerkes Barths von weitreichender Bedeutung. Sie stellt nicht zuletzt diejenigen, die sich seit längerem mit Barths Oeuvre beschäftigt haben, vor die Frage, warum die dramatische Denkform bei Barth nicht schon früher, sondern erst jetzt aufgewiesen werden konnte.

Nur wenige Fragen zur Untermauerung des positiven Gesamteindrucks möchte ich stellen:

1. Sollte man sagen, daß Barth diese dramatische Denkform nie eigens »reflektiert«, sollte man nicht eher sagen, daß er sie nie eigens *thematisiert* hat? Und könnte nicht der überraschende Tatbestand, daß Barth diese Denkform seiner Dogmatik nicht eigens thematisiert hat, wichtige und noch zu erhebenden Gründe haben?

2. Pietz meint: »Ein Drama zwischen Gott und den Engeln ist ... ausgeschlossen«. Aber ist diese These wirklich zu halten, wenn Barth das Handeln und Wirken der Boten Gottes als Begleitung der »*großen Bewegung*

---

5   *J. Moltmann*: Gott in der Schöpfung. Ökologische Schöpfungslehre, München 1985.

Gottes« kennzeichnet und diese Boten sogar als primäre Zeugen gegenüber den sekundären Zeugen – Schrift, Kirche und Judentum – bezeichnet?[6] In der Nachfolge und Begleitung der großen Bewegung Gottes nehmen sie teil am Drama der Geschichte Gottes.
3. Pietz spricht von einer notwendigen »Modifikation«, ja »Umbiegung«
der für Barth zentralen Aussage von der Sündenerkenntnis im gekreuzigten Christus: Nicht in Christus, wohl aber in den Kontrastfiguren der Geschichte Jesu Christi sei Sündenerkenntnis in Gestalt der dramatischen
Identifikation möglich. Ich selbst würde hier freilich weniger von einer
Modifikation oder gar Umbiegung, sondern eher von einer Konkretisierung und *dramatischen Aktualisierung* sprechen, die eben darauf hinweist,
daß bei Barth die reformatorische These von der Sündenerkenntnis im gekreuzigten Christus nicht zu einer Lehrformel verkommen ist, sondern
präzis im Kontext des Dramas des Bundes verstanden wird.
4. Gerne hätte man über die Aufweise von Pietz hinaus erfahren, wie sich
die »Betroffenheit dessen, der auf der Bühne – gemeint ist die Passionsgeschichte Jesu Christi – gleichsam seine eigene Geschichte gespielt sieht«,
zu der eingangs erwähnten *Dramentheorie Lessings* verhält, auf die Barth
in seiner »Geschichte der Protestantischen Theologie« im Lessing-Kapitel
eigens hinweist. Auch hätte, bedenkt man die Bedeutung der epischen Kategorie des Erzählens in Barths Dogmatik, die Beantwortung der Frage interessiert, wie das *Verhältnis des Epischen zum Dramatischen* bei Barth näher zu bestimmen wäre. Verstehe ich es richtig, daß Pietz eher auf eine Alternative im Verhältnis beider abhebt? Kann man aber im Hinblick auf
Barth wirklich von einer Alternative sprechen?[7]
5. Inwiefern bestätigt der gelungene Aufweis der dramatischen Denkform
in Karl Barths Dogmatik vom *Formalen* her den für das gesamte Denken
Barths fundamentalen *inhaltlichen* Sachverhalt, daß alle exklusiven Aussagen in der Christologie zugleich *inkludierenden* Charakter haben, m.a.W.
daß alle christologischen Aussagen zugleich pneumatologische Aussagen
einschließen? Anders formuliert: Inwiefern nötigt nicht die Entdeckung
der dramatischen Denkform der Kirchlichen Dogmatik zur Untersuchung
und zu dem Aufweis der (angeblich bei Barth fehlenden) pneumatischen
Christologie und christologischen Pneumatologie?[8]
Zur Neuentdeckung der dramatischen Denkform in Karl Barths Kirchlicher Dogmatik durch Pietz möchte ich auf das Essay von *Hugo von Hofmannsthal* über die Wirkung des bekannten Berliner Regisseurs *Max Reinhardt* verweisen, dessen Erfolg darin bestand, sein Publikum nicht gän-

---

6   *K. Barth*: KD III/3, 523, 499, 270.
7   *K. Barth*: KD IV/3, 154. M.E. ist das Verhältnis der grundlegend episch-narrativen Theologie Barths zur dramatischen Denkform so zu bestimmen: Das Narrativ-Epische – »Versöhnung ist Geschichte . . . Wer von ihr reden will, muß sie als Geschichte erzählen« (KD IV/
1, 171) – schließt das Dramatische – im Sinne der Einbeziehung aller Menschen in das Drama des Bundes – ein.
8   *M. Welker*: Gottes Geist. Theologie des Heiligen Geistes, Neukirchen-Vluyn ²1993.

geln, bevormunden oder gar gleichschalten zu wollen, der vielmehr darauf
aus war, Schauspieler und Zuschauer zu aktivem Mitwirken zu gewinnen.
H. von Hofmannsthal schreibt zu dessen Dramentheorie: Wenn man
»Reinhardts künstlerische Tätigkeit überblickt, so ergibt sich ein Reich-
tum des kreativen Handelns . . . , (der) etwas Unheimliches hat . . . Der
Schlüssel, dieses Phänomen zu verstehen, liegt hierin: Der dramatische
Text ist etwas Inkomplettes, je größer der dramatische Dichter ist . . .
Nichts ist wunderbarer, als . . . bei den größten Dramatikern der neueren
Welt, bei Shakespeare und bei Calderon, zu erkennen, wie sehr alles, was
sie gearbeitet haben, bei aller magischen Komplettheit doch den Charakter der Skizze beibehält, wie sehr sie es verstanden haben, frei zu lassen,
das Letzte, ja auch das Vorletzte *nicht zu geben.* Hierin liegt der entschie-
denste Unterschied zwischen dem dramatischen und dem epischen Schaf-
fen . . . Der Dramatiker hätte sein Spiel schon verloren, wenn es ihm nicht
gelänge, die Zuschauer ebenso wie die Schauspieler zu seinem mittätigen
Werkzeug zu machen . . . Darum sollte sein Drama alles im Zustande der
Andeutung belassen, denn die vibrierende Phantasie des Mitspielers darf
man nicht binden . . . Damit ein Theaterstück zu seiner letzten vollstän-
digsten Wirkung komme, muß der Dichter dem Regisseur freien Raum
lassen, der Regisseur dem Schauspieler, der Schauspieler aber dem Zuschauer: in dessen Gemüt erst darf sich das Wechselspiel der Wirkungen
vollenden.«[8a]
Die von W. Pietz erstmalig herausgearbeitete dramatische Denkform bei
Barth könnte von dieser Dramentheorie Max Reinhardts her weiter be-
leuchtet und erhellt werden.

II.   Zur Theologie des 1. Römerbriefes

1.   Barths Weg zur Entdeckung der Theologie des Reiches Gottes

Herbert Anzingers Arbeit[9] ist ein überzeugender und in dieser Stringenz
so noch nicht vorgelegter systematischer Bericht über den Weg Barths von
der liberalen Theologie bis hin zum durch den Ersten Weltkrieg mitveran-
laßten Bruch Barths mit der Theologie seiner liberalen Lehrer. Die Lokali-
sierung des Bruchs wird dabei vom Verfasser überzeugend auf die Zeit von
1915/16 datiert. Wichtig ist dabei der Nachweis, daß weder eine Frühdatierung des Neuansatzes auf 1911 noch dessen Spätdatierung auf den Rö-

---

8a   *H. von Hofmannsthal*: Max Reinhardt, in: Gesammelte Werke Bd 15, hg. v. *H. Steiner,*
Frankfurt 1959, 327-332, 330f.
9   *H. Anzinger*: Glaube und kommunikative Praxis. Eine Studie zur »vordialektischen«
Theologie Karl Barths, München 1991.

merbrief von 1922 (=R II) dem Befund der Quellen und den retrospekti-
ven Selbstinterpretationen Barths gerecht zu werden vermögen. Zur Bestätigung der gut belegten These Anzingers nenne ich ein Dokument, das
dieser sonst zwar zitiert, zur Datierung des Neuansatzes Barths aber
merkwürdigerweise nicht heranzieht: Barths grundlegende Schrift »Die
Menschlichkeit Gottes« (1956). Barth macht dort über den Zeitpunkt des
Neuanfangs zwei Aussagen:
1. »Hier« – gemeint ist die Anthropologisierung der liberalen Theologie –
»meinten sie (*etwa von der Mitte des zweiten Jahrzehnts unseres Jahrhunderts an*) nicht mehr mitzukommen«[10] – eine Aussage Barths, die insbesondere auf die Begegnung mit J.Chr. Blumhardt[11] verweist. Denn die von
Barth hier vorgenommene Datierung auf das Jahr 1915 – und nicht auf das
Jahr 1914! – wird durch die unmittelbar folgende Aussage Barths weiter
erläutert: »War es – dies hat für mich persönlich eine entscheidende Rolle
gespielt – das Versagen gerade der Ethik der damals modernen Theologie
beim Ausbruch des Ersten Weltkrieges, das uns auch an ihrer Exegese, Hi-
storik und Dogmatik irre werden ließ? Oder war es die merkwürdigerweise erst damals richtig aktuell werdende Blumhardt-Botschaft vom Reiche
Gottes . . . , durch die wir uns zur Ausschau und Ausfahrt nach neuen
Ufern aufgefordert fanden?«[12]. Das von Barth genannte Datum 1915 bedeutet also, daß der Neuansatz seiner Theologie in die Zeit zwischen dem
Ausbruch des Ersten Weltkrieges (August 1914) und der Begegnung mit
Blumhardt (April 1915) fällt. Die seit 1911 erfolgte Begegnung mit dem religiösen Sozialismus hat – wie der Ausbruch des Ersten Weltkrieges – infolgedessen noch vorbereitenden Charakter für den Neuansatz der Theologie Barths, gehört aber noch nicht diesem selbst zu.
2. Barth sagt im Jahre 1956: »Was sich uns *vor nun rund vierzig Jahren* stürmisch aufzudrängen begann«[13]. Barths eigenen Worten zufolge ist also der
Neuansatz seiner Theologie um das Jahr 1916 zu datieren, während sowohl die Begegnung mit dem religiösen Sozialismus (seit 1911) als auch
der Ausbruch des Ersten Weltkrieges (1914) diesen eben nur vorbereiten.
*Die Gesamtthese Anzingers erhält also durch Barths Schrift von 1956 eine ge-
naue Bestätigung.*
Barths zeitlicher Einordnung in seiner Schrift »Die Menschlichkeit Gottes« müssen und können dann auch diejenigen Texte, die eine Frühdatierung nahezulegen scheinen[14], zugeordnet werden.
Ohne Anspruch auf Vollständigkeit nenne ich die weiteren Selbstzeugnis-

10 *K. Barth*: Die Menschlichkeit Gottes, ThSt 48, Zürich 1956,5.
11 A.a.O. 6.
12 Ebd.
13 A.a.O. 13.
14 1911: *Barth-Bultmann: Briefwechsel* 1922-1966, Zürich 1971, 306; August 1914: *K.
Barth*, Evangelische Theologie im 19. Jahrhundert, ThSt 49, Zürich 1957, 6.

se Barths, die für eine Datierung des Neuansatzes seiner Theologie auf die Jahre 1915/16 sprechen:

a) *Barths Brief vom 5.2.1915*

»Ich bin nun in die sozialdemokratische Partei eingetreten (am 26.1.1915). Gerade weil ich mich bemühe, Sonntag für Sonntag von den *letzten Dingen* zu reden, ließ es es mir nicht mehr zu, persönlich in den Wolken über der jetzigen bösen Welt zu schweben, sondern es mußte gerade jetzt gezeigt werden, daß der Glaube an das Größte die Arbeit und das Leiden im Unvollkommenen nicht aus-, sondern einschließt [das Predigen vom Letzten und das Arbeiten im Vorletzten!]. Die Sozialisten in meiner Gemeinde werden mich jetzt nach meiner öffentlichen Kritik an der Partei hoffentlich richtig verstehen. Und ich selber hoffe nun auch, der . . . ›wesentlichen‹ Orientierung nicht mehr untreu zu werden, wie es mir vielleicht *noch vor zwei Jahren* [!] bei diesem Schritt hätte passieren können.«[15]

b) *Barths Vorwort zu GA I 1924*

Die von Barth 1924 herausgegebene Aufsatzsammlung beginnt nicht zufällig schon mit Aufsätzen *aus dem Jahre 1916*: »Ich würde die Stimme des Predigers in der Wüste heute nicht mehr . . . als ›Stimme des Gewissens‹ bezeichnen . . . , ohne daß ich darum heute Anlaß hätte, mein Früheres zu verleugnen . . . «.[16]

c) *Barths Brief vom April 1947*

»Die Fragen, die ich an meine damaligen Meister und damit an mich selber zu stellen hatte, waren reine Verständnisfragen innerhalb einer Problemstellung (in der Mitte zwischen Kant und dem jungen Schleiermacher), die ich für unerschütterlich hielt. Daß sie mich darin bestärkt hat, daß ich nach jenem Jahr [als Redakteur der »Christlichen Welt bei Rade von Herbst 1908 bis *Herbst 1909*] nicht als ein halber, sondern nun erst als ein ganzer Marburger ins Leben, in die Kirche, in mein weiteres theologisches Nachdenken hineingegangen bin, das ist es, was ich meiner damaligen Zeit in der ›Christlichen Welt‹ verdanke. Ich mußte einmal so völlig . . . in der Luft und im Geist jener Spätzeit der Schleiermacherschen Epoche gelebt haben, ich mußte ihr noch einmal mein ganzes jugendliches Vertrauen zugewendet haben, um dann etwa sieben Jahre später [also 1916!] die Entdeckung machen zu dürfen, daß sie nun wirklich zu ihrem Ende gekommen sein dürfte.«[17]

d) *Barths Homiletik von 1966*

Barth urteilt über seine 1914 aus Anlaß des Ausbruchs des Ersten Weltkrieges gehaltenen Antikriegspredigten: »Die Unterordnung unter den Text war hier schmählich vergessen worden«[18]

---

15   *K. Barth – E. Thurneysen*: Briefwechsel Bd I, 1913-1921, Zürich 1973, 30; Kursivierung von mir.

16   *K. Barth*: Das Wort Gottes und die Theologie. Gesammelte Vorträge Bd I, München 1924, 3 (Vorwort).

17   *K. Barth*: Offene Briefe 1945-1968, hg v *D. Koch*, Zürich 1984, 121.

18   *K. Barth*: Homiletik, München 1966, 98.

e) *Barths Brief an E. Bethge vom Mai 1967*

Das Thema des religiösen Sozialismus bei Blumhardt, Ragaz und Kutter, »die damals zunächst meine Väter waren . . . , trat zunächst (1921) etwas zurück« gegenüber dem »nun für mich in den Vordergrund gerückten Versuch, die Reformation neu zu interpretieren. Es bestand aber in Deutschland ein Nachholbedarf gegenüber der von mir stillschweigend vorausgesetzten . . . Richtung: Ethik – Mitmenschlichkeit – dienende Kirche – Nachfolge – Sozialismus – Friedensbewegung – und in und mit dem Allem eben Politik.«[19]

Die Entdeckung der Reformation seit 1921 (Göttinger Zeit) hebt also die Entdeckung der Safenwiler Zeit nicht auf, sondern vertieft und radikalisiert sie.

3. Es scheint mir nun wichtig zu sein und kann die Grundthese Anzingers weiter untermauern, daß Barth kritisch lediglich auf R II, nicht aber auf den 1. Römerbrief von 1919 (=R I) zu sprechen kommt[20]. Jedenfalls wird aus Barths Datierung des Neuansatzes auf das Jahr 1915/16 deutlich, *daß er den R I mit in den Neuansatz eingeschlossen versteht,* so daß beide Römerbriefe für Barth näher aneinanderrücken, als dies in der Forschung bisher gesehen worden ist.

Wichtig scheint mir schließlich zu sein, daß Barth in seiner »Protestantischen Theologie« (1932/33) uneingeschränkt zu Blumhardts Botschaft vom Reich Gottes steht, dabei aber seine in R II angemeldete Kritik an der mangelnden Unterscheidung zwischen dem Vorletzten und Letzten nun auch Blumhardt gegenüber vorsichtig wiederholt[21]. Dem entspricht, daß Barth in dem Ethik-Fragment »Das christliche Leben« (1959-1961) wiederum die grundsätzliche Bejahung der Blumhardtschen Botschaft (Position von R I) mit der Anfrage an Blumhardts Vermischung (Position von R II) verbindet[22]. Die – bisher kaum aufgearbeitete – durchlaufende Präsenz des Themas von R I in KD IV/2.3 und im »Christliche(n) Leben« (1919-1961) macht dabei deutlich, wie stark Barth weiterhin in den Traditionen von R I denkt. Dabei geben die Artikel über Beck, Kohlbrügge und Blumhardt in Barths »Protestantischer Theologie« wie auch Barths spätere Stellungnahme zu beiden Blumhardts[23] darüber Aufschluß, wie Barth das Verhältnis von R I[24] zu R II[25], d.h. die Kritik von R II an R I gemeint hat. Sie zeigen aber *auch umgekehrt die bleibende Relevanz von R I gegenüber R II* und wie Barth die Begrenzung von R II durch das Thema von R I[26] verstan-

---

19   *K. Barth:* Briefe 1961-1968, hg v *J. Fangmeier und H. Stoevesandt,* Zürich 1975, 404f.

20   *K. Barth:* Menschlichkeit Gottes (Anm. 10) 7f.

21   *K. Barth:* Die protestantische Theologie im 19. Jahrhundert 1946, 588ff, 597.

22   *K. Barth:* Das Christliche Leben 1959-1961, hg. v. *H.-A. Drewes und E. Jüngel,* Zürich 1976, 443-450.

23   Ebd.

24   Zu vergleichen sind zu R I die Artikel Barths über *Beck* und *Blumhardt:* (Anm. 21) 562, 588ff.

25   Zu vergleichen ist zu R II der Artikel Barths über *Kohlbrügge:* (Anm. 21) 579ff.

26   Zu vergleichen sind Barths Ausführungen in KD II/1, 713ff.

den hat. Nicht nur Barths Ausführungen in KD II/1 und KD IV/3(1), sondern insbesondere auch seine Anfragen an die Reformation in KD IV/3[27]
bilden m.E. eine Begrenzung und Umrahmung der exklusiven dialektischen Position von R II durch die Thematik von R I.

2. Die Neuinterpretation von Barths 1. Römerbrief (1919)

Der zweite Teil der Arbeit Anzingers stellt den überzeugenden Versuch einer Neuinterpretation von Themenkreisen des 1. Römerbriefes dar, die
nötig wird, sobald R I nicht jenseits, sondern diesseits des Neuansatzes der
Theologie Barths anzusiedeln ist.
Deshalb sollen die folgenden Hinweise und Fragen die Argumente Anzingers verstärken und präzisieren helfen:
1. Verweist Anzinger zu Recht darauf, daß Bonhoeffer im Unterschied zu
Barth im Juli 1914 »die Unterscheidung vom Letzten und Vorletzten *am
Leitfaden von Soteriologie und Christologie* entfaltet«, so vermißt man eine
wenn auch nur umrißartige Darstellung der *Christologie und Soteriologie
von R I*, die eine *proleptischen* und von daher (!) *teleologische* Christologie
der Antizipation bzw. eine eschatologisch orientierte Christologie ist.
Barth hat in seinem Antwortbrief an *J. Moltmann* und in seinem Votum zu
Moltmanns *Theologie der Hoffnung* deutlich zum Ausdruck gebracht, »daß
ich einst auch [im R I] im Begriff war, in dieser Richtung vorzustoßen«[28].
Man vermißt also eine Darstellung der eschatologischen Christologie oder
christologischen Eschatologie des 1. Römerbriefes, die
a) das Ereignis der *Auferweckung* als perfectum zukünftiger Weltvollendung[29] bzw. als proleptischen Anbruch der kommenden Welterlösung
versteht und
b) von daher *das Kreuz* als das Ereignis der Gerechtigkeit Gottes im Gehorsam des Christus[30], als Ereignis der Versöhnung der Welt und grundlegender Veränderung zwischen Gott und Mensch[31] sowie als das messianische
Mitleiden des Christus[32] begreift.
c) In Spiegel des in dieser eschatologischen Perspektive verstandenen

---

27   Zu vergleichen sind Barths Ausführungen in KD IV/3.2 § 71,4: Der Christ als Zeuge
und § 71,6: Des Christen Befreiung (Rechtfertigung und Heiligung *als Befreiung*).
28   *K. Barth*: Briefe 1961-1968 (Anm. 19) 276.
29   *K. Barth*: Der Römerbrief. Unveränderter Nachdruck der ersten Auflage von 1919, Zürich 1963, 60, 122.
30   A.a.O. 9.
31   A.a.O. 122: Eine Formulierung, die dann von Barth in IV/1 wieder aufgenommen wird:
Die Versöhnung in Christus ist die grundstürzende Veränderung der Situation aller Menschen in Christus.
32   A.a.O. 111: »Durch das Leiden des *Christus* ist ein *neues* Element in das Geflecht des *gegenwärtigen* Leidens hineingetreten:...das tätige, das vollbringende Leiden, das Leiden um
der Gerechtigkeit willen, in welchem hervorbricht, was größer und stärker ist als das Leiden
selbst«.

Kreuzes kann dann von *Gott* gesagt werden: »Wir *verstehen* das Leid als den Weg durch das dunkle Tal, *den Gott selber wandert*« [33].

In R I entfaltet Barth also gerade von der *eschatologia resurrectionis* her auch eine *eschatologia crucis*. Von daher ist das gängige Urteil, R I repräsentiere eine einseitige Auferstehungstheologie, R II dagegen eine einseitige Kreuzestheologie, zu korrigieren.

2. Diese eschatologische Christologie, die Christus mit dem Neuen Testament als Haupt und Anfang einer neuen Menschheit[34] versteht[35], die als theologia resurrectionis und von daher entwickelte theologia crucis in eschatologischer Perspektive verstanden werden muß, ist durchgängig durch ein *inklusives*, alle Menschen einbeziehendes Moment gekennzeichnet. Das zeigt sich nicht nur in Barths Exegese von Röm 5, 1-11[36], sondern auch in der Darstellung der *inklusiven ADAM-CHRISTUS-Geschichte* von Röm 5[37], ferner auch in der Auslegung von Röm 6[38], in der Barth das *inklusive Verständnis des Kreuzes* am Beispiel der Taufe, das *inklusive Verständnis der Auferweckung* am Beispiel der Ethik der Gnade[39] entfaltet.

Ist aber die Auslegung zu Röm 5 und Röm 6 von Barths *eschatologischer Christologie mit ihrer universal-inklusiven Dimension* her zu verstehen, dann scheint es mir fraglich, mit Anzinger im Hinblick auf Röm 5 von einer »gewissen Tendenz zur Existentialisierung (!)« und im Hinblick auf Röm 6 von »Kreuz und Auferstehung . . . (als) Chiffren (!) für den von Gott her geschehenen (objektiven) Transitus vom alten zum neuen Äon« zu sprechen.

Kreuz und Auferstehung werden schon hier von Barth nicht existentialisiert bzw. als anthropologisch-soteriologische Chiffren verstanden. Vielmehr wird hier das extra nos der Christologie in eschatologischer Perspektive primär *inklusiv* auf das in nobis hin entfaltet. Und dieses in nobis hat eben eine universale Tendenz und Teleologie bei sich. Hier wird in R I vorausgenommen, was Barth in KD IV/1-3 als universale Einbeziehung aller Menschen in das Doppel-Ereignis von Kreuz und Auferweckung entwickelt hat.

3. Hat man diese eschatologische Orientierung der Christologie – sowohl der Auferweckung als auch des Kreuzes Christi – vor Augen, dann ergibt sich daraus folgende Zuordnung der axiologischen zur teleologischen Be-

---

33   A.a.O. 240.

34   A.a.O. 219.

35   *H. Kirsch*: Zum Problem der Ethik in der kritischen Theologie Karl Barths, Bonn 1972, 44-104 meint in ihrer Analyse zu R I zu Recht, in R I sei die Christologie noch ein Prädikat der Eschatologie.

36   *K. Barth*: (Anm. 29) 104ff, 111: »Wir leiden nicht außerhalb, sondern innerhalb seiner Bewegung«.

37   A.a.O., 124ff zu Röm 5, 12ff.

38   A.a.O., 148ff zu Röm 6.

39   Das wird von Barth wieder aufgenommen im Verständnis der Ethik als Paraklese: a.a.O. 346ff zu Röm 12.

stimmung des Eschatologischen: Barth denkt das Eschaton primär proleptisch und teleologisch, er versteht die Christusgeschichte als perfectum zukünftiger Weltvollendung[40], er versteht Christus als Haupt und Anfang einer neuen Menschheit[41]: »Die in ihm durchgebrochene Kraft Gottes
pflanzt sich fort in die Geschichte und die Natur hinein«[42]. Kurz formuliert: »Er ist der Same der neuen Welt«[43].
Diese proleptisch-teleologische Christologie und Eschatologie, deren te-
leologisches Moment, wie Anzinger richtig zeigt, von Barth in organologi-
schen Kategorien (J.T.Beck) interpretiert wird, ist nun der Rahmen, innerhalb dessen die axiologische Bestimmung der Eschatologie zu stehen
kommt. Denn der apokalyptische Dualismus, den Anzinger so überzeugend in seiner Analyse von Röm 3 herausgestellt hat, impliziert auch ein
axiologisches Moment. Barth interpretiert nach Anzinger »das Eschaton
. . . primär (!) axiologisch«, wobei »allerdings diese axiologische Bestimmung des Eschatons überlagert wird von einer eher teleologisch-organo-
logischen Interpretation«. Demgegenüber würde ich umgekehrt sagen:
*Barth interpretiert das Eschaton in R I primär proleptisch-teleologisch, wobei
er dieser grundlegenden Bestimmung die axiologische Eschatologie ein- und
unterordnet.* Das meint die Abschattung der zukünftigen-apokalyptischen
Herrschaft Gottes in der jeweiligen gegenwärtigen Herrschaft Gottes.
*Axiologie ist in R I ein Moment innerhalb des Rahmens von Prolepse und Tele-
ologie.*
Von daher würde ich das Verhältnis von R I zu R II wie folgt bestimmen:
Ordnet Barth in R I das axiologische Moment in das grundlegende proleptisch-teleologische Verständnis von Eschatologie ein, so verhält es sich in
R II umgekehrt: Dort ist das auch da nicht fehlende teleologische Moment[44] der entscheidend axiologisch verstandenen Eschatologie unterge-
ordnet. Diesen Primat der axiologischen Eschatologie in R II hat dann
Barth später[45] unter Berufung auf seine Gewährsmänner von R I (Bengel,
Blumhardt, Zündel, ja sogar Ragaz und Kutter) ausdrücklich kritisiert und
zurückgenommen.
4. Dem Primat der proleptisch-teleologischen Bestimmung des Eschatologischen in R I, also dieser primär eschatologischen Bestimmtheit der Christologie würde ich dann auch Anzingers Schema »Ursprung – Abfall vom
Ursprung – Rückkkehr zum Ursprung« eindeutig zuordnen bzw. unter-
ordnen.
Was Anzinger mit Recht von der Organismus-Terminologie in R I sagt:
»Man lasse sich allerdings von der Wachstumsmetaphorik nicht täuschen.

---

40 A.a.O. 60.
41 A.a.O. 219.
42 A.a.O. 62f: Vgl. hier die Verbindung von *proleptischem* und *teleologischem* Denken bei
Barth.
43 A.a.O. 62.
44 *E. Busch*: Karl Barth und die Pietisten, München 1978, 98, 123.
45 *K. Barth*: KD II/1, 713ff.

Das ›organische‹ Kommen des Reiches Gottes ist der Einbruch des Jenseits [besser: der Zukunft] in das Diesseits«, läßt sich vice versa auch von der Ursprungs- und Restitutionsterminologie in R I sagen. Man lasse sich nicht täuschen: Der Ursprung bzw. die Rückkehr zum Ursprung ist der Einbruch und der Anbruch der Zukunft des Christus im Diesseits. *Protologie steht auch in R I im Kontext der Eschatologie.*

5. Anzinger hat einen überaus interessanten Hinweis mit der Frage gegeben, ob Barth nicht in seiner Exegese von Röm 1,18ff der *Theologie der Religion,* wie sie Calvin in Inst. I 1-5 entwickelt hat, folge. Ich kann diesem Hinweis, da Barth sich seit 1910 in der Tat mit der Institutio Calvins beschäftigt, nur lebhaft zustimmen, und zwar mit folgender Ergänzung: Was Calvin in Inst. I 1-5 entwickelt, hat er sachlich identisch vorher in seinem Römerbrief-Kommentar von 1539 entfaltet, den Barth, eigenen Angaben zufolge[46], bei seiner Römerbriefexegese mitbenutzt und aus dem er ausführlich zitiert hat. *Leider fehlt bisher eine Arbeit, die den Zusammenhang zwischen Calvins Römerbrief-Kommentar von 1539 und Barths 1. Römerbrief von 1919 untersucht.* Dann würde nämlich nicht nur deutlich werden, daß Barth – was Anzinger herausgestellt hat – in Röm 1,18ff an Calvin orientiert seine theologische Religionskritik als – wie ich formulieren möchte – Abfall von Gott unter Mißachtung der Lichter in der Schöpfung entwickelt. Es würde darüberhinaus auch verstanden werden können, daß die den R I dominierende eschatologische und *inklusive Christologie* von der Christologie der »Christusgemeinschaft« Calvins abkünftig bzw. beeinflußt ist. Diese hat Barth allerdings in R I durch den Organismusgedanken und die Wachstumsmetaphorik *interpretiert.* Metaphorik und theologischer Inhalt müßten dann auch hier unterschieden werden.

Die Frage erhebt sich dann nochmals, ob die von Anzinger herausgearbeitete Existentialisierung der Christologie in Wahrheit die universale Fassung der Rechtfertigung und Heiligung übergreifenden Christusgemeinschaft nach Calvin ist. Die Frage stellt sich erneut, ob Anzingers Verständnis von Kreuz und Auferstehung als »Chiffren« für den Transitus das inklusive Verständnis der Christologie Calvins zu wenig berücksichtigt.

Das universal-inklusive Denken von R I, demzufolge der Einzelne im Zusammenhang des Ganzen verstanden wird, ohne diesem aufgeopfert zu werden – wie Anzinger überzeugend zeigt –, hat schließlich in der Kirchlichen Dogmatik die Orientierung am Einzelnen in R II umgriffen: *Der universale Übergriff* der befreienden Herrschaft Jesu Christi auf alle Menschen in Rechtfertigung – Heiligung – Berufung ist in der Kirchlichen Dogmatik der Rahmen, innerhalb dessen es zunächst zur Darstellung der *Ekklesiologie* (Sammlung – Auferbauung – Sendung der Gemeinde) kommt, bis dann in der Entfaltung von Glaube – Liebe – Hoffnung auch *der Einzelne* zu seinem Recht kommt.

---

46 *K. Barth*: (Anm. 29) 439; *H. Scholl* (Hg.), Karl Barth: Die Theologie Calvins. 1922, Zürich 1993, S. VIII.

Barth hat später diesen Rückgriff der Kirchlichen Dogmatik auf die in R I
entfaltete universale Inklusion aller Menschen in der Christusgeschichte
in seiner schon öfters genannten Schrift »Die Menschlichkeit Gottes«
(1956) angedeutet, wenn er hier aus der Christologie zunächst die folgenden *universal-inklusiven Konsequenzen* zieht: die durch die Menschlichkeit
Gottes in Jesus Christus per analogiam erfolgte »ganz bestimmte Auszeichnung des Menschen als solchen«, jedes Menschen, aller Menschen,
die »identisch (ist) mit der praktischen Anerkennung seines Menschen-
rechtes und seiner Menschenwürde«[47].
Von dieser universal-inklusiven Bedeutung für die Menschenrechte und
die Humanität aller Menschen her kommt Barth dann auf die *Ekklesiologie* zu sprechen, indem er im Gegensatz zu R II »die theologische Relevanz der Kirche . . ., die Gestalt . . . ihres Gottesdienstes, ihrer rechtlichen
Ordnung« betont, um dann kritisch im Hinblick auf R II und in sachlicher
Anknüpfung an R I zu erklären: »Die Menschlichkeit Gottes gilt . . . nicht
(dem) in irgendeinem leeren Raum existierenden Einzelmenschen«, sondern: »Jesus Christus ist das Haupt seines Leibes und nur so auch das seiner
Glieder«[48].Das pro me steht damit im Raum und im Rahmen des christologischen pro mundo und pro nobis.

3. Ein Nachspiel zur kontextuellen Theologie der Safenwiler Zeit

Barth schreibt in seinen »Autobiographischen Skizzen« über die Safenwiler Zeit:
»Der Betrieb der wissenschaftlichen Theologie begann mir, je länger ich zu
predigen und zu unterrichten hatte, ›irgendwie‹ fremd und rätselhaft zu
werden . . . In verstärktem Maße geschah dies, als ich 1911 . . . in den Aar-
gau kam; in die Bauern- und Arbeitergemeinde Safenwil, in der mir, nicht
ohne Einfluß der damals auf ihrem Höhepunkt stehenden Verkündigung
von Kutter und Ragaz, die soziale Frage und Bewegung brennend wurden.
In dem Klassengegensatz, den ich in meiner Gemeinde konkret vor Augen
hatte, bin ich wohl zum ersten Male von der Problematik des wirklichen
Lebens berührt worden«[49].
Ich sagte zu Anfang der Besprechung von Anzingers informativem Buch:
weder eine Frühdatierung des Neuansatzes auf 1911 noch dessen Spätdatierung auf den R II des Jahres 1922 vermag den Quellen und der Selbstin-
terpretation Barths gerecht zu werden.
Unabhängig von dieser Frage der Früh- bzw. Spätdatierung ist freilich die
Konstanz der Kritik, die die Aargauer Fabrikantenfamilie Hüssy gegen
Barths Richtung und Linie und also gegenüber dem Kontext des Barth-

47 *K. Barth*: Menschlichkeit Gottes (Anm. 10) 16.
48 A.a.O. 24.
49 *K. Barth*: (Anm. 14) BaBuBw 306.

schen Theologisierens in Richtung auf einen demokratischen und recht-
staatlichen Sozialismus erhoben hat.

Hatte *W. Hüssy* in einem »Offenen Brief an Herrn Karl Barth« diesen im
Zofinger Tagblatt vom 3. Februar 1912 kritisiert[50], so hat diese Kritik im
Jahre 1986 ein interessantes Nachspiel gehabt.

Die auf meine Veranlassung hin vom WDR erstellte und von mir wissen-
schaftlich betreute Fernsehsendung zu Barths 100. Geburtstag unter dem
Titel »Wie Mose vor Pharao«, die am 10.5.1986 im WDR 3 in der Sendung
»Gott und die Welt« und am nächsten Tag, dem 11.5.1986, im Schweizer
Fernsehen ausgestrahlt worden ist, hat einen erneuten Protest der Fabrikantenfamilie von Safenwil hervorgerufen, auf den E. Busch geantwortet
hat. Beide Dokumente seien hier – da sie wenig bekannt sind – auszugs-
weise wiedergegeben:

a)   Antwort auf eine Fernsehsendung (J. A. Hüssy)
Barths Safenwiler Jahre

Anläßlich des 100. Geburtstags von Prof. Karl Barth hat das deutsche
Fernsehen eine biographische Sendung zum Gedenken an den profilierten
Theologen ausgearbeitet. Diese ist am vergangenen 11. Mai (1986) auch
im Schweizer Fernsehen ausgestrahlt worden. Zu Gevatter stand ihr der
vor kurzem an die Universität Göttingen berufene Uerkheimer Pfarrer
und Barthforscher Dr. Eberhard Busch. Soweit sich die Sendung mit dem
theologischen Lebenswerk befaßt hat, möchte sich der Unterzeichnete
nicht äußern, weil er davon nichts versteht. Hingegen legt er scharfen Protest ein gegen die Art und Weise, wie Prof. Busch die politische Komponente des Wirkens von Karl Barth in Safenwil begründet, indem er die
heute nicht mehr bestehende, damals aber schon über 100 Jahre alte Firma
Hüssy & Co. und die heute noch für unser Dorf wichtige Unternehmung
Hochuli & Co. als üble Fabrikanten und Ausbeuter apostrophiert.

Vom links angesiedelten Herrn Dr. Busch war kaum etwas anderes zu erwarten, als ein Angriff auf die Unternehmer jener Epoche. Daß zur Diffa-
mierung auch noch die Kinderarbeit herhalten mußte, sei nur nebenbei
bemerkt. Wer auch nur etwas Wirtschaftsgeschichte kennt, weiß, daß die
Kinderarbeit keine Erfindung des Industriezeitalters ist und 1911 längst
gesetzlich geregelt war. Im »Fall Safenwil« handelt es sich durchwegs um
aus der Schule entlassene Jugendliche, welche Arbeit und Verdienst in »der
Fabrik« fanden. Mit seinen Äußerungen vor dem Fernsehen hat Prof.
Busch nicht nur die Vorfahren des Unterzeichneten, sondern gleichermaßen diejenigen der Familie Hochuli völlig unzutreffend und ungerecht
schlecht gemacht. Sie alle haben, aus einfachen Anfängen heraus, über
viele Jahrzehnte hinweg Arbeit, Brot und Entwicklung ins Dorf gebracht.
Löhne und soziale Leistungen haben dem damaligen Standard und den

---

50   *E. Jüngel*: Barth-Studien, Zürich-Köln, Gütersloh 1982, 105.

üblichen Gepflogenheiten jener Zeit durchaus entsprochen. Wo Hilfe nötig war, ist sie immer aus freien Stücken und echter menschlicher Verpflichtung heraus spontan geleistet worden. Zwischen Arbeitgebern und Arbeitnehmern hat in unserem Dorf in jenen Jahren ein gutes, auf patriarchalischer Basis fundiertes und aufrichtiges Verhältnis bestanden. Prof. Barth hat mit seinen theologisch verbrämten, im Kern dem marxistischen Gedankengut verwandten Ideen den Klassenkampf nach Safenwil gebracht, nicht zum Nutzen, wohl aber zum Schaden der Dorfgemeinschaft. Einige werden sich in diesem Zusammenhang noch an die schlimmen kirchlich-politischen Kämpfe, welche das Dorf in den zwanziger und dreißiger Jahren erschüttert haben, erinnern. Sie waren die logische Folge des politischen Wirkens von Karl Barth.

Es entbehrt nicht einer gewissen Ironie, daß sowohl das Pfarrhaus, zu einem guten Teil die Kirche selbst mit ihrer ersten Orgel, als auch die Bescherung der Schulkinder an Weihnachten auf Schenkungen und Zuwendungen der geschmähten Industriellen zurückzuführen sind.

Daß eine Fernsehsendung zum Andenken an die wissenschaftliche Leistung eines markanten theologischen Gelehrten so unnötig einseitig und tendenziös rot gefärbt worden ist, muß als höchst bedauerlich, wenn man aber den Drahtzieher kennt, als nicht weiter verwunderlich bezeichnet werden. Herr Pfarrer Klamer, welcher den realen Sozialismus in Rumänien während Jahren unter schlimmen Umständen ertragen mußte, hat mit dieser Art des Gedenkens an Prof. Karl Barth nichts zu tun. Herrn Prof. Busch sei gesagt, daß seine diskriminierenden Qualifikationen von Unternehmern, die sich durch Weitblick und Arbeit verdient gemacht haben, einen Ausspruch Friedrichs des Großen verwendend, tiefer gehängt werden müssen.[51]

b) *Erwiderung an Herrn Hüssy* (E. Busch)

Sehr geehrter Herr Hüssy!

Erst jetzt kommt mir Ihre »Antwort« auf die Fernsehsendung über Karl Barths Safenwiler Jahre vor Augen. Darf ich Ihnen auf Ihre Antwort meinerseits folgendes antworten:

1. Für Text und Gestaltung dieser Sendung tragen, abgesehen von meinen Äußerungen, die Redakteure des WDR die Verantwortung. Ihr Konzept, das sie offenbar durch allerlei Recherchen selber erarbeitet haben, lag schon fertig vor und war mir nicht näher bekannt, als ich als einer der Interviewpartner beigezogen wurde. Ich kann also nur für meine eigenen Worte die Verantwortung übernehmen. Es hätte Ihnen wohl angestanden, sich erst einmal über diese Wahrheit zu informieren, bevor Sie mich verurteilen für etwas, was ich weder gemacht noch gesagt habe. Es ist nicht richtig, daß ich bei dieser Sendung »zu Gevatter« stand, daß ich ihr »Drahtzieher« war und daß ich darin irgendwen als »üblen Fabrikanten apostro-

---

51 *J.A. Hüssy*: Antwort auf eine Fernsehsendung: Barths Safenwiler Jahre, in: Zofinger Tagblatt vom 17.5.1986.

phiert« habe. Das letztere lag mir um so weniger nahe, da mir ja bekannt
war, daß Pfarrer Barth einst Wert darauf legte, daß er nicht gegen bestimmte Personen, sondern gegen ein System kämpfe; und was die Safenwiler Fabrikanten angeht, finden sich Texte, in denen er Verständnis für
ihre Schwierigkeiten zeigt, in dem damaligen Konkurrenzkampf stand-
zuhalten ... Was ich jedenfalls bei der Aufnahme zur Hauptsache sagte,
befaßte sich mit dem, wovon Sie leider vorgeben, »nichts zu verstehen«,
also mit theologischen Dingen. Indem Sie das, was mir das Wesentliche
war, so beiseiteschieben, frage ich, inwieweit Sie auch mich überhaupt so
gut kennen, daß Sie das Recht haben, mich in irgendeiner Ecke »anzusiedeln«.

2. Damit will ich nicht sagen, daß ich mich von der grundsätzlichen
menschlichen Haltung Karl Barths während seines Safenwiler Pfarramts
distanziere. Mir imponiert sogar die Selbstverständlichkeit, in der er sich,
aus bürgerlichem Hause kommend, 1911 gleich auf die Seite zuerst der
»Kleinen« in seiner Gemeinde stellte. Ich kann mir nicht denken, daß Ihnen nie jemals der Ton herzlicher Dankbarkeit ans Ohr gedrungen sein
sollte, der mir in meiner Aargauer Zeit dort öfters ungesucht begegnet ist
– der Ton herzlicher Dankbarkeit nun älterer »kleiner Leute« noch heute
dafür, daß da einmal ein Pfarrer zu ihnen kam, der es zuerst gerade mit ihnen hielt. Diese Solidarität war damals sicher außergewöhnlich, da die
Kirche damals anscheinend tatsächlich so fest in der Hand des »Kapitals«
war, wie Sie es ja nun selbst belegen. Daß sich Karl Barth wegen dieser Bindung – nach Ihren Worten: »ironischerweise« – nicht den Fabrikanten so
verpflichtet fühlte, daß ihn das an seiner Solidarität zuerst mit den »Kleinen« gehindert hat, bestätigt ja, wieviel Mut es dazu brauchte. Sie werden
übrigens wissen, daß die Wurst, um die es bei den von Ihnen lobend erwähnten Sonntagsschulgeschenken damals wörtlich ging, von Pfarrer
Barth dann zurückgewiesen wurde: Sie sei eine »Augenwischerei«, solange
dieselben Spender den Familienvätern einen gerechteren Lohn vorenthiel-
ten. Wiederum, was hat Karl Barth damals im Grunde anderes getan als
das, was die heutige Reformierte Kirchenordnung – in Rückbesinnung auf
die Botschaft Calvins und Zwinglis – allen Gliedern der Kirche zur Pflicht
macht? Dort heißt es im § 29, daß die Gemeinde und ihre Glieder durch
die Liebe Christi aufgerufen sind, »besonders für die Schwachen und Benachteiligten« einzutreten. Wenn das links ist, dann war es Jesus auch. Der
ist nun einmal gekommen, »den Armen das Evangelium zu bringen«, und
das kann niemand wegdeuten: Es geht da wirklich um Arme. Es hängt halt
zusammen: Wenn man von den (ja nicht in irgendeinem Kauderwelsch
vorgetragenen) »theologischen« Grundlagen nichts verstehen will, dann
kann man auch jenen Aufruf zum Eintreten besonders für die Schwachen
schwerlich verstehen. Es nähme mich noch wunder, ob Ihr jetziger Pfarrer
da tatsächlich ein anderes Evangelium hat. Auch der Hinweis auf den
»realen Sozialismus« kann doch kein Grund sein, deshalb dieses Evangelium umzumodeln; und das zumal, da die Offiziellen dort gerade vor die-

sem Evangelium ebenso Angst haben wie manche bei uns, wie nun ich aus meinen bescheidenen Erfahrungen in Rumänien weiß.

3. Barth hat aus dieser Grundhaltung damals eine besondere Konsequenz gezogen. Und da stimme ich nun zunächst mit Ihrer Darstellung der damaligen Lage nicht überein. Es war meines Erachtens nicht so, daß er da in eine eitel Dorfharmonie »den Klassenkampf« allererst hineingetragen hätte. Den hat er dort so vorgefunden, wie er den Safenwiler Arbeiterverein vorgefunden hat. Sie beschreiben die Zustände damals als so fein, daß alles zum besten gestanden wäre, wenn sich nur alle blindlings dem »Weitblick« der Industriellen anvertraut hätten. Tatsächlich kenne ich keinen Arbeitnehmer, der damals mit dabei war, der nach diesen von Ihnen so nett beschriebenen Zuständen Sehnsucht hätte. Es läßt sich ja belegen und es ist bei diesen Arbeitnehmern noch unvergessen, zu welchem Lohn, wie lang und in welchen Rechtsunsicherheiten sie damals zu arbeiten hatten, daß der Lohn ohne die berühmte Kuh im Stall nicht zum Leben ausgereicht hätte, unvergessen übrigens auch, wie sie dann um ihre Versicherungsbeiträge geprellt wurden. Es wäre in Wahrheit da zu keinen Besserungen gekommen, nicht zu den Änderungen, von denen heute so viele profitieren, wenn sich die Arbeiter da nicht auf ihre eigenen Füße gestellt und zur Selbsthilfe organisiert hätten. Karl Barth hat sie darin unterstützt – das war seine Konsequenz, die er in seiner Solidarität mit ihnen zog. Mitleid mit den »Schwachen und Benachteiligten« war ihm nicht genug; er zielte auf eine Besserung der Zustände. Und vielleicht ist das überhaupt kein echtes Mitleid, bei dem die Bereitschaft fehlt, einen Weg zu gehen, dem Bedauerten aufzuhelfen. Natürlich hängt es davon ab, auf welcher Seite man selber steht, ob man diese Seite von Barths Safenwiler Wirken als eines zum »Schaden« oder vielmehr gerade zum »Nutzen der Dorfgemeinschaft« bewertet. Jedenfalls kenne oder kannte ich eine Reihe Menschen in der Safenwiler Gegend, die durchaus der letzteren Meinung sind. Und darf ich auch daran erinnern, daß die Wiederwahl von Pfarrer Barth in Safenwil 1917 sich zu einer eigentlichen Abstimmung über seine Haltung gestaltete und daß dabei dann mehr als zwei Drittel der angeblich durch ihn geschädigten »Dorfgemeinschaft« sich hinter ihren Pfarrer stellte?!

Mit hochachtungsvollem Gruß, Eberhard Busch, Göttingen.[52]

52   *E. Busch*: Erwiderung an Herrn Hüssy, in: Zofinger Tagblatt vom 14.6.1986. – In seinem Brief an mich vom 12.10.1992 schreibt Busch: »Aus meinem Brief an die Adresse von Hüssy mögen Sie zitieren, so viel Sie wollen.«. – Der folgende Abschnitt III wird z.T. gleichzeitig veröffentlicht in: »Mit unserer Macht ist nichts getan . . .«. Festschrift für D. Schellong zum 65. Geburtstag, Arnoldshainer Texte 80, 1993, 193-198.

III.   Zum Streit um die Berliner Barth-Deutung

1. *E. Jüngel* hat in seinen Barth-Studien über die Münchener Barth-Deutung, zu der primär F. Wagner und F. W. Graf zu rechnen sind, mit Recht geurteilt: »Ich bewundere die – in Deutschland vor allem in München gepflegten – ›Rekonstruktionen der Konstruktion‹ der Barthschen Theologie, die diese als genuines Produkt genau desjenigen Zeitgeistes durchschauen, gegen den sie gerichtet waren. Wobei ich mir zugleich erlaube, die These von den faschistischen Strukturen des Barthschen Denkens für eine Sünde wider den guten Geschmack zu halten und dementsprechend niedriger zu hängen«[53]. Jüngel hat dabei die These von *F. Wagner* vor Augen, der in seinem Aufsatz »Theologische Gleichschaltung« allen Ernstes behauptet, »daß die inhaltliche Struktur der Barthschen Theologie nicht nur dem Sozialismus, sondern auch dem Faschismus [!] und seiner Theoriebildung verwandt ist«[54]. Eine ähnliche Anfrage stellt Jüngel an die »ersten Überlegungen zu Karl Barths Liberalismuskritik« von F.W. Graf: »Warum unterschlägt Graf . . . Sätze, die seiner Behauptung . . ., ›die Demokratie-Thematik‹ spiele ›für Barth noch keine prominente Rolle‹, nur zu sehr widersprechen . . .?«[55]

Ähnliche Fragen wie Jüngel hat auch *W. Krötke* in seinem grundlegenden Aufsatz »Gott und Mensch als ›Partner‹. Zur Bedeutung einer zentralen Kategorie in Karl Barths Kirchlicher Dogmatik« zu Recht an F. W. Graf gestellt[56].

Das Urteil E. Jüngels, die These von den Strukturen der »Gleichschaltung«

---

53   *E. Jüngel*: Barth-Studien (Anm. 50) 13. – Vgl. dazu *H. Gollwitzer*, AW VIII 298-324. – *H. Gollwitzer*, dem ich die Abschnitte II. und III. dieses Beitrages schon 1985 zugänglich gemacht hatte, schrieb mir, daß ihm die Analyse »in allen Stücken eingeleuchtet hat« (Brief vom 22.9.1985)

54   *F. Wagner*: Theologische Gleichschaltung. Zur Christologie bei Barth, in: Die Realisierung der Freiheit. Beiträge zur Kritik der Theologie Karl Barths, hg. v. *T. Rendtorff* 1975, 10-43.

55   *E. Jüngel*: Zum Verhältnis von Kirche und Staat nach Karl Barth, ZThK Beiheft 6/1986, 76-135, 118f. – Vgl. zum größeren kirchengeschichtlichen Kontext der Münchener Barth-(Miß-) Deutung den Beitrag von *H.Prolingheuer*: Wieder muß die jüngste Kirchengeschichte korrigiert werden, in RKZ 12/1992, 373f.

56   *W. Krötke*: in: ZThK Beiheft 6/1986, 158-175, 159f. An weiterer Literatur von W. Krötke über und zu Barth nenne ich: *W. Krötke*: Sünde und Nichtiges bei Karl Barth, 2.Aufl., Neukirchen-Vluyn 1983; *ders.*, Die Universalität des offenbarenden Gottes. Gesammelte Aufsätze 1985; *H. Köckert/W. Krötke* (Hg.) Theologie als Christologie. Zum Werk und Leben Karl Barths, Berlin-Ost 1988. – Ich bin Wolf Krötke 1984 auf dem Barmen-Gedenken in Wuppertal, 1986 auf dem Symposion: Karl Barth. Ökumenische Anstöße, auf dem wir beide referiert haben, begegnet, sodann des öfteren auf dem Leuenberg in der Schweiz. Ich habe von den Begegnungen mit ihm dankbar gelernt. – Hervorheben möchte ich zuletzt den Aufsatz von *W. Krötke*: Kirche für alle? Die Gemeinde im Dienst des Wortes und Werkes Jesu Christi, in: die Zeichen der Zeit 46/1992, 194-201 mit seinem wichtigen Hinweis auf das Verständnis und die Wertung von Religion und Religiosität bei Barth (199,201).

im Barthschen Denken sei eine Sünde wider den guten Geschmack und dementsprechend niedriger zu hängen, trifft aber auch auf die Barth-Deutung *W. Pannenbergs* zu. Hat sich doch Pannenberg jüngst in seiner Systematischen Theologie F. Wagner angeschlossen, wenn er die Endgültigkeit Jesu bei Barth als »notwendig totalitär« im Sinne einer »theologischen Gleichschaltung« versteht[57]. Pannenberg wirft Barth eine »»totalitäre‹ Deutung der Stellvertretung als Ersetzung der Vertretenen« vor und meint, sich dabei u.a. auf KD IV/1 berufen zu können. Hier schreibt Barth im Sinne des reformatorischen peccatorem auferri (der Sünder und nicht nur die Sünde wird im Kreuz Christi aufgehoben), daß der gekreuzigte Christus nicht nur die Sünde, sondern »ihre Wurzel, den übertretenden Menschen nämlich, beseitigt« hat[58]. Pannenberg verschweigt aber, daß es sich hier um den zweiten von insgesamt vier ausführlich entfalteten Aspekten des Kreuzes Christi handelt, Pannenberg verschweigt ebenso, daß die Christusgeschichte nach Barth grundlegend und zuerst die Bundestreue Gottes zur Ebenbildlichkeit des sündigen Menschen ist, und Pannenberg verschweigt erst recht, daß die Versöhnung aller Menschen in Christus gerade nicht totalitäre Gleichschaltung, sondern Begründung der Befreiung, Stiftung eines Raumes der Freiheit und also Aufruf zur Befreiung im Sinne des fiat iustitia bedeutet[59].

Ich habe in meinem Buch »Die Auferweckung des Gekreuzigten«[60] eine ausführliche Interpretation dieser Stellen Barths vorgelegt: Barth geht es in seiner 1953 erschienenen Versöhnungslehre kontextuell um die These, daß das Erscheinen des dem Menschen und seiner Zukunft treuen Rechtshelfers und also die Realisierung der Bundestreue Gottes zu seinem Geschöpf als das grundlegende JA Gottes auch ein kritisches NEIN einschließt, nämlich *die Beseitigung des neuzeitlichen Herrenmenschen*, der in der Gestalt des Dr. Mengele in Auschwitz über lebenswertes und lebensunwertes Leben meint entscheiden und der in Gestalt der Atomplaner Massenvernichtungsmittel in rechtsstaatliche Androhung von Gewalt meint einbeziehen zu können, der sich also selber als absoluter Weltenrichter aufspielen möchte und sich auch faktisch verhängnisvoll als solcher aufspielt. *Dieser* sündige Mensch ist im Kreuz Christi aufgehoben und beseitigt, *ihm* ist dort die Legitimität und die Existenzgrundlage für sein böses Sein und Tun entzogen, nicht aber dem Menschen als Ebenbild Gottes, dem Gott vielmehr im messianischen Kommen und in der Auferweckung Jesu Christi bleibend und grundlegend die Treue hält und dem er befreiende Zukunft und Zukunft in Freiheit eröffnet.

---

57 *W. Pannenberg*: Systematische Theologie Bd II, Göttingen 1991, 477f.
58 A.a.O. 477 mit Bezug auf KD IV 1, 82. – Vgl. zur Interpretation der entsprechenden Luther-Stellen: *H.J.Iwand*: Glaubensgerechtigkeit, GA II, TB 64, München ²1991, 35f. – Vgl. weiter in diesem Band I 3.
59 *K. Barth*: Das Christliche Leben (Anm. 22) § 78.
60 *B. Klappert*: Die Auferweckung des Gekreuzigten, Neukirchen-Vluyn, ³1981,202ff, 208f.

2. Kann, sollte und darf man aber wirklich, wie es Jüngel ironischerweise und mit Emphase getan hat, die liberal-faschistische Miß-Deutung Barths durch die »Münchener« und – wie Jüngel formuliert – die »religiös-sozialistische« Interpretation Barths durch die »Berliner« auf eine Stufe der Kritik stellen?[61]

H. Gollwitzer hat in seinem Beitrag »Reich Gottes und Sozialismus« (1972)[62] eindringlich den Weg Barths beschrieben: von den religiös-sozialen *Identifikationen* von Reich Gottes und Sozialismus zur *Unterscheidung* zwischen demokratisch-sozialistischer Option als analogatum einerseits und der Revolution des Reiches Gottes als analogans andererseits. Ein Textvergleich zwischen den zuerst von Gollwitzer und dann von Jüngel[63] herangezogenen Texten Barths würde zeigen, daß auch Jüngel im wesentlichen die von Gollwitzer herangezogenen Texte zitiert, diese aber mehr in Richtung auf Unterscheidung, nicht aber wie Gollwitzer – die Unterscheidung voraussetzend – auch auf Entsprechung und Analogie hin interpretiert. Indem aber Gollwitzer über die Unterscheidung von Reich Gottes und demokratischem Sozialismus hinaus eben doch auch die unverzichtbare *Grundfrage nach der Entsprechung* zwischen Reich Gottes (Subjekt) und demokratischem Sozialismus (Prädikat) stellt, wird er dem Anliegen Barths in höherem Maße gerecht, als Jüngel dies vermag. Dieser legt den Akzent auf die Unterscheidung (R II), will also das Subjekt der Theologie vom Prädikat der Politik – wie übrigens auch Gollwitzer – mit Recht unterschieden wissen. Jüngel stellt dann aber die Frage nach der Möglichkeit bzw. Notwendigkeit und Nichtbeliebigkeit des Prädikats (demokratischer Sozialismus) vom Subjekt (Reich Gottes) her nicht, bzw. nur kaum und nur noch anmerkungsweise[64] und mehr im Sinne eines »auch noch« und eines Zugeständnisses.

3. Wenn man *Fr.-W. Marquardts* Position eindeutig der religiös-sozialistischen Barth-Deutung zuordnet und wie E. Jüngel deshalb dann kritisiert, wird man dem Anliegen Marquardts zu wenig und wohl kaum gerecht. Das Anliegen Marquardts, das als solches für die Barth-Interpretation nicht hoch genug eingeschätzt werden kann, läßt sich mit einem Satz Jüngels aus dessen Barth-Artikel präzis so umschreiben: Marquardt fragt, »inwieweit jeweilige Lebenserfahrung ... den Erkenntnisgewinn [Barths] mitbestimmt hat ... An markanten Einschnitten innerhalb der theologischen Entwicklung (Barths) läßt sich eine entsprechende Wechselwirkung deutlich erkennen«[65]. Aber während Marquardt zu dieser Frage der *Wechselwirkung von sozialistischer Praxis und theologischer Entwicklung* bei Barth erstaunliches historisches Material beigetragen hat, meint Jüngel,

---

61   E. Jüngel: (Anm. 53) 13.
62   H. Gollwitzer: Reich Gottes und Sozialismus bei Barth, TEH 169, München 1972.
63   E. Jüngel: (Anm. 53) 98ff.
64   A.a.O. 126 Anm., 271 und 314, Anm. 2.
65   A.a.O. 28f.

diese Beobachtungen übergehen zu können, indem er formuliert: »Inwieweit jeweilige Lebenserfahrung ('Praxis') den [theologischen] Erkenntnisgewinn [Barths] mitbestimmt hat, *muß zukünftige Forschung untersuchen*«[66]. Marquardt hat in seinen wegweisenden Arbeiten »Theologie und Sozialismus« und »Der Christ in der Gesellschaft«[67] in umfassender Weise die Frage zur Diskussion gestellt, inwieweit der Weg der Theologie Barths auch als Ergebnis einer Wechselwirkung von demokratisch-sozialistischer Praxis und theologischem Erkenntnisgewinn verstanden werden müsse und ob man Barths Theologie überhaupt verstehen kann, wenn man diese Wechselwirkung nicht in Rechnung stellt. Und ich meine nun, daß weder diese Fragen Marquardts noch seine diese Fragen untermauernden Beobachtungen samt beigebrachtem Belegmaterial so einfach übergangen werden können, wie Jüngel das tun zu können meint.

Eine andere Frage ist es, ob und inwieweit Marquardt die historisch-biographische Interdependenz von sozialistischer Praxis und theologischem Erkenntnisgewinn *auch systematisch* verstehen will und ob und inwieweit er mit der nicht zu bestreitenden quaestio facti einer kontextuellen Interdependenz von sozialistischer Praxis und Theologie-Bildung bei Barth auch schon die quaestio iuris einer korrelativen Theologie beantworten will. Anders formuliert: Soll die unbestreitbare *kontextuelle* Interdependenz (d.h. die Wechselwirkung von sozialistischer Praxis und Entstehung der Theologie bei Barth) auch die *systematische* Unumkehrbarkeit von Subjekt (Theologie) und Prädikat (demokratischer Sozialismus) infrage stellen? Oder *soll die Frage nach einer solchen kontextuellen Interdependenz,* wie sie Marquardt zu Recht auch für den Kirchenkampf gestellt hat[68], in seinem Sinne *die* (systematisch bei Barth gar nicht zu bestreitende) *Unumkehrbarkeit von Subjekt und Prädikat davor sichern, zu einer Leerformel zu werden,* – zu einer Leerformel, die sich – wie Jüngels Barth-Interpretation tendenziell zeigt – von der richtigen und wichtigen Erkenntnis der Unumkehrbarkeit von Subjekt und Prädikat her an der ebenso wichtigen wie unerläßlichen und daraus folgenden Frage nach der demokratisch-sozialistischen Analogie, Richtung und Entsprechung aber nicht mehr so interessiert zeigt?[69]

Daß es bei Marquardt gewisse Tendenzen und Neigungen gibt, die historisch-biographisch aufgewiesene, *kontextuelle Interdependenz* von demokratisch-sozialistischer Praxis und theologischem Erkenntnisgewinn bei Barth im Sinne der Tillichschen *korrelativen Interdependenz* zu systemati-

---

66   A.a.O. 28; Kursivierung von mir.

67   *Fr.-W. Marquardt*: Der Christ in der Gesellschaft 1919-1979. Geschichte, Analyse und aktuelle Bedeutung von Karl Barths Tambacher Vortrag, TEH 206, München 1980; *ders.,* Karl Barths Safenwiler Predigten, Jahrgang 1914, in: EvTh 37/1977, 377-396; *ders.,* Theologie und Sozialismus. Das Beispiel Karl Barths, München-Mainz ³1985; *ders.,* Verwegenheiten. Theologische Stücke aus Berlin, München 1981.

68   *Fr.-W. Marquardt*: Verwegenheiten (Anm. 67) 439ff.

69   *K. Barth*: Christengemeinde und Bürgergemeinde, ThSt 20, 1956, Pkt 17.

sieren, würde ich gar nicht bestreiten[70]. Ich würde aber meinen, daß das
Hauptgewicht der Fragen Marquardts zunächst einmal an einer anderen
Stelle zu suchen ist. Marquardts Anfrage lautet: Wird nicht bei der zu
selbstverständlich wiederholten richtigen These Jüngels »Das Politische
war ein Prädikat, eine ›Komponente‹ seiner Theologie, niemals jedoch
wurde seine Theologie ein Prädikat des Politischen«[71] – nochmals: ich
selbst halte diese These Jüngels für systematisch richtig – übersehen, daß
in dieser systematischen These bei Barth eine historisch-biographische Interdependenz von gesellschaftlicher Praxis und theologischem Erkennt-
nisfortschritt aufgehoben und verarbeitet ist? Und zeitigt nicht das souveräne Übergehen dieser kontextuellen Interdependenz, wie es bei Jüngel de
facto geschieht, die Konsequenz, daß die für Barth unverzichtbare Frage
nach der Möglichkeit, der Notwendigkeit und Nichtbeliebigkeit des aus
dem Subjekt (Reich Gottes) folgenden Prädikats (Sozialismus – Demokratie – Friedensbewegung)[72] nicht den bedeutsamen Stellenwert erhält, den
sie bei Barth faktisch gehabt hat und den Gollwitzer wie auch Marquardt
so überzeugend herausgestellt haben?
Anders formuliert: *Marquardts Frage* nach der historisch-biographischen
Interdependenz von sozialistischer Praxis und theologischem Erkenntnisgewinn, deren Legitimität auch von Jüngel ja nicht bestritten, leider faktisch aber nicht berücksichtigt wird, und *Gollwitzers Frage* nach der Nichtbeliebigkeit und Notwendigkeit der Richtung, des Gleichnisses, der Entsprechung im Sinne von Demokratie und Sozialismus, deren Legitimität
von Jüngel ebenfalls nicht bestritten, leider aber nur in einer Anmerkung
abgehandelt[73] und mehr im Sinne einer Konzession referiert wird, sichern
allererst *Jüngels These* »Das Politische ist für Barth ... Prädikat der Theologie« davor, zu einer theologischen Abstraktion ohne demokratisch-so-
zialistische Konsequenz und Analogie zu werden.
Meine Gesamtfrage lautet also: Läßt sich das gemeinsame Anliegen von
Gollwitzer und Marquardt wirklich auf die handliche Formel ›religiös-sozialistische Barth-Deutung‹ bringen? Ist es schließlich erst recht sachlich
angebracht, die liberal-faschistische Münchener und die religiös-sozialistische Berliner Deutung – wie Jüngel es tut – derselben Kritik zu unterwerfen? Diese gleichartige Kritik würde zwar Barths Erkenntnis berücksichtigen, daß Liberalismus und Sozialismus gleichermaßen der Krisis des Reiches Gottes unterstellt sind (R I und R II), sie würde aber nicht mehr berücksichtigen können – und das kommt in Jüngels gleichmachender Kritik
eben nicht mehr zum Ausdruck –, daß für Barth keine Analogie zum libe-
ralistischen Kapitalismus oder gar zum Faschismus besteht, es aber wohl

---

70   Vgl. auch *W. Krecks* Anfragen an Marquardts Barth-Deutung, in: Grundentscheidun-
     gen in Karl Barths Dogmatik, München 1978, 31ff.
71   *E. Jüngel*: (Anm. 53) 46.
72   *K. Barth*: Brief an E. Bethge (Anm. 19) 404f.
73   *E. Jüngel*: (Anm. 53) 126 Anm. 271.

eine Analogie, ein Gleichnis und eine Entsprechung zwischen dem Reich Gottes und dem demokratischen Sozialismus gibt.

Deshalb erscheint mir D. *Schellongs* Marquardt-Kritik in seinem Beitrag »Barth von links gelesen« weiterführender zu sein als Jüngels – den wichtigen Beobachtungen Marquardts gegenüber dokumentierte – reine Negation. Schellong sagt mit Recht: »Man sollte dahinter (hinter Marquardts Beobachtungen) nicht mehr zurückgehen wollen. Die Aufgabe wird vielmehr sein, Marquardt weiterzuführen und zu präzisieren«[74].

IV. Zur Lehre vom Reich Gottes und der Königsherrschaft Christi

Das Kommen des Reiches Gottes ist der umfassende Rahmen der Königsherrschaft Jesu Christi. Die Königsherrschaft Jesu Christi wiederum dient dem Kommen des Reiches Gottes und seiner Gerechtigkeit.

Mit dieser Doppelthese läßt sich Barths theologischer Weg seit »Christengemeinde und Bürgergemeinde« (1946) bis zum »Christlichen Leben« (1959-1961) charakterisieren.

Zur theozentrischen Ethik des Politischen bei Barth im Verhältnis zur Lehre von der Königsherrschaft Jesu Christi hat *H. Lindenlauf* eine Arbeit vorgelegt, die der weiteren Diskussion bedarf[75]. Dazu soll hier ein Anfang gemacht werden.

1. *Der Gegenstand der Untersuchung und die Hauptthese*

Indem die Überschrift präzise von »Karl Barth *und* der Lehre von der ›Königsherrschaft Christi‹« spricht, möchte diese »Barth-Monographie«[76] die positive, aber auch kritische Bedeutung des christozentrischen Ansatzes der Ethik des Politischen bei Barth für die Lehre von der Königsherrschaft Jesu Christi darlegen[77]. Darin reflektiert sich die systematische *These*, die durch die ganze Arbeit hindurch stringent verfolgt wird: Barths christozentrisches Konzept der Ethik des Politischen ist nicht einfach mit der Lehre von der Königsherrschaft Jesu Christi identisch, sondern hat für diese zugleich kritische und normative Bedeutung. Da in der Forschung bisher beide Konzepte identifiziert worden sind, ist man auf die inhaltliche Durchführung und Erhärtung der Eingangsthese besonders gespannt.

2. *Die Entfaltung und Durchführung*

1) Die Arbeit wendet sich zunächst der Interpretation der *Barmer Theolo-*

---

74 D. *Schellong*: Barth von links gelesen – ein Beitrag zum Thema »Theologie und Sozialismus«, in: ZEE 17/1973, 238-250.

75 *H. Lindenlauf*: Karl Barth und die Lehre von der »Königsherrschaft Christi«. Eine Untersuchung zum christozentrischen Ansatz der Ethik des Politischen im deutschsprachigen Protestantismus nach 1934, Spardorf 1988.

76 A.a.O. Vorwort S. V.

77 A.a.O. 468ff.

gischen Erklärung, insbesondere ihren Thesen II und V, zu[78]. Dabei erfolgt auf denkbar knappem Raum eine genaue historische und systematische Interpretation der Thesen. Das Fazit der Barmen-Analyse lautet: Barmen V muß von Barmen II her verstanden werden. »Diese Forderung hat die Logik des Aufbaus der Barmer Erklärung für sich, welche die christologische Grundlegung (Thesen I und II) in die Ekklesiologie (Thesen III und IV) und das öffentliche Handeln der Kirche (Thesen V und VI) hinein entfaltet«. Daraus folgt aber als systematisches Fazit: »Dementsprechend kann die Unterscheidung von Kirche und Staat (Barmen V) nicht *gegen* die Herrschaft Christi (Barmen II) ausgelegt werden, sondern nur von dieser her und in ihrem Kontext«[79]. Eine christozentrische Ethik des Politischen wird eine recht verstandene Zwei-Reiche-Lehre nicht aus-, sondern einschließen.

Was in der Barmer Theologischen Erklärung in nuce vorhanden ist, wird bis 1945, insbesondere aber nach 1945 in dem sozialethischen Konzept der »Lehre von der Königsherrschaft Christi« entwickelt[80] und – besonders durch die Wirkungsgeschichte Bonhoeffers – in den ökumenischen Kontext hinein vermittelt[81].

Dabei kommt die Arbeit zu einer Unterscheidung, die für die spätere Entfaltung des Themas wichtig, aber schon hier eingeführt wird: Sie unterscheidet nämlich zwischen der Entwicklung eines theologisch-politischen Konzeptes protestantischer Sozialethik bis zum Ende des Kirchenkampfes (z.B. Bonhoeffer, de Quervain) einerseits und der Zuspitzung dieses Konzeptes zu einer »theologisch-politischen Kampfesformel« (z.B. E. Wolf) andererseits[82]. Mit dieser Unterscheidung kündigt sich erneut das Ziel der Untersuchung an, die Überlegenheit und den bleibend kritischen Vorsprung des christozentrischen Ansatzes der politischen Ethik bei Barth gegenüber der Lehre von der Königsherrschaft Jesu Christi und gegenüber der Verwandlung letzterer zu einer politisch-theologischen (in dieser Reihenfolge!) Kampfformel nach 1945 aufzuweisen.

Damit ist der *theologiegeschichtliche Ort* des christozentrischen Ansatzes der politischen Ethik Barths umrissen: Der Kontext von Barmen, als deren Hauptautor Barth zu gelten hat, seine ausführliche Barmen-Interpretation, die Ausbildung des Konzeptes der Königsherrschaft Christi und ihre (nach 1945 erfolgte) Weiterentwicklung zu einer politischen Kampfformel und schließlich die Ökumene, diese Etappen bilden den Rahmen und die Voraussetzungen für das Folgende.

2) Der zweite Hauptteil der Arbeit[83] dient dem Schritt für Schritt durchge-

---

78   A.a.O. 37-69.
79   A.a.O. 69.
80   A.a.O. 70ff.
81   A.a.O. 86ff.
82   A.a.O. 76-86.
83   A.a.O. 95-350.

führten historisch-systematischen Versuch, »den von Karl Barth im Gefolge der Barmer Theologischen Erklärung entfalteten christozentrischen Ansatz der politischen Ethik nachzuzeichnen«[84].

a) Dabei geht die Arbeit methodisch zunächst so vor, daß sie die kleineren, aber theologiegeschichtlich bedeutsam gewordenen *theologisch-politischen Programmschriften* Barths nacheinander analysiert und das Ergebnis dieser Einzelanalysen verdienstvoll mit den entsprechenden großen Partien aus der Kirchlichen Dogmatik verklammert und wechselseitig interpretiert.

Dabei verfährt sie im einzelnen so, daß sie mit Barths theologischer Programmschrift »Evangelium und Gesetz« (1935) beginnt, nach einer kürzeren Analyse der Gifford-Lectures (1937/38) mit »Rechtfertigung und Recht« (1938) fortsetzt, um mit »Christengemeinde und Bürgergemeinde« (1946) den vorläufigen Höhepunkt des christozentrischen Ansatzes der Ethik Barths zu markieren[85].

b) Der Arbeit geht es sodann um den Nachweis, daß mit dem Jahr 1946 eine »vorläufige Vollendung« des christozentrischen Konzeptes der politischen Ethik vorliegt. Anlaß genug, um hier innezuhalten und der *Kritik des christozentrischen Ansatzes Karl Barths* durch andere ausführlich Raum zu geben[86]. Dabei wird der beliebte Vorwurf der Willkür in den politischen Analogiebildungen und der »Christokratie«[87] ebenso referiert wie der einer christokratischen Ethik unter Ausschluß der Zwei-Reiche-Lehre, nicht zuletzt auch der Vorwurf der Geschichtslosigkeit und des eschatologischen Defizits[88]. Die Arbeit vermag allerdings der Kritik am theologisch-politischen Entwurf der Ethik Barths nur insofern recht zu geben, als sich diese auf die *vorläufige* Gestalt des Barthschen Ansatzes – markiert durch die genannten theologischen Programmschriften bis 1946 – zu beziehen pflegt.

Damit gelangt aber die Analyse erst zu ihrem eigentlichen Höhepunkt: Falls den Kritikern, die den Entwurf Barths nur bis 1946 vor Augen haben, von H. Thielicke über G. Gloege bis zu M. Honecker zuzustimmen wäre, wie steht es mit der Bündigkeit und Stichhaltigkeit ihrer Kritik angesichts der eigentlichen Entfaltung der theologisch-politischen Ethik Barths, wie er sie erst in den Bänden der Versöhnungslehre 1953-1959-1961 vorgenommen und in welchen er sein endgültiges christozentrisches Konzept der Ethik des Politischen entfaltet hat?: »Zu beheben wäre das Defizit (auf Seiten Barths, wie es in den Kritiken gegenüber Barth durchaus z.T. berechtigt zu Wort gekommen ist) einzig ... durch ein Verständis der Herrschaft Christi ..., welches seine Herrschaft ... teleologisch auf ihre Vollen-

---

84 A.a.O. 11.
85 A.a.O. 95-249.
86 A.a.O. 249-264.
87 A.a.O. 250f.
88 A.a.O. 255f.

dung im Reich Gottes zusteuern läßt, wie es dem eschatologischen Aufriß von 1Kor 15,24ff entspricht«[89].

c) Dem Nachweis, daß die monumentale Darstellung der Geschichte der Versöhnung durch Barth in KD IV/1-3 dieser Forderung in der Tat entspricht, dient das Kapitel 2.6 »›Herrschaft‹ und ›Prophetie‹ Jesu Christi«[90], welches nicht nur die geschichtliche Differenzierung innerhalb der Christusgeschichte der vollendeten Versöhnung (IV 1.2), sondern auch die »Integration der Herrschaft Christi in die Geschichte seiner Prophetie« (KD IV/3) entfaltet. Barth unterscheidet also in seiner Versöhnungslehre nicht nur die im Kreuz aufgerichtete Herrschaft des Versöhners und die die vollendete Versöhnung offenbarende Herrschaft des Gekreuzigten (KD IV/ 1.2), sondern er entwickelt von da aus noch einmal (und für viele unerwartet) *eine teleologisch-eschatologische Geschichte der Herrschaft des Gekreuzigten, die selber einen geschichtlichen Prozeß von einem Anfang in den proleptischen Ostererscheinungen durch eine Kampfesgeschichte hindurch auf ein eschatologisches Ende hin durchläuft* (KD IV/3). M.a.W.: »Die Integration der (in Kreuz und Auferweckung vollendeten) ›Herrschaft‹ Christi in die Geschichte seiner ›Prophetie‹ und – dadurch ermöglicht – ihre Interpretation als offenbarende Herrschaftsgeschichte in der Kampfesgeschichte der Prophetie Jesu Christi ist die zweite grundlegende Gestalt der Modifikation des Verständnisses der Herrschaft Christi in Barths Versöhnungslehre«[91].

d) Der zweite Hauptteil endet deshalb auch nicht zufällig mit dem überraschenden, von Barth selbst gegebenen Hinweis in Richtung auf eine gewisse Zurückhaltung gegenüber der »heute etwas allzu geläufig gewordenen – an sich gewiß sachgemäßen! – Rede von der ›Königsherrschaft Christi‹«[92]. Lindenlauf nimmt diesen Hinweis als eine wichtige Bestätigung für seine – m.E. im Hinblick auf E. Wolf problematische – These von dem Unterschied zwischen dem in IV/1-3 endgültig entwickelten christozentrischen Konzept einer theologisch-politischen Ethik und dem insbesondere von E. Wolf vertretenen und entwickelten Konzept der Lehre von der Königsherrschaft Christi.

3. Nachdem im zweiten Hauptteil der Weg der christozentrischen Ethik des Politischen von 1935 (Evangelium und Gesetz) bis 1946 (Christengemeinde und Bürgergemeinde) einerseits und von 1953 bis 1961 (das Hauptwerk Barths in der Versöhnungslehre) andererseits vorwiegend entwicklungsgeschichtlich nachgezeichnet worden ist, sieht sich Lindenlauf nunmehr in der Lage, »das Verhältnis der ›Lehre von der Königsherrschaft Christi‹ zum christozentrischen Ansatz Karl Barths« einer Klärung zuzuführen. Dabei kommt er nach einer jeweils kurzen Darstellung der christo-

---

89   A.a.O. 262.
90   A.a.O. 265-350.
91   A.a.O. 305, vgl. auch 282, 330.
92   *K. Barth*: Das Christliche Leben (Anm. 22) 434, zitiert bei *Lindenlauf* 347.

zentrischen Ethik-Ansätze von O. Cullmann, D. Bonhoeffer, A. de Quervain und E. Wolf[93] zu der folgenden These:
Barth ist als Begründer eines christozentrischen Ansatzes der politischen Ethik *nicht* zugleich »der *Begründer* der ›Lehre von der Königsherrschaft Christ‹«, ja er ist nicht einmal »der *exemplarische Vertreter*« dieser Lehre[94].
Die bleibend positive und kritische Bedeutung, die dem christozentrischen Entwurf der politischen Ethik Barths für das sozialethische Konzept der Lehre von der Königsherrschaft Christi dennoch zukommt, wird dabei in der Christozentrik des theologischen Denkens, in der christologischen Integration des Staates und in dem Fragen nach christologischen Kriterien des politischen Handelns gesehen[95].
a) Lindenlauf hat eine Interpretation der politischen Ethik Barths nicht nur bis zum Jahre 1946, sondern entscheidend vom Hauptwerk Barths – der Versöhnungslehre – her geleistet und damit die bisherige Kritik an Barths vorläufiger Gestalt seiner politischen Ethik vor die Notwendigkeit gestellt, sich mit der eigentlichen Gestalt der christozentrischen Ethik des Politischen in seinem Hauptwerk (KD IV) auseinanderzusetzen. Eine Kritik, die sich bisher auf die vorläufige Gestalt der Barthschen Dogmatik und Ethik bezogen hat, kann nach dieser Arbeit so nicht mehr aufrechterhalten werden.
Daß damit ein großer Teil der bisher Barth gegenüber geäußerten Kritik angesichts seines Hauptwerkes hinfällig wird, vermag eine Fülle von Beispielen zu belegen. Ich beschränke mich hier auf einen Hinweis Lindenlaufs: Die von *J. Moltmann* in seiner »Politischen Theologie« erhobene Kritik an Barths Entwurf, »trifft für ›Christengemeinde und Bürgergemeinde‹ zu, greift jedoch gegenüber der Versöhnungslehre zu kurz. Wenn Moltmann . . . mit der These: ›Wohl ist der Gekreuzigte schon der Herr, aber er ist als solcher noch unterwegs zu seiner Herrschaft über alles‹ seinen Gegensatz (!) zu Barth formulieren will, so klingt dies tatsächlich eher wie ein Referat der ›Geschichte der Prophetie Jesu Christi‹ nach KD IV/3. Der Mangel der Darstellung des christozentrischen Ansatzes (Barths) bei Moltmann besteht darin, daß er ›Christengemeinde und Bürgergemeinde‹ . . . als dessen exemplarische Gestalt voraussetzt und den Beitrag der Versöhnungslehre zu seiner Präzisierung nicht zur Kenntnis nimmt«[96].
b) Lindenlauf hat darüber hinaus auf eine mögliche Differenz zwischen dem christozentrischen Ansatz der politischen Ethik in Barths Gesamtwerk und dem sozialethischen Konzept der Lehre von der Königsherrschaft Christi aufmerksam gemacht, indem er die systematische Überlegenheit und kritische Bedeutung des Barthschen Ansatzes für die Lehre von der Königsherrschaft Christi aufweist und damit einen Überschuß an

---

93 *H. Lindenlauf:* (Anm. 75) 437ff.
94 A.a.O. 465, 466.
95 A.a.O. 468ff.
96 A.a.O. 434f Anm. 315.

Einsichten in Barths Gesamtwerk namhaft macht, der in anderen christologischen Konzepten politischer Ethik zum Schaden der Sache verlorenge-
hen oder vergessen werden könnte: *Die Königsherrschaft Jesu Christi dient*
nach Barth der Königsherrschaft Gottes, so daß die Lehre von der Königsherr-
schaft Jesu Christi als Auslegung des »1. Gebotes als (des) theologischen
Axioms« (1933)[97] verstanden werden muß.

c) Lindenlauf hat schließlich das umfassende Ziel der systematisch-ethischen Forschung dahingehend benannt, daß es zu einer Inbeziehungsetzung der drei Konzepte ethischer Theoriebildung im Protestantismus heute kommen müsse: der *Zwei-Reiche-Lehre,* des *christozentrischen Ansatzes*
der politischen Ethik und der *politischen Theologie.* Und er hat zum mindesten angedeutet, daß Barth in den christozentrischen Ansatz der politischen Ethik die bleibenden Intentionen der Zwei-Reiche-Lehre einbezogen hat.[98]

3. *Kritische Anfragen und Rückfragen*

Aus der Fülle der kritischen Überlegungen Lindenlaufs hebe ich lediglich
ein Doppeltes heraus: einmal seine von Barths Ansatz her geführte Kritik
gegenüber dem sozialethischen Konzept der Lehre von der Königsherrschaft Jesu Christi, insbesondere in der Fassung von E. Wolf, zum anderen
seine Kritik am christozentrischen Ansatz der politischen Ethik Barths
selbst. Nur auf diese beiden Aspekte soll hier – neben einem kurzen Hinweis auf das ebenfalls thematisierte Verhältnis Barth-Bonhoeffer – eingegangen werden:

1) *Barth und Bonhoeffer:* Der Vergleich zwischen der Lehre von der Königsherrschaft Christi bei *D. Bonhoeffer* und dem ethischen Konzept Barths[99]
kommt zu dem Ergebnis: »Daß Barths christozentrischer Ansatz für Bonhoeffers ethisches Denken weder entwicklungsgeschichtlich ›vorbildlich‹
noch im Ergebnis ohne weiteres repräsentativ genannt werden kann, dürfte ... aus unserem knappen Exkurs hervorgehen«[100]. Dazu ist folgendes zu
bemerken:

Bonhoeffer hat in der Tat »Rechtfertigung und Recht« (1938) gekannt[101],
aber in weit höherem Maß rezipiert, als es Lindenlauf meint. Bonhoeffers
Lehre von den letzten und vorletzten Dingen und deren Identifikation mit
der Rechtfertigung als dem Letzten und der Wegbereitung und dem Natürlichen als dem Vorletzten in seinem dritten Ethik-Entwurf von 1940/41
ist eine Rezeption der Schrift Barths von 1938, wie umgekehrt Barths Rede vom »zu wenig Staat« schon bei Bonhoeffer in seiner Schrift »Die Kir-

97 *K. Barth:* Das erste Gebot als theologisches Axiom (1933), in: *ders.,* Theologische Fragen und Antworten, Zürich 1957, 127-143.
98 *J. Rogge-H. Zeddies* (Hg): Kirchengemeinschaft und politische Ethik. Ergebnis eines
theologischen Gespräches zum Verhältnis von Zwei-Reiche-Lehre und Lehre von der Königsherrschaft Christi, Berlin 1980.
99 *H. Lindenlauf:* (Anm. 75) 443-450.
100 A.a.O. 450.
101 A.a.O. 445.

che vor der Judenfrage« (1933) auftaucht. Schließlich wären Bonhoeffers nichtreligiöse Interpretation und Barths Lehre von den wahren Worten und Lichtern im profanen Weltgeschehen[102] zu vergleichen. Entscheidend ist aber: Bonhoeffer hat nicht nur »Rechtfertigung und Recht«, sondern auch die Kirchliche Dogmatik bis zum Ethik-Band II/2 gekannt, wie der erst jüngst gefundene Briefwechsel zwischen Bonhoeffer und Barth aus dem Jahre 1941/42 deutlich gemacht hat. Darüber hinaus wären die Ethikentwürfe der christologischen und eschatologischen Entsprechung (2. und 3. Entwurf Bonhoeffers) mit Barths Versöhnungs-Ethik erst noch zu vergleichen.

2) *Die Kritik an E. Wolf*: In seinem Exkurs zu *E. Wolf* weist Lindenlauf zunächst mit Recht darauf hin, daß E. Wolf zufolge »die Zwei-Reiche-Lehre nur in der Klammer des Bekenntnisses zur Königsherrschaft Christi ihren theologisch legitimen Ort haben kann«. Er sieht aber eine »fundamentale Differenz« zwischen Wolf und Barth darin gegeben, daß Wolf anstelle der signifikativen Entsprechung, in der Barth das christliche Handeln charakterisiert, seinerseits mit Melanchthon »das instrumentale Verständnis der christlichen ›Werke‹ als des Mediums, durch welches sich die Herrschaft Christi in der Welt durchsetzt«, betont[103]. Dieses instrumentale Verständnis der cooperatio hominis cum Deo ist aber bei E. Wolf – wie auch von anderen Voraussetzungen her bei H. Gollwitzer – als Konsequenz seines erneuten Rückgangs auf die Reformation (Luther und Melanchthon) zu verstehen und darum gegenüber der signifikativen Entsprechung bei Barth nicht schon falsch. Dieses instrumentale Verständnis erfüllt zudem – bei aller nicht zu leugnender Differenz – die selbe Funktion wie die bei Barth erst in IV/3 gemachten »synergistischen« Aussagen: Die Menschen sind zu *Mitarbeiterinnen und Mitarbeitern* an der Prophetie Jesu Christi berufen[104]. Entscheidend sind aber zwei andere Einwände: Schon vorher hat Lindenlauf gegenüber E. Wolf den Einwand erhoben[105], bei diesem werde die Lehre von der Königsherrschaft Jesu Christi zu einer nachträglichen Legitimierung vorher und anderweitig gefaßter politischer Entscheidungen z.B. in der Atomfrage: »Aus dem sozialethischen Konzept wird eine *theologisch-politische Kampfformel*«[106]. Dieses Konzept drohe damit zu einer politisch-theologischen Formel zu verkommen, was tendenziell einer »nachträglichen Begründung« für eine vorher gefaßte politische Entscheidung gleichkomme.

Demgegenüber wäre zu sagen, daß wir es bei E. Wolf – wie in den 30er Jahren bei Barth – in den Auseinandersetzungen der 50er Jahre mit einer Aktualisierung und Zuspitzung der theologisch begründeten Lehre von der

---

102 A.a.O. 305ff.
103 A.a.O. 456, 458.
104 *K. Barth*: KD IV/3, 690, vgl. 802.
105 *H. Lindenlauf*: (Anm. 75) 76-86.
106 A.a.O. 84.

Königsherrschaft Christi zu tun haben, einer Lehre, die doch von Barth
mit Blick auf seinen theologischen Freund E. Wolf als »an sich gewiß sachgemäß!«[107] bezeichnet wird und die ein in den christozentrischen Ansatz
Barths bleibend integriertes Element und Moment darstellt.
Übrigens hat Barth in einem Brief an die deutschen Theologen in der
Kriegsgefangenschaft 1945 gerade zu dieser von E. Wolf entscheidend vorgenommenen Zuspitzung aufgefordert, indem er schrieb: »Ich würde
(nach 1945) auf dem Boden des berühmten ersten Satzes von Barmen auf
den fünften jener Sätze höchstes Gewicht legen«[108]. E. Wolf wird also von
Barths Entwurf her nicht so zu distanzieren sein, wie es Lindenlauf will.
E. Wolf steht zweifellos theologisch auf den Schultern Karl Barths und
spitzt – gemeinsam mit Barth – in seinen politischen Stellungnahmen der
50er Jahre die Lehre von der Königsherrschaft Christi unter anderem *auch*
auf die Atomfrage zu. Aber dies ist nur *eine* Zuspitzung, und das große
theologische Werk E. Wolfs erschöpft sich darin in keiner Weise.
Der zweite Einwand gegenüber E. Wolf lautet: »Das Defizit an expliziter
Christologie wirkt sich auf Evidenz und Kommunikabilität der ›Lehre von
der Königsherrschaft Christi‹ bei Wolf nachhaltig aus«[109]. Aber kann man
wirklich von einem Defizit an expliziter Christologie bei E. Wolf sprechen,
wenn man dessen Rückbindung an die Christusverkündigung der Reformation vor Augen hat?[110]. Was weiter die indizierte fehlende »Evidenz und
Kommunikabilität« des ethischen Konzeptes von E. Wolf anbetrifft, so
wird man nicht nur auf die Bedeutung der Rechtstheologie E. Wolfs für die
aus Theologen und Juristen nach dem Krieg eingesetzten Kommissionen
verweisen müssen[111], sondern entscheidend auf Bundesverfassungsrichter
H. Simon, den Schüler Karl Barths und E. Wolfs, in dessen gesamten Werk
und gesamter Praxis die Evidenz und Kommunikabilität des ethischen
Konzeptes von Barth und Wolf sichtbar werden, die dringend eingehender
theologischer und juristischer Untersuchung bedürfen. Dabei wäre das gesamte Spektrum des Werkes H. Simons von seiner Dissertation über »den
Rechtsgedanken in der gegenwärtigen evangelischen Theologie« (1952)
bis zu seinen späten Veröffentlichungen zu Barmen V und den Bundesver-
fassungsgerichtsurteilen zu berücksichtigen[112]. Es kann doch kein Nachteil

---

107 *K. Barth*: (Anm. 22) 434, zitiert bei Lindenlauf a.a.O. 347.
108 *K. Barth*: An die deutschen Theologen in der Kriegsgefangenschaft (8.7.1945), in: *E.
Wolf* (Hg), Karl Barth zum Kirchenkampf, TEH 49, München 1956, 89-96.
109 *H. Lindenlauf*: (Anm. 75) 461.
110 *E. Wolf*: Die Christusverkündigung bei Luther, in: *ders.*, Peregrinatio Bd I, München
1954, 30-80. – Vgl. darüber hinaus die umfängliche, bisher nicht veröffentlichte Dogmatik-
und Christologie-Vorlesung von *E. Wolf*: Dogmatik I (Prolegomena, Schöpfungslehre und
Trinitätslehre; SS 1963, 1-369) und Dogmatik III (Christologie. Der Sohn; SS 1970, 370-
622).
111 Die Göttinger Tagungen zwischen Theologen und Juristen und die Tagungen der Insti-
tutionenkommission sind hier zu erwähnen (vgl. *E. Wolf*, Sozialethik, Göttingen 1975).
112 Vgl. meinen Beitrag »Christengemeinde und Bürgergemeinde. K. Barth – G. Heinemann – H. Simon« in diesem Band III 12.

sein, sondern nur der Evidenz und Kommunikabilität dienen, wenn sich die Debatte von den in der Tat eigens zu stellenden dogmatischen Fragen auch »auf praktische Fragen« verlagert und zuspitzt[113].

Auch wenn ich die noch nicht veröffentlichten Vorlesungsmanuskripte von E. Wolf und sein enges theologisches Verhältnis zu Barth betrachte, kann ich die vom Verfasser versuchte Verhältnisbestimmung zwischen beiden nicht für sachgemäß halten, so verdienstlich es ist, auf einen hier in der Tat vorhandenen Akzentunterschied aufmerksam gemacht zu haben.

3) *Die Kritik an K. Barth*: Über die Kritik an E. Wolf hinaus versucht die Arbeit Lindenlaufs, auch zu Leitlinien der Barth-Kritik vorzustoßen. Dabei spitzt sich neben mehreren Kritikpunkten zuletzt alle Kritik an Barths Entwurf auf die Frage nach der *rationalen Kommunikabilität* zu: »Auch die Versöhnungslehre vermag den Eindruck nicht zu zerstreuen, daß Barths Denken sich im Modus nicht verifizierbarer Behauptungen artikuliert und in seiner Argumentationsstruktur dezisionistische Züge trägt«. »Die eigentliche Anfrage an Barths Theologie lautet daher, wie sie sich mit dem Vorwurf des Dezisionismus auseinanderzusetzen gedenkt«[114].

Nun kann diese *Forderung der Verifikation* theologischer Aussagen in einem doppelten Sinn verstanden werden. Einmal im Sinne der Bewahrheitung der christozentrischen Ethik Barths durch das Außen und von außen her, sodann im Sinne der Vermittlung und der Kommunikabilität mit dem Außen. Dabei wird aus den Ausführungen nicht klar, welche Art von Bewahrheitung Lindenlauf meint, wenn er kritisch sagt: »Ein außertheologisches (!) Verifikationskriterium für das tatsächliche Stattfinden der Herrschaftsgeschichte Christi vermag Barth jedoch nach wie vor nicht anzugeben«[115]. Man fragt sich, besonders nach den erhellenden Ausführungen über die christologia crucis und die Verborgenheit der Herrschaft Christi über alle Bereiche der Welt[116], ob Barth ein solches »außertheologisches (!) Verifikationskriterium« überhaupt von seinen Voraussetzungen her angeben könnte, ja ob eine Theologie, die in den Bahnen reformatorischer theologia crucis denkt und an Barmen I orientiert ist, das apologetische Unternehmen der »natürlichen Theologie« im Sinne der *Bewahrheitung durch ein Außen und von außen her* erneut – »als wäre nichts geschehen« – wiederholen sollte.

Oder versteht Lindenlauf unter der Verifikation theologischer Aussagen die in der Tat unerläßliche, ja zu fordernde Vermittlung und Kommunikabilität mit dem Außen? Und zwar im Sinne seiner erhellenden Ausführungen zu den von Barth gerade von Barmen I her anerkannten wahren Worten und Lichtern im Weltgeschehen[117], aber auch im Sinne seines wichti-

---

113 *H. Lindenlauf*: (Anm. 75) 461.
114 A.a.O. 418-420.
115 A.a.O. 417.
116 A.a.O. 285.
117 A.a.O. 305ff zu KD IV/3, § 69, 2.

gen Hinweises auf die gerade von Barth geforderte positive »Bewertung der menschlichen Vernunft im politischen Entscheidungsprozeß«, die »aber unbeirrbar eine Grenze (wahrt): Nichttheologische Faktoren bilden den Kontext (!) politischer Entscheidungen, können aber für die Christengemeinde nie zu einem gegenüber den christologischen Kriterien selbständigen zweiten oder gar ersten Text werden. In der Aufrichtung dieser Grenze wirkt Barths Verhältnisbestimmung von ›Sache‹ und ›Lage‹«[118]. »In der Tat!« und »Mit bleibendem Recht!« möchte man dem nur hinzufügen.

Für die Beantwortung dieser wichtigen Frage nach der *Vermittlung und Kommunikabilität des christozentrischen Ansatzes der polititschen Ethik Barths* wäre freilich ein größerer Umkreis von theologischen Konzepten und ethischen Aspekten zu berücksichtigen gewesen.

Ich nenne ohne Anspruch auf Vollständigkeit *konkrete Beispiele solcher Kontextualität, Kommunikabilität und Vermittlung* des christozentrischen Ansatzes der politischen Ethik Barths durch diesen selbst oder seine Schüler:

a) *die theologische Begründung des Rechtes*
(G. Heinemann, H. Simon, A. Stein, E. Wolf)[119]
b) *die marxistische Gesellschaftsanalyse*
(G. Casalis, H. Gollwitzer, J.M. Lochman)[120]
c) die *kritische Theorie der Frankfurter Schule*
(H.-G. Geyer)[121]
d) *die Anthropologie und die Wahrheit des Problems der »natürlichen Theologie«* (Chr. Gestrich, E. Jüngel)[122]

---

118 A.a.O. 410f.
119 Zu *G. Heinemann* und *H. Simon* vgl. meinen Beitrag in diesem Band III 12. – *E. Wolf*: Naturrecht oder Christusrecht, in: unterwegs 11/1960; *ders.*, Sozialethik, Göttingen 1975, § 7 und § 8. – *A. Stein*: Kirchenordnung, in: FS für W. Kreck, München 1973, 390-405; *ders.*, Evangelisches Kirchenrecht, 2. Aufl. 1985; *ders.*, Über biblische Leitbilder und Regeln kirchlicher Verwaltung, in: Zur Aktualität des Alten Testaments, FS G. Sauer, hg v S. Kreuzer/K. Lüthi, 1992, 343-351; *ders.*, Zweckmäßig arbeiten – sachgerecht entscheiden – sinnvoll leiten, Neukirchen-Vluyn 1993; *H.-R. Reuter*: Was soll das Recht in der Kirche? Zur Begründung und Aufgabe evangelischen Kirchenrecht – nach Karl Barth (Leuenberg/Schweiz 1993, unveröffentlicht).
120 *G. Casalis*: Die richtigen Ideen fallen nicht vom Himmel, Stuttgart 1980 und *D. Sölle* (Hg), Parteilichkeit und Evangelium. Grundzüge der Theologie von Georges Casalis, Fribourg/Luzern 1991. – *H. Gollwitzer*: Umkehr und Revolution. Aufsätze zu christlichem Glauben und Marxismus, München 1988. – *J.M. Lochman*: Marx begegnen. Was Christen und Marxisten eint und trennt, Gütersloh 1975.
121 *H.-G. Geyer*: Elemente der kritischen Theorie Max Horkheimers, in: Verkündigung und Forschung 13, München 1969, 37-67; vgl. darüberhinaus auch *D. Korsch*: Christologie und Autonomie. Zu einem Interpretationsversuch der Theologie Karl Barths, in: EvTh 41/ 1981, 142-170.
122 *Chr. Gestrich*: Neuzeitliches Denken und die Spaltung der dialektischen Theologie. Zur Frage der natürlichen Theologie, Tübingen 1977. – *E. Jüngel*: Barth-Studien (Anm. 53) 210-231; *ders.*, Das Dilemma der natürlichen Theologie und die Wahrheit ihres Problems, in: Entsprechungen, München 1980, 158-177; *ders.*, Gelegentliche Thesen zum Problem der natürlichen Theologie, in: a.a.O. 198-201.

e) *exemplarische sozialethische Problemfelder*
(W. Huber, W. Kreck, E. Wolf)[123]
f) *die Theologie der Befreiung*
(G. Hunzinger, Th. Witvliet)[124]
g) »*Medizin und Menschenwürde*« sowie die Fragen der
Gentechnologie (U. Eibach)[125]
h) *die Naturwissenschaften* (D. Braun, Chr. Link)[126]
i) *die Exegese* (G. Eichholz, R. Smend)[127]
j) *die praktische Theologie*
(P. Bukowski, A. Grözinger, H. Tacke)[128]
k) *die Geschichtswissenschaft* (D. Koch, H. Ludwig, G. van Norden, L. Siegele-Wenschkewitz)[129]

123   W. *Huber* – H.E. *Tödt*: Menschenrechte, Stuttgart-Berlin 1977. – W. *Kreck*: Grundfragen christlicher Ethik, München 1975. – E. *Wolf*: Sozialethik, Göttingen 1975.
124   G. *Hunsinger*: Karl Barth und die Befreiungstheologie, in: L. und W. Schottroff (Hg.),
Wer ist unser Gott? Beiträge zu einer Befreiungstheologie im Kontext der »ersten« Welt,
München 1986, 43-63; *ders.*, (Hg.), Karl Barth und Radical Politics, Philadelphia 1976 und
Th. *Witvliet*: The Way of the black Messiah, London 1987; *ders.*, Die Theologie Karl Barths
als kontextuelle Bibeltheologie (Referat Arnoldshain 1986).
125   U. *Eibach*: Medizin und Menschenwürde. Ethische Probleme in der Medizin aus
christlicher Sicht, Wuppertal 1976; *ders.*, Der leidende Mensch vor Gott, Neukirchen-Vluyn
1991.
126   Chr. *Link*: Schöpfung Bd I und II, Gütersloh 1991: darin das meisterhafte Kapitel über
Barth Bd I, 257-329. – D. *Braun*, Schöpfungsglaube heute, in: A.M. *Klaus Müller/P. Pasolini/*
D. *Braun*: Schöpfungsglaube heute, Neukirchen-Vluyn 1985.
127   R. *Smend*: Die Bundesformel, ThSt (B) 68, 1963; *ders.*, Die Mitte des Alten Testaments, ThSt (B) 1970; *ders.*, Nachkritische Schriftauslegung, in: PARRHESIA, FS K. Barth
zum 80. Geburtstag, Zürich 1966, 215-237. – G. *Eichholz*: Der Ansatz Karl Barths in der
Hermeneutik, in: ders., Tradition und Interpretation, ThBü Bd 29, München 1965, 190-209;
ders., Theologie des Paulus im Umriß, Neukirchen-Vluyn 1972.
128   P. *Bukowski*: Predigt wahrnehmen, Neukirchen-Vluyn 1990. – A. *Grözinger*: Offenbarung und Praxis, in: ZThK Beiheft 6/1986, 176-193; *ders.*, Christologie und Ästhetik. Die
Lichterlehre Karl Barths in ihrer Bedeutsamkeit für die Praktische Theologie, in: Lobet
Gott. Beiträge zur theologischen Ästhetik. Festschrift für R. Bohren zum 70. Geburtstag,
München 1990, 40-46. – H. *Tacke*: Glaubenshilfe als Lebenshilfe, Neukirchen-Vluyn 1975;
ders., Mit den Müden zur rechten Zeit zu reden, Neukirchen-Vluyn 1989.
129   D. *Koch* (Hg): Karl Barth. Offene Briefe 1945-1968, Zürich 1984 (dort die umfassende
Kommentierung der Zeitgeschichte); *ders.*, Heinemann und die Deutschlandfrage, München 1972; *ders.*, Kirchengeschichtsschreibung als inhaltliches und methodisches Problem.
Kritische Überlegungen zu Band I des Werkes »Die Kirchen und das Dritte Reich« von
Klaus Scholder, in: EvTh Heft 3/1980, 277-283; *ders.*, Zur historischen Verantwortung in
Deutschland. Erklärung des Vorstandes der Gustav-Heinemann-Initiative (Koch ist der Verfasser der Thesen), in: JK 3/1992, 170; *ders.*, Ein neues Schuldbekenntnis der Kirche angesichts der SED-Stasi-Vergangenheit? (Vortrag vor der ESG-Essen am 26.11.1992). – H. *Ludwig*: Die Opfer unter dem Rad verbinden, Neukirchen-Vluyn 1993. – G. *van Norden* (Hg):
Zwischen Bekenntnis und Anpassung, Köln 1985; *ders.*, Kirchenkampf im Rheinland, Köln
1984; *ders./V. Wittmütz* (Hg), Evangelische Kirche im Zweiten Weltkrieg, Köln 1991;
ders.(Hg), Quellen zur rheinischen Kirchengeschichte. Das 20. Jahrhundert, Düsseldorf
1990; *ders.*, Zehn Thesen zur Methodologie der kirchlichen Zeitgeschichte, in: FS J.F.G. Goeters, hg von H. Faulenbach, Köln 1991, 443-449. – M. *Rohrkrämer*: Editionsbericht (zu Karl
Barth: Texte zur Barmer Theologischen Erklärung, Zürich 1984, 233-258. – L. *Siegele-*

Es würde dann aber in dieser systematischen Unterscheidung zwischen einer *Bewahrheitung durch ein Außen* im Sinne der Verifikation durch außertheologische Evidenz einerseits[130] und einer Vermittlung und *Kommunikabilität mit dem Außen* andererseits noch einmal die systematisch so wichtige und in dem vorliegenden Barth-Band ständig präsente *Differenz zwischen einer korrelativen und kontextuellen Theologie* sichtbar werden[131].

V. Zur Eschatologie Karl Barths

Neuere Auslegungen zur Eschatologie haben sich affirmativ bzw. kritisch mit der eschatologischen Konzeption K. Barths auseinandergesetzt. Dabei ist es für die gegenwärtige Diskussion im systematischen Bereich kennzeichnend, daß die Interpretation des Werkes K. Barths hinsichtlich dieses Themas einmal unter dem Stichwort der »*Zukunft des Gekommenen*« (W. Kreck)[132] erfolgen kann, dann wieder in vorwiegend kritischer Abgrenzung von Barth unter dem Stichwort der »Apokalypsis der Offenbarungsgeschichte« (G. Sauter)[133] diskutiert wird. In Antithese zu dieser Interpretation, die mit dem Stichwort »*Apokalypse des Gekommenen*« Barths Interpretation zu treffen meint, hat dann J. Moltmann im Anschluß an H.J. Iwands eschatologische Kreuzeschristologie sein eschatologisches Konzept der »*Antizipation des Kommenden*« entwickelt[134]. In jüngster Zeit hat H.-J. Kraus in seinem Entwurf biblischer Theologie und in Aufnahme der Intentionen des 1. Römerbriefes K. Barths im Unterschied und in Abgrenzung zu den oben genannten Entwürfen den Akzent auf »*das Gekommen-*

Wenschkewitz: Mitverantwortung und Schuld der Christen am Holocaust, in: EvTh 42/1982, 171-190. – Ich habe allen Genannten für viele Begegnungen und Gespräche über Barths Theologie sehr zu danken.

130   Diese Position wird z.B. von der Pannenberg-Schule in ihrer radikalen Barth-Kritik vertreten – und zwar noch viel radikaler, als es Lindenlauf tut; vgl. dazu meinen Beitrag I 1 in diesem Band.

131   Die Unterscheidung zwischen zwei Weisen der Kommunikation der Theologie mit den außertheologischen Wissenschaften und also die Unterscheidung zwischen einem *Begründungsmodell* von Theologie im Sinne der Bewahrheitung durch ein Außen und einem *Vermittlungsmodell* von Theologie im Sinne der notwendigen Kommunikation mit dem Außen ist von *W. Joest* in seiner Dogmatik, Bd I: Die Wirklichkeit Gottes, § 2: Die Frage der Begründbarkeit und § 4: Die Frage der Vermittlung, Göttingen 1984, 34ff, 90ff auf den entscheidenden Punkt gebracht worden. In dieser Terminologie wird die Differenz zwischen einer *korrelativen* und einer *kontextuellen* Theologie richtig und wichtig zur Sprache gebracht.

132   *W. Kreck*: Die Zukunft des Gekommenen, München 1961.

133   *G. Sauter*: Zukunft und Verheißung. Das Problem der Zukunft in der gegenwärtigen theologischen und philosophischen Diskussion, München 1965: »Die Apokalypsis beherrscht (bei Barth) die Eschatologie« (127).

134   *J. Moltmann*: Theologie der Hoffnung, München [4]1966.

sein des Zukünftigen« gelegt und in diesem Zusammenhang vom *perfec-tum eschatologischer Weltvollendung* gesprochen[135].

1) Ist in diesen Versuchen zur Eschatologie direkt oder indirekt K. Barths eigener Eschatologie-Entwurf präsent und strittig, so ist es das Verdienst der Arbeit G. *Oblaus*, sich eigens auf das Gesamtwerk Barths eingelassen und der Eschatologie Barths eine ausführliche Untersuchung gewidmet zu haben.[136]

Folgende für das Verständnis der Eschatologie Barths grundlegende Unterscheidung zwischen (1) der im Kreuz aufgerichteten Herrschaft des Versöhners als der Erfüllung und Bekräftigung des Bundes und der Auferwekkung als der *Offenbarung* dieser Wirklichkeit (KD IV/1.2) und (2) der die vollbrachte Versöhnung offenbarenden *teleologischen Herrschaft des Gekreuzigten* als schöpferischer und weltweiter Durchsetzung und Bewährung der Versöhnung, die den Prozeß einer Kampfesgeschichte von einem *Anfang* auf ein noch ausstehendes *Ziel* hin durchläuft (KD IV/3), wird hinsichtlich der Eschatologie Barths oft nicht berücksichtigt. Und so wird auch meistens übersehen, daß Barth von der Auferstehung (im Unterschied zur Auferweckung) als der *Prolepse der Zukunft* und der *Antizipation der Parusie* in KD IV/3 ausführlich redet[137].

2) Mit solchen Desideraten räumt die Arbeit gründlich auf, indem sie grundlegend gleich zu Beginn formuliert: »In ihrem Rückbezug zum Kreuz rechnet Barth die Auferstehung Jesu zur Versöhnungsgeschichte, in ihrem Vorausbezug zum Eschaton deutet er sie als Erlösungsgeschichte«[138].

Oblaus Arbeit dient entscheidend dem Nachweis, daß es für Barth einen eklatanten Unterschied macht, ob man die *Auferstehung im Rückbezug zum Kreuz* interpretiert, so daß dann tatsächlich Ostern als die noetische Kehrseite des Kreuzes verstanden werden muß, oder ob man die *Auferstehung als erste Gestalt der Parusie* und also im Vorausbezug zum Eschaton in den Blick nimmt, wobei sich dann das konstitutiv Neue der Osteroffenbarung als Vorwegnahme und Prolepse erweist.

Die Arbeit dient in diesem Zusammenhang dem Aufweis, »daß und auf welche Weise Karl Barth in seiner theologischen Spätphase [der Versöhnungslehre] die fatale Alternative von Teleologie und Axiologie und die Vorzüge beider eschatologischer Richtungen miteinander versöhnt«. Da-

---

135 *H.-J. Kraus*: Systematische Theologie im Kontext biblischer Geschichte und Eschatologie, Neukirchen-Vluyn 1983, § 145: »Das Evangelium verkündigt das Gekommensein des Zukünftigen – das Perfectum der Antizipation« (358).

136 *G. Oblau*: Gotteszeit und Menschenzeit. Eschatologie in der Kirchlichen Dogmatik Karl Barths, Neukirchen-Vluyn 1988.

137 Vgl. *B. Klappert*: Die Auferweckung des Gekreuzigten, 3. Auflage 1983.- Gegenüber einem breiten Strom von falschen Interpretationen der Eschatologie Barths habe ich dieses Verständnis insbesondere auf S. 321ff meiner Arbeit entfaltet, was die Arbeit Oblaus nunmehr in extenso und ausführlich begründet.

138 *G. Oblau*: (Anm. 136) 11.

bei gelingt es Oblau nachzuweisen, »inwiefern Barth ... den axiologischen und den teleologischen Typ von Eschatologie integriert und wie er beide sich begrenzen läßt«[139]. Die Arbeit zeigt, was es für die eschatologischen Denkmodelle der klassischen Alternative von Axiologie und Teleologie bedeutet, bei Barth in eine Eschatologie der theologia crucis und Versöhnung integriert zu werden.

3) Besonders wichtig ist für das Ganze der Nachweis, daß in dem bisher viel zu wenig zur Kenntnis genommenen Hauptwerk der Versöhnungslehre K. Barths nicht nur die in R II (1922) gewonnenen *axiologischen* Einsichten Barths eine Konstante seines gesamten Werkes bleiben, sondern daß auch die in R I (1919) formulierten *teleologischen* Perspektiven bis in das Spätwerk Barths hinein bestimmend bleiben. Barth hat also von der in Jesus Christus erfüllten Bundesgeschichte vollbrachter Versöhnung her den teleologischen Typ von R I wie auch den axiologischen Typus von R II integriert und jeweils im Kontext der Bundesgeschichte zu ihrem Recht und ihrer wechselseitigen Begrenzung kommen lassen.

Da die Arbeit die in der Barth-Interpretation umstrittene Eschatologie K. Barths weiterführend behandelt, kommt ihr für die systematische Diskussion der Eschatologie in der Gegenwart Bedeutung zu. »Wir sahen« – so formuliert Oblau das Fazit seiner Arbeit – »daß laut Barths Lehre von der dreifachen Parusie die Osteroffenbarung ... die Prolepse des Eschaton (ist), indem zu Ostern in der Person Jesu Christi sich das ereignet und darstellt, was allen Menschen am Ende der Zeit widerfahren soll: die Vernichtung des Nichtigen und Überkleidung mit der ewigen Herrlichkeit«[140]. Dieses Verständnis der Auferstehung Jesu als Anfang der das Ephapax der Versöhnung offenbarenden teleologischen Herrschaft des Gekreuzigten, mithin das Verständnis der Auferstehung als Prolepse der Zukunft und Ankunft der messianischen Parusie hat Barth in seiner zu Ostern 1967 für die »Neue Zürcher Zeitung« geschriebenen *Osterpredigt* prägnant und letztmalig zum Ausdruck gebracht. Sie thematisiert und variiert nicht zufällig das Thema dieses Barth-Bandes »Versöhnung und Befreiung«.

Zur Auslegung von 1.Petr 1,3 schreibt Barth: Das besondere Geheimnis des Ostertages »ist schlicht die Existenz eines neuen, nämlich des *freien* Menschen, der einmal mitten in der Welt sichtbar, hörbar ... erschienen ist, ... einst aber Allen als ihr eigener *Befreier* offenbar werden wird.«[141] *Versöhnung und Befreiung* gehören zusammen: »Am Ostertag feiert die Kirche ihn als den lebendigen Herrn: die Zukunft seiner Offenbarung als die Hoffnung aller Menschen, der ganzen Welt ... Genauso wie einst Isra-

---

139   A.a.O. 7.297.
140   A.a.O. 296.
141   *K. Barth*: Predigten 1954-1967, hg von H. Stoevesandt, Zürich 1979, 276f; Kursivierung von mir.

el *Passah* feierte vor dem *Aufbruch aus der ägyptischen Knechtschaft* in das seinen Vätern verheißene Land. Der Ostertag ist darum der höchste Abendmahlstag«[142]. Ein alter jüdischer Spruch zum Pessach aus der Zeit

142   A.a.O. 277; Kursivierung von mir. Barth hat 1922 in seiner Calvin-Vorlesung gesagt: »Ich halte nämlich dafür, daß man sich den Weg zum Verständnis der Institutio erst *bahnen* muß dadurch, daß man sich ein Bild macht davon, was Calvin gesagt hat, wenn er ex tempore zur Gemeinde redete« (K. Barth: Die Theologie Calvins. 1922, Zürich 1993, 13). Barth nennt weiter die exegetischen Werke und die kontextuelle Polemik Calvins. Dies gilt m.E. auch für K. Barth selbst. Deshalb schließt dieser Barth-Band nicht zufällig mit einer Predigt Barths. Denn Barths Kirchliche Dogmatik ist von der Predigt her zu verstehen und findet in dieser ihr Ziel. Das dokumentiert sich nicht nur in Safenwil, sondern auch in Barths enger Beziehung zu Barmen-Gemarke im Kirchenkampf (B. Klappert/G. van Norden, Hg., Tut um Gottes willen etwas Tapferes! Karl Immer im Kirchenkampf, Neukirchen-Vluyn 1989). – Vgl. jetzt die umfassende Darstellung und Deutung von Barths Predigtlehre und Predigtpraxis durch *H. Genest*: Karl Barth und die Predigt, Dissertation Wuppertal 1993 und den durch *K. Ogawa* erstellten »Katalog der Predigten von Karl Barth« (Tokyo 1990, 124 S.). – *K.-W. Dahm* hat in seinem Aufsatz über »Identität und Realität der Kirche. Zum Gespräch mit Karl Barth«, in: FS D. Stoodt, Unterwegs für die Volkskirche 1987, 71-85 unter Berufung auf *T. Rendtorff*, Kirche und Theologie 1966, *W.D. Marsch*, Institution im Übergang 1970, 85ff und *E. Hübner*, Theologie und Empirie der Kirche 1985, das Defizit von Barths Ekklesiologie der Krise (von 1911-1931) einerseits wie auch von Barths Ekklesiologie der Kirchlichen Dogmatik (1934-1967) andererseits im Hinblick auf die Vermittlung mit der Realität der Volkskirche hervorgehoben: »Die Vermittlungsaufgabe zwischen Identität und Realität wurde bei Barth . . . weitgehend ignoriert« (84). – Dahm übersieht freilich, daß Barths Hinweis von 1956 in seiner Schrift »Die Menschlichkeit Gottes« (1956, 9f) das Problem einer radikalen Ekklesiologie der Krise im Hinblick auf die Affirmation des Faktischen und also einer Zwei-Reiche-Lehre ausführlich benennt. Dahm übersieht außerdem, daß Barth in eben dieser Schrift von 1956 (nach seiner von Dahm erwähnten Mitarbeit an der ökumenischen Bewegung von 1948) sich ausdrücklich positiv zur Realität der Kirche äußert (Menschlichkeit Gottes 24ff). Und Dahm übersieht erst recht die breiten Ausführungen der KD, in welchen sich Barth mit der konkreten rechtlichen Ordnung und Gestaltung der Kirche beschäftigt (KD IV/2 § 67, 4). Ja Barth hat in IV/3 § 71, 1 das von Dahm so vermißte Thema »über Funktion und Praxis der Kirche in der modernen Gesellschaft« (83) am Beispiel der Sprache und der Soziologie thematisiert (IV/3, 841ff). In Dahms Literaturangabe fehlen denn nicht zufällig Barths wichtige Ausführungen zu dieser von Dahm vermißten »Vermittlungsaufgabe zwischen Idealität und Realität« (84). Die diese in der Tat wichtige Vermittlungsaufgabe mit Barth und über Barth hinaus weiterführenden Bände der EKU über *Barmen II*, Zum politischen Auftrag der Gemeinde, Gütersloh 1974, und über *Barmen III*, Die Kirche als »Gemeinde von Brüdern«, Gütersloh 1980, und die dort dokumentierten Aufsätze von *U. Duchrow*, *W. Huber* und besonders von *R. Weth* werden von Dahm ebensowenig berücksichtigt. Gerade diese Bände aber versuchen, von Barth und von Barmen her, die Vermittlung nicht nur volkskirchlich und gemeindekirchlich, sondern erst recht über den volkskirchlichen Rahmen der EKD hinaus auch gesamtdeutsch und nicht zuletzt auch ökumenisch zu konkretisieren. – Noch zwei Bemerkungen zu der von Dahm vorgenommenen Periodisierung der Theologie Barths in die Zeit der »Theologie der Krise« (1911-1933) und »die Zeit der Kirchlichen Dogmatik« (1934-1967): 1. Barth hat in »Die Menschlichkeit Gottes« (1956, 24ff) die Theologie der Krise, im Hinblick auf das Problem der Vermittlung in der Tat nicht lösbar erscheint, in die Zeit nach 1920, also in die Zeit des 2. Römerbriefes datiert, nicht in die Zeit nach 1911. Für die Zeit nach 1911 und also im Hinblick auf die Frage, »wie Barth selbst denn . . . als Pfarrer die volkskirchliche Praxis erlebt hat«, gilt nach Dahm: »In einer soeben erschienenen Untersuchung über Barths Pfarramt von F.-W. Marquardt findet sich . . . keinerlei Anhalt für eine generelle Negativeinschätzung von Amtshandlungen, Bi-

Jesu lautet: In dieser Nacht wurden sie erlöst, in dieser Nacht werden sie
erlöst. In der Auferweckung des gekreuzigten Messias Jesus gehören *Versöhnung und Befreiung* in der Tat untrennbar zusammen.[143]

belstunden, Konfirmandenunterricht, kurz volkskirchlicher Praxis« (Dahm 81). In der Tat!,
möchte man hinzufügen und dafür nicht nur auf die von J. Fangmeier herausgegebenen
Vorbereitungshefte Barths zum Konfirmandenunterricht von 1909-1921 (Zürich 1987),
sondern auch auf den Schluß von Barths Vortrag vom Januar 1916 verweisen, indem er von
der von ihm in der Bibel entdeckten »neuen Welt . . . der Gerechtigkeit Gottes« her sagen
kann: »Moral und Kultur, Staat und Vaterland, sogar Religion und Kirche werden jetzt
möglich, jetzt, erst jetzt! Eine weite Aussicht tut sich auf für die Zukunft auf ein Leben, ja
auf eine Welt hier auf der Erde« (in: Das Wort Gottes und die Theologie. Gesammelte Vorträge Bd I, München 1924, 5-17,16f). – Die Zeit nach 1920 – also die Zeit des 2. Römerbriefes
– charakterisiert Barth selbstkritisch so: »Es gehört auch zu den Überspitzungen, deren wir
uns um 1920 schuldig machten, daß wir die theologische Relevanz der Kirche eigentlich nur
in ihrem Charakter als negatives Bild zu dem von uns damals so glücklich wiederentdeckten Reich Gottes zu sehen vermochten, die Gestalt . . . ihres Gottesdienstes, ihrer rechtlichen Ordnung als . . . ›nicht so wichtig‹ nehmen wollten« (Menschlichkeit 24). – 2. Die
Theologie der Krisis ist allerdings nach Barth *kontextuell* zu verstehen. Fällt sie doch in die
Zeit, in welcher die Kirche von 1919-1929 nach der Katastrophe von 1918 ihre »Restauration« – wie Dahm richtig sagt – »als Ausdruck tiefer Verwurzelung des religiösen Gedankens in der deutschen Volksseele und insbesondere als Meisterstück der Kirchenführung
gefeiert« hat (Dahm 76). Barth ist darüber hinaus der Meinung, daß die Theologie der Krisis
in ihrer Relevanz auch für die Zeit der Kirchlichen Dogmatik weiterhin gilt, und zwar »angesichts der im heutigen (also im Jahre 1956!) Deutschland umgehenden . . . Restauration
und Reaktion« (25). *Von einer Ablösung der Zeit der Theologie der Krise durch die Zeit der
Kirchlichen Dogmatik wird man also in keinerlei Weise reden können.* Wie auch die Behauptung merkwürdig anmutet, Barth habe über die Zeit des im Kirchenkampf dokumentierten
Interesses, »sich auch der Aufgabe einer Umsetzung seiner Ekklesiologie in konkrete kirchliche Aufgabenbereiche« zu stellen (Dahm 80), hinaus in der Zeit der Kirchlichen Dogmatik
ein solches Interesse und noch mehr eine solche Praxis nicht mehr gehabt. Man vergleiche
nur den Predigtband »Der Gefangenen Befreiung« mit Predigten aus den Jahren 1954-1967
(Zürich 1979), Barths Taufband aus dem Jahre 1967 und jetzt die Arbeit von H. Genest, um
eine solche Behauptung widerlegt zu finden. – Vgl. weiter *K.-W. Dahm:* Zwischen Götzenkritik und Gestaltungsauftrag. Die Evangelische Sozialethik auf dem Weg in das neue Jahrtausend, in: F. Furger/M. Heimbach – Steins (Hg.), Perspektiven christlicher Sozialethik, Regensburg/Münster 1991, 145-166, bes. 149-151.
143   Für das Ganze der Theologie Karl Barths verweise ich auf die folgende schmale Auswahl aus der amerikanischen Barth-Literatur: *Karl Barth*, Centenary Essays, Cambridge,
NY, 1989. – *Robert E. Hood*, Contemporary Political Orders and Christ: Karl Barths Christology and Political Praxis, Allison Park, PA Pickwick Publications, 1985. – How Karl Barth
Changed My Mind, Grand Rapids, Mich. 1986. – *George Hunsinger*, How to Read Karl
Barth, Oxford U. Press, 1991. – *David L. Mueller*, Foundation of Karl Barth's Doctrine of Reconciliation: Jesus Christ, Crucified and Risen, Lewiston, NY 1990. – *Hubert, G. Locke* (Hg.),
The Barmen Confession. Papers from the Seattle Assembly, Toronto Studies in Theology,
Volume 26, Lewistone 1986. Darin auch mein Barth-und Barmen-Vortrag über »Barmen V
and the Totalitarian State«, 119-173. – *Robert T. Osborn*, The Barmen Declaration as a Paradigm for a Theology of the American Church, Toronto Studies in Theology, Volume 63, The
Edwin Mellen Press, Lewiston NY 1991.

Nachweis der Erstveröffentlichungen

I Grundlagen der Versöhnungslehre

1. Gottes Offenbarung und menschliche Erfahrung. Erfahrungsfelder der Versöhnungslehre Karl Barths. Unveröffentlicht.

2. Der messianische Mensch und die Verheißung der Befreiung. Karl Barths ökumenisches Testament. Unveröffentlicht.

3. Der Rechtshelfer als der für die Welt Gerichtete. Karl Barths Versöhnungslehre im Kontext der Ost-West-Frage. Unveröffentlicht.

4. Die Rechts-, Freiheits- und Befreiungsgeschichte Gottes mit dem Menschen. Zum Verständnis der Auferstehung in Karl Barths Versöhnungslehre, in: Freiheit des Glaubens – Freiheit des Denkens, Festschrift für Hans-Georg Geyer zum 60. Geburtstag, hg. von B. Klappert und J. Moltmann, Ev Th 49/1989, 460-478

II Themen der Versöhnungslehre

5. Gott in Christus – Versöhner der Welt. Die Christologie Karl Barths als Anfrage an die Christologie der Gegenwart, In: Freispruch und Freiheit. Theologische Aufsätze für W. Kreck zum 65. In Zusammenarbeit mit H. Reiffen und B. Klappert hrsg. v. H.-G. Geyer, München 1973, 244-271.

6. Gesetz und Evangelium oder Evangelium und Gebot? Martin Luther und Karl Barth. In: ThBeitr. 7 (1976), 140-157. J. Moltmann zum 50. Geburtstag.

7. Gott kann das – Gott entspricht das! Karl Barths Gotteslehre im Kontext der Gotteslehre der Gegenwart. In: EvTh 35 (1975), 189-208.

8. Nicht mehr Theologie treiben, als wäre nichts geschehen! Karl Barths Schuldbekenntnisse aus den Jahren 1945 und 1967. Unveröffentlicht.

9. Das Wort von der Versöhnung hören und tun! Karl Barths Anstoß zum »Darmstädter Wort« 1947. Unveröffentlicht.

III Ethik der Versöhnungslehre

10. Barmen – ein Ruf vorwärts. Karl Barths Neuinterpretation von Barmen V nach dem Holocaust. In: G. v. Norden (Hg.), Zwischen Bekenntnis und Anpassung. Aufsätze zum Kirchenkampf in rheinischen Gemeinden in Kirche und Gesellschaft. Schriftenreihe des Vereins für Rheinische Kirchengeschichte Bd. 84, 1985, 132-150.

11. Die Auferstehung Jesu und der Aufstand gegen das Nichtige. Karl Barths Stellungnahmen zu Krieg und Massenvernichtung. H.-G. Geyer, J. M. Schmidt, W. Schneider und M. Weinrich (Hg.), »Wenn nicht jetzt – wann dann?«. Festschrift für H.-J. Kraus zum 65. Geburtstag, Neukirchen-Vluyn 1984, 365-382; in leicht erweiterter Fassung erneut abgedruckt. In: R. Wischnath (Hg.), Frieden als Bekenntnisfrage, Gütersloh, 1984, 360-389.

12. Christengemeinde und Bürgergemeinde. K. Barth – G. Heinemann – H. Simon. Unveröffentlicht.

13. Reich Gottes und ökonomische Gerechtigkeit. Anfragen an Arthur Richs Stellungnahmen zu Karl Barth und Bekennender Kirche, zu Sozialismus und Weltwirtschaft in ökumenischer Verantwortung. In: RKZ 3.92, Theologische Beilage, 1-7.

14. Bund und Versöhnung – Reich Gottes und Königsherrschaft Jesu Christi. Akzente gegenwärtiger Barth-Interpretationen. Unveröffentlicht.

Namenregister

Bertold Klappert
Die Auferweckung des Gekreuzigten

Der Ansatz der Christologie
Karl Barths im Zusammen-
hang der Christologie
der Gegenwart
434 Seiten, Paperback,
DM 19,80 / öS 155,– /
sFr 20,80

Klappert geht es in seiner
Untersuchung nicht um eine
isolierte Entfaltung der Christologie Karl Barths, sondern
um deren Interpretation im
Zusammenhang der Christo-
logie der Gegenwart. Dabei
werden nicht nur die neuere
Exegese auf ihre systematischen Voraussetzungen hin
geprüft, sondern auch die
systematischen Grundent-
scheidungen Barths in die
modernen exegetischen
Fragestellungen zurücküber-
setzt. Sein christologischer
Ansatz wird damit auch in
der Exegese wieder diskus-
sionswürdig gemacht.
Gegenüber verzerrenden
Darstellungen der Christologie Karl Barths zeigt Klappert in kritischer Konfronta-
tion mit den heutigen christologischen Konzeptionen, daß
für Barths Christologie nicht
nur das Ineinander von
Person und Werk Jesu
Christi, sondern vor allem der
wechselseitige Interpreta-
tionszusammenhang Ansatz
und Mitte seiner Christologie
ist – im Gegensatz zu einem
Ansatz bei der Inkarnation
als solcher, bei einem
isolierten irdischen Jesus oder
einem je für sich betrachteten
Gekreuzigten und Auferstandenen.

neukirchener

Hanns-Stephan Haas

»Bekannte Sünde«

Eine systematische Untersuchung zum theologischen Reden von der Sünde in der Gegenwart
Neukirchener Beiträge zur Systematischen Theologie, Band 10
297 Seiten, Paperback,
DM 58,– / öS 453,– / sFr 59,50

Welche Probleme belasten heute das theologische Reden von der Sünde? Auf welche Erfahrungen kann sich die Sündenlehre beziehen? – In einem Durchgang durch Veröffentlichungen der letzten dreißig Jahre zum Thema Sünde und zwei Einzelstudien werden typische Antworten auf diese Fragen herausgearbeitet. Aus deren Kritik ergibt sich die Notwendigkeit, neu über Problem, Aufgabe und Inhalt der theologischen Sündenlehre nachzudenken. Mit Hilfe sprachanalytischer Einsichten und im Rückgriff auf biblische und reformatorische Grundentscheidungen werden Bedingungen herausgearbeitet, die das Reden von der Sünde überhaupt erst als theologisches Reden qualifizieren.

Hanns-Stephan Haas, geb. 1958, Dr. theol., 1986–1990 Studieninspektor am Evang.-Theol. Studienhaus »Adolf Clarenbach« (Bonn), danach Pfarrer in Rheinbach.

neukirchener

Katrin Gelder

Glaube und Erfahrung

Eine kritische Auseinander-
setzung mit Gerhard
Ebelings »Dogmatik des
christlichen Glaubens« im
Kontext der gegenwärtigen
evangelisch-theologischen
Diskussion
Neukirchener Beiträge zur
Systematischen Theologie,
Band 11,
220 Seiten, Paperback,
DM 48,60 / öS 421,– /
sFr 55,50

Inwiefern knüpft der christliche Glaube an die allge-
meinmenschlichen Erfah-
rungen an? Was für Erfah-
rungen werden durch den
Glauben erschlossen?
Mit Hilfe einer Analyse des
Erfahrungsbegriffs in der
gegenwärtigen systematisch-
theologischen Diskussion
werden diese zwei Fragestellungen als besonders zentral
herausgearbeitet. Anhand
einer Interpretation und kritischen Diskussion von
Gerhard Ebelings »Dogmatik
des christlichen Glaubens«
wird nach überzeugenden
Antwortversuchen gefragt.

Katrin Gelder, geb. 1956; 1982–
1988 Theologische Assistentin
an der Kirchl. Hochschule in
Neuendettelsau; seither
Gemeindepastorin in
Hamburg; Lehrbeauftragte
am Fachbereich Theologie
der Universität in Hamburg;
Promotion in Literaturwis-
senschaft (Hamburg 1984)
und evang. Theologie
(Erlangen 1989).

neukirchener